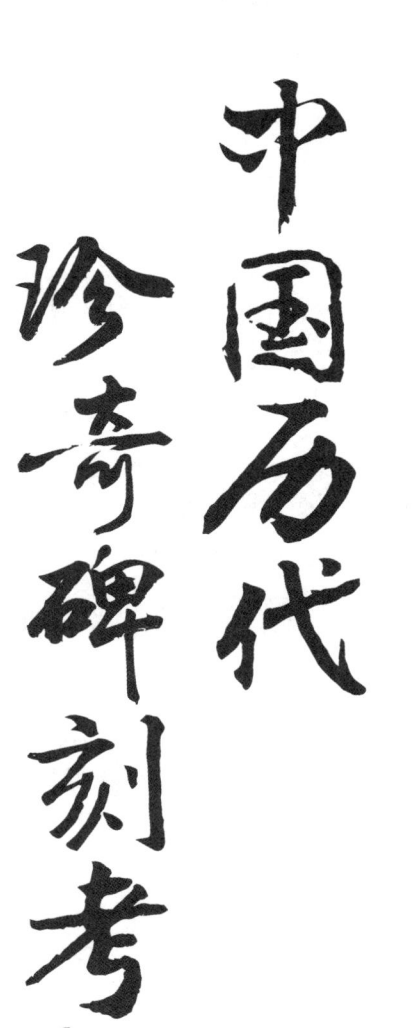

中国碑刻研究通论·第三卷

中国历代珍奇碑刻考探

金其桢 著

四川教育出版社

图书在版编目（CIP）数据

中国历代珍奇碑刻考探/金其桢著. —成都：四川教育出版社，2023.5
（中国碑刻研究通论；3）
ISBN 978－7－5408－8563－2

Ⅰ.①中… Ⅱ.①金… Ⅲ.①碑刻－研究－中国 Ⅳ.①K877.424

中国国家版本馆 CIP 数据核字（2023）第 078644 号

ZHONGGUO LIDAI ZHENQI BEIKE KAOTAN
中国历代珍奇碑刻考探
金其桢 著

出 品 人	雷　华	
策划组稿	卢亚兵	
责任编辑	李霞湘	
助理编辑	刘正含	
责任校对	高　玲	
封面设计	四川看熊猫杂志有限公司	
责任印制	田东洋	
出版发行	四川教育出版社	
	地　　址	四川省成都市锦江区三色路 238 号新华之星 A 座
	邮政编码	610023
	网　　址	www.chuanjiaoshe.com
制　　作	四川胜翔数码印务设计有限公司	
印　　刷	成都市金雅迪彩色印刷有限公司	
版　　次	2023 年 5 月第 1 版	
印　　次	2023 年 5 月第 1 次印刷	
开　　本	787mm × 1092mm 1/16	
印　　张	39.5	
字　　数	686 千	
书　　号	ISBN 978－7－5408－8563－2	
定　　价	168.00 元	

如发现质量问题，请与本社联系。总编室电话：（028）86365120

| 总序 |

嘉惠学林　有功文献

我初识金其桢先生，先是当年偶然得到金先生的鸿篇巨制《中国碑文化》，再是盛夏时节在南京鼓楼公园门口与温文尔雅的金先生握手结缘，屈指算来，这一晃，竟然已经二十余个年头了……

记忆之中，2001年迄今，早前好像还与金先生有过两三次并非专门安排的无锡小聚，印象并不算深；印象颇深者，还是金先生所著既适合书房补架又方便查阅学习的《中国碑文化》，也正是如今这部《中国碑刻研究通论》的基础。

如何方便查阅学习呢？一方面，我常有查阅学习的需要；另一方面，此书确实值得查阅学习。

先言我常有查阅学习的需要。举我经历的两件事情为例，就可见出碑刻的重要与理解碑刻的不易。

一件事情有关安阳西高穴大墓是否为曹操高陵。一番实地考察之后，我虽对此持基本肯定的态度，但仍存有一些疑问。我的疑问来自《鲁潜墓志》。《鲁潜墓志》所记的为十六国后赵时期公元345年，距离曹操去世的公元220年并不太长，也可以说在时间段上比较靠近；《鲁潜墓志》铭文有关"魏武帝陵"的指位，异乎寻常地明确。在历史文献方面，我平时比较关注墓志文献，而在我的印象中，这块墓志相当特殊。东晋十六国时期的墓志，说到墓地位置，一般直接说地名，或者加说里距。《鲁潜墓志》却不一样，总是在说多少多少步，比如"一千四百廿步"，实际相当于四里两百廿步。那么为什么写成一千多步，而不写四里多少

总序作者胡阿祥，南京大学历史学院教授、博士生导师，六朝博物馆馆长，江苏省文史研究馆馆员，中国魏晋南北朝史学会荣誉副会长，中国史学会历史地理研究会副会长。

步？鲁潜的身份是太仆卿、驸马都尉，而墓志中却涉及"魏武帝陵"的相对位置。开个玩笑，我感觉这个墓志好像是为找曹操墓准备的。总之，《鲁潜墓志》的行文方法、行文味道，比较奇怪（参见《感受安阳和曹操之间的因缘关系》，收入李凭主编《曹操高陵——中国秦汉史研究会、中国魏晋南北朝史学会会长联席会议》，浙江文艺出版社2010年版）。所谓"《鲁潜墓志》的行文方法、行文味道，比较奇怪"，就是我学习金先生之书以及其他相关著作后做出的初步判断。

另一件事情有关扬州司徒村大墓是否为隋炀帝陵。面对社会大众甚至部分学者的强烈质疑，我在接受《新华日报》记者的采访以及不久后写成的文章（《有关扬州隋炀帝陵"质疑"的质疑》，刊于《南京晓庄学院学报》2013年7月第4期）中，做出了完全肯定的表态，而肯定的依据，正是备受质疑的三点，即墓中出现了墓志而未见玉册，墓志中出现了"大业十四年"纪年，墓志中出现了与"隋"国号不符的"随"字。我的考证结论是：

> 进而论之，如果此墓志中的"随"字，按照一般社会大众以及部分学者的理解，写成了看似"正常"的"隋"字，那反而不符初唐时代起碑刻中"隋字作随"的"惯例"了，换言之，那倒真有可能如某些学者所推测的，是作伪了。进而论之，这个"随"字，以及"大业十四年"纪年、无玉册而有墓志现象，既然"反常"到了"匪夷所思"的地步，甚至迷惑了、糊弄了许多的学者，则若果然此墓志为伪造，那么作伪者的史学水平，也实在是高超到了"匪夷所思"的程度了。

犹记在形成上述结论的考证过程中，我曾查阅过《中国碑文化》的不少章节，虽然没有直接的收获，却对隋唐碑刻中的墓志文献有了总体的把握。

然则借用曾任中央文史研究馆馆长、北京大学国学研究院院长袁行霈先生的《国学四十讲》（卞孝萱、胡阿祥主编，湖北人民出版社2008年版）推荐语，"《国学四十讲》付梓，嘉惠学林，功在千秋"，访过旧碑、撰过碑文的我，评价经常需要查阅学习的《中国碑文化》为"嘉惠学林，有功文献"，应该就非溢美之词了。而这也是我接着要说的第二层意思，即《中国碑文化》确实值得查阅学习。

金先生之书值得查阅学习，以我个人的感受言，是因其仿佛碑史工具书的性质与规模，接近碑文化类书的体例与内容。这样的性质与规模、体例与内容，又基于金先生的如下认识：

> 由莽莽碑林、浩瀚碑海构成的中国碑刻文化，经史子共存，佛儒道齐全，中外古今，精华荟萃，宏富而绚丽，博大而精深。其历史之悠久，数量之众多，品种之繁茂，书法之高妙，镌刻之精湛，史料之珍贵，信息之广博，内涵之丰富，哲学之深邃，涉及之广泛，底蕴之深厚，功能之多样，风貌之壮观，是世界上其他任何一个国家所不能比拟的。
>
> ……
>
> 中国碑刻文化源远流长，其萌生、发育、成熟、繁衍、发展，经历了一个漫长而曲折的历史演进过程。它与不同历史时期的社会风俗、社会需求、审美标准、价值取向及各个朝代统治者所实行的政策、倡导的风气等密切相连……

是否"是世界上其他任何一个国家所不能比拟的"，我不了解域外的情况，姑且存疑；但不必存疑的是，《中国碑文化》正是由此出发而立意宏远，颇有一股"海不辞水，故能成其大；山不辞土石，故能成其高"的非凡气势。

这样的立意宏远与非凡气势，灌注于《中国碑文化》上篇之《碑文化发展史略》，远追"碑的起源和繁衍"，下及"现代碑文化发展的新特点"，穷原竟委共二十章、谈古论今近三千年，其梳理编排之劳，可谓大矣；又不独梳理编排，其于各别时代碑史的定位立论，诸如西汉"蒙受劫难"、东汉"碑碣云起"、两晋十六国"变异发展"、北朝"繁星满天"、隋代"承上启下"、唐代"百花盛开"、宋代"承袭盛唐余绪"、元代"汉文化浸润"、明代"亦衰亦盛"、清代"碑学复兴"、现代"方兴未艾"，皆是立足于比较视野做出的审慎归纳、特点总结，如此就避免了"只知其一"而其实可能"一无所知"的臆断或尴尬。

这样的立意宏远与非凡气势，笼罩于《中国碑文化》下篇之《碑文化专题专论》，从"碑与文字语言""碑与诸子经典""碑与中医中药"，再到"碑与民间生活""碑的历史价值""碑的域外流传"，探赜洞微计二十一章，天地人神面面俱到，其条分缕析之勤，可谓美矣；又不独条分缕析，其于各类型碑文化的价值应用，比如"古代碑刻对辨识和规范汉字书写的功用""碑用于记载传播古代药方""碑是我国古代科举制度的档案库""碑在民间神灵崇拜中的应用""碑对史籍记载不足的补充和校正""世界汉学研究对中国碑文化的重视"等，亦多能做到举例切当、资料丰赡、涵盖广泛。这样，金先生笔下的碑文化，不仅堪称创新意义明显的"一家之言"，而且此分门别类的"一家之言"又的确足备百家参考、学界取资，诚大矣美哉！

  现在，这部原为117.2万字、初版于2001年的《中国碑文化》，经过作者历时二十年的潜心研究探索，深化积累，精心打磨，系统修订，结构调整，大幅增补，拓展改写，以《中国碑刻研究通论》全新面世了。《中国碑刻研究通论》共200余万字，为三卷本，第一卷为《中国碑刻史》，第二卷为《中国碑刻与中华文化》，第三卷为《中国历代珍奇碑刻考探》，以全新的面目奉献给广大读者。两相比较，《中国碑文化》近120万言，《中国碑刻研究通论》逾200万言，真蔚为大观也。原《中国碑文化》之上篇《碑文化发展史略》与下篇《碑文化专题专论》，已是经纬交织、彼此印证，而现今《中国碑刻研究通论》之三卷，又不仅纵则贯通、横则全面，复在纵横驰骋之余，殿以拓宽掘深、趣味盎然的珍奇碑刻，于是"通"之旨趣越发彰显，"论"之细密益形显著，"研究"意味更加浓郁。随之，其书"嘉惠学林，有功文献"的价值既得以倍增，而金其桢先生在源远流长的中国碑刻史、博大精深的中华碑刻文化领域的孜孜矻矻之志、踵事增华之功，亦令晚辈如我者，仰之弥高而肃然起敬矣！

于句容宝华仙林翠谷三栖四喜斋

2023年2月18日

| 自序 |

砥砺奋进　再谱新篇

由莽莽碑林、浩瀚碑海构成的中国碑刻文化,经史子共存,佛儒道齐全,中外古今,精华荟萃,宏富而绚丽,博大而精深。其历史之悠久,数量之众多,品种之繁茂,形态之多变,书法之高妙,镌刻之精湛,史料之珍贵,信息之广博,内涵之丰富,哲理之深邃,涉及之广泛,底蕴之深厚,功能之多样,风貌之壮观,是世界上其他任何一个国家所不能比拟的。碑刻文化是中国传统文化一个极为重要的组成部分,在中国文化史上占有重要的地位,不论在中国还是在世界上,都具有极为广泛而深远的影响和经久不衰的魅力,历经三千年,而今益见其盛。

中国碑刻文化源远流长,其萌生、发育、成熟、繁衍、发展,经历了一个漫长而曲折的历史演进过程。它与不同历史时期的社会风俗、社会需求、审美标准、价值取向及各个朝代统治者所实行的政策、倡导的风气等密切相连,与中国社会生产力的发展和整个中国文化特别是文字、书法、镌刻艺术的发展息息相关,相依相存。

诚然,从文字、书法、镌刻艺术的角度来研究中国碑刻文化是重要的,但中国碑刻文化的内涵极其博大、精深、宏富,仅仅局限于显在的书法艺术上,那显然远远不够。只有将其置于数千年中国社会发展史和文化发展史的宏观历史背景下,从单一到综合,从微观到宏观,从零散到系统,从表象到内涵,从历史到现实,从国内到海外,进行全方位的研究考察,才能把握住碑刻文化发展的脉搏,既弄清楚各个历史时期碑刻文化发展的基本样貌,又了解掌握各个历史时期碑刻文化的精华所在,清晰、准确地勾勒出一条中国碑刻文化演进、发展的历史轨迹,揭示出这样演进、发展的历史原因,进而透过纷繁复杂的表象,洞悉碑刻文化宏富而深邃的内涵，对中国碑刻文化真正有一个较为全面、系统、深入的了解，客观地认识它在中国社会、中国文化几千年发展的历史乃至在世界文化中的地位、作用和影响。

　　社会生产方式、意识形态发展到一定阶段，人们在社会生活中需要表达情感、记录事情、诉说主张见解等，于是，将大自然中的石头作为表达载体镌刻成碑，也就神奇地赋予了碑以生命的活力，碑由此而成为一种富有魅力的文化表现形态，受到人们的青睐，表现出强大的生命力。碑源于社会生活，又应用于社会生活，随着社会生活的发展而发展。碑具有多方面的独特价值、多种多样的作用和功能，随着人类社会生活越来越纷繁复杂、丰富多彩，人们对碑的需求也越来越多样化。人们立碑刻石的动因，逐渐由最初的纪功、颂德、记事、纪念死者，而变得越来越复杂，碑的用途越来越广泛，所立碑的数量越来越多，碑的种类也不断发展，派生出各种类型的碑。明代学者徐师曾在《文体明辨·碑文》中论述道："碑之所以来远矣……后汉以来作者渐盛。故有山川之碑，有城池之碑，有宫室之碑，有桥道之碑，有坛井之碑，有神庙之碑，有古迹之碑，有风土之碑，有灾祥之碑，有功德之碑，有墓道之碑，有寺观之碑，有托物之碑……"尽管徐师曾所列碑的种类已相当可观，但事实上，数千年来，应用碑的地方更加广泛，所产生的碑的种类也更加繁茂多姿，遍及中华大地的碑所刻内容包含政治、军事、法制、吏治、宗教、文字、文学、教育、科举、经济、科技、地理、城池、街巷、建筑、水利、水文、天文、历法、民族关系、中外交流、宗氏家族、交通道桥、环境保护、名胜古迹、民俗风情、神仙鬼怪、人民革命等各个方面，几乎是无所不有。而碑刻所载人物，则上至中华民族先祖、先哲圣贤、帝王将相、英雄豪杰、革命领袖，下至寒儒布衣、山野白丁、江湖隐客、市井小民，几乎涉及每一个社会阶层。可以毫不夸张地说，经过数千年的发展，碑在中国社会中的应用已拓展到十分广泛的领域，碑刻文化已渗透到社会生活的各个方面，碑刻已经成为一部记载几千年中华文明的包罗万象的石质百科全书。中国的碑刻集记事、纪功、颂德、褒奖、警策、训谕、惩戒、昭示、纪念、约束、抒情、标识等各种功能于一体，熔人文科学、自然科学诸多学科于一炉，内涵博大精深，影响贯及古今中外，是一座藏量极为宏富的中国传统文化大宝库，是不可多得的国之瑰宝。对于这份宝贵的文化遗产，每一个中华儿女都值得引以为傲，也有责任倍加珍惜和批判地继承，弘扬光大。

博大精深的中国历代碑刻文化，对青年时代的我产生了巨大的吸引力。20世纪60年代中期，我从南开大学历史学系毕业，于20世纪80年代初走上高等学校工作岗位。有了进行学术研究的条件后，我便以历史文化为研究方向，正式踏上了中国碑刻文化探索之旅。在日常工作之余，我怀着浓厚的兴趣开始了对历代碑刻的了解、探索和研究。日积月累，随着读书（研读历史文献资料）、走路（实地考察）越来越多，我对历代碑刻的了解也越来越多，越来越深入、系统，我惊异地发现，当时国内竟然找不到一部全面系统介绍、论述中国历代碑刻文化的专著。这使我深感遗憾，油然萌生了自己来"吃"这只"螃蟹"的大胆念头。然而，中国碑刻文化如此之悠久、广博、精深、宏富，对其进行全方位深入、系统的研究和论述，无疑是一项开创性的宏大文化工程。我深知，以自己的疏浅学识和绵薄之力从事如此宏大的文化工程，犹如推巨石上山般艰难。然而，在改革开放伟大创新精神的鼓舞和激励下，我勇气和信心倍增，坚信"世上无难事，只怕有心人"，深感弘扬中华文化乃吾辈义不容辞之责任，故而下定决心，不畏艰辛寂寞，将对中国碑刻文化的探索研究作为自己毕生学术研究的主要方向，一往无前，竭尽精力，奋勇攀登。因而，纵然辛劳异常，仍百折不回，勉力奋进，历经十余年潜心钻研，坎坷跋涉，终于在1999年完成了117.2万字由上、下两篇组成的探索性专著《中国碑文化》，2002年1月由重庆出版社出版面世。

重庆出版社对《中国碑文化》一书予以高度重视，不仅投入了大量出版资金，还发布长文向广大读者热忱推介："此书破天荒地将纵贯三千年、横融社会生活各方面的碑文化进行全面的论述……是一部开创性的弘扬传统文化的巨著，对上下三千年的碑文化从表象到内涵多视角、多层面地剖析研究，由此构建出庞大而丰富的内容体系，富有独到的见解。"

学界对《中国碑文化》一书出版给予了热忱关注、大力支持和赞扬好评。

享受国务院特殊津贴的资深文博专家、著名文物考古学家，长期担任南京博物院院长的梁白泉教授不仅在百忙中审读了书稿，热情给予指教，而且欣然为本书撰写了精彩的万言长序，并在江苏省《高校人文社会科学研究项目鉴定评价报告书》中给以热情的褒扬和充分的肯定，说："中国碑文化在国际文化历史中，当属最具辉煌价值者，可惜在中国古籍中，多归在地方志性质的金石志、金石目中，专著少见，金其桢先生的《中国碑文化》因而具有开拓性的、填补空白性的价值和作用。它最大的特点，不仅在'史'的论述，而且在'文化'底蕴、沉淀基础的多方发掘，面广类多，洋洋洒洒，确实体现了本书《中国碑文化》书名的要求，兼具学术性、艺术性、工具书性和通俗性，必然会受到社会上、海内外广大读者的欢迎。"进而，梁老还对今后如何进一步深化中国碑刻文化研究给予了笔者宝贵的指教，说，"前几年在《中国大百科全书》的编纂工程中，有关专家提出了'大、新、全'的要求。本书的另一特点，正是在体现'大、新、全'的这种要求。不过，'大''新'比较容易做到，以个人之力，'全'则很难。本书他日如需再版，似可以在'全'字上再下功夫，'领异标新二月花'，继续保持它领先的出版地位。"

曾任全国哲学社会科学学科组成员的南京大学历史系考古专业资深文物考古专家、南京历史学会名誉会长蒋赞初教授，在江苏省《高校人文社会科学研究项目鉴定评价报告书》中给拙著以充分肯定的评价，说："宋代以来的金石学者多偏重于文字的考订，对于碑文化的社会意义与作用阐述不深，并且缺乏一部全面地将实物资料与专题论述相结合的著作。这一百多万字巨著……超越了前人有关论著……是迄今为止对碑文化的作用最全面的论述。"

享受国务院特殊津贴、曾任国务院学位委员会艺术学学科评议组成员，时任南京艺术学院副院长、江苏省优秀博士生导师、省重点学科带头人的阮荣春教授，也在江苏省《高校人文社会科学研究项目鉴定评价报告书》中给拙著以充分的肯定，说："中国学界对碑的研究，肇于宋，兴于清，但主要限于'碑学'即碑刻书法艺术的研究。金其桢这部《中国碑文化》，对中国'碑文化'展开了全方位的研究……这是一项庞大的填补研究空白的系统工程……是一部学术价值极高的优秀著作。"

2003年1月3日《中国文物报》发表专题评论《拓展石文化研究的领域——评〈中国碑文化〉》，作者黄厚明先生（南京大学艺术学院教授、博士生导师，长江学者）在评论中说："皇皇巨著《中国碑文化》一书的问世，填补了中国碑文化研究上的空白，拓展了金石文化研究的领域。该书洋洋洒洒，一百余万言，以翔实的资料、新颖的方法、独到的视角，开启了系统研究中国碑文化的先河。"

2003年第1期《南方文物》发表专题评论《中国文化史上的一部力作——评金其桢所著〈中国碑文化〉》，作者张晓旭先生（知名碑刻学专家，苏州碑刻博物馆副馆长、研究员，时为苏州市儒学研究会会长兼秘书长）在评论中说："这部专著……将碑刻作为一种文化载体来研究，改变了以往将碑刻单纯作为书法艺术研究或考据学研究的传统研究方法，不但在研究方法上是一个飞跃，而且拓展了碑刻的研究领域，揭示了碑刻的文化内涵。……相信这部著作的问世，将把学术界的视野从单纯的碑刻书法艺术研究、金石考据学和注重著录碑文为史料的传统研究方法中解放出来，进而探究碑刻的'文化'生命，因此，这是一部值得品尝的好书。"

拙著《中国碑文化》出版后得到了社会各方的肯定、褒扬和鼓励，2003年荣获江苏省哲学社会科学优秀成果奖，同时，也受到了读者的喜爱和关注。这使我备受激励和鞭策，让我更加坚定了进一步拓展深化中国碑刻文化研究的决心。正是基于这样的决心，近二十年来，我在《中国碑文化》的基础上，按照梁老所提出的"在'全'字上再下功夫"的目标，再接再厉，锲而不舍地加深拓宽对中国碑刻文化的研究和探索。基于这一认识，在本次修订增补中，我吸纳、充实了许多近二十年来中国考古界、史学界、碑刻界在中国碑刻发掘、研究方面取得的新成果，及自己新掌握的文献资料和实地考察材料，并做了进一步的深入探索和论析，在原来117.2万字、600余幅图的《中国碑文化》的基础上，经过系统地整理加工、增补删改、修订重写，完成了如今这部200余万字、1300余幅图的《中国碑刻研究通论》。

经与出版社商讨并反复斟酌，我决定整理出版《中国碑刻研究通论》，分为三卷。第一卷为《中国碑刻史》，集中笔墨叙述、展现中国碑刻自春秋时期萌生以来直至当今漫长的三千年悠远岁月中发展的历史轨迹和演变的进程。第二卷为《中国碑刻与中华文化》，分别从碑刻与文字语言、诸子经典、中医中药、天文地理、水文水利、环境保护、教育科举、中华先祖、帝王遗迹、帝王陵墓、古代圣哲、历代诗词、辞赋楹联、宗教文化、社会经济、封建统治、中外关系、人民革命、民间生活、历史研究、域外影响等各个方面，深入系统地揭示碑刻宏富的文化内涵、广泛多样的功能和作用及碑刻在中国社会生活方方面面巨大而深远的影响，多视角、多层面展现碑刻与中华文化的密切关系。第三卷为《中国历代珍奇碑刻考探》，深入探析中国历代所出现的在文字、书体、文体、碑材、碑文内容、镌刻技艺、制作方法、外观形态、碑石形制、功能用途及撰书者身份等诸多方面出类拔萃、奇异独特的碑刻。《中国碑刻研究通论》三卷有机结合在一起，就可以由表及里，由局部到系统，由一般到特殊，较好地展现出三千年中国碑刻文化的全貌。

在书稿即将付梓之际，笔者既由衷地高兴，又惴惴不安。正如诗圣杜甫所说："文章千古事，得失寸心知。"囿于学识浅薄和掌握的资料还不够充分，研究还不够深入，拙著必定还存在许多不足之处，诚恳期待专家、学者和广大读者批评指正。本书抛砖引玉，如果对中国碑刻文化的深入研究、对弘扬中华文化能起到一些推动作用，笔者将感到不胜欣慰。

本书的撰写先后得到南京博物院原院长梁白泉教授和南京大学历史学院博士生导师胡阿祥教授等知名专家学者的热情关心支持，梁老和胡教授在百忙中审阅书稿，给予热情指教，提出了宝贵意见。胡教授还欣然为本书作序，使本书大为增色。值此，谨向梁老、胡教授及各位专家学者致以深切的谢意！

本课题的研究、本书的撰写，除得到学界诸多专家的指教支持，还得到了许多亲友的关心帮助。德新钢管（中国）有限公司董事长陈俊德先生不仅对发展中国热扩大口径无缝钢管事业卓有贡献，而且十分热心于弘扬中华优秀传统文化，对本课题的研究给予了热情的关注和帮助。谨向陈俊德先生和各位亲友致以衷心的谢意！

笔者在撰写过程中，除做了许多实地考察研究外，还参阅、研读了大批古今学者的有关著作和大批古今文献资料，从中得到不少启迪和借鉴，限于篇幅，无法一一列出。谨借此向为中国碑刻文化研究做出贡献的列位专家学者和热心于弘扬中国碑刻文化的各界朋友，致以衷心的谢意和崇高的敬意！

金其桢

于太湖之滨江南大学上下求索斋

2023 年春

目录

导论　源远流长、异彩缤纷的中华瑰宝/001

第一章　先秦、秦、汉时期的珍奇碑刻/013

  第一节　珍奇碑刻之滥觞

    ——"中国第一古物"先秦《石鼓文》/015

  第二节　玄秘无字奇碑之肇始

    ——秦皇汉武纷争千年《泰山玉皇顶无字碑》/032

  第三节　谜语奇碑之开先河

    ——东汉《五岳真形图碑》和《曹娥字谜碑》/035

  第四节　石刻经书之开端

    ——中国历史上第一部儒家石经《熹平石经》/045

  第五节　奇妙书体嬗变碑之勃兴

    ——两汉时期亦篆亦隶碑刻的形成及代表作/048

第二章　三国、魏晋、十六国时期的珍奇碑刻/081

  第一节　儒家石刻经书碑之再出新品

    ——曹魏三体对照《正始石经》/083

  第二节　独一无二怪书碑之惊艳面世

    ——稀世瑰宝孙吴《天发神谶碑》/086

  第三节　异形奇碑《石鼓文》之余绪

    ——孙吴如鼓如囷的《禅国山碑》/089

第四节　玄秘无字奇碑之再次现身
　　——东晋谢安墓"白碑"/093

第五节　异形奇材墓碑之巍然面世
　　——"海东第一古碑"《好太王碑》/095

第六节　三绝碑之雏形初现
　　——曹魏《受禅表碑》《公卿将军上尊号奏碑》/100

第七节　书体嬗变碑之发展
　　——篆隶楷草行杂糅碑刻及代表作/103

第三章　南北朝时期的珍奇碑刻/117

第一节　尊荣高贵帝王御碑之发轫
　　——北魏孝文帝《吊比干文碑》/119

第二节　新颖奇特龟形墓志之问世
　　——北魏《魏故处士元显儁墓志》/122

第三节　奇字怪书碑之奇葩
　　——南朝萧顺之、萧景墓反左书碑/124

第四节　蔚为奇观之遍山摩崖群
　　——北朝鼎盛的摩崖石刻和佛教刻经/128

第五节　书体嬗变碑之繁花纷呈
　　——各体混合杂糅的碑刻及代表作/170

第四章　隋、唐、五代十国时期的珍奇碑刻/183

第一节　帝王御碑之历史第一高峰
　　——盛唐时期繁荣的帝王御碑/185

第二节　昙花一现之奇书妙刻
　　——盛唐的飞白碑额和志盖/213

第三节　匠心独运之艺术再创造
　　——唐代集腋成裘的集字碑/218

第四节　中国历代无字碑之巅峰
　　——唐代武则天、唐中宗无字碑/223

第五节　奇字怪书碑之繁盛

　　——《则天文字碑》、合体字碑、《碧落碑》和《心经碑》/231

第六节　精美三绝碑之应运而生

　　——融诗文书画刻佳作于一石的唐碑/244

第七节　《曹娥碑》式字谜碑之再现

　　——唐重刻《后汉太尉许馘庙碑》/259

第八节　儒家石刻经书之发展

　　——唐《开成石经》、后蜀《广政石经》/260

第九节　异形奇材碑之新品

　　——豪华龟形墓志、六面柱形碑、珍稀化石碑/265

第十节　书体嬗变碑之余风遗韵

　　——篆隶楷多体掺杂碑刻及代表作/270

第五章　宋、辽、西夏、金时期的珍奇碑刻/277

第一节　精美三绝碑之兴盛不衰

　　——堪与唐比肩的宋代三绝碑/279

第二节　史上最大、最臭之无字碑

　　——宋《"万人愁"无字巨碑》《秦桧无字墓碑》/296

第三节　五石连体之异形奇材碑

　　——宋真宗御碑《汾阴二圣配飨之铭碑》/299

第四节　石刻经书之创意新品

　　——北宋《嘉祐石经》、南宋《御书石经》/302

第五节　帝王御碑之历史第二高峰

　　——两宋时期繁花依旧的帝王御碑/306

第六节　集字碑之传承创新

　　——宋金集王集柳集百家字碑和百衲碑/324

第七节　别具新意之字谜碑

　　——屡现奇貌的宋代藏字"福""寿"碑/330

第八节　白话、标点碑之开端

　　——《大王记结亲事碑》《"圈儿词"碑》/334

第九节　奇技巧制之稀世宝刻
　　——四川仁寿《黑龙滩隐形摩崖石刻》/337

第十节　摩崖巨字之崛起
　　——北宋巨"夬""连鳌山"及南宋两巨"佛"/339

第六章　元、明、清时期的珍奇碑刻/347

第一节　无字碑之历史最盛期
　　——洋洋大观的明清无字碑/349

第二节　集字碑之多彩新品
　　——明清集王集褚集李和双面集字铜碑/357

第三节　谜语碑之繁盛兴旺
　　——明清异彩缤纷的字谜碑与画谜碑/360

第四节　白话碑、标点碑历代之最
　　——元明频频现身的白话碑、标点碑/381

第五节　稀世罕有之奇名怪文碑
　　——《"扯淡"碑》《"再来人"碑》/387

第六节　异形奇材碑之繁盛
　　——瓷碑、铜碑、超级巨碑、仿制《石鼓文》/392

第七节　帝王御碑之历史新高峰
　　——明清兴盛期繁茂的帝王御碑/402

第八节　石刻经书碑之最后辉煌
　　——史上最大、最后一部儒家石刻经书《清石经》/452

第九节　三绝碑之变异发展
　　——清汇唐宋名家名作于一石的三绝碑/454

第十节　奇字怪书之魅力再现
　　——怪异《心经碑》、反字碑、一笔狂草碑/458

第十一节　奇镌妙刻之佳构
　　——凹刻凸字、图象变幻、碑文排列奇特碑/464

第十二节　奇技巧制之奥妙杰作
　　——会摇会动的四川明代古寺碑/467

第十三节　天造地设之怪异奇碑

　　　　　——明代流血碑、清代流泪碑/469

第十四节　摩崖巨字屡屡现身

　　　　　——明清巨字摩崖石刻的繁荣发展/474

第七章　民国时期与现当代的珍奇碑刻/485

　第一节　三绝碑之余绪

　　　　　——《张子温墓志》《鉴真和尚碑》《离骚碑》《盖世金牛碑》/487

　第二节　别出心裁之字谜碑

　　　　　——最难猜的字谜石刻泰山"鼠碑"/492

　第三节　怪字奇书之佳构

　　　　　——泰山《仙子流芳-莺歌燕舞摩崖》/495

　第四节　集字碑之现代传承发展

　　　　　——集宋王珪书碑、集百家字碑/496

　第五节　奇技巧制之特异妙刻碑

　　　　　——河南永城芒砀山《汉高祖斩蛇处碑》/501

　第六节　异形奇材之新品迭出

　　　　　——金碑、铜碑、水体碑、日历碑、墙体碑/503

　第七节　摩崖巨字之层出不穷

　　　　　——现代摩崖石刻巨字持续繁盛/510

第八章　数代累积而成的珍奇碑刻/539

　第一节　唐元清三代累积而成的《宝志法师画像碑》/540

　第二节　累积数代、聚沙成塔形成的两大巨型佛教石经/542

　第三节　自东汉至现代两千年累积形成的川江水下碑林/552

　第四节　历经唐宋元明的闽侯枯木庵树腹碑/562

　第五节　历经数代的木石一体奇碑/564

第九章　年代不详难以识读的珍奇碑刻/569

　第一节　苍古奇异、如虬似螭之《岣嵝碑》/570

第二节 "黔中第一奇迹"贵州安顺《红岩碑》/573

第三节 形状怪奇、深奥难释的《仙字潭摩崖石刻》/576

第四节 中国文化史上的一大玄秘《仙居蝌蚪文摩崖石刻》/580

第五节 古拙神秘、意蕴深邃的《广昌古源石刻"天书"》/583

第六节 奇奥莫名的《仙居中央坑摩崖石刻》/586

第七节 无人能辨识的《九寨沟宝镜岩符咒摩崖石刻》/588

第八节 至今未被解读的重庆綦江《"手心文"石碑》/589

第九节 古奥奇怪的山东寿光仓颉墓石室《"鸟迹书"刻石》/591

第十节 扑朔迷离、无人释读的贵州雷公山《"苗文"碑》/594

第十一节 千年无人破解的重庆彭水天书《张飞岘石刻》/596

主要参考文献 /600

导论

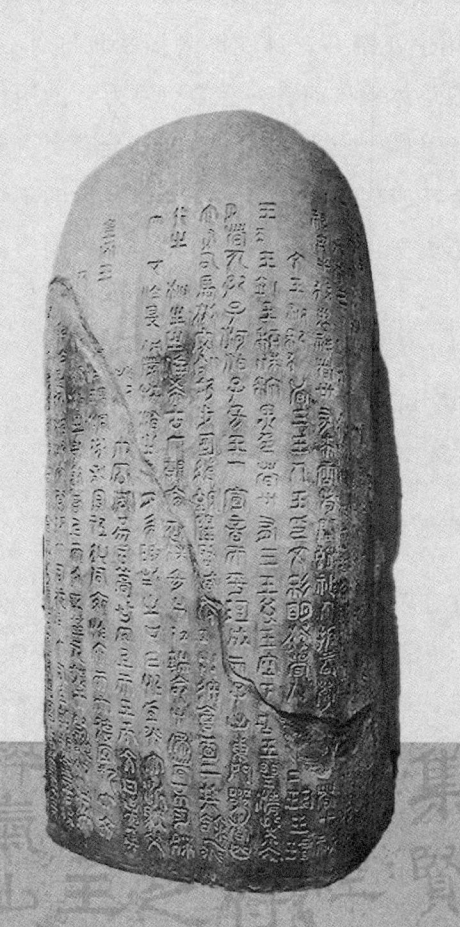

源远流长、异彩缤纷的中华瑰宝

放眼广袤辽阔的神州大地，中国碑刻遗存苍莽如林，难以计数。令人更为惊叹的是，自先秦以来历经漫长曲折的三千多年萌芽、生长、繁衍、演变，还陆续孕育产生了一批在文字、书体、文体、碑材、碑文内容、镌刻技艺、制作方法、外观形态、碑石形制、形体规格、功能用途及撰书者身份等诸多方面与众不同、出类拔萃的珍奇碑刻。这些珍奇碑刻虽就总体数量而言，在数以百万计的历代碑刻中至多仅占万分之几，但是它们或不同凡响，或出神入化，或怪异奇奥，或犹如神工鬼斧、天造地设，更有诸多珍稀奇特碑刻还蕴含有种种难以释读的不解之谜。这些具有深厚历史文化内涵、重要历史文化价值的珍奇碑刻，是中国历代碑刻中的精华，弥足珍贵。几千年来，这些珍奇碑刻如群星璀璨，放射出夺目的绚丽光华，令人心驰神往、击节赞叹，激励着人们不懈地进行深入的考溯探究，以期揭开它们的神秘面纱，解读它们深奥而宏富的历史文化内涵。

三千年历史长河汇聚积淀成的浩瀚碑海中堪称珍奇的碑刻主要有十几类。

多体交融、亦此亦彼的书体嬗变碑

中国的汉字具有极其悠久的历史，在几千年漫长的发展过程中，汉字字体经历了由甲骨文（金文、钟鼎文）而籀文（大篆），由籀文而小篆，由小篆而隶书，由隶书而草书（章草/今草），由草书而魏碑体（隶书向楷书过渡的一种风格独特的楷书），由魏碑体而楷书（也称为真书或正书），由楷书而行书的演变过程。然而，每一种字体向另一种字体的演变都不是一蹴而就的，都经历了漫长而曲折的过程。在一种字体向另一种字体演变的转折阶段，涌现出了一批形体既非这种字体又非那种字体，亦此亦彼，两者乃至三者、四者特征兼而有之的奇妙字体。这些字体看似不伦不类，实际上是取诸体之笔法形态融于一体，承上启下，寓彼于此，自成一格。从现有的考证资料来看，多体交融、亦此亦彼的书体嬗变碑刻，自先秦起即已出现，此后历代均有，并且随着历代书体的演变发展，碑刻书体也出现了各种不同的嬗变，可谓千姿百态，变化万千。它们或以篆为隶，由篆变隶；或篆隶夹杂，非篆非隶、亦篆亦隶；或篆隶杂糅，以篆笔作隶书；或篆楷并用，体参篆籀而兼开正楷；或以篆作隶，隶篆相间；或由楷而隶，亦楷亦隶；或楷隶相糅，由隶入楷；或承袭篆意，并带楷意；或时为楷法，时为隶法；或楷法二三，篆隶六七；或以隶法作楷，融汉法以真书；或似隶似楷又似魏；或由分隶入楷、行，隶、楷、行相糅；或杂大小篆分隶于楷书之中；或正书杂糅篆隶笔法；或似隶似楷又似篆；或似隶似楷又非隶非楷；或字体在楷隶之间，并有篆草笔意；或以隶为主，兼具楷篆行草笔意；或集篆隶草之长于一身；或以楷书结体，以隶书用笔，又蕴含篆意；或以楷为主，又时作隶笔；或融楷行隶书笔意于一体；等等。这种用多体交融、亦此亦彼的嬗变书体书镌的碑刻，大多是在一种字体向另一种字体嬗变的过程中自然形成的，但也不乏历代有些热衷于别出心裁、独创一格的书家刻意而为之。但不管是自然形成的还是书家刻意为之的，此种书体嬗变碑刻可谓自成一体，妙趣天成，变化多端，风貌各异，瑰奇多姿，是中国历代碑刻中风采盎然、别具一格的奇葩。

随心所欲、标新立异的奇字怪书碑

汉字及其书写样态具有悠久的历史，在几千年的发展过程中逐步成熟，形成了世所公认的笔画、结构和形态。然而在中国历史上，也有一些喜好标新立异、不愿循规蹈矩的人，他们不拘于世所公认的汉字构字规则和书写规则，或自己别出心裁、随己所好地"创造"怪字，或狂放不羁、随心所欲地狂写奇书。碑是文字和书法艺术的重要载体，因此在中国碑刻漫长的发展历程中，时有一些人将这种随心所欲、标新立异的怪字奇书镌刻在碑石上。因而历代以来，在涌现出了一批书体嬗变碑刻的同时，也涌现出了一批随心所欲创造的用正字反书、奇字怪书书写和镌刻的碑刻。例如，三国末期吴末帝孙皓主导朝政时，出现了一块全碑文字犹如刀戟林立、以书法怪异独特而著称于世的古吴名碑《天发神谶碑》。在南北朝时出现了碑文正字反书的"反左书"碑刻——南朝萧顺之、萧景墓神道碑。唐代时，有异僧道松用挥洒无羁、离奇怪异、不拘一格、龙飞蛇舞、草得连书法家也难以辨认的奇书书写镌刻的《般若波罗蜜多心经碑》；有用"六书"会意法创造而成的道家奇奥合体字碑《道教养生诀楹联石刻》《药王丹诀联》；有异体别构、字法古怪的《碧落碑》；还有在一代女皇武则天称帝时，涌现出的一大批书镌有武则天生造的"则天文字"碑刻。明代时再度出现了犹如蛟龙遨游一般的狂草奇书《般若波罗蜜多心经》摩崖石刻。清康熙年间广西桂林叠彩山出现了"反左书"《十二月礼佛减罪文碑》、泰山龙门一笔狂草"龙门"摩崖石刻。这些自成一体的怪字奇书碑刻，为后世留下了令人瞠目结舌的千古奇观。

绝技荟萃、精华集成的三绝碑

三绝碑历来被视为我国碑刻中的珍稀精品。历史上所称三绝碑之"绝"，其内涵不尽相同，大体有以下几种不同的类型：由名家撰写碑文、名家书写碑文、名家题写碑额的三绝碑，由名家作画、名家题诗撰文、名家书写碑文的三绝碑，文绝、书绝、刻绝的三绝碑，文绝、书绝、石绝的三绝碑；碑主功德事迹卓绝、碑文文章卓绝、书法艺术卓绝的三绝碑。其中以撰文、书法、刻工均来自名人、名家，或臻于最高、较高水平而得名三绝碑的最多。但三绝碑其实只是一个习惯性的称呼，因为实际上有些碑的突出特点并不仅仅只有三个方面，而是有四个、五个方面，堪称四绝碑、五绝碑。据查考，史籍有记载的三绝碑最早出现于南北朝时期。据宋代陈思《宝刻丛编》之三《襄阳府》的记载，在南朝梁代时有一块三绝碑。这块碑立于梁武帝普通三年（522），由著名文人刘孝仪撰写碑文，由南齐宗室萧子云（累官至侍中、国子祭酒，通文史，善写草隶书）书写碑文，再加上镌刻精良，故时称"三绝"。但此碑仅见记载，未见原碑实物和碑拓传世。三绝碑在我国历史上颇为稀少，四绝碑、五绝碑更是凤毛麟角。从现有的考证资料来看，既有历史记载又有实物，历代以来一致公认并真正可以确认的三绝碑、四绝碑仅十余块。据查考，三绝碑之雏形最早出现在三国曹魏时期，主要集中在唐、宋两代，其他朝代数量甚少。这些三绝碑集撰文、书法、篆题或镌刻等多种卓越技艺于一体，是我国历代碑刻中不可多得的艺术瑰宝。

一字不著、万千悬疑的无字碑

在异彩纷呈的中国历代碑刻万花苑里，无字碑是一朵闪烁着经久不衰巨大魅力的奇葩。宋代著名文人曾巩在《寄欧阳舍人书》一文中说，"碑者有铭"，"铭者，盖古人功德才行志义之美者，惧后世不知则必铭而见之"。自古以来，人们立碑的目的就是勒石刻铭以彰显"功德才行志义之美"。然而，无字碑却一反常态，与众不同，虽然立了碑石，却并不在石上刻字镌铭。无字碑究竟为何碑而不"铭"呢？千百年来，围绕无字碑之所以"无字"，众说纷纭，歧见不一，有些无字碑的成因至今莫衷一是，成为悬疑重重的千古谜案。因此千百年来，碑石无字、青史留名的"无字碑"一直强烈地吸引着人们去探究。说起无字碑，人们一般总会想到唐代著名的《武则天无字碑》，有的人甚至将其称为"中国历史上绝无仅有的一块无字碑"。其实事实并非如此，我国历史上无字碑虽然数量不多，但《武则天无字碑》决非"绝无仅有的一块无字碑"，也不是最早的一块无字碑。在我国历史上，秦汉时期即已出现《泰山玉皇顶无字碑》；此后，在东晋、唐代、宋代、明代、清代乃至现代，都相继出现过无字碑。目前所知，我国历代有历史记载、有实物遗存的无字碑有二十余块。这些无字碑虽无铭文，但都耐人寻味，富有传奇色彩，成为独特的人文景观。

匠心独运、集腋成裘的集字碑

所谓集字碑，起初是指碑文并非由著名书法家（或高官显宦、著名文人）本人生前书写完成，而是在其去世后，后人慕其书名，从其一生所遗存下来的各种文稿、书札、碑文中，精心撷选相关文字拼缀成一篇碑文，再刻石勒碑的一种特殊碑刻。根据对历代碑刻的查考，我国在唐代以前无集字碑刻，首开集字碑之先河者乃唐太宗、唐高宗时长安弘福寺和尚怀仁。他历经二十年艰辛收集书圣王羲之之字，刻成了唐太宗的《圣教序》，即怀仁《集王书圣教序碑》，又称《集王羲之书圣教序》。这是一种匠心独运、别开生面的创举，对当时和后世都产生了重大影响，自此以后，仿而效之者不断。据查考，唐代除怀仁《集王羲之书圣教序》外，至今仍有碑拓存世的集王羲之书碑还有《集王羲之书吴文碑》等五种。此后，宋代、明代、清代也有多种集王羲之书碑出现。据清代康有为查考统计，自唐高宗时期至清光绪年间，古今集王羲之书碑刻凡十八家。在集王羲之书碑的影响下，在金代出现了著名的集柳公权书碑，在明代时出现了著名的集唐代大书法家褚遂良书碑和集李邕书碑。更具创新意义的是，在宋代，集字碑又进一步发展衍生出了两个新的品种：一种是精心撷选自己所写的好字编排组合成碑文，然后刻石勒碑的百衲碑；一种是在古今名人名家或同一类人所书写的多种不同书体的书法作品中，选取几十个乃至上百个各种不同书体、不同写法的同一个字而刻成的集百家字碑。集百家字碑对后世产生了很大的影响，效而仿之者屡见不鲜，直至当今全国许多地方仍有各种集百家字碑出现，成为引人瞩目的景观。

奇趣横生、意蕴深邃的谜语碑

谜语是盛行于我国民间的一种富有文化内涵和生活情趣的文学艺术形式，也是人们喜闻乐见的一种文字游戏。自古以来，谜语不仅通过民间口头广为传播，同时人们也用书面形式，将谜语书写、记载下来，或用图画形式表现出来，传之于后世。碑是一种能将文字和图画传之久远的载体，因此也被人们用来镌刻文字谜语和图画谜语，历史上由此留下了不少文字、图画谜语碑，可谓奇趣横生、别开生面、耐人寻味。据查考，我国历史上最早的画谜碑《五岳真形图》出现于西汉武帝时，最早的字谜碑是东汉末年蔡邕题《曹娥碑》碑阴的"黄绢幼妇，外孙齑臼"隐语字谜碑。《五岳真形图》画谜碑及蔡邕首创的隐语字谜碑格调高雅、富有情趣，对后世产生了广泛而深远的影响。自汉以后，唐、宋、元、明、清各代都有谜语碑的摹仿效法者，从而衍生出由文字、图画或图文结合的种种谜语碑，诸如隐语字谜碑、缺笔字谜碑、字中藏字谜语碑、多字合一谜语碑、离合体字谜碑、诗谜碑、画中藏字谜语碑、以画代字谜语碑、字画一体谜语碑、画中寓诗谜语碑、诗谜碑等多种谜语碑，其中清代尤多。这些谜语碑或文字幽默含蓄，或图形奇特巧妙，或似画非画似字非字，画与字融于一体，珠联璧合，蕴含着丰富的人文内涵，可谓风情万千、奇趣怡人、意蕴深邃，堪称中国古代碑刻中光彩照人、引人入胜的奇葩，成为人们竞相探访的胜景。

打破常规、别具一格的白话、标点碑

白话文是从"五四运动"以后才开始在我国通行的。在我国古代，书面语言是文言文，碑上所刻的碑文同样也不例外，都是用没有标点符号的汉字文言文文体书写的。然而，在我国古代碑刻中，也有一些碑虽用汉字作碑文，但却不用没有标点符号的文言文文体书写，而是用有标点符号的汉字白话文文体书写；更有个别奇特的碑，其碑文不用文字书写，而是用标点符号式大圈小圈等符号代替文字作碑文。提起古碑中的白话碑、标点碑，长期以来，人们总把它与山东曲阜孔府明太祖朱元璋所立的白话《戒谕碑》及南京太平门外板仓村徐达墓前明太祖朱元璋所立的《御制中山王神道碑》联系在一起，以为白话碑、标点碑始于明太祖。其实，我国碑刻自产生起直至宋代前，均未见有白话、标点碑刻。最早的不用文字书写碑文，而用大圈小圈等标点式符号代替文字写碑文，并且见诸实物的标点碑，是浙江宁海的宋代圈儿词碑。至于白话碑，根据最新的考古发现，始于辽代：迄今为止见到的中国历史上最早的白话碑，是1974年在内蒙古宁城县发掘出土的辽代《大王记结亲事碑》。辽之后，元代亦出现了不少白话碑。在蔡美彪先生编撰的《元代白话碑集录》中所收列的，就有云南大理崇圣寺、昆明筇竹寺元代白话圣旨碑等九十四种之多。而明代的白话碑、标点碑，除了上述与明太祖朱元璋相关的两种外，还有山东曲阜孔林中孔子第五十五代孙孔克伸的白话墓碑《大明文林郎曲阜世袭知县孔君墓表》。这些白话碑、标点碑打破自古以来的常规，别开生面，自成一格，饶有妙趣。

荒诞难解、匪夷所思的奇名怪文碑

碑是适应人们社会生活的实际需要而产生的，刻石立碑在人们生活中是一件极其隆重、虔诚的事。为了"刻石立碑，以示后昆，传载万年，子子孙孙"，或为了美名远扬，流芳百世，人们撰写碑文都要"美言"，都要给所刻立的碑题一个庄重、典雅、动听、响亮的碑名。然而，在我国古代，也有一些或愤世嫉俗，或看破红尘，或借立碑以宣泄内心冤屈的立碑人，在撰写碑文、题书碑名时别出心裁，意用诙谐、调侃乃至粗俗、荒诞之词，将碑文、碑名题写得极为奇特怪异，令人匪夷所思，不知所云，难以捉摸。这种奇名、怪文、诡异的碑刻自古至今甚为稀少，据查考，仅有河南淇县被人们简称为《扯淡碑》的明代《扯淡，再不来了碑》，江苏苏州灵岩山的清代《"再来人"碑》等寥寥可数的几块。这些碑由于碑文、碑名怪异奇特，令人冥思苦想而难得其解，因此引起人们的极大兴趣，备受瞩目。

天地造化、神工鬼斧的水木奇缘碑

说到碑，人们都知道它们不是竖立在地上就是镌刻在山崖岩壁上，然而在中国古代碑刻的发展过程中，有一些碑碣借助于大自然神力的造化，与水结下了不解的奇缘。这些平时淹没在江中水下，只有在枯水时才能露出水面，让人见到真容的摩崖石刻，形成了时隐时显的"水下碑林"。其中规模最大、最蔚为壮观的涪陵《白鹤梁题刻》，据查考，共镌有唐、宋、元、明、清、民国及新中国成立后的历代摩崖题刻一百八十多段，其中唐代一段，宋代九十八段，元代五段，明代十六段，清代二十三段，近现代四十多段。

千百年来，还出现了一些碑石被巨大的树木紧紧地包裹，以至于两者根本无法分开的"木石一体"奇碑，形成了"古树吞碑""树中嵌碑"等种种奇特罕见、怪异有趣的现象；还出现了以神奇枯木为"碑石"镌铭刻字的"树腹碑"：在巨大的枯木内外，镌有唐、宋、元、明各代名人留下的题刻二十七段，这一在国内独一无二的珍稀奇碑，受到历代金石家的高度重视。这些与水、木结下不解奇缘的珍稀碑刻，是中国古代碑刻中旷世罕见的奇妙景观。

技艺高超、奥妙无穷的奇技巧制碑

中国碑刻在讲究书法艺术的同时，历来也非常重视碑的镌刻技艺和制作技艺。因此，在中国碑刻的三千年历史长河中，不仅涌现出了许许多多书法艺术超凡绝伦的精品佳作，还出现了一些制作技艺高超、镌刻技艺精湛、构思奇特巧妙的珍稀奇碑。这些碑所刻的字画，有的时隐时现，有的会晃动，有的会变幻，有的碑文排列不循常规，可谓匠心独运、奇技巧制、奥妙无穷。此类碑刻历代都有出现。据查考，至今遗存于世的，碑上所刻字画会发生各种不同变幻效果的珍稀奇碑，有云南昆明黑龙潭龙泉观刻制于明代的《龙泉观凸字碑》，河南永城芒砀山刻制于明代、重建于现代的《汉高祖斩蛇处碑》，扬州欧阳修祠刻制于清代的《欧阳修画像碑》等；碑上所刻字画会时隐时现的珍稀奇碑，有四川仁寿黑龙滩风景区崖壁上的宋代隐形摩崖；碑文排列一反常规的珍稀奇碑，有福建福州北郊马鞍村刻制于清代的《林则徐墓碑》等。这些碑刻巧夺天工，都是用特殊方法和技巧书刻、制作的，其中有些制作和镌刻技艺至今仍未能被人们破解和掌握，因而颇具传奇色彩，充满吸引力。

形体奇特、碑材特殊的异形奇材碑

"光武中兴，武功既盛，文事亦隆，书家辈出，百世宗仰，摩崖碑碣几遍天下。"（祝嘉《书学史》）东汉时期，中国碑刻发展进入了成熟阶段。碑已不是过去那种用天然石块略作加工而成的简单"竖石"，而是用人工采制石精细打磨成的十分规整的条石。其形制已定型，由碑座、碑身、碑首三部分组成；总的来说分为由条石直立制作的竖碑和由条石横躺制作的卧碑两种。萌生于三国两晋时期的墓志到南北朝时期也已发展成熟定型，其形状为正方形或长方形，由精细打磨的人工采制石制成。然而，在中国碑刻漫长的发展历程中，也出现了一些形体与众不同，碑体材质另类特殊的碑和墓志。这些风貌奇伟的由异形奇材制作而成的碑和墓志，或如鼓似龟、如墙似柱，如打开的日历，似舒展的书卷，或硕大无比，摄人心魄，或用稀世化石、铜、仿金材料、玻璃为主要材料建造而成，可谓多姿多彩，光华璀璨，令人心驰神往。

身份高贵、至尊至荣的帝王御碑

碑作为一种既易于取材,又坚硬耐磨、不易损坏、能垂之久远的文字载体,自产生后不仅广受平民百姓的钟爱,而且也受到企望流芳百世、永垂青史、万年不朽的帝王的青睐。正如司马迁《史记·秦始皇本纪》所记载的"古之帝者……犹刻金石,以自为纪"那样,历代以来不少皇帝都亲撰亲书碑文,勒石立碑,因而在中国碑刻发展史上涌现出了许多身份高贵、至尊至荣的帝王御碑。据查考,现存世的中国历史上最早的帝王亲撰亲书御碑是北魏孝文帝《吊比干文碑》,此后唐、宋、明、清各代皇帝也有不少亲撰亲书御碑留存于世,尤其是盛唐时期、宋代、明初和清康乾盛世,帝王御碑最多。这些御碑,虽然并非都是碑文和书法艺术的精品佳作,但由于出自身份高贵、地位尊荣的皇帝之手,故而在中国历代碑刻中具有非同一般的地位。

气势恢宏、篇幅浩繁的石刻经书碑

在绚丽多姿的中国历代碑刻万花苑中,不仅有不计其数的单体碑刻,还出现过不少规模宏大的石刻经书碑。这些经书由几十块、几百块甚至数千块、上万块石碑有序地组合在一起,形成一部部石质的儒释道经典奇书。其刊刻规模之浩大、篇幅之浩繁、气势之恢宏,是中国碑刻文化的一大奇观。据查考,我国古代先后刊刻过七部规模宏大的儒学石刻,开先河的是东汉《熹平石经》,继而有三国时期《正始石经》(亦称《三体石经》《魏石经》)、唐代《开成石经》、五代《蜀石经》、北宋《嘉祐石经》、南宋《宋高宗御书石经》、清代《乾隆石经》。北朝时期,随着佛教传播的日益广泛,大批僧人和佛教信徒为了弘扬佛教经义,先后在山东、河北、河南等地的许多山崖石壁上镌刻了大批佛经。佛教摩崖石刻经书主要集中在两大区域:一是山东泰峄山区的洪顶山、徂徕山、泰山、水牛山、峄山、尖山、铁山、冈山和葛山;二是太行山东麓以邺城为中心的小南海、南北响堂山、中皇山。隋、唐、宋、辽、金、元、明时期,大批僧人和佛教信徒历时数百年,在北京房山云居寺镌刻了中国历史上规模最大的汉字佛教石经《房山云居寺石经》;在青海省黄南藏族自治州泽库县和日寺镌刻了由三万多块经板刻石组成的藏文佛教石经《和日石经》,堪称世界佛教石经之最。金元时期,在中国道教全真派的发祥地和主要活动的地区——山东文登昆嵛山的圣经山,出现了中国古代最大、最为著名的《太上老子道德经》摩崖石刻经书。这些儒释道石刻洋洋大观，保存了大批儒释道经典，是石质的儒释道文化宝库，具有珍贵的历史文化价值。

大气磅礴、摄人心魄的巨字摩崖石刻

摩崖石刻是中国碑刻的一个重要组成部分，在先秦时代即已产生，东汉时已为数不少，只是那时的摩崖石刻都刻字较小。北朝时期，随着大规模摩崖刻经热潮的兴起，涌现出了以被称为"大字鼻祖"的"大空王佛"为代表的"大山岩佛""释迦牟尼佛""弥勒佛""阿弥陀佛""观世音佛""高山佛""安王佛""维卫佛""具足千万光相佛""药师琉璃光佛王""无□□佛"等一批巨字摩崖。宋代以后，摩崖巨字以其气势雄伟磅礴受到人们的钟爱。北宋时出现了浯溪碑林《巨"夬"镇妖摩崖》和苏东坡《"连鳌山"摩崖》，南宋时出现了重庆潼南大佛寺巨"佛"摩崖石刻。明清时期后，摩崖巨字进一步繁荣发展，达到了我国古代摩崖巨字发展的顶峰。明代时出现了我国古代最大的摩崖巨字——山西恒山《"恒宗"摩崖石刻》，我国古代最大的摩崖"寿"字——山东青州云门山《巨"寿"摩崖石刻》。清代时涌现出了泰山朝阳洞乾隆诗《万丈碑摩崖石刻》，北京白龙潭万福山金冠《大"福"摩崖石刻》，广西武鸣太极洞《巨"凤"摩崖石刻》，贵阳黔灵山《"虎"字摩崖石刻》、东山《"龙"字摩崖石刻》，福建厦门南普陀寺《巨"佛"摩崖石刻》和浙江普陀山《巨"心"摩崖石刻》。始于北朝、发展于宋代、兴盛于明清的摩崖巨字，大气磅礴，气势恢宏，书法艺术精湛，具有很高的景观点缀装饰作用和观赏价值，近现代以来特别是近几十年来，随着机械化开凿、镌刻能力的不断提高，这一艺术形式得到了进一步发展：代表作品诸如北京香山梅兰芳"五君子"《巨"梅"摩崖石刻》、川陕苏区通江红军标语巨字摩崖石刻、黄山《"立马空东海，登高望太平"巨字摩崖石刻》、湖北黄石《"西塞山"巨字摩崖石刻》、浙江德清莫干山《巨"翠"摩崖石刻》、山东邹城市峄山《巨"鳌"摩崖石刻》、山东日照《"日照"巨字摩崖石刻》、贵州凤冈太极洞《巨"凤"摩崖石刻》、山东青岛崂山巨字摩崖石刻群、黄山翡翠谷《巨"爱"摩崖石刻》、河北平山天桂山《巨"归"摩崖石刻》、山东青州黑山《巨"佛"摩崖石刻》、贵州仁怀赤水河《"美酒河"巨字摩崖石刻》、广西容县都峤山《巨"佛"摩崖石刻》、浙江新昌大佛寺佛心广场《巨"佛"摩崖石刻》、安徽休宁三溪大峡谷《巨"福"摩崖石刻》《巨"寿"摩崖石刻》、湖南桃江县浮邱山《"道"字摩崖石刻》、广西巴马长寿乡《"寿"字摩崖石刻》和《"寿在福中"摩崖石刻》等。巨字摩崖石刻不仅数量日益增多，而且刻字之大也不断创造纪录，一个个"中国之最"不断产生又不断被刷新。这些巨字摩崖石刻，大多镌刻在名山险壁、风景佳绝之处，是一种摄人心魄、蔚为壮观的人文景观。

诡怪莫名、奇奥难辨的神秘文字符号碑

中华碑海浩瀚无际，气象万千，其中，长期以来吸引无数人不辞辛劳、孜孜不倦地去寻访探究的，当数那些虽已发现但又神秘莫识、诡怪莫名、奇奥难辨，因而千百年来无数人绞尽脑汁都未能识读或未能完全识读的神秘文字符号碑了。据查考，历代以来我国发现的神秘文字符号碑为数稀少，总共仅十余块：《岣嵝碑》《红岩碑》《仙字潭摩崖石刻》《仙居蝌蚪文摩崖石刻》《广昌古源石刻"天书"》《仙居中央坑村摩崖石刻古文字》《九寨沟宝镜岩符咒摩崖石刻》《圈圈"手心文"石碑》《仓颉墓石室"鸟迹书"刻文》《雷公山"苗文碑"》《张飞岈石刻》等。这些神秘文字符号碑都是古已有之，其中有的在古代已被发现，史籍中已多有记载，如宋代《淳化秘阁法帖》中就已收录部分，也有一些则是近代乃至近年才被发现的。这些神秘文字符号碑除少数是石碑外，大多为摩崖石刻，藏于偏远的深山老林，有的甚至雕凿在悬崖绝壁上，多已流传逾千年，但究竟产生于什么时代，是何时何人所刻，所刻究竟为何种文字，究竟是大自然力量天然形成的还是人工凿刻的，神秘莫识的文字符号到底蕴含着怎样的玄机和奥秘，它们是古代天象的记录、远古人类的祭祀咒语还是古人的记事文字，至今仍都是未解之谜。数百年来，明、清和近现代学者对这些神秘文字符号碑刻进行了研究和探索，提出了种种不同见解，可谓仁者见仁，智者见智，众说纷纭，莫衷一是，至今无一定论。各种五花八门的猜测和种种传说，使这些神秘文字符号碑充满了诱人的魅力，人们期待着有朝一日能破解这些千古之谜，彻底揭开这些神秘文字符号碑的神秘面纱。

诸如此类的种种珍奇碑刻，虽在整个碑刻大家族中仅是很小的一部分，但由于其与众不同，独具特色，瑰奇多姿，有许多脍炙人口的典故轶闻，具有丰富的历史文化内涵、较高的审美价值、独特的艺术价值和宝贵的文物价值，因而具有特殊的魅力。这些珍奇的碑刻，是中华文化不可多得的瑰宝，在中国碑刻文化发展史上占有重要的地位，值得我们倍加珍惜和深入探究。

第一章

先秦、秦、汉时期的珍奇碑刻

清代著名金石学家叶昌炽在《语石》中说："凡刻石之文皆谓之碑。"这一论断，明确了碑的范围，这就是说，广义而言，凡石刻文字都统称为碑刻。中国的石刻文字——碑刻源远流长。先秦时期是中国碑刻的萌芽期。先秦古书《汲冢书》之一《穆天子传·卷三》记载："天子遂驱，升于弇山，乃纪亓迹于弇山之石，而树之槐，眉曰：'西王母之山'。"此事在《山海经·西山经》中也有记载。文中所说的刻有"西王母之山"五个字的"弇山之石"，是现在所知的中国历史上有记载的最早的石刻文字，也是迄今所知的中国历史上最早的碑刻。虽然历史典籍上未曾记载有人见过"弇山之石"，"弇山之石"也无拓片传世，但《穆天子传·卷三》《山海经·西山经》的有关记载已足以说明，三千多年前周穆王时（约公元前10世纪）我国已有石刻文字——碑刻。除此之外，在我国先秦时期和秦汉时期的其他一些文献典籍中也有关于刻石纪事的明确记载，如《墨子》中有"古者圣王……书于竹帛，镂于金石，琢于盘盂，传遗后世子孙"的记述；《史记·秦始皇本纪》中也有"古之帝者……犹刻金石，以自为纪"的记述。这些刻石纪事的记载都清楚地表明，早在先秦时期中国已出现碑刻，只是当时称为刻石，还不叫碑刻。关于这一点，清代著名学者王筠在《说文释例》中亦曾做过明确的阐述，指出："秦之纪功德也，曰立石，曰刻石。其言碑者，汉以后之语也。"

到秦代，由于秦始皇的大力倡行，刻石有了很大的发展。秦始皇一生好大喜功，在其攻灭六国后，为炫耀自己的"功德"和空前伟业，使自己的"英名"能永垂青史，秦朝的统治能传之万世，同时也为推行"书同文"树立范本，在多次出巡全国各地时，命丞相李斯等人通过增损大篆（古籀）创造出的小篆书写碑文刻石纪功，在全国各地立了诸多刻石。据查考，秦始皇统一六国后巡行各地十年间刻石纪功所立之石共有九块：始皇二十八年（前219）所立的有《峄山刻石》《泰山刻石》《之罘刻石》和《琅邪台刻石》，始皇二十九年（前218）所立的有第二块《之罘刻石》和《之罘东观刻石》，始皇三十二年（前215）所立的有《碣石门刻石》，始皇三十五年（前212）所立的有《东海上朐界刻石》，始皇三十七年（前210）所立的有《会稽山刻石》。

西汉王朝建立后，各代皇帝承袭了秦始皇所开的刻石纪功之风，如汉武帝就曾东巡碣石山刻石观海。西汉统治长达二百三十年，经济、文化空前繁荣昌盛，且书写的文字由繁复的篆书逐渐演化为较为简便易书的隶书，刻立的碑刻甚多。但正如明代学者赵崡在《石墨镌华》中所指出的，"西汉石刻传者极少"，令人遗憾。为什么会出现这种不合情理的现象呢？究其原因，主要是西汉末王莽篡汉所造成的恶果。对于这一点，宋代学者陈槱在《负暄野录》中说："新莽恶称汉德，凡所在有石刻，皆令仆而磨之，仍严其禁，不容略留，至于秦碑，乃更加营护，遂得不毁，故至今尚有存者。"正是因为王莽的毁灭性摧残和破坏，西汉刻石特别是那些纪颂汉室功德的碑石逃过这场空前劫难幸存传世的寥若晨星。

东汉时期，由于厚葬和谀墓之风甚烈，广竖墓碑的社会风气日盛，且文字书写由篆入隶日趋成熟，简便易书的隶书越来越盛行，使得文字镌刻起来较为简易方便，故而碑刻在数量上有了很大的增长。同时，在种类上，不仅由墓碑繁衍派生出了纪事、纪颂功德、刻载经文、祭祀神明等用途丰富的石碑类型，而且还初步形成了由刻石、碑、碣、表、颂、石阙、石经、墓莂、摩崖、画像题刻、题字、题名、墓石等许多类型构成的"碑刻家族"群体，出现了刘勰《文心雕龙·诔碑》所说的"后汉以来，碑碣云起"的繁盛局面，中国碑刻的发展出现了高峰。正如祝嘉《书学史》中所说的那样："光武中兴，武功既盛，文事亦隆，书家辈出，百世宗仰，摩崖碑碣几遍天下。"

正如世界上一切事物发展都具有多样性和特殊性一样，从先秦、秦到两汉，随着碑刻的萌生、繁衍、发展、兴盛及文字书体由篆向隶日渐演化，一些与众不同、别具一格的珍奇碑刻也应运而生。

第一节　珍奇碑刻之滥觞
——"中国第一古物"先秦《石鼓文》

先秦和秦的刻石是形状各异、大小不定，未经人为磨制加工，无一定形制的天然石块。随着磨制加工技艺的发展，到汉代时，刻石的形制逐渐发展成熟，如汉代许慎在《说文解字》中所说的"碑，竖石也""碣""特立之石"那样，形成了规范的形制，演变为具有一定规格尺寸的长方形、方形或圆首长方形的石碑。《辞海》释文："碣"即是"圆顶的碑石"。

令人惊叹的是，在刻石形状各异、无一定形制的先秦时期，竟然出现了一组经过人为精细磨制加工而成的具有奇特形制的珍奇碑刻，那就是历来被认为是我国最早的石刻文字——世称"石刻之祖"的《石鼓文》。它被清代改良派领袖、近代著名书法家康有为誉为"中国第一古物"，2013年被《国家人文历史》杂志推举为中国九大镇国之宝之一。

《石鼓文》因文字刻在状如鼓形的石上而得名。其实石鼓并不真是鼓，只因外形有些似鼓，而《后汉书》又有"石鼓"一词，故名曰"石鼓"，其四周所刻文字叫"石鼓文"。郭沫若在《石鼓文研究》序中说"石鼓呈馒头形"，"它所象征的是天幕，就如北方游牧民族的穹庐，今人所谓蒙古包"。《石鼓文》现珍藏于北京故宫博物院皇极殿东配殿内的石鼓馆，是中国现存的最早文字刻石，亦是我国迄今发现的历史上最早的经人工精细磨制雕凿而成的奇形碑刻。清代著名金石学家叶昌炽《语石》称其"非李斯以下所能作，自是成周古刻，海内石刻，当奉此为鼻祖"。

现今遗存石鼓共有十个，系用十块石质坚顽的青黑色花岗岩雕凿而成，其形制为四围圆，中间微侈，底大而平，顶圆而稍尖，上狭下大。十鼓的大小并不规则，高度四十五至九十厘米不等，直径六十多厘米。每个鼓上都环刻着一首四言韵文诗，共刻有十首诗，每首十八九句不等，形成组诗，诗韵风格很像《诗经·小雅》。

根据历代学者考证，石鼓每鼓约刻七十字，直列九至十五行，每行五至八字不等，十鼓总计刻字在六百五至七百字之间。但到唐宋时石鼓已残损，据宋代欧阳修所见，当时十鼓已仅存四百六十五字，后又历经千年磨难，现《马荐诗鼓》已一字无存，另九鼓也严重磨灭残损，所存仅二百七十余字。据查考，除了河南安阳殷墟出土的《小臣系石簋》残耳上存有两行十二个石刻文字，以及民国初年在河北平山中山国墓葬地发现的战国中山王陵《中山国河光刻石》上的竖刻两行文字共十九个文字外，《石鼓文》是中国现存最早、字数最多的石刻文字。2009年，古文字学者、书画家熊国英又以其开阔的眼界、深厚的艺术修养和精准的造型能力，对《石鼓文》上残泐不全的文字进行了精心修补，前后共修复残字一百余个，补齐了缺失的空字一百一十三个，使目前能见到的古拓本的完整字数由二百七十二字增加至近五百字。他又用首创的"墨彩书"技法逐字填金,终于再现了《石鼓文》的厚重气象。见图1-图6。

图1 先秦石鼓文全图

图2 銮车诗鼓

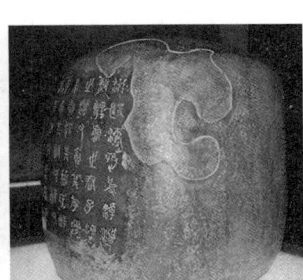

图3 汧殹诗鼓

图4 田车诗鼓

图5 吾车诗鼓

图6 马荐诗鼓

《石鼓文》不仅是中国历史上最早的奇特形制碑刻，也是中国历史上最早的书体嬗变碑刻。石鼓身上所刻的文字集大篆之成，开小篆之先河，在文字史上起着承前启后的作用，对汉字演化研究有着重要而深刻的意义。《石鼓文》书体（图7、图8）体态堂皇大度、横平竖直、严谨而工整，结体紧密、浑然一体、气质雄浑，体势整肃、端庄凝重，笔力稳健、刚柔相济、古茂遒朴而有逸气，史称"书家第一法则"。《石鼓文》书写善用中锋，笔画粗细基本一致，有的字结体对称平正，有的字则参差错落，近于小篆而又没有小篆的拘谨，充满古朴雄浑之美。在章法布局上，《石鼓文》虽字字独立，但又注意到了上下左右之间的偃仰向背关系，其笔力之强劲在石刻中极为突出，在古文字书法中别具奇彩，独具风神。《石鼓文》比金文（也叫钟鼎文）规范、严整，但仍在一定程度上保留了金文的特征，它是西周金文向秦代小篆嬗变的代表作。从书体上看，《石鼓文》上承春秋中期的青铜器《秦公簋》铭文（图9），下启秦代李斯之小篆（图10）。其字体方正大方，横竖折笔之处圆中寓方，转折处竖画内收而下行时逐步向下舒展，其势风骨嶙峋又风致楚楚；然而又比《秦公簋》的铭文更趋于方正丰厚，用笔起止均为藏锋，圆融浑劲，结体促长伸短，匀称适中，古茂雄秀，是由金文向小篆衍变而又尚未定型的似金文非金文、似小篆非小篆的一种嬗变过渡性书体。《石鼓文》在中国书法史上起着承前启后的作用，被历代书家视为学习篆书的重要范本，享有"书家第一法则"之称誉，后世学篆者皆奉为正宗，无不临习。《石鼓文》对书坛的影响以清代最盛，如杨沂孙、吴大澂、吴昌硕等著名篆书家，就是主要通过研学《石鼓文》方形成自家风格而享誉书坛的。

图7　石鼓文书体（一）　　　　　　图8　石鼓文书体（二）

图9 秦公簋铭文　　　　　图10 泰山刻石小篆

据有关资料记载，《石鼓文》的发现、保存、流传经历极为曲折，富有传奇色彩。

据查考，《石鼓文》自春秋时期刻成后，历经春秋、战国、秦、汉、三国、两晋、南北朝、隋朝共一千多年，一直埋于西北高原的草泽泥土之中，直到唐初时始于陕西凤翔府天兴县三畤原被发现，之后才见诸记载。唐太宗贞观（627—649）中，吏部侍郎、文学馆学士苏勖曾记其事云："世咸言笔迹存者，李斯最古，不知史籀之迹，近在关中，虞、褚、欧阳共称古妙。虽岁久讹缺，遗迹尚有可观。而历代纪地理志者，不存记录，尤可叹息。"文中"史籀之迹"所指即是《石鼓文》。《石鼓文》是籀文留传后世、保存比较完整且字数较多的书迹之一。历史上，苏勖第一个提出《石鼓文》是史籀的笔迹。这一看法得到了唐代武后年间（690—704）书学家李嗣真的赞同，开元年间（713—741）著名书法理论家张怀瓘也给予了论证。李嗣真在《书后品》中说："史籀埋没，陈仓籍甚。"张怀瓘在《书断》中说："籀文者，周太史籀之所作也，与古文小异，后人以名称书，谓之籀文……其迹有石鼓文存焉。盖叙（周）宣王畋猎之所作，今在陈仓县。"又赞美石鼓书法云："体象卓然，殊今异古。落落珠玉，飘飘缨组。仓颉之嗣，小篆之祖。以名称书，遗迹石鼓。"据考，"石鼓""石鼓文"之名最早即始于此。石鼓文也由此而被称为《陈仓十碣》《陈仓刻石》。又因石鼓所刻文辞中有"汧"字，"汧"即汧源，系秦襄公都府，在秦雍地，故《石鼓文》又被称为《汧阳刻石》

《雍邑刻石》。此外，因《石鼓文》被发现后其内容最初被认为是记叙周宣王出猎之事，故当时又被称为"猎碣"。唐肃宗至德时（756—757）书法家窦臮著《述书赋》上下二篇，其兄窦蒙为之作注，云："岐州雍城南，有周宣王猎碣十枚，并作鼓形，上有篆文；今见打本。"《石鼓文》在历史上被称呼为"猎碣"最早即源于此。而文中所言"打本"即是拓本，说明唐肃宗至德时已有《石鼓文》拓本流传于世。而对发现《石鼓文》地点记载最为明确的，则是唐宪宗元和年间（806—820）一代名相李吉甫的《元和郡县志·天兴县志》，志文记载："石鼓文在县南二十里许，石形如鼓，其数有十……"从这些记载中可以得知，《石鼓文》最迟在唐太宗贞观年间（627—649）已被发现。

遗憾的是，《石鼓文》在唐初被发现后并未受到应有的重视，长期被"散弃于野"。直到后来，由于虞世南、褚遂良、欧阳询等大书法家纷纷大赞其古妙的书法，特别是大诗人、大文学家韦应物、杜甫、韩愈等竞相吟作《石鼓歌》等诗文，《石鼓文》始显于世。韦应物的《石鼓歌》云："周宣大猎兮岐之阳，刻石表功兮炜煌煌。石如鼓形数止十，风雨缺讹苔藓涩。今人濡纸脱其文，既击既扫白黑分。忽开满卷不可识，惊潜动蛰走云云。喘逶迤，相纠错，乃是宣王之臣史籀作。一书遗此天地间，精意长存世冥寞。秦家祖龙还刻石，碣石之罘李斯迹。世人好古犹共传，持来比此殊悬隔。"韦应物的诗开始引起了人们对《石鼓文》的关注，而韩愈的《石鼓歌》则对当时和后世产生了很大的影响。其诗云：

  张生手持石鼓文，劝我试作石鼓歌。
  少陵无人谪仙死，才薄将奈石鼓何。
  周纲凌迟四海沸，宣王愤起挥天戈。
  大开明堂受朝贺，诸侯剑佩鸣相磨。
  蒐于岐阳骋雄俊，万里禽兽皆遮罗。
  镌功勒成告万世，凿石作鼓隳嵯峨。
  从臣才艺咸第一，拣选撰刻留山阿。
  雨淋日炙野火燎，鬼物守护烦㧖呵。
  公从何处得纸本，毫发尽备无差讹。
  辞严义密读难晓，字体不类隶与蝌。
  年深岂免有缺画，快剑斫断生蛟鼍。

鸾翔凤翥众仙下，珊瑚碧树交枝柯。
金绳铁索锁钮壮，古鼎跃水龙腾梭。
陋儒编《诗》不收入，二《雅》褊迫无委蛇。
孔子西行不到秦，掎摭星宿遗羲娥。
嗟余好古生苦晚，对此涕泪双滂沱。
忆昔初蒙博士征，其年始改称元和。
故人从军在右辅，为我度量掘臼科。
濯冠沐浴告祭酒，如此至宝存岂多？
毡包席裹可立致，十鼓只载数骆驼。
荐诸太庙比郜鼎，光价岂止百倍过？
圣恩若许留太学，诸生讲解得切磋。
观经鸿都尚填咽，坐见举国来奔波。
剜苔剔藓露节角，安置妥帖平不颇。
大厦深檐与盖覆，经历久远期无佗。
中朝大官老于事，讵肯感激徒媕婀。
牧童敲火牛砺角，谁复著手为摩挲。
日销月铄就埋没，六年西顾空吟哦。
羲之俗书趁姿媚，数纸尚可博白鹅。
继周八代争战罢，无人收拾理则那。
方今太平日无事，柄任儒术崇丘轲。
安能以此上论列，愿借辩口如悬河。
石鼓之歌止于此，呜呼吾意其蹉跎。

  韩愈此诗具有重要的史料与文学价值，被清人选入了《唐诗三百首》。从史料记载中可以得知，当时担任太学博士的韩愈对《石鼓文》是极为看重的，将它视为至宝，曾荐诸太庙，"请于祭酒，欲以数橐驼舆致太学"，将散弃于野的《石鼓文》运往长安太学。但由于种种原因，韩愈最终并未如愿以偿。据宋代王厚之《石鼓文》跋词记载，直到唐宪宗末年即元和十五年（820）时，才由郑庆余将散弃于野的石鼓运送放置于凤翔的夫子庙中。然而不幸的是，在五代时期的变乱中，石鼓又都散失了。

根据南宋郑樵《石鼓音·序》及有关资料记载，石鼓在宋金时屡遭厄运，经历颇为坎坷。宋仁宗亲政期间，重视文物古迹的耀州知府司马池升任利州路转运使并知凤翔府。他不辞烦劳地搜寻已散失的石鼓，终于找回了流落于各处的九个石鼓，将它们再次载运到凤翔府学，安放在府学门廊下，妥为收藏、保护。宋仁宗皇祐四年（1052）金石收藏家向传师到民间探访，历经周折，终于又找到了唐宪宗时已丢失的《作原诗鼓》（图11）。尽管找回时石鼓上端已被凿成米臼，每行仅存四字，但饱经沧桑的十个石鼓散而复聚，是一件非常值得庆幸的事。著名的北宋诗人梅尧臣曾为之赋诗志贺，诗云："……传至我朝一鼓亡，九鼓缺剥文失行。近人偶见安碓床，亡鼓作臼剜中央。心喜遗篆犹在傍，以臼易臼庸何伤。以石补空恐舂粱，神物会合居一方。"

图11 作原诗鼓

大观元年（1107），宋徽宗诏命将十个石鼓一并移置北宋都城汴京（开封），先放置于辟雍（太学），后搬入大内保和殿，把石鼓奉为宝物，珍若拱璧，并下诏用黄金填其字，一方面避免石鼓诗文被复拓，一方面示其贵重。然而好景不长，靖康之变中，金兵攻占汴京，石鼓又再一次遭殃，被掠往北方。据元代虞集《石鼓序略》记载，当时，"金人得汴梁奇玩，悉辇置燕京，不知（石鼓）为何物，但见其以金涂字，必贵物也，亦在北徙之列，置之王宣抚家"。金人虽觉得石鼓大约是珍贵的东西，但因不识其究竟为何物，故在将石鼓掠运到燕京（今北京）后，剔出字中填金，就将石鼓放置在王宣抚家不再过问，以致后来被埋入王宣抚家菜园之中，直到元代才又重见天日。

关于石鼓在元代重见天日的经过，虞集的《石鼓序略》中也做了记载，其文云："王宣抚宅后为大兴府学。大德之末，集（指虞集本人）为大都教授，得此鼓于泥土草莱之中，洗刷扶植，足十鼓之数。后助教成均言于时宰，得兵部差大车十乘载之，置于今国子学大成殿门内，左右壁下各五枚，为砖坛以承之，又为疏棁而肩镐之。"据考，石鼓约是在金兵将其掠往北京的一百八十年后，即元成宗铁穆耳大德末年（约1307），再次出土后置于大都路学的。元仁宗爱育黎拔力八达皇庆年间（1312—1313）又用兵部的大车将石鼓搬运至国子监（即北京孔庙）大成殿，安放于殿门左右两边，每边各五个，鼓下边用砖坛承托，四周设围栏保护。此后石鼓就在国子监大成殿安放了六百年之久。

乾隆皇帝极为珍爱《石鼓文》，为了保护其不受损坏，特于乾隆十五年（1750）诏令为国子监的原石鼓设立重栏加以保护。清乾隆五十五年（1790），乾隆皇帝观石鼓后大为赞赏，下诏另选十块好石头仿原石鼓之形雕成了十个新的石鼓，上面摹刻了原石鼓的诗文，即为"乾隆石鼓"（图12），也安置于国子监，允许人随意椎拓，以广泛流传。乾隆石鼓今在孔庙大成门外两侧，乾隆帝在此立有碑文。《石鼓文》之所以后来会有新、旧两种，即源于此。

抗日战争时期，日军攻陷沈阳，危及北京安全。为了保护石鼓这"中国第一古物"，在原故宫博物院院长、著名考古学家马衡先生等爱国志士的

图12 北京孔庙清乾隆石鼓

保护下，石鼓和其他故宫文物一起，辗转万里南迁四川峨眉山。抗日战争胜利后，石鼓由峨眉山运到南京，直至1949年新中国成立后才迁回北京，陈列于故宫博物院归箭亭内。石鼓现珍藏于北京故宫博物院石鼓馆（图13）。

《石鼓文》在唐代即有拓本。唐肃宗时窦蒙为其弟窦臮《述书赋》作注时说石鼓"上有篆文，今见打本"，唐代宗时诗人韦应物作《石鼓歌》说《石鼓文》"今人濡纸脱其文，既击既扫白黑分"，韩愈作《石鼓歌》说"公从何处得纸本，毫发尽备无差讹"。这些记述都证实了《石鼓文》在唐代已有拓本。遗憾的是，唐代的《石鼓文》拓本并未能流传于后世，现所见最早的《石鼓文》拓本是北宋遗物。由于年代久远，且长期弃置于荒野，石鼓刻石文字多残损，北宋宋仁宗时（1023—1063）欧阳修所录《石鼓文》已仅存四百六十五个字，元代金石学家吾丘衍所见拓本仅为四百三十个字，明代范氏天一阁藏宋拓本（即元代赵孟頫藏本）

图13　珍藏于北京故宫博物院石鼓馆中的石鼓

为四百六十二个字，其中"马荐"鼓已一字无存。现存世的《石鼓文》拓本，以天一阁所藏北宋四百二十二字拓本为最佳。最初，人们并不知天一阁珍藏有此拓本，清乾隆时张燕昌据此摹刻后始为人知，但咸丰十年（1860）原拓本毁于兵火，失传。

　　谈及《石鼓文》拓本，特别值得一提的是明嘉靖年间江苏无锡藏书家兼印刻家桂坡老人安国所做出的贡献。他不惜耗费二十年精力，用资白银万两，收藏了宋元时期的十种《石鼓文》精拓本。他以此为豪，称之为"神物获得，垂诸百世"，以"十鼓斋"命名自己的书斋。在这十种精拓本中，以"先锋""后劲""中权"三种宋拓本最为珍贵，为稀世之宝。其中，"先锋本"最古老，有字四百八十个；"后劲本"字数最多，是北宋徽宗大观建贡本，时间晚于"先锋本"，有字四百九十一个；"中权本"时间最晚，是北宋徽宗政和二年（1112）赐本，有字四百六十五个，其中半字三十五个。根据这三种宋拓本互补，可得五百零一字，从中基本上可看出《石鼓文》的全貌，这为后人释读、研究《石鼓文》提供了极为有利的条件，无怪乎郭沫若等著名学者对安国在保存《石鼓文》拓本上所做出的重大贡献倍加赞赏了。至为遗憾的是，安国所藏拓本早已流落海外。清道光年间安国后人分家产时，在家中拆售的藏书阁——天香阁的房梁上面，发现了《石鼓文》拓本，共计十册，后为邑人沈梧所得，其中以"先锋本"本最为完好。民国时，这些拓本归锡山秦文锦所得。抗日战争前夕，秦文锦将此三册及安国所藏另一宋拓《石鼓文》一并卖给日本东京财阀三井银行老板河井荃庐氏，致使《石鼓文》的善拓本流落异国。所幸1936年郭沫若旅日时，在河井荃庐处得见"先锋本"拓本的照片，将其复制，邮寄至上海著名书法家沈尹默处，请其设法印行，并根据这张照片著成了《石鼓文研究》一书，这才使今天中国国内得以了解《石鼓文》最早、最好的拓本。安国所藏的宋拓"先锋本"，旧商务印书馆、文物出版社有影印本，收录在郭沫若所著《石鼓文研究》一书中。上海艺苑真赏社有"中权本"影印本。中华书局、日本二玄社出版的《书迹名品丛刊》中有"后劲本"影印本。上海书画出版社《书法》1984年第3期也刊有《石鼓文》的宋拓影印本。除宋拓本外，一般以"氿殴"之"氿"字未损本为明初拓本，以"黄帛"二字未损本为明中叶拓本，以"氐鲜鱄又之"五字未损本为明末清初拓本。《石鼓文》的翻刻本种类极多，其中以清代阮元、张燕昌等所刻"天一阁本"为最好，然亦只具形骸，而失去了原刻的神韵。《石鼓文》影印本以商务印书馆出版的郭沫若《石鼓文研究》后附录的"先锋本"、中华书局出版的"后劲本"、艺苑真赏社出版的"中权本""安国藏宋拓本"和日本博文堂徐坊藏"氿"字未损本为最好。

《石鼓文》自唐初被发现后，吸引了人们的广泛关注，一千三百多年来，对石鼓文所刻的内容究竟是什么，究竟是何时所刻，各代学者从考古、历史、文字、书法、文学等各种不同角度进行了持续的研究和考证，论著浩繁，不下数百种。唐代有李嗣真《书后品》、张怀瓘《籀文赞》、杜甫《赠李潮八分小篆歌》、窦臮《述书赋》、韦应物《石鼓歌》、李吉甫《元和郡县志》、韩愈《石鼓歌》，宋代有梅圣俞《咏仿石鼓文》、欧阳修《石鼓文》、苏东坡《石鼓歌》、苏辙《石鼓歌》、张耒《瓦器易石鼓歌文》、郑樵《石鼓音序》、洪适《石鼓诗》，元代有张养浩《石鼓诗》、揭傒斯《石鼓诗》、宋褧《送汪编修出知余姚州赋得石鼓作》、周伯温《石鼓赋》、罗曾《石鼓赋》、李炳奎《石鼓赋》、马臻《文庙石鼓诗》、吴师道《赋得石鼓送达兼善山守绍兴作》，明代有顾文昭《石鼓诗》、唐之淳《石鼓诗》、卢原质《石鼓诗》、程敏政《石鼓诗》、李东阳《石鼓歌》、何景明《石鼓歌》、王维桢《石鼓残文歌》、于奕正《石鼓歌》、沈一贯《观太学石鼓歌》、王家屏《太学石鼓歌》、刘应秋《太学石鼓歌》、董其昌《石鼓歌》、邓宗龄《观太学石鼓歌》、朱国祚《石鼓歌》、黄辉《石鼓歌》、韩寄菴《石鼓歌》、郭天中《石鼓诗》、方逢年《石鼓歌》，清代有刘汉儒《石鼓诗》、王原《石鼓歌》、左重耀《刻石鼓文铭》、刘凝《游国学摩挲石刻恭赋二律》、朱彝尊《雨过刘学正兼隐斋观石鼓文拓本》、王士祯《石鼓山》、宋荦《石鼓歌用苏子瞻原韵和王令贻张宏蘧》、张尚瑗《读王令贻石鼓歌追和子瞻韵》、吴苑《石鼓歌》、陈廷敬《石鼓歌》、王云廷《太学十咏·周宣石鼓》、许孙荃《石鼓山诗》、康熙皇帝《石鼓赞》、沈德潜《石鼓歌》、李锴《太学石鼓赋》、全祖望《国子监石鼓赋》、乾隆皇帝《石鼓歌》、程晋芳《游太学观石鼓》、王鸣盛《石鼓歌》、高亢《石鼓歌》、姚鼐《孔㧑约集石鼓残文成诗》、翁方纲《辛鼓歌》、王恪《石鼓诗》、何绍基《书韩苏石鼓歌后》、曾国藩《太学石鼓歌》、冯煦《石鼓赋》、吴昌硕《石鼓诗》等等。然而，历朝历代见解各异，聚讼纷纭，至今还没有一个能够为大家普遍认同的结论。

举要而言，民国以前历代学者对《石鼓文》就有十多种不同的见解。

最主要的一种见解是"周宣王说"。《石鼓文》于唐初发现后，唐代的许多文人学者纷纷进行辨识考证，形成了较为一致的看法，即《石鼓文》所刻内容是记叙君王游猎之事；书写在《石鼓文》上的文字是籀文，而籀文是周朝晚期使用的文字，是史籀将原本的钟鼎文文字繁化改造而成的，而史籀是周宣王的太史，他在《石鼓文》上记叙君王游猎之事，那这位君王无疑就是周宣王。基于这一认识，唐朝的许多文人和学者都认为《石鼓文》是周宣王时所刻，记叙的是周宣王畋猎之事。《石鼓文》"周宣王说"影响很广，唐宋学者大多认从之，其后还得到了清康熙皇帝与乾隆皇帝的认同。

除"周宣王说"这一主要见解外，唐以后、民国以前的历代学者还提出了多种不同见解。宋代欧阳修的《石鼓跋尾》虽认同《石鼓文》属周宣王时史籀所作，但对唐人之见解提了三个疑点；宋代董逌《广川书跋》、程大昌《雍录》、沈梧《石鼓文定本》等，认为《石鼓文》是周成王时所刻，记叙的是周成王游猎之事；宋代郑樵《通志略》《石鼓音序》认为《石鼓文》系先秦之物，是东周时秦惠文王至秦始皇帝之前秦人所刻；金代马定国《石鼓辨》认为《石鼓文》是北朝时期周朝宇文周时所刻；明末清初著名学者顾炎武《金石文字记》也认为《石鼓文》是北朝时期周朝宇文周时所刻；明武宗正德六年（1511）状元杨慎、清乾隆年间著名学者全祖望等认为《石鼓文》是秦襄公时所刻；清代武亿的《金石跋》认为《石鼓文》是汉代所刻；清代俞正燮《答成君瑾书》认为《石鼓文》是北魏太平真君七年（446）时所刻；清代姚大荣《石鼓文足证记》也认为《石鼓文》是北魏太平真君七年（446）时所刻；清末震钧《石鼓文集注》和《天咫偶闻》

认为石鼓诗文内容与《史记·秦本纪》所记载的"文公三年，以兵七百人东猎。四年，至汧渭之会"等史实相符，提出《石鼓文》是秦文公东猎时（前736）所刻；清末王闿运《湘绮楼文集》认为《石鼓文》是晋代所刻；清末民初国学大师王国维《观堂集林·别集》认为石鼓文字与《秦公簋》《虢季子白盘》铭文，体势与血脉相承，盖同一时期所铸，故提出《石鼓文》是秦德公时所刻；清末民初另一位国学大师罗振玉《石鼓文考释》认为《石鼓文》是秦文公时所刻……上述各家所定的年代，上至公元前11世纪，下至公元6世纪，上下相差达一千七百年，由此可见各家分歧之大。在上述诸说中，以郑樵的东周秦惠文王至秦始皇之前秦人所刻之说对后世影响最大。郑樵根据石鼓所用"殹""蒸"二字屡见于秦斤、秦权，始定《石鼓文》为秦鼓。虽然依据不太充分，但奠定了日后将《石鼓文》定为秦刻石的基石。

近代以来，经过大量考证，我国学术界意见大体上趋于一致。在《石鼓文》的刻制年代和记述对象上，近现代学者与古代学者持不同见解，大多认为《石鼓文》记叙的不是周王，而是东周时的秦国国君，基本上都肯定《石鼓文》为东周时秦刻石，但在具体年代上仍各说不一。马叙伦的《石鼓文疏记》认为《石鼓文》刻于秦文公时；1929年，时任故宫博物院副院长的马衡发表《石鼓文为秦刻石考》，认为《石鼓文》是秦穆公始霸西戎、天子致贺时（前659—前621）所刻；罗君惕《秦刻十碣考释》认为是秦惠文王至秦始皇帝之前秦人所刻；郑质清在《石鼓试读》中认为《石鼓文》刻于秦惠文王三年（前335）以后；1939年，郭沫若先生的《石鼓文研究》问世，认为《石鼓文》是东周初年之物，刻于秦襄公八年（周平王元年，前770，即周室东迁之年）；1955年，郭沫若在《石鼓文研究》中对"襄公说"作了进一步论证，并提出石鼓"建畤说"的看法。他根据《元和郡县志》记载，认为石鼓出土于三畤原，故必与三畤之一的建立有关；又据《汧殹诗鼓》"汧殹沔沔"与《霝雨诗鼓》"汧殹洎洎"等与汧水有关的诗句，以及《而师诗鼓》"天子囗来，嗣王始囗"诗句中出现的"天子"与"嗣王"称谓等，认为《石鼓文》内容与襄公八年（前770）护送周平王东迁和建畤的史实相合，《石鼓文》应是秦襄公时代之遗物。之后，张光远在《先秦石鼓存诗考简说》等文中，进一步提出《石鼓文》产生于襄公十年（前768），诗歌作者是太史由。马叙伦、许庄叔、宋鸿文、杨寿祺、尹博灵等都认为《石鼓文》是秦文公时所刻，只是各自立论的依据并不完全相同，石鼓刻制的具体时间也不太一致，刻制的原因也各自有别。王美盛（《石鼓文解读》）认为《石鼓文》作于公元前525年，为东周王时所刻；段飏（《论石鼓乃秦德公时遗物及其他——读郭沫若同志〈石鼓文研究〉后》）、戴君仁（《重论石鼓的时代》）都认为《石鼓文》是秦德公时所刻；李仲操（《石鼓最初所在地及其刻石年代》）、胡建人（《石鼓和石鼓文考略——兼论郭沫若的襄公八年说》）和张启成（《论石鼓文作年及其与诗经之比较》）都认为《石鼓文》是秦宣公时所刻；马衡（《石鼓为秦刻石考》）和日本赤冢忠（《石鼓文の新研究》）认为《石鼓文》是秦穆公时所刻；王辉（《〈石鼓文·吴人〉集释——兼再论石鼓文的时代》）、徐宝贵（《石鼓文年代考辨》）等认为《石鼓文》是秦景公时所刻；香港易越石（《石鼓文书法与研究》）、徐畅（《石鼓文刻年新考》）认为《石鼓文》是秦哀公三十二年（前505）秦师胜吴人凯旋后所刻；李学勤（《东周与秦代文明》）认为《石鼓文》产生于春秋中晚期；裘锡圭（《文字学概要》）、黄奇逸（《石鼓文年代及相关诸问题》）、陈昭容（《秦公簋的时代问题：兼论石鼓文的相对年代》）等认为《石鼓文》产生于春秋至战国之间。原故宫博物院副院长唐兰最初在《石鼓文刻于秦灵公三年考》中主张《石鼓文》是秦灵公时所刻，后改变了看法，于1958年发表《石鼓年代考》，提出《石鼓文》是秦献公时所刻。他从铭刻、文学史、新语汇、字形、书法、发现地、石刻内容、地望等八个方面，详细地进行了论证，并结合文献记载，进一步判定《石鼓文》为秦献公十一年（前374）时所刻。在这些并立的诸说中，因唐兰先生提出的考证最为全面有力，故"秦献公说"在学术界的影响较大，但也不少人认为当以郭沫若"秦襄公说"为是。

在《石鼓文》的具体内容上，近现代学者的见解与古代学者是相一致的，也认为所记述的是君王游猎之事，只是所记的是秦国国君的游猎之事，而不是周王的游猎之事。经过潜心研究，郭沫若等近现代学者还基本释出了《石鼓文》的文字内容，并依《诗经》体例，取各篇起首文字为篇名，为十鼓上所刻十首韵文诗分别取名为《汧沔篇》《霝雨篇》《而师篇》《作原篇》《吾水篇》《车工篇》《田车篇》《銮敕篇》《马荐篇》《吴人篇》，只是在十首诗的具体排列次第上，学者们尚有不同意见。

然而，上述近现代学者们的研究成果并未成为《石鼓文》研究的定论，近年来，又有一些《石鼓文》研究者在深入研究的基础上提出了一些新的见解。

北京的著名剧作家和书法家李铁华倾注二十年心血潜心研究《石鼓文》，独辟蹊径地破译了被称为"千古之谜"的《石鼓文》全文，在1995年第二期《寻根》杂志上发表文章，提出了关于《石鼓文》刻制年代、记叙内容的新见解。他从古文字的创制入手，对《石鼓文》奇字一一进行了剖析考证，补订了宋拓本中前人未识的全部残文，终于完整地再现了十鼓上十首韵文古诗的全文，并将十首古诗译成了现代诗。十首诗计为《汧殹诗》《乍原诗》《田车诗》《吴人诗》《吾水诗》《零雨诗》《天虹诗》《车工诗》《銮车诗》和《而师诗》，总共有二百零六句，所译诗的内容与《史记·秦本记》所述相吻合。由此，他认定，《石鼓文》的刻制和安置的准确年代应为秦文公五十年，即公元前716年，这一时间比唐兰《石鼓年代考》提出的时间早三百四十二年，比郭沫若《石鼓文研究》提出的时间晚五十四年。同时他还认为，《石鼓文》所记叙的并不仅仅只是秦王游猎之事，它是记叙秦文公一生重要事迹的叙事史诗，其内涵之丰富、体裁之新颖、诗句之优美、文字之精微，都可以与《诗经》媲美。李铁华的这一研究成果引起了学术界的关注。

继李铁华之后，2011年8月，年近八旬的贵州大学退休教师、贵州省书法家协会会员刘星与其子刘牧，经过多年的潜心研究出版了近五十万字的《石鼓诗文复原译释》，提出了与此前历代所有学者都不同的见解。通过对各鼓残留的诗文内容以及文字书法等进行综合的分析研究，他们认为《石鼓文》刻于秦始皇时。概要而言，他们提出的见解主要是：（1）石鼓的产生与《史记·秦始皇本纪》记载的始皇二十八年始皇"与鲁诸儒生，议刻石颂秦德"之事密切相关；（2）石鼓诗歌的内容并不是记叙君王游猎之事，它是秦颂，中心思想是"颂秦德"，是对秦之历史发展进程有重大贡献和影响的多位秦人先祖烈公的重大历史事迹的记载和歌颂，石鼓诗歌是一组记录秦人起源和发展过程的壮丽史诗；（3）石鼓的鼓文并非由史籀或某一个朝代的一个史官书写，十个石鼓各自鼓文的书法笔式也有所区别，应属于不同书家的书法作品；（4）石鼓的主倡人是秦始皇；（5）石鼓所刻的诗歌作者是"鲁诸儒生"；（6）石鼓产生在秦始皇二十八年始皇与鲁诸儒生"议刻石颂秦德"之后一段时间的可能性极大；（7）石鼓最终被弃置荒野因而其诗不见流传后世，与"焚书坑儒"有紧密关联。他们在释读各鼓诗篇的内容和中心思想的基础上，又按各鼓所记述的历史事件的发生时间顺序排列出了十个石鼓的顺序：第一鼓《马荐》，诗篇歌颂的是秦祖非子牧马建秦、复续嬴氏祀之事；第二鼓《汧殹》，诗篇歌颂的是秦襄公封侯始国之事；第三鼓《霝雨》，诗篇歌颂的是秦文公伐戎迁汧建都之事；第四鼓《虞人》，诗篇歌颂的是秦穆公用贤乃至称霸西戎之事；第五鼓《作原》，诗篇歌颂的是秦孝公变法和迁都咸阳之事；第六鼓《銮车》，诗篇歌颂"天子致伯"秦孝公之事；第七鼓《田车》，诗篇歌颂秦惠文王使张仪取陕打开东扩要道之事；第八鼓《而师》，诗篇歌颂"天子致胙"即秦惠文王以及嗣王武王始国之事；第九鼓《吾车》，诗篇歌颂秦昭襄王定蜀之事；第十鼓《吾水》，诗篇歌颂始皇帝统一天下，"收天下之兵，聚之咸阳，销锋镝，铸以为金人十二"，至天下太平之事。刘星与刘牧的这一研究，受到了学术界的关注。

对于刘星与刘牧提出的《石鼓文》刻于秦始皇时的见解能否获得学术界的一致认同，笔者以为现在下结论为时尚早，因为此说还存有不少难以解释的疑点，需要进一步深入探索。诸如：此说的主要立论依据是石鼓的产生与《史记·秦始皇本纪》记载的始皇二十八年始皇"与鲁诸儒生，议刻石颂秦德"之事密切相关，又说石鼓所刻的诗歌作者是"鲁诸儒生"，石鼓产生在秦始皇二十八年始皇与鲁诸儒生"议刻石颂秦德"之后一段时间的可能性极大。经查考，《史记·秦始皇本纪》明确记载："二十八年，始皇东行郡县。上邹峄山，立石。与鲁诸儒生，议刻石颂秦德，议封禅望祭山川之事。乃遂上泰山，立石。封，祠祀。"又考，《史记·封禅书》中也有关于始皇二十八年秦始皇相应活动的记载："即帝位三年，东巡郡县，祠邹峄山，颂秦功业，于是征从齐、鲁之儒生博士七十从，至乎泰山下。……而遂除车道，上自泰山阳至巅，立石颂秦始皇帝德，明其得封也。"将这两段文字相互补充加以整合后，我们可以对"二十八年始皇'与鲁诸儒生，议刻石颂秦德'之事"有一个非常清晰的了解，那就是：始皇二十八年，秦始皇东行巡视郡县。登山东邹峄山祭祀，在山上竖立《峄山刻石》，颂秦功业。继而始皇又征召齐鲁的儒生博士七十人，咨议下一步再如何刻石颂秦德，如何封禅望祭山川之事。在征询听取了"鲁诸儒生"的意见后，始皇让他们相从而行一起来到泰山下。在整修了车道后，始皇乘车自泰山之阳登上泰山山顶，在山顶堆土筑坛，祭祀封禅天地，并竖立《泰山刻石》，"颂秦始皇帝德，明其得封也"。

根据现存历史文献的记载，秦始皇东巡所立的刻石，其内容全部都是"颂秦德"的。很显然，始皇二十八年秦始皇在邹峄山上"与鲁诸儒生，议刻石颂秦德"之事，在登上泰山竖立了《泰山刻石》后，"颂秦德"已付诸实施。而且通过在同年登之罘山、登琅邪台所立的《之罘刻石》和《琅邪台刻石》，及此后始皇二十九年所立的《之罘刻石》和《之罘东观刻石》、始皇三十二年（前215）

所立的《碣石门刻石》、始皇三十五年（前212）所立的《东海上朐界刻石》及始皇三十七年（前210）所立的《会稽山刻石》，"颂秦德"之事也都付诸了实施。既然已经如此一而再再而三地刻石立碑大张旗鼓"颂秦德"了，那么秦始皇又何以在始皇二十八年"与鲁诸儒生，议刻石颂秦德"之后一段时间，又要再让"鲁诸儒生"去写石鼓诗，刻石鼓文"颂秦德"呢？而且，众所周知，司马迁是一位极其严谨的史学家，在《史记·秦始皇本纪》中，他对秦始皇所立的每一块刻石不论是仍存世的或已佚失的都做了明确的记载，对《泰山刻石》《琅邪台刻石》《之罘刻石》《碣石门刻石》等所刻的碑文内容还一字不漏地做了详细记载。可是，为什么唯独对数量有十块之众、文辞如此优美、书法艺术又如此高超的《石鼓文》只字未记、一句不提呢？这岂非咄咄怪事？这不正是说明他根本就不知道秦始皇时曾有这十块《石鼓文》存在吗？秦始皇东巡刻石的年代与司马迁生活的年代相去不远，对司马迁来说，秦始皇东巡刻石之事只是"近代史"。伟大的史学家司马迁对远至二三千年前的上古三皇五帝、先秦夏、商、周之事都能详加考证记载，而偏偏会对秦始皇二十八年东巡后让鲁诸儒生去写石鼓诗、刻石鼓文"颂秦德"这一"近代史"之事一无所知？另，《石鼓文》的书法艺术如此之高妙，如按刘星与刘牧所言《石鼓文》刻于秦始皇时，那么其出自当时哪位或哪些书法大家之手呢？只要对照李斯所书的秦始皇东巡所立诸刻石，可以肯定《石鼓文》决非李斯手笔，难道秦始皇时期还有水平比李斯更为高超的书法大家吗？

再者，秦始皇东巡一而再再而三地要让李斯书碑刻石，除了要"颂秦德"、树立的自己威望外，还有一个重要意图，那就是要大力推行李斯对大篆删其烦冗而创造的小篆，要通过刻石立碑树立小篆的样板，进而在全国推行"书同文"。如果如上所说，他让鲁诸儒生用与李斯小篆大不相同、比小篆要烦冗得多的《石鼓文》书体来书写镌刻十个石鼓以传扬天下"颂秦德"，那他的这种做法岂不是在否定李斯的小篆吗？这不是与他要坚决推行的"车同轨、书同文"的国策相违背吗？或许，有人会说，在石鼓上用石鼓体书写诗句，那是鲁诸儒生自己所为，并不一定是秦始皇让他们这样写的。然而，这种说法显然是不能成立的。因为如果石鼓诗真是秦始皇与鲁诸儒生议定要他们写的话，那石鼓诗写什么内容，由谁撰写诗稿，由谁书丹上石，由谁镌刻雕凿，无疑都是要经过秦始皇批准的，绝不可能任由鲁诸儒生自由为之。既是如此，那么，秦始皇一边大力推行小篆，在全国实施"书同文"，一边又让鲁诸儒生大张旗鼓地用石鼓体来书写镌刻十个石鼓以"颂秦德"，这样的事情就不可能会发生。因为那样就等于在全国树立小篆样板的同时，又树立了一个石鼓体样板，就会使国人无所适从，给"书同文"国策的实施造成极大的障碍。显然，精明睿智的秦始皇是绝不会做这种事的。由此也可推断，石鼓诗文并不是秦始皇"与鲁诸儒生，议刻石颂秦德"后，由鲁诸儒生撰写书刻的。

正如清代诗人尤侗的诗所云："石鼓何逢逢，千年不闻响。谁留大史名，斑剥青苔上。读之不能终，望古独遐想。"对充满神奇魅力的先秦珍稀奇碑"中国第一古物"《石鼓文》的探讨还远未结束，《石鼓文》今后仍将继续吸引人们去做更加深入的探索和研究。

第二节　玄秘无字奇碑之肇始
——秦皇汉武纷争千年《泰山玉皇顶无字碑》

说起无字碑，人们总会将它与一代女皇武则天联系在一起，有人甚至还宣称武则天无字碑是"中国历史上绝无仅有的一块无字碑"。根据查考可以得知，在我国历史上，武则天无字碑既非绝无仅有的一块无字碑，也非中国历史上最早出现的一块无字碑。我国历代有据可考且有实物遗存的无字碑有二十余块之多，而其中《泰山玉皇顶无字碑》是迄今所知我国历史上最早的一块无字碑。

《泰山玉皇顶无字碑》（图14）现立于山东泰山之巅玉皇顶庙门前，俗称"石表""神主石"。碑高约六米，宽一

图14　泰山玉皇顶无字碑

点二米,厚九十厘米,形制古朴,顶上有石帽覆盖,碑石呈黄白色,晶莹平滑。由于此碑上既无雕饰,又未刻一字,故历代以来称之为"无字碑"。但对这块石碑究竟是什么时候立的,为什么要立这块石碑,究竟何人所立,为何不刻一字这些问题,历史上一直众说纷纭,莫衷一是。据清代学者聂剑光于乾隆三十八年(1773)所著《泰山道里记》载,历代以来,人们对这块无字碑有过种种猜测:"或曰石表,或曰神主石,或言其下有金书玉检","或以为碑函,或以为镇石,或以为欲刻未刻"。当地民间相传此碑为秦始皇封禅泰山时所立。之所以说是秦始皇所立,是因其焚书坑儒造成天下无字,无法书写,因而碑上无字。当地流传的一句歇后语"秦始皇的碑———一字不錾"所指即此。许多文人学者也持这一观点,明代万历甲辰进士、河北大名人张铨即是代表人物。他在游览泰山时,特赋《观无字碑一绝》,刻成石碑,立于《泰山玉皇顶无字碑》左侧,诗云:"莽荡天风万里吹,玉函金检至今疑。袖携五色如椽笔,来补秦王无字碑。"明末学者谢肇淛考证后,亦赞同这一观点,认为这块用非泰山所产之石建造、又非寻常勒字的石碑,是秦始皇在封禅泰山时树立的一种"表望"。但是《泰山道里记》不同意这一观点:"始皇刻石见于史记,二世诏书,亦刻其上,不应既有刻石复立此碑。"据《泰山道里记》载,明末清初的著名考古学者顾炎武经过仔细考证后,否定此碑由秦始皇所立,断定为汉武帝所立,并说:"岳顶无字碑世传为秦始皇立,按秦碑在玉女池上,李斯篆书,高不过四五尺,而铭文并二世诏书咸具,不当又立此碑也。考之宋以前亦无此说。因取《史记》反复读之,知为汉武帝所立也。"当代著名学者郭沫若也与顾炎武持相同的意见,认为此碑是汉武帝所立。1961年5月他在登临泰山顶时特赋《在极顶观日出未遂》诗一首,云:"夙兴观日出,星月在中天。飞雾岭头急,稠云海上旋。晨曦光晦若,东壁石巍然。摩抚碑无字,回思汉武年。"并将诗刻成石碑,与张铨碑相对,立于《泰山玉皇顶无字碑》的右侧。

此碑究竟是秦始皇所立还是汉武帝所立,在历史上已纷争了千年,极富传奇色彩。那么,上述两种见解究竟孰是孰非呢?当年,顾炎武是"取《史记》反复读之"而得出"知为汉武帝所立"这一结论的,但是他并未详细说明究竟在《史记》中读到了什么。显然,为了真正弄清楚,我们有必要对《史记》中关于秦始皇泰山立石和汉武帝泰山立石的记载做一番仔细的比较研究。

关于秦始皇泰山立石之事,《史记·封禅书》是这样记载的:"即帝位三年,东巡郡县,祠邹峄山,颂秦功业,于是征从齐、鲁之儒生博士七十从,至乎泰山下……而遂除车道，上自泰山阳至巅，立石颂秦始皇帝德，明其得封也。"《史记·秦始皇本纪》是这样记载的："二十八年，始皇东行郡县，上邹峄山，立石。与鲁诸儒生，议刻石颂秦德，议封禅望祭山川之事。乃遂上泰山，立石。封，祠祀……刻所立石，其辞曰：皇帝临位……"始皇二十八年即秦始皇即帝位的第三年，因此可以肯定《史记·封禅书》和《史记·秦始皇本纪》所记的秦始皇泰山"立石"，指的是同一块"石"，即是刻有"颂秦始皇帝德，明其得封"文字，也即顾炎武所说的"在玉女池上，李斯篆书"的"泰山刻石"，而绝不可能是立于玉皇顶上的这块一字不刻的无字碑。因为如果碑上一字不刻的话，那么，其"颂"何来，又如何能"明其得封"呢？

至于汉武帝泰山立石之事，《史记·封禅书》是这样记载的："三月，遂东幸缑氏，礼登中岳太室。从官在山下闻若有言'万岁'云。问上，上不言；问下，下不言。于是以三百户封太室奉祠，命曰'崇高邑'。东上泰山，山之草木叶未生，乃令人上石立之泰山巅。"在《史记·孝武本纪》中也有只字不差的相同记载。在《史记》中这两处记载汉武帝泰山立石的文段，均只字未提"立石"上所刻的颂封内容。司马迁是一位治学严谨的伟大史学家，他在《史记》中对距自己一百多年前的秦始皇巡游各地时所立的《泰山刻石》《琅邪台刻石》《之罘刻石》《碣石门刻石》所刻的内容尚且记载得如此详细，那么，如果与他同时的汉武帝在泰山之巅所立的是一块刻有颂、封之类文字内容的有字碑的话，他是绝不可能只字不记的。他之所以没有记载汉武帝泰山立石所刻的文字内容，其解释只能有一个，那就是因为碑上未刻文字，无一可记。故而，可以确认，汉武帝在泰山之巅所立之石当为无字碑。这是既符合史实又合乎情理的正确推断。

那么，汉武帝为何在碑上不镌一字呢？有人认为，这是因为汉武帝认为自己即位三十年来，功德无量，区区碑文不能言尽自己的丰功伟绩，因此立无字碑一块。此说仅是想当然的推测，并无确切依据，不足为信。经过深入的研究，笔者发现这个问题或可从《史记》的有关记载中找到答案。仔细分析《史记·封禅书》中关于汉武帝泰山立石经过的记载，可以得知，汉武帝在登泰山前"与公卿诸生议封禅"时，并未议过要在泰山立石之事，他之所以会在泰山立石，完全是由"礼登中岳太室"时"从官在山下闻若有言'万岁'"这一充满神秘色彩的大吉之兆引发的。这一吉兆无疑是上天赐福于汉武帝和刘氏汉朝，这怎能不使笃信神仙、极为迷信的汉武帝对上天感恩戴德、顶礼膜拜呢？正因为如此，他要"令人上石立之泰山巅"，以答谢上天的保佑和恩赐。然而，他又深知天机不可泄露，故而当从官就"闻若有言'万岁'"之事"问上"时，"上不言"。正因为汉武帝不置一词，故受命"上石立之泰山巅"的随从人员就无法在碑石上刻字，于是乎就在泰山之巅玉皇顶立了现仍留存于世的这块无字碑。

那么，这块无字碑是何时所立的呢？经考，《史记·封禅书》中对汉武帝封禅泰山是这样记载的："天子既已封泰山，无风无雨灾……有司言宝鼎出为元鼎，以今年为元封元年。"据此分析，可以得知，泰山玉皇顶这块无字碑，系汉武帝立于元封元年，即公元前110年，距今已有二千一百三十年之久。其立碑年代要比立于唐中宗神龙元年（705）的《武则天无字碑》早了八百一十五年，是当之无愧的中国无字碑始祖。现在，在《泰山玉皇顶无字碑》左右两侧，分别竖立着张铨和郭沫若的代表两种不同见解的两块诗碑，它们已成为历史的记录，承载了人们的探索精神，成为一处耐人寻味、具有独特价值的人文景观。

第三节　谜语奇碑之开先河
——东汉《五岳真形图碑》和《曹娥字谜碑》

谜语古称"廋辞""隐语"等，是古代人民集体智慧创造的文化产物，原为民间口头文学，语言朴素生动，后逐渐发展成为一种文字游戏，"君子嘲隐，化为谜语"（刘勰《文心雕龙·谐隐》），成为盛行于中国民间的一种富有文化内涵和生活情趣的文学艺术形式。谜语源自先秦时期，在《周易·归妹·上六》中就记载有我国最早的谜语——商代短谣《女承筐》："女承筐，无实；士刲羊，无血。"此短谣用隐语巧妙地暗指牧场上一对青年牧羊人夫妇剪羊毛的情景。谜语自古以来就有字谜和画谜两大类。字谜是以某一种事物或某一诗句、成语、俗语或文字为谜底，用隐喻、形似、暗示或描写其特征的方法作出谜面，供人猜射。画谜是以图画入谜，它的谜面就是一幅图画，猜画谜必须先找出图画的特点，再利用别解联想、推理演绎出谜底来。石碑是刻载文字和图画并能使其传之以久远的载体，因此自古以来就被人们用来镌刻文字谜语和图画谜语，从而在历史上留下了不少字谜碑和画谜碑。根据查考，我国最早的画谜碑和字谜碑都始于汉代。

中国历史上最早的画谜碑《五岳真形图碑》

据查考，我国历史上最早的画谜碑是《五岳真形图碑》（图15）。根据文献记载，此碑上镌刻的《五岳真形图》最早出现于西汉武帝时，是汉武帝从以诙谐滑稽著称的方士名臣东方朔手中得到的，流传至今已有二千一百多年历史。由于此碑最初的原石和拓片并无遗存流传，因此此碑究竟是否是汉武帝时所刻，无从考证。但在汉武帝时已有《五岳真形图》刻石，这在史料上是有记载的。在《隋书·经籍志》中已著录、唐初李善注《文选》多次引用其文的《海内十洲记》（东方朔作，一说汉末道教炽盛时或六朝时人托名之作）中有明确的记载："禹经诸五岳，使工刻石，识其里数高下……不但刻度五岳，诸名山亦

图15　五岳真形图碑

然……臣先师谷希子者，太上真官也。昔授臣昆仑钟山、蓬莱山及神洲真形图。昔来入汉，留以寄知故人。此书又尤重于岳形图矣……武帝欣闻至说。明年遂复从受诸真形图，常带之肘后，八节当朝拜灵书，以书求度脱焉。"道教徒历来将东方朔尊崇为道家神仙，因此也将传说出自东方溯之手的《五岳真形图》奉为道家之宝，认为佩此图入五岳不会迷路，平安大吉，故将其代代相传，广为传拓翻刻。现各地存世的多块《五岳真形图碑》即由此而来。

中国的五岳为中岳嵩山、东岳泰山、西岳华山、南岳衡山、北岳恒山这五座名山。现在不仅在泰山岱庙、华山峪口、嵩山中岳庙、恒山崇灵门后都有历代翻刻的《五岳真形图碑》，在西安碑林、开封龙庭、四川等地也有历代翻刻的《五岳真形图碑》存世。其中，山东泰安岱庙东碑廊的《五岳真形图碑》年代最为久

远，刻于明洪武十一年（1378）十月。河南登封嵩山中岳庙的《五岳真形图碑》在中岳庙内峻极门东侧，共有两块，一块刻于明万历二年（1574），一块刻于明万历三十二年（1604）。两碑中一块是明万历年间巡按河南监察御史方大美翻刻，一块是清康熙二十一年（1682）邓霖翻刻。两碑形制很相似，所刻的图形也一样，但万历三十二年碑要大于万历二年碑。两碑碑身上部都刻有"五岳真形之图"六个篆书大字；碑身上是按五岳方位刻的五岳图形，每岳一图，在每个图形的下面还刻有各岳的地理位置及传说。1998年初，在西岳华山风景区城南村也首次发现了一块呈长方体的《五岳真形图》残石，石长八十五厘米，宽三十七厘米，高三十五厘米，两侧刻有完整的白虎、朱雀图形，图形直径为二十八厘米，石体一面还凿有等大的石卯；藏于西安碑林第六室中的《五岳真形图碑》，竖形、圆顶、方座，高一百五十九厘米，宽六十九厘米，其图形与嵩山峻极门的《五岳真形图碑》一样，也系清康熙二十一年邓霖翻刻。

《五岳真形图碑》以五个不同的图形符号代表五岳，中间的图形表示中岳嵩山，右上角的图形表示东岳泰山，左上角的图形表示北岳恒山，右下角的图形表示南岳衡山，左下角的图形表示西岳华山。由于其所刻图形弯曲盘绕，画迹奇特，好似道家符箓，故其究竟是何含义一直是一个难解的谜，长期以来人们猜测不断，争议纷纭。

第一种说法较为通行，认为《五岳真形图》表示了五岳形状特征："泰山如坐、华山如立、恒山如行、衡山如飞、嵩山如卧。"东岳泰山形大而侧有延续，如人坐一般，故有"泰山如坐"之说；西岳华山高峻陡峭，如人立一般，故有"华山如立"之说；北岳恒山高且有两翼，如人行一样，故有"恒山如行"之说；南岳衡山形如鸟翼，故有"南岳如飞"之说；中岳嵩山东西走向长，如人卧一样，故有"嵩山如卧"之说。《五岳真形图》就是根据五岳的不同特征绘制而成的象形图，是五岳的地形图，表示五岳地貌形状特征，属道教的地学范畴。

第二种说法认为《五岳真形图》系由古代的"方位"演化而来的。学者们认为古人用木、金、水、火、土代表东、南、西、北、中，《五岳真形图》的五岳就代表金、木、水、火、土五个方位、五种物化符号——西岳华山图表示"金"，东岳泰山图表示"木"，北岳恒山图表示"水"，南岳衡山图表示"火"，中岳嵩山图表示"土"。全图含义是说大地之上"五行"俱全。

第三种说法认为《五岳真形图》是道教根据古代"五行"说绘制而成表示五

岳的符箓，其意大致是表示五岳俱在或镇岳驱邪。右上为东岳泰山，该符像一个篆书"天"字（或"雨"字），象征上天主宰芸芸众生，主管世人的命运；左上为北岳恒山，该符像一个多足的水族或灵龟；右下为南岳衡山，该符像一条鱼，暗喻鱼龙变化；左下为西岳华山，该符像一个熊熊燃烧的炼丹炉；正中为中岳嵩山，该符像一座土神庙，主管世界土地山川谷峪兼牛羊食稻之种等事。

第四种说法认为《五岳真形图》系掌管中华诸方的神祇的象形：东岳泰山图是"青龙"的象形，青龙系东方之神，主泰山；西岳华山图是"白虎"的象形，白虎为西方神，主华山；南岳衡山图是"朱雀"的象形，朱雀为南方之神，主衡山；北岳恒山图是"玄武"的象形，玄武为北方之神，主恒山；中岳嵩山图是土屋内住土神的象形，土神为中方之神，主嵩山。

第五种说法认为《五岳真形图》系形象化的象形字，五岳的图形分别为泰、华、衡、恒、嵩的五个象形字。

第六种说法认为《五岳真形图》系五岳的等高线图。

第七种说法认为《五岳真形图》系道符，是道家镇山的石刻。

第八种说法认为《五岳真形图》系绘画，是古代龙、虎、鸟、龟和大地五幅写意画。

第九种说法认为《五岳真形图》系路标，系方士考察山岳的鸟瞰图，为入山之指南。

第十种说法认为《五岳真形图》系护符，具有护符保身之功能。《抱朴子》云：凡修道之士，栖隐山谷，须得五岳真形图佩之。其山中鬼魅精灵虫虎妖怪，一切毒物莫能近矣。《汉武帝内传》还记载：汉末方士鲁汝生采药于嵩山，遇一神女，自称三天太上侍官，以《五岳真形图》授之，并告以施用节度。据称其图可以威制五岳，役使众灵。《汉武帝内传》甚至说此图如人，出入做客，过江渡海，或入山谷，又恐宿于凶房，若此图随身，一切邪魔魑魅魍魉水怪等，尽隐迹逃遁矣。

总之，诸如此类的说法，不一而足。正由于《五岳真形图》弯曲盘绕、画迹奇特，含义深邃，故而尤显神秘，成为道家重要的符箓；民间更将其奉为至宝，成为避兵、消灾、免祸、祈福的护身符，广为使用。从汉代起，该图就成为中国人趋吉避凶的符号。道观将此图刻于桃木，做成腰牌出售，猎人戴在身上用于避免迷路、蛇咬、瘴疠之气，人们在山中建房时将此图制成佩饰挂在屋檐下以期避野兽、山贼。民间甚至相传如果得到东岳"真形图",就会"神安命延";如果得到南岳"真形图",就会"五瘟不加";如果得到中岳"真形图",就会"致财巨亿";如果得到西岳"真形图",就会"刀刃不伤";如果得到北岳"真形图",就会"百毒灭伏"。如果五岳"真形图"全部得到,则预示着大福大贵。尽管《五岳真形图》的这些神奇妙用有些荒诞,但由于它迎合了人们祈求平安、向往美好生活的愿望,因而在民间广为流传。

其实经学者严格考证,《五岳真形图》乃中国古代早期的一种地图。关于这一点,古人也曾加以阐明。宋人所编《云笈七笺》卷七十九中,便收有题为东方朔撰的《五岳真形图序》,文中曰:"五岳真形者,山水之象也。盘曲回转,陵阜形势,高下参差,长短卷舒,波流似于奋笔,锋芒畅乎岭崿。云林玄黄,有如书字之状。是以天真道君,下观规矩,拟纵趋向,因如字之韵而随形而名山焉。"这一段文字可以说是古人对于《五岳真形图》所做的科学解说。作者点明了这些似字非字、似画非画、奇形怪状的图画描绘的是山水之象,也就是说它们表示的是五岳的地形。而且有"下观规矩""拟纵趋向"之语:"下观",即俯视之意,表示《五岳真形图》上的图是俯视图;"规矩"是指测量用具和测量技法;"拟纵趋向"是指《五岳真形图》上所画的五岳图有方位。这两句话意思是说,"天真道君"是通过对五岳的俯视测量绘图画出《五岳真形图》来的。序中还指出,《五岳真形图》中盘曲回绕者,表现的是陵阜的形势、地形的高下、山水的长短弯曲,而五岳山岭的脊与图中的锋芒有关。从这段文字来看,《五岳真形图》的确是表现中岳嵩山、东岳泰山、西岳华山、南岳衡山、北岳恒山这五座名山山岳的地形图。

随着科学技术的发展,如今人们对《五岳真形图》图形含义的研究取得了突破性进展,《五岳真形图》是表现五岳山岳地形图这一观点也进一步得到了证实。有日本学者潜心研究《五岳真形图》,别出心裁地将《五岳真形图》中的东岳泰山图形与现代测绘的泰山地形图进行对照研究,发现《五岳真形图》上所刻东岳泰山的图形,竟然与用现代科学手段测量绘制出来的泰山地形图有许多相似之处。因此,《五岳真形图》所刻东岳泰山图形,是中国古代人们用一种特殊方法标画的一幅泰山地形图。这位日本学者的发现,得到了英国著名科学家李约瑟的肯定,被收入他的著作《中国科学技术史》中。继之,还有人通过深入研究后认为,如果按同等比例放大《五岳真形图》,放大后五岳图的高度与五岳的真实高度基本相同,所以《五岳真形图》有如现代等高线一样的作用。这些研究结果表明,我国的地图测绘在汉代时已达到了相当高的水平，《五岳真形图碑》是我国古代地图学高度发达、水平居于世界前列的有力实证，在中国古代地理测量史中具有重要地位。

《五岳真形图碑》是中国碑刻的珍稀瑰宝，清代著名诗人施闰章特地吟咏一首《五岳真形图歌》来传颂赞美它，歌曰：

> 五岳足迹谁能遍，五岳真形谁所见。
> 岱宗山下岳祠东，镌瑶刻玉穷鬼工。
> 紫泥拓就珊瑚色，高堂日射扶桑红。
> 璇宫银阙森仿佛，群仙玉女纷相从。
> 禹鼎沉沦多不若，山林佩此百神却。
> 丹灶思寻勾漏砂，灵岩定采天台药。
> 陟岳寻仙思汉武，茂陵寂寞一抔土。
> 倘许吾曹有仙骨，君现真形与君语。

中国历史上第一块字谜碑《曹娥碑》

据查考，我国历史上最早出现的字谜碑是东汉末年蔡邕题《曹娥碑》碑阴"黄绢幼妇，外孙齑臼"隐语字谜碑。蔡邕首创的字谜碑，由于格调高雅、富有情趣，因此受到高度评价和竭诚推崇，对后世产生了广泛而深远的影响，历代许多文人雅士都效而仿之，使得隐语字谜碑广为流传，而且还衍生出了缺笔字谜碑、字中藏字谜语碑、多字合一谜语碑、离合体字谜碑等，使字谜碑成为中国碑刻中别具一格、富有生命力的一类。

《曹娥碑》碑主曹娥系浙江绍兴上虞皂湖乡曹家堡人，东汉顺帝永建五年（130）生，汉安二年（143）十四岁时投江救父身亡，是我国历史上著名的"千古孝女"，范晔《后汉书·列女传》记载实有其人。曹娥的孝行使四周的乡亲深为感动，为纪念她，他们好生安葬了曹娥父女，改舜江为曹娥江，还把曹娥所在的村改称曹娥村，称曹娥为"孝女娘娘"。

在曹娥去世八年以后，东汉桓帝元嘉元年（151），上虞县令度尚将孝女曹娥投江救父事迹上报朝廷，旌为孝女。度尚"悲怜其义，为之改葬"，迁墓建庙于

"江南道旁",为她立碑。据唐代李贤注引《会稽典录》载:度尚先使属吏魏朗为之操笔撰写碑文,久而未出,遂命其弟子邯郸淳作碑文。"邯郸淳,字子礼,时甫弱冠,而有异才",只见他从容捉笔,少许构思,"操笔而成,无所点定",一挥而就,乃至魏朗"嗟叹不暇,遂毁其草"。这样,《曹娥碑》上便镌刻了由邯郸淳撰书的碑文《后汉会稽孝女之碑》,这就是最早的《孝女曹娥碑》,也被称为《浙江上虞曹娥碑》(图16)。其碑文为:

> 孝女曹娥者,上虞曹盱之女也。其先与周同祖,末胄荒流,爰来适居。盱能抚节安歌,婆娑乐神。以汉安二年五月时迎伍君,逆涛而上,为水所淹,不得其尸。时娥年十四,号慕思盱,哀吟泽畔,旬有七日,遂自投江死,经五日抱父尸出。以汉安迄于元嘉元年青龙在辛卯,莫之有表。度尚设祭诔之,辞曰:

图16 后汉会稽孝女之碑

> 伊惟孝女,奕奕之姿。偏其返而,令色孔仪。窈窕淑女,巧笑倩兮。宜其室家,在洽之阳。待礼未施,嗟丧慈父。彼苍伊何?无父孰怙!诉神告哀,赴江永号,视死如归。是以眇然轻绝,投入沙泥。翩翩孝女,乍沉乍浮。或泊洲屿,或在中流。或趋湍濑,或还波涛。千夫失声,悼痛万余。观者填道,云集路衢。流泪掩涕,惊动国都。是以哀姜哭市,杞崩城隅。或有刻面引镜,劈耳用刀。坐台待水,抱树而烧。

> 于戏孝女,德茂此俦。何者大国,防礼自修。岂况庶贱,露屋草茅。不扶自直,不镂而雕。越梁过宋,比之有殊。哀此贞厉,千载不渝。呜呼哀哉!乱曰:

铭勒金石，质之乾坤。岁数历祀，丘墓起坟。光于后土，显照天人。生贱死贵，利之义门。何怅华落，雕令早分。葩艳窈窕，永世配神。若尧二女，为湘夫人。时效仿佛，以昭后昆。

　　《曹娥碑》生动地记载了曹娥投江寻父的孝行。碑文虽仅有四百多字，但"彰孝烈"其情其旨溢于言表，为世人诉说了一个凄美动人、可歌可泣的孝女故事。此碑刻立后，曹娥的感人事迹加之妙绝碑文，引得凭吊者如云似潮般地前来观瞻。据《曹娥庙碑志》《上虞县志》的记载，著名学者、汉中郎蔡邕当年遇赦后，因惧宦官报复，不敢回乡里。在十多年的流亡生涯中，他"远迹吴、会"。汉献帝兴平二年（195），"汉议郎蔡雍闻之来观，夜暗手摸其文而读之，雍题文曰'黄绢幼妇，外孙齑臼'。"然而，蔡邕题于《曹娥碑》碑阴的"黄绢幼妇，外孙齑臼"八个字究竟有何含义？人们百思而不得其解。随着蔡邕的辞世，这也就成了一个字谜，刻载这八个字的《曹娥碑》由此也就成了中国历史上的第一块字谜碑。

　　《曹娥碑》上所题的这条"黄绢幼妇，外孙齑臼"隐语字谜究竟是什么意思？据史料记载，最早破释这条字谜的是三国时曹操的谋士杨修。刘义庆《世说新语·捷悟》篇里记载云：

　　魏武尝过曹娥碑下，杨修从，碑背上见题作"黄绢幼妇，外孙齑臼"八字。魏武谓修曰："解不？"答曰："解。"魏武曰："卿未可言，待我思之。"行三十里，魏武乃曰："吾已得。"令修别记所知。修曰："黄绢，色丝也，于字为'绝'；幼妇，少女也，于字为'妙'；外孙，女子也，于字为'好'；齑臼，受辛也，于字为'辞'。所谓'绝妙好辞'也。"魏武亦记之，与修同，乃叹曰："我才不及卿，乃觉三十里。"

　　明代罗贯中的《三国演义》里也有与《世说新语·捷悟》篇里相似的记载。杨修的解释用现代语言来说即：黄绢，是有色之丝，合则为"绝"字；幼妇，为少女，合则为"妙"字；外孙，为女子，合则为"好"字；齑，为姜蒜之类的辛辣调味品，臼为捣碎这些调味品的器具，两者意为受辛，合则为繁体的辞（"辞"字古时写作辤）字。因此，这八个字的谜底即为"绝妙好辞"。

　　《曹娥碑》上所题的"黄绢幼妇，外孙齑臼"隐语，开我国文义谜之先河，故谜坛一致公认《曹娥碑》所题隐语是我国灯谜的最初谜型，后人将其定为"曹娥谜格"，简称"曹娥谜"。清顾禄《清嘉录》考定说："考灯谜二十四格，曹娥格为最古。"长期以来，"曹娥碑隐谜"一直为我国灯谜界沿用，尤其是明、清时期，民间习俗流传元宵节张灯猜谜，制谜者都要制作"曹娥谜"冠在诸谜前应景，以表示对灯谜鼻祖的怀念。

不过，这块隐语字谜碑究竟是不是蔡邕所书，曹操和杨修究竟有没有观览并破释过《曹娥碑》碑阴的这条隐语字谜，这在历史上一直争议颇多。因为其一，根据史籍记载，董卓被诛后，蔡邕为王允所捕，于汉献帝初平三年（192）死于狱中，那么他怎么可能在死后的第三年即公元195年在《曹娥碑》上题写隐语字谜呢？《曹娥庙碑志》所载蔡邕汉献帝兴平二年（195）题《曹娥碑》一事显然有悖于史实。其二，《曹娥碑》在浙江上虞，上虞汉时属会稽郡（今浙江绍兴），远在长江以南，而曹操赤壁大败而回，平生从未越过长江，既然曹操根本连江南都未到过，又如何能来到上虞观《曹娥碑》呢？

对此历史上有人做了种种考证和研究，认为东汉末年有两个同名同姓的蔡邕：一个是"终隐不仕"的上虞人，一个是"终仕不能隐"的陈留人，后一个即汉中郎蔡邕。刘国桢《古今同姓名大辞典》云："后汉末两蔡邕，同时同字伯喈，同以孝行闻，何其奇也！但一为陈留人，一为上虞人。上虞终隐不仕，而陈留终仕不能隐。岂陈留未尝到上虞，而'黄绢幼妇'即上虞之笔耶？"刘国桢认为"终仕不能隐"的汉中郎陈留蔡邕并未到过上虞，题《曹娥碑》的是上虞蔡邕，而不是陈留蔡邕。梁元帝萧绎的《古今同姓名录》、明代余寅的《同姓名录》和清代刘崇华的《历代同姓名录》等也都持这一见解。清代诗人沈德潜在为明代大画家戴进作品《魏武看碑图》所题写的"序"中也说："魏武未尝渡江，看碑会稽之上虞，其事莫须有也。"经查考，范晔《后汉书·蔡邕传》里并没有提到陈留蔡邕去上虞，也没有陈留蔡邕曾在《曹娥碑》上题"黄绢幼妇"一事的记载，难道范晔将此事遗漏了？答案显然是否定的。因为范晔对他自己的著作是十分自信的，他曾在《狱中与诸生侄书》中说："吾文之杰思，殆无一字虚设。"可见蔡邕确实没去过上虞，否则范晔是不可能忘了这件轶事的。

上虞的蔡邕与度尚、曹娥是同县人，而他自己本人又是"以孝行闻"的孝子，因此由他题写《曹娥碑》碑阴的隐语是完全可能的。只是由于他是一个"终隐不仕"者，没有什么名气，而那个"终仕不能隐"的大书法家、汉中郎陈留蔡邕名气要远远大得多，于是，题写《曹娥碑》碑阴隐语之事，就被后人张冠李戴地套到了知名度极高的陈留蔡邕头上，以讹传讹，乃至被写进了《曹娥庙碑志》，也被《世说新语》写进去，并将其与曹操和杨修连在了一起。不过《世说新语·捷悟》的这一记载，当时即有人指出其不合史实。在明嘉靖刻本《世说新语》中，南朝梁孝标在注释中也节引了《会稽典录》，但同时指出了刘义庆《世说新语》中关于曹操看《曹娥碑》这一记载中存在的一个大漏洞，云："按曹娥碑在会稽中，而魏武、杨修未尝过江也。"

不过，曹操、杨修看《曹娥碑》这一明显不合史实的记载，到了明代《三国演义》中，经过罗贯中大手笔的巧妙加工，就变得天衣无缝，完全可信了。《三国演义》第七十一回写道：

> 兵出潼关，操在马上望见一簇林木，极其茂盛，问近侍曰："此何处也？"答曰："此名蓝田。林木之间，乃蔡邕庄也。今邕女蔡琰，与其夫董祀居此。"原来操素与蔡邕相善……当日到庄前，因想起蔡邕之事，令军马先行，操引近侍百余骑，到庄门下马。时董祀出仕于外，止有蔡琰在家，琰闻操至，忙出迎接。操至堂，琰起居毕，侍立于侧。操偶见壁间悬一碑文图轴，起身观之。问于蔡琰，琰答曰："此乃曹娥之碑也。昔和帝时，上虞有一巫者，名曹盱，能婆娑乐神；五月五日，醉舞舟中，堕江而死。其女年十四岁，绕江啼哭七昼夜，跳入波中；后五日，负父之尸浮于江面；里人葬之江边。上虞令度尚奏闻朝廷，表为孝女。度尚令邯郸淳作文镌碑以记其事。时邯郸淳年方十三岁，文不加点，一挥而就，立石墓侧，时人奇之。妾父蔡邕闻而往观，时日已暮，乃于暗中以手摸碑文而读之，索笔大书八字于其背。后人镌石，并镌此八字。"操读八字云："黄绢幼妇，外孙齑臼。"操问琰曰："汝解此意否？"琰曰："虽先人遗笔，妾实不解其意。"操回顾众谋士曰："汝等解否？"众皆不能答。于内一人出曰："某已解其意。"操视之，乃主簿杨修也……

在《三国演义》中，曹操和杨修是在潼关附近蓝田的蔡邕故居中看到的《曹娥碑》"碑文图轴"，而并非在会稽上虞看《曹娥碑》原碑。通过这样加工，就使其与曹操从未到过江南这一历史事实不再矛盾。经过《三国演义》的加工，刘义庆《世说新语》中的漏洞被补好了，曹操、杨修看《曹娥碑》一说也就变得无懈可击了。

但是，不管是如《世说新语》所说曹操、杨修是在会稽上虞看《曹娥碑》，还是如《三国演义》所说曹操、杨修是在潼关蓝田蔡邕故居看《曹娥碑》碑文图轴，所有这些记载和描述，都清楚地表明，《曹娥碑》碑阴这块中国最早的字谜碑，在中国历史上的影响是颇深远的。有了这个故事，才成就了《曹娥碑》作为"中国最早的字谜"的美誉。

遗憾的是这块东汉时的《曹娥碑》后来失落了。《新唐书》记载，"唐太和二年越州大风海啸"，后四至五年，浙江又连遭大水，《曹娥碑》可能在此时堕江失落。史料记载，东晋升平二年（358），大书法家王羲之曾到曹娥庙书《曹娥碑》，文字由新安吴茂先镌刻。遗憾的是王羲之摹写的碑刻也已佚失，其拓本收录于《群玉堂帖》和《越州石氏帖》，为著名的晋唐小楷之一。此碑绢本手迹现存辽宁省博物馆，上有梁代徐僧权、满骞、怀充等人题名，还有唐代韩愈和宋高宗等人题款。现存曹娥庙内的《后汉会稽孝女之碑》是块宋碑，系宋哲宗元祐八年（1093）由王安石的女婿、书法家蔡卞依据当年书圣王羲之书写之碑文所刻成的法帖摹写。此碑高二点三米，宽一米，为行楷体，笔力遒劲，流畅爽利，在中国书法史上有着较高的地位。今曹娥庙为民国二十三年（1934）于原址重建，《后汉会稽孝女之碑》被置于庙的北轴线上。此碑迄今已有九百三十年悠久历史，碑文开头即明确记载，"蔡邕题其碑阴云：'黄绢幼妇，外孙齑臼'"，成为历史上确有《曹娥碑》字谜的重要证明材料，弥足珍贵。

第四节　石刻经书之开端
——中国历史上第一部儒家石经《熹平石经》

据查考，我国历代朝廷为了校正民间流传的儒家经典中的谬误，统一文字，并使之易于保存，扩大传播，曾多次投入巨大的人力财力，将儒家经典刻制成由大批石碑组成的"石经"。迄今有文字可考的规模宏大的儒家石刻经书共有七部，其中最早的一部儒家石刻经书是东汉《熹平石经》（图17、18）。

图17　熹平石经残石　　　　　图18　《熹平石经·春秋公羊经》

　　自汉武帝采纳董仲舒"罢黜百家，独尊儒术"的建议后，儒学被定为官学，儒家的著作被奉为经典，朝廷开设的太学设立专门博士官讲授《周易》《尚书》《鲁诗》《仪礼》《春秋》《公羊传》《论语》等儒家经典，儒家经典成为判断是非的标准与进行决策的依据。然而，史料记载，汉代立五经于学宫，置十四博士讲授，各家经文皆凭博士所见，并无供传习的官定经本。博士考试亦常因文字异同引起争端，甚至行贿私改"兰台漆书"经字。由于掌管皇家藏书楼的官员腐败，到东汉灵帝时，藏于皇家藏书楼里的儒家经典标准本"兰台漆书"已有不少地方遭偷改。有鉴于此，据《后汉书·蔡邕列传》记载，时任议郎的著名学者蔡邕"以经籍去圣久远，文字多谬，俗儒穿凿，疑误后学……熹平四年，乃与五官中郎将堂谿典，光禄大夫杨赐，谏议大夫马日䃅，议郎张驯、韩说，太史令单飏等，奏求正定六经文字"。"灵帝许之"，于是下诏由蔡邕主持，堂溪典、杨赐、马日䃅等人参校诸体文字的经书，"邕乃自书丹于碑"，开始了中国历史上最早的一次石经刻制工程。经王国维考证，石经所刻内容包括《周易》《尚书》《鲁诗》《仪礼》《公羊传》《论语》《春秋》七部儒家经典。除《论语》外，皆当时学官所立。从汉灵帝熹平四年（175）至汉灵帝光和六年（183），历经八年艰辛制作，《熹平石经》刻制完成，共四十六石，每石高一丈许、宽四尺，两面刻字，共刻二十万零九百一十一字，立于京城洛阳城南的开阳门外太学讲堂（遗址在今河南偃师朱圪垱村）门前。由于刻经始于熹平四年，故世称《熹平石经》。石经以一家本为主而各有校记，备列学官所立诸家异同于后。《周易》《尚书》《仪礼》三经校记不存，无可考；《鲁诗》用鲁诗本，有齐、韩两家异字；《公羊传》用颜氏本，有颜氏异字；《论语》用某氏本，有盍、毛、包、周诸家异字。这对纠正俗儒的穿凿附会、臆造别字，维护儒家经典和文字的统一起了积极作用。

《熹平石经》系官方巨制，由"八分圣手"蔡邕等一流国手用隶书书写勒石，其书法为汉隶成熟期方整平正一路的典型。四十六块碑刻，结体方平正直，字字中规中矩，一丝不苟，点画布置之匀称工稳，可谓无懈可击。用笔方圆兼备，刚柔相济，端美雄健，雍容典雅，恢宏如宫殿庙堂，历代以来都得到高度评价。南朝梁武帝《书评》云："蔡邕书，骨气洞达，爽爽如有神力。"范文澜《中国通史简编》说："两汉写字艺术，到蔡邕写石经达到了最高境界，石经是两汉书法的总结。"近年也有人讥其过于方整，将其比之为明清以来风行的拘谨呆滞的"馆阁体"字，而冠之以"馆阁派"。其实大谬不然，它整饬而不板刻，静穆而有生气，绝非"馆阁体"字可比。《熹平石经》集汉隶之大成，不但在当时被奉为书法的典范，而且流风所及至深且远。汉字字体由隶变楷过渡，《熹平石经》起了桥梁的作用。《熹平石经》刻立后，成为世人学习儒家经典的标准本和考试时依据的法定本，其字体方正，结构谨严，被公认为是隶书书法的典范，对于儒家学说和隶书书法的传播产生了巨大的影响。《后汉书·蔡邕列传》记载："及碑始立，其观视及摹写者，车乘日千余辆，填塞街陌。"当时每天前去太学门前观看摹写的人所乘的车有千余辆，道路都因之堵塞。

遗憾的是，《熹平石经》刻成的第二年便爆发了黄巾起义，汉献帝初平元年（190）又爆发了董卓之乱。董卓烧毁洛阳宫庙，太学荒废，石经遭到破坏。魏初，石经有所修补，但以后又因一再迁徙，屡屡废毁。北齐时（550—577）石碑从洛阳迁往邺都，却在半路上掉到水里，运到邺都时已剩下不到一半。隋文帝开皇年间（581—604），又将石经从邺都运往长安，但营造司竟用石碑做柱子的基石。至唐贞观（627—649）初年，魏征去搜聚残存石经时，石经已几乎毁坏殆尽，《熹平石经》原碑已十不存一了。自宋代以来偶尔有石经残石出土，后又陆续在河南洛阳、陕西西安两地发现一些零碎残石。民国时期在太学旧址时有残石出土，达数百余块之多，据统计残石上共有八千二百七十五字。新中国成立后又发掘和收集到了六百余字，总计共有八千八百多字。

自宋代洪适在《隶释》中著录《熹平石经》拓本以来，历代文人学者都致力于收集、传拓《熹平石经》残字，以校勘经文、研究书法，其中尤以于右任为最。

据《西安碑林》有关资料记载，1933 年，于右任以四千银圆从洛阳一个古董商人手里买来一块三角形的东汉所刻石经原石。关中著名史学家张扶万确认此石出自东汉著名书法家蔡邕之手，是《熹平石经》的一部分。于右任所得《熹平石经》残石为两面刻，一面刻《周易·家人》至《归妹》十八卦，存二百八十六字；另一面刻《文言》和《说卦》，存二百零五字。这是数十年来出土《熹平石经》残石中字最多的一块，为书法界、考古界所珍视。1940 年，抗日战争形势紧张，于右任为确保碑石安全，将这块珍贵的《熹平石经》残石由上海转运至西安，后捐赠给西安碑林。

现在，这些已发掘和收集到的《熹平石经》的残石，分别收藏于西安碑林、中国社会科学院考古研究所、中国国家图书馆、上海博物馆、洛阳博物馆、北京图书馆和台北故宫博物院等地，还有的已流散到国外，如日本中村不折氏书道博物馆就收藏有数块《熹平石经》残石。

《熹平石经》开创了我国历代石刻经书的先河，从某种意义上说是我国在印刷术发明前的一次规模巨大的图书编辑出版活动，无论在内容上还是在形式上都对后世产生了巨大的影响。

第五节　奇妙书体嬗变碑之勃兴
—— 两汉时期亦篆亦隶碑刻的形成及代表作

中国的汉字具有悠久的历史，汉字字体经历了漫长的演化发展过程。其中，春秋战国至东汉时期是汉字字体演化发展史上最重要的一个阶段。在这一时期，汉字字体由甲骨文演化为金文（钟鼎文），由金文演化为大篆（籀文），由大篆演化为小篆和古隶（秦隶），再由古隶进而发展为隶书的典范形态——今隶（汉隶）。隶书的产生和发展成熟，是汉字字体演变史上的一个转折点，奠定了楷书形成的基础。隶书从笔画和结构上都非常接近现代使用的汉字。事实上，隶书出现之后，汉字的各种字体整体上都和隶书相近，而与小篆及以前的字体相差很远。正如有的学者指出的，小篆是象形体古文字的结束，隶书是改象形为笔画化的新文字的开始。因此，隶书是古今汉字的分水岭，它的产生对汉字的普及具有重要的意义。

中国的春秋战国时代在政治上是一个分裂的时期。在秦始皇统一六国之前，各诸侯国在文字、货币、度量衡方面都存在不同程度的差异。在诸侯纷争直至最后秦国统一全国的漫长历史中，汉字具体形态的演变发展过程并不是一个线性一致的过程，出现了官方和民间两条路线。

东汉文字学家许慎在《说文解字·序》中做了明确的叙述："秦始皇帝初兼天下，丞相李斯乃奏同之，罢其不与秦文合者。斯作《仓颉篇》，中车府令赵高作《爰历篇》，大史令胡毋敬作《博学篇》。皆取史籀大篆，或颇省改，所谓小篆也。"这段话清楚地表明，当时官方的文字变革路线是在皇帝的授意下，由几位大臣负责，对当时各诸侯国的文字进行改造，统一整理形成了当时的标准汉字形态——小篆。小篆是中国第一个也是唯一由国家规定的标准汉字形态。

在官方推行的汉字形态由大篆变革为小篆之时，民间对汉字形态由篆书改为隶书的变革也在悄然进行。"隶书者，篆之捷也。"西晋大书法家卫恒《四体书势》中的这一论述，正是对当时民间变革路线所做的精辟概括。春秋战国时期，由于竹简和木牍逐渐开始广泛使用，文字学习和书写的主要群体由原先掌握专门技能的人变为一般的平民百姓。民间广大平民百姓为方便快捷书写，也对大篆的字体形态进行了简捷化的变革，使大篆的字体形态向更容易被一般平民所掌握的隶书演变发展。考古发现证实，后来人们在春秋、战国到秦国统一全国这个时期的简牍文字中，发现了最初形态的隶书。事实上，篆书字体经过漫长的隶变过程，在秦朝时形成了带有较浓篆书成分的秦隶，秦隶又经过数百年的隶变，到东汉时形成了成熟的典范隶书——汉隶。东汉许慎在《说文解字》中说："秦烧灭经书，涤除旧典，大发吏卒，兴役戍，官狱职务日繁，初为隶书，以趣约易，而古文由此绝矣。"这一段话，简要叙述了在秦始皇时古文（指大篆）演变为隶书（指秦隶）的经过。史料记载，秦隶是在秦始皇时经程邈整理改革而开始流行传播的。当时秦始皇实行严刑苛法，"大发吏卒，兴役戍"，监狱中关押了大批犯人，"官狱职务日繁"，监狱中掌管文书的胥吏程邈文字书写任务极为繁重，而篆书书写较为繁复，速度很慢，难以适应需要。于是，程邈就吸纳整理了当时民间已流传应用的一些篆书的简捷书写方法并加上自己的一些改造，简化了篆书的笔画和书写方式，创造出了书写简易快捷的秦隶。鉴于此，秦始皇在推行"书同文"，命令李斯等人创立小篆作为官方文字后，为了便于在民间普及文字，便又采纳了程邈所整理改造的隶书，允许其在民间使用。由于隶书是经胥吏程邈整理改造而得以流行的字体，而狱中"胥吏"又称为"隶人"，故这一字体被时人称为"隶书"。

不过，经程邈整理改革而开始流行传播的隶书，并未完全从篆书脱胎换骨，还仅是带有很浓篆意的被称为"秦隶"的古隶。秦隶又经过四百多年漫长的隶变，到东汉时才正式定型，成为典范的汉隶。隶变的完成，标志着汉字象形性的破坏和抽象符号的确立，使汉字由古文字体系完成了向今文字体系的转换。在篆书向汉隶演化的隶变过程中，对篆书的改革包括笔画和结构两个方面。具体而言，隶变完成了篆书文字形态向隶书文字形态诸多方面的转换：一是省减篆书的笔画结构；二是文字的线条由篆书委婉匀圆的弧笔变为隶书平直方正险峻的直笔，曲折处由篆书的连绵匀圆转变为隶书的方笔；三是字形由篆书的瘦长变为隶书的扁方；四是笔画改曲为直，化篆书的圆转为隶书的方折；五是运笔书写改篆书的连笔为隶书的断笔。经过对篆书形态的种种转换，隶书最终形成了独特的意趣和美学特征：在结构上，隶书字体略微宽扁，结体扁平、工整、精巧，具有雄阔严整而又舒展灵动的气度；在笔画上，隶书具有波（指笔画左行如曲波）、磔（指右行笔画的笔锋开张，形如燕尾的捺笔）之美；在用笔上，隶书方、圆、藏、露诸法俱备，笔势飞动，姿态优美，写长横时起笔逆锋切入如蚕头，中间行笔有波势俯仰，收尾有磔尾，横画长而直画短，讲究"蚕头燕尾""一波三折"，撇、捺等点画美化为向上挑起，轻重顿挫富有变化。

随着汉字的演变和发展，汉碑的书体由秦代的篆体逐渐演变为隶体，经历了一个篆中略带隶意到亦篆亦隶，到篆意日渐减少乃至蜕尽，隶意日渐增多乃至最后形成讲求波磔起伏的成熟汉隶的过程，并在东汉后期进而出现了向楷体演变的迹象。然而，由篆书转向隶书的隶变过程是一个漫长的渐进演化过程，并非一蹴而就。在秦的后期和西汉的早期，篆书的隶变已经开始，进入西汉中期以后，隶书蜕去篆体（包括结构、笔画的写法）而独立的形式，已经基本形成。自此以后出现的碑刻上的许多铭文，不但逐渐结构全变，从字形来讲也逐渐由长方形变成方形或扁方形，笔势逐渐长波更自然横出，和接近篆体的直垂形大大不同了。同时在西汉的碑刻中也还有一些方正或个别字带长形又仅有极短的波势的字体。这些基本上已消灭篆体形态而还未形成正式汉隶形态的正体字，不时出现在西汉中期至东汉中后期的石刻碑志中。这种字体就是由篆入隶、篆隶嬗变过程中的过渡性字体。

在这样一个由篆入隶的渐进演变发展过程中,相继涌现出了一批篆隶书体嬗变碑刻。这些碑刻看似不伦不类、似是而非,实际上篆隶两体自然交融,相互浸润,寓彼于此,化此为彼,匠心独运。这种不伦不类、既非篆又非隶的字体,自成一格,成为奇妙的集篆隶笔法书意于一体的不可多得的书体嬗变珍稀奇碑。如果从西汉早期到东汉后期的不同时间段撷取一些集篆隶笔法书意于一体的奇碑妙刻代表作来做一个系列考察,我们可以从中清晰地窥见汉字书体形态由篆到隶嬗变演化的发展轨迹。

篆笔犹在、隶意已显的《群臣上寿刻石》

《群臣上寿刻石》(见图19、20)亦称《娄山石刻》。此石清末以前未见著录,至近一百多年方显于世,系清道光年间广平知府邵武人杨兆璜在今河北卢龙的娄山访得。据清赵之谦《补寰宇访碑录》考定,此石系汉文帝后元六年(前158)八月所立,为现存西汉刻石之最古者。据查考,当时汉封国赵之都邯郸离娄山较近,且得中山四邑,群臣向赵王刘遂献殷勤而上寿于此山,并刻石以志纪念。据清陆增祥《八琼室金石补正》记载,刻石"高五尺二寸五分,广六寸……字径三寸许",用富有隶意的篆书写刻"赵廿二年八月丙寅群臣上酺此石北"一行计十五字。碑中"酺"字,据董仲舒《春秋繁露》考,通"寿"字。"群臣上酺"亦即"群臣上寿"。碑石左侧有北魏人题字,然已缺泐二字,左上方有唐人题名。张德容《二铭草堂金石聚》中也著录有此碑。据清刘位坦考,"赵廿二年"系赵王刘遂之年,相当于汉文帝后元六年,是年八月癸卯朔,二十四日值丙寅,正与刻石文字相符。刻立此石时,正是汉字书体由秦篆向古隶转化时期,故此刻石文字虽大体看似为篆体,但其文字形体已由秦篆之长形演变为方形,某些笔画亦改圆转为方折,与古隶相符。尤其是"丙寅"二字,转笔方折,已全属隶意。通观全碑,篆笔犹在,但隶书笔意甚浓,结体古劲,气脉贯通,率真、古朴而有生趣。清赵之谦《补寰宇访碑录》认为此刻石乃西汉刻石之冠。

图19　群臣上寿刻石　　　　　　　图20　群臣上寿刻石拓片

篆隶杂用、由篆向隶跨越的《北陛刻石》

《北陛刻石》（图21）亦称《鲁灵光殿北陛刻石》《鲁北陛石刻字》《北陛石题字》。史料记载，北陛石系日本关野雄等人组成的所谓"考古队"，于1942年对曲阜周公庙的东侧高地（西汉初年鲁国灵光殿的遗址）非法进行以掠夺为目的的"考古发掘"时出土。所谓北陛石，就是灵光殿北侧台阶的石头。日本人知道这是中国的珍贵文物，企图把它运回日本。他们想先将北陛石从兖州通过火车运到北京，然后再运往日本。结果，这一消息被国内众多爱国人士和文化名流得知，他们联合起来想尽办法将北陛石给截了下来。后来，北陛石被收藏在北京大学图书馆，1980年归藏于曲阜孔庙汉魏碑刻陈列馆。

图 21 北陛刻石

　　《北陛刻石》是稀有的西汉早期刻石,也是中国已经发现的最早的石刻文字之一。石上刻"鲁六年九月所造北陛""六五乙"十二字。根据《曲阜县志·通编》记载,汉景帝前元三年(前154),汉景帝刘启改封皇子、淮阳王刘余为鲁恭王,复置鲁国,仍然下辖鲁、卞、汶阳、蕃、驺、薛六县,《北陛刻石》即是刘余封鲁时的遗物。史载刘余"好治宫室苑囿狗马",喜欢建造宫殿。因此,"鲁六年",即刘余封鲁后的第六年(前149)。刘余在赴鲁就国后,在鲁南宫泮水以北、周鲁故宫废址上,陆续兴建了规模庞大、雄伟壮丽的鲁王宫建筑群。据《汉书》及《鲁灵光殿赋》等记载,鲁恭王刘余曾于曲阜建造了著名的灵光殿,殿与西京未央宫、建章殿同属当时国内著名建筑。西汉末年,未央宫、建章殿均被毁,唯灵光殿"岿然独存",后来,灵光殿也鞠为茂草,不复存在,这块陛石系鲁灵光殿建筑用石,是当时灵光殿的阶石。该石石灰岩质,石长九十五厘米,高四十二厘米,厚十九点五厘米。正面刻浅浮雕璧纹,并刻"六五乙"三字,三字已有较多隶书笔意。前侧面刻菱形几何纹,后侧未加工。右端分为二部,下部剔去,是两块陛石的咬合处。刻字部位在石左端,文四行九字"鲁六年九月所造北陛",除第三行三字外,他行均二字。此刻石书法拙朴宏浑。《北陛刻石》是我国文字由篆到隶转变阶段的典型代表作,字体既篆意浓厚,又为典型的古隶笔法。其"月"字虽为隶书,但仍寓小篆笔意;两个"六"字,一作篆体,一作隶体;"九""所""造""陛"几字为隶书造型,而"鲁""北""五""乙"几字又携带小篆造型。总之,《北陛刻石》书体虽多为篆字,但已渗入浓重隶书味道,正处在由篆变隶这一古今文字大转折中,是秦篆过渡到汉篆、汉隶的重大发展,是研究我国汉字书体演变的重要实物材料。这清楚地表明，西汉景帝年间是篆隶杂用的，正处于由篆向隶跨越的阶段。正因为如此，《北陛刻石》成为具有特殊书法艺术价值的珍稀奇碑。

意在篆隶之间的《杨量买山地记》

《杨量买山地记》（图22）亦称《巴州民杨量买山地刻石》，于汉宣帝刘询地节二年（前68）正月（一说八月，一说十月）刻，清道光壬辰年（1832）于重庆巴南出土，不久即被钱安父所得并携归湖州，拓赠同好，后又归吴重光。清咸丰十年（1860），石毁于太平天国之战火，其存世不过二十余年，故原石拓本极为罕见，所见多为翻刻本。据清陆增祥《八琼室金石补正》记载，"石高一尺三寸三分，广二尺"。上刻隶书五行二十七字："地节二年十月，巴州民杨量买山，直（值）钱千百。作业示子孙，永保其毋替。"可知此石为西汉宣帝地节二年所刻，系西汉民间普通平民所刻实用性物件，因而其极为淳朴，石不平，刻之草率，毫无故意雕饰之处，由此我们对当时西汉民间文字书写、使用情况可窥见一斑。刻石的清拓本现藏于北京故宫博物院，墨拓整纸本，已裱立轴，纵一百一十九厘米，横五十一点五厘米，其中有拓墨处约四十三厘米见方，上下余纸则为清人徐同柏于道光壬辰年题写的释文及跋语。这一拓本经钱安父、宫本昂、邹寿祺、陈景陶等递藏，又经许瀚、刘喜海、邹寿祺、褚德彝等金石名家详为考订题跋，可称为善本。从拓本看，此刻书体古拙，如璞玉浑金，大小参差，散漫天成。其所刻之字虽粗看为隶书，实际在体势上介于篆隶之间，反映出当时书体正在由篆向隶转化，但较少受同期汉简的影响，具有强烈的金石味，其字体取势扁方，波磔毕具，为成熟汉隶之最早标本，故极受书法家的重视。清方朔《枕经堂金石书画题跋》对此刻石评价颇高，认为"其字结构浑朴，波磔劲拔，意在篆隶之间，与五凤二年刻石不相上下"。清杨寿祺评价说："其书法甚古，字迹大小参

图22 杨量买山地记

差，确系西汉隶法，非后人所能及。"所谓"西汉隶法"，即是由秦篆向东汉典范隶书即今隶演化转变的古隶，其隶法浑朴劲拔。不过，原先清赵之谦、罗振玉等人认为此石是后人伪刻，其原因是"汉有巴郡无巴州"，与史不合，故真伪问题存有疑窦。但随着近些年来马王堆汉惠帝时帛书和山东汉墓武帝初年竹简的相继出土，已经证明《杨量买山地记》的书迹与马王堆帛书及武帝竹简的书迹相类，因而现在可以肯定《杨量买山地记》确系西汉遗物，并非伪刻。

隶意六七篆意三四的《五凤刻石》

《五凤刻石》（图23）又名《鲁孝王泮池刻石》，亦称《鲁孝王刻石》《五凤二年刻石》，刻于汉宣帝五凤二年（前56）六月四日。据史籍记载，金章宗明昌二年（1191）提领修庙朝散大夫开州刺史高德裔奉诏重修曲阜孔庙，匠人在灵光殿基西南三十步太子的钓鱼池取池石以充用，从土中偶尔得之，今保存于曲阜孔庙。此石形制长方，横卧，似石基，高四十一厘米，宽七十厘米，厚四十厘米，石两面均为粗凿平面，其中一面刻字，计三行十三字，每行四到五字，文曰"五凤二年鲁卅四年六月四日成"。石左侧刻高德裔所题之跋，行书，十一行，每行十三到十四字。据考，灵光殿建于汉景帝之子鲁恭王刘余之时，恭王传子安王光，又传孝王庆忌。太子钓鱼池一直是鲁王钓鱼、玩乐之处，此刻字石基即是鲁孝王当年在此重修宫殿亭榭时所留下的。此刻石字迹不太工雅，很可能是当时的建筑工匠所刻，但字体醇古，笔画凝重，字形由篆到隶，篆隶夹杂，结体浑厚但不够方整，无明显波磔，用笔圆转且篆意较浓，其"年"字长脚，与出土的这一时期的汉简同趣。其章法自然，熔先秦篆隶于一炉，给人以笔力雄劲之感，是在隶变过程中形成的一种隶意六七篆意三四、承前启后的书体。由于《五凤刻石》为传世最早的西汉刻石之一，其书法在西汉刻石中亦为上品，故自明清以来，《金石索》《金石图说》《两汉金石记》《潜研堂金石跋尾》《金石萃编》《汉碑录文》《校碑随记》《寰宇访碑录》《山左金石志》以及《山东通志》《曲阜县志》《续修曲阜县志》《孔孟

图23 五凤刻石

圣迹图鉴》等都有著录。明赵崡《石墨镌华》说："此字简质古朴。"清孙承泽《庚子销夏记》评论此刻石："字形朴质，此西汉之物。"清翁方纲《两汉金石记》谓其"浑沦朴古，隶法之未雕凿者"。清方朔《枕经堂金石书画题跋》对其评价颇高，说此石"字凡十三，无一字不浑成高古，以视东汉诸碑，有如登泰岱而观傲崃诸峰，直足俯视睥睨也"。

隶意浓厚的篆书字体《王陵塞石》

《王陵塞石》（图24）1970年出土于曲阜城南九公里的九龙山，山上有五座西汉崖墓。据《汉书》卷十四《诸侯王表》载，西汉时，景帝于公元前154年封其子刘余于曲阜为鲁王。自鲁恭王刘余起至公元前4年鲁文王止，五代鲁王在曲阜共一百五十多年。《王陵塞石》出土于西起第三墓。墓依山凿石，墓道前部揭露，南北长三十七点五米，东西宽四点六至四点八米，尽端高十八点四米。墓道后部及墓室凿石成洞，南北长四十四点六米，有前后二室，以通道相连，两侧各有耳室，前室东西宽八米，南北长六点三米，高四点二米。从出土的"宫中行乐"钱、银缕玉衣残片、驷马安车等随葬物品判断，墓主当为西汉鲁王。塞石即墓道的封门石，上下共五层，每层有四五块塞石，共有十九块。其中一块塞石上刻有"王陵塞石广四尺，二尺"。石长九十二点五厘米，宽四十七厘米，高二点二九米。刻字分为两处，一处在石右上部，长二十九厘米，高六十厘米，文两行，前行四字，后行三字；一处在石上部，横书"二尺"二字。其他石上还分别刻有"得于文""党""胡纪国""问"等人名，和"尺八寸""一尺八寸""一尺九寸""二尺九寸半"等尺寸。据考，这些刻石当刻于鲁封国后一百多年汉宣帝甘露四年（前50）左右。文字亦篆亦隶、篆隶交融，均为带有浓厚隶书笔意的方笔阴刻篆书，字迹大小不等，结体不严，较为草率，可以看得出是建筑工匠随意刻留。不过，虽非精心书写后刻凿，但笔画横平

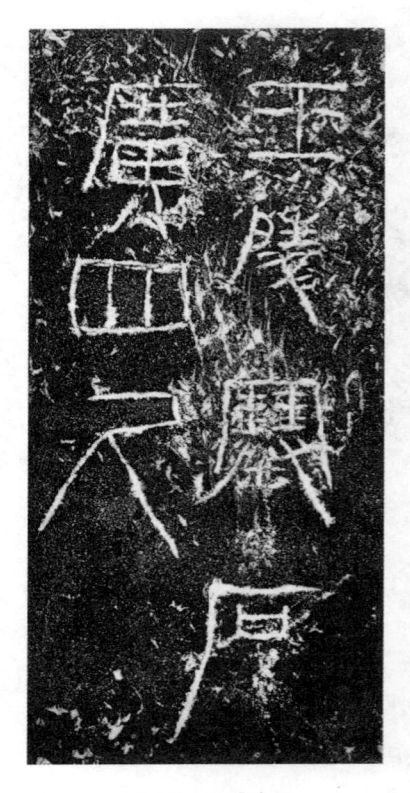

图24 王陵塞石

竖直，雄劲简捷，体势舒展大度。因此，尽管其谈不上有多高的书法艺术，但因西汉传世刻石文字稀少，故此石也弥足珍贵，是研究西汉文字、书法由篆入隶演化嬗变的重要实物资料。

结字用笔均带篆意的《麃孝禹碑》

《麃孝禹碑》（图25）亦称《麃孝禹刻石》。此碑刻立于西汉河平三年（前26），出土于山东费县平邑的一条土堤上，旧藏于章钰家。清同治九年（1870）杨州宫本昂、宫昱和任城刘恩瀛在平邑访得此碑，归南海（今广东南海）李山农，并筑亭以保存。民国九年（1920），此碑又归莒县庄式如所得，今藏山东博物馆，因具有悠久的历史和重要的人文价值及书法艺术价值，2001年被评为山东博物馆"十大镇馆之宝"。

在现存的西汉刻石中，《麃孝禹碑》是唯一具有墓碑形制的一块，在中国碑刻文化发展史上具有重要的地位。《麃孝禹碑》石质黝黑，石面粗糙，图文并茂，碑高约一百四十五厘米，上下宽相等，约四十五厘米，石上锐成圆首，圆首上刻有三角形竖线屋檐状的图案，还刻有两只鹤，左边一只鹤展翅欲飞，右边一只鹤因时间久远已剥蚀不清。鹤鸟下面有直线界格，将碑面分为三格，左右两格竖排刻铭两行：右行刻"河平三年八月丁亥"八字，左行刻"平邑侯里麃孝禹"，

图25　麃孝禹碑

中间界格中空三寸许，相对较窄，无字。《麃孝禹碑》虽然没有像后汉墓碑那样刻有详细的家世、铭颂以及立碑者等内容，但碑上有了明确的立碑时间，有了墓主的籍贯、姓名，已具墓碑的碑制，属墓碑的早期形态，与后世的墓碑已颇为相似，故被一致认为是现存最早的墓碑，有"天下第一块墓碑"之誉。我国碑刻之所以在东汉时代会进入"碑碣云起"的空前繁荣期，主要由于墓碑的勃兴。《麃孝禹碑》是早在公元前26年西汉时代即已出现的墓碑，无疑应作为东汉"碑碣云起"

时代的先导，而被载入中国碑刻文化发展史册。

　　《麃孝禹碑》碑石上所刻的两行文字属于篆书向汉隶过渡转化的古隶。其用笔平中寓奇，粗细变化无多，但是线条挺劲古朴，圆润苍涩，再加上碑面未经打磨，使得线条苍茫模糊，尽显高古。其字的结体混杂着不少篆书的遗迹，笔画瘦挺坚细，生涩迟拙，结字与用笔均带篆意，作为汉隶重要标志的波磔亦未形成，其书法笔势劲健，体势开张，遒劲苍古，可谓西汉隶书之代表作，表明其正处于篆书向典范汉隶演化嬗变的过渡阶段，具有早期隶书的"原生态"特色。因此《麃孝禹碑》颇受书法艺术研究者、爱好者的看重。

带有浓厚篆意的古隶《禳盗刻石》

　　《禳盗刻石》（图26）亦称《鱼山刻石》，1983年11月，被济宁地区文物局在山东金乡胡集乡西郭庄村北的鱼山之阳发现。"禳"是古代以祭祷消除灾祸的一种活动，此石为"禳盗"而刻，就是期望警示盗墓者以求墓中死者平安。该刻石为青色石灰岩，高三十五厘米，全宽一百九十五厘米，厚二十三点五厘米，原石共刻文字二十七行，每行四至六字不等，计一百三十八字。行间用阴刻竖线界开，界线间距七厘米。此刻石为墓门上槛石，出土后被石工破为碎块，现仅存两段。一段高三十五厘米，残宽四十一厘米，存字五行半，计二十四个完整字和三个残字，现存济宁市博物馆。另一段高三十五厘米，残宽五十厘米，存字八行，计三十二个完整字和十个残字，现存金乡县博物馆。墓主在该刻石上所留下的警告和诅咒盗墓毁尸人的话饶有风趣，我们由此对当时的民风民俗也可窥一斑。此刻石书体属由篆书向汉隶演变过程中的典型古隶，笔画无明显的提按变化，波磔亦未形成，其中有不少字带有浓厚的篆意，不少字的写法与小篆相比，所不同的只是一个比较方折，一个比较圆转，文中有些字的偏旁的写法，似乎没有定型，例如"言"字旁有写四横画的，也有写五横画的。其凿刻的技法单刀直取，极少修饰，书体用笔方折挺劲，线条纤而能厚，结体于平正中见险奇，

图26　禳盗刻石

极具古拙之美。从这些特点中我们可以看出当时文字书写由篆向隶的演变轨迹。以与其形制相近的《莱子侯刻石》比较，《莱子侯刻石》波挑比较明显，字形亦较整齐，而此刻石则更富质朴之感。因此，该刻石的年代似应早于《莱子侯刻石》。《莱子侯刻石》刻于西汉末年王莽篡政时的新莽天凤三年（16）二月，此石似应刻于西汉末年汉成帝至汉平帝时期。

出篆入隶、以篆为隶的《莱子侯刻石》

《莱子侯刻石》（图27）亦称《莱子侯封田刻石》《莱子侯封冢记》《天凤刻石》《莱子侯赡族戒石》，为新莽天凤三年（16）二月刻。据《邹县志》载，该石原在山东邹县卧虎山前，清乾隆五十七年（1792）为王仲磊最早发现。嘉庆二十二年（1817）秋，藤县孝廉颜逢甲携友孙生容、王补、仲诸山游邹县，于城南卧虎山前偶然访得，遂将此石移入邹县孟庙。此石现存邹城博物馆，是海内仅存西汉刻石中的佼佼者，1983年被评定为国家一级文物。清陆增祥《八琼室金石补正》记载，该刻石碑体呈扁长方形，"去边纹，高汉尺一尺五寸三分，广二尺二寸七分""上微弓，中断为二，色纯青而坚"。石上刻文字七行，每行五字，共三十五字，"字径二寸五分"，为"始建国天凤三年二月十三日，莱子侯为支人为封，使偖（储）子良等用百余人，后子孙毋坏败"。其碑文大意是，新莽时代莱子侯封义田，以赡养宗支家族，立石告诫后世子孙勿要败坏此田。石右侧刻有清嘉庆二十二年（1817）颜逢甲、孙生容行书题跋三行。对刻文中的"莱"字，有作"葉"字者，有作"菜"字、"業"字者，迄今无定论。碑文文字上下成行，行间有直界，虽然每行字数相等，但文字字形大小不尽相同，或随字体结构而定，或随心所欲而作。此刻石虽出自民间无名氏之手，属民间野制，却是一件不朽的书法珍品。此石书法古拙苍简，骨气洞达，用笔舒展，方折挺劲，圆劲有篆意。

图27 莱子侯刻石

所刻文字篆意尚存，隶意已显，出篆入隶，但无肥大波磔，给人以苍劲简质之感。整块刻石字势古劲，结体疏密开朗，极具古拙之美，看似十分随便，实则抱合严谨，老辣骨健。清方朔《枕经堂金石书画题跋》认为此刻石"以篆为隶，结构简劲，意味古雅，足与孔庙之五凤二年刻石媲美"。瞿中溶《金石文编》认为"此刻结体秀劲古茂……"。杨守敬《平碑记》更是给以高度评价，认为"是刻苍劲简质，汉隶之存者为最古，亦为最高"。颜逢甲题记称此刻"与曲阜五凤二年刻石、永平郙君摩崖，是一家眷属"。由此刻石可以考见篆书经古隶向今隶过渡的踪迹。

隶兼篆体、篆隶相间的《石廧村刻石》

《石廧村刻石》（图28）系清道光十四年（1834）季春，徐庭瓒与其兄弟徐庭仰得于山东邹县石廧村，道光十八年（1838）移置邹县亚圣孟子庙之致严堂，并刻跋于石之左旁。石横长，竖刻文字十一行，行间有竖界格。首行有"道偈其身"等字，因第十行中有"中郎"二字，故亦被称为《中郎等字残石》。因刻石横向长，纵向短小，故碑末题跋刻成三行。石上无刻石年月，清方朔《枕经堂金石书画题跋》谓其"古意可掬"，"隶兼篆体，当是汉刻"。从刻石的雕刻技法、形式和书法面貌上看，《石廧村刻石》字形在篆隶之间，与《莱子侯刻石》相仿，

图28 石廧村刻石

故刻石年代应为王莽当政（9—23）或稍后一段时期。该刻石用笔篆隶相间，不拘于一定模式，无明显逆入平出的波磔笔画。隶书写法中，圆转者很少，笔画多劲健、径直，得苍浑自然之趣。和同期碑刻相比，《石廧村刻石》书风与《莱子侯刻石》不太一样。《莱子侯刻石》笔意古朴，笔意少于刀意，《石廧村刻石》不仅

不失古朴情趣，且笔意较浓，笔画动感更强一些，颇有此阶段竹简书的书风。《石廇村刻石》所刻文字结体呈左欹之势，且保留了很多篆书体态，如"者""堂""子""石"等字，"古意可掬"，但又不全同篆意，而带有隶意，很有自己的特点。石上所刻左右两部分结构的字（例如"得""但""故""伐"等字），或左半大、右半小，或右半大、左半小，两部分错落布置，互相联系，活泼而丰富。整块刻石文字布白特点鲜明：竖成行，横不成列，因字立形，因形布白。隶书布白尤难，难于对比得当，难于字与字的呼应。此刻能无拘无束、错落参差，虽然写刻者无意，却收到了很好的效果。《石廇村刻石》虽剥蚀较甚，但其结体、布白都有自己的特色，呈现出一副隶兼篆体、用笔篆隶相间的面貌，对研究汉代时篆书向隶书的演化转变具有重要的参考价值。

波磔初露、介于篆隶间的《三老忌日碑》

《三老忌日碑》（图29）亦称《三老讳字忌日碑》《三老讳字忌日刻石》，刻于东汉光武帝建武二十八年（52）五月，清咸丰二年（1852）五月出土于浙江余姚客星山下。原石立于祠堂，为便于祭祀而设，内容记载了三老祖孙讳字、忌日等。据清陆增祥《八琼室金石补正》记载，《三老讳字忌日碑》为长方形，石"高三尺七寸，广一尺七寸五分"，碑文分左右两列，中有竖线，不甚规则，粗约三毫米，碑文即刊于此竖线左右。右列分为上下四大格，共二十一行，每行字数不一。其中第一大格四行，每行七字，字径八分；第二大格六行，每行字数不一，字径九分；第三大格六行，每行六七字不等，字径寸余；第四大格五行，每行五六字不等，字径寸余。左列分为三长行，满行三十字。全碑共二百一十七字。"三老"系汉时掌管文化之

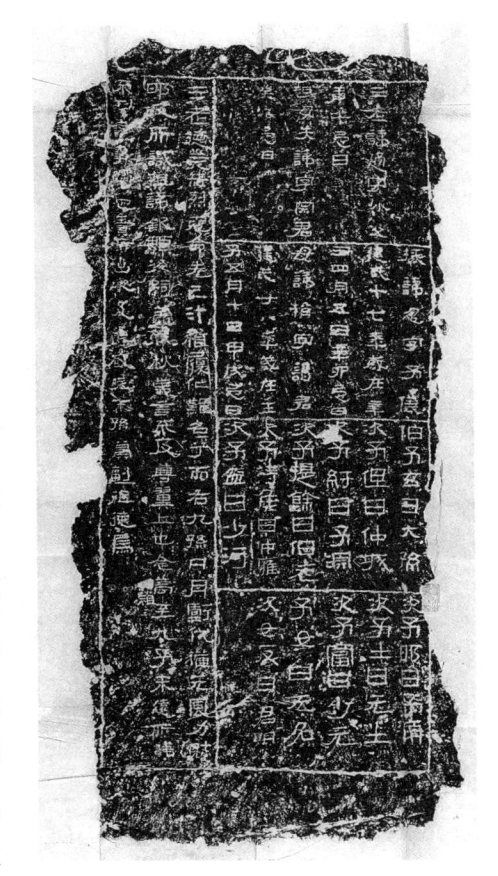

图29 三老忌日碑

官员的官衔名，碑文未注明这位"三老"的名字，只注明此碑系该"三老"的第七孙"邯"所立。碑文所载内容，为研究东汉时期的民间风情习俗提供了重要的第一手资料。碑原归余姚周世态藏，在咸丰十一年（1861）曾被太平天国起义军用作灶石。虽经熏灼碑额断缺，碑身幸未毁坏，字幸完好。此碑为丹徒陈渭泉所得，转徙至上海。1921年秋，日本人欲以重金购买之并出运日本。此消息为西泠印社的吴昌硕、倪墨耕等先生得知，为了保护国宝，他们便与同里丁辅之等人作书遍告乡人，积极发起筹款，集六十余人之力，最后募款八千银圆买下，载碑返浙，置于杭州西泠印社内。此碑与浙江绍兴东南的跳山《大吉买山地记》摩崖石刻同为浙江汉刻重宝，也是浙江现存最古之碑刻，《余姚县志》称其为浙东第一石。此碑字势浑厚，书体介于篆隶之间，章法错落有致，结体宽舒不拘，书风醇厚、朴茂，明显地体现出书体过渡的特征，具有重要的文字和书法演变研究价值。其书刻为乡民所为，而非文人手笔，其字体处于篆意基本蜕尽而尚未至成熟隶书讲求波磔起伏之阶段，其撇画用长长的弧形线条流宕而出，其末笔横画或捺脚尽处用中锋微微翘起收住。此石用单刀正锋凿刻而成，个别字的末笔却用双刀刻成丰肥的一捺，表明在东汉中后期碑刻中被普遍采用的右行笔画、笔锋开张形如"燕尾"的"磔"笔此时已初露端倪。

由篆入隶的代表作《何君阁道碑》

《何君阁道碑》（图30）亦称《何君阁道摩崖石刻》《何君尊楗阁刻石》《蜀郡太守何君阁道碑》《何君阁道铭》，系东汉光武帝建武中元二年（57）所刻。此铭刻于南丝绸之路上的重要关隘四川荥经（古称严道）古栈道首段左侧石壁上，下临荥江。据宋人王象之《舆地碑目》记载："其碑在荥经县西三十里，景峪悬崖间。"刻石镌于高约三点五厘米、宽约一点五米的页岩自然断面上，上面岩石呈伞状向前伸出约两米，形如屋顶，有效地

图30 何君阁道碑

保护刻石免遭日晒雨淋。刻石四周随字体变化凿成一不规则梯形。铭高六十五厘米，上宽七十三厘米，下宽七十六厘米。周有边框，字大如拳，随字形简繁，任意结体。全文共五十二字，排列七行，每行六至九字不等。碑文内容表明，《何君阁道碑》是当时地方官员为记颂蜀郡太守何君组织力量带领民众修建当时严道县险峻的栈道而镌刻的一块摩崖石刻。

这条被称为"何君阁道"的荥经古栈道修通后，在东汉时成为蜀郡通西南夷的一条要道。然而，由于南丝绸之路上的驿道在唐代后改道，不再经过刻有《何君阁道碑》摩崖石刻的石壁脚下，栈道没有继续发挥其作用。因而《何君阁道碑》渐渐地被人淡忘，湮没在群山峡谷中。到南宋初年时，《何君阁道碑》又被人们发现，据《墨宝》记载："此碑出于绍兴辛未年，在荥经县，以适邛筰之路也。"南宋孝宗淳熙二年（1175）刘球纂成《隶韵》十卷时，犹收入《何君阁道碑》所用文字。但时隔不久《何君阁道碑》出而复晦。南宋光宗绍熙甲寅（1194）晏袤在跋《开通褒斜道刻石》时，则称其"与《蜀郡太守何君阁道碑》体势相若，今何君碑不传。"从此以后，《何君阁道碑》虽有拓片流传于世，后人按图索骥，苦苦寻觅，但一直未能见到原刻真迹。民国十七年版《荥经县志》还记载，荥经举人汪元藻《重修何君阁道碑跋》称原刻石失传久矣，原碑在明时为巡按吴某取去。直到2004年3月，《何君阁道碑》这块具有重要价值的摩崖原刻隐藏千年之后又重新现身。原来，它并没有被毁坏，也没有如民国《荥经县志》所记载的"在明时为巡按吴某取去"，千百年来它一直安安稳稳地悬嵌在当初修建荥经古栈道的四川荥经荥河南岸的石壁上，只是因为道路的改变、环境的变化使人们无法找到原址而误以为其"神秘消失"了。

《何君阁道碑》的佚而复现是很偶然的。进入21世纪，荥经县拓宽国道，花滩电站库区的存水涨至《何君阁道碑》摩崖石刻下，成为一个游泳的好地方，经常有人在那里游泳。加之拓宽国道倾倒的泥石自然形成斜坡，使人可攀缘至《何君阁道碑》刻石旁，所以有不少人见过此刻石。但是由于一般人并不知道《何君阁道碑》的身世和价值，尽管看到了石壁上镌刻的《何君阁道碑》，并未对其产生足够的注意和重视。2004年3月14日，荥经县民建小学的教师刘大锦、牟建去那里游泳。因为刘大锦是书法爱好者，当他见到《何君阁道碑》刻石后，心情激动无比，立即将这一发现报告了相关专业人员。专业人员迅即将这一发现报告了有关文物主管部门，文物主管部门随即组织专家前去进行考证确认。由此《何君阁道碑》这个自宋代以来失传一千余年、令无数人魂牵梦绕的国宝级文物终于又重新放射出绚丽的光彩，并被正式列为国家重点文物保护单位。

失踪千年的《何君阁道碑》的重现之所以受到人们的高度关注和重视，一是因为其是现存东汉摩崖石刻中年代最早的一块，比原先发现的最早的东汉摩崖石刻——刻于东汉明帝永平九年（66）的《开通褒斜道摩崖》要早了六年；二是因为其对于研究中国古代西南地区交通、南丝绸之路、栈道修建、中国古代行政管理制度、公文行文方式和计量等均有十分重要的价值，为唐宋以来一直存有争议的南丝绸之路在四川境内的路线的确定提供了佐证；三是其具有重要的汉字发展演变研究价值和书法艺术价值，其书法气韵在历史上享有盛誉，是中国古代篆书向隶书嬗变的代表作。宋代洪适《隶释》云："蜀郡太守何君阁道碑，字法方劲，古意有余，如瞻冠章，甫而衣缝掖者，使人起敬不暇。"洪适称《何君阁道碑》为"东汉隶书，斯为之首"。元代郑杓《衍极》卷下认为："汉碑三百销蚀亡几，何君阁道、夏淳于碑可以全见古人面貌。"《何君阁道碑》书法风格极具早期隶书即由篆入隶、从篆体向汉隶演化的典型特征。其字体饱满，外形扁平方正，笔画简直，虽是隶书而略带篆书意趣，字里行间流露出浓厚的东汉隶书视现的典型气息。其文字用笔方中掺圆，采用篆转隶笔法，增强了线条的雄健凝重及深沉的韵味，显出浑朴稚拙，方整而遒媚。其字结体宽博，横平竖直，波磔不显，古朴率直，中锋用笔，以篆作隶，变圆为方，削繁就简。其章法错落参差，洒脱大度，反映了由篆及隶的演变过程。自右向左竖排七行共五十二个字的碑文，字迹清晰完整，最大字径宽九厘米，高约十三厘米，随字形简繁任意结体，随字之笔画多寡而异，错落有致。书者有时似乎在不经意之间使用篆字，圆笔中锋，结字宽博，时见篆意。如铭刻中最大的一个字"尊"纯为篆体，与汉印所用相同，"舒"字偏旁"予"、"鲔"字偏旁"鱼"亦甚似缪篆，"有"上"又"旁凡三笔，亦用篆法。《何君阁道碑》虽书写用篆法圆笔，但结字力求破篆体之圆而立隶书之方，笔力雄健，气势夺人，然波挑之法尚不娴熟。这些特征，清晰地反映出隶书告别篆体走向成熟前夕的一种现象，完全不同于东汉晚期某些碑刻有意以篆体入隶。《何君阁道碑》可谓汉字字体在西汉由篆入隶后从不成熟的古隶向东汉典范汉隶演变转折的一个标志。

以篆为隶、隶中之篆《开通褒斜道摩崖》

《开通褒斜道摩崖》（图31）全称《鄐君开通褒斜道摩崖》，俗称《大开通》或《开道碑》。刻于东汉明帝永平九年（66），在《何君尊楗阁刻石》佚而复现前是存世东汉摩崖石刻中年代最早的一块，原在今陕西勉县褒城镇石门谷道中崖壁上，1971年，国家兴建褒水大坝时，将该摩崖石刻移至汉中博物馆保存。

《开通褒斜道摩崖》刻后久为苔藓所封，长期以来无人知晓。南宋光宗绍熙五年（1194）三月，为南郑县令晏袤在石门崖壁上发现，于是晏袤刻长篇题记于其旁。但此后六百多年又被苔藓覆盖，无人问津。因崖壁陡峻、苔藓深，故罕有找到《开通褒斜道摩崖》而摹拓者。直到清乾隆年间，陕西巡抚、金石家毕沅撰写《关中金石志》，《开通褒斜道摩崖》才被重新搜得，始有拓本传世。《开通褒斜道摩崖》石

图31 开通褒斜道摩崖

刻在晏袤以前的宋代欧阳修《集古录》、赵明诚《金石录》和洪适《隶释》三家著录中均未记载，至南宋娄机《汉隶字源》始见著录。《开通褒斜道摩崖》与《石门颂》《西狭颂》《郙阁颂》并为东汉著名摩崖，具有重要的文字、书法和史料价值。据清王昶《金石萃编》记载，该刻石呈不规则扁方形，"石横广一丈二寸，宽前段三尺二寸五分，中段四尺五寸，后段五尺五寸"，摩崖石刻四周有凸出的边。整块刻石分为三段。前段即汉代时所刻的由篆入隶的古隶，中段为宋人楷书，后段为宋代晏袤用隶书所写的长篇题记。前段汉代所刻的由篆入隶的古隶共十六行，每行五字至十一字不等，现存九十七字，字径九至十六厘米。此段摩崖凿刻于东汉明帝永平九年四月，记载了汉中太守鄐君奉诏率领广汉、蜀郡、巴郡

刑徒二千六百九十人，于永平六年（63）至永平九年四月，在汉中褒城石门开通褒斜栈道之事。这项巨大的工程历时三年才得以完成。另据史籍记载和学者考订，该栈道上著名的古石门隧道就是由鄐君主持在这段时间首次开通的。

《开通褒斜道摩崖》铭文内容对于研究东汉交通史具有重要史料价值，其书法亦别具特色，具有重要的书法艺术价值。其字体"意在以篆为隶，由篆变隶之日"，处于由篆体向隶体演化成形时期，既不同于篆书又不同于隶书，非篆非隶，亦篆亦隶，别具一格。其结字方古舒阔，因自然石势作字，字之大小及笔画的长短、粗细皆参差不整，没有波磔，天真朴拙，呈现出早期隶书由篆入隶的许多特点。其书法古朴自然，充满动感和力量，并显示出一种强劲的气势。全石字形虽长短广狭，参差不齐，大小不一，方扁不等，然整体布局既和谐匀称，又飞扬流动，无呆板之感。其字势横向拓展，宽博开阔，棱角方正，气魄宏大，笔力遒劲。其结体四角撑满，布势饱满，外廓茂密，内部空灵，丰满、粗犷而开放。其横竖笔画特别是横画，多平直中取斜势，直中有曲，静中取动，安逸中见飘逸，给人以一种活脱飞动的感觉，既显示出力度和气势，又展现出一种动态。通观整篇石刻文字，貌似粗糙、简单、稚拙，然而却不乏恣肆浪漫之笔，充满着生动的力量，开古隶放逸浪漫之先河，对后世具有很大的影响，受到历代书家的广泛重视和高度评价。宋代晏袤题记称其"字法奇劲，古意有余。与光武中元二年《蜀郡太守何君阁道碑》体势相若。建武、永平去西汉未远，故字画简古严正，观之使人起敬不暇"。清代翁方纲《两汉金石记》谓其"至其字画古劲，因石之势纵横长斜，纯以天机行之，此实未加波法之汉隶也。"清代方朔《枕经堂金石书画题跋》谓"玩其体势，意在以篆为隶，亦由篆变隶之日，浑朴苍劲"。清代钱大昕《潜研堂金石文字跋尾》谓"文字古朴，东京分隶，传于今者，以此为最先焉"。清代刘熙载《艺概》谓"《开通褒斜道刻石》，隶之古也"。清代康有为《广艺舟双楫》称其为"隶中之篆也"。清代杨守敬《平碑记》谓"其字体长短广狭，参差不齐，天然古秀若石纹然，百代而下，无从摹拟，此之谓神品"。

"以篆笔作隶者"《司马长元石门题字》

《司马长元石门题字》（图32）刻于东汉章帝建初六年（81）十月三日。石在山东威海崮头集村，清末被发现。当时因乡人惑于风水，凡有前往拓取者，大多遭到阻止，"故世存拓本多草率，盖见来之不易。因字漫漶，则后人随拓随洗刷，并加以剔剜"，以求清楚。民国后拓本笔画肥粗，渐失原书风格。原石为石阙形，共两石，分列东西，每石各刻字一行。西石上端字迹风化剥落，下为"□□武威狄道司马长元石门"。东石九字，为"建初六年十月三日成"。

《司马长元石门题字》系民间建成石门后普通的题记，其书法当然无法与同时代的皇皇巨著相媲美。不过由于它并非刻意而为的歌功颂德碑刻，因而其书写镌刻比正式场合出现的碑刻具有更高的自由度，随意流露的性情比正统碑刻要强烈得多，更能反映出当时民间文字书体演变发展的真实面貌。石门上所刻的题字粗看写得很笨拙，厚重的笔画书写出憨直略显呆板的字形。每个字都直来直去，笔画有点类似于现代美术字。然而它藏巧于拙，匠心独运。正如清代康有为《广艺舟双楫》所指出的，其书体看似隶书，其实是"以篆笔作隶者"。其字外形粗略一看为隶体，然而其用笔却非隶书的

图32 司马长元石门题字

方笔，而是篆书的圆笔和隶书的方笔兼而有之。其所有文字都仅有类似隶书的外形而没有隶书所具有的波磔。它以圆浑的线条，参用粗壮、古拙的行笔，造成间架结构的稳重阔达，展示了既有类似于隶书的外形又有篆书敦厚字形的非篆非隶的奇妙字体，令人感受到积蓄于字内的深沉、遒古的力量。

以篆笔作隶书的典型《王君平阙》

《王君平阙》（图33）1980年7月出土于成都东郊的一座明代古墓内，为墓门的抵门石。《王君平阙》刻于东汉和帝永元九年（97）。阙石正面上部刻有铭文，铭文四周刻线为框界。铭文共三行，行间刻竖线为格界。第一、二行八字，第三行四字，共二十字。《王君平阙》铭文是以篆笔作隶书的典型，书法奇纵豪宕，纤劲古拙。其用笔纯以篆法作隶，点画中实浑博，笔画纤劲如铁线，直中含曲，直曲有机合成，并无僵挺之虞，浑然一体。有所谓"长锥画沙，钢针界石"之妙。

其笔调明快而含蓄凝重。其笔画转角亦转亦折，似方亦圆，捺撇笔锋略展即收，每为波画则只使笔锋略展还收，无明显波磔，如"永""元""九""楗"诸字的波撇皆如是。其结体疏密有致，大胆留白，显得势空阔而神凝聚，奇伟峭拔，动人心魄。如"为""长"二字波撇不为界格所束，飞笔破界，一如长枪大戟，气势赫然，既端庄凝重，又不拘谨呆板。全篇章法，有行无列，其行间虽有竖线为格界，然又不为界格所束。一些捺撇飞笔破界，显得笔调活泼而气势生动，加以字势参差错落，潇洒淋漓，奇古生姿，构成了野逸空灵的意境。

图33 王君平阙

篆隶相间同存的《幽州书佐秦君石阙》

图34 幽州书佐秦君石阙

《幽州书佐秦君石阙》（图34）又称《乌还哺母等字残石》，刻于东汉和帝永元十七年（105），1964年6月出土于北京。同时发现的还有石表、石柱、石柱础、石阙顶等。石柱上有刻文"永元十七年四月"等字样。"永元"为东汉和帝年号，共十六年（89—104），公元105年阴历四月改"元兴"。刻文仍题"永元十七年"，当是远离京城，诏令未至之故。《幽州书佐秦君石阙》原存北京市文物工作队，现藏北京首都博物馆。据考，此刻石不仅是北京地区所发现的年代最早的刻石，也是迄今存世最完整的汉代神道刻石，具有很高的文物价值。石阙上刻阳文三行十一字"汉故幽州书佐秦君之神道"，左右两阙同文。阙下三石柱（墓表）上各刻有文图多处，字最多者的一处达几十字。其中，一石柱上刻武士与朱雀，左侧为一龙，右上刻"乌还哺母"四字，下刻小字七行，行刻十八至二十字不等，唯末行为三十字；一石柱上刻"永元十七年四月卯令改为元兴元年十一月鲁工石巨宜造"；一石柱正面刻数十字，均漫漶不可辨，侧刻"乌□□□"四字。另外，还有石宝顶一个、方形石础一个、神道石柱顶六个、浮雕双人一尊。在结构上，神道阙上所刻之字有些字如"汉""书""秦""君"等，为篆书纵势长方，基本上是篆体，有些字如"故""幽""州""佐""之""神""道"等，为隶书横势扁平方正，基本上是隶体。但不论是篆体还是隶体，均用笔方折，笔画直劲如钢丝。就单个字来讲，书法颇为拙劣，结字歪歪扭扭，毫无章法，线条滞重呆板生拙。然而，有意思的是，由于书刻者运笔篆法、隶法同用，结体篆字瘦长字形和隶字扁方字形混杂。两者其字大小参差不一，字形长方、扁方参差不一，纵有行而横无列，参差错落，字与字之间搭配组合巧妙，整块刻石巧妙地恰当布局，形成了一个有机整体，产生了一种混沌未开、大朴不雕、真率朴茂的古趣，乃至将单字上书刻的缺陷掩饰过去，产生了一种气势雄浑、自成一格、化腐朽为神奇的审美情趣，成为一件自然朴实、奇趣多姿、别具特色、具有较高艺术价值的书法艺术佳构。

非篆非隶兼两体而为之的《祀三公山碑》

《祀三公山碑》（图35）全称《汉常山相冯君祀三公山碑》，俗称《大三公山碑》。碑文内容为常山相冯君到任后，祈求三公山神保佑丰收、国泰民安等，从一个侧面反映了当时的民情风俗。碑的刊刻年月处已漶，碑文之首存"□初四年"。据清翁方纲《两汉金石记》考，为东汉安帝元初四年（117）。元代时迺贤曾访得此碑，其《河朔访古记》云："三公神庙，在元氏县西北三十里封龙山下，榜曰'天台三公之庙'，庙有《汉三公山碑》一通。"清乾隆三十九年（1774），碑又为河北元氏县令王治岐在元氏县城外野坡重新访得，遂闻于世。后碑移于当时的文清书院，今在元氏县封龙山。据清王昶《金石萃编》记载，"碑高六尺九寸五分，广二尺五寸"，共刻字十行，每

图35 祀三公山碑

行十七字至二十字不等。碑文书体古拙，隶篆相糅合，茂密缠绵，碑文所书文字中有众多的变格结体和敛纵随心的造型结构，给人留下独具风格的艺术风采。如"年""山""陇""三""神""降""郭""曹""大""宋"等字，忽敛忽纵，每于环转扁方中间以高度浑凝而流动的笔线，使造型特别生动。此碑书风古劲而茂密，其书法乍看为篆，实在篆隶之间，篆隶相兼，为由篆向隶过渡之书体。其笔画既具秦篆之圆转，又有汉隶之方折，篆隶杂糅，书法古拙，与汉印文字极相似，自成一格，独具特色，深为清末以来篆刻家所重。清翁方纲《两汉金石记》云："此刻虽是篆书，乃是由篆入隶之渐，减篆之萦折为隶之径直。""碑凡十行，每行字数参差不齐，字势长短不一，错落古劲，是兼篆之古隶也。"清方朔《枕经堂金石书画题跋》云："三公山碑亦篆隶中之别调已。""乍阅之下有似《石鼓文》，有似《泰山》《琅邪台石刻》，然结构有圆亦有方，有长行下垂，亦有斜直偏拂。细阅之下，隶也，非篆也；亦非徒隶也，乃由篆而趋于隶之渐也……仅能作隶者，不能为此书也；仅能作篆者，亦不能为此书也；必得二体兼通，乃能一家独擅。"刘熙载《艺概》云："《祀三公山碑》，篆之变也。"康有为《广艺舟双楫》云："碑体皆方扁，笔意茂密"，"由篆变隶，篆多隶少者"，"缪篆则有《三公山碑》"。杨守敬《平碑记》云："非篆非隶，盖兼两体而为之，至其纯古遒厚，更不待言。"梁启超《碑帖跋》云："以隶势作篆。"《祀三公山碑》由篆向隶过渡、篆隶相兼之书体，是汉字篆隶嬗变的重要代表作，具有颇高的书法艺术价值。

篆书笔意隶书结体的《太室石阙铭》

《太室石阙铭》（图36）在河南登封嵩山中岳庙，亦称《嵩山太室石阙铭》《中岳太室石阙铭》《中岳太室阳城石阙题记》，为我国现存最古的庙阙，分为东西二阙，以条石及块石砌成。西阙为东汉安帝元初五年（118）四月阳城吕常造，阙身石面均满雕各种姿态生动的人物、车马、动植物等图案，阙上刻有两段铭文。其额阳文篆书九字，可辨"中岳太室阳城"六字。《太室石阙铭》的西阙碑刻是秦篆向汉隶演变过程末期，将传统的篆书笔意和当时较为典型的隶书结体有机结合的代表作。碑中字体，隶书圆润古朴，端庄方正，凝重稳健，其结体已很明显地带上了成熟隶书左规右矩、法度森严、扁长、稳重、敦厚的特征，但字体又兼有篆意，很少有隶书的蚕头燕尾之势，相反却带有明显的圆润、劲挺、含蓄的篆书笔意。同时，此碑隶书的捺笔又别出心裁地运用了"双钩波法"，即二条边廓线分叉的捺笔，这在汉碑中是绝无仅有的创作。清王虚舟跋此阙云："此碑每作波法皆双钩，尤汉碑所仅见，不可不详识之也。"由于《太室石阙铭》铭文所存字数较多，且篆书笔意隶书结体，雄劲古雅，体势宽和周正，颇具大家风范，因而历来颇得好评，被视为传世西汉碑铭之上乘。清何绍基称誉其"瘦劲似吉金，东京碑中自有此一派，最为高古"。从《太室石阙铭》篆书笔意隶书结体奇妙字体中，人们无疑可以体悟到篆隶交融的魅力。

由篆变隶、篆多隶少的《延光残碑》

《延光残碑》（图37）又称《延光四年残碑》《延光四年刻石》《都官是吾残碑》《是吾残碑》，东汉安帝延光四年（125）八月刻。碑系清康熙六十年（1721）在山东诸城重修超然台时从故址中出土，下作锐角，后移置县治门外，当时尚不被人重视。至乾隆十二年（1747），寿光知县宫懋让勘灾至县，识此碑为汉隶，即椎拓以去。乾隆二十七年（1762）后，宫懋让再至诸城，乃将《延光残碑》移置诸诚县内堂，嵌于内堂之东垣，并筑亭以护之，此碑始大显于世。民国元年（1912），《延光残碑》又移置诸城学宫。碑文竖刻五行，因漫漶颇甚，且字径不一，故各行字数不可计，全碑可辨者仅五十余字。各行间有竖界文。碑上所刻文字篆势多隶势少，字在篆隶交变之际，是谓兼篆法之古隶，与《祀三公山碑》相近。清方朔《枕经堂金石书画题跋》评此碑文字云："其字或长或

图36 太室石阙铭西阙

图37 延光残碑

短，填其格无余地。与同时元氏出土之《三公山碑》字势相似，乃篆初变隶，亦由篆趋隶之渐，所谓隶古是也。"康有为《广艺舟双楫》评此碑文字云"由篆变隶，篆多隶少者"，"笔意茂密"。《延光残碑》由篆变隶、篆隶相兼、篆多隶少之奇特书体，表明东汉中期汉字由篆入隶之嬗变还尚未完成。

变圆为方、由篆变隶的《裴岑纪功碑》

《裴岑纪功碑》（图38）全称《敦煌太守裴岑纪功碑》，刻立于东汉顺帝永和二年（137）八月。碑文记载了敦煌太守裴岑率领郡兵三千余人讨伐匈奴之事。此次讨伐诛杀呼衍王等匈奴首领，"斩馘部众，克敌全师，除西域之灾，蠲四郡之周，边境艾安，振威到此"，大获全胜。因此班师归郡后，裴岑犒赏士卒，刻石纪功。碑原在新疆巴里坤哈萨克自治县的石人子。"石人子"这一地名即源于此碑，因此碑"高四尺二寸，广一尺八寸五分"，上锐下大，犹如孤笋般挺立于野地中，远望如一石人，故名其地"石人子"。因此碑具有重要的历史价值，清雍正七年（1729），大将军岳钟琪将此碑移置于将军府。雍正十三年（1735），岳钟琪撤师，又将碑移置于巴里坤城关帝庙前。此碑原鲜为人知，清乾隆二十二年（1757），裘日修得碑拓本，此碑始显于世。碑文共六行，每行十字。其字属篆变隶之过渡体势，以篆为隶，由篆入隶，处

图38 裴岑纪功碑

于由篆变隶之渐。碑文字形较它碑为长，宽博大度，章法茂密，视觉造型非常奇特。点画以方折为主，间而糅掺篆笔之婉曲，没有汉隶的明显波挑，富有一种刚猛含忍的内敛之力。结体外廓比篆书短，又比隶书长，近似正方形，属篆体之长形向隶体之扁形的过渡阶段。其字引篆成隶，内部构筑交配有序，端稳开张，雄劲大度，章法茂密，古意盎然，圆劲敦厚。全碑各字大小均衡，排位森密无乱，纵横皆成队列，整体书法面目庄严、气势磅礴。此碑变圆为方、以篆为隶的文字

书法艺术价值历代都颇为看重。清康有为《广艺舟双楫》谓此碑系"以篆笔作隶者","变圆为方,削繁成简,遂成汉分"。清方朔《枕经堂金石书画题跋》谓其"乃以篆为隶,篆变隶之渐也","文笔叙事简古。字在篆隶之间,雄劲生辣,真有率三千人擒王俘众气象"。清郭尚先《芳坚馆题跋》评价说"此碑朴古道爽,其法大似摹印篆","汉人分书多短,唯此碑结体独长,尤圆劲瘦,不易及也"。《裴岑纪功碑》的雄强气势和张力,正是由篆变隶、以篆作隶书法艺术美的体现。

由篆书向隶书转换的《北海相景君碑》

《北海相景君碑》(图39)全称《汉故益州太守北海相景君铭》,亦称《景君碑》《景君铭》,系东汉顺帝汉安二年(143)八月刻立的墓碑。此碑原在山东济宁任城,后移置济宁文庙院内。1929年,时任济宁教育局局长王大恕,在济宁铁塔寺东侧创建"小金石馆"(即今济宁市博物馆汉碑室),将此碑移置馆内。碑高约二点九米,宽约一米,厚十九厘米,圭首,有直径十二厘米的碑穿。碑额篆书两行十二字"汉故益州太守北海相景君铭"。碑阳文字十七行,满行三十三字。碑文内容记载:墓主景君曾为河北大名县司农、益州太守,后因政绩卓著受到皇帝的赞赏,授命为益州郡(治所在今云南晋宁东北晋城)太守。又因离家路途遥远,诸多不便,请求朝廷同意,调任北海国(治所在今山东昌乐县西)为相。东汉顺帝汉安二年(143)秋天,因病请求卸任,回家养病。离官后十余天病情恶化,死于任城家中。由于其生前爱民如子,治国有方,在他离官回乡时,"农夫醳耒,商人空市,随舆饮泪",为其送别。其死后,下属官吏八十七人穿三年丧服,行守

图39 北海相景君碑

墓三年之礼。此碑碑文虽漫漶，但仅缺二十余字，是现存东汉碑刻中字数较多者。碑文内容为研究东汉时期的礼仪制度和丧葬习俗提供了宝贵的第一手资料，具有重要的价值。

此碑字体、书法颇有独特之处。其书体形态虽与标准汉隶八分书已比较接近，但其运笔篆法犹存，书写笔法介乎篆隶之间。碑文字体正处于由篆书向隶书转换变化的过程中，在字体上一反汉隶多方扁的特征，其字形较篆书扁，而又较隶书稍长，结体宽博；其笔画"蚕头燕尾"已显形态，但尚无显著波磔，平直方劲，呈相背凌厉万钧之势。尤为奇妙的是其所书文字曳脚处仍以篆笔写成，竖笔多作"倒薤"（悬针）状，在汉隶中独树一帜。此碑书法多用隶书方笔，取纵势，而其波笔之末却不同于一般隶书，多尖状。由于此碑对研究汉字由篆变隶的演化具有重要价值，故历来颇受重视，自北宋欧阳修《集古录》著录始，此后，如《金石录》《两汉金石记》《金石萃编》等历代十余种金石学、碑学著作都予著录，并对其进行研究和探讨。明代王世贞《弇州山人四部稿》称其"隶法故自古雅"。清康有为《广艺舟双楫》谓其："古气磅礴，曳脚多用籀笔，与《天发神谶碑》相似，盖以和帝以前书皆有篆意。"此碑字体曳脚处的特殊笔法，正是篆书在隶变过程中篆书笔法残留的体现。

结字运笔隶法篆法并用的《石门颂》

图40 石门颂

《石门颂》（图40）全称《故司隶校尉犍为杨君颂》，又称《杨孟文颂》，为著名汉代摩崖石刻。东汉桓帝建和二年（148）十月，镌刻于陕西褒城古褒斜道的南端，即今陕西汉中褒城东北褒斜谷古石门隧道的西壁上。整块摩崖石刻高二点六一米，宽二点零点米，其中题额高五十四厘米，宽三十五厘米，额题"故司隶校尉犍为杨君颂"十字。史籍记载，开凿石门之举，早在汉高祖刘邦时代就开始了，只是没有完成。东汉明帝永平六年至九年（63—66），汉中太守鄐君最后完成了开通褒斜、石门的任务。后因汉安帝初年屡遭战乱毁坏，石门阻塞不通。直至汉顺帝初年，经司隶校尉杨孟文再三奏请，石门才又重新得以修复。《石门颂》碑文系汉中太守王升为顺帝初年司隶校尉杨孟文数次奏请朝廷修复褒斜栈道，使褒斜栈道得以重新开通有功而撰写的一篇颂词。碑文共竖刻二十二行，每行三十至三十一字不等。1967年，当地相关部门在石门所在地修建大型水库时，将包括《石门颂》在内的"石门十三品"摩崖石刻从崖壁中凿出，于1971年迁至汉中市博物馆珍藏。

《石门颂》书法谲奇，跌宕不羁，通篇碑文集宽松与灵秀于一身，融高古与沧茫于一体。其字虽为隶体，但运笔隶法篆法并用，既藏头护尾，又多萦迂纵逸，放浪形骸，呈现一派野鹤闲云、天真烂漫之态。用笔劲道沉着，灵活自如，行笔起讫无矜持和做作；其笔线如流云，如坠石，如古篆，如枯藤，自首至尾一气呵成，气势磅礴，逸趣横生，具有强烈的天然美。其结字极为放纵舒展，结体一任疏密大小，自然安置，体势瘦劲开张，意态飘逸自然。虽多用篆书圆笔，但起笔逆锋，收笔回锋，中间运笔遒劲沉着，故笔画古厚含蓄而富有弹性。通篇看来，字随石势，参差错落，纵横开阖，洒脱自如，意趣横生。通篇布局字随石势，意气横生，纵横劲拔，字里行间颇饶趣味，素有"汉隶中草书"之称，是汉隶中奇纵恣肆一类风格的代表作。其中"命""升""诵"等字垂笔特长，亦为汉隶刻石中所罕见。清康有为《广艺舟双楫》中称其书法"高浑""劲挺有姿"。清张祖翼的题跋云："三百年来习汉碑者不知凡几，竟无人学《石门颂》者，盖其雄厚奔放之气，胆怯者不敢学也，力弱者不能学也。"清杨守敬《平碑记》称此碑："其行笔真如野鹤闲鸥，飘飘欲仙，六朝疏秀一派，皆从此出。"清王昶《金石萃编》云其"为汉人极作，为习隶者必学之范本"。

隶篆夹杂、体参篆籀的《夏承碑》

《夏承碑》（图41）全称《汉北海淳于长夏承碑》，原碑碑文共十四行，每行二十七字，东汉灵帝建宁三年（170）六月刻立。碑主夏承，字仲兖，其祖、父及兄皆居显位，所谓"宠禄传于历世，策勋著于王室"。夏承有文德，累任县主簿、督邮、五官掾功曹、冀州从事等职，官至淳于长（淳于县故址在今山东安丘），建宁三年六月卒。据宋赵明诚《金石录》跋云，《夏承碑》宋哲宗元祐年间（1086—1094）修治河堤时出土于洺州广平郡（今河北永年），其时，碑毫无缺泐，一字不缺，"刻画完好如新，余家所藏汉碑两百余卷，此碑最完"。可见原石在南宋初年尚称完璧。后可惜因年代久远、风雨剥蚀，碑渐损泐，至明代碑终于仆倒。根据秦民悦《广平志》记载，明宪宗成化十五年（1479），郡守秦民悦发现倒地的此碑，遂建"爱古轩"，将碑置于其中，但此时碑的下半截一百一十字年久已蚀，系后人摩刻。明世宗嘉靖二十二年（1543），因筑城，碑为工匠所毁。1545年，广平知府唐曜取成化年间拓本重新刻碑立于漳川书院（紫山书院）碑亭中。重刻碑身高一点六九米，宽九十厘米，全碑竖刻十三行，每行三十字，碑额篆书"淳于长夏承碑"。碑末有"建宁三年蔡伯喈书"一行八字及唐曜重刻题记，皆正书。现存世拓本多系此重刻本。

相传此碑为东汉著名学者、书法家蔡邕所书，此说首出于元代王恽的《秋涧集》，此后诸家多沿其说。明嘉靖年间唐曜重刻此碑时，干脆在碑末刻署了"建宁三年蔡伯喈书"八字。然此说并无确切根据，故历代也间有提出怀疑者，如清顾蔼吉撰《隶辨》云："于碑末云'建宁三年蔡伯喈书'。中郎之迹传于今者惟石经（汉《熹平石经》）遗字为有据，而与此碑字体小类，不足信也。"高文的《汉碑集释》认为："按汉碑极少书人姓名。此碑亦无邕书确证，诸家皆系揣测之辞，未可信也。"清康有为《广艺舟双楫》认为："王恽以《夏承》飞动，有芝英、龙凤之势，盖以为中郎书也。吾谓《夏承》自是别体，若近今冬心、板桥之类，以《论语》核之，必非中郎也。"然而，不论究竟《夏承碑》书丹者是谁，历来对其奇特书法的高度评价大体上是一致的。

此碑书体奇特，形模怪谲，虽名曰隶书，实"体参篆籀而兼开正楷之法"。其结字奇特，隶篆夹杂，且多存篆籀笔意，骨气洞达，神采飞扬，带有浓厚的装饰性，在汉碑中为绝无仅有者，为汉碑中著名奇碑之一。因此历代以来受到高度评价，如元王恽《秋涧集》云："《五官功曹掾夏承墓表》，真奇笔也，如夏金铸鼎，

图41　夏承碑

形模怪谲，虽蛇神牛鬼，庞杂百出，而衣冠礼乐，已胚胎乎其中，所谓气凌百代，笔陈堂堂者乎！"明代王世贞《弇州山人四部稿》称颂此碑云："其隶法时时有篆籀笔，与钟、梁诸公小异，而骨气洞达，精彩飞动……"清王澍《虚舟题跋》谓："此碑字特奇丽，有妙必臻，无法不具。汉隶之存于今者，唯此绝异。然汉人浑朴沉劲之气，于斯雕刻已尽，学之不已，便不免堕入恶道。学者观此，当知古人有此奇境，却不可用此奇法。"清翁方纲《两汉金石记》云："是碑体参篆籀，而兼下开正楷法，乃古今书道一大关捩。"

篆隶皆备、隶法中带篆意的《西狭颂》

《西狭颂》（图42）全称《汉武都太守汉阳阿阳李翕西狭颂》，亦称《李翕颂》，因颂上端右侧有阴刻篆书"惠安西表"四字，故又称《惠安西表》。东汉灵帝建宁四年（171）六月十三日刻于甘肃成县天井山。其右侧岩壁刻有黄龙、白鹿、嘉禾、甘露、木连理"黾池五瑞图"，并题记两行二十六字及画像题签六处；其左侧有（武都）丞右扶风陈仓吕国等十二人题名。其碑文系颂扬武都太守李翕奉敕修治西狭栈道之事。李翕，字伯都，汉阳阿阳（故城在今甘肃静宁县）人。武都郡之西狭为通往巴蜀之要道，阁道狭窄，车骑不能畅行。李翕乃亲临视察，在奏请朝廷后，命属官李瑾、仇审等率工徒挖凿巨石清除路障，削高填低，平夷正曲而拓展之，遂使西狭成为往来通途。《西狭颂》即是武都郡丞吕国等为纪颂李翕之政绩而特勒石所作之颂。据颂后题名第十人"从史位下辨仇靖字汉德书文"，可知《西狭颂》撰文、书丹者皆仇靖。"从史位"是官名，"下辨"是地名（故城在今甘肃成县西）。

图42 西狭颂

《西狭颂》碑文不仅在客观上为研究东汉的交通道路史提供了有价值的第一手资料，而且具有文字和书法艺术价值，为著名的汉代石刻之一。《西狭颂》书体与《夏承碑》颇有相似之处，其字结体宽博疏朗，用笔方圆兼施，篆法隶法皆备，逆锋铺毫，极富变化。且隶法中带篆意，波磔多微露锋颖，笔画起讫处略粗，转角处方折，提按分明，顿挫有致；其笔力遒劲，架势开张，行气整肃，章法茂密，气象浑穆，古逸潇洒，气势博大，宏伟壮观。特别是其结字构形颇有不同于其他汉隶碑刻之特点，在方正宽博之结体中，或故意加点画曲折，以增茂密之势；或故意省减挪让，以显空灵之妙。历代摩崖石刻历经风雨侵蚀，往往漫漶残泐，唯独《西狭颂》虽历一千八百多年风雨剥蚀，仍首尾无缺，故甚可宝贵。只是其图颂刻于山石转角处，下临深潭，艰于椎拓，故精工整拓绝少。《西狭颂》对后世的影响是较大的，历来对《西狭颂》的评价也颇高。清方朔《枕经堂金石书画题跋》谓其"宽博道古"。清杨守敬《平碑记》谓其"方整雄伟"。清徐树钧《宝鸭斋题跋》称其"疏散俊逸，如风吹仙袂，飘飘云中，非复可以寻常蹊径者，在汉隶中别饶意趣"。

隶中带篆、"以篆笔作隶者"《郙阁颂》

《郙阁颂》（图43）全称《汉李翕析里桥郙阁颂》，也称《汉李翕郙阁颂》，东汉灵帝建宁五年（172）二月刻于陕西略阳郭家地山崖上，与《西狭颂》《石门颂》合称为著名的东汉摩崖"三颂"。《郙阁颂》摩崖高二点五一米，宽一点八二米，碑文十九行，前九行满行二十七字，自十行起因左斜缺一角，故字递减，至末行为十七字。此颂镌刻于白崖峭壁之转角处，下临河谷，船工背纤上行，纤绳长年累月摩擦岩壁，致使刻石末数行出现两道纤痕。现存摩崖石刻有宋理宗绍定三年（1230）田克仁摹刻、明代申如埙补刻之跋。碑文内容为记颂武都太守李翕修治位于略阳县旧栈道中郙阁析里桥之事。据《略阳县志》记载："县西有崖临江，高数十丈，俗名'白崖'，水溢则上下不通。李翕凿石架木，建阁以济行人。"李翕于汉灵帝建宁三年（170）二月到任，随即命属官仇审督工修阁建桥，至建宁五年二月落成，并于桥旁勒石制颂。后栈道移往他处，废址犹存。此摩崖刻成时间比《西狭颂》晚一年。此颂撰文者为仇靖。"书此颂"的"子长"，据欧阳筑《集古录目》及清顾蔼吉《隶辨》考证为仇绋。仇绋字子长，与仇靖为同里本家。

图43 郙阁颂

  《郙阁颂》不仅是研究东汉交通道桥史有价值的第一手资料，而且也具有重要的书法艺术价值。清方朔《枕经堂金石书画题跋》称其"书法方古，有西京篆初变隶遗意"。清万经《汉魏碑考》谓其"字样仿佛夏承，而险怪特甚。相其下笔粗钝，酷似村学堂五六岁小儿描朱所作，而仔细把玩，一种古朴、不求讨好之致，自在行间"。康有为亦崇此碑，《广艺舟双楫》称《郙阁颂》"乃以篆笔作隶者"，并说"吾爱《郙阁颂》体法茂密"。《郙阁颂》隶书中多含篆意，书风古朴，从总体上给人一种宽博、圆浑、厚重、朴拙之感，相对《曹全碑》《张迁碑》等汉碑，它的风格特征更为明显与强烈。其结体布局绵密，宽舒而方整，行密而格满，外紧内松，外挺内弧，体势亦颇雄伟。在笔法上，《郙阁颂》多用圆笔，有篆意，筋骨粗壮丰盈，隶法中带有篆意。其笔道厚重而沉着，粗厚而雄强，表现出力度。在结字上，《郙阁颂》也多有强烈的特征，字体圆浑方整，呈圆鼓、方鼓、扁鼓型，从而在整体上奠定了饱满宽博、雍容大度的基调。《郙阁颂》字体线质如篆、籀,线条饱满,笔画圆润,用笔圆浑凝练,波磔不显,波画不故作燕尾,收笔稍作上越即刻打住,点到为止,藏露有致,显得含蓄而有余韵,令人回味无穷。其体势雄伟,稳如山岳,宽博而圆浑,厚重而朴拙。饱满凝练的线条,圆浑方整的结字,茂密的章法布局,使其呈现出一派饱满宽博、雍容大度而魁伟的神采风貌。可惜的是其选石不精,故锋颖甚杀,字口剥蚀颇重。然而即使如此,其仍不失书体嬗变奇碑妙刻之风采。

　　以上诸多篆笔隶笔交互混用、篆意隶意相互融合而书写的似篆非篆、似隶非隶、半篆半隶的碑刻,尽管外观形态既不同于篆体又不同于隶体,但这些字体就总体而言还应当归属为"隶",都是在西汉早期到东汉后期,古隶从形体、结字、笔画、线条等诸方面不断蜕去篆体之遗意,在向汉隶演变的缓慢过程中由量变到质变。这是篆隶嬗变、篆书在发生隶变过程中出现的一种奇特的也是必然的现象。正是数百年的篆隶嬗变,造就了这些不可多得的篆隶合体、篆隶交融的奇碑妙刻,为后人留下了宝贵的历史文化遗产。

第二章

三国、魏晋、十六国时期的珍奇碑刻

东汉末年，汉室衰微，群雄纷争，经过长期角逐和相互攻伐，形成魏、蜀、吴三国鼎立之势。公元220年，魏王曹操的儿子曹丕废汉献帝为山阳公，登基称帝，结束了延续一百九十余年的东汉王朝；在诸葛亮辅助下雄踞蜀中的刘备于公元221年称帝；虎踞江南的孙权在公元222年建号黄武称王，公元229年称帝。中国历史由此进入了魏、蜀、吴鼎足而立的三国时代。征战连年，军事消耗巨大，东汉盛行的立碑之风此时受到抑制。曹魏统治者曹操因为立碑"妄媚死者，增长虚伪，而浪费资财，为害其烈"，下令禁碑。慑于曹操的威严和权势，当时曹魏立碑之风大为收敛。吴、蜀虽未明令禁碑，然而财力有限，即使富贵之家亦不想在此时立碑。所以，三国时期遗存下来的碑刻较为稀少，其中以曹魏略多，吴国次之，蜀汉之碑渺茫难寻。两晋沿袭魏制，未弛禁碑令。晋武帝司马炎看到禁止立碑对遏制世家大族势力的扩张、抑制其影响的扩大具有重要作用，因此于咸宁四年（278）又下诏重申禁碑，曰："碑表私美，兴长虚伪，莫大于此，一禁断之。"此后，晋统治者又曾屡申碑禁。正因为如此，与东汉时期相比，三国魏晋十六国时期的碑刻数量大为减少。然而，由于种种原因，禁碑令并未能绝对贯彻执行，三国魏晋十六国时期碑刻并未禁绝。一方面，由于民风习俗根深蒂固的强大影响力，民间虽不敢大张旗鼓地刻碑立碑，但依然有人偷偷地刻立了一些碑刻；另一方面，最高统治者出于维护封建统治的需要，也不时授意和允许臣下刻立一些用以笼络人心、宣扬教化、歌功颂德的碑刻，诸如《天发神谶碑》《正始石经》《上尊号碑》《皇帝三临辟雍碑》等；此外，在碑禁稍松的边陲地区，因不受碑禁的约束，也有一些人出于祭奠、纪念、表彰等需要而刻石立碑，如《好太王碑》等。这一时期的碑刻虽然数量不多，但不乏珍奇碑刻。

第一节　儒家石刻经书碑之再出新品
——曹魏三体对照《正始石经》

东汉《熹平石经》的诞生不仅在当时是一个宏大的文化盛举，对后世也产生了极为深远的巨大影响。继《熹平石经》开石刻经书之端后，三国曹魏时期又由国家组织力量镌刻了一部规模宏大的儒家石刻经书——《正始石经》（图44）。《正始石经》不仅传承弘扬《熹平石经》所开创的石刻经书遗风，而且又有了进一步的创新，由原先《熹平石经》的单一字体书刻，别开生面发展为用多种字体书刻。

《正始石经》亦称《三体石经》《三字石经》《魏石经》，用古文、小篆、隶书三种字体镌刻。据《魏书·江式传》《晋书·卫恒传》记载，《正始石经》刻于三国魏废帝（魏齐王曹芳）正始年间（240—249），故名《正始石经》。又因碑文每字皆用古文、小篆、隶书三种字体对照蝉联书刻，故又称《三体石经》。

图44　正始石经

镌刻石经是一项浩大的文化工程，《熹平石经》从汉灵帝熹平四年（175）至汉灵帝光和六年（183）历经九年的艰辛制作才书刻完成，到魏齐王曹芳时才相隔了约六十年，而且当时《熹平石经》尚完好地保存在洛阳太学。那么，曹魏的统治者何以又要再刻一部石经呢？究其原委：东汉的古文之学主要以私学的形式传习，但渐渐成为学术的主流。曹魏代汉后，古文之学取代今文成为官学。而东汉时立于太学的《熹平石经》，所刻都是今文本。曹魏立古文经为官学后，太学所立石经只有今文显然已不合时宜，因此曹魏的统治者遂刊刻古文经石碑，与原有的《熹平石经》今文经并立于太学。据查考，《正始石经》所刻内容为《尚书》和《春秋经》两种儒家古文经典和部分《左传》。马衡根据1922年洛阳太学遗址出土的一块石经，推断《正始石经》应是二十八块碑，现一般采用马衡说。《正始石经》每块碑高约二点七米，宽约一点三米，在每一碑面刻有纵横线条为界格。其正式格式是每行二十字，每字有三体，直下排列。另有品字式，古文居上，篆、隶分列下方。品字式只见于《尚书》开头的两篇《尧典》与《皋陶谟》（三体直下式也有此两篇）。每碑行数各不相同。刻成后与东汉所刻《熹平石经》同立于洛阳城南郊太学讲堂两侧，南北排列，与《熹平石经》相向而立，作为对《熹平石经》的一个补充，成为官方统一古文经籍字体殊异、规范书写的标准本。正因为如此，《正始石经》在书写上强调法度规范，极其正规，工整精能，不逾绳墨，在文字学上具有较高的价值，对于古文经学的传播起了重要的作用。史籍记载，碑文刻成后，全国各地学生纷纷前来校拓，对中国古文化的保存和发展起到了很大的作用。

  当年，东汉的《熹平石经》是由大书法家蔡邕、堂谿典等人书写的，那么《正始石经》的古文、小篆、隶书三种字体是由谁书写的呢？史籍对此并无明确记载，历代学者对此众说纷纭、充满歧见：第一，认为是出于汉魏间的著名书法家邯郸淳之手；第二，认为是出于邯郸淳而由嵇康书写；第三，认为是魏国书法名家卫觊书写；第四，认为是魏国文学家嵇康所书；第五，认为是著名学者、太学博士张揖所书；第六，认为由三国魏书法家韦诞所书。在这六种观点中，出于邯郸淳而由嵇康书写的说法流传甚广，影响至今。这一观点首先由清代著名史学家全祖望于《石经考异序》中提出。近年来的数部大的著作，如1968年版的《中文大辞典》"石经"条、中国商务印书馆1979年的修订版《辞源》"三体石经"条、上海人民美术出版社1981年出版的由俞剑华主编的《中国美术家人名辞典》"邯郸淳"条、人民美术出版社1986年出版的《中国美术全集·魏晋南北朝书法》"正始石经"释文等皆取此说。此外，也有人认为，从《三体石经》所刻碑文文字的字体大小、笔画写法和书法风格来看，极不相似，《三体石经》应是多人合作之作，而非一人力所能及。著名学者王国维《魏石经残石考》认为："品字式者古文、篆、隶三体似出一手，直下式者则三体似由三人分别书之，而书品字式古文与书直下式古文者亦非一手。不独书人不同，即文字亦不画一。"故而，可以基本肯定《三体石经》非一人所书，而是由集体合作书写的。但书写人的具体名单，因原碑损毁严重，自宋以来出土残石上均未见有书写者的姓名，加上《三国志》等文献的阙载，因此在新的考古资料发现以前，目前也不能妄加推断。

据《晋书·王弥传》记载，与《熹平石经》并立于洛阳太学的《正始石经》，在晋怀帝永嘉五年（311）永嘉之乱王弥、刘聪攻陷洛阳焚毁太学时，已有所损毁，后曾对"品"字式碑加以补刻。据《魏书·崔光传》和《魏书·冯熙传》记载，到北魏时期，"洛阳虽经破乱，而旧三字石经宛然犹在"，《正始石经》还依然保存在洛阳城内。然而北魏孝文帝时，冯熙、常伯夫等人在他们先后担任洛州（今洛阳）刺史时，对石经的石碑"废毁分用"，竟然取《正始石经》的石板做建材以建寺庙，《正始石经》由此遭到毁灭性的破坏，"大至颓落"，被严重损毁，七零八落地分散了。此后，石经又多次迁移，历经劫难、丧乱和迁徙废置，屡遭毁损。东魏孝静帝天平四年（537）八月，移洛阳汉魏石经于邺（今河北邯郸、河南安阳一带）。北周大象元年（579）二月，又自邺还涉洛阳。隋开皇六年（586），又自洛阳载入长安，置于秘书内省。在历经迁徙毁损后，《正始石经》便逐步在世面上消失，石多断裂破碎埋于土中。到唐代时，魏征曾对石经加以征集，予以收聚，结果十不存一，仅收集到十数段《正始石经》残碑，藏于秘书监。

北宋以后，洛阳时有《正始石经》残石出土。从清代光绪年间起，《正始石经》碑版的残石数次出土于洛阳地区。清代光绪二十一年（1895），洛阳故城白马寺村南龙虎滩发掘出土一块《正始石经》残石，存《尚书·君奭》一百一十余字。这在当时的学术界是件大事，引起了人们的高度重视。民国十一年（1922）12月，又在洛阳故城东南十五公里朱圪垱村（即原开阳门外汉太学遗址）出土了《正始石经》半截巨碑。半截巨碑一面存《尚书·君奭·无逸》三十四行，一面存《春秋·僖公·文公》三十二行，而《君奭》篇正好与龙虎滩所出相衔接。因原石大，雇人从中凿裂为两段，损二十五字，共一千七百七十一字，其中古文约五百八十字，归河南图书馆藏。这块残碑下部略有缺损，但所存文字完好，是迄今出土最大也是最重要的一块。后来又出土了另一块较小的《正始石经》残石，一面刻有《尚书·多士》十一行，另一面刻有《春秋·僖公九年》，共二百二十九字，古文占七十六字。此后，还有一百多块残碑碎石陆续出土，小者上刻一二字，大者上刻四十余字。如 1945 年，在西安发现《正始石经》的《尚书·康诰》残石一片，仅表刻，无背刻，共三十五字。1957 年 6 月，在西安又发现《正始石经》残石一片，表刻《尚书·梓材》篇，存十行三十三字；背刻《春秋·文公元年二年》经文，残存十行五十字。迄今为止，前后出土的《正始石经》残石共有二千五百余字。再加上宋仁宗皇祐五年（1053），洪适《隶续》著录的《正始石经》《尚书·大诰·文侯之命》和《春秋·桓公·庄公·宣公·襄公》，至今《正始石经》共有三千余字存留于世。

由于《正始石经》不同于《熹平石经》仅用隶书一体书刻，而是以古、篆、隶三种不同字体对照书刻，因此在中国书法史和汉字演进发展史上具有非常重要的意义。在《正始石经》三种字体中，古文一体历来为人们所推崇，北宋郭忠恕著《汗简》，引用《正始石经》古文有一百二十二字；夏𣋉著《古文四声韵》，引用《正始石经》古文达一百一十四字。《正始石经》古文一体，据载是汉代流传的先秦古文字，本于六国之迹，发现于西汉王莽时，列入学官；东汉以古文经盛，古文书法亦有传习，到汉末时古文渐入旁流，旧貌不复。《正始石经》的古文一体，虽因辗转摹写书刻，字形已经有些失真，但无论对研究古文经学还是战国古文字，仍具有重要价值。其所书古文丰中锐末或丰上锐下，与两周金文多不相合，然对后世颇有影响。诸如，《书道全集》所载的唐写本《说文·本部》、宋郭忠恕《汗简》、夏𣋉《古文四声韵》等书籍都以其为范本。《正始石经》的"三体"中，书法价值最高的当推小篆书，其小篆书是汉篆的集大成者，其笔画如铁画银钩，使转方折，挺拔劲健，收笔略尖，爽利洒脱；其结字疏密得宜，取纵势长方，促上展下，姿态天然，堪与秦篆相雁行。

第二节　独一无二怪书碑之惊艳面世

——稀世瑰宝孙吴《天发神谶碑》

三国时期，在吴国灭亡前夕吴末帝孙皓天玺元年（276），出现了一块在中国三千多年碑刻发展史上具有独一无二特殊地位，因书法奇异独特、惊世骇俗著称于世，而被清代著名金石学家、书法家张廷济在《金石文字》中称为"两汉以来不可无一，不能有二之第一佳迹"的稀世奇字怪书碑——《天发神谶碑》（图45、46）。

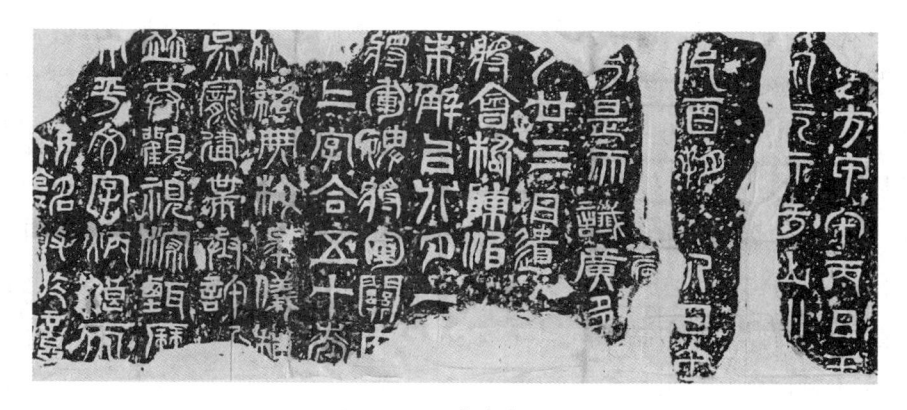

图45 天发神谶碑（一）

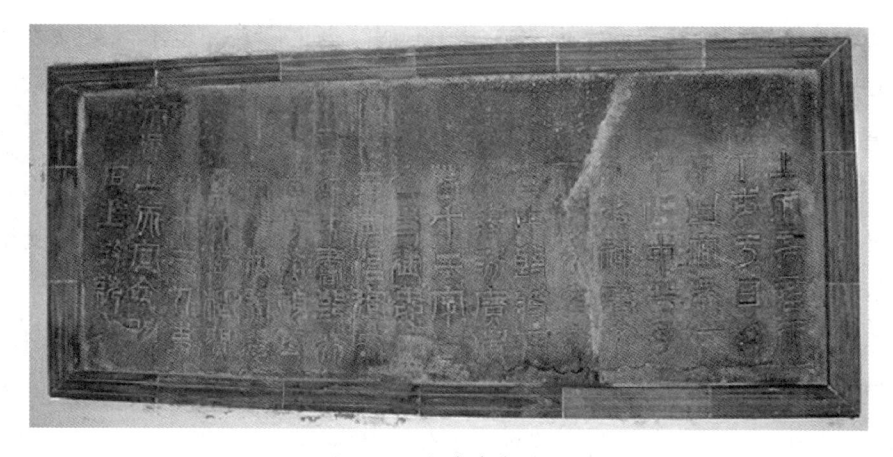

图46 天发神谶碑（二）

《天发神谶碑》亦称《天玺纪功碑》《纪功颂》《吴孙皓纪功碑》《天玺碑》，又俗称《三段碑》《三击碑》，为三国吴末帝孙皓于天玺元年（276）刻立。公元264年，孙皓继承吴国帝位。由于其荒淫无道，贪横暴虐，在晋朝的强大威胁下，政局日益险恶。为了稳定民心，维护自己岌岌可危的统治，极端昏庸而迷信的孙皓便用种种办法来欺骗老百姓，制造种种天降的符瑞便是其主要手法。在位十六年，孙皓竟因"天降符瑞"而先后改元八次。公元276年，孙皓制造了天降神谶文，以为吴国祥瑞，改元天玺。这块《天发神谶碑》，即是当时孙皓因"天降符瑞"，为"褒赞灵德，以答休祥"而刻立的纪功碑。关于此碑的最早记录见诸晋山谦之《丹阳记》，后又载于唐许嵩的《建康实录》。此碑碑文刻于一块矮圆幢形巨石上，原立于江苏江宁（今南京）方岩山天禧寺。宋代以前，碑石已断折为三截，故又被称为《三段碑》《三击碑》。碑上段刻字二十一行，除"诏遣"一行六字、"大吴"一行七字外，每行五字；碑中段刻字十七行，每行七字；碑下段刻字十行，每行一至三字不等。北宋哲宗元祐六年（1091）转运副使胡宗师发现此碑时，碑已移在江宁府南禧门外，胡宗师遂将碑移置于漕台，筑"筹思亭"加以保护，后来又将碑移置府学。明世宗嘉靖年间（1522—1566）碑又被移置于县学明德堂后尊经阁。清嘉庆十年（1805）三月，校官毛藻印刷王氏《玉海》时不慎失火，《天发神谶碑》焚毁，故此碑拓本甚少，今故宫博物院藏有最早的宋拓本。

《天发神谶碑》以书体怪异而著称，是我国古代碑刻中一件珍稀特异、独一无二的作品。其笔法用隶，下笔多呈方棱，收笔多作尖形，转折方圆并用，形象奇异瑰伟。其结体用篆法，而字形取方，既不似篆书之圆长，也不像隶书之扁平。其笔画纯用方笔，方起方折，又以方收笔，连曳脚垂尾也带方笔。最堪称奇的是尖垂笔，其竖画起笔作钉头，有的如悬针，有的如利刃。最富韵味者，如"一""上""下""天"等字的横画，其锋尖入纸后，便疾向左下出锋，垂芒如利刃，然后再回锋至原处向右徐行，直到收锋护尾，其提按顿挫、尖圆疾徐相反相成，有机结合，妙趣天成。

那么，《天发神谶碑》为何会出现怪异奇特的体态呢？除了书写者书写技能、经验、水平及审美情趣，很可能还与《天发神谶碑》的内容有关。试想，《天发神谶碑》书刻的文字是天降神谶保佑吴国的内容，既然神谶来自苍天，自然具有超越世俗的至尊的力量，当它要被书法形式表现出来的时候，如果所用的书法形式为世间通常的书法样态平淡无奇，那必然不会有什么玄妙、威严、至高无上的气氛和令人敬畏的神秘感，其内容不可怀疑的权威性势必减弱。只有刻意造出某种使人触目而后惊心的书法样态，方能达到文字内容与书法形式的和谐统一。如果将《天发神谶碑》中的奇特怪异的篆书样式与敦煌文书中发现的道家符箓文字形态加以比较，就不难发现二者所共有的诡谲怪诞和故弄玄妙的倾向。

《天发神谶碑》历代以来受到极高评价。有"书家酷吏"之称的宋代黄伯思在其所著《东观余论》中称其"若篆若隶，字势雄伟"。清杨守敬在《学书迩言》

中称其"前无古人,后无来者"。清代康有为的《广艺舟双楫》称赞其"奇伟惊世,笔力雄冠古今""篆隶之极"。清代著名书法家王澍的《竹云题跋》称其"书法锤厉奇崛,于秦外别树一体"。清著名金石学家、书法家张廷济的《金石文字》称其"雄奇变化,沉着痛快,如折古刀,如断古钗,为两汉以来不可无一,不能有二之第一佳迹"。总之,《天发神谶碑》兼取篆隶之长,是中国书法史、碑刻史上难能可贵的创新之品,是光耀古今的珍奇杰作,在中国碑刻文化史上具有重要的地位。

惊世骇俗、奇特怪异的《天发神谶碑》,原拓甚少,至今尚无人见过全文整拓本,即便是北京故宫博物院的最为完整的宋拓本,也有残缺,而书碑者的衔名处,恰好残缺。有关文献也无《天发神谶碑》书碑者这方面的记载,因此,千百年来,关于《天发神谶碑》的书碑者究竟是谁,人们只能各自进行推测。有的说是皇象所书;有的说其与《禅国山碑》是同一书碑者,也是苏建所书;还有的说是朱育所书。其中较多的看法认为是皇象所书,但对此清代著名学者姚鼐持否定意见。他在跋此碑中指出:"世传皇象书。象为吴大帝(孙权)初人,与赵达同辈,计其年恐未能至天玺也。"总之,不论哪一种说法,都无确据,故难以令人信服。《天发神谶碑》的书碑者究竟是谁,还有待进一步探索。然而不论是何人所书写的,其奇异独特、惊世骇俗的书法形态,开中国历代奇字怪书碑刻之先河,对后世的影响是极其深远的。

第三节 异形奇碑《石鼓文》之余绪
—— 孙吴如鼓如囤的《禅国山碑》

《禅国山碑》刻于三国吴末帝孙皓天玺元年(276)。当时,司马氏取代曹魏建立晋朝,势力日盛,渡江南下已迫在眼前。面对官民怨怒日盛,政局越来越险恶,昏庸残暴、极其迷信的孙皓,为了欺骗百姓,稳定民心,巩固自己岌岌可危的统治,把希望寄托在上天的祥瑞和保佑上,刻石立碑大事宣扬上天对吴的护佑。在精心刻立《天发神谶碑》,用这一惊世骇俗的奇字怪书碑刻来震慑蒙蔽百姓的同时，他又竭力将吴地阳羡（今江苏宜兴）当时发生地震所出现的一些自然变化现象渲染为上天保护吴国的"大瑞"，刻立了外形如鼓如囷的《禅国山碑》，并在阳羡举行了隆重的封禅典礼，将离墨山封为国山，在山上竖立了《禅国山碑》（图47、48），大事宣扬天降祥瑞护佑吴国，借以愚弄天下，笼络臣民，巩固自己摇摇欲坠的江山社稷。

图47 禅国山碑（一）　　　　图48 禅国山碑（二）

《禅国山碑》亦称《封禅国山碑》《天纪碑》。此碑坐落在宜兴西南二十五公里的离墨山上。因碑立于江苏宜兴县善卷乡祝陵村善卷洞附近国山下有名的董山小山顶上，故也别称《董碑》（据《宜兴志》载，国山本名离墨山，以孙吴时大司徒董朝封于此，故又名董山。山在宜兴县张渚镇北十里，碑即立于山顶之上）。"封禅"是中国古代民间祭天地的一种礼仪，祭天称"封"，祭地称"禅"，《禅国山碑》即是把原名为离墨山的山改称为国山而举行隆重礼仪时所刻立的碑记。《禅国山碑》碑形奇特，异于常见的碑刻。碑高二百三十五厘米，碑形东西两面侧阔，南北两面狭，作椭圆形，最宽处周围三百二十三厘米。其形如鼓如囷，微圆而椭，碑首上锐微洼，石色绀碧，碑体粗壮，沉稳雄健，淳朴古雅。《禅国山碑》碑文围绕碑体四面环刻，字由东北始，绕东南西三面再回于北。碑文为东面十行，南面

九行，西面十四行，北面六行，计四十三行，每行二十五字。现东、北两面多磨灭，西、南两面微泐。因碑石形状微圆如鼓，又"圆八出形如米廪云"，故邑人也俗称其为《团碑》《囤碑》。同时，由于其外形如鼓如囤，人们更是将其视为先秦奇碑《石鼓文》之余绪，甚至亦将其称为《石鼓文碑》。

《禅国山碑》碑文长达一千余言，前段用四字格骈文，内容除了为孙皓歌功颂德，还详细罗列了祥瑞一百二十多种，如麟、凤、龙、青猊、白虎、丹鸾、彩凤、白兔、白鲤、玉羊、玉鸠等。在所立瑞状中，还有一枚上天授于孙皓的玉印，上曰"吴真皇帝"。据徐皆凤《宜兴县志》记载，相传孙皓疑山有王气，举行封禅典礼时特埋金函玉璧银垄铜马之属于碣下以镇之。然而，上天并未因此而保佑昏庸残暴的孙皓。孙皓妄想以此保佑自己"四世治"，岂知仅仅在四年后即在吴天纪四年（280）时出现了唐代诗人刘禹锡诗《西塞山怀古》所说的可悲结局："王濬楼船下益州，金陵王气黯然收。千寻铁锁沉江底，一片降幡出石头。……"吴国都城沦陷，孙皓从天子沦为了阶下囚。

《禅国山碑》文字与先秦古籀文具有很深的渊源。碑文中"玉"皆书作"王"，"一"皆书作"弌"，"四"皆书作"亖"，"七"皆书作"桼"，"二十"皆书作"廿"等。这些都是古籀文仅存的文字。清代吴骞《国山碑考》中对此做有考释，如："王燕王羊王鸠者三""日月抱戴，老人星见者弌十有弌""神女告征表祥者有桼""白雀白燕廿有桼"。自秦汉以后，籀篆精妙者绝少，而《禅国山碑》的字体尚存籀篆较多面目。正如清代谢应芳诗"囤碑文字无人识，风雨消残近若何"所说的那样，《禅国山碑》在古文字方面具有宝贵的史料价值，是研究汉字发展演变的原始珍贵资料，历代都受到重视。宋欧阳修《集古录》、赵明诚《金石录》、清王昶《金石萃编》对此均有辑录。

《禅国山碑》每字二寸见方，正方略长，具有独特的书法艺术特色。它远承战国《石鼓文碑》，有纯古清雅、圆劲挺拔、浑厚凝重、秀气内蕴的特点；又近承汉碑篆书的淳古朴茂，书体绮丽，以分入篆，体势多变，有由篆变隶、由繁变简、字形整齐的特点，具有一种雄浑秀逸之态。正如吴骞跋《国山碑考后叙》所说："观其笔势，醇古隽逸，绰有先秦二京遗风。"但它并不像《天发神谶碑》那样用笔怪异，而是较《天发神谶碑》传统，继承了汉碑碑额篆书的基本特征，似与东汉《袁安碑》《袁敞碑》一脉相承，起笔苍劲，落笔圆浑，行笔圆转而体势方整，结体宽博而气势开张，较《天发神谶碑》宽博浑穆，庄重圆劲，篆字中多处流露出隶意，甚至有些横笔收笔带有不明显的波磔，竖撇也时有向外舒展。《江宁县志》谓其"非篆非隶，最为奇古"，其实这正是汉代人作篆的时代特点，故《禅国山碑》虽为三国时人所书，其书体实际上并未摆脱汉篆的影响。《禅国山碑》以这样"最为奇古"的书体镌刻，给人以庄重肃穆之感，这无疑为其祭天祀地的碑文内容更加增添了几分神秘、令人敬畏的气氛。

《禅国山碑》相传为吴中书东观令史立信中郎将、著名书法家苏建所书（一说皇象所书），虽因年代久远漫漶严重，但其笔力之沉雄、书风之苍古犹存，因而历来评价甚高。陈鳣跋其拓片云："今观其篆法，苍秀古劲，深得周秦遗志。"康有为《广艺舟双楫》称其"笔力体健冠古今""浑劲无伦"。近人杨震方《碑帖叙隶》以为"篆书碑刻存世不多，要研究篆书，必须参考此碑"。《禅国山碑》是我国著名的历史文物，清嘉庆年间荆溪（今江苏宜兴）县令唐仲冕曾建护碑小亭，后因年久失修小亭毁佚。民国年间，乡贤储南强捐款扩建六角形护碑亭于其上，至今犹存。然而，遗憾的是，此碑在"文革"时遭枪弹所击，留下十数处伤痕，乱刻画者甚多，现碑体上截裂纹尤深，其字迹可辨者，仅西南下截一块，其余皆平荡如砥，一字无存。今后再想了解此碑，那就只能通过拓本来领略其风采了。传世拓本中较早的为北宋拓本，明代的整拓本亦精，这些拓本无疑都已成为绝本，值得倍加珍重。《禅国山碑》和护碑亭址仍在江苏宜兴城西南二十多公里的国山顶上，1982年被定为"江苏省省级文物保护单位"，同年由江苏省文化厅拨专款修建碑亭，并建有百米保护围墙。

《禅国山碑》在记述所谓"祥瑞之兆"时，实际在无意之中记录下了当时曾发生的地震，保存了地震学方面的史料。据查考，三国时代的江东，自孙权黄武四年（225）到孙皓亡国（280）时为止，孙吴统治的江南地区曾先后发生过六次较大的地震。其中之一便是《禅国山碑》中记述的孙皓时期的地震。《宜兴县志》中就有"孙吴时有大石自立""石立十余丈"的记载；宜兴旧县志也有记载："天玺元年（276）阳羡山有石裂十余丈，名曰石室……"，据说当时天上有异样光亮，接着地动山摇，又传有人看见洞中飞出白龙之类的祥瑞物，腾空而去。这些"怪异"的"瑞兆"，用现代科学知识来分析，实际上即是当时地震造成地壳变动形成的。《禅国山碑》中所载有关这方面"瑞兆"，虽然是在为封建帝王歌功颂德，充溢着浓厚的封建迷信色彩，但客观上却是关于江南地震的最早历史记录，是极为宝贵的科学文献资料。

《禅国山碑》不仅如鼓如囷、形制奇特，书体"非篆非隶，最为奇古"，也是迄今所知我国最早的一块地震碑，弥足珍贵。

第四节　玄秘无字奇碑之再次现身
——东晋谢安墓"白碑"

继汉武帝《泰山玉皇顶无字碑》之后，在东晋时期又出现了一块著名的无字碑，那就是美名彪炳青史的东晋一代名臣谢安墓的无字"白碑"。此碑开中国无字墓碑之先河，原在南京雨花台梅岭岗谢安墓前，虽一千四百多年前已与谢安墓一起荡然无存，但史籍有确凿无疑的记载。

谢安字安石，生于晋元帝大兴三年（320），卒于晋武帝太元十年（385），陈郡阳夏（今河南太康）人，出身仕族，孝武帝时位至宰相，因其有兄弟在朝位居高官，故他乐得享受余荫，青年和中年时代高卧东山（今浙江上虞境内），过着舒适安逸的隐居生活。但在他四十岁后，其兄弟或死或贬，为使谢家不致中衰，他于四十岁前后出山入仕，孝武帝时官至宰相。太元八年（383），前秦苻坚亲率八十多万大军南下伐晋，自称投鞭可以断流，江东大震。面对比自己强大十多倍的敌人，谢安沉着镇定，他派弟弟谢石为大都督，侄子谢玄为前锋，率师八万在淝水一线迎敌。通过夜袭洛涧和计渡淝水，东晋军队重创前秦军，大败苻坚的八十多万大军，获得淝水之战的重大胜利，创造了我国历史上著名的以少胜多的光辉战例。战后，谢安上疏请求北征，孝武帝于是以谢安都督扬、江、荆、司、豫、徐、兖、青、冀、幽、并、宁、益、雍、梁共十五州军事，加假黄钺。太元九年（384）八月，谢安挥师北伐，收复了洛阳及徐、兖、青、司、豫、梁六州。至此，淝水之战前秦、东晋以淮河—汉水—长江一线为界的局面改成了以黄河为界，整个黄河以南地区重新归入了东晋的版图。谢安立下了卓著的功勋，声望达到顶峰。

太元十年（385），会稽王司马道子专权，谢安功高为其所忌，遭到排斥，奸谄小人开始乘机煽风点火，捏造罪名陷害忠良，致使孝武帝与谢安之间渐生嫌隙。为避祸，太元十年（385）四月，谢安主动交出手上权力，自请出镇广陵（今江苏扬州）的步丘。但不久后，谢安病重，同年八月二十二日病逝于建康，享年六十六岁。据《景定建康志》（卷十七）记载，因谢安生前是朝中首辅，且功勋卓著，故他的葬礼极为隆重，由朝廷出钱主办。孝武帝司马曜在朝堂里哭吊三天，给谢安赐上好的大棺材一副，朝服一具，衣一套，钱百万，布千匹，蜡五百斤，追赠谢安为太傅，谥号"文靖"，又因谢安击败苻坚的功勋，追封谢安为庐陵郡公。因为谢安没有私宅，孝武帝于是诏令在其官府中备办丧事仪式，又将南京雨花台东岗即梅岭岗的一块风水宝地钦赐给谢安作墓地（此岗因东晋豫章太守梅赜曾带兵英勇抵抗、屯兵这里而得名，故又名"梅岭岗"）。

虽然谢安在南京梅岭岗的葬礼极为隆重，其葬礼规格与独揽朝政十余年的权臣桓温相同，然而令人不可思议的是，在如此高规格的谢安墓前所立的竟是一块无字墓碑，即"白碑"。大凡墓葬，都有墓碑或墓志铭，以记述墓主之生平。那么，身份如此高贵、地位如此显赫、功勋如此卓著的一代名臣谢安，为什么墓前却"有碑无文"？对此，历来歧见众多。一种说法是谢安死后，有人认为，谢安主持淝水之战，击败了骄横跋扈、不可一世的苻坚，稳定住了摇摇欲坠的东晋半壁江山，功比天高，不是用一般文字所能表达的，故而只得让石碑"不着一字，尽得风流"。清代梁绍壬即持这种观点，他在《两般秋雨盦随笔·没字碑》中说："谢太傅墓碑无字，伟绩丰功不胜记也。"《景定建康志》（卷四十三）所转引的《汉晋纪事》的解释也是"当时谓难述其功德耳"，也就是说因为举行葬礼时人们认为光凭碑上文字的容量，无法描述清楚谢安的丰功伟绩。明代顾起元的《客座赘语》也记载说，梅岗晋太傅谢安石墓碑，有石而无其辞，人呼为"无字碑"。前记言："以（谢）安之功德，难为称述，故立白碑。"还有另一种说法是谢安病危时，众人问他请谁撰写碑文，他不语，众人提到当时著名的文学家陶渊明和大书法家王献之时，他都摇头，表示不中意，以至直到他死时也没有确定请谁来写碑文，故而最后就只得立了一块无字墓碑。

其实根据对当时的历史背景分析，这两种说法都不一定恰当，更应该从当时的政治历史背景来研究分析这个问题。应看到谢安并非一般文人，而是一个具有很高地位和巨大影响的政治人物，他死后墓前之所以会立一块不着一字的无字碑，恐怕主要还是由政治原因造成的。因为当时司马道子执掌国家大权，以皇族执政，非皇族的谢安功高位重，受到司马氏的强烈嫉妒排斥。在这种情况下有人为他写碑文，如果歌颂赞扬他的丰功伟绩，势必遭到司马氏之忌恨，难免受到连累，乃至遭到不测之祸；而如果昧着良心说话，不颂扬他的丰功伟绩，乃至贬斥他，则有悖于历史事实，也愧对谢安的在天之灵。正因为褒既难，贬又不该，故无人肯去做这样的两难文章，于是乎，就只得"不着一字"，立一块白碑了事了。

谢安下葬梅岭岗后，随着东晋灭亡，谢氏家族的荣耀也褪色了。但谢家的香火不断，谢安墓的看护仍是家族大事，一般民间盗墓贼有贼心，却无贼胆，所以谢安墓还是安全的。但到了南朝陈时期，陈宣帝次子、始兴王陈叔陵的生母彭贵人于太建十一年（579）去世。当时流行卜地相阴宅，陈叔陵也想给生母找一块风水宝地，一下子就想到了谢安墓所在的梅岭岗。他向皇帝老爸请奏，将彭贵人葬于梅岭岗。梅岭岗地方不小，但陈叔陵看来相去，觉得最好的一块地就是谢安墓的位置。于是，陈叔陵竟然不仅霸占了谢安的墓地，而且还抢占了他的墓穴。陈叔陵命人将谢安墓掘开，虽然下葬这么多年，但那副大棺材还非常完好，油漆光亮。将谢安的棺材抬出来后，陈叔陵安排工匠将谢安的墓穴重新"装潢"一番，修缮一新，改头换面后，抬进了生母的棺材，一代名相谢安的墓变成了彭贵人的"阴间别墅"，谢安墓前所立的无字墓碑自然也就被毁弃了。开中国无字墓碑之先河的谢安墓无字碑从此也就遗憾地消失了，留给了后人诸多的遐想。

第五节　异形奇材墓碑之巍然面世
——"海东第一古碑"《好太王碑》

东汉以后，中国碑刻的发展进入了成熟阶段。墓碑的形制已定型，为用精细打磨的人工采制条石直立制作的由碑座、碑身、碑首三部分组成的形制规整的竖碑。墓碑的形体大小虽还无一定规格，小者高约三尺（约一米），最大者高一丈数尺（四五米），但一般为两米左右。然而，在东晋十六国时期，出现了一座体形庞大、形制奇特的方柱形巨型墓碑，那就是在我国历史上被誉为"海东第一古碑"的稀世珍品《好太王碑》（图49、50）。

图49　好太王碑（一）　　　　　图50　好太王碑（二）

《好太王碑》全称《高句丽好太王碑》，又称《国冈上广开土境平安好太王碑》，是高句丽第十九代王的墓碑，刻立于东晋十六国时期晋安帝义熙十年即高句丽长寿王二年（414）。碑在吉林集安城东。集安在汉代属辽东郡。一千七百多年前，臣属于汉帝国的高句丽王朝曾修葺此地汉朝故城，建立王都，名曰丸都城。高句丽王朝第十九代王谈德于公元391年即位，号永乐太王，以此处为基地，北征碑丽与东扶余，南侵百济，斥大土宇，领有汉江以北广大地区。谈德武功赫赫却于412年英年早逝，其后人不胜哀痛惋惜。继承王位的高句丽第二十代王长寿王为了纪念谈德的功绩，追谥其为"国冈上广开土境平安好太王"，并于东晋义熙十年（414）在其陵墓东侧建立了这座形体庞大的方柱形巨型墓碑，撰文铭碑。

《好太王碑》的形制与东汉以来碑的形制完全不同，既无碑首也无碑座，整个碑体矗立在一块花岗岩石板上，庞大的碑身系用一整块巨大的不规整的长方形的柱状角砾凝灰岩略加修凿而成，石质粗糙，碑面不平，通高六点三九米；碑的底部周长达六点一九米，四边分别宽一点三四至一点九七米，第三面最宽处达两米，顶部四边的宽度为一至一点六米，为我国现存形体最大、形状最为奇特的墓碑，也是世界上现存的最大古碑之一。

《好太王碑》的所在地集安，在汉代系臣属于汉帝国的高句丽王朝的都城所在地。公元414年《好太王碑》刻立时，高句丽国正处于鼎盛时期。公元668年高句丽国灭亡，故都集安被中原诸政权设治管辖。从金代起，高句丽故都之名在典籍中失去记载，史书中从未记述过的《好太王碑》，亦随着岁月的流逝而布满青苔，逐渐被人遗忘。据地方史料记载，《好太王碑》后来重见天日经过了一个漫长的曲折过程。明末清军入关定都北京后，把东北地区作为其发祥地加以特别保护，修筑了柳条边。辽东一带由此成为无人居住的荒草野岭，《好太王碑》长期埋没在古木荒草之中无人问津。后来，因越来越多的民众为谋生计私入禁地垦荒，清政府逐渐废止强行推行的封禁政策，先是在小范围内实行了招民垦种、丈放土地于民、化官地为私产等措施，后来又普遍推行。到光绪初年，封禁政策彻底废除。随着封禁政策的废除，进入《好太王碑》所在地域的民众越来越多，有些边民在开垦荒地、"斩山刊木"时见到了巨大的石碑。同时，由于当地越边民众越来越多，与清兵时有冲突，并曾酿成较大规模的抗清斗争。光绪元年曾有一批清兵到通沟一带平定"匪乱"，这些清兵也有机会看到巨大的石碑。民众和清兵看到巨大的石碑后纷纷互相传言，不久消息就传到了桓仁县一个名叫关月山的人耳中。关月山是桓仁县设治委员章樾的书启（文书），他与章樾是光绪三年（1877）七月到任的，到任后注意了解该县的历史沿革、历朝古迹。在听到士兵和边民们关于在通沟看到大石碑的传言后，癖于金石的关月山"公余访诸野，在荒烟蔓草中找到了《好太王碑》，欣喜若狂"。他立即"手拓数字"带回，向章樾汇报了发现《好太王碑》的经过及《好太王碑》的价值。桓仁知县得知这一情况后便带人到《好太王碑》所在荒野去实地考察。由于集安地处长白山区，气候温和湿润，降水较多，《好太王碑》处在野树荒草之中，苔藓滋生封茧极为严重，桓仁知县便下令让当时在碑旁的农民初天富清除苔藓。但要清除苔藓并非易事，初天富想出了一个除苔藓的土办法：把牛粪涂在石碑上，待晒干后，倒上煤油，以火焚之，反复如此。然而这个土办法极其糟糕，对碑造成了严重的破坏。据当地老人回忆，"烧的时候，大碑爆了一块"，"青苔去掉了，碑也崩了一块"，甚为可惜。不过自此以后，《好太王碑》得以重见天日，为世人所重视。

《好太王碑》具有重要的历史价值，其碑体以东、南、西、北之顺序，四面环刻碑文，字体大小在十至十三厘米。碑文竖写，共四十四行，行间以界格，每行四十一个字，原一千七百七十五个字，经过一千六百多年的风雨剥蚀、裂隙和其他原因，部分文字已漫漶脱落损伤，尚可认清的约一千五百九十字。碑文概括了高句丽王朝建立到好太王时期前后长达四百五十年的历史，填补了史书记载的空白，为研究高句丽政治、经济、军事、文化诸方面提供了极为珍贵的资料。其内容分三部分：第一部分记述了高句丽建国之神话传说、世绪及好太王行状，叙述朱蒙出自北扶余，剖卵降世，渡奄利水，纥升骨城建都立国，传至好太王，治理国家，庶宁其业，五谷丰熟，民富国强之盛况，并阐明了立碑刻铭之缘由；第二部分记述了好太王征稗丽、伐百济、巡下平壤、救新罗、败倭寇、征东扶余等一生东征西讨、开疆拓土的卓著武功；第三部分记述了太王陵三百三十家守墓烟户的来源、守墓制度及守墓烟户忠心耿耿守墓之事。碑文所记载的高句丽成国的资料、世绪及好太王开疆拓土等事，不仅是研究高句丽历史和阶级关系的重要史料，而且也是了解当年高句丽和朝鲜半岛的新罗、百济以及日本列岛之间关系的重要史料。特别是碑文中记载了许多史书中不见的史事，因而受到国内外学者和有关方面的高度关注。诸如，自元代中后期至明末，倭寇疯狂侵扰中国沿海广大地区长达三百年之久。倭寇的祸患出现在元明时期，倭寇是元明时民众对日本海寇的称呼，但根据对历史文献资料的查考，倭寇这一称呼的出现并非始于元明时期，而是最早见于《好太王碑》碑文。碑的第三面自右向左数第三行刻有"……倭寇溃败斩煞无数……"的碑文。据考，这是历史文献记载中首次正式出现倭寇这一称呼，自此，倭寇这一称呼才在历史上流传开来。

由于高句丽民族起源和建国的第一手文献资料十分缺乏，《好太王碑》为确定高句丽历史提供了弥足珍贵、不可推翻的文字证据，具有重要的历史研究价值，颇为珍贵，因此自从石碑被发现、拓本传出后，很快引起了中外人士的重视。自1883年到1910年，在不到三十年的时间里，日本陆军参谋部就先后九次派间谍到集安来考察和搜集有关这块《好太王碑》的情况。清光绪十年（1884），一个名叫酒勾景信的日本陆军参谋本部间谍，潜入集安来到通沟，从拓工手中得到了一套《好太王碑》双勾加墨碑文拓本，带回日本，同时还带回好太王陵文字砖数块，交于日军参谋本部，日军参谋本部如获至宝。因碑文中有倭寇入侵百济、新罗、带方的记载，日军参谋本部立即组织御用文人秘密进行研究，对碑文"倭以辛卯年来渡，每破百残，□□新罗，以为臣民"给以特殊的关注，对碑文强加衍义，为他们侵略邻国领土寻找借口。在19世纪80年代，掀起了一场"纪年论争"，硬说4世纪到5世纪之间，日本曾统治朝鲜半岛达两百年之久，以此作为日本侵略和长期霸占朝鲜的历史依据，致使此碑成为国际学术界争论之焦点。百多年来，对于这块碑聚讼不已，日本《朝日新闻》甚至发表文章说：中国集安县的《好太王碑》是个谜，它的谜底至今还没有完全被人猜透。直到20世纪70年代，南朝鲜（今韩国）学术界提出了"石灰涂抹作战"的问题。另据传说，甚至1894年日本发动中日甲午战争，同日本企图获取这块碑也有一定的联系。《好太王碑》不可估量的文物价值，使一些心术不正的人对此碑垂涎不已。清光绪三十三年（1907），驻朝鲜的日军五十七联队队长小泽德平率部渡过鸭绿江，找到集安县知县吴光国，先是提出出金买碑，后又威胁恫吓。深明大义的吴光国以国家民族利益为重，态度磊落，婉言拒绝，使其悻悻而去。吴光国恐有不测，随后便安排人员对碑严加保护，并在其上筑一亭，名曰"悦来亭"。1907年，法国教授沙畹等人专程到集安，对《好太王碑》进行实测、拍照，并购得拓本，次年影印发表，开始把《好太王碑》及其研究情况传播到西方。后来，一些正直的日本史学家，如那坷通世、三宅米吉等人著文，批判那些利用《好太王碑》歪曲历史、损害别国利益的错误观点。近几十年来，由于碑文释文逐渐明确，当年日军参谋部所衍义的"学说"已遭到大多数学者的驳斥，基本被否定，争论渐渐平息。因此碑所记史事多不见于史书记载，碑中所载事件，系当时人记当时事，当较后代史书所记者更为可信，因此始终备受中外学术界重视，每年仍有大批国内外访碑者慕名纷至沓来，专门从事此碑研究者也不乏其人。由于《好太王碑》的碑文内容涉及高句丽建国的相关传说，还涉及好太王的一生功绩，以及当时东北、朝鲜半岛与日本列岛倭人三者之间的关系问题，因此时至今日一直为中外学者所珍视。由于《好太王碑》具有无可替代的重要的历史研究价值，因此，1961年《好太王碑》连同洞沟古墓群一起被国务院批准公布为第一批全国重点文物保护单位。2016年7月1日，《好太王碑》与太王陵一起被第28届世界遗产委员会会议批准成为世界文化遗产。由于《好太王碑》碑体严重风化，碑文剥蚀不清，长期以来对此碑有些碑文的释读意见不一。20世纪80年代初,中国学者经过深入调查,新识读了八十九个字,认定了各家有争议的字六十二个,查明过去认为是脱文而实际无字者二十九个,共解决了一百八十个字的疑点,从而使《好太王碑》的研究取得了巨大突破。

开中国巨碑先河的海东第一古碑《好太王碑》不仅具有重要的历史价值,而且具有重要的书法艺术价值。其碑文间架特别稳重,字字如千斤磐石,各坐踞其位,字里行间自有姿态,各臻其妙。其书体风格独特,介于隶楷之间,其中有的字还带有篆法。其用笔、结构篆、隶、楷兼而有之,结体宽博,平肩齐首,方严凝重。其书写从圆笔着手,在字的转折处有些笔法呈方折,折角多为九十度,以粗壮率直之行笔造成一些部首方整的造型。其书法具有承前启后、几种书体嬗变融合的特点,方严端庄、朴茂古拙,别有神韵,形成一种方方正正的书法风格,是我国书法由隶入楷的重要例证之一,故而受到学者和书家的高度重视及推崇。

第六节　三绝碑之雏形初现
——曹魏《受禅表碑》《公卿将军上尊号奏碑》

东汉末年,曹操名为汉臣,称为"魏王",实际上早就掌握了国家大权,只不过碍于士族的强大阻力,慑于天下舆论之可畏,未敢废汉而代之。汉献帝建安二十五年(220,亦即魏文帝黄初元年),曹操病死,子曹丕继承"魏王"。曹丕此前通过实行"九品中正制"等措施,扫除了士族的阻力,在继承"魏王"后,授意相国华歆、太尉贾诩、御史大夫王朗等百官上《上尊号奏》,大造代汉舆论。经过精心的谋划和周密的运作,曹丕认为时机已经成熟,便让汉献帝以所谓的"禅让"方式,将帝位让给他,取消了汉献帝的皇帝名号,建立魏国,自称魏皇帝,史称魏文帝。为了体现自己的代汉是民心所向,众望所归,在曹丕的"导演"下,那些为了博得主子欢心的臣子们,将曹丕代汉之事写成《受禅表》,刻石立碑,继而又将原先华歆、贾诩、王朗等人所写的《上尊号奏》也刻石立碑。

《受禅表碑》(图51、52)刻立于魏文帝黄初元年(220)十月。高三点二二米，宽一点零二米，厚二十八厘米，圭形，上有碑穿，碑额阳文篆题"受禅表"三字，碑阳隶书碑文二十二行，每行四十九字，字径四厘米，共一千零七十八字。碑文记述了曹丕废除汉献帝、自立为魏国皇帝之史实。碑文首先阐明禅让乃自古之美德，接着颂扬曹丕"齐光日月，材兼三级"，有"尧舜之姿""伯禹之劳""殷汤之略""周武之明"，在公卿将军固请下，他"回师千虑，至于再，至于三"，才在繁阳（今繁城镇）筑灵坛，举行受禅大典。

图 51　受禅表碑　　　　　　　　　图 52　受禅表碑拓片

《公卿将军上尊号奏碑》（图 53、54）简称《上尊号奏碑》，亦称《劝进碑》《上尊号碑》。碑高三点二二米，宽一点零二米，厚三十二厘米，圭形，上有碑穿，碑额阳文篆题"公卿将军上尊号奏"两行八字。碑文隶书阴镌，碑阳刻二十二行，碑阴刻十行，每行四十九字，字大四厘米。碑文是公卿将军呈送魏王曹丕的奏章，内容为魏文武大臣奏请曹丕代汉称帝之事。碑文记述了东汉末年天下大乱，各地军阀纷纷割据，曹操迎汉献帝到许昌，经过长期的战争统一北方，病死后其子曹丕嗣丞相位和魏王爵，华歆、贾诩、王朗等公卿大臣劝曹丕接受汉献帝禅让，即

图 53　公卿将军上尊号奏碑　　　　　图 54　公卿将军上尊号奏碑拓片

帝位以顺"天意"之进言。奏章称"汉帝奉天命以固禅，群臣敬天命以固请"，汉献帝让位曹丕代汉乃天命所归。碑石所刻奏章前后列公侯臣等四十六人职名。碑石上无刻碑年月，清顾炎武《金石文字记》考此碑刻于魏文帝黄初元年（220）后。

《受禅表碑》与《公卿将军上尊号奏碑》现一起并立在河南许昌西南十七公里、临颍南十五公里处繁城镇的汉献帝庙（原为魏文帝庙，后被人们改为汉献帝庙）中，两碑皆南向，一东一西，巍然相峙。因时间久远，两碑均风化较为严重，有不少字已残损。两碑本欲为曹丕代汉加上一道神圣的光环，可谓用心良苦，但实际上恰恰把曹丕篡夺帝位的行径记载下来，成为中国历史上一起对假禅让真篡位事件的真实记录，因此具有重要的历史价值。

《受禅表碑》和《公卿将军上尊号奏碑》两碑高碑方正，不但具有重要的史实价值，而且具有重要的文学、书法、镌刻艺术价值。两碑碑文七分隶书，字体呈汉隶向魏碑体过渡阶段特点，如斩钉截铁，上承秦汉篆书余韵，下启魏、晋、南北朝、隋、唐楷书之风范，均是三国时期的隶书代表作，备受历代书家推崇。相传两碑均为司空王朗撰文，尚书梁鹄书丹，侍中钟繇镌字，故自唐以来即被称为文表绝、书法绝、镌刻绝的三绝碑。据唐代韦绚《刘宾客嘉话录》记载，唐代著名诗人刘禹锡即持有这种见解。据宋代欧阳修《集古录》及娄机《汉隶字源》记载，唐代大书法家颜真卿也认为二碑是晋代大书法家钟繇所书。明郭昌宗《金石史》对此也持肯定意见，称《受禅碑表》"虽小远汉人，雍雍雅度，衫履自饰，亦复矫矫"。清代冯云鹏在《金石索》中也认为此二碑为钟繇所书，认为二碑"叙刻安整，书法工妙，自是魏碑巨制"。因此，虽历史上有少数学者如明赵崡的《石墨镌华》对二碑是三绝碑持怀疑态度，认为"此碑或曰梁鹄书，或曰钟繇书，未有的据"，但由于其并没有提出确切的证据，因此并不能否定《受禅表碑》和《公卿将军上尊号奏碑》是我国最初出现的三绝碑这一评价。《受禅表碑》和《公卿将军上尊号奏碑》现为国家文物重点保护单位。

第七节　书体嬗变碑之发展
——篆隶楷草行杂糅碑刻及代表作

在三国时期，中国文字书法继续着篆隶嬗变和草隶（章草）的演进，楷书和行书也开始兴起。晋代承接汉魏流风余韵，是中国书法艺术的昌盛时期。在晋代，我国书法的五大书体"篆隶草真行"都已形成，特别是在三国时期新兴的楷书和行书，到晋代已更加工（整）美（观）。正是在这样的大背景下，晋代书法艺术出现了空前繁荣的局面，书家辈出。据历代有关书法家的史料记载，不算民间书法家，仅晋代大臣中善书者，就有索靖、卫恒、陆机、谢安等四十余位，其书风之盛，由此可见一斑。篆、隶、楷、草、行相融合的书体被一些书家书写于碑刻上，从而繁衍出了一批篆、隶、楷、草、行多种字体交融杂糅的书体嬗变碑刻，成为中国碑刻百花苑中的奇葩。

由隶而楷、介于隶楷之间的《谷朗碑》

图55 谷朗碑

《谷朗碑》（图55）全称《吴九真太守谷朗碑》，刻于三国吴末帝孙皓凤凰元年（272）四月，系吴九真太守谷朗的墓碑。碑原在湖南耒阳县东，后移置县北杜甫祠。碑高一百七十六厘米，宽七十二厘米。碑额题"吴故九真太守谷府君之碑"一行十一字。碑阳存正书十八行，每行二十一字。碑两侧刻有谷起凤、谷尚志等谷氏族人题名。碑中一些文字在明清及民国初年被剜凿过。明代谷氏族人题名于乾隆年间被凿后刻了重修款，清道光、咸丰年间又将重修款凿去，遗留在末行的明代题名也被凿净。关于此碑究竟为何种书体，历来有两种说法，一说为隶，一说为楷。三国时期正是中国书法史上的一个重要转折时期，《谷朗碑》正是由隶而楷、亦楷亦隶、介于隶楷之间的书法嬗变代表作，也可以说是由隶书演变为楷书的早期形态。从整体上来看，章法布局显然是汉碑遗风，且字的形体亦取隶书扁方之态。从笔画上看，一些捺笔和钩笔还是隶书写法，楷书中的挑钩似有似无，如"氏""义""子""思"等带挑钩的笔画，尤其是"戈"脚均用稍重的捺笔，转折处也缺少楷书稍重的顿笔，其他如"之""朗""因""阳"以及"糸"旁则全是隶书的写法。从每一横画来看，又去掉了隶书的"蚕头燕尾"，起笔处是楷书的侧入而非隶书的逆入，收笔处则是楷书的回锋而非隶书顿笔向右上出锋形成的波挑。从这些特征看，《谷朗碑》的书体将隶楷二者合在一起，介于隶楷之间。由于其楷则齐备又隶意颇浓，故而显得格外圆凝规整，含蓄古雅，具有特殊的审美情趣，充满着天真朴实之美。正因为如此，此碑不论在字体演变上还是在书法艺术变革中都有重要地位，在我国碑刻文化发展史上具有重要价值，颇受重视。康有为《广艺舟双楫》说"《谷朗》古厚"，"古"是指它的书体介乎隶楷之间,"厚"指用笔稚拙厚重。康有为给《谷朗碑》很高的评价,谓其"真楷之始,滥觞汉末。若《谷朗》《郛休》《爨宝子》……皆上为汉分之别子,下为真书之鼻祖者也"。

由隶入楷、楷隶相糅的《皇帝三临辟雍碑》

《皇帝三临辟雍碑》(图56)全称《大晋龙兴皇帝三临辟雍皇太子又再莅之盛德隆熙之颂》,亦称《龙兴皇帝三临辟雍碑》《晋辟雍碑》,西晋武帝咸宁四年(278)十月二十日立,1931年3月出土于河南洛阳。自东汉初期直到西晋,这里一直是封建时代的最高学府,是著名的汉、魏、晋太学旧址,著名的汉《熹平石经》《三体石经》都曾竖立在这里。《皇帝三临辟雍碑》为纪念晋武帝司马炎及其子惠帝司马衷前后三次会见太学师生的事迹而建立。原石旧归李长升收藏,现藏于河南博物院,刘承榦《希古楼金石萃编》著录。魏国末年,曹氏皇室衰微,大权完全落入司马氏之手,咸熙二年(265),司马昭之子司马炎继承

图56 皇帝三临辟雍碑

昭为相国、晋王,不久代魏称帝,史称晋武帝。在篡夺帝位后,为了笼络人心,巩固自己的统治,司马炎在加强门阀制度、大封宗室的同时,又竭力拉拢文人士子为自己效力。为此,他先后三次亲临辟雍(太学)视察,并让皇太子也亲自到辟雍去视察。司马炎的"关怀"果然使那些趋炎附势的文人学子感动。尽管晋代继承了曹魏的碑禁之令,但是那些趋炎附势者还是获得了司马氏的许可,于西晋武帝咸宁四年(278)十月刻立了《皇帝三临辟雍碑》。碑长三百二十二厘米、宽一百一十厘米,碑阳碑额竖刻"大晋龙兴皇帝三临辟雍皇太子又再莅之盛德隆熙

之颂"四行二十三字。碑文三十行,每行约五十五字,计一千五百余字。碑阴镌刻立碑的辟雍诸官员及太学生的题名十列,当额处一列,十五行,余列为四十四行。此碑虽年代久远,但保存完好,全碑字迹清朗,一字未损。尽管此碑碑文所记为司马炎与其子临幸太学之事,通篇都是为荒淫残暴的司马氏歌功颂德的不实之词,无什么史料价值,但碑文书法颇受后人重视。碑文用由隶向楷嬗变、楷隶相糅的隶书镌刻,字体结构方正,更向楷书走近。但其用笔大体上保留了汉隶的特点,尤其是左波右挑,长横仍作波磔,"八"脚仍作分势等。其起笔方法渐改隶书的逆入法,而变成横画直落笔,竖笔斜落,起笔收笔多出锋,横画中间细而两头粗,硬劲古拙,结体方整,多用方笔,字形方实。这种糅杂楷法的正方形隶书,其字沉着飘逸,气势宽博雄伟,虽也带有一般魏晋碑刻整严的特点,但比那些碑刻结体更加活泼,用笔也更富于变化,成为"唐隶"的先导。晚清民国时期著名的国学大师罗振玉称此碑为晋碑第一。著名学者余嘉锡的《晋辟雍碑考证》认为"唐人分体即从此出……试取魏唐诸碑与此相参较,可以得风气变迁之迹矣"。

隶楷变体、引发《兰亭序》真伪论战的谢鲲、王兴之墓志

东晋著名书法家王羲之的书法艺术在中国书法史上达到了登峰造极的高度,他也因此被称为"书圣",其最有代表性的是《兰亭序》。据史料记载,《兰亭序》是晋穆帝永和九年(353)王羲之与一群文人雅士会于绍兴兰亭,在饮酒赋诗中乘兴写下的。全序二十八行,共三百二十四字,情文并茂,心手合一,气韵生动,历来被誉为"天下第一行书",被历代学书者奉为行书典范。然而在20世纪60年代中期出土了与王羲之同一时期的两块晋代墓志——《谢鲲墓志》和《王兴之夫妇墓志》,《兰亭序》是王羲之书法艺术的代表作这一定论遭到了严重质疑,由此引发了中国书法界、学术界一场全国性的旷日持久的关于王羲之《兰亭序》真伪问题的书法大论战。

《谢鲲墓志》(图57)全称《豫章内史谢鲲墓志》。谢鲲系东晋初年名士,《晋书》有传,其墓志刻于东晋明帝泰宁元年(323),仅早于王羲之书《兰亭序》三十年。1964年9月10日,《谢鲲墓志》出土于江苏南京中华门外戚家山古残墓中。墓志石为长条形花岗岩,长六十厘米,宽十九点五厘米,厚十一厘米。志文共四行,前三行每行十七字,末行十六字,共六十七字,出土时残损四字。全文字体为隶书,其所刻隶书体态近于曹魏时代隶书,虽章法严整、字势端正,但缺少汉隶风骨神韵和点画意态,也没有汉碑那种浑穆遒美、雄强沉劲之气和朴实厚重、变化瑰丽之美,其笔画中波挑收敛,体态趋长,呈现出书体由隶向楷过渡演变之态。

《王兴之夫妇墓志》(图58)1965年1月19日出土于江苏南京燕子矶人台山,存南京市文物保管委员会。墓志石为长方形,长三十七点三厘米,宽二十八点五厘米,厚一点一厘米,出土时完好无损,字口清晰。志石两面镌刻文字,字行之间画有细线方格,为竖十格、横十三格,两面共刻二百零三字。其中一面刻王兴之志,刻于王兴之入葬之时,即晋成帝咸康七年(341),计十三行,满行十字,共一百一十五字;另一面刻王兴之妻子之志,刻于其与王兴之合葬之时,即晋穆帝永和四年(348),计十一行,满行十字,共八十八字。墓志中仅记兴之的字和籍贯,而未书其姓,据考其为王彬之子。王彬《晋书》有传,其次兄王旷即王羲之之父,由此可知王羲之与王兴之是叔伯兄弟,王兴之为王羲之从弟。从王兴之墓志志文的语气看,志文可能是王兴之胞兄弟所书。《王兴之夫妇墓志》书体形态趋于方正严

图57 谢鲲墓志

图58 王兴之夫妇墓志

整，少隶意，楷法初见端倪，与南朝《爨宝子碑》体态相近。其所刻字体介于隶楷之间，是一种似楷非楷、似隶非隶、由隶体变形为楷体但又有浓厚隶意的隶楷变体。其书体具有显而易见的隶书意态：竖画、横画的收笔处多呈方截，有的横画收笔处还有翻挑之意，点一类的笔画呈三角形或者作横画处理，右下点往往处理成短捺，转折处呈直角状。但其横画的起笔处和撇画、捺画的收笔处已无隶书的分势，而"月""丹""先""琅""乡""侍""待""第""咸"等字都有楷书最为显著的钩挑之笔。《王兴之夫妇墓志》楷体隶意杂糅、整肃端稳的变异书体，正是东晋时代由隶向楷嬗变的产物。

在我国历史上，《兰亭序》是王羲之的真迹在很长时期内是人们深信不疑的，但到清代碑学兴起，人们对帖学重新进行审视，对《兰亭序》的真伪提出了疑问。其中否定得最为坚决的是清咸丰九年（1859）进士、官至礼部侍郎的岭南著名书法家、碑学名家李文田。他认为"世无右军之书则已，苟或有之，必其与《爨宝子》《爨龙颜》相近而后可"，坚决否定《兰亭序》是王羲之所书，认为王羲之在其所处的那个时代根本不可能写出《兰亭序》这样的行书作品。但是他的观点在当时和尔后的很长时期内并未引起多大反响。擅长书法的著名历史学家、考古学家郭沫若在读了李文田为端方所收藏的《定武兰亭》所题的否定《兰亭序》是王羲之所书的跋文后，对《兰亭序》的真伪也产生了疑问。当他在1964年、1965年相继看到书刻年代仅早于王羲之书《兰亭序》三十年的《谢鲲墓志》，和书刻年代仅早于王羲之书《兰亭序》十来年，且墓主又与王羲之为叔伯兄弟的《王兴之夫妇墓志》后，进一步加深了对王羲之书写《兰亭序》的怀疑，认为王羲之的书体应与王、谢两墓志的书体相近，遂于1965年3月写成了《由王谢墓志的出土论到〈兰亭序〉的真伪》一文。文章明确表示赞同李文田的观点，并进一步提出：其一，根据王、谢墓志的书体，东晋书风不是如同现在我们所看到的《兰亭序》传本那样的，应该还有更多的隶书笔意，还不可能有王羲之那样的楷行书，所以《兰亭序》不可能出于王羲之之手。其二，《世说新语》有关于王羲之有《兰亭集序》的记载，但很简略，未及书法，只说别人把它与《金谷诗序》并论，羲之也以能敌石崇而自喜，刘孝标注文引了王羲之的序文，但标为《临河序》，文字出入很大，也短得多，虽有相同的句子，却多出一些今传《兰亭序》中所没有的内容。故而《兰亭序》从文字到书法，都出于后人伪托。造伪者就是智永，而世传冯承素摹本就是智永伪托的原迹。

郭沫若的文章在1965年第6期《文物》发表后，立即引起了学术界的震动，文博、历史、书法、文字、哲学、文学、美学等各方面的专家学者纷纷参加论辩。附和赞同郭沫若意见者甚多，其中有启功、宗白华、徐森玉、赵万里、李长路等学界名流。但反对郭沫若观点的也不乏其人，南京学者兼著名书法家高二适针锋相对地在《光明日报》发表了《〈兰亭序〉的真伪驳议》一文，商承祚、严北溟等著名学者起而响应，章士钊先生在《柳文指要》一书中也阐说了肯定性的意见，从而展开了一场学术大论辩。大家从文字发展、书风演变、文献考证、思想风貌等多方面对《兰亭序》的真伪进行了深入的研究。此后，随着时间的推移，出土文物不断增多，这一问题孰是孰非也日趋明朗。特别是1977年安徽亳县出土了三百七十四块年代为东汉桓帝延熹七年（164）到灵帝建宁三年（170）的曹操宗室墓砖，墓砖上所刻字体有四分之三左右是楷行书。这一事实有力地证明，早在王羲之写《兰亭序》前两百年的东汉时代，民间已经在使用楷行书了。至于《谢鲲墓志》《王兴之夫妇墓志》字体工整肃穆，是沿袭了历代墓碑、墓志多用楷隶等端庄字体，以示对死者的虔敬之故，并不能证明当时没有《兰亭序》那样的楷行书。因此，书法兼善隶、草、楷、行各体的王羲之，精研体势，心摹手追，广采众长，备精诸体，冶于一炉，摆脱汉魏笔风，自成一家，精妙娴熟地掌握、运用楷行书艺术，写出《兰亭序》那样风格平和自然，笔势委婉含蓄、遒美健秀的书法杰作是完全有可能的，说王羲之只能写出与南朝《爨宝子碑》《爨龙颜碑》相近的字来的观点，显然是站不住脚的。

如今关于王羲之《兰亭序》真伪问题的书法大论战已基本平息，少有人再提及。然而原本并不算珍奇的隶楷变体《谢鲲墓志》和《王兴之夫妇墓志》由于曾引发了这场书法大论战并被引为主要论据，成为中国碑刻史上引人瞩目的珍奇名碑而被载入史册。

隶书多杂楷法的《邓太尉祠碑》

《邓太尉祠碑》（图59）全称《冯翊护军郑能进修邓太尉祠铭》，亦称《郑宏道修邓太尉祠记》。前秦冯翊护军郑能进刻立于前秦建元三年（东晋太和二年，367）六月。碑原在陕西蒲城东北约二十公里处洛河沟阿村的邓公祠内，祠侧有邓公衣冠冢，1972年入藏西安碑林，现存于西安碑林第三室。邓太尉即曹魏时的著名将领邓艾，他曾率领曹魏军队出阴平道入蜀，迫使刘禅投降，因而被晋升为太

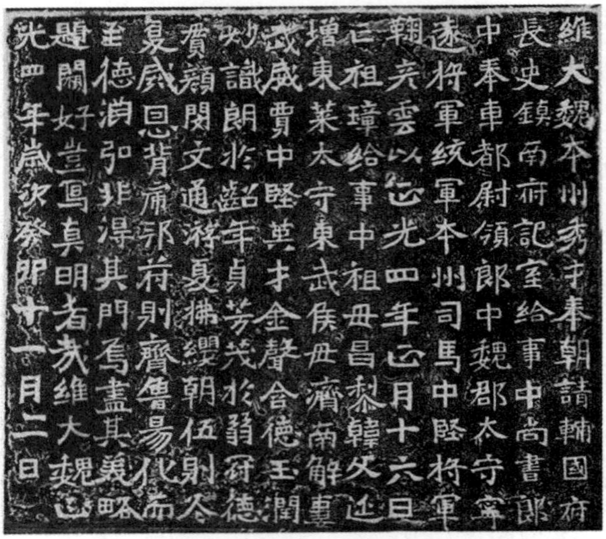

尉。《邓太尉祠碑》就是为了纪念邓艾而建立的。碑为尖首形，上有穿孔，高一百七十厘米，宽六十四厘米，碑文竖刻九行，每行二十九字，后题名两截，上截上列九行，下列七行，下截十一行，每行字数不等。碑文中有不少字已漫漶。碑文内容记载了冯翊护军所辖的五部城堡和部族名类，最后还详列了军府将右题名二十六人的姓名，

图59　邓太尉祠碑

这些为我们研究冯翊护军所辖的少数民族部族关系及关中地区少数民族聚居的情况都提供了重要的资料，具有珍贵的史学价值。同时，其书法也极具特色。碑文用由隶向楷的变异书体书写，用笔瘦劲，起笔多带棱角，转折方正，收笔多燕尾，波挑明显，结体方整宽博，起笔多带棱角，收笔则多"燕尾"，动势大，时呈逸宕之势，接近汉隶。如"夫"字的第三笔，下端呈双燕尾形，"十"字、"三"字之主要横笔，起笔向下呈三角形，收笔上挑成"燕尾"，而左掠笔短而有出钩之楷意，处于由隶变楷过渡期，是中国书法由隶变楷过渡期中较为典型的艺术形式。此碑书刻年月与《广武将军碑》相隔一月，碑文隶书已多杂楷法，可见此时书法已由隶入楷，故在笔法上已不严格区别。碑中有些字的结体同南朝的《爨宝子碑》颇有相近之处。前秦遗存碑刻极少，至今仅发现此碑与《广武将军碑》两碑，两碑都属我国书法名碑，弥足珍贵。

承袭篆意并带有明显楷意的隶书《广武将军□产碑》

《广武将军□产碑》（图60）亦称《广武将军碑》《广武将军□产碑并阴侧》《立界山祠碑并阴侧》《新产碑》，刻于前秦建元四年（东晋废帝太和三年，368）十月。碑高一百七十四厘米，宽七十三厘米，圭首，碑额隶书"立界石山祠"五字，但因过去许多人只看到过碑文拓片，没有见到过碑额或拓片，只依据碑正文内第一行有"广武将军"，于是称之为《广武将军□产碑》，后被一般人所沿用。

石旧在陕西白水县史官村仓颉庙，清乾隆初佚，民国九年（1920），一个名叫雷召卿的人在此庙内发现此碑，本县赵老九（子建）将碑运回家中，觅拓工拓了若干份，此为发现后的初拓本。此后，赵老九与村民办了一所小学校，又将此碑移至此校。1972年，珍贵的《广武将军□产碑》被移至西安碑林收藏。

《广武将军□产碑》是陕西白水、宜君地域内胡人广武将军的纪功立界之碑，四面刻字。碑阳刻书十七行，每行三十一字，前叙广武将军的先世，次叙其政绩，末有官名疆界等。碑阴及两侧为立碑部将的姓名。碑阴刻书两列，上列十五行，下列十八行，行界三十二格，间有一格两字者；碑一侧两列，每列八行，每行四十二字，另一侧八列，第一、二列各三行，第三列一行，第四列两行，五至八列各三行，每行四十四字。此碑内容除有碑主的姓氏，还有反映前秦时关中渭北疆域的划分、职官的设置、部族分布以及碑主所统辖的吏民数目等，都是研究前秦的重要资料。前秦石刻极少，除《邓太尉祠碑》外，仅有此碑，二者同为前秦时期碑版的绝唱。现碑已残泐。乾隆前有拓本，苏州张德生幸有翻刻本。清毕沅《关中金石记》始著录，其后钱大昕《潜研堂金石文跋尾》、方若《校碑随笔》、近人张彦生《善本碑帖录》等均有考述。乾隆前拓本，碑文第四行"聲特"之"聲"字"耳"部中笔画完好。将军名产，其姓已泐。碑文题"大秦建元四年丙辰"，应作"戊辰"，是撰文人误记。

《广武将军□产碑》书体笔画细筋宕逸，似《石门颂》；结体朴茂宽博，古朴稚拙，变化自由，天趣浑成，近似《好太王碑》。碑阳之文经心凿刻，有规有矩；

图60 广武将军□产碑

其字奇态横生，虽属隶书，但却又承袭篆意并带有明显的楷意。其意态无论是线条质感、形态，还是结字所采取的手法，更多的是承袭篆隶的意味。其书风貌似粗枝大叶，不拘小节，不求工致，实际上粗疏中含细腻，草率中见精巧。碑阳正文书刻在方形界格之中，但其结字不受界格拘束，极尽变化，每个字都想摆脱界格的限制，态肆奇古，或静或动，或长或短，或局部夸张，或欹或正，或左右挪让，一字一变，略无雷同。如三点水的写法，不下六种，且每种写法都与右边的部分相映生姿，"走"部边旁的形态，更是一字一变，略无雷同。另外，同一个字也往往以不同的结构出现。碑阴碑侧则信手刻凿，有行书流便之意，更是奇姿异态，极使转之妙，尽笔意之变化，放浪形骸，天趣勃发，奇态横生，不可名状，似未书丹而直接以刀代笔刻于石上。那不求工致的点画，令人觉得有一股古朴之风扑面而来。全碑充满淳古之气和奇情妙趣，给人以一种北方原始粗犷的强烈艺术感染力。《广武将军□产碑》结体像现代的美术字，但奇肆多变，行笔恣肆，气象朴茂，时呈逸宕之势，无雷同刻板之弊。它的大小、长短一任自然，不作任何修饰，与整体书风保持一致，充满了孩童般的天真情趣。碑中"佐""梁""崇"等字，其结体某一部分，如"佐"字的单人旁与右边"左"字相互依赖，"梁"字最后一笔意气风发而张扬，以及"崇"字线条大疏大密对比强烈，初看似乎有点失调，不合理法，细审才领略到其中的精妙之处：善于造险，胆敢独创，但险不觉怪，违而臻理，信手刻画，于无法处求法，使之通篇充溢了一种诙谐的情调。

西晋继承曹魏禁碑石之令，除少数私立的小型墓碑外，正式竖立的碑表几乎见不到。碑禁到东晋时有所松弛，但人们的思想尚未从西晋的禁碑风气中解脱出来，因而这一时期碑刻数量仍然有限。《广武将军□产碑》地处僻远，这样的环境少受外来干扰，与当时中原书风拉开了距离，使它的个性愈加突出。《广武将军□产碑》虽属隶书，但它所处地域、环境决定了它的书写者不可能与同时代书手们一样，追攀工稳的庙堂气或认同士族阶层的平和态度。《广武将军□产碑》可能是下层粗通文墨的知识分子直接用刀代笔刻在石头上的，没有书丹，无拘无束，刻得活泼自然而协调统一，字里行间表现出自然纯真、活泼强悍的奇特风格和古朴稚拙、天趣浑成的大拙大巧。他们具有的自由度比文人书手高，表露在书迹上，驰骋的天地自然更宽阔。

前秦所遗石刻甚少，除《邓太尉祠碑》，仅《广武将军□产碑》一例。《广武将军□产碑》在古代碑刻中称得上是一朵奇葩，备受人们的赞赏。康有为对此碑推崇备至，1924年跋此碑云："北碑近新出土以此为古雅第一。""唯碑为苻秦建元四年，去王右军《兰亭》仅十二年，故字多隶体。实开灵庙碑之先，渊茂且过之。应与《好大王碑》并驱争先。""碑阴字似流沙坠简，古逸至矣。""此碑在陕亦为关中楷隶冠。"著名书法家于右任曾对此碑大加推崇，作有《广武将军复出土歌》，赞颂此碑说："慕容文重庾开府，道家像贵姚伯多，增以广武真三绝。"

"体兼篆隶和章草"的《司马芳残碑》

《司马芳残碑》（图61）全称《汉故司隶校尉京兆尹司马君之碑颂》，为东晋碑，具体年代失考，刊刻于北魏前期。此残碑系1952年西安市整修下水道时，在西大街广济街口出土，为陕西省首次发现的晋碑，今存于西安碑林，是碑林中北朝碑版的一个早期代表。出土时碑中裂为二，下半段残，仅存碑上半截且断为三块。残碑高一百零六厘米，宽九十八厘米。碑额阳文篆书"汉故司隶校尉京兆尹司马君之碑颂"四行十五字。残碑碑阳十五行，每行九至十字不等，共一百二十四字；碑阴上列题名十四行，下刻叙文十八行，每行存一至四字不等。北魏郦道元《水经注》记此碑名为《汉京兆司马文预碑》。据《水经注》记载，此碑原在汉长安故城，以后被人移入西安城内。残碑首行"君讳芳字文豫，河内"（下残缺），第五行"显考俊，以资望之重识"（下缺），第十行"昊天不皇"（下缺），第十一行"炎德告微"（下缺）。与《晋书·宣帝纪》相校，司马芳的官职、族望以及其卒年都与史俱合，

图61 司马芳残碑

因此可以确定此碑为司马懿之父司马芳的残碑，记述了司马芳的生平事迹，有着较高的史料价值。此碑因残断而失去年月，而碑额上有篆书"汉故司隶校尉京兆尹司马君之碑颂"，有些文献资料就将此碑定为汉碑[①]。其实这是一种误解，碑额

---

① 如香港书谱出版社、广东人民出版社联合出版的《中国书法大辞典》。

的题字只是说明司马芳身前的官职、身份，并不是刻碑的年月，不能以"汉故"二字将其定为汉碑。而从碑阴最左"晋故扶风王六世孙宁远将军乐陵侯"（下一字半损，似"追"字）一行字中，可以得知，此碑是晋扶风王司马骏的六世孙为其先祖司马芳所立。

此碑书体与存世其他晋碑书体均不同，独具一格，由隶变楷且有章草遗风。其书写十分自然，多用方笔，几乎笔笔露锋，峻快镰利。此碑正文书体在隶楷之间，正在脱离隶书而向魏碑体过渡，是由隶书向楷书嬗变的一种过渡书体，其部分笔画还存有隶意，但其碑文楷书的笔法和结构已趋于成熟。此碑背面上部的十四行小字，因不是碑之正文，书写较为潦草，故留有章草的笔意，这正是魏晋时代流行书体的特点之一。此碑与《爨宝子碑》同为东晋碑刻，碑书体势及笔意有相近之处。只是《爨宝子碑》以朴厚古茂为胜，而《司马芳残碑》则以精淳俊丽为胜。此碑不仅对字体由隶向楷进而向魏碑体的演变具有一定的研究价值，而且此碑碑额雕蟠螭纹，出现了简明写意的螭首形象，碑首处于由汉碑向隋唐碑过渡的阶段，因此对于研究我国碑额雕刻图案的发展也具有重要的参考意义。

时为楷法、时为隶法的《爨宝子碑》

图62　爨宝子碑

《爨宝子碑》（图62）全称《晋振威将军建宁太守爨宝子碑》，历史上与晚其半个世纪的南朝宋《爨龙颜碑》一起并称"二爨"，被誉为"南碑瑰宝"。因其形制小于《爨龙颜碑》，故又被称为"小爨"。该碑刻立于东晋安帝义熙元年（405）四月，清乾隆四十三年（1778）出土于云南曲靖县。清咸丰初年，云南知府邓尔恒修南宁志采访金石，将此碑移置于县城武侯祠后，遂为世所注意，现存曲靖第一中学"爨碑亭"内，为全国重点保护文物。碑高一百八十三厘米，宽六十八厘米。碑额题"晋故振威将军建宁太守爨府君之碑"五行十五字，碑阳正文十三行，满行三十字，计三百八十八字，下列职官题名十三行，每行四字。

碑末行有"大亨四年岁在乙巳四月上恂（旬）立"一行题署。根据《中国历史年表》，东晋并无大亨年号，故有的人就怀疑此碑的可靠性。其实，如对当时历史做一番研究，这一问题即可迎刃而解。据《晋书》和《资治通鉴》记载，大亨年号在东晋曾存在过几个月时间，是在公元402年时由当时篡权的丞相桓玄所改的年号。据史籍记载，公元402年，岁在壬寅，晋安帝改元元兴。三月，元显讨桓玄失败，又恢复隆安年号。不久，桓玄进京掌权，改年号为大亨。次年十月，桓玄篡位，改元永始，而史籍仍称元兴二年，桓玄不久就兵败被杀，至乙巳年（405）时，桓玄早已败亡，安帝又改元义熙了，故史籍未用过"大亨"年号，仍将402年称为晋安帝元兴元年。爨氏集团远处边陲，离中央路途遥远，消息闭塞，不知中央政府已经改元，故仍袭用大亨年号。这只能说明当时交通不便，信息不灵，联系困难，东晋政府对边陲爨氏的控制处于一种很松散的状态，而不能成为怀疑此碑真实性的依据。晋代禁碑，此碑因地处中央鞭长莫及之边陲，而侥幸存世，故格外宝贵。该碑的书者、作者均无从查考。爨氏为我国西南地区少数民族之旺族，碑文中所述建宁太守爨宝子生平事迹，对研究我国西南地区少数民族历史发展具有宝贵的史料价值。尤其是它"朴厚古茂，奇姿百出"、介乎隶楷之间的奇特书体，更使人惊叹不已，对后世产生了深刻而久远的影响。

《爨宝子碑》书体在隶楷之间，是由隶变楷阶段的风格独特的典型书体，既具有明显的楷书风规，又蕴含浓厚的隶书韵味。在运笔上，除了用笔兼有隶楷，《爨宝子碑》的笔画还有自己的独特风格，时为楷法，时为隶法，灵活多变，奇姿百出，意趣盎然。诸如，横画有逆入平出用隶法者如"恂"之上横，也有落笔收锋用楷法者，如"嗟"之上横；撇画有末尾上曲收锋似隶者，如"休"之下撇，也有楷法之撇者，如"铭"之下撇；捺画有尾部上翘如隶者，如"休"之末笔，也有用楷之磔法者，如"疾"之右下波；竖钩有回锋慢钩如隶者，如"躬"字右钩，也有用楷之挑法者，如"秋"之左挑。尤为奇特的是其横画为方笔起方笔收，两头翘，两端多上翘而呈方势，如"所"字；竖画多带上曲小钩弯，如"中"字；撇捺尖端多有翘尾，如"春"字；点则均呈三角形，如"淳"字的三点水旁。这类笔画，在全碑中占有很大的比重。几乎全碑所有的字都有一种向上升举的体势，故而使人阅之有如百鸟振翎、凌空欲飞之感。其用笔稚拙奇巧，峻利方劲，古朴粗犷，气势开张，雄强凝重。结体以奇肆见称，有的字严整肃穆，有的字舒放宽和，有的相其形而长高，有的就其势而扁宽，疏密虚实、聚散敛展、参差错落、肥瘦大小、长短粗细之安排极尽变化，但又极为自然和谐。《爨宝子碑》体势多变，奇姿百出，结体奇肆怪异，如"爨"字体大，"府"字形小，"感"字丰臀，"素"字细腰，"恸"字矮胖，"伟"字瘦长，"春"字手长过膝，"质"字足短如截，"鸣"之"口"高高在上，"馨"之"香"宁左勿右，"崩"下左倾，"姿"上右倒。这怪拙的形体配上奇特的笔画，使得《爨宝子碑》全碑碑文触目皆奇，无字不怪，无笔不奇，别开生面，风格独具，跌宕起伏，精彩纷呈。其雅真、古拙、憨厚、直率、纯朴之情充溢于字里行间，令人耳目为之一新。

　　《爨宝子碑》书法上承汉分，下开唐法，用笔、结体在隶楷之间，结构奇巧，形象古拙，笔法严谨，含蓄凝练，外柔内刚，气质高古，是由隶变楷阶段风格独具的典型书体，是隶书向楷书嬗变过程中涌现出来的奇妙产物。东晋沿魏制，实行碑禁，故碑刻绝少。且书风向为二王书法所统治，向称"南派"。由于其地处边陲，故书风未受当时已占主导地位的"二王"书法的影响而保持了古朴的书风，保留着汉魏以来中原的淳古气息，完全同北魏书风相类。由于当时楷书虽已初显端倪，但又尚无成熟法度，隶书法度虽影响渐弱，但依然在发挥重要作用，隶书笔法仍被大量借用，而楷书笔法则又处处渗透其间。正是在这样的情况下，作者在自己审美意识的支配下，运用自己的书法技巧，任情恣性，畅抒情怀，写出了这种隶意极浓而楷意明显、稚拙古朴、情趣横生的变异书体，有着浓烈的意趣和勃勃的生气。正因为如此，《爨宝子碑》一经发现便名重天下，备受推崇。清汪鋆《十二砚斋金石过眼录》谓其"碑书朴拙，古气盎然"。李根源称其"下笔刚健如铁，姿媚如女神"。清康有为《广义舟双楫》赞誉其"朴厚古茂，奇姿百出""端朴若古佛之容"。《爨宝子碑》对清代以后的书坛有很大的影响，至今不减，有不少人想通过学"二爨"，以求返璞归真。然真要得其精髓，不仅形似，而且神似，则实非易事。

第三章

南北朝时期的珍奇碑刻

南朝承袭两晋遗风，依然严厉禁碑，官民对书碑、刻碑、立碑有种种顾虑，立碑者极少。其中传世佳作更少，仅《爨龙颜碑》《瘗鹤铭》等数种而已。南朝墓志的数量也很少，王壮弘《六朝墓志检要》所收录的南朝墓志宋、齐、梁、陈加在一起仅二十余种。虽近些年来在南京及邻近地区出土了一批南朝墓志，但与北朝相比，南朝墓志在数量上仍是很少的。不过，从出土的实物看，南朝从梁代起，墓志的形态、文体开始趋向规范，均为长方形或正方形，志文的字数均较多，先叙死者家世、生平，后为颂辞，前有题额，大多无盖。从刘宋中期起，南朝墓志以楷书为主，有的仍略带隶意，如1972年江苏南京太平门外出土的南朝宋元徽三年（475）的《明昙憘墓志》、1980年江苏南京太平门外甘家巷出土的南朝梁《萧融夫妇墓志》即是如此。南朝碑刻中最有特色的是出现了此前从来没有的奇书妙刻"反左书"碑。

而北朝情况则与南朝大为不同。由于既无刻碑之禁，且佛教广为传拊，刻经盛行，又多名山大岳，取石方便，因此不论是北魏、东魏、西魏还是北齐、北周，竖碑刻石、摩崖题刻都处处皆是，呈现出一派前所未有的繁荣兴盛局面，碑碣繁茂，墓志勃兴，造像记云起，摩崖鼎盛，从而把我国的碑刻文化推向了一个高峰。据考，北朝时期涌现出来的包括碑碣、摩崖、造像记、墓志在内的各类碑刻数以万计，犹如满天繁星，丰富多彩，虽历经千年风雨，至今存世的各类北朝碑刻仍逾千越万。在我国碑刻文化发展史上极负盛名的"北碑"，即是指的这一历史时期的各类碑刻，而这一时期的许多著名的北碑，又多刻立于北魏时代，故人们又往往以"魏碑"称之。近些年来，随着大批北朝碑刻特别是多处规模宏大的摩崖石刻的相继发现，北碑的宝库更是大大得到了丰富，其中许多碑碣、墓志、摩崖石刻和造像记，都具有很高的书法、镌刻、历史和文物等方面的价值，在中国碑刻文化发展史上具有重要的地位和影响。

第一节 尊荣高贵帝王御碑之发轫
——北魏孝文帝《吊比干文碑》

碑作为一种既易于取材,又坚硬耐磨、不易损坏的文字载体,具有别的载体所没有的独特功能和价值,因此自产生后不仅广受"刻石立碑,以示后昆,传载万年,子子孙孙"的平民百姓的钟爱,而且也与帝王结下了不解之缘,受到企望永垂青史、流芳百世的帝王的青睐,"古之帝者"纷纷"刻金石以自为纪"。不过,在很长一个历史时期里,作为至高无上的帝王自己并不撰书碑文,帝王所立之碑,都是由帝王命臣下撰文书写勒石的,如秦始皇东巡所立的《峄山刻石》《泰山刻石》《琅邪台刻石》《之罘刻石》《会稽刻石》等碑,都是丞相李斯及赵高等臣下奉秦始皇之命撰文书写后镌刻的。历史上真正由贵为天子的皇帝亲撰碑文的御碑、亲书碑文的御碑或亲撰亲书碑文兼而为之的御碑,据查考,最早系出现在南北朝时期的北魏。现存世的中国历史上最早的帝王御碑,是中国历史上著名的政治家、改革家北魏孝文帝亲撰碑文的《吊比干文碑》。

在北魏统一北方后,广大汉族臣服于北魏,但各少数民族与汉族在生产、生活方式上的差距日益凸显。为了缓和民族矛盾,更好地进行统治,改变落后的统治制度,向汉人学习,吸纳接受汉人先进的文明,成为必然的选择。自道武帝拓跋珪于公元386年创建北魏以来,历来的北魏统治者都非常注重学习汉族文明,特别是北魏的第七位皇帝孝文帝拓跋宏更是如此。孝文帝拓跋宏是献文帝拓跋弘的长子,母为李夫人。北魏献文帝皇兴元年八月戊申日(农历八月二十九日,公历公元467年10月13日)生于北魏首都平城(今山西大同)紫宫,皇兴三年(469)六月辛未日被立为皇太子,皇兴五年(471)八月丙午日受父禅即帝位,是时孝文帝年仅五岁。由于北魏实行子贵母死制度,拓跋宏在被立为太子时,生母即被赐死,由于年纪太小,由祖母冯太后(汉人)将他抚养成人并辅助他执政。由于自幼深受祖母冯太后儒家思想的熏陶,孝文帝更加倾向于汉化改革。太和十四年(490),二十四岁的孝文帝开始亲政后,在冯太后的辅佐下大力推行汉化改革。他先整顿吏治，颁布俸禄制，立三长法，实行均田制。为了便于学习和接受汉族先进文化，进一步加强对黄河流域的统治，孝文帝拓跋宏决心把国都从平城（今山西大同）迁到地处中原地区的河南洛阳。太和十八年（494），他以"南征"为名把国都从平城迁到了洛阳，并进而全面改革鲜卑旧俗：改鲜卑姓氏为汉姓，自己带头改姓"元"；并改变鲜卑风俗、语言、服饰，规定以汉服代替鲜卑服，以汉语代替鲜卑语，迁到洛阳的鲜卑人以洛阳为籍贯。他鼓励鲜卑贵族与汉士族联姻通婚，评定士族门第，加强鲜卑贵族和汉人士族的联合统治，又参照南朝典章制度，制定官制朝仪，修改了北魏的政治制度。

孝文帝的迁都和改革由于触犯了鲜卑贵族守旧势力的利益，遭到强烈的反对，受到了极大的阻挠。为了国家的强盛，孝文帝严厉镇压了反对改革的鲜卑守旧贵族，乃至处死了带头抵制、反对汉化改革的太子元恂，毅然决然地推行汉化改革，促进了各族人民的融合，使北魏经济、文化、社会、政治、军事等各方面都取得了很大的发展，实现了"孝文帝中兴"。《吊比干文》正是孝文帝奋力推行汉化改革，把国都从平城迁到河南洛阳时有感而写的。比干是商王帝乙的胞弟，商纣王的叔父，官居少师。商纣王荒淫暴虐无道，比干犯颜强谏，被纣王剖心而死。比干是中国历史上以死谏君的著名忠臣，他以死谏君的事迹集中体现了一个"忠"字，所以历代帝王都对比干倍加推崇，把他尊为"亘古忠臣""三代孤忠""逆耳批麟第一人""浩然正气忠良臣"，希望自己的臣下也能像比干那样为国尽忠。《魏书·高祖纪》记载：太和十八年十一月，孝文帝"车驾幸邺"，"甲申（十四日）经比干之墓，伤其忠而获戾，亲为吊文，竖碑而刊之"。孝文帝在河南卫辉城北的比干墓旁兴建了比干祠庙，写下了满怀深情的《吊比干文》，刻石立碑于比干祠庙中，史称《吊比干文碑》，亦称《北魏孝文帝吊比干文碑》《太和碑》。

因年代久远，原石早佚，传世无原石拓本，现存河南卫辉殷太师比干庙碑廊内的《吊比干文碑》，乃宋哲宗元祐五年（1090）九月吴处厚重刻。碑高二百五十六厘米，宽一百三十六厘米，碑额篆题"皇帝吊殷比干文"四行七字。碑阳二十八行，每行四十六字；碑阴四列，每列均二十八行，前三列为从吊官员八十二人题名，最后一列为宋代吴处厚所撰"重刻碑记"，由林舍书丹，楷书。"重刻碑记"说，北魏时所立《吊比干文碑》"久已为乡民毁去，赖民间偶存其遗刻"，"幸遇圣振，再获刊勒"。"重刻碑记"对孝文帝来比干墓吊祭的时间做了考释。

北魏孝文帝的《吊比干文碑》（图63、64），开中国皇帝撰写碑文之先河，是中国历史上第一块皇帝亲撰碑文的御碑，洋洋洒洒一千二百余字，具有开创性意义，值得一览。

图63　吊比干文碑（一） 　　　　　图64　吊比干文碑（二）

在碑文中，魏孝文帝满怀深情地感叹道："呜呼介士，胡不我臣！"表达了他希望臣子们能像比干一样为国尽忠，为富国强兵而忠心耿耿支持他推行汉化改革的热切期望。

《吊比干文碑》首开中国御碑之先河，不仅具有重要的历史、文学价值，同时也具有很高的书法艺术价值，是与《龙门二十品》齐名的魏碑书法名碑，为书家所珍重，《金石录》《金石萃编》等书籍均有著录，现为国家级重点保护文物。此碑书法在魏碑中个性鲜明，笔画方正、匀称，字体方整，结字宽博，许多地方略仿隶书笔意，但已无典型隶书的含蓄、冲和之气。其字体楷意昭然，而又隶意犹存，魏意略显，是三者兼有的过渡性产物。其字多构别体，书法奇崛，峻整而纯朴。结体趋于方正而纯朴宽和，撇、折、钩、画间用方齐的三角带有魏碑意味。用笔横平竖直，瘦峭嶙峋而劲健有力，笔画瘦硬峻直，两端方而粗，犹如硬骨。

此碑清前名声并不著,但在清代却受到近乎狂热的重视和推崇。杨守敬评此碑说"瘦削独出,险不可近",为"北碑之杰作也"。康有为在《广艺舟双楫》中将此碑列为"高品上",谓其"上为汉分之别子,下为真书之鼻祖者也",认为"其发源绝远,自《尊楗》《褒斜》来,上与中郎分疆而治",并说"《吊比干文》若阳朔之山,以瘦峭甲天下",评其为"瘦硬峻峭之宗"。此碑碑上无书碑者名字,前人多以为为南北朝时期的大书法家崔浩书写,其实不然。据查考,崔浩在北魏太武帝拓跋焘太平真君十一年(450)时即因修国史获罪,早于立此碑四十四年为太武帝所杀,故此碑不可能是崔浩的书迹。

第二节　新颖奇特龟形墓志之问世
—— 北魏《魏故处士元显俊墓志》

墓志是碑刻中的一大种类,是一种埋幽之铭,是生者为纪念死者而将其随死者埋入墓中,记述死者生平、颂扬死者功德、借以流传久远的传记石刻,其性质、功能和碑相近,只是形式与碑不同。从考古发现看,墓志的雏形刻铭墓砖早在战国时期即已出现。但是墓志并不是从一开始就具有完备形式,从产生到形成完备的形式经历了一个从低级到高级、从萌芽到成熟的过程。到西晋末年,墓志发育成熟,进入具有完整形制的定形期,其形状均为方形或长方形,其完整形式包括题额、志文及颂文三个部分,此后历代都一直相继沿用。墓志真正勃兴是在南北朝时期,特别是北朝最为流行,其中以北魏数量居多。魏孝文帝迁都洛阳以后,刻墓志的风气更是大盛,如现存于西安碑林的墓志中,北魏的墓志就占有很大比重。据查考,西安碑林中共收藏历代墓志八百六十九种,其中北魏墓志一百五十二种,约占百分之十八。王壮弘的《六朝墓志检要》中所收录的北魏墓志就有三百八十种,西魏、东魏的五十六种,北齐、北周的八十七种。在南北朝时期,随着墓志的繁荣勃兴,在发展过程中形态也出现了变异,出现了一些与众不同、造型奇特的墓志:有少数墓志为长方柱形、碑形;也有的墓志上半部为龛形,内刻佛像;还出现了一些加盖墓志,有的志盖上刻死者官爵、姓名代替题额。更令人赞叹不已的是，在北魏还首次出现了我国历代墓志中最为珍奇的龟形墓志。龟形墓志在我国历史上极为稀少，近数十年来，我国所出土的墓志数以千计，但迄今为止仅出土过两合龟形墓志，而北魏的《魏故处士元显俊墓志》即是其中年代较早的一合。

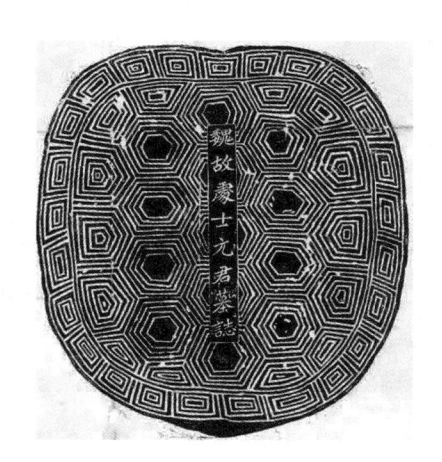

《魏故处士元显俊墓志》简称《元显俊墓志》（图65、66），刻于北魏延昌二年（513）二月。志主元显俊，河南洛阳人，系北魏景穆皇帝之曾孙，镇北将军、冀州刺史城阳怀王的第三子，于延昌二年正月十四日卒于宣化里第，年仅十五岁，同年二月廿九日埋葬于瀍涧之滨。《魏故处士元显俊墓志》为石灰石质，通高三十五厘米，长八十二厘米，宽五十六点五厘米。上面为志盖，用阴线刻满四边形、五边形、六边形的龟甲纹样，下面志石镌刻着正书志文。志盖和志石上下相合，构成一个造型生动、极为精致逼真的完整石龟，而且龟的首尾、四足毕具，首开我国龟形墓志之先河。把墓志雕琢制成象征长寿的龟形，其意是祈求墓主在九泉之下得其永年。志与盖二石合成龟形，镌制奇诡，这一形制在北魏墓志中为仅见，后世也极少出现。《魏故处士元显俊墓志》1917年出土于河南洛阳北郊魏墓葬群中。由于该墓志琢刻精致，形制特殊，加之志文辞彩华丽，书法精绝，所以一出土就极受金石学者和书法家的珍视。出土后不久就由金石学者傅沅叔（即傅增湘）购得，后归京师博物馆（前国立北平博物馆）。"九一八事变"后，为了防止其被日寇掠走，南京国民政府决定将故宫博物院的国宝南迁，《魏故处士元显俊墓志》也随着辗转，从北平转移到南京，现珍藏于南京博物院。

图65　魏故处士元显俊墓志志文

图66　魏故处士元显俊墓志盖

《魏故处士元显俊墓志》志盖龟甲中央阴刻墓志名，正书"魏故处士元君墓志"八个字。下面志石镌刻着正书志文，计十九行，满行二十一字，共三百五十七字。志文秉承汉魏南北朝墓志的体例,有序有铭,辞彩华美绮丽,音韵沉郁和谐,文中"痛春兰之早折,伤琴书之永岁",寄托了家人对这个早殇的皇族少年的无限哀思,具有很强的艺术感染力。当然,其中也不乏夸饰溢美之词。志名题署"处士",是因为志主还没有达到因袭官爵的年龄,无仕宦事迹,只能姑且以"处士"称之,开创了历代碑志中这一称谓之先例。不过,尽管其被称为"处士",但从龟形墓志这一当时尚前无先例的精美奇特的琢刻造型中,已足以体现出志主身份之高贵。

《魏故处士元显俊墓志》志文书法中侧锋兼用,方圆皆备,爽洁峻利,秀润严整,通篇峻快清劲、锋颖秀拔,结体精整雅逸,多以侧媚取势,大体呈左低右高之势,精紧茂密,秀逸多姿,势贯风神,极富韵致,兼有帖学书法的飞动妍丽和碑学的茂密豪宕,在众多的墓志中显得丰姿特秀,工巧精细,秀润婉雅,韶美流丽,独具风神。

第三节　奇字怪书碑之奇葩
——南朝萧顺之、萧景墓反左书碑

南朝梁是一个文化艺术颇为繁荣的时代,唐李延寿撰《南史·文学传邓》记载:"盖由时主儒雅,笃好文章,故才秀之士,焕乎俱集。"这种重视文化艺术的风气也滋润了书法艺术的繁荣,当时不仅涌现出了大批书法高手和许多优秀的书法论著如庚元威的《论书》、庚肩吾的《书品》等,而且还出现了许多竞相标新立异的书法流派和别出心裁的字体。诸如《颜氏家训》记载,"大同(注:梁武帝年号)之末,讹替滋生,萧子云改易字体,邵陵王颇行伪字"等。据庚元威的《论书》记载,当时书法共有一百二十种书体之多。在如此众多的书体中,其中别具一格、最有特色的一种书体是"反左书",即左笔反体。所谓"左笔"指用左手书写,"反体"指写出来的字是反的,"左笔反体"指的是用左手写反体字。据史籍记载,这种奇特古怪的"反左书"在南朝梁武帝大同年(535—546)前后曾盛行一时,但不久便销声匿迹了,在我国书法史上乃一声绝响、昙花一现。然而,尽管"反左书"仅流行了很短暂的一段时间,但在当时已被应用到了碑刻上。近年南京市及其周边一带对南朝遗存的墓葬和陵墓石刻的考古发掘,发现了迄今仅存的两块极为珍稀的"反左书"碑刻。那就是梁文帝萧顺之墓道东侧石柱柱额神道碑和梁武帝堂弟萧景墓西侧石柱柱额神道碑。

梁文帝萧顺之是梁武帝萧衍之父,齐高帝萧道成族弟。在齐朝历官待中、卫尉、太子詹事、领军将军、丹阳尹,封临湘县侯,赠镇北将军,生前未做过皇帝,梁武帝天监元年(502)由梁武帝追尊为文皇帝,庙号太祖。梁文帝建陵,位于今江苏丹阳荆林乡三城巷。建陵坐西朝东,现陵冢已平,尚遗存陵前石兽方形石础、神道石柱及石龟趺座各一对。两根神道石柱都分为柱础、柱身、柱头三部分。柱础上圆下方,浮雕一对龙,口内衔珠,头有双角、四足、修尾。柱身作隐陷直刻棱纹(通称"希腊式")。柱头有圆盖,浮雕莲花。盖上刻圆雕小辟邪,盖下石柱上嵌有柱额长方形神道碑。两根神道石柱柱额神道碑左右对称,碑上都镌有"太祖文皇帝之神道"八个字,为竖刻四行,每行两字;但北柱的神道碑文"太祖文皇帝之神道"八个字为正书正刻顺读,南柱的神道碑文"太祖文皇帝之神道"八个字为反书反刻逆读(图67)。据史料记载,清宣统元年(1909),丹阳县衙为"保存"文物,将石柱柱额神道碑劈下,移至丹阳公园,后将其存于丹阳县文化馆。现两个石柱已按原状修复,并将早年移走的两块柱额神道碑按原样安装在神道石柱上端原来的位置,但碑上字迹已经受损,有的已模糊不清。

图67 萧顺之墓反左书神道碑

萧景,字子昭,是梁武帝萧衍叔父萧崇之之子,梁武帝的堂弟,从小好学,长于辞令,南齐时曾担任过永宁令,政绩卓著,史称"政为百城最"。齐永元二年(500),封步兵校尉。萧衍代齐建立梁朝后,萧景封吴平县侯、南兖州刺史,加都督。后历官领军将军,宁蛮校尉,雍州刺史、侍中,安西将军,郢州刺史等职。他勤于政事,颇负盛名。梁武帝对他极为器重,"军国大事告与议决"。梁武帝普通四年（523），萧景卒于郢州治所江夏郡城（今湖北武昌），时年四十七岁。梁武帝诏赠侍中、中抚将军、开府仪同三司，追谥为"忠"，故后世称其为"吴平忠侯"。萧景死后，初葬于江夏，后迁葬建康（南京），其墓现在南京栖霞区十月村农田里，具体位置至今未找到。萧景墓神道石刻现存两只石辟邪和一根神道石柱，现在江苏南京尧化门外东神巷村西。这根石柱为神道西侧石柱，是目前南朝陵墓石刻中保存最为完好的神道石柱，通高六百五十厘米，柱围二百四十八厘米，柱础高九十八厘米，双螭座。柱身呈圆形，柱表刻二十四道瓦棱纹，柱头是一饰有覆莲纹的圆盖，圆盖上面伫立一只仰天长啸的小辟邪。小辟邪长八十四厘米，高五十一厘米。柱身上方接近圆盖处，有一块长方形柱额神道碑。此碑是一块与众不同的奇碑，碑文正书反刻，自右向左竖刻左笔反体"反左书"碑文六行，前五行每行四字，第六行三字，为"梁故侍中中抚将军开府仪同三司吴平忠侯萧公之神道"共二十三字（图68），虽历经一千五百余年风雨雷电的侵蚀，字迹依然极为清晰，保存相当完好。

图68　萧景墓反左书神道碑

　　梁文帝萧顺之和梁武帝堂弟萧景神道石柱柱额神道碑上奇特的左笔反体反左书，由于其字犹如从镜子中反照出来一般，故而著名学者钱锺书先生在《管锥编》中将其称为"镜映字"。历代以来，大多认为反左书系始创于梁代孔敬通。梁代书法家庾元威的《论书》说："反左书者，大同中东宫学士孔敬通所创，余见而达之，于是座上酬答诸君，无有识者，遂呼为众中清闲法。今学者稍多，解者益寡。"庾元威还将孔敬通反左书的左笔反体列为当时书法一百二十体中的一种。元代郑杓《衍极》卷二《书要篇》刘有定的注释也说："反左书，梁东宫学士孔敬通作。当时坐上酬答，无有识者，庾元威见而识之，遂呼为众中清闲法。"《宝刻丛编》的作者南宋陈思在《书小史》中注：孔敬通"能一笔草书，一行一断，婉约风流，特出天性，顷来莫有继者。又创为左右书，当时座上酬答，无有识者，庾元威见而达之，遂呼为众中清闲法。"《辞源》亦云，"反左书：以左手反写字，为书法的一种。……大同中东宫学士孔敬通所创"。但对"反左书"为孔敬通创也有人持不同意见，有人写文章提出：写有"反左书"墓碑的墓主人萧顺之、萧景均葬于大同之前，其神道石柱建立的时间当不会相隔太久，所以"反左书"始于"大同中东宫学士孔敬通"的说法不准确。其实这是一种误读，因为"反左书者，大同中东宫学士孔敬通所创"这句话的意思是说：反左书是梁武帝大同年间当东宫学士的孔敬通所创，并非说反左书是孔敬通在大同年间当东宫学士时所创。至于孔敬通究竟何时始创"反左书"，根据相关史料记载，可以推断为在大同前萧顺之、萧景下葬前即已创。六朝是中国书法迅速发展的时期，书法家们特别活跃，梁武帝本人就是位书法家。他身边的大臣都是书法好手，敢于打破常规，根据自己的特长，发明各种书体。在南朝梁武帝大同年间被任为东宫学士、掌管文史的孔敬通，原本就是一位博学多才的书法高手，他左右手可以同时写字，称为"左右书"，还能写笔走龙蛇的"一笔草书"，一行字写完了笔画才断，婉约流利，显出他具有独特的书法天赋，书法功底极为深厚，因此，由他始创左笔反体"反左书"是完全可能的，绝非谬传。

至于"反左书"碑究竟是如何书写镌刻出来的，有人认为是用右手以一种特殊的运笔方法书写后刻于碑石上的，有人则认为"反左书"即是以左手反写字后刻于碑石上的，至今尚无定论。由于"反左书"反体书法难度极大，又给辨识者、欣赏者带来不便，与常人视觉习惯相悖，因此，孔敬通死后，这种书法后继乏人。再加在侯景之乱中，梁武帝饿死台城，南朝梁的文化受到摧残，"反左书"其后便销声匿迹，"反左书"碑自然也就成为中国碑刻史上极为稀罕的一朵奇葩。由于具有重要的历史文化价值，包括神道石柱及柱额神道碑在内的萧景墓神道石刻1988年1月已被国务院列为全国重点文物保护单位。

第四节　蔚为奇观之遍山摩崖群
——北朝鼎盛的摩崖石刻和佛教刻经

摩崖石刻系起源于远古时代的一种记事方式，是利用天然的石壁以刻文记事的石刻，即清代冯云鹏、冯云鹓《金石索》所云："就其山而凿之，曰摩崖。"摩崖石刻是中国碑刻的重要组成部分，源远流长，早在先秦时代即已产生，东汉时已为数不少，只是那时的摩崖石刻都刻字较少，规模不大，所刻之字也较小。就拿迄今所知字径最大的汉代摩崖石刻、刻于东汉建初元年（76）的《大吉买山地记》来讲，其总共刻二十个字，字径最大的仅二十三厘米，刻字面积不到一平方米。在我国历史上，刻字数量众多、篇幅浩繁、刻字面积巨大的摩崖石刻始于北朝。在北朝初期的北魏时期，在陕西褒城县、山东平度县天柱山、山东掖县云峰山，已出现刻字面积数平方米、数十平方米，镌刻千字以上的具有一定规模的摩崖石刻。至北朝中后期北齐时期，随着佛教的兴盛繁荣，大规模摩崖刻经热潮风起云涌、久盛不衰，佛教摩崖刻经不仅刻字数量越来越多，由一二十字发展到数千字乃至数万字，刻字面积由一二平方米发展到数十、数百乃至一二千平方米，遍及山野，布满整块崖壁，而且所刻之字也由小而大，字径三四十厘米、五六十厘米的榜书擘窠大字比比皆是，乃至还有被誉为"大字鼻祖"、字径达四五米的摩崖巨字"大空王佛"横空出世。

北魏是北方少数民族鲜卑族建立的北方政权，也是南北朝时期北朝第一个王朝。公元386年初，北魏开国皇帝道武帝拓跋珪趁前秦四分五裂之机改国号为"魏"，史称"北魏"。公元439年，北魏太武帝拓跋焘统一北方。公元493年，北魏孝文帝拓跋宏由平城（今山西大同）迁都洛阳，移风易俗，大举改革，大力推行汉化，并将皇族的姓由"拓跋氏"改为"元"，促进了北魏的封建化、民族融合和社会经济的发展，北魏的文化也由此得到了很大的发展。佛教在汉代已传入中国，这时进一步兴起，北魏皇室多尊奉佛教，佛教得到空前繁荣。同时，随着汉化的日益加深，北魏皇族尊崇儒学，上至帝王下至士庶也继承东晋的风气，都非常喜好书法。随着佛像石窟大量涌现和"魏碑体"产生并日趋走向成熟，摩崖石刻、摩崖刻经也随之日益兴盛，先后涌现出了前所未有的大量气势恢宏、具有高度书法艺术价值和历史文化价值的摩崖石刻和佛教摩崖刻经。

北齐北周时期数量众多、规模宏大的大字佛经摩崖石刻则经历了曲折的发展形成过程：其随着佛教广泛传播、在传播过程中遭受沉重打击，后又重新恢复而超乎常规地繁荣兴盛起来，最终发展到规模空前、遍及诸多山野，成为中国碑刻文化发展史上空前绝后的一大奇观。

佛教约产生于公元前5世纪的印度，于公元前1世纪汉代时东传入我国，到南北朝时，佛教在中国的发展进入鼎盛时期。只是佛教在南朝和北朝的传播发展情况并不一样。南朝自东晋时期一直到宋、齐、梁、陈各个朝代，帝王大多都非常崇信佛教，梁武帝更是对佛教推崇有加，甚至舍身入寺，后由大臣们凑钱才把他从寺中"赎"了出来。正由于宋齐梁陈各朝最高统治者的崇信和推重，佛教在南朝始终蓬勃发展。但是，佛教在北朝的传播发展却并不顺利，历经了一波三折。北朝从后赵的石勒、石虎时代开始大力推崇、支持佛教，佛教迅速传播发展起来。然而，随着佛教的迅猛传播和极度繁荣，各种社会矛盾日趋激化。全国各地倾竭珍财，大兴佛教寺院，不仅浪费了大量的社会财富，而且寺院靠布施和兼并、掠夺手段所获得的财产、占有的土地越来越多。随着寺院财产的不断私有化和富有僧人即寺院地主的大量出现，最终形成了与国家经济分庭抗礼的寺院经济。寺院经济的突出特点是"凡厥良沃，悉为僧有"，寺院在占有大量土地的同时，还拥有大量的依附人口。百姓之所以愿意依附佛教寺院，主要是因为当时寺院有免除徭役征调租税的特权。由于寺院僧尼和佛寺荫占的人口、土地都不对国家承担赋税徭役的义务，不但"寸绢不输官府，升米不进公仓"，而且"家休大小之调，门停强弱之丁，入出随心，往返自在"，因此被政府繁重的租役压迫得喘不过气来的国家编户，十分向往寺院这块"法外之地"。他们"相与入道，假慕沙门，实避租调"，以至出现了"佛法诡诳，避役者以为林薮""缁衣之众，参半于平俗；黄服之徒，数过于正户"的不正常现象。据《魏书》记载，北魏孝明帝正光（520—525）以后，许多原属国家的编户民众，为避苛役重赋，相继投入佛寺空门，寻求宗教实体之庇护，以致全国的佛寺竟有三万之多，僧尼数目则有二百万之巨，约占全国总人口数的十六分之一。据唐京兆西明寺释道宣撰《广弘明集》记载，北齐、北周僧尼总数三百万左右，占当时北方总人口的十分之一。尤其是当时北周，全国编户仅有九百万，而僧尼却有二百万人。

由于佛教恶性膨胀，如此众多的僧尼及佛寺所荫占的人口和土地都不承担国家的赋税徭役，寺院经济严重影响了国家的税役，"国给为此不充，王用因之取乏"，国家经济受到了严重的影响和伤害。再加上佛教自成体系，不敬王者，触犯了至高无上的君权，佛教不拜父母、剃发染衣又违逆儒家伦理观念，而佛道两教为争夺宗教主导地位的矛盾无法调和，佛教的经义与中国本土的儒家、道家经义不兼容，严重影响了封建社会秩序的稳定。封建国家是由世俗地主们建立和把持的，当佛教势力严重威胁世俗地主阶级的根本利益时，为维护自己的根本利益和巩固封建统治，作为世俗地主的总代表，皇帝便对佛教痛下杀手。正是在这样严峻的历史背景下，北朝时期在北魏太武帝拓跋焘和北周武帝宇文邕时，先后发生了两次历史上著名的大规模灭佛运动。

北魏太武帝是一位具有雄才大略、欲统一全国的君主。为了限制和削弱佛教的势力，以开拓兵源，增强国家财力，太延四年（438）三月，他下旨命五十岁以下的沙门还俗。据《魏书·世祖纪》记载，他又于太平真君五年（444）下旨实施了废佛行动。其诏令曰："愚民无识，信惑妖邪，私养师巫；挟藏谶记、阴阳、图纬、方伎之书。又沙门之徒，假西戎虚诞，生致妖孽。非所以一齐政化，布淳德于天下也。"他下令，"自王公以下至于庶人"，一概禁止私养沙门，并"限今年二月十五日"交出私匿的沙门，"皆遣诣官曹，不得容匿"，若有隐瞒，"过期不出"，诛灭全门。翌年，卢水的胡人盖吴在杏城（陕西黄陵）起义，有众十余万人。太平真君七年（446），太武帝亲自率兵前去镇压。到达长安时，在一所寺院发现了兵器。太武帝怀疑沙门与盖吴通谋，大为震怒，下令诛戮长安的沙门，"沙门无少长，悉坑之"，焚毁天下一切经像。他又听从力主尊道灭佛的宰相崔浩的劝谏，进一步推行苛虐的废佛政策，于北魏太平真君七年（446）二月初二日下令："先尽诛天下沙门，毁诸佛像。今后再敢言佛者，一律满门抄斩！"据南朝梁慧皎撰《高僧传》卷十《昙始传》记载："太平七年，遂毁灭佛法，分遣军兵，烧掠寺舍，统内僧尼悉令罢道，其有窜逸者，皆遣人追捕，得必枭斩。一境之内，无复沙门。"一时之间，北魏举国上下，风声鹤唳，寺庙殿宇尽毁，焚经毁像，僧尼大量被杀，大批逃匿。

北周武帝宇文邕，是南北朝时期继北魏太武帝之后的又一位著名政治家和军事家，为了抑制日益膨胀的佛教势力和寺院经济，"求兵于僧众之间，取地于塔庙之下"，以富国强兵，他继北魏太武帝之后发动了灭佛行动。建德三年（574）五月十五日，周武帝下诏"断佛、道二教，经像悉毁，罢沙门、道士，并令还民。并禁诸淫祀，礼典所不载者，尽除之"。一时间，北周境内"熔佛焚经，驱僧破塔……宝刹伽兰皆为俗宅，沙门释种悉作白衣"。同时，周武帝宇文邕还把许多僧官转成了俗职，如洋川郡守、岐山郡从事都是原来的上层僧尼。建德六年（577）北周灭北齐后，周武帝又把灭佛政策推行到佛教实体迅猛发展的北齐境内。据《广弘明集》卷十记载，灭齐后，周武帝又尽废齐境佛教，毁寺四万，寺庙改作宅第，经像焚毁，下令僧尼近三百万人全部还俗，"皆复军民，还归编户"。同时，周世宗下诏禁止私自出家；订立严苛的出家条件，并规定必须在国家公认的戒坛受戒，否则无效；不许创建寺院或兰若，违反的僧尼课以严刑；未受敕额的寺院一律废毁；民间的佛像、铜器，限五十日内交由官司铸钱，如果私藏五斤以上的铜，一律处死。诏令颁布后，北周全国总计废毁寺院三万零三百三十六所，大量的佛像及钟、磬等法器被铸成通钱。据隋朝费长房撰《历代三宝记》卷十一记载，当时"毁破前代关山西东数百年来官私所造一切佛塔，扫地悉尽。融刮圣容，焚烧经典。八州寺庙出四十千尽赐王公，充为宅第。三方释子减三百万，皆复军民，还归编户"。

北魏太武帝和北周武帝"二武灭佛"，从物质和精神上同时打击佛教，对北朝时期佛教所造成的影响是极为巨大而深远的，使佛教传播事业惨遭重创。一方面，作为佛教物质载体的佛教寺院被大肆拆毁焚烧，寺庙佛像扫地悉尽，广大僧徒流离颠沛，困难莫可名状。他们只能或以身殉法，或隐迹尘俗，或遁匿山林，或逃匿海隅；另一方面，作为佛教精神载体的大量佛经，在"二武灭佛"大肆拆毁焚烧寺院的同时，也被大肆焚毁烧掉，"诸有佛图形象及佛经，尽皆击破焚烧"，以致"经像悉毁"。这一惨痛教训使僧尼们认识到"缣缃有坏，简策非久，金牒难求，皮纸易灭"，用纸张、皮革、布帛和竹简书写的佛经都很容易被焚毁，难以长久保存、永世流传，而用金牒书写佛经又昂贵难求。要想让佛经永世流传，弘扬光大，只有"金石难灭，托以高山，永留不绝"（《尖山刻经·石颂》）。而北朝所在地区多为名山大岳，于是，部分得道高僧和大批隐迹尘俗、遁匿山林或逃匿海隅的僧尼和民间信众，为了保护佛教经典不至于被毁灭殆尽，开始了"护法运动"，纷纷逃匿于社会较为安定的孔孟之乡邹县（今邹城），隐居于山林中诵佛、做法会，爬壁攀崖，怀着一颗虔诚的心，不辞劳苦地精心将佛经镌刻于山崖巨岩上，以期佛法能"永留不绝"，传之不朽，盼神佛显威复兴佛教。于是乎，在北朝地区许多山岭的山崖、巨岩、石壁上，留下了大批僧尼信众所镌刻的字数众多、规模宏大的大字佛教摩崖刻经。这些镌刻在大山崖壁、巨岩上的大字佛教经文、佛名、题书，与周边环境浑然一体，也与人的心灵浑然一体，创造出了一个气势恢宏有生命的自然整体，成为中华大地上流传千古的一大奇观。

随着"灭佛"事件后佛教传播的恢复和日益广泛，从北齐废帝乾明元年（560）开始，兴起了大规模摩崖刻经热潮，到北齐后主高纬时（565—576）发展成高峰，直到北朝结束，摩崖刻经仍盛而不衰。北朝佛教摩崖刻经受当时政治、经济、文化和佛教传播的影响，主要集中分布在山东和河北、河南地区。其中，山东泰山及周边区域包括：泰山经石峪；邹城境内的尖山、葛山、铁山和岗山等四山，及邹城东南十公里的峄山；泰山东南三十公里的徂徕山、山东汶上县宁阳县交界的水牛山；山东平阴县、东平县境内的洪顶山、棘梁山、云翠山、天池山、黑山、小山子、二鼓山等诸山。另一个区域是太行山麓以邺城为中心的地区，包括小南海、南北响堂山、中皇山和河北涉县及今峰峰矿区鼓山与滏山一带。在这些山的崖壁巨岩上，分别雕镌了字径硕大、篇幅浩繁、规模宏大的摩崖石刻佛教经书、佛教题刻，令人叹为观止，是最富迷人魅力的品种。这些摩崖刻经不仅是珍贵的佛教经典，同时也是我国古代书法艺术和文学艺术的佳作，是中国碑刻文化中不可多得的瑰宝。

一、河南博爱县摩崖刻经

青天河线刻观音像摩崖刻经

博爱县位于太行山南麓、河南焦作西北部。焦作市是古代河内、河东、河南"三河"地区之一的"河内地区"，素有"河朔名邦"之称，历来为豫西北政治、经济、文化中心。该地区佛教源远流长，基础深厚，佛教石窟文化与周边地区联系也很密切。其北倚太行，沿轵关陉、太行陉和古丹道穿越群山起伏、峰峦叠嶂的三晋大地，可达北魏故都平城。由于是平城与洛都、洛阳与邺城的重要通道，河内地区深受都城崇尚佛教之风的影响，凿窟刻石，建寺塑像，信众如潮，崇教之风日盛。博爱县《青天河线刻观音像摩崖刻经》正是当时北魏崇教之风日盛的产物。

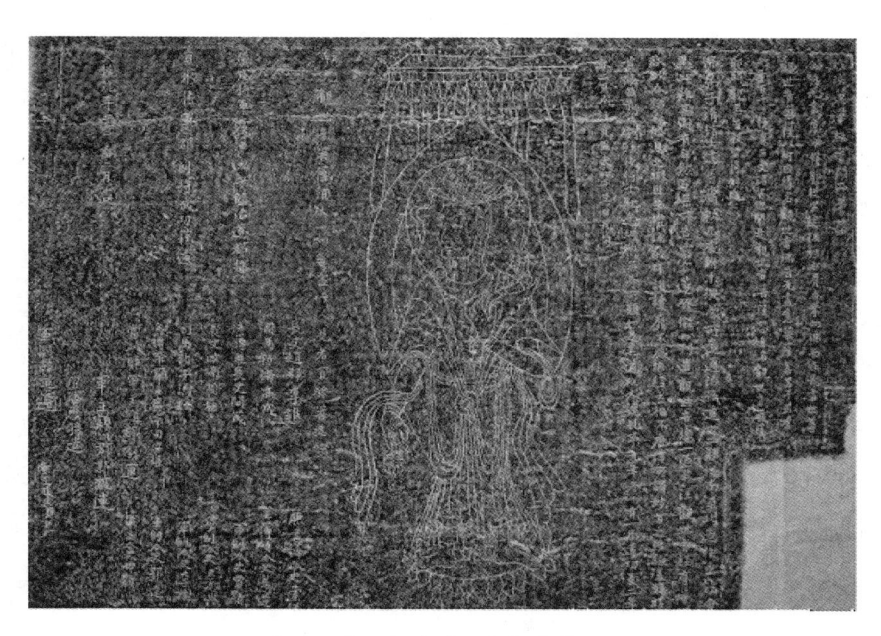

图 69　青天河线刻观音像摩崖刻经

《青天河线刻观音像摩崖刻经》（图 69），位于博爱县青天河风景名胜区内的二空山崖壁上，该山山峰高约一百八十米，宽约一百米，整座山峰酷似一尊端坐的大佛。当地人称此山为石佛山或菩萨岭，其悬崖如壁，山下为滔滔丹河，地势十分险峻。20 世纪 70 年代，博爱县文物部门在丹河峡谷内进行文物调查时，发现了这一处北魏宣武帝永平二年（509）刊刻的摩崖线刻观音像及刻经。2002 年 9 月著名文物专家、国家文物局罗哲文先生和首都师大李福顺先生考察后，给予其高度评价，认为该摩崖石刻之发现，创造了两个中国之最：其一，《青天河线刻观音像摩崖刻经》是我国最早的石刻佛经，将原先摩崖刻经起始时间由北齐提前到了北魏；其二，青天河摩崖线刻观音像是我国发现最早的男身观音像。《青天河线刻观音像摩崖刻经》具有重要的历史文化价值，2006 年被国务院公布为全国重点文物保护单位。

《青天河线刻观音像摩崖刻经》刊刻于石佛山腰崖壁的岩石上，距河面三十余米，呈长方形，宽约一点三米，高约九十厘米。该刻石嵌在崖壁一天然石龛中，中间为线刻男身观音像。该观音像体形修长，头戴花蔓冠，冠中刻一饰莲瓣形背光的立佛。冠两边的宝缯向两侧平伸折角呈 S 形下飘。颈佩桃形项饰，两肩部佩圆形饰物。身着百褶长裙，手挽腰带，跣足立于覆莲座上，脚趾向外。左手持忍冬荷叶屈肘于左胸前，右手执莲苞下垂，两腕均戴手镯。身后有圆形头光和莲瓣形背光。上有帏幔装饰的方形华盖，华盖四角饰山花蕉叶和下垂的幡带。面相方正，脸向右侧，高鼻深目，唇上有八字形胡须。整个线刻观音像刀法流畅，线条劲挺有力，刻工精熟老道，造型简洁，线条圆畅，姿态潇洒。

线刻观音像左侧刻《妙法莲华经·普门品第廿四》之序首及造像题记，记造像原委以及修丹道的经过和丹道建造时间，共正书十行，每行十至三十九字不等。所刻经文为："《妙法莲华经·普门品第廿四》序首：尔时，无尽意菩萨即从坐起，偏袒右肩，合掌向佛而作是言：'世尊，观世音菩萨以何因缘名观世音？'佛告无尽意菩萨：'善男子，若有无量百千万亿众生受诸苦恼，闻是观世音菩萨，一心称名，观世音菩萨实时观其音声，皆得解脱。'"所刻题记为："佛弟子清信士建等，庸软忝处朝末，猥蒙所遣，通治丹道卅二难，从南至北，造作垂讫。会遇此难，其侧有自然石，堪可造灵容，遂发微心，刊造观世音像一区，并注观世音经序首一启。欲令路人憩息之暇，因生礼诵，敬拜赞读，靡不感悟。经云'福不唐捐'，可谓妙旨之明验。后愿斯道坚固，永无亏损，使行士驰途坦然无碍，所愿如是。其道以大魏永平元年冬十有一月建，功至二年春二月成讫。凡用夫四千，其日九旬。"

线刻观音像右侧刻题记："南无观世音菩萨消伏一切毒害，行人见者亦发菩提心。"又分三列刊刻参与修建丹道之地方官员、军吏、匠师题名，用工数量及纪年。第一列为："厉威将军、覆津太守、监治道都将／员外将军、都副将、武功苏建。大魏永平二年春二月造。"第二列为："长史赵郡李雍；司马勃海高成；主薄兼长史间茂；长史汝南周佑；司马新平冯珍；主薄带军主广平司空湛；当此难军主赵郡刘运；军主颍川郡郭龙远；匠潘惠孙造；军副韩道遵；幢主张俱罗。"第三列为："兼主薄令史索猛；主薄领令史姜达；军副令史贾显；军副令史王方兴；军副令史李標；军副令史郭达；军主令史田显。"

《青天河线刻观音像摩崖刻经》是迄今所发现的中国历史上最早的摩崖佛经，开中国摩崖刻经之先河，题刻的文字为楷书，字体略带隶书遗韵，共四百三十二字，虽已历经一千五百多年，至今仍保存完好，刻石文字刀锋犀利，刻工精致，书风峻爽隽秀，章法疏朗，为流传魏碑之上品，堪称当世发现北魏书迹之杰构，其佳妙处不输洛阳龙门石窟诸刻。

二、陕西褒城县褒道摩崖石刻

石门铭摩崖石刻

《石门铭摩崖石刻》（图70）全称《泰山羊祉开复石门铭》，亦称《王远石门铭摩崖》。石门在陕西褒城县北五公里处秦汉以来的蜀中交通要道褒斜。古代汉中地区是南通川蜀、东控襄樊的交通要道。汉中褒谷口是褒斜道最险要的隘口，绝壁陡峻，山崖边水流湍急，很难架设栈道。东汉永平年间（58—75），汉明帝下诏在最险之处开凿穿山隧道，隧道历时六年而成，古称"石门"。东壁长十六点五米，西壁长十五米，南口高三点四五米、宽四点四米，北口高三点七五米、宽四点一米，隧道与栈道在同一条水平线上。褒斜石门是世界上较早的人工交通隧道之一，汉代以后此道即屡通屡坏，后来年久失修而废置。北魏宣武帝正始元年（504），汉中归属北魏，为了打通东控襄樊、南通川蜀的交通要道，宣武帝乃命梁、秦二州刺史羊祉、左校令贾三德再度就原褒斜旧道开凿通途，开通关中至四川的褒斜栈道。据史籍记载，此项艰巨的修筑工程自正始四年（507）开始兴工，于宣武帝永平二年（509）正月竣工。《石门铭摩崖石刻》即是为纪念此事，表彰羊祉及此项工程的参加者修复废置已久的褒斜道阁，重新开通并拓宽石门之功而于石门摩崖勒铭的。摩崖碑文记述了北魏重修褒谷道的原因、经过与结果，称颂了梁秦二州刺史羊祉"诏遣左校令贾三德"重新开褒斜道的盛举和功德。

《石门铭摩崖石刻》纵二百四十四厘米，横三百零四厘米，楷书二十八竖行，满行二十二字，字径五六厘米，后段题记为七行，每行九至十字。《石门铭摩崖石刻》原石嵌在陕西汉中褒城石门东壁上，为《石门摩崖石刻十三品》之一，是我

图70　石门铭摩崖石刻

国历史上著名的摩崖石刻，系国家重点文物保护单位，20世纪60年代中期因兴建拦截褒水的大坝，已凿取移置于汉中市博物馆收藏保存。

《石门铭摩崖石刻》全文融记事、颂功、写景和抒情于一体，是石刻铭文的代表作，碑文内容对研究北朝的交通具有重要的价值，是我国历史上最著名的书法艺术佳作之一。《石门铭摩崖石刻》在中国碑文化史上具有很高的地位，历代素有"北有《石门铭》，南有《瘗鹤铭》"之说，对后世影响颇大。

在《石门铭摩崖石刻》末，刻有"魏（宣武帝）永平二年（509）太岁己丑正月……梁秦典签太原郡王远书，石师河南郡洛阳武阿仁凿字"的题署，由此可知，《石门铭摩崖石刻》的书丹者是王远。王远是何人？史籍对其生平事迹并无记载，人们只是从上述题署中得知他是太原人，当时任梁、秦二州典签（处理文书的小吏）。然而，其所留《石门铭摩崖石刻》书迹，却证明了他是一位了不起的书法家。仔细品尝一番《石门铭摩崖石刻》，的确令人感其非同凡响，是一幅超妙绝伦的佳作。它与汉代《石门颂摩崖石刻》有一脉相承之渊源，吸取了《石门颂摩崖石刻》苍劲凝练的篆隶笔法，笔势与体势则吸取了汉隶跌宕开张、奇崛大气的特点，书风超逸疏宕、舒展自然。但是它又要比《石门颂摩崖石刻》结体更为开阔瑰奇，线条更为流畅跌宕，气势更为激荡奔放；笔墨飞舞，意气风发，恣情挥洒，真可谓如崩浪奔雷，孤舟横渚，飞鸿戏海，舞鹤翔天。其结字奇纵，字势飞逸，纵敛随心，顿不停留，挫不迟疑，一泻而下，势不可止，超俗脱凡，仙姿神态，跃然其间。其笔画浑圆，结体横扁而斜，横画和长撇皆有远去之态，字虽大，结体不疏，兼具有雄厚和飘逸的美感。因崖面广阔，摆脱纸张限制，《石门铭摩崖石刻》大书笔阵森严，气势雄峻，书风自然开张，气势雄伟，意趣天成，表现出大朴不雕的阳刚之美，堪称鸿篇巨制。

《石门铭摩崖石刻》之神韵，使许多书家、学者陶醉其间。清毕沅《关中金石记》谓其"超逸可爱"。康有为将其标为"飞逸之宗""北魏圆笔之宗"，称其"飞逸奇浑，翩翩欲仙，若瑶岛散仙，骖鹤跨鸾"。在《广艺舟双楫》中，康有为将《石门铭摩崖石刻》与著名的南朝刘宋《爨龙颜碑》、北魏文成帝太安二年（456）的《中岳嵩高灵庙碑阴》一起，列为中国历代碑刻的三大"神品"之一，将王远推为南北朝碑十大书家之一。《石门铭摩崖石刻》是魏碑中可以临摹、借鉴的上佳范本之一，历史上的许多著名书法家都曾得此石之沾溉。康有为本人即是以临《石门铭摩崖石刻》而擅书名的。《石门铭摩崖石刻》是北魏摩崖石刻的代表，也是中国书法艺术发展史上的一座里程碑。

三、山东云峰、天柱、太基、玲珑、百峰山郑道昭摩崖石刻群

北魏时期，除涌现出我国最早的石刻佛经《青天河线刻观音像摩崖刻经》和被列为中国历代碑刻三大"神品"之一的《石门铭摩崖石刻》，在山东云峰山、天柱山、太基山、玲珑山和百峰山，还出现了被清叶昌炽《语石》誉为"北朝书第一人"郑道昭书刻的多达四十余处、规模恢宏的摩崖题刻群。

郑道昭生年不详，卒于北魏孝明帝熙平元年（516），字僖伯，号中岳先生，北魏荥阳（今属河南省）人。据《魏书·郑羲附道昭传》记载，他"少而好学，博览群言""博学经书，才冠秘颖""好为诗赋，凡数十篇"，先后官国子祭酒、光州刺史、青州刺史，后入秘书监，谥文恭。郑道昭是北朝文学有成就的诗人之一，其诗长于写景，具清拔之气，气势磅礴。郑道昭也是擅长楷书的大书法家。据后人考证，他在北魏宣武帝永平年间（508—511）官光州刺史时，钟情于道事，喜欢修身养性，炼气化丹，延昌元年（512）在莱州太基山按东西南北中设青烟寺、白云堂、朱阳台、玄灵宫、中明坛等炼气之处，刻字志之，还做了一首《置仙坛诗》题刻于壁。他曾率僚属游历境内云峰山、太基山、天柱山和益都的玲珑山等处，先后题写诗书碑刻于崖石上达四十余处，其中云峰山摩崖石刻大小二十多处，太基山十五处，天柱山八处，诸如《郑文公碑》《论经书诗》《观海童诗》《云峰山题字》《太基山诗刻》《太基山题字及铭告》《天柱山题字》等，为云峰山、太基山、天柱山大增光彩。其中，最负盛名的是《郑文公碑》。

郑文公碑

《郑文公碑》全称《魏故中书令秘书监郑文公之碑》，亦称《郑羲碑》。北魏光州刺史郑道昭因痛感其父政德未在任所流芳于世，便相约其父之同僚恭述其父郑羲一生的"崇高德行"，镌刻于郑道昭任所之山，以传述其父亲郑羲的事业功德于后世。《郑文公碑》刻于北魏宣武帝永平四年（511），有上、下两碑，碑文大体相同。上碑刊刻在今山东平度天柱山之巅山崖上，楷书，碑文凡二十行，满行五十字，字迹较下碑为小。郑道昭在天柱山刊刻此摩崖后，因嫌其石质较差，恐难以久存，故同年在掖县云峰山之阴觅得佳石后又重新题书镌刻了内容相同的一

块摩崖碑。因天柱山这块摩崖题刻在前，故称为《郑文公上碑》，云峰山的那块摩崖题刻在后，故称为《郑文公下碑》。对此，郑道昭做有明确记载，在《郑文公下碑》碑末云："永平四年岁在辛卯刊，上碑在直南四十里天柱山之阳，此下碑也，以石好故于刊之。"上碑由于字小，石质较差，漫漶较严重，字迹不清，难以辨识，后人一般不拓；下碑由于字大，且石质好，至今虽历经一千五百多年仍字迹基本清晰，故后世所拓多为下碑。

图71 郑文公下碑

《郑文公下碑》（图71）在今山东莱州南云峰山之东寒洞山，崖石高三点四米，宽四点六五米，额题楷书"荧阳郑文公下碑"，碑文五十一行，满行二十九字，共一千二百四十四字，字径约六厘米。下碑石质好，字也略大，且丰腴流畅，故广为传播，一般说《郑文公碑》都是指的此碑。此碑未著撰书人，但从云峰山诸摩崖来推断，可以肯定系郑道昭所书。此碑起初名声不显，宋赵明诚访得后始为人知，清时碑学中兴方大显于世。此碑集篆、隶、草之长于一身，极具特色，故被推为魏碑之冠冕，在中国书坛上具有经久不衰的魅力。北魏碑刻书风大多欹侧方棱，雄强肆野，而此碑则锋芒不露，内刚外柔，平和含蓄，内动外静。在用笔上，它内蕴"篆势"，大多运用圆笔篆法，如"屋漏痕"之圆涩遒劲，苍劲浑穆；在结体上形趋宽扁，撇捺舒张，气势豪放，蕴含隶书之神韵；在笔画上它则委婉圆转，前后承接，转多折少，笔断意连，具有草书之情趣。篆、隶、草三者长处的有机融合，相辅相成，相互渗透，综合体现，使此碑风姿迷人，魅力无穷。有些书评家认为此碑"魄力雄强、气象浑穆、笔法跳越、点画峻厚、精神飞动、兴趣酣足、骨法洞达、结构天成、血肉丰满"，十分具有美感。细观此碑，确受之无愧，并非溢美之词。此碑已成为探索我国书法源流、学习魏碑书体的珍贵资料和不可多得的碑刻瑰宝之一。20世纪80年代初，山东艺术博物馆在各级主管部门的支持下，专门建造了"郑文公碑亭"来对此碑加以精心保护。我国历代书法家、金石家和日本书法界人士都对此碑极为推崇。清包世臣《艺舟双楫》云："北碑体多旁出，《郑文公碑》字独真正，而篆势、分隶、草情毕具。"欧阳辅《集古求真》称："笔势纵横而无乔野狞恶之习，下碑尤为瘦健绝伦。"清叶昌炽《语石》认为："郑道昭云峰山上下碑……唐初欧、虞、褚、薛诸家皆在笼罩之内，不独北朝书第一人，自有真书以来一人而已。"康有为《广艺舟双楫》称《郑文公碑》《张猛龙碑》为"隶楷之极则"。

论经书诗摩崖石刻

除了《郑文公碑》，郑道昭书刻于山东云峰山、太基山、天柱山、玲珑山、百峰山的其他四十余处摩崖题刻，也常为人们称道。如，刻于云峰山的《论经书诗摩崖石刻》（图72）极为后人所推重。云峰山，又称文峰山，位于山东莱州南七点五公里处，因主峰两侧各有一峰，三峰并峙，东西横卧，宛若笔架，故又名笔架山。《论经书诗》全称《诗五言与道俗十人出莱城东南九里登云峰山论经书一首》，为郑道昭自作诗，北魏宣武帝永平四年（511）刻于云峰山阴。《论经书诗摩崖石刻》通篇诗文纵情挥洒，宽宏博大，气势磅礴，依山势而刻，高三点三八米，宽三点五米，二十行，每行七至二十一字，大的字二十厘米，小的十二厘米左右，字比《郑文公下碑》大两倍。其笔法大起大落，方圆兼备，中锋用笔，偃笔而入，纵横跌宕，气势豪放，爽朗明快，洗练大方，潇洒自如。《论经书诗摩崖石刻》字形较扁，保留明显的篆隶笔意，通篇宽宏博大，纵情挥洒，气势磅礴。专家认为，现代人要想得北魏书法之势，非看此刻莫属。又如《观海童诗》，刻石高一点一五米，宽一点六五米，共十三行，每行八字，计一百零四字，字大如掌，其诗句至今犹清晰可读，诗云："山游悦遥赏，观海眺白沙。全轩接日彩，紫盖通月华。腾龙霭星水，飞凤映烟家。往来飞云道，出入朱明霞。秦皇非徒驾，汉武岂空嗟。"其书笔力雄健，其诗逸趣妙景、文采斐然，书诗相映生辉，堪称诗书双绝。

图72 论经书诗摩崖石刻

郑道昭所题书的摩崖大多未署名，唯云峰山右阙题字后刊有"栖息于此，郑公手书"，及《论经书诗》第三句署有"司州荥阳郑道昭作"，其余四十多种摩崖虽未署名，但其书风与有署名的两处摩崖相似，故历代书家学者均断定同为郑道昭书。郑道昭是迄今所知我国历史上留下摩崖题刻种数最多的人。郑道昭的书法留迹于高山摩崖，椎拓不便，流传较少，故起初书名不著。自宋赵明诚访得《郑文公上碑》，并将其载入《金石录》后，其始渐为世人称道。清包世臣等先后冥心搜索访得其摩崖书迹三十多种，惊叹不已，极力推崇，《郑文公下碑》等摩崖始为习北碑者所宗。康有为《广艺舟双楫·榜书第二十四》称其书法"体高气逸，密致而通理，如仙人啸树，海客泛槎，令人想象无尽。若能以作大字，其称姿逸韵，当如食防风粥，口香三日也。"清叶昌炽对其评价极高，在《语石》中说："郑道昭云峰山上下碑及《论经书诗》诸刻，上承分篆，化北方之乔野，如筚路蓝缕进入文明，其笔力之健，可以剚犀兕抟龙蛇而游刃于虚，全以神运，唐初欧、虞、褚、薛诸家皆笼罩在内，不独北朝书第一，自有真书以来一人而已。"近人祝嘉在《书学论集》中将郑道昭与南方"书圣"王羲之并列，称其为"北方书圣"。中国书画大师刘海粟对这一评价也予以赞同，在《读郑道昭碑刻五记》中说："祝嘉同志称郑道昭为北方书圣，与南方的王羲之并列，可谓大胆而有见地。"

三、河南安阳小南海、河北邯郸响堂山、河北中皇山摩崖刻经

太行山东侧的邺城，位于今河北邯郸临漳邺镇。自三国曹魏在此建都以后，后赵、冉魏和前燕，北魏、东魏、北齐六国之都均建于此。北魏孝武帝永熙三年（534），大丞相渤海王高欢拥立孝静帝，由洛阳迁都邺城，北魏遂分为东魏、西魏；公元550年，高洋取代东魏建立北齐，都城不变，依旧在邺城，直到北齐高绍义武平元年（577）被周武帝所灭。邺城先后作为国都四十三年，是北朝后期北方政治、经济和文化的中心。

从后赵时期的佛图澄、释道安开始，邺城的佛教就已经形成了相当的规模。到北魏孝明帝时，这里已是"硕德高僧，四方云集"。东魏、北齐时，邺城更是中外高僧向往的地方。《续高僧传·靖嵩》载："属高齐之盛，佛教中兴……寓内英杰，咸归厥邦。"由于北朝时佛教极为昌盛，再加上得国都之利，故邺城及其周围的佛教势力发展极盛。据史籍记载，北朝时邺城及其周围地区有佛教大寺四千余

座，僧尼八万多人，还云集了一批高僧，并译出了大批佛教经文。佛教传入中国后，公元 3 世纪中期开始镌凿石窟，随着石窟的开凿和宣传佛法、诵念佛经的需要，窟内便出现了书写的佛经。为了弘扬佛法，扩大佛教的影响，北齐许多僧侣和佛教信徒继承了北魏以来佛教活动的形式，在距邺城不远的太行山上开窟造像，又利用窟壁和天然石壁刊刻了大量佛经，镌刻了大批佛教摩崖刻经。大规模刻经从北齐废帝乾明元年（560）开始，后主高纬时发展成高峰，直到北朝结束，刻经仍盛而不衰。大规模的摩崖刻经多在北齐辖境之内，时代集中于北朝晚期，个别延续至隋初。北齐邺都附近是摩崖刻经的发端与集中地。邺城近畿的安阳小南海、宝山灵泉寺窟、邯郸响堂山、涉县中皇山、木井寺等地都有刻经。自 20 世纪 80 年代初至近些年来，河北邯郸文物考古工作者已先后在太行山中的涉县中皇山以及峰峰矿区的鼓山、滏山一带的悬崖峭壁上发现了二十四处北朝时期的佛教摩崖刻经共计二十余万字，分别镌刻《大方广佛华严经》《般若经》、十六佛名号，以及《华严经》中的《十地经》《佛说思益梵天问经》《深密解胜经》等。据考，《太行山摩崖刻经》是我国现存年代最早、规模最大、字数最多的佛教刻经，不仅是中国碑刻文化宝库中的一大瑰宝，在中国佛教史和世界佛教史上也极为罕见、极为珍贵。

河南安阳小南海石窟刻经

小南海石窟凿于北齐文宣帝高洋天保元年至六年（550—555），位于邺城西南大约四十公里的河南安阳县，南临洹水，山清水秀，风景优美。现存石窟东、中、西三座，规模相近，造像风格、题材也基本一致。中窟坐北朝南，雕凿最精，窟门之右的窟壁上刊刻《华严经偈赞》和《大般涅槃经·圣行品》（图73），门上方的窟壁上刊刻《方法师镂石板经记》。从该经记可以得知，此石窟系北齐文宣帝高洋天保元

图 73　小南海石窟刻经

年（550）由灵山寺僧方法师及故云阳公子林等率诸邑人开凿、天保六年（555）国师僧稠禅师重莹修成。北齐废帝高殷乾明元年（560）时，僧稠禅师不幸逝世。《续高僧传·习禅篇》记载，国师僧稠本"姓孙，元出昌黎……勤学世典，备通经史。征为太学博士，讲解坟索，声盖朝廷"。二十八岁时，他援儒入佛，"投钜鹿景明寺僧寔法师而出家"，后成为佛陀的再传弟子。北朝禅学中佛陀系影响尤大，佛陀传道房，道房传僧稠，僧稠承佛陀禅学之深要，发扬光大，声震北国，北魏孝明、孝武二帝崇信无比。北齐天保二年（551），僧稠受文宣帝高洋之邀来邺，"帝躬举大贺，出郊迎之……天保三年，下敕于邺城西南八十里龙山之阳为构精舍，名云门寺，请以居之，兼为石窟大寺主"。正因为僧稠是北朝特别是北齐时期佛教的领袖人物，"高齐河北，独盛僧稠"，僧稠的弟子们为纪念先师之盛德，于北齐乾明元年（560），在窟门右侧窟壁上刊刻了佛经《华严经偈赞》和《大般涅槃经·圣行品》，以求传之不朽。据查考，在山东、河北、河南现存北朝摩崖刻经中，河南安阳小南海石窟刻经的纪年（560）是最早的。

河北邯郸响堂山石窟刻经

响堂山在北齐都城邺城西北约四十公里，位于今河北邯郸峰峰矿区内，山上有二石如鼓形，世传鼓鸣则兵起，故古名鼓山。响堂山位居邺城与高氏政权发祥地晋阳交通频繁之地，西隔太行山，与太原天龙山石窟相对，故成为北齐石窟集中之地和佛教圣地。响堂山石窟即在鼓山上，分为南北两区，鼓山南麓有南响堂石窟，旧名鼓山寺，今名响堂寺，现存七窟。因鼓山山南为滏水发源地，滏水东流出山进入平原，名滏口，为晋阳（今山西太原）与邺城（今河北临漳）往来必经之处，并有林泉之胜，故南响堂山又称滏山。南响堂山石窟北约十五公里，有北响堂山石窟，依鼓山西麓北端开凿，旧名石窟寺，有寺名常乐寺，现存九窟。南北响堂各窟内多有刻经。

北响堂石窟位于鼓山西麓山腰间，距邺城约四十公里，共开凿有北、中、南三大窟和十五个小窟。根据《续高僧传》卷二十六《释明芬传》记载，北响堂石窟乃北齐文宣帝高洋所开凿。金正隆四年（1159）胡砺撰《磁州武安鼓山常乐寺重修三世佛殿记》碑记，对北响堂石窟及其所刻佛经更是做了详细记载。根据碑文所载可以得知：北齐文宣帝高洋为方便往来于二都（邺城与晋阳），于响堂山上修建离宫，见山下有几百僧侣在坐禅行道，遂开窟三座，刻诸尊像，此即北、中、南三大洞窟（即今北响堂第三、四、五窟），又于南洞窟内外及廊间刊刻了佛经（图74）。据查考，窟内前壁刊刻《无量义经·德行品》，窟外前廊壁刊刻《维摩诘经》，窟外右壁刊刻《弥勒下生成佛经》《胜鬘狮子吼一乘大方便方广经》（简称《胜鬘经》）和《孛经》，窟外左壁刊刻《无量寿经·优波提舍愿生偈》，前廊左侧角廊柱上刊刻《佛说佛名经》，窟顶左侧刊刻《摩诃般若经》和《现在贤劫千佛名经》，窟外半山腰崖壁又刊刻《大般涅槃经·狮子吼菩萨品》。

图74 响堂山石窟刻经

位于北响堂石窟南洞窟外的历事北齐高祖、世宗、显祖、肃宗、世祖、后主六帝的重臣唐邕的《晋昌郡公唐邕写经记》中，详细介绍了北响堂刻经的起因、人物、内容和时间，为考察北响堂刻经提供了最直接的材料。碑文记载："特进骠骑大将军、开府仪同三司、尚书令、并州大中正、食司州濮阳郡干、长安县开国侯、晋昌郡开国公唐邕……以为缣缃有坏，简策非久，金牒难求，皮纸易灭。于是发七处之印，开七宝之函，访莲华之书，命银钩之迹，一音所说，尽勒名山。于鼓山石窟之所，写《维摩诘经》一部、《胜鬘经》一部、《孛经》一部、《弥勒成佛经》一部。"大致估算，所刊刻的《维摩诘经》《胜鬘经》《孛经》和《弥勒成佛经》等四部佛经近五万字。《晋昌郡公唐邕写经记》亦称《唐邕刻经碑》，从碑文的记载中可以得知，北响堂石窟的刻经刻于北齐后主高纬时，工程浩繁，"起天统四年（568）三月一日，尽武平三年（572）岁次壬辰五月廿八日"，先后历时四年三个月之久。

南响堂石窟在北响堂石窟南十五公里的鼓山南麓，距邺城三十公里，共开凿有七个主要洞窟，分上、下两层。窟中壁上现存刻经多部，计有《大方广佛华严经》《文殊师利所说摩诃般若波罗蜜经》《摩诃般若波罗蜜经》《妙法莲华经》《大般若经》等。具体为：下层一号洞窟内壁刊刻《大方广佛华严经》之《四谛品》《光明觉品》《明难品》《净行品》四节；二号洞窟内壁刊刻《文殊师利所说摩诃般若波罗蜜经》一节、《摩诃般若波罗蜜经·法尚品》一节；上层有五个洞窟，其中四号洞窟内壁刊刻《妙法莲华经·观世音菩萨普门品》，六号洞窟外壁刊刻《大般涅槃经》之《圣行品》《诸行无常偈》等经文。

南响堂石窟及其刻经究竟是何时何人所凿所刻，长期以来一直是一个谜。1985—1986年，响堂山石窟文管会在清理南响堂山石窟下层积土、恢复石窟原状的工程中，在第二窟门外发现了一方距南响堂石窟的开凿仅有二三十年时间的隋代邺县功曹李洪运和沙门道净所立的重修《滏山石窟寺之碑》。碑文刻于第二窟入口左右的二龛中，系磨平龛内力士像后所刻，自左龛至右龛连续刻成。碑额用篆书写就，碑文则用隶书书写，左侧十行，每行十七字，右侧十行，每行十六字。碑文记载，南响堂石窟是北朝名僧"灵化寺比丘慧义……于齐国天统元年（565）乙酉之岁"，由北齐"大丞相淮阴王高阿那肱……广舍珍受之财"解囊相助而开凿，工程始于北齐后主高纬天统元年（565），至北齐末周武帝灭齐前不久完工。洞窟内壁、外壁经文的刊刻当在此期间。

河北邯郸涉县中皇山摩崖刻经

中皇山亦称唐王山，位于河北邯郸，距北齐都城邺城约一百公里。这里属太行山八陉之第四陉滏口陉的腹地，自古就是秦晋与齐鲁间的重要通道，山下沿河道的狭长开阔地为穿越太行山的交通要道。北齐时，这里是邺城与别都晋阳两都间往来的必经之处。北齐佛教空前繁盛，最盛时佛寺达四万所，僧尼两百万人，仅邺城就有佛寺四千所，僧尼八万人。这些佛寺除集中在邺城、晋阳两都及大城邑，在两都之间的滏口陉沿途也很集中。佛寺中多有石窟造像和摩崖刻经，其中有摩崖刻经的仅在河北就有滏山石窟、鼓山南北响堂石窟、水峪寺、木井寺、中皇山等，而以中皇山刻经的时代最早、字数最多、面积最大。经文镌刻在中皇山山腰娲皇宫（俗称奶奶顶、西顶）建筑背后的石窟内及窟外摩崖石壁上。千百年来，娲皇宫历经数代，屡遭焚毁，今日所见多为明清建筑，而北齐遗迹仅留石窟与摩崖刻经。崖壁现留石窟三处，除娲皇阁底基石窟外，其右侧另有南北两窟，窟内石像已遭破坏，残缺不齐，唯内壁环刻经文保存较为完好。在娲皇古迹之文物中，当首推摩崖刻经最为珍贵，为娲皇古迹之精髓。中皇山的摩崖刻经有六部佛经，其中四部是全文。摩崖刻经共分五处镂于窟内壁上和窟外崖壁上。其中，

《思益梵天所问经》（图75）刻在娲皇阁之北的南窟南外侧崖壁上，共四品；《十地经》刻在南窟内、南窟外崖面及北窟内；《佛说教戒经》刻在北窟北壁上，接《十地经》末行之后；《盂兰盆经》刻在北窟内北壁上；《深密解脱经》刻在北窟北侧崖壁上；《妙法莲华经·观世音普门品》刻在北窟北侧崖壁上。所刻经文内容，均属大乘佛教之经典，这为研究佛教和北齐文化提供了十分珍贵的历史标本和资料，在国内也属罕见。中皇山的摩崖刻经总面积为一百六十五平方米，共刻经文十三万余字。其中字数最多、面积最大的一处摩崖刻经，位于中皇山一处悬崖峭壁上。所刻经文内容是《思益梵天所问经》，其刻经面积约五十三平方米，共刻经文三百四十八行，满行一百二十字，计四万一千七百万余字。经文字体为三种：一至一百二十一行为隶书，字径在二点五厘米左右；一百二十二至三百零六行为魏碑体，其中有些字间或为正楷，间或带有行书意味，字径在三厘米左右，字体工整，挺拔秀丽，全为魏碑书法，"银钩铁画，天下绝奇"，堪称艺术珍品；从三百零七行至三百四十八行为隶楷，字体结构圆润，笔势敦厚。整块摩崖刻经工程浩大，气势宏伟，蔚为壮观，是北齐佛教摩崖刻经之冠。

图75 思益梵天所问经

中皇山石窟刻经无刊刻年代的记载，邯郸文物管理所对其做了深入考察，推断主要部分约始刻于北齐天保末年，在北齐天统四年（568）前刻成。从国内现存的北齐石刻看，当时雕佛刻像之风较盛，而中皇山摩崖刻经规模如此巨大，数量如此之多，还很少见。可以说，中皇山摩崖刻经是北齐兴盛的佛教文化的一个缩影。中皇山摩崖刻经对研究历史、书法、石刻艺术及佛教渊源等都具有十分重要的价值。

四、山东泰山经石峪北朝摩崖

泰山经石峪金刚经

五岳独尊的泰山自古以来就是中国人祭祀天地神灵的圣地。南北朝时期，泰山地区是山东的佛教中心，因此在北朝摩崖刻经热潮中，泰山及其周边地区许多山崖岩壁也成为僧侣信众摩崖刻经的重要场所。其中最为著名的是《泰山经石峪金刚经》摩崖石刻。

《泰山经石峪金刚经》简称《泰山经石峪》《泰山金刚经》《经石峪金刚经》，又称《泰山佛说金刚经》，刻于泰山东南麓。《泰山经石峪金刚经》摩崖石刻（图76）曾藏于水下逾千年，后经发现，使泉水改道方暴露出来，是国宝级重点文物。

图76　泰山经石峪金刚经摩崖石刻

清叶奕苞《金石录补》云："泰山御帐坪之南有石经峪，石如平台，旧刻金刚经，字皆经尺。"从泰山东南麓斗姆宫向东北方向拾级而上约一公里处的龙泉谷中，有一片面积很大的花岗岩溪床天然斜坡石坪，石坪上自东向西镌刻着后秦鸠摩罗什所译的佛教《金刚般若波罗蜜经》（简称《金刚经》）。由于该斜坡石坪上镌刻有规模宏大的《金刚经》经文，故此处被称为"经石峪"。佛教《金刚经》

经文原本分上下两卷，三十二篇，五千一百九十八字。《泰山经石峪金刚经》镌刻的是《金刚经》的上卷第一篇至第十六篇，计三千零一十七字。所刻经文每行一百二十五字或十字不等，字径多在五十至六十厘米，最小的也有三十厘米，最大的是第六行第十五字"今"，高四十九厘米，宽七十五点五厘米。《泰山经石峪金刚经》刻字面积约二千零六十四平方米，南北长约五十六米，东西宽约三十六米。经文无书刻年月，清代著名金石学家阮元《山左金石记》考为北齐天保间（550—559）书刻。经文石刻迄今已历经了一千四百六十多年风雨剥蚀，加之山洪冲刷、沙石磨损、游人践踏和椎拓无度，其文字现已磨损过半，仅剩经文四十一行一千零六十九字，每行字数不等，最长的一行四十八字，最短的一行九字，其中第十五行还有十几个只勾勒出了字的主体轮廓还没有来得及镌刻完工的半成品描红双钩字（从遗存的残迹可以很明显看出，当时石经镌刻是突然停止的。那么究竟是什么原因造成了镌刻工程的突然停止呢？据专家分析推测，这可能与当时发生的"灭佛"事件有关）。

《金刚般若波罗蜜经》是佛教的重要经典，原包括在《大般若经》第五百七十七卷中，佛家有"经中之经《金刚经》"之说，在东晋时期由后秦鸠摩罗什译成中文后传入中国，成为在中国流传最广的一部佛经。按佛家之言，"金刚"即金刚石，光泽透明，不染尘埃；"般若"是梵语，译为"妙智慧"；"波罗蜜"也是梵语，即"到彼岸"。佛家认为，众生因为受了一个"我"字的迷惑，日日生活在烦恼苦海中，倘若舍弃尘利，就能从生死烦恼大海之中，渡到不生不灭、清净安乐之地，即到达彼岸，脱离苦海。"经"字作"径"字解，指修行的一条路径。镌刻在经石峪巨大石坪上的《泰山经石峪金刚经》，是现存摩崖石刻中规模空前之巨制，其规模之宏大为世上所仅有，是世界佛教经典的珍宝。这一鸿篇巨制是中国现存最为著名的佛经摩崖石刻，是中国碑刻文化发展史上规模空前的摩崖巨刻之一，在历史上被誉为"榜书之宗"，与秦始皇的《泰山刻石》和唐玄宗的《纪泰山铭》摩崖石刻，一起被称为泰山石刻中最为珍贵的瑰宝。

《泰山经石峪金刚经》是用汉隶向唐楷过渡的一种书体书写的，吸收了楷书和篆书的意蕴，偶有篆意草情，古拙朴茂。其书法基本风格属于北齐时期以楷书结体，以隶书用笔，又蕴含篆意的一种处于嬗变中的特殊隶书。通篇文字气势磅礴，书法纵横遒劲，结构宽阔自然，用笔安详从容，字体古拙朴茂，笔锋纵横行走"气体雄奇"，笔势圆浑，气势开张，优游自如，若具仙姿。在结体上以茂密为主，斜倚相生，富于变化，个性十足。全字四周聚敛，但是在笔画上又突出了疏密欹正的关系，厚而不塞，密而不紧，体态宽舒宏大，平直宽博，不尚奇险；在用笔上不见方，不见折，不露锋芒，提按顿挫都深藏于圆劲的线条中，用笔饱满，笔笔圆笔中锋，平滑自然，舒缓伸展而超逸；字态厚重凝练，宽博疏放，静穆平和，雍容大度，气宇非凡，一派萧散冲和气象，给人以幽深清远的意向，体现出书家淡泊宁静、心如止水、超凡脱俗的心境。《泰山经石峪金刚经》书刻的时间正是中国文字由隶到楷嬗变的过渡时期。这一时期的碑刻如《郑文公碑》《石门铭》《张猛龙碑》及王羲之从弟王兴之墓志等，其书风或飞逸浑穆，或圆势凝重，或方峻遒美，或方整质重，唯独《泰山经石峪金刚经》不入北魏风范藩篱，不涉险奇怪诞，以其心注一境、正审思虑的禅意而卓然不群，大异于当时的世俗风尚，呈现出一种新气象。这种新气象来源于新思想，这种新思想便是魏晋时兴起的玄学和传入的佛禅思想。魏晋南北朝时期，正是泰山佛教发展最昌盛的时期，也是禅宗思想的最初形成和传播时期，《泰山经石峪金刚经》正是在这样的情况下应运而生的，它是书法艺术和宗教虔诚信仰融为一体的超凡结晶。

《泰山经石峪金刚经》是中华摩崖石刻艺术、书法艺术里程碑式的巅峰之作，千百年来以其巨大的艺术魅力吸引着人们，受到极高的评价，我国历代金石家、书法家、鉴赏者均视如珍宝。清包世臣惊叹《泰山经石峪金刚经》为"洋洋大观"，在其书法理论名著《艺舟双楫》中提出："《泰山经石峪》大字与《瘗鹤铭》相近，而渊穆时或过之。"清康有为《广艺舟双楫》鄙薄北齐碑，以为北齐诸碑率皆瘦硬，千篇一律，绝少异同，唯对《泰山经石峪》推崇备至，将《泰山经石峪》列为"妙品下"，谓："榜书亦分方笔圆笔，亦导源于钟、卫者也。《经石峪》圆笔也，《白驹谷》方笔也，然以《经石峪》为第一。其笔意略同《郑文公》，草情篆韵无所不备。……《经石峪》为榜书之宗。……东坡云大字当使结密无间，此非榜书之能品，试观《经石峪》，正是宽绰有余耳！"清冯云鹏《金石索》盛赞其"如印泥画沙，草情篆韵，无所不备"。郭沫若称赞其"千年风韵在"。除了佛学价值和书法艺术价值，经石峪摩崖刻经还具有极高的文字研究价值。其中一些不常见的俗字，例如"万""无"二字，竟与现行通用的简化字相同，这对于研究我国字体的历史演变具有重要的价值。

《泰山经石峪金刚经》是佛教文化的鸿篇巨制，又是书法艺术的宝库。但是整个石刻未落款，既无题记和刊刻年月，也无经主和书丹者姓名。所以，刻石书丹者成为千古之谜。当年究竟是谁将规模如此恢弘巨大的《金刚经》书刻在经石峪石坪上的呢？当地民间传说《泰山经石峪金刚经》摩崖经文的来历与唐僧西天取经有关。相传，唐僧师徒四人历经千难万险，终于从西天取到了真经，准备返回中原。一天，路过通天河，那只驮唐僧师徒过河的千年老龟因为唐僧取经时忘了替它向佛祖询问它求教的问题而十分生气，不愿再驮他们过河，便把背一掀独自游走了，唐僧师徒连人带马齐齐掉落在通天河中，千辛万苦带回来的经文被河水浸湿了。唐僧连忙叫悟空去找地方晾晒经文。孙悟空腾云凌空举目远望，发现泰山东南麓龙泉谷中上有一块巨大的石坪，正好可以用来晾晒经文，于是就驾起筋斗云，将浸湿的经卷搬运到泰山，摊在龙泉谷石坪上晾晒。经文晒干后竟然深深地嵌入石头，变成了一部石经留在了石坪上，于是泰山经石峪石坪上就有了《金刚经》摩崖经文。当然，这只是当地人的美丽传说。对于《泰山经石峪金刚经》究竟是何时何人书刻的，历代学者做了不懈探觅，并提出了各种见解，有晋王羲之、北齐王子椿、韦子深、唐邕、安道壹，以及宋人、元人书刻等说法，可谓众说纷纭。其中较有影响的几种说法是：《泰山道里记》《泰山述记》均认为是北齐梁父县令王子椿书，因为《泰山经石峪金刚经》书体与王子椿在徂徕山所刻《般若波罗蜜经》摩崖书体相似；吴山夫《金石存》认为是北齐人唐邕书，因为唐邕写经，邹城尖山摩崖有唐邕题字，其笔法与《泰山经石峪金刚经》大体一致；还有的说是北魏郑道昭所书，因为《泰山经石峪金刚经》书体与平度天柱山著名的《郑文公碑》有些相似；清代著名金石学家阮元《山左金石志》则认为是北齐天保间（550—559）人所书。著名学者郭沫若也认为是北齐人所书，1961年郭沫若来泰山，留下了"经字大如斗，北齐人所书"的诗句。

经过长期研究、考证和论辩，当代学者大多数意见趋于一致，将目光集中到北齐名僧安道壹（图77）身上。1989年第2期《书法》杂志刊载王恩礼、赖非文章，明确提出《泰山经石峪金刚经》为北齐名僧安道壹所书。据考证，安道壹（504—585）系山东邹峄人氏，学识渊博，交游甚广，为北齐时高僧、大书法家。他早年在寺院苦读经书，研习书法，其佛教观点属禅宗北宗。在经历了"二武灭佛"之难、禅宗北宗始祖达摩祖师被当权者毒死后，众僧尼为护佛法开始迁移，并改变以前由经书传播佛法的方式，在迁移中把佛经刻于石崖之上。安道壹在北齐天宝四年（553）至北周大象二年（580）间进行了近三十年的刻经活动。他先于山东平阴、东平一带进行了摩崖刻经活动，开山东北齐摩崖刻经之先河，进而又于邹城、泰安、新泰和河北响堂山等地山岭摩崖上书刊了众多的经文。安道壹是这一时期的主要书经者，先后在山东、河北多座山岭的崖壁上书写了多处佛经石刻。史料记载，安道壹书法之绝妙难以言评，而他的擘窠大字、巨笔榜书，更是把书法艺术在摩崖上表现得至善尽美，故能书以高山，映照苍天，书融百家，超绝创新，久视之深邃，境界幽仙矣。康有为称其书法"通隶楷，备方圆，高深简穆，为擘窠之极轨也……实开隋碑洞达爽开之体"。镌刻于铁山的摩崖石刻《石颂》中，也有对其书经的记载："皇周大象元年，瑕丘东南大岗山……有大沙门安法师者，道鉴不二，德悟一原，匪直仪相，咸韬书工，尤最乃清，神豪于四显这中，敬写《大集经·穿菩提品》九百三十字……清跨羲诞，妙越英繇，如龙蟠雾，似凤腾霄。圣人幽轨，神口秘法，从兹督佛、树标永劫。"专家学者们经过仔细的比较研究发现，这些山上的许多摩崖佛经石刻无论是书体、风格，还是字的大小，都与《泰山经石峪金刚经》摩崖刻经非常相似，由此确认《泰山经石峪金刚经》的书写者就是北齐名僧安道壹。

图77　北齐高僧安道壹

五、山东邹城尖山、铁山、岗山、葛山、峄山北朝摩崖刻经

邹城四山摩崖刻经原是山东邹城境内彼此相距不过十五公里的尖山、岗山、铁山和葛山四座山的摩崖刻经的总称，史称"古邾四山摩崖"。其中，铁山、岗山摩崖石刻于1988年被公布为全国重点文物保护单位。尖山摩崖刻经于1960年春在修水库时被当地村民开山采石全部毁坏。2006年6月，国务院正式批准邹城市将葛山摩崖石刻和同在邹城市境内的峄山摩崖石刻列为全国重点文物保护单位，与铁山、岗山摩崖石刻并列，组成新的四山摩崖刻经。

四山摩崖刻经刻于北齐、北周时期，自刻成后，由于其地处偏僻，书体巨大，椎拓极难，几乎无拓本流传，一千多年来无人问津，直至清乾嘉年间（1796年前后）才为钱塘人"西泠八家"之一、时任山东运河同知的著名金石学家黄易所发现。四山摩崖刻经不仅是全国重要的佛教石刻之一，是研究中国宗教文化的宝贵资料，同时在中国书法史上也占有重要的位置。由于其气势磅礴，书风高浑简穆，被发现后很快就受到了金石家和书法家的重视和珍爱。清阮元的《山左金石志》予以著录，李佐贤、汪鋆、陆增祥、叶昌炽、杨守敬、康有为等学者均予以著录和品题。书法界公认，在探讨我国北朝时期汉字隶楷演变及书法艺术方面，四山摩崖刻经具有重要的价值。四山摩崖刻经用笔以圆为主，飘中有沉，畅中有涩，线条粗细匀适，含蓄而又不乏动感，筋骨内含，隶楷中隐带篆意，书体浑穆简练而富有张力，真切体现书体隶楷演变的时代风貌，自然，和谐，浑然天成，具有撼人心魄的艺术美。其潇洒自然的字体和字势，给人一种自然、超俗的山林气、苍茫感。四山摩崖刻经书法艺术风格奇谲瑰丽，富有变化，以变隶为主，篆、楷、行各种书体兼而有之，规模宏硕，意境高古，作为北朝大字榜书的代表作、刻石艺术的瑰宝备受推崇。清代魏源赞其为"字大如斗，雄逸高大"。康有为则认为四山摩崖刻经的书法是"承上启下，开一代新风"。其《广艺舟双楫》称赞说："《四山摩崖》通隶楷，备方圆，高浑简穆，为擘窠之极轨也。"

尖山摩崖刻经

《尖山摩崖刻经》刻于齐武平六年（575），是四山摩崖刻经中记年最早的一种，所刻字径也是最大的，经主是西汉丞相韦贤的十九世孙韦子深。《尖山摩崖刻经》在邹城东北约六公里的朱雀山（俗称尖山上）。因山上原刻有大字"大空王佛"，故此处又俗称"大佛岭""大佛墩"，当地老乡谐音称为"大步顶"。摩崖刻经位于山左，原在坡度约为二十五度的花岗岩石坪上，坐南面北，刻字面南北上下长约四十米，东西左右宽约六米。令人遗憾的是，1960年春修水库时当地村民开山采石，将摩崖刻经全部毁坏，一字无存。现在此处只留下了两个直径八十米左右的大深坑，原有的摩崖刻经只能从旧存拓本和有关书籍的记载中才可得以一窥其貌。

根据清阮元的《山左金石志》、清光绪十八年（1892）《邹县续志·金石编》《山东通志·艺文金石》的记载，对照清代留存下来的尖山摩崖石刻原拓加以分析可以得知，《尖山摩崖刻经》字体隶楷相间（图78），字径三十至五十厘米，其书法笔画圆腴敦厚凝重，浑穆苍古，笔意俏动，出自高僧安道壹之手笔，题刻内容分为三部分六百余字：

其一为佛号"大空王佛"，一竖行四个隶书大字，字径一点三米左右，是北朝摩崖石刻中多个"大空王佛"摩崖题刻中最早发现的一个。

其二是刻经，石壁原刻有隶楷书佛经三段，二十五行，三百余字，主要是《文殊般若经》和《般若波罗蜜经》的部分经文。此外，还有散刻的佛经偈语数种。

其三为题名和年代，具体为《韦子深题名》共九十二字；《韦子深妻题名》共三十五字；《安道壹等题名》（图79）共三十一字；《经主题名》三竖行，每行字不等；《晋昌王唐邕妃赵等题名》四竖行，每行十一或十二字不等。除了以上这些题名，在尖山"支锅石"上还有韦玉振等三段题名。

图78　尖山摩崖刻经　　　　　　　　图79　安道壹等题名

铁山摩崖刻经

《铁山摩崖刻经》（图80）又称《小铁山摩崖石刻》，位于邹城西北部今铁山公园内西侧铁山的南坡上。铁山是邹城当地人据道家铁拐李的传说而命名。铁山刻石是一整块巨大的花岗岩石坪，石面向南倾斜四十至四十五度。刻字的花岗岩石坪南北上下长约六十六米，东西左右宽约十六点五米，面积约一千一百平方米。《铁山摩崖刻经》刻于北周大象元年（579），明代虽已见著录，但未引起世人重视，在清代以前沉寂于荒山野草枯木中，无人问津。乾隆年间黄易访得后，著录于《山东金石志》，才得以显名于世，逐渐引起众多金石学家及书法家的重视。包世臣的《艺舟双楫》、阮元的《山左金石志》、康有为的《广艺舟双楫》等著作相继著录。

图80 铁山摩崖刻经

自清黄易发现以来，许多金石学家、书法家和文物工作者对规模宏大的铁山摩崖究竟刻了哪些内容做了大量调查研究工作，特别是于1988年对《铁山摩崖刻经》做了全面、深入、仔细的调查考察。综观镌刻《铁山摩崖刻经》的花岗岩石坪，可以清楚地看到，《铁山摩崖刻经》恰似一座斜卧于山坡上的圭形龟趺、龙首巨碑。全"碑"由文字和图案两个方面的内容巧妙地有机组合构成。具体而言：

"巨碑"上的图案，集中镌刻在"碑首"和"碑座"上。自镌刻《铁山摩崖刻经》的花岗岩石坪南端低处迈步走上石坪北端高处，可以看到，"巨碑"北端碑首最上方尖形部分，阴刻着巨龙缠绕、云气飘逸、佛光四射、若隐若现的图案，图案东侧镌刻有篆书"石颂"两个大字，字宽约八十厘米，高约九十厘米；西侧镌刻有隶楷"大集经"三个大字，字径约六十厘米。其总体形制酷似一座古碑的蟠首。"巨碑"底部的"碑座"部分，刻有双龟对踞的图案，乌龟雕刻精细，形象生动，有足，有头，比例恰当，而且龟背上图纹异常清晰。这样形制的摩崖巨刻，在我国的历代摩崖石刻中是极为罕见的。《铁山摩崖刻经》所刻内容虽为佛经，但其所采用的表现形式却是汉族传统的碑刻形制，生动地反映了佛汉文化的融合，是南北朝时期民族文化交融的形象体现。

"巨碑"上的文字，镌刻于"碑首"与"碑座"之间"巨碑"的中部，分为上下两截，所刻为佛教经文、《石颂》颂文和题名三部分文字，现存完好者共计一千四百五十余字。

佛教经文（图81）镌刻于中部上半截西侧，为《铁山摩崖刻经》的主要部分，所刻为佛教《大集经》。《大集经》全称《大方等大集经》，因佛在欲、色二界之间，广集十方之佛菩萨说大乘之法而得名。它是各种大乘经籍的汇编。对照日本版《大正新修大藏经》第

图81 铁山摩崖刻经佛经经文

十三卷，《铁山摩崖刻经》所刻经文是《大方等大集经》卷八《海慧菩提品》第五之一的一部分，由北凉时天竺三藏昙无讖翻译。民间亦称其为《铁山摩崖金刚般若经》。所刻经文上下长约三十三点五米，左右宽约十二米，共刻十七行，行五十至六十字，最少者仅六字，字径长四十至五十厘米，宽四十至六十厘米。原刻经文九百四十六字，因年代久远，部分刻经风化剥落，现能够辨认的为七百九十五字。经文排列整齐，行距匀称，界格清晰，书体以隶书为主，参以楷法，间用篆势，杂以行草，用笔方圆兼施，以圆为主，所刻经文宽阔空灵，雄浑险绝，开张险峻，自然疏朗，场面博大，气势恢宏。《石颂》的书法艺术则雄浑险绝，方圆兼施，笔势开张，自然疏朗，别具特色。

《石颂》亦称《铁山摩崖匡喆刻经颂》，颂文（图82）镌刻于佛教经文的右侧即上半截的东侧。颂文共十二行，每行五十二至五十五字，字径二十二厘米左右，上下长约十七米，左右宽约三点五米，颂文原文为隶书六百一十多字，现存四百七十六字，骈体文，讲究对仗，工整华丽，极富文采。颂文文辞流畅，如行云流水，气势雄奇奔放，辞藻丰声华美，全文结构紧凑，脉络清晰，前后呼应，

气韵天成，是一篇优秀的文学佳作，具有很高的文学价值。《石颂》颂文不但点出了刻经者的名字，明确记述："大沙门安法师者道鉴不二德悟一原……敬写大集经穿菩提品九百卅字"，并且记述了刻经的位置及周围环境、经主家世、刻经年代。颂文还特别赞美了刻经书法艺术的精妙，其中"清跨羲诞，妙越英繇；如龙蟠雾，似凤腾霄"是对佛经《大集经》书法的高度评价，其意思是称颂《大集经》书法比王羲之、韦诞清高，比张伯英、钟繇绝妙。这是《石颂》作者对安道壹书法艺术的推崇赞誉之词，也是我国现存书法理论中最早对书法人物进行品评的记载。颂文记述的刻经时间为"皇周大象元年岁大渊献八月庚申朔十七日"，即公元579年。颂文中所说的"六龙"及"祥瑞"图案和"乃约石图，炅炳常质，六龙上绕，□莹五彩之云，双龟下蟠，甲负三阶之路"的记载，对《铁山摩崖刻经》的形制做了详细介绍，为后人全面了解认识《铁山摩崖刻经》提供了线索。

题名刻石文字原为三处，现仅存一处，位于摩崖刻经经文的下方，原有十行，现存六行四十五字，每行三至五字，字宽二十三至二十八厘米。题名记述了刻经主持者宁朔将军大都督任城郡守、经主孙治等的名字，《铁山摩崖刻

图 82　铁山摩崖刻经石颂颂文

经》经主为"有信弟子匡喆及弟"。据考,经主匡喆系西汉丞相匡衡之后,其秀德自天,英姿独拔,灼然玉举,极富才华,是邹县颇有影响的名门望族。他率领邑人,割舍家资,拜请高僧,主持了刻经。据《汉书·匡衡传》载,匡衡祖籍东海郡承,以刻苦好学著称,汉元帝时为丞相。清《邹县志》载:"匡衡字稚圭,其先东海郡承人,至匡衡时始迁居邹邑之羊下村,匡氏子孙当北齐时,或仍聚居于此,不因全拓此碑,则匡氏后人,竟淹没不显矣。"今匡庄村东有匡衡墓,与《石颂》记匡喆系匡衡后人可相互为证,确定匡衡在汉代已迁居邹县,并为进一步寻找匡衡故里提供了依据。题名还记述了除匡喆外其他经主的名字,有任城郡守、主簿等地方官,说明这次规模宏大的刻经活动是在地方官吏的支持下进行的。题名刻石文字第四行记述了刻经年代为北周大象元年(579),此即北周静帝宇文衍的年号。据史籍记载,这一年他下敕令,禁止废佛事件的发生,允许官民信奉佛教,长达四年的"周武废佛"宣告结束。铁山刻经就是这次佛教复兴的产物,这不仅注明了铁山刻经的年代,而且对考证山东境内其他山岭的摩崖刻经年代具有重要的参考价值。题名刻石文字第六行记录了《铁山摩崖刻经》佛经书写者为"东岭僧安道壹署经",这与《颂文》中"请大沙门安法师者,道鉴不二,敬写《大集经》……"的意思是一致的,这对研究邹城乃至山东北朝时期刻经为何人书写具有重要价值。

《铁山摩崖刻经》不仅是珍贵的佛教经典,其隶楷相杂糅、字体在楷隶之间并有篆草笔意的书法艺术也早在清代就引起了人们的重视,不少学者名士如清杨守敬、康有为等对其书法艺术给予了高度评价,推崇备至。杨守敬在《匡喆刻经颂》中云:"誓相其格度……自非古德命世之英,安能有此绝诣哉!"康有为盛赞其"通楷隶、备方圆,高深简穆,为擘窠之极轨也"。同时,《铁山摩崖刻经》的《石颂》也是艺术水平极高的文学杰作。近年来日本也有不少著作对其进行研究著录,具有代表性的有清原实门的《四山摩崖研究》、坂田玄翔的《秘境山东的摩崖》等。

岗山摩崖刻经

岗山位于山东邹城北郊两公里处,与铁山一涧相隔。山阳有明代晚期创建的玉皇庙、灵官庙等道教建筑。这里山势嶙峋,巨石相叠,松槐掩映,景色幽深。摩崖刻经在山阴兰花谷内,自东向西散刻在三十余块花岗岩石壁或岩石上。有关岗山刻经的著录，最早见于清代黄易《山东金石志》，其后，李佐贤的《石泉书屋·金石题跋》、阮元的《山左金石志》、康有为的《广艺舟双楫》、孙星衍的《寰宇访碑录》及《山东通志》《邹县续志》等相继著录。日本道端良秀的《中国石佛·石经》、今井凌雪的《岗山题名·摩崖佛经》对岗山佛经也进行了著录。然而，由于岗山刻经分散地刻在几十处花岗岩石壁和巨石上，石大者高宽十米以上，最小者高宽也有二三米，刻字多少不等，多则刻百余字，少则刻二三字，且又看似杂乱无章，许多著录未对佛经内容进行整理研究，未理清经名，以致对刻经分类杂乱，见字立项，难以释读。为此，近年有关方面组织力量进行了细致的实地考察和研究，终于弄清楚了《岗山摩崖刻经》的刻写顺序和所刻经文的内容。

《岗山摩崖刻经》（图83）依内容与镌刻形式分作三大部分：

其一，《佛说观无量寿经》，刻于岗山"鸡嘴石"基座的东南两面。正面朝东，刻经文十行，侧面向南刻经文五行，字径十五厘米，两段共一百七十七字，保存完整。《佛说观无量寿经》是南朝宋畺良耶舍翻译，属《净土三部经》之一，主要宣传西方极乐世界。该经是南北朝时期流行于社会的主要弥陀经典。

图83 岗山摩崖刻经

其二，散刻大字字径四十厘米的《入楞伽经》和散刻小字字径二十厘米的《入楞伽经》。散刻大字的《入楞伽经》刻于"鸡嘴石"约四十米处的摩崖石壁上，北向，分为前后两段。前段四行，每行十三字，后段七行，每行八字，两段共一百零八字。字迹镌刻精细、完整。散刻小字的《入楞伽经》分散刻在自山下至山上三十二处岩石或山崖石壁上。由于山水作用或地震破坏等因素，一些刻字岩石倒在沟中，或倾斜，或仰俯，夹杂在群石之间，难于查找，但大部分刻经保存完整，刻字清晰。题名中记述现已释读连缀出一百二十八字，经文首尾相接，尚缺二十七字待查找。《入楞伽经》由印度译经僧菩提流支译，共十卷。《岗山摩崖刻经》为《入楞伽经卷一·请佛品第一·归命大智海毗卢遮那佛》，日本版

《大正新修大藏经》第十六卷、经集部有载。该经对中国佛教的影响很大，对禅宗的发展起到了重要作用，它是大乘佛教共同信奉的基本教理哲学。该经提出的"五法、三种自性、八识、二种无我"等佛法概念，在《岗山摩崖刻经》中都有反映，这对探讨大乘佛教的哲学概念具有重要价值。《入楞伽经》错落有致地散刻于兰花谷岩石之间，刻经绘声绘色地描绘了佛国净土的景况。《岗山摩崖刻经》的环境也似乎反映出了这里是一个佛国圣地。位于刻经中部的"鸡嘴石"，坐西面东高耸于悬崖峭壁之上，远望恰似一尊巨佛的形象。

其三，佛号、佛名、题名和刻经年月。《岗山摩崖刻经》题名刻石共刻文字八行四十九字；东侧刻一小石佛像，跏趺端坐于半圆形佛龛内，佛像下部刻有"释迦文佛""弥勒尊佛""阿弥陀佛"三佛号。另有比丘尼僧人、经主的名字等。佛像中部刻有年月"大象二年七月三日"，这表明《岗山摩崖刻经》刻经年月为北周大象二年（580）。这使《岗山摩崖刻经》与周武帝"灭佛"紧密地联系了起来。据史籍记载，在此之前，北周建德三年（574）周武帝为富国强兵，下令"废绝佛、道二教"，焚烧经典，熔毁佛像，寺庙充公，大批僧侣还俗。建德六年（577）北周灭北齐后，周武帝又把灭佛政策推行到齐境。这次长达四年的"周武废佛"，使大批的僧侣、写经生四处逃亡，或混迹民间，或逃匿山林。邹县为孔孟故乡，社会较为安定，大批的僧侣逃匿于此，在此山林中刻经、诵佛、做法会，期待着佛教的复兴。《岗山摩崖刻经》正是在这样的政治历史背景和社会环境中产生的。

《岗山摩崖刻经》刻于北周大象二年，虽较《铁山摩崖刻经》仅晚一年，但书法艺术风格与之差异较大。岗山刻经楷意浓郁、方笔结体、露锋行笔的写法具有独特的风格，其用笔沉着、巧拙互用，宽博雄浑、方圆适中，点画、撇捺笔画加重，一笔三顿，装饰意味浓厚。其中《佛说观无量寿经》以隶意为主，朴实丰茂，圆腴敦厚，神韵飞动。《入楞伽经·请佛品》则楷意结体、方正规矩。散刻《入楞伽经·请佛品第一》则隶楷相间，笔锋外露，奇谲瑰丽，富有变化。这表明，《岗山摩崖刻经》与《铁山摩崖刻经》的书家并非同一人，不是高僧安道壹，很可能是在周武帝"灭佛"时从邺都逃到岗山来的僧侣、写经生或信众。

葛山摩崖刻经

《葛山摩崖刻经》（图84）位于邹城东北约十四公里北葛山西麓，刻石面较铁山平缓，斜坡约二十五至三十五度。刻石面为东西纵二十点六米，南北横八点四米，共一百七十三平方米。所刻内容分为两部分：一是佛经《维摩诘所说经》，刻经内容为《维摩诘所说经·阿同佛品第十二》，主要宣传弥勒净土思想，向人们介绍如何进入东方妙喜国的极乐世界。该经自东晋高僧竺道生、后秦僧始注疏以后，在佛教界广为流传，影响甚广。经文大字十行，每行四十二字，原四百二十字，今存二百九十二字，每字字径五十至六十厘米。经文后所署的刻经年月为北周大象二年，与《岗山摩崖刻经》时代相同。其书法隶楷相间，立意奔放，富有神韵，所刻字的尺寸和书风与《铁山摩崖刻经》略同。二是《题名》部分，位于经文右下部，由于石质较粗，风化过甚，刻字面剥蚀较重，仅存六字，今已漫漶，难于卒读。

图84 葛山摩崖刻经

著录《葛山摩崖刻经》的有阮元的《山左金石志》、李佐贤的《石泉书屋·金石题跋》，《山东通志》和《邹县续志》对此也做了著录，但不够详尽。葛山地处僻远山区，交通不便，非有志考察者难以到此，故研究著录较少。

《葛山摩崖刻经》无题名，近年诸多书家对其进行考证，认为葛山刻经的书法艺术与《岗山摩崖刻经》的书法风格差异很大，所刻隶书楷意浓郁，方笔露锋，运笔装饰意味浓厚，看来与《葛山摩崖刻经》非为同一书者。同时，从《岗山摩崖刻经》的几部分来看，虽均为隶楷，但其字体风格很不一致，有楷意较浓者，有楷隶相间者，有隶意较浓者，显见其出自不同的书家之手。

峄山摩崖刻经

峄山又名邹峄山、东山,位于山东邹城东南。原"邹城四山摩崖刻经"中的《尖山摩崖刻经》被毁后,1988年《峄山摩崖刻经》成为新的"邹城四山摩崖刻经"之一,被列为全国重点文物保护单位。

峄山素有"邹鲁秀灵"之誉,山之上下遍布历代碑刻和摩崖石刻,现存摩崖石刻三百余处,碑碣一百二十余方,石造像十余处。其中,摩崖刻经有两处,一处在五华峰,另一处在妖精洞侧。

《五华峰摩崖刻经》位于"光风霁月"石上,向阳面刻《文殊般若经》,刻经面纵二点一三米,横三点六五米,竖刻经文十一行,每行十字,首行刻"文殊般若"四字,由于风化剥蚀严重,现存七十九字。

图85 妖精洞摩崖刻经

《妖精洞摩崖刻经》(图85)位于峄山南坡山腰间的天然石洞外西侧的乌龙石石壁上。该洞因明万历间(1573—1620)邹县知事王子谨题刻"妖精洞"三字而得名。刻经面东,刻面高四米,宽二点六五米,面积十点六平方米。刻经文七行,每行十四字,计九十八字,由于风化剥蚀,残毁二十三字,现可辨七十五字,字径二十至三十厘米,内容为《文殊般若经》。经文字体为隶书,兼有楷篆意。经文前右上角有题名"斛律太保家客邑主董珍陀"一行,十一字。《北史》《北齐书》均有关于斛律太保的记述。据《北齐书·斛律金传》载,斛律金祖孙三代在北齐地位显赫,其孙斛律武都官特进、太子太保、开府仪同三司以及梁、兖二州刺史,死于北齐武平三年(572)。刻经中"斛律太保"当指斛律武都。据此推测,《妖精洞摩崖刻经》当为北齐武平三年或此前所题刻。

《妖精洞峄山摩崖刻经》书法以隶意为主,结体严谨,雄浑简穆,端整古秀,是北齐摩崖刻经的上乘佳作。

六、山东徂徕山、水牛山北朝摩崖刻经

徂徕山，又称龙徕山、驮来山，是泰山的姊妹山，位于泰山东南泰安市岱岳区徂徕镇，横跨泰安市房村、良庄、徂徕、化马湾及新泰天宝、大东庄等乡镇。山脉呈东北西南走向，横亘连绵二十九公里，总面积达二百五十平方公里。其主峰太平顶海拔一千零二十七米，相对高度八百多米，与泰山玉皇顶的直线距离约为三十公里。

徂徕山历史文化遗迹丰富，现存历代石刻百余处，其中年代最早的是北齐摩崖刻经。徂徕山北齐摩崖刻经共有两处：一处在梁父山映佛岩，刻《般若波罗蜜经》；另一处在光华寺北"将军石"，刻《大般若经》及四佛名（今残）。两处摩崖刻经的经主均为北齐后主高纬武平年间在梁父县任县令的王子椿。史料记载他嗜好佛学，于武平元年（570）在徂徕山麓镌刻了这两处佛经。

般若波罗蜜经摩崖刻经

梁父山映佛岩《般若波罗蜜经摩崖刻经》（图86）刻于北齐武平元年，经文刻于天然巨石上。石高八米，宽五米，分上、中、下三层刻字。上层竖刻题款"般若波罗蜜经主冠军将军梁父县令王子椿"，两行十八字，隶书，其中"子椿"二字并列，可能是石面不足所致；中层竖刻"普囗武平元年僧斋大众造维那慧游"四行十五字，亦为隶书；下层石面较大，高一点四米，宽三点四米，未加磨砻，竖刻《般若波罗蜜经》经文十四行，每行七字，共九十八字。字径最大二十四厘米，最小十二厘米，现尚完好者六十一字，剥损严重尚能判读者二十三字，完全毁佚者十四字。虽然如此，经文字痕犹在，逐字可辨，九十八字中，良工可拓得

图86 般若波罗蜜经摩崖刻经

完好之字九十余个。王子椿是当时的县令和经主，不是书经者，僧齐和当时光华寺众僧以及外来的维那慧都是参与其中的建设者。

大般若经摩崖刻经

光华寺"将军石"《大般若经摩崖刻经》也刻于北齐武平元年，经文刻于一块略为棱形又似河蚌之半、面西、石面略平的独立巨石上。石高一点八五米，南北宽二点三九米，东西石厚九十厘米。石西面竖刻《大般若经》十三行，每行四至七字不等，"大般若经曰：内空，外空，内外空，空空，大空，第一义，有为空为，为空空为，如空散空，空法空自。王世贵。法空，无法空，有法空，无法有法空"。第九行起刻有"冠军将军梁父县令王子椿造，□息、道升、道昂、道昱、道柯、僧真共造"，第六行下又刻"王世贵"三字。刻字虽有残损，但仍可识读。石东侧刻有佛名和题记、经主和刊刻年月，虽已模糊不清，但"中正胡宾"和"武平元年"尚可辨识。据考，"胡宾"可能是参与刻经的建设者，"王世贵"可能是石经刊刻者，"武平元年"是石经的刊刻时间。

徂徕山摩崖刻经

《徂徕山摩崖刻经》从书法的风貌看似北齐高僧安道壹所书，为历代书家所推崇，认为《徂徕山摩崖刻经》和邹城"四山摩崖"、东平洪顶山摩崖、泰山经石峪摩崖是山东北齐石刻中的精品，邹城诸刻经胜在自然，东平洪顶山刻经胜在洒脱，经石峪刻经胜在磅礴，而徂徕山刻经则胜在端庄。宋赵明诚的《金石录》，清冯云鹏、冯云瑑的《金石索》等金石名著均载其文，清代著名学者魏源把《徂徕山摩崖刻经》与《泰山经石峪金刚经》相提并论，给予很高的评价。

水牛山摩崖刻经

《水牛山摩崖刻经》（图87）亦名《水牛山经刻》，位于山东汶上、宁阳两县交界处的汶上县白石乡小楼村东南约一公里的水牛山南麓石窟右侧。水牛山虽不高，但是一座历史文化遗存颇丰的名山，山上留下了众多文物古迹。仅碑刻而言，就有北齐《文殊般若碑》、隋《章仇造像碑》、唐颜真卿《孔子讲书堂赞颂碑》、宋苏洵《闵子骞庙堂碑》等，《水牛山摩崖刻经》是水牛山历代碑刻中的佼佼者。刻经在水牛山南麓石窟山阳的一片长方形磨光石面花岗岩石壁上，刻字面横宽一点九五米，高二点六米，刻经文六行，满行九字，末行七字，共五十二字，字径二十七厘米，字沟深一点五厘米。所刻经文为："舍利弗汝问云：何名佛云何观佛者？不生不灭，不来不去，非名非相，是名为佛，如自观身，实相观佛亦然，唯有智者乃能知耳，是名观佛。"由于年代久远，风吹日晒，雨水浸蚀，刻字的笔口处皆有不同程度的风化和剥落，1980年，当地群众开山采石放炮，又伤及摩崖刻经花岗岩右上角，"舍"字和"利"字的上半部被炸掉。为了确保这一历史珍品不再继续遭到破坏，济宁市人民政府于1985年将其列为市级文物重点保护单位加以保护。

图 87　水牛山摩崖刻经

《水牛山摩崖刻经》的著录，最早见于清阮元的《山左金石志》，但阮元本人未见过《水牛山摩崖刻经》的拓本，更未见到过原刻，所得资料是由黄易录寄的，因而阮元未对《水牛山摩崖刻经》究竟是何时何人书刻加以深究。而清陆增祥的《八琼室金石补正》也只是根据阮元的《山左金石志》对《水牛山摩崖刻经》做了简单的记述，也未做深入的考究。那么，《水牛山摩崖刻经》究竟刻于何时呢？细观《水牛山摩崖刻经》，字体以隶为主，介于隶楷之间，间有楷、篆、行书，书法俊逸，雄健浑厚，古朴拙厚，方圆兼用，字迹清晰，笔法遒劲，行笔中锋，用笔纯以圆笔，方笔不显，起落提按的运笔节奏很不明显，笔画浑圆丰满，有些笔画还带有几分拙厚的韵味，与《泰山经石峪金刚经》《铁山摩崖刻经》风格相近。故历代专家认为，审其格数，《水牛山摩崖刻经》当为北齐人所书刻。《山东通志·艺文志》也持这一观点，在详细记录了《水牛山摩崖刻经》所刻的经文后，《山东通志·艺文志》加了肯定的按语，曰："水牛山摩崖刻经正书，无年月，字体与北齐为近……"至于究竟是北齐时何人书刻，现已无从查考。《水牛山摩崖刻经》与山东地区其他刻经相比，虽规模远远不如，但从整体来看，《水牛山摩崖刻经》有自己的个性，在今日所见的摩崖石刻中，这类书风的作品并不太多。因此，

《水牛山摩崖刻经》不仅在书法史上占有相当重要的地位,并具有十分重要的文史资料价值,从一个侧面反映出北朝时摩崖刻经之广泛。

七、山东平阴洪顶山、东平棘梁、东平云翠等诸山北朝摩崖刻经

平阴县、东平县诸山北朝摩崖刻经是山东境内发现时间最晚、镌刻年代却最早的北朝摩崖刻经,是继泰安、邹城、汶上等北朝刻经后发现的山东第九处大规模摩崖刻经。此处摩崖刻经,是1989年夏天最初发现后上报上级文物部门的。1995年报道后,引起了国内外专家学者的极大兴趣和高度重视,纷纷前来观瞻考察。经过大规模的仔细勘查,先是在平阴县旧县乡屯村铺村东二洪顶半山腰崖壁上发现了大批摩崖刻经,继而在与二洪顶隔山谷相望、处于古梁山泊东平湖畔北面右侧的一列低山的山阴与二洪顶大致处于海拔二百七十米同一水平位置的崖壁上发现了多篇佛教经文、佛名、题记等摩崖石刻。因二洪顶所在的原平阴县旧县乡于1996年2月划归东平县,因而平阴摩崖刻经亦被称为平阴、东平摩崖刻经,其规模之大、气势之雄、书法之奇均堪与《泰山经石峪金刚经》相比肩,而规模比《邹县四山摩崖》更大。

洪顶山摩崖刻经

平阴、东平摩崖刻经规模宏大,数量众多,分布面颇广。其中规模最大、内容最丰富的是《洪顶山摩崖刻经》。《洪顶山摩崖刻经》(图88)位于洪顶山西面茅峪中,东距县城约三十公里。洪顶山以"双峰竞秀"著称,山势险绝,两峰相峙,幽谷逶迤,古柏参天。《洪顶山摩崖刻经》分别镌刻在洪顶山西面两峰下巨大的茅峪泉南北两侧崖壁上,两者水平相距约一百五十米。崖壁上刻字内容丰富,是一处集经文、佛名、铭赞、题记、署名等于一体的大型摩崖石刻群。据专家考证,洪顶山茅峪南北两侧崖壁刻经,系由北齐高僧安道壹和印度僧法洪共同书写。茅峪北侧崖壁上,刻经基本

图88 洪顶山摩崖刻经(一)

上呈东西向分布在长约五十四米、高约二十五米、面积约一千三百五十平方米的崖壁上，最东端刻经处的前面又有一凸立的巨大岩石（南石），石之北面、西面也有部分刻经；茅峪南侧崖壁上，刻经均位于陡峭的悬崖上，刻经基本上呈东西向分布在东西长约二十五米、高约十米、面积约二百五十平方米的崖壁上。洪顶山茅峪泉南北两侧崖壁上，共刻有十余篇佛教经文，还有三篇颂文和二十三处佛名。共有大小刻字一千二百字左右，现存较完整可读者七百八十五字，现存刻经基本上保存完整，能反映出当时刻经内容的全貌。刻经字径大小不等，多为二十五至六十厘米。而最小者仅七厘米，最大者达四百六十多厘米，在茅峪泉南北两侧崖壁上形成了一个庞大的刻字群，琳琅满目，气势宏伟，堪称"大观"。

《洪顶山摩崖刻经》所刻经文为《文殊般若经》《金刚经》《文殊般若波罗蜜经》《大集经·穿普提品》《仁王经》《摩诃衍经》《摩诃般若波罗蜜经》等佛经中的某一篇章或某一节段（图89）。经文内容主要反映佛僧的"不生不灭""不来不去""无名无相"等"性空观"。经文字径一般为二十至五十厘米，所有刻字除少量使用双钩线条刻法之外，均为圆底阴刻。如《佛说文殊般若波罗蜜经》中的一节，摩崖刻经高二点四米，宽三米，字径高二十四厘米，宽二十七厘米。经文之首竖刻全高五十二厘米的"僧安道壹"四字。竖刻经文十行，满行十字，末行八字。

《二洪顶摩崖刻经》（图90）不仅刻字面积巨大，而且除了佛经，还刻有"大空王佛""大山岩佛""释迦牟尼佛""弥勒佛""阿弥陀佛""观世音佛""高山佛""安王佛""维卫佛"

图89　洪顶山摩崖刻经（一）

图90　二洪顶摩崖刻经（二）

"具足千万光相佛""药师琉璃光佛王"等二十三处十八佛名,尤为壮观。所刻佛名字径都很大,如:刻在茅峪北侧崖壁上的"安王佛"三字佛名,全高一百五十厘米,宽一百厘米,其笔画最宽处十四厘米;"高山佛"三字佛名,全高一百零八厘米,宽四十厘米,笔画最宽处三厘米;竖刻"大山岩佛"四字佛名,全高三百八十三厘米,宽一百六十厘米,笔画最宽处二十四厘米;自东向右西并排依次竖刻的"维卫佛、□弃佛、□□佛、□□含牟尼佛、迦业佛、释迦牟尼佛、弥勒佛、阿弥陀佛、观世音佛、大势至佛、释迦牟尼佛、具足千万光相佛、安乐佛"佛名,全长八百七十五厘米,高五百厘米,其中"具足千万光相佛"全高二百八十八厘米,宽六十四厘米。而在茅峪南侧崖壁上有三个"大空王佛"佛名,第一个刻"大空王佛"佛名及僧法洪题记,全高二百五十厘米,宽六十厘米,佛名四字双钩竖刻,笔画最宽处十厘米;第二个刻"大空王佛"佛名及释法洪题记,全高五百零五厘米、宽一百厘米,四字佛名双钩,其中"大"字高一百四十一厘米,宽七十五厘米,"佛"字高二百一十厘米,宽八十五厘米,笔画最宽处十八厘米,四字之右竖刻"经主法洪供奉佛"题记一行;第三个刻"大空王佛"佛名,双钩字,全高一百三十九厘米,宽四十八厘米。

其中最为引人注目的,要数竖刻在茅峪北侧崖壁中心位置、居于峪北全部刻经中间处的一块平滑巨岩上的"大空王佛"四个大字(图91)。四字通高十一点三米,最宽处达四点一米。其中的"佛"字,高四点六二米,宽四米,笔画宽二十多厘米,最宽的笔画五十多厘米。整个字用笔大起大落,端庄雄浑,有犀搏蛇之势,通篇既敦实稳健,又神势飞动,末一竖笔呈

图91 洪顶山摩崖巨字"大空王佛"

"飞白"状，又使其多了几分飘逸洒脱之韵味，且每字均带有装饰性笔画，尤其"佛"字两竖之首端呈双手状，通天拔地，气势磅礴，雄伟壮观，可谓"如龙蟠雾，似凤腾霄"。在"大空王佛"四字两边有双刻竖线，此四字旁为安道壹书刊题记，高二百二十二厘米，宽一百四十厘米，竖刻五行，满行一十四字，字径十六厘米。以前所知，尖山刻经中有"大空王佛"一竖行四个隶楷大字，字径达一点三八米，是北齐武平六年（575）镌刻于山东邹城东北六公里尖山摩崖刻经上的，已是摩崖大字中的绝品。但是洪顶山摩崖刻经中的这一处"大空王佛"四个大字，字径比尖山摩崖刻经上的"大空王佛"还要大两倍多，在当时无疑是大字榜书中的极品。专家认定，洪顶山摩崖刻经"大空王佛"中的"佛"字，是目前已知的我国境内最大的北朝大字，是自汉字产生以来直至北朝的留存于世的最大汉字，是我国摩崖石刻史上的稀世珍品，为我国最早最大的巨字摩崖，是中国历史上真正的"大字鼻祖"。

在洪顶山茅峪泉崖壁镌刻的经文中，还有一块巨大的蟠螭龟趺状摩崖线刻碑，其碑面部分高四点五米，宽三点六米，其上部以线刻雕出六龙碑首，经名已有磨损，仅可见"摩诃衍经"四字。下部亦以线刻雕出龟趺形态，连同碑首及碑座，其高度约七米，宽五点二米。经文刻在双线界格内，其磨损非常严重，字迹极不清晰。据专家查考研究，《摩诃衍经》乃《摩诃般若波罗蜜经（大品）》。此摩崖线刻形态刻出的经碑，是中国佛教艺术中独创的形式，在邹城铁山的刻经中有一块规模更为巨大的刊刻有《大集经》和《石颂》的摩崖线刻经碑，形式与平阴的线刻经碑完全一致。从纪年看，此种线刻摩崖碑的形式当是高僧安道壹等人先在二洪顶刻出，再至铁山发扬光大的。由此更证实了洪顶山刻经是山东境内最早的摩崖刻经，平阴摩崖刻经在山东北朝摩崖刻经中是源头。

洪顶山茅峪泉南北两侧崖壁上虽都有刻字，但由于书写者不同，茅峪泉北侧崖壁刻经者以僧安道壹为主，茅峪泉南侧崖壁刻经者以印度僧法洪为主，故南北崖壁上两部分刻字风格各异。北崖壁所刻经文字较大，均在五十厘米上下，书体是隶篆草皆有，文字风格接近《泰山经石峪金刚经》，为"带楷意的隶书"，从中可以窥见汉字由隶入楷的演变轨迹。但北崖壁摩崖刻字除有泰山、铁山刻字之遒劲、凝重、高古，还有体势紧凑俊逸、秀拔洒脱之特点，比《泰山经石峪金刚经》字体结构紧密，凝重中多出几分飘逸。北壁刻经文有"僧安道壹"题名三处。考洪顶山茅峪泉北侧崖壁诸刻字，书体风格与邹城市的铁山、尖山刻字多有相同之处,且同有安道壹款识,由此可以断定,二洪顶摩崖刻经与铁山、尖山刻经同出于北齐高僧安道壹之手。其书写风格隶中带楷,楷中带隶,是我国文字进化从隶到楷的重要见证之一。茅峪泉南壁刻经文字较北壁小一些,汉隶风韵,朴厚劲媚,方整中多变化,极似汉代《张迁碑》。《张迁碑》原址即位于洪顶山北面,由此可见《张迁碑》当时影响之深广。

在洪顶山摩崖刻经的《法洪铭赞》中,有北齐武成帝高湛"河清三年"(564)的纪年,并有"释迦双林后一千六百二十年"等两处佛历纪年。平阴县洪范池镇文化部门在对张海村黑风口二股山摩崖石刻进行保护时,又挖出了石刻原来被土埋住的边缘部分,上面刻着"河清元年造"几个字。这些都清晰地向人们展示出《洪顶山摩崖刻经》的刻制年代为北齐武成帝时期(561—564),距今已有一千四百五十多年的悠久历史,比邹城市的《四山摩崖刻经》早七年以上,比泰山经石峪的摩崖刻经早约十年,是山东乃至我国最早的刻经。山东境内的摩崖刻经均受到《洪顶山摩崖刻经》的影响。2006年5月,《洪顶山摩崖刻经》被国务院公布为第六批全国重点文物保护单位。

棘梁、云翠、天池、二鼓、黑山、小山子等山摩崖刻经

除了二洪顶摩崖刻经,在平阴和东平的棘梁、云翠、天池、二鼓、黑山、小山子等其他山岭的崖壁、石坡上还有许多不同内容、刻字大小不等、横式竖式风格多变、情趣百出的摩崖石刻(图92)。

棘梁山又名司里山,位于东平县城西约五十公里的戴庙乡。据碑文记载,因此山遍生荆棘,故名"棘良山"。至宋代后,在此设巡检司"以安其境",更名"司里山"。山虽不大,但它自南北朝以来,就成为中国北方"三教合一"的宗教名山。山上建有殿堂庙宇,儒、

图92 山东平阴东平北朝摩崖刻经

释、道俱全，除山顶有雕刻造像共七百八十八尊的"千佛崖"，山上原还有四处北朝摩崖刻经，只是由于时间久远，有的已严重风化或损毁。第一处摩崖刻经位于山顶造像东崖崖面上部，从北向南尚残存有"白佛言世……罗蜜曰……罗蜜是……佛言……过去诸……今十方……□是□……三□三……是明□……法萨"等四十余字，字径五十厘米。首行北端左下方有一"佛"字；第二处摩崖刻经位于山顶东崖南部造像区内，仅存"无""灭"二字清晰可见；第三处摩崖刻经位于第一处摩崖刻经下方东部摩崖上，高三点五米，长十二米，镌刻《佛说大般涅槃经》，所刻经文基本保存完好，从北向南竖刻，三十五行，满行十四字，字径十六厘米，共刻字四百八十多个，刻字面积近一百平方米；第四处摩崖刻经据说位于第二处摩崖刻经南二三十米处，字体较大，但已完全因当地农民开山采石毁掉，内容已无法考证了。

云翠山位于山东平阴县洪范池镇政府南两公里处，大寨山西。山势南北走向，山脊约五公里，高四百七十五米。遍山林木青翠，荫接影连，峻峰陡立，奇景迭现，山寺隐约，古迹众多。在天柱峰山顶东面巨岩西侧峭壁上，刻有北朝时期的摩崖石刻"大空王佛"四个大字，字高二百一十厘米左右，宽五十多厘米，保存基本完整，"佛"字中间部分稍残。其右刻有"董子孔、妻王"题名，其左刻有"比丘尼、安道壹、崇业禅、比丘僧令、比丘道顗、比丘智、比丘宝陵"题名，笔画较纤细，风化较严重。

天池山位于平阴县洪范池镇书院村外，在山崖上镌刻有两处"大空王佛"佛名。一处刻于山东侧半山腰处的一个缓坡上，四字总高二百四十厘米，字径最宽处七十厘米，保存基本完好，并刻有"大山岩佛""崇业禅"等字。另一处"大空王佛"镌刻在北面唐代龛像旁，为双钩字，约高一百厘米，已严重风化。

二鼓山在洪顶山东面，属平阴境内。在二鼓山山丘顶部南侧平坦石面上，镌刻有"大空王佛"四个大字，总高三百八十厘米，字径最宽处一百二十厘米，保存基本完整。其中"大"字撇画稍残，"王"字左上面稍残，"佛"字左下部残损，均系1995年时被拓字者人为砸坏。佛名下方有"比丘僧太、道顗、僧安道壹、程伯仁"四人题名记，保存完好。

黑山位于平阴县东阿镇黑山村。在黑山东峭壁上，刻有"大空王佛"四个大字，但由于风化严重，字已模糊不清。

小山子在平阴县境内，在其山坡平缓的岩面上，刻有"大空王佛"四个大字，总长两百多厘米，宽二十多厘米。字旁有"僧安道壹、程伯仁、僧太、□□年"等题记。

平阴周边诸山所镌刻的"大空王佛"佛名，其字体风格大多如洪顶山摩崖刻经，可以判定多是北齐高僧安道壹所书刻，都是擘窠大字中的佳作。

第五节　书体嬗变碑之繁花纷呈
——各体混合杂糅的碑刻及代表作

南北朝是我国多民族文化交融的时期，也是汉字字体由隶向楷演变、汉代隶书向唐代楷书演进发展的过渡时期。书法艺术的发展和其他事物的发展一样，成熟之极，即衰竭之始。隶书在汉代经历了百花齐放的兴盛期后，至汉末三国时期，清新、醇厚的芳香已不再，日趋规整和程式化，逐渐丧失生命力；而另外的新体正书正通过吸收"旧肌体"的营养开始孕育、滋生、成长，至南北朝达到了生命力最为旺盛的蜕变期。这一时期，书法完成了由隶向楷过渡的实质性转变。在这一转变过程中，除了保留着篆、隶、章草、行书法类型，还演化创造出了新的书法艺术类型——隶楷和魏碑体（魏书）。在隶楷和魏碑体产生形成并日渐走向成熟的过程中，篆、隶、楷、章草各种书体进一步交融，形成了百花盛开的南北朝大书苑。南北朝书体的主旋律是隶、楷错变。北朝后期，书坛上已完成了由隶向楷转化的关键环节，当时书坛众多书法类型中，魏书、行魏书是新内容，传承下来的篆书、隶书、章草书是旧有内容，新旧书体相互撞击交融，出现了类型多、面貌众、形形色色、争奇斗艳的书体形态。此类魏、篆、隶、章草、行相交融的书体被一些书家书写镌铭于石上，不仅繁衍出了上述山东云峰山、太基山《郑文公》《论经书诗》等集魏、篆、隶、草之长于一身的众多书体嬗变摩崖石刻，山东泰山经石峪、东平洪顶山、邹城铁尖葛岗四山大批用隶楷嬗变书体书写的摩崖刻经，甚至还出现了多块间有篆势与楷法，在楷书笔法间又参以隶篆笔意，集篆、隶、真、草于一碑的"集大成"的大杂烩式字体碑。诸如：

隶真化合体《沮渠安周造像记》

《沮渠安周造像记》（图93）亦称《沮渠安周造佛寺碑》，又名《沮渠安周功德记》，刻于北凉沮渠安周承平三年（445）。原碑于清光绪末年出土于新疆吐鲁番高昌故城，出土时石中断，出土后未椎拓，光绪二十九年（1903）为德国人掠得，运往德国藏于柏林国家博物馆。光绪三十一年（1905）长白端方因政事奉使考察欧洲，赴德时在柏林国家博物馆见到此碑，请求椎拓，德国人以石脆严禁拓墨，特许手拓，结果长白端方手拓一整纸一半幅而归。这才使国人得以见到此碑之真迹。拓本纵一百三十五点二厘米，横八十五点八厘米，二十二行，满行四十七字。这一来之极为不易的拓本为李钦所得，李极为珍视，引以为豪，以藏有此拓本而将自己的书斋命名为"北凉碑馆"。传说此造像碑在第二次世界大战中已毁，故端方所拓、李钦所保存收藏的这一绝世孤本的价值更为珍贵，1976年李钦之孙李章汉将此拓本捐赠给国家，现珍藏于北京中国历史博物馆。

图93 沮渠安周造像记

北凉为羯族沮渠蒙逊所建，位置在今甘肃西部，后为北魏所灭。沮渠安周为沮渠蒙逊第十子。该碑撰文为中书郎中夏侯粲。北凉碑刻甚为少见，传世者极少，除此碑外只有比它晚十年、刻于北京沮渠无讳承平十三年（455）的《封戴墓表》，它们为研究北凉历史提供了实物资料。

《沮渠安周造像记》与《主簿程疵家题字》《广武将军碑》《邓太尉祠碑》合称为燕秦诸国"四品"。此碑书法总体而言为隶书，但已具楷意，隶书中有真书，风格独特。全碑主用方笔，横笔两端多呈锐角并向上翘起，笔画挺拔，锋芒毕露，结字稳健中具有活泼气氛。其书势古拙，和《爨宝子碑》有相近之处，嬗美蜕化情形非常明显，是启功先生《古代字体论稿》一书中所说的"隶真的化合体"的典型代表作。其字体上承汉隶之风，下启北魏之端，从中可以明显看出汉隶向北魏体演化的轨迹。源出东汉的《熹平石经》，其体势飞扬，奇峭劲拔，笔法挺峻，拙中藏巧，气骨逸宕，已开魏体之始。全碑呈现出一派古意拙朴、雄强多姿、峻拔奇丽之美。

饶有古隶意味的楷书《爨龙颜碑》

《爨龙颜碑》（图94）于南朝刘宋孝武帝大明二年（458）九月立于云南陆凉（今云南陆良）。此碑出土时间不详，过去一直被认为是由清代道光年间云贵总督阮元访得，方显于世。据近人考证，阮元父子访获此碑前，在元、明时已见著录，在元代李京的《云南志略》、明代《云南道志》、明周弘祖的《古今书刻》卷下以及《大明一统志》中均有记载，并有拓本流传，但后来湮没无闻。此碑高三百三十八厘米，宽一百四十六厘米，上端广一百三十五厘米，厚二十五厘米，圆首额高八十三厘米，楷书"宋故龙骧将军护镇蛮校尉宁州刺史邛都县侯爨龙颜之碑"，计六行二十四字，在历代碑刻额题中以字数之多名列前茅。碑文楷书，碑阳文凡二十四行，每行四十五字，爨道庆撰文。碑阴楷书三列，上列十五行，中列十七行，下列十六行，每行三至十字，为职官题名。此碑于清道光六年（1826）被时任云贵总督的金石学家阮元在云南陆良东南十公里处的贞元堡发现，并亲自题跋于碑下，谓："此碑文体书法，皆汉晋正传，求之北地，亦不可多得，乃云南地一古石。"翌年，知州邱均思筑护碑亭，阮元之子阮福又将此碑文收录于《滇南古金石录》，并大加赞扬，自此该碑大显于世。现碑存贞元堡小学。碑末刻有清人题跋三则，分别为清道光六年（1826）阮元跋、道光十二年（1832）邱均思跋、光绪二十八年（1920）杨佩均跋。

《爨龙颜碑》与比它早刻五十三年的《爨宝子碑》一起被合称为"二爨"，虽

图94 爨龙颜碑

其刻立时间、发现时间均晚于《爨宝子碑》，但因其形制大于《爨宝子碑》，故历来将其称为"大爨"，将《爨宝子碑》称为"小爨"。此碑是研究我国古代西南少数民族地区特别是爨氏家族政治、文化的重要资料，同时对研究当地乃至整个南朝书法发展情况亦有重要意义。此碑虽在南方，但因地处边陲，故尚未受东晋"二王"书风的影响，其饶有古隶意味的楷书仍保留着纯朴拙厚的书风，书法风格独特，极富艺术表现力，达到了很高的艺术境界。其结构摆脱了隶书的宽扁，稍呈纵势，变化多样，参差殊异，但又统一和谐。其笔法既具有《爨宝子碑》的朴拙凝重，又具隶篆之遗韵。《爨宝子碑》所存隶意尚多，而《爨龙颜碑》则隶意颇微，楷则已极为明显。其笔画浑劲，笔势雄强、劲拔、豪放，峻利明洁，饶有拙趣，变化多端。其结体跌宕恣肆，造型舒展开阔，含韵于朴，寓巧于拙，端庄稳重而又极具变化，其大小、方长、扁圆、斜正、疏密、敛展均随意而适，千姿百态，奇趣横生。其形体既有《爨宝子碑》的稚拙憨朴，又多了几分典雅秀气。其点、勾、横、撇、捺、竖各种笔画均富有个性，用笔意趣横生，极具特色，如各种尖圆、方平的"点"，有如高山坠石，千姿百态，钩挑含蓄丰满，横竖中截硬劲坚实如铁，而两端方圆恣肆，撇捺峻利爽快而隶意甚，横弯转角，方圆互成，奇正相生，雄强而不失浑劲，沉着而不失超逸。其章法整体布局安排得当，疏密相间，洞达跌宕，字与字、行与行之间互相顾盼，生动有致，并体现出偃仰、向背、避就、朝揖的各种意态。综观全碑，气度雄浑壮伟，气象庄严肃穆，雄强而不失浑劲，沉着而不乏超逸，令人赞叹不已，书家无不给以高度评价。清范寿铭《循园金石字跋尾》云："此碑与《嵩高灵庙碑》同时所树，南北两碑，遥遥耸峙，淳朴之气则《灵庙》为胜，俊逸之姿则《爨碑》为长。盖由分八隶之始，开六朝、唐、宋、元无数法门。魏晋以来，此两碑实书家之鼻祖也。"清杨守敬在《学书迩言》中称赞此碑，说"二爨"碑"上溯篆分之源，下开隋唐之经"。其《平碑记》称此碑用笔"绝用隶法，极其变化，虽亦兼折刀之笔，而温醇尔雅，绝无寒气之态"。康有为则更是将此碑推到了至高无上的地位。在《广艺舟双楫》中，他说"《爨龙颜》若轩辕古圣，端冕垂裳"，称赞此碑"如昆刀刻玉，但见浑美；布势如精工画人，各有意度，当为隶楷极则"，将此碑列为"神品第一""雄强茂美之宗"。此碑自被发现以来即极负盛名，至今不衰，书学界还有许多人将其奉为"南碑之冠"。

融隶法以真行的《中岳嵩高灵庙碑》

《中岳嵩高灵庙碑》(图95)又称《嵩高灵庙碑》《寇君碑》《灵庙碑》,北魏文成帝太安二年(456)刻立(一说太延年间,即435—440年刻立),乃道教立碑之始,为历代金石学家所推崇。碑在今河南登封嵩山中岳庙内,高二点一三米,宽一米。碑额下有直径十四厘米的碑穿,犹存汉碑遗制。碑额篆书阳文"中岳嵩高灵庙之碑"四行八字。额上及额两侧饰四只龙爪扭绕盘护。碑阳镌刻正书二十三行,每行五十字,由于风化侵蚀和古董商人的破坏,今中段残泐剥落近半,仅存五百八十余字。碑阴七列,各列行数、大小不等。第一列二十二行,第二列十六行,第三至六列二十九行,第七列九行,第一、二两列较下五列字略大,各行字数不等。此碑自宋以来诸家仅记其目而没有录存其文,无撰、书者姓名。但清孙星衍《寰宇访碑录》和康有为《广艺舟双楫》都谓此碑和比其早

图95 中岳嵩高灵庙碑

十七年、石早已亡佚的《大代华岳庙碑》均为道士寇谦之书立。寇谦之为昌平人,著名道学家,活动于嵩山、华山之间。其时南朝奉佛,北朝崇道,寇谦之系北朝道教大宗天师道的风云人物,深受北魏太武帝的宠信。寇谦之先后奏请更造华岳、嵩岳新庙,太武帝准之,《嵩高灵庙碑》和《大代华岳庙碑》即为记此事而立。因两碑出自一人之手,故两碑文字内容大同小异。但是由于两碑立碑时间相隔十七年,所以尽管两碑内容略同,书体相近,但《中岳嵩高灵庙碑》在书法艺术上显得更为纯熟、精美,不独是南北朝众多碑版书法作品中的突出精品,在北朝众多的碑刻中亦可谓丰碑巨制,艺术价值也堪称上乘,是由隶至楷过渡时期独具特色的一朵奇葩,在整个书法史上也占有重要的地垃,为近代书家所推崇。

《嵩高灵庙碑》由于脱胎于汉隶,故隶法森然,波磔犹存,又由于它是尚未成

熟的楷书，所以尽管其楷则明显，但并不像成熟楷书那样法度森严，而是结体自由，时长时扁，时小时大，时正时欹，不落窠臼，用笔大起大落，无拘无束，出奇制胜，极奇变之妙，从而显现出一派率真古拙、奇肆朴质、自然烂漫的独特面貌和风格。《嵩高灵庙碑》全碑以隶书笔法写楷字，笔画、结字、结体用笔带有浓厚的隶书意味，大多使用蕴含圆意的方笔，径以直画结字，笔力沉实，行笔自然，形象稚拙而古朴，新姿异态，纷呈笔端。如"五""灵""斯""谓""虚""也""杂""错""理"等字，几乎纯以垂直与水平的直线组合而成，折角也几乎成直角，仅以长短、肥瘦、疏密的微妙变化破其单调、板实，如昆刀切玉，斩钉截铁，气度不凡。而有时碑文书写又以含方意的圆弧形笔画作撇捺，系从隶书中蜕化出来，因为往往作为字的主笔，所以很引人注目，显得十分优雅。如"之""以""处""机""民""美""炭""授""人""配"等字。这些圆弧形的撇捺使全字及通篇摇曳生姿，洒脱灵动起来。线条笔画是书法的基本要素，《嵩高灵庙碑》用笔质直，笔画中段也极丰厚，带有浓厚的隶意，线条起讫转折都有圆意，外方内圆，亦方亦圆，方圆兼施，外刚内柔，刚柔互济，不像唐楷笔画中段因提锋而较为细瘦薄弱。由于其用方笔而不露圭角，虽为方笔而以中锋运之，如锥画沙，蓄力极强，内涵极富，灵动之气盘桓其间，所以方直却不板滞。

由于《嵩高灵庙碑》以隶法作楷，融汉法以真行，隶笔、楷意极为自然而微妙地融合为一体，笔力雄肆遒劲而又凝重，古朴醇厚而又风姿绰约。而其密中有疏、敛张相得的结体，使其在优美的风姿外又平添一种放纵开张的气势，因而具有很强的艺术魅力，历来颇受推重。清杨震方《碑帖叙录》称其"字体古拙雄健，介乎隶、楷之间，虽放纵，但风格极高浑雄大，笔力沉静，具有一种森严之妙趣"。康有为《广艺舟双楫》将《嵩高灵庙碑》碑阳书法列为"高品上"，碑阴书法列为"神品"，谓"高美则有《灵庙碑阴》"，"奇古莫如寇谦之"。又说"《灵庙碑阴》如浑金璞玉，宝采难名"，"如入收藏家，举目尽奇古之器"。"真正书之极则，得其指甲，可无唐、宋人矣！"清"无不可斋主"题《嵩高灵庙碑》曰："北魏佳品极多，派别亦异，方圆奇正，皆自成军。而《灵庙碑》浑融方峻，奇逸雄强，溶汉法以真行，寓华藻于朴实，真可谓无体不备，无美不收矣。"

似隶似楷、不拘成法的《姚伯多造像记》

《姚伯多造像记》（图96）又称《姚伯多兄弟造像记》《姚伯多兄弟造文石像》《姚文迁造像记》，刻于北魏孝文帝太和二十年（496）九月，现在陕西耀州区的药王山上。碑高一点四米，宽七十厘米，厚三十厘米，四面刊刻。碑阳上部一龛内刻有三尊像，造型奇异，别有神情；下部镌刻铭文二十三行，行二十八至二十九字，现存六百二十四字。碑两侧分别刊刻姚伯多和梁冬姬等造像记。碑阴有上下两龛，铭文较碑阳细瘦，风格稍异，别具丰神，只是下半部因年久风蚀，字多漫漶难以辨识。从题记的文字内容看，《姚伯多造像记》不同于北魏一般的佛弟子造像记，而是道教造像记。

《姚伯多造像记》碑阳铭文书法古逸，天趣朴拙，结体自然，字体似隶非隶，似楷非楷，然又时出隶书笔意或楷书笔意，其书刻不拘成法，从心所欲，信手而成，稚拙而富天趣，自然而有变化，时有隶书笔意，时有楷书笔意，似在有意无意之间，形成一种独具一格的书体，一种旷远、神秘的意境。其字形修短奇正相杂，方圆长扁相间，笔画方圆中偏互用，浑然一体；结字变化多端，欹斜反正，若断似连；结体重心忽高忽低，时聚时敛，时藏时露，跌宕起伏，自由自在，随心所欲，信手而成，神态变异多端，稚拙而富天趣，自然而有变化，奇拙天成，别具风韵。从此题记别字连篇，点画随意增减，还有漏刻等情况来看，

图96 姚伯多造像记

此碑很可能未经书碑，由石工直接操刀刻成。通篇铭文，原为有格书写，但因字形大小错落，纵横多变，加上刻工率意下刀，或轻或重，或方或圆，或增笔或缺损，故似无格书写，浑然一体，具有浓重的刻写结合的情趣。其碑阴更是别具神韵，与碑阳、碑侧之不同处是几乎全用圆笔，单字造型多；多取横势，空灵而宽博，笔画分离而不涣散，具有高古的气息。《姚伯多造像记》系正书，但却给人以近似行草的感觉，细究乃是其结字变化多端造成的。其妙处欹斜反正，若断似连，结体重心忽高忽低，时聚时散，时藏时露，跌宕起伏，自由自在，神态之变，似在瞬间。《姚伯多造像记》正襟危坐者有之，酣碎癫狂者有之，诙谐幽默者有之，掩面羞怯者有之。如包慎伯所言杨风子《韭花帖》那样，"盖善移位置，有破削之神也"。《姚伯多造像记》之拙当然不同于龙门造像之拙，其奇也不同于《广武将军碑》之奇，它的奇拙、天然之美确实值得细细品味，其中流露着在当时来说算不上是很高明的写手和刻手的天性。正是这种天性的纯真流露，为我们今天留下了《姚伯多造像记》这样北朝碑刻中难得一见的奇品，无怪乎近代著名书法家、金石学家于右任要将其和《广武将军碑》《慕容思碑》一起称作三绝碑了。

杂篆隶于楷书中的《李仲璇修孔子庙碑》

《李仲璇修孔子庙碑》（图97）简称《李仲璇碑》，又称《鲁孔子庙碑》，刻于东魏孝静帝兴和三年（541）。其时李仲璇为兖州刺史，因孔子庙墙宇颓毁，遂加修建而立此碑以纪，碑文撰者不详，碑侧题"内□书任城王长儒书碑"。碑现存于山东曲阜孔庙同文门西侧。碑额篆书题"鲁孔子庙之碑"两行六字。碑阳刻碑文二十五行，每行五十一字，碑阴刻铭文三列，首列在额后，七行，第二列二十五行，第三列二十九行。此碑书体颇为奇特，似隶似楷，并时有篆字杂入，"杂大小篆、分、隶于正书中"。这种风格特点是当时流行的书艺风尚的反映，类似情况在北朝碑刻中时有发现，如西魏《杜照贤造像记》《张世保等人造塔记》，直到隋代《曹子建碑》都是如此。正如后魏江式在《论书表》中指出："皇魏承百王之季，绍五运之绪，世易风移，文字改变，篆形谬错，隶体失真，俗学鄙习，复加虚造，巧谈辩士，以意为疑，炫惑于时，难以厘改。"此碑楷书中杂篆杂隶的奇异书风，引起了历代书家、金石家的兴趣和关注，褒贬不一。有对其加以称道的，例如，宋欧阳修《集古录》认为此碑"笔画不甚佳，然亦不俗"，"当自有法，又其点画多异"。明郭宗昌《金石史》云："（李仲璇碑）笔力劲骏，如偏面骄嘶，又如辫发章甫，殊俗揖让。"清康有为在《广艺舟双楫》中则称赞此碑"圆静"，谓："亢夷超爽，莫如王长孺之李仲璇碑。"又谓此碑"如乌衣弟子，神采超俊"，并将其评为"逸品上"。但前人对此碑也多有微词，如明赵崡《石墨镌华》即认为其不伦不类，非驴非马，谓："碑正书，时作篆笔，间以分隶，形容奇怪。考古书法，大小篆谓之篆，东汉诸碑减篆笔有批法者谓之隶，以篆笔作隶书谓之八分，亦谓之隶，正书谓之今隶，亦谓之楷。然则如此碑，篆耶？分耶？古今隶耶？"清杨守敬《平碑记》也说："顾亭林（炎武）深恶之。且其笔法亦不甚佳，非真得篆隶之髓者。"

尽管历代书家、金石家评价不一，但不可否认的是，此碑是一块杂大小篆、分隶于楷书之中，具有与众不同特色的奇碑。此碑笔画老健，结字宽博，雍容大方，并有一种古雅隽迈之气，非常耐看。碑中笔画转折处既有用篆书之圆转的，也有用隶书之方折的；"糸"旁几乎纯出自篆笔，"口"旁则更多的是隶笔，斜勾、横道等笔画更是隶意盎然。从总体上看，楷书所包孕或间杂的

图97 李仲璇修孔子庙碑

隶意多于篆意，字体也多取横势。碑中还大量使用异体字，更增添了作品"形容奇怪"的特色。再就笔画结构来看，其笔力劲峻，颇含古意，拙异而有天趣。在书法艺术发展进程中，《李仲璇修孔子庙碑》的奇特书风对后世还是有一定影响的，诸如唐代体杂篆隶的《景龙观钟铭》笔法正源于此。

杂篆形草势行笔楷法于隶书中的《杜照贤造像记》

《杜照贤造像记》（图98）全称《杜照贤杜慧进等十三人造像记》，刻于西魏文帝大统十三年（547）十一月。石在河南禹州，上半为人像，下为题记，记文八行，每行二十一字，侧为小字，各三行，前三行存二至三字，后三行存五至七字，另有二列共十四行，每行十至二十字，下列七行存三至四字。西魏传世碑刻极少，《杜照贤造像记》是其中艺术价值最高、最有代表性的一种。

此碑笔画细瘦活泼，用笔圆润，方圆结合、肥瘦相间，挺直的横、竖与柔曲的撇捺钩波结合为一体，相得益彰。其结体不拘一格，随字赋形。字势或斜或正，字形有方有圆，富有多样变化之美。"勉"字左下撇上翘，形成"欹侧"飞扬之势；"後"字左部首高扬的弧线，使字势飞动，同时右下边两撇则呈直状，

图98 杜照贤造像记

抵住左弧下之疏空。整个字势飘扬之中又稳健，在揖让、避就之中达到和谐的形式美。全碑字体在隶、楷之间，然兼有篆、行、草写法。其笔法以隶为主，又有明显的楷书特色，同时也兼具篆、草笔意，诸种书体在同一块碑中，乃至在同一个字上，杂糅于一起，熔为一炉，达到变化生动、刚柔相济、和谐统一的艺术境界。这种各种书体杂糅的风格，将王羲之在《书论》中倡导的"为一字，数体俱入。若作一纸之书，须字字意别，勿使相同"这一中国古代书法创作的艺术风格表现得淋漓尽致，体现了一种多样变化的审美意趣。不过《杜照贤造像记》还只是一种不自觉的"数体俱入"，尚处于字体演变过程中的一个杂糅阶段，可谓集各

体于一碑的大杂烩。如"为"字，有行草笔意，"三"字则是典型的隶书。就整体来说，称此碑为隶、为楷，似都无不可。从历史上看，杂采某一、二种书体而书刻于一碑，从汉至隋时有所见。如汉《夏承碑》、东魏《李仲璇碑》、隋《曹子建碑》等都是如此。但如此碑这样集篆、隶、真、行、草于一身的集大成的碑刻，还是十分少见的。书写此碑时已是六世纪中期，其时楷书已经普遍使用，出现这种情况则更是一个特例。从《杜照贤造像记》书法中，可以看到各种字体之间的相互交融，窥见中国文字、书体的嬗变轨迹。

非隶非楷、不伦不类的《唐邕写经碑》

《唐邕写经碑》（图99）全称《晋昌郡开国公唐邕写经碑》，刻立于北齐后主武平三年（572）五月，碑在河北武安。据清陆增祥《八琼室金石补正记》载，碑"高四尺七寸，宽三尺二寸"，碑文二十行，每行三十四字，字径一点三寸。北齐书法承北魏之后，虽由北魏墓志和魏碑形成的魏碑正书仍占主导地位，但复古、拟古之风也颇为盛行，追求隶书笔意，《唐邕写经碑》即是介于隶楷之间的典型作品。正如清乾隆金石大家吴玉搢纂《金石存》所说："《唐邕写经碑》字法较汉隶已为近楷，然批法钩磔，尚有钟梁遗意，不似嵩阳寺碑尽偭古法也。"清欧阳辅《集古求真》认为此碑"书兼隶笔，然圆腴遒厚，实导唐贤先路"。

图99 唐邕写经碑

综观此碑碑文书法，与魏钟繇及隋唐小楷非常接近，但字体趋于宽扁，运笔以隶法为主。字体方正紧凑，葱茏邃密。但基本运笔却仍是隶法，尤其全碑皆不作挑笔，全碑横画和捺笔虽已无"蚕头"，但横画和捺笔仍作燕尾之形，竖画起笔仍以隶法裹笔回锋而下，故隶意甚浓。但此碑介于隶楷之间，即使用笔之中也不能不受楷法影响，如点画和横画的起笔、转折的提按都是明显的正书笔法，这可以看出继北魏之后，楷书已成为社会主流，尽管北齐极力想恢复隶书的风貌，但已不可能充分表现出汉隶的纯正韵味，其点画、横画的起笔和转折的提按都是明显的楷书笔法。从此碑可以明显地看出那个时代隶楷嬗变的遗迹，因而不能用一般欣赏隶书或欣赏楷书的眼光来观察这一类的书法。如以书法艺术价值来讲，就隶书而论，此碑与汉隶精品佳作相去甚远，绝称不上是什么好作品；就楷书而论，此碑比晋唐名品佳作远远不如。然而，此碑的书法价值并不在于此，它和《李仲璇修孔子庙碑》《西岳华山庙碑》一样，其价值恰恰是在于"不伦不类"、非隶非楷，在于其嬗变的奇特形态，在于它展示出了中国书体演变的轨迹。因此，不能简单地用一般的书法标准来衡量它，而要从书法演变的角度来认识它。只有这样，才能给它以恰如其分的评价。由于其楷法、隶法相掺，并且结合得较为自然、熨帖，亦为后人融合各种书体进行书法艺术创作提供了一个可资借鉴的范例。

亦隶亦楷亦篆的《西岳华山庙碑》

《西岳华山庙碑》（图100）亦称《西岳山神庙碑》《华山神庙碑》《华岳颂》，刻于北周武帝天和二年（567）十月，原在陕西华阴县华岳庙，今在陕西西安碑林，碑高约四米，宽约一点五米。碑额篆书"西岳华山神庙之碑"两行八字。碑阳碑文由万纽、于瑾撰文，赵文渊书，二十五行，每行五十五字，还另刻有宋人题跋；碑阴有唐开元间刘升隶书《华岳精享碑》，左侧有唐人题名；右侧刻有颜真卿正书《谒金天王祠题记》。此碑书体似隶似楷似篆，间有篆势与楷法，在楷书笔法间又掺以隶篆笔意，极不统一，是一种大杂烩式的混合字体。这种混合字体书风滥觞于东汉《夏承碑》，北朝碑版多有效

图100 西岳华山庙碑

仿，成为当时的一种风尚。此碑书写者赵文渊，南阳宛人（一说天水人），因避唐高祖讳，改文深，字德本。他以善书知名于世，为北周书学博士。《周书》卷四十

七《赵文深传》云："文深少学楷隶，年十一，献书于魏帝。""文深雅有钟、王之则，笔势可观。当时碑榜，唯文深及冀俊而已。"明郭宗昌《金石史》亦说："文渊为周书学博士，书迹亦为当时所重。"然而，正如明赵崡《石墨镌华》所说，"文渊书《华岳颂碑》字小变隶书，时兼篆籀，正与《李仲璇孔庙碑》同"，这位名重一时的书法家为追求创新，写出了这样一块集篆隶草行楷各种书体交融于一碑的大杂烩式的混合字体碑。

由于《西岳华山庙碑》不循前人之规矩，打破了传统的模式，不合乎已经形成习惯的某种法度，问世后历代褒贬不一。明郭昌宗《金石史》云："《华岳碑》字尽偭古法，浅陋鄙野，一见欲呕。"清欧阳辅《集古求真》称："此碑书法丑怪，而浪得虚名。"梁启超《碑帖跋》谓其"以八分入楷，滞而不化，上不能比魏太和景明诸刻之豪宕，下不能比隋唐各家之俊逸，亦适成为北宗末流而已"。但也有一些人并不赞同这些意见，认为细观此碑，结字工稳，用笔洗练，意态古雅，虽有人讥其"尽偭古法，浅陋鄙野"，实不可以俗书目之，给予《西岳华山庙碑》以较高的评价，肯定了其在中国碑刻文化发展史上所起的作用和地位。诸如，明代盛时泰《苍润轩碑跋》云："后周天和二年修《华岳碑》，赵文渊隶书，当南北纷争之时，即此文章字画，足以见其景象。"明赵崡《石墨镌华》认为，《西岳华山庙碑》系"褚河南（唐褚遂良）《圣教》、欧阳兰台《道因》之所由出也"。清杨守敬《平碑记》谓："文渊在周甚有书名，是碑前人嗤为恶札，为分书罪人。余谓以分书论文，诚不佳。若以其意作真书，殊峭拔。"他在《学书迩言》中进而提出："又如北周赵文渊之《华岳庙碑》，如古松怪石，绝不作柔美人之态，亦命世创格，宜其名震一代。"然而，不论诸家对《西岳华山庙碑》如何看法各异、褒贬不一，有一点是应该指出的，那就是必须坚持实事求是的原则，那种将其贬为"北宗末流"或将其褒为"名震一代"的观点，无疑都是言过其实、不足取的，正确的态度是应该既看到其不足之处，又充分肯定其创新探索精神，给予其恰如其分的评价。

第四章

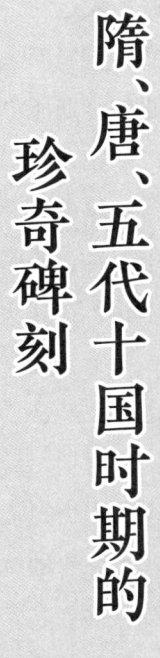

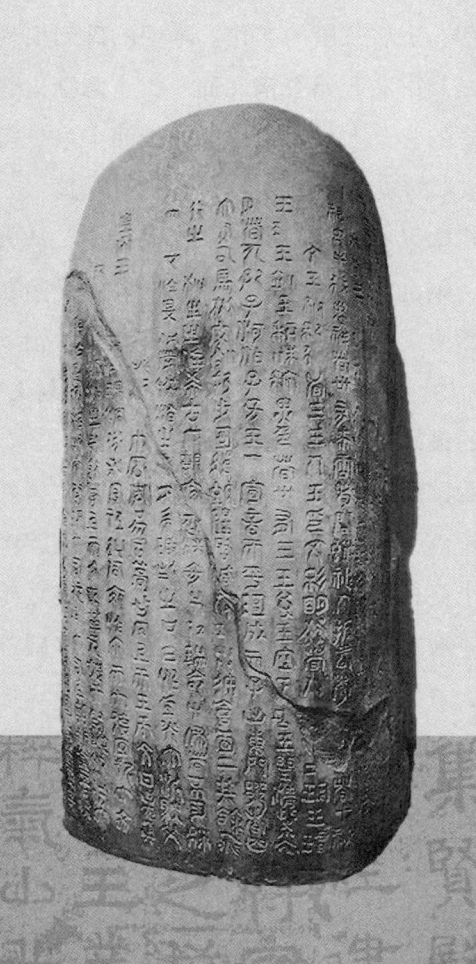

隋、唐、五代十国时期的珍奇碑刻

公元 581 年，北周大臣杨坚篡权灭帝，建立隋朝，于公元 589 年消灭陈朝，从而结束了分裂对峙一百七十年之久的南北朝格局，中国又一次实现了大统一。隋朝兴修了大运河，促进了南北经济文化交融。碑刻文化方面保持了北朝时期延续下来的兴盛局面，涌现出一些上承六朝、下启三唐的名作。隋朝的碑刻出现了一个南北朝时期所没有的新特点，那就是其书法开始合南北而一，古意渐失，秀蕴始发。隋朝在我国历史上虽然只有短短的三十七年，在历史的长河中只是短暂的一瞬，但隋朝的碑刻艺术对我国碑刻艺术的发展起到了承上启下的作用。

由于隋炀帝昏庸残暴、荒淫无道，隋末民怨鼎沸，群雄并起而讨之。从太原起兵的李渊，在其次子李世民的辅佐下，乘乱占据长安，于公元 618 年受隋恭帝禅而统一天下，建立唐朝。唐朝是我国历史上的鼎盛时期，特别是贞观之治、开元盛世之际，经济、文化空前繁荣。作为中国传统文化重要组成部分的碑刻文化，在这一历史时期，受到了以皇帝为代表的最高统治者及达官显贵们的前所未有的高度重视和竭力提倡，碑刻文化迎来了我国历史上空前绝后的鼎盛期。在唐朝历时二百八十九年的统治期间，不仅帝王御碑兴盛，各体书法名碑云起，民族中外丰碑巍巍，书刻名家高手辈出，著名文士竞撰碑铭，形制成熟、雕刻精美之碑众多，碑林首开其端，各种碑碣如雨后春笋般遍及神州大地，而且各种珍奇碑刻大量涌现。不但前代已出现的儒学石经碑、奇字怪书碑、无字碑、字谜碑、异形奇材碑、书体嬗变碑、帝王御碑等珍奇碑刻得以继续发展，尤其是帝王御碑大量出现，而且还出现了前代从无先例的"三绝碑"和"集字碑"两种新的珍奇碑刻。珍奇碑刻数量之多、品种之繁茂都达到了我国历史之最，呈现出一派极为繁荣兴盛的景象。

公元 907 年，唐朝灭亡，中国从此进入了前后历时五十三年（907—960）的五代十国大动乱时期。在这一时期，由于战争极为频繁，社会动荡不安，经济、文化都遭到极大的摧残，碑刻文化自然也难逃厄运，处于极度萧条之中。故而至今留存于世的五代十国时期的碑刻为数极少，据考，现所知的存世的五代碑刻仅有十余块（种）。此中唯一值得一提的，也是五代十国唯一的珍奇碑刻，是后蜀时所刻、后因战乱和其他种种自然的、人为的因素导致久已散佚的《蜀石经》。

第一节　帝王御碑之历史第一高峰
——盛唐时期繁荣的帝王御碑

北魏孝文帝亲撰《吊比干文碑》碑文，首开我国帝王御碑之先河，不仅在当时产生了巨大的社会影响，而且对后世也产生了深远的影响，使亲撰亲书勒石立碑由此与帝王结下了不解之缘，后世唐、宋、明、清各代许多皇帝亲撰亲书御碑蔚然成风。中国碑刻发展史上，涌现出了一批具有独特地位的帝王御碑，使帝王御碑成为中国碑刻百花苑中令人瞩目的一个珍奇品种。

据查考，在中国碑文化发展史上，唐朝是帝王御碑兴盛的第一个高峰。在安史之乱发生前的盛唐时期涌现出了许多或由皇帝亲自撰文，或由皇帝亲自书丹，或由皇帝亲自题额，或撰文、书丹、题额都出自皇帝之手的御碑。据不完全统计，唐朝前期的唐太宗、唐高宗、一代女皇武则天、唐中宗、唐睿宗、唐玄宗和唐肃宗等七位皇帝先后撰文、书丹、题额了大量碑刻，至今留存于世的御碑仍有三十余块。这些御碑，在中国碑刻文化历史长河中放射出耀眼光华，成为唐朝碑刻文化繁荣兴盛的一个重要标志和一大特色，为后世留下了瑰宝。

一、唐太宗李世民、唐高宗李治御碑

继北魏孝文帝太和十八年（494）亲撰《吊比干文碑》碑文首开我国帝王御碑之先河后，据隋《经籍志》记载，南朝梁元帝萧绎曾撰写过碑文，但并无实物传世，也无拓本传世。现所知继北魏孝文帝之后有御碑实物传世的第一个皇帝，是一代英主唐太宗李世民。

唐太宗之父唐高祖李渊系隋代西凉王李暠之后，自少受到严格的教育，喜好临池，写得一手好字。唐太宗自幼家教谨严，而且深受父亲的熏陶，因此不仅武功韬略超群，而且文才出众，酷嗜书法，不遗余力地倡导和研习书法，并具有很高的书法造诣。为了追求书法艺术的最高境界，推动书法艺术的发展，他不遗余

力地搜求鉴藏南朝诸名家墨迹，笃好王羲之书法，曾云"朕万机多暇，四海无虞，留神翰墨"，但"详察古今，研精篆素，尽善尽美，其唯王逸少乎"。他不仅用重金收购流传在民间的王羲之书法作品，乃至"敕购求右军书，并贵价酬之"，不惜一切代价搜集王书，还亲自撰写《王羲之传论》，又锐意临玩王书墨迹，对于《兰亭序》更是心摹手追。唐太宗不仅自己苦心摹学王书，而且"付集贤院拓进，寻目依文拓两本进，分赐诸王"，让诸王也都摹学王书。据史籍记载，他每次得到王羲之佳作后，都要让太子李治临摹，并且要临写五百本之多。

在严格要求子孙苦练书法的同时，唐太宗还在群臣中广为倡导和普及书法，专门设立了弘文馆以书取士并传习书法艺术。据《唐六典》卷八"弘文馆学士"条记载，唐太宗于贞观元年（627），诏令现职之京官，不论文职武职，凡列五品以上，喜学书法，且笔法稍佳，具有发展潜能者，皆准到弘文馆聆听书法讲授。唐太宗敕命当时最负盛名的书法大家欧阳询、虞世南负责教授楷法。一时朝野士庶书风大盛，大大促进了书法艺术的发展。

碑刻是记录重要史实、表达自己见解和思想情感、传播书法艺术的重要载体，具有重要的应用价值和实际意义，因此唐太宗十分重视碑刻。唐太宗一生亲撰亲书了许多御碑，据查考，至今尚有《秦王告少林寺教主碑》《祭比干文碑》《晋祠铭碑》《温泉铭碑》和《圣教序碑》等留存于世。在唐太宗的谆谆教诲和严格要求下，唐高宗李治也写得一手好字，而且对写碑书丹也颇感兴趣，继位后，先后书写了《大唐纪功颂碑》《万年宫铭碑》等多块名碑。

秦王告少林寺教主碑

河南登封嵩山少林寺始建于北魏太和十九年（495），是北魏孝文帝为印度高僧跋陀敕建的寺庙。公元618年李渊受隋恭帝禅而统一天下，建立唐朝。然而，郑王王世充依仗其地险要拥兵洛阳拒唐。为此，武德三年（620）唐高祖李渊命其子秦王李世民率兵攻打洛阳王世充，但王世充凭险固守，李世民在讨伐王世充征战中一时失利。登封少林寺僧志操、昙宗等十三人得知这一情况后，于四月二十七日率众相助，翻城墙进入洛阳城内，生擒王世充侄子王仁则送归李世民，为此后唐军击败王世充扫除了重要障碍，立下了汗马功劳。李世民乘胜率唐军向王世充展开进攻，最终削平藩镇，统一天下，取得了全面胜利。据《新唐书·本纪第二》记载，唐太宗"七月，讨王世充，败之于北邙。四年二月，窦建德率兵十万以援世充，太宗败建德于虎牢，执之，世充乃降。六月，凯旋"。少林寺僧志操、昙宗等僧人助战有功，秦王李世民嘉其义烈，乃敕书慰劳，封参战的昙宗为大将军，赐田四十顷，水碾一具，允许少林寺豢养僧兵，以作自卫。

《秦王告少林寺教主碑》（图101）亦称《少林寺柏谷坞庄碑》《唐文皇告少林寺书》，又称《大唐太宗文武圣皇帝龙潜教书碑》，由秦王李世民撰写碑文，碑文内容是李世民奖谕少林寺昙宗等十三名武僧参与攻取洛阳、击败王世充的战斗事迹。此碑最初于武德四年（621）刻立于少林寺。据宋代赵明诚《金石录》记载，当时，碑为"八分书"（隶书），字径约两厘米，书者碑上"无姓名"，首行题"皇唐太宗文皇帝赐少林寺柏谷坞庄"，下为"御书碑记"，第四行行草书"世民"二字特大，为李世民亲笔草签。此碑是现存的唐太宗李世民御碑中年代最久远的一块。

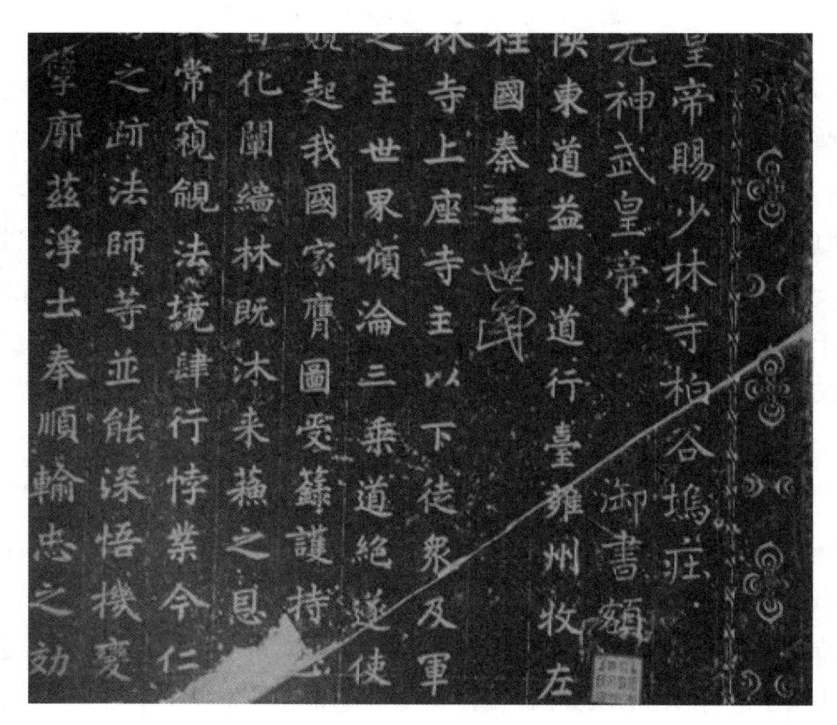

图101 唐太宗秦王告少林寺教主碑

现存于少林寺大雄宝殿左侧十余米处少林寺碑廊的《秦王告少林寺教主碑》已非唐初原碑，而是此后百余年开元十六年（728）唐玄宗在少林寺刻立裴漼撰书的《皇唐嵩岳少林寺碑》时重刻的。《皇唐嵩岳少林寺碑》高三十一厘米，宽一百三十八厘米，龙首，长方座。全碑分书三截：上截为碑首题额"太宗文皇帝御书"七个字,字径为十二厘米,系玄宗李隆基御笔隶书。中截即碑首题额下的这一截,碑石上所摹刻的是太宗为秦王时的敕文,与武德四年所刻敕文完全一样,只是武德四年是用隶书书写的,而此碑上则为楷书书写,共三十九行,满行八字,末行为"四月三十日"。文中第四行有"世民"亲笔草签二字,亦为玺押。下截为玄宗时所刻的《皇唐嵩岳少林寺》碑文。首行题曰:《皇唐嵩岳少林寺》银青光禄大夫守吏部尚书上国柱正平县开国子裴漼文并书。碑文为楷书,字径约两厘米,三十九行,满行六十三字。碑文记述了少林寺建造兴废的历史,以及唐朝初年,少林寺僧志操、昙宗等助战,擒郑王王世充侄仁则归秦王,立下汗马功劳,秦王嘉其义烈,乃敕书慰劳、褒奖少林寺僧之事。宋朝赵明诚《金石录》给予其书法很高的评价,称赞其"遒劲有法,嵩山碑碣行书中,此碑为第一"。

唐太宗峨眉山游山题诗摩崖石刻

唐高祖李渊建立唐朝后,为给李姓得天下建立唐朝加上受天命的神圣光环,使李氏政权的建立和统治能得到广泛的社会认可和支持,他奉道教主老子(李耳)为祖先,借以使自己的血统更加高贵,巩固自己的统治地位。峨眉山是天真皇人(即后世的老子)修道之处,成为唐皇室祭拜祖先的圣地。唐太宗李世民做秦王时,有一年秋天来成都视察军事,便特地来峨眉山祭拜李氏先祖老子。此时正是他同太子李建成为继承皇位争斗激烈之时。因此,秀美的峨眉山景,并没有改变他对李氏王朝和自己前景担忧的心情。他触景生情,写下了一首五言律诗:

菊散金风起,荷疏玉露圆。将秋数行雁,离夏几林蝉。
云凝愁半岭,霞碎缬高天。还似成都望,直见峨眉前。

此诗文采斐然,含蓄而生动地反映了李世民当时所面临的严峻形势,真实地记录和表露了他当时内心深处的忧虑。后来,李世民登基做了皇帝,臣下就将此诗勒石刻碑于当年他游览峨眉山祭拜老子的地方,永志纪念。(图102)

祭比干文碑

比干是以死谏君的著名忠臣,所以备受历代帝王的推崇。在河南卫辉的比干庙内碑碣林立,从春秋时期的《孔子剑刻碑》到清朝乾隆亲书御碑,共六十四通,除了前文已详加介绍的北魏孝文帝御撰的《魏孝文帝吊比干文碑》，还存有大量历代帝王和官宦、文人名士颂扬比干的碑文诗联，唐太宗御撰的《祭比干文碑》（图103、104），便是其中著名的一块。据史籍记载，贞观十九年（645），唐太宗远征高句丽途经河南卫辉比干庙，看到因年久失修，比干墓冢在风雨侵蚀下已近消失，比干庙的屋宇也已快湮没于风沙尘埃之中，想到一代忠臣竟有如此凄凉遭遇，非常悲伤，于是遵照惯例，追封比干为"太师""忠烈公"，又下令加封墓冢，修葺祠庙，并亲自撰写了这篇《祭比干文》，命人书丹镌刻上石立碑于庙中，碑额题《皇帝祭殷太师比干文》。

图102 峨眉山唐太宗游山题诗碑

图103 祭比干文碑（一）

图104 祭比干文碑（二）

唐太宗御撰的碑文盛赞比干在危难之际坚守节操、敢于直谏昏君、宁死不屈的高尚品质，表达了自己对比干的无限崇敬之意。碑文内容充实，情感真挚，论述精辟，具有深刻的历史借鉴意义。此碑由薛纯陁用带有浓厚楷意的隶书书写，颇受好评。

晋祠铭碑

晋祠位于山西太原西南二十五公里悬瓮山下晋水发源处。公元前11世纪，周成王封其幼弟叔虞于唐国，虞子燮即位后乃以晋水名国号为晋。后世建祠奉祀姬虞，始名为唐叔虞祠，东魏改称为晋祠。隋末李渊起兵反隋时曾经祷祀于此，祈求天神保佑。唐统一全国后，唐太宗李世民于贞观二十年（646）来晋祠祭祀，撰文作铭并书碑刻石，于贞观二十一年（647）八月立于晋祠，以报神佑之恩。《晋祠铭碑》（图105、106）高一百九十五厘米，宽一百二十厘米，厚二十七厘米，方座螭首额书飞白体"贞观廿年正月廿六日"。碑文计二十八行，总共一千二百零三字。此碑现仍然屹立在山西太原晋祠贞观宝翰亭内。

图105 晋祠铭碑（一）

图106 晋祠铭碑（二）

《晋祠铭》全称《晋祠之铭并序》，系贞观十九年（645）唐太宗东征高句丽失败后归晋阳养病，于翌年春病愈后来晋祠祭祀时写下的。唐太宗是年五十岁，三年后病逝。因此，此碑的铭文、序文实际上是唐太宗对自己生平和一生思想的总结，是对历史的回顾与反思。序文前段论述了周朝兴盛的原因，引以为唐朝立国之典范，后段对隋朝因违周道而灭亡、唐朝因行周道而振兴的历史事实进行了论述，表达了唐太宗以"仁智"兴邦治国的思想。碑文最为精彩的是序文的中间四段，情景交融，以景抒情，在对景物的描绘中，寄寓了作者的治国理想，抒发了一个伟大政治家坚如崇山、洁如清泉的博大胸怀和人生追求。

《晋祠铭碑》碑文中，唐太宗将山水人格化，对晋祠所在的悬瓮山和晋水进行了描绘和赞颂，形象地写出了悬瓮山的四种品格：惠泽于世，施给人间和风雨露；至仁至善，使鸟兽都与人亲近；刚节坚贞，治乱不变态，寒暑不改节；宽宏大量，可以养育万物，滋润四方。而"飞泉涌砌，激石分湍"的晋水，则虽烟笼雾绕，但始终清澈见底，贞洁如英贤俊才；溪流河沟有方有圆，如圣贤能屈能伸；泉源流注不绝，但又不泛滥成灾，春涧有冬冰之美，冬岩有青苔之美；清澈的渭水尚且与浑浊的泾水合流，碧海黄河也时有变化，都不像此水那样能永远甘泽，永不改变自己的节操。唐太宗李世民对悬瓮山和晋水的赞美，实际上表达了他对帝王应具有什么样的品格的自我追求，是他"仁智兴邦""惟贤是辅""惟德是依"的治国思想的具体反映。

自先秦以来，碑版都用篆、隶书写，六朝时期开始用正书书写碑铭，而唐太宗的《晋祠铭碑》则开以行书书写碑铭之先河，是中国碑刻发展史上的一大创举。唐太宗以帝王的身份和特有的魄力，打破了隶楷入碑的传统常规，以行书入碑，为行书的流传与发展起到了不可估量的作用。唐太宗酷爱王羲之书法几乎到了痴迷的程度，数十年潜心摹学王书，因此颇得王书之笔法。此碑为唐太宗晚年所书，为其学王书后得意之作，用笔浑厚自然，笔力遒劲，结体不狂不逸，老成持重，神气浑然。而且，由于唐太宗"临古人之书，殊不学其势，惟求其骨力，而形势自生耳"，书写时讲究的是"先作意"，追求的是"以神为精魄"，所以用笔精工，含而不露。此碑是唐太宗的生平杰作，亦是我国的第一块行书碑刻，故历来深受重视。清杨宾《大瓢偶笔》谓："今观此碑，绝以笔力为主，不知分间布白为何事，而雄厚浑成，自无一笔失度。"清王佑作诗赞曰："平生书法王右军，鸾翔凤翥龙蛇绕，一时学士满瀛州，虞褚欧柳都拜倒。"清钱泳《书学》称："以行书而书碑者，始于唐太宗之《晋祠铭》，李北海继之。"清钱大昕认为，此碑书法与《怀仁集王书圣教序》极为相似，"盖其心摹手追乎右军者深矣"。同时，唐太宗又用飞白体题书了《晋祠铭》碑的螭首碑额"贞观廿年正月廿六日"九个大字，开我国碑版以飞白体书写碑额之先河。

由于《晋祠铭碑》既具有重要的历史价值和文学价值，又具有很高的书法价值，因此历代以来深受史学界、文学界和书法界重视。

温泉铭碑

《温泉铭碑》（图107）亦称《温泉铭文并序碑》，是唐太宗李世民亲自撰文并书写的又一块行书御碑。据史籍记载，贞观十八年（644）唐太宗下旨在陕西骊山营建温泉宫。温泉宫竣工后，贞观二十一年（647）唐太宗率文武百官临幸温泉宫，游览后兴之所至，亲笔撰文并御书《温泉铭》，命石匠勒石制碑。该碑于贞观二十二年（648）即唐太宗去世前一年立于陕西骊山温泉宫南门左侧御书亭内，并拓印以示群臣。唐玄宗李隆基扩建温泉宫并易名为华清宫后，此碑一直作为文物受到严格保护。宋仁宗天圣三年（1025）骊山发生滑坡，此碑被泥石流吞没，故原石早佚。从历史资料记载上看，唐代时《温泉铭》原拓不下几十部，但遗憾的是传世的仅有一部唐拓孤本。该孤本计存三百四十五字，尾题"永徽四年（653）八月三十一日围谷府果毅（下缺）"墨书一行，由此证知该孤本系唐初唐高宗李治时所拓。后来该孤本原拓失传，直至清末才被重新发现。清光绪二十六年（1900），道士王圆箓在甘肃敦煌鸣沙山莫高窟第十六窟发现藏经洞（今编号为第十七窟），洞里头藏有三件唐拓本，其一即为唐太宗行书《温泉铭》唐拓孤本，残存五十行，另两件为欧阳询《化度寺》和柳公权《金刚经》，也是残本。然而，令人十分遗憾和愤慨的是，这几件极其珍贵的文物旋即为法国人伯希和、英国人斯坦因掠回法国和英国。《温泉铭》唐拓孤本、《金刚经》及《化度寺》之前两页，被伯希和劫往法国，今藏于巴黎国立图书馆；《化度寺》的后十页被斯坦因先于伯希和劫往英国，今藏于伦敦大英博物馆。直到1993年6月，陕西历史博物馆从法国巴黎图书馆得到《温泉铭》唐拓孤本拓片的复制品后，依据原碑拓片进行复制，才重新刻石立于陕西西安的唐华清宫御汤遗址博物馆内平台上，使这件千年珍品得以再现。

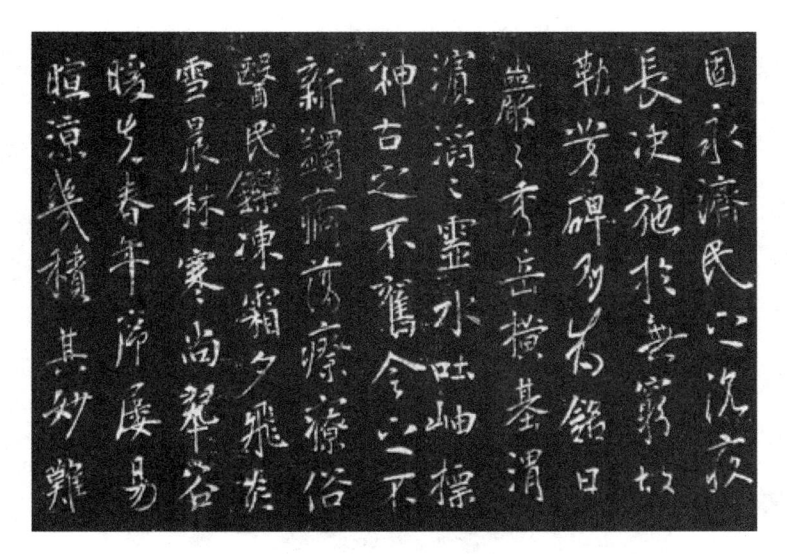

图107 温泉铭碑

此碑书风激越跌宕，字势多奇拗，笔力遒劲，是唐太宗的杰作，备受书法界的重视，是研究唐太宗书法和唐代行书的重要实物资料。

圣教序碑和圣教序记碑

唐初，玄奘法师历尽千辛万苦从印度取佛经回国，于贞观十九年（645）二月六日奉敕于弘福寺把佛经翻译成汉文。这是佛学东传的一大盛事，唐太宗李世民极为关注，于贞观二十二年（648）亲自为玄奘法师译佛经写序，并将其称为《大唐三藏圣教序》，简称《圣教序》。当时身为太子的李治（唐高宗）于当年又撰写了《圣教序记》（全称《大唐皇帝述三藏圣教序记》）。序文盛赞玄奘法师不畏艰辛赴西天取经的卓著功业，对玄奘法师百折不挠、执着追求的精神给予了高度的评价。

唐太宗李世民的《圣教序》和太子李治的《圣教序记》写成后，产生了很大影响，先后多次被刻石立碑。其中著名的有《雁塔圣教序碑》《招提寺圣教序碑》《同州圣教序碑》《怀仁集王书圣教序碑》。

《雁塔圣教序碑》（图108）亦称《雁塔三藏圣教序记碑》《雁塔圣教序记碑》，共前后两石，嵌于陕西长安慈恩寺大雁塔左右，故又称《慈恩寺圣教序碑》。两石都由著名书法家、宰相褚遂良用楷书书写。前石刊刻唐太宗所写"序"文，计二十一行，每行四十二字；后石刻李治的"记"文，计二十行，每行四十

图108　雁塔圣教序碑

字。"序"和"记"左右相对而立,"序"行文自右而左,"记"行文自左而右,故读两面石碑文时必须从相反方向读。两石均高二百一十厘米,宽一百一十五厘米,"序"的字比"记"稍小。"序"刻于唐高宗永徽四年(653)十月十五日,"记"刻于同年十二月十日。褚遂良时年五十八岁,经过多年的近学欧、虞,远溯"二王",兼收魏碑,容纳汉隶,集古生变,锐意出新,形成自己独有的书风。其作品与早年作品大相径庭,由原来那种稚拙方整变为典雅纤细,变得更有生气和韵味。其结体比欧、虞舒展,用笔比欧、虞含蓄,既不是欧字的险劲,也不同虞体的浑厚,气韵直追"二王",兼取欧、虞和"二王"之长。此碑是褚遂良晚年的杰作,在当时和后世的书法界影响很大,自此碑出来后,褚书成为一时风尚。

《招提寺圣教序碑》亦称《王行满圣教序碑》《大唐二帝圣教序碑》《偃师圣教序碑》,碑文由王行满用楷书书写。唐高宗显庆二年(657)闰正月初一日,唐高宗自长安(今西安)出发,于正月十三日抵洛阳宫,在洛阳住了一年。此次高宗赴洛阳,玄奘亦陪从,并在洛阳停留一年又十日。玄奘利用在洛阳的机会暂得还乡,回到他的出生地缑氏县游仙乡控鹤里凤凰谷,为他的父母迁坟改葬。唐高宗为了表彰玄奘对佛教所做出的杰出贡献,于是恩准于显庆二年十二月将王行满所书《圣教序碑》立在河南偃师玄奘家乡附近的招提寺里。碑额阳文篆书，碑文二十八行，每行五十六字。《招提寺圣教序碑》字体结构严整，笔法瘦硬，峻逸挺秀。《中州金石记》谓其书法"用笔端方绵密，绰有姿致，不在遂良之下"。此碑于清乾隆二十五年（1760）由招提寺移置县学，现存放于偃师商城博物馆碑廊。

《同州圣教序碑》（图109），刻立于唐高宗龙朔三年（663）六月，与《雁塔圣教序碑》相距十年，此碑将唐太宗的"序"和唐高宗的"记"合刻于一石。碑原在同州（今陕西大荔），1974年移至西安碑林。据传说，此碑亦为褚遂良用楷书书写。但从褚遂良的生卒年表来看，褚遂良死于唐高宗显庆三年（658），而此碑刻于唐高宗龙朔三年（663），这时褚遂良已去世五年。故此碑究竟是否为褚

图109　同州圣教序碑

遂良所书，众说纷纭，主要说法有两种：一种说法认为此碑是褚遂良的另一写本，是他逝世后别人追刻的；另一种说法认为此碑是后人仿《雁塔圣教序碑》在同州摹刻的。但此碑书法比《雁塔圣教序碑》更好，两者虽体貌相近，却风格迥异，因此看来似前一种说法更为可信。

《圣教序》及《圣教序记》出自唐太宗李世民和唐高宗李治之手，表达了最高统治者的意向，如同圣旨一般，再加上书碑者褚遂良、王行满以及释怀仁所集字的王羲之（《怀仁集王书圣教序碑》见下文"集字碑"），又都是著名大书法家，因此，此碑刻立后产生了很大的影响，形成了自北周武帝重创佛教半个世纪以来，对于佛教复苏和发展的一次最具威力的推动，终于促成了盛唐佛教的极度繁荣。故而《圣教序碑》在中国佛教发展史特别是唐代佛教发展史上具有重要的地位。

万年宫铭碑和大唐纪功颂碑

唐高宗李治自幼刻苦摹习王羲之书法，不仅像唐太宗李世民那样酷爱王羲之行书，而且还用王羲之行书书写了许多碑文，除了前面所说的《圣教序记碑》，还

有《万年宫铭碑》《大唐纪功颂碑》《明征君碑》《李勣碑》《孝敬皇帝睿德纪碑》等。

《万年宫铭碑》（图110）是由唐高宗亲自撰文并书写的一块碑。唐高宗永徽二年（651）九月九日，唐高宗将原来的"九成宫"改为"万年宫"。永徽五年（654）三月，唐高宗驾幸万年宫，至九月方回。其间于三月中撰写《万年宫铭》，并用行书书写，同年五月十五日刻石立碑于陕西麟游万年宫。碑文共二十六行，每行三十七字至四十二字，碑额篆书"万年宫铭"四字。唐高宗此碑颇得唐太宗书法和王羲之书法之遗风，笔致生动，有晋人神韵。

《大唐纪功颂碑》（图111）简称《纪功颂碑》，此碑文为唐高宗亲临许郑讲武时，途经唐太宗当年擒窦建德处，缅怀其功业而撰文并书写的，后刻于唐高宗显庆四年（659），立于河南汜水（属今河南荥阳）等慈寺。碑额用飞白体题书"大唐纪功颂"五字，碑文行书三十五行，每行七十至七十二字，笔力峻拔，结体宽松，线条流畅飘逸，字体势态左低右高，笔意连贯，结构紧密，遒劲妍丽，颇有唐太宗《温泉铭》之遗韵，《中州金石记》谓其"字亦奇伟"。此碑是一座巨碑，比《万年宫铭碑》大四倍，字亦多四倍，颇为壮观，在历代帝王碑刻中较有影响，现藏于郑州博物馆。

图110　唐高宗万年宫铭碑　　　　图111　大唐纪功颂碑

明征君碑

《明征君碑》（图 112、113）为佛教法师碑，全称《摄山栖霞寺明征君碑》，刻于唐高宗上元三年（676）四月，现立于江苏南京栖霞山栖霞寺门前，是由明崇俨为其先祖、栖霞寺的创始人明僧绍所争取到的一块"御碑"。栖霞寺始建于南齐武帝永明七年（489），由著名隐士明僧绍捐宅为寺，名"栖霞精舍"（栖霞寺前身）。唐代扩建，改名为功德寺，增建大小殿宇四十九所，规模宏伟，与山东长清灵岩寺、湖北当阳玉泉寺、浙江天台国清寺并称中国佛教"四大丛林"，是中国佛教三论宗的祖庭之一。栖霞寺之名源于明僧绍之号"栖霞"。明崇俨是明僧绍第五代孙，原系一介儒生，后因擅长"方外之术"（巫术）而受到唐高宗李治、皇后武则天的宠信。据《唐书》记载，明崇俨自小随父客居，拜小吏为师，学得麻衣相法，于唐高宗乾封元年（666）应封岳推举，授为黄安县丞。他使用"方外之术"为刺史之母治病，竟然歪打正着，使本已病危的刺史之母起死回生，由此名声大噪。唐高宗李治晚年久病缠身，一直在到处求神拜佛，以祈延年，这时听说

图 112 明征君碑（一）　　　　　　图 113 明征君碑（二）

明崇俨法术高超，便立召进京，与明崇俨一席畅谈后，对其极为赏识，大有相见恨晚之感。不久，唐高宗升明崇俨为翼王府文学，唐高宗仪凤二年（677）将其迁为正谏大夫，并特令入阁供奉，对其宠信异常。明崇俨为了标榜自己出身清高，是"术士"世家，向唐高宗提出要为五世祖明僧绍树碑立传。唐高宗不仅满口答应，而且还亲自为明僧绍撰写碑文。碑文为四六韵文，用十首铭词结束，叙述了明僧绍归隐林泉、崇信佛门的经历。明僧绍，字承烈，号栖霞，平原（今属山东）人，南朝宋文帝元嘉年间中秀才。曾几度被皇帝征为通直郎、记室参军、正员外郎、国子博士等，但他崇信佛教，都称病不去就职，隐居栖霞。齐武帝永明元年（483），"世祖敕召僧绍"，他"称疾不肯见"。皇上又征召他为国子监祭酒等官，他都婉言辞绝。同年卒。因多次征召不就，人们对其隐居不仕深为敬重，称其是"标志高栖，耽情坟索，幽贞之操，宜加贲饰"，故尊称他为"征君"。对于这样一个二百多年前的隐士，唐高宗不惜圣驾亲劳，亲撰碑文，盛加赞誉，足见其对明崇俨之宠信。

《明征君碑》至今仍保存在栖霞寺门前北侧的碑亭中，是南京地区保存最好、最大的唐碑，2001年6月25日被国务院公布为第五批全国重点文物保护单位。碑通高四点二三米，其中碑身二点七三米，宽一点二六米，厚三十七厘米，重三吨多。碑文由唐高宗李治撰写，由初唐著名书法家高正臣书写，全碑行书三十三行，每行七十四字，共约二千四百字，其书法融王羲之、褚遂良等书家笔法于一体，"风骨凝重，精光闪含"，自成一家。碑额"明征君碑"四字，为初唐书法家、朝散大夫、太子洗马王知敬所篆；碑的背面，刻有"栖霞"二字（图114），相传为唐高宗亲题，书风雍容中透着疲软，很像他的为人。

图114　明征君碑碑阴

李勣碑

《李勣碑》（图115、116）全称《大唐故司空太子太师上柱国赠太尉扬州大都督英贞武公李公之碑》，又称《赠太尉英贞武公李勣碑》，系唐高宗给唐初大将李勣御赐的功德碑。李勣本姓徐，名世勣，字懋功，一生经战阵无数。早在瓦岗寨时，他从李密征战，就为瓦岗军立下了汗马功劳；随瓦岗军归唐后，忠心耿耿追随唐高祖李渊和唐太宗李世民，屡从唐太宗征讨，平王世充，灭窦建德，伐刘黑闼，为大唐王朝的建立立下了不朽功勋；后来在攻灭东突厥、平定薛延陀等重大军事战役中，都做出了重大贡献，为大唐王朝的稳定、强大立下了汗马功劳。他所得赏物，大都分赐与手下将士；大功成就，常推功于别人，故而人尽死力追随他。唐高祖赞扬李勣："徐世勣感德推功，实纯臣也。"唐太宗对其更是高度肯定，说道："李靖、李勣二人，古之韩、白、卫、霍岂能及也！"唐高宗由衷地称赞他"勣奉上忠，事亲孝，历三朝未尝有过，性廉慎，不立产业"。"临危守义，类文聘之怀忠；建策承恩，同奉春之得姓"。由于他功勋卓著，德高望重，被封为曹国公，赐姓李，因避太宗讳，由世勣改为单名勣。去世后，被恩赐入葬昭陵，为唐太宗陪葬。

图115　李勣碑（一）

图116　李勣碑（二）

李勣墓在陕西醴泉（今陕西礼泉）东北约十八公里九嵕山烟霞新村的昭陵南侧，为唐太宗昭陵陪葬墓之一。墓前立有一块高约七点五米，宽一点三米，厚七十厘米的巨大碑石，居昭陵陪葬墓碑之冠。碑首有"御制御书"四个大字，碑额篆题"大唐故司空上柱国赠太尉英贞武公碑"十六字。碑文由唐高宗亲撰并用行书书写。碑文计三十二行，每行约九十字。碑阴有宋王持补刻的楷书十二行。此碑是高宗师法王书的代表作，用笔、结体都继承了王书纯正的传统。点画骨力劲健，笔致神采奕奕，起落转折干净明丽，颇为遒美，然雄浑不及太宗之字，虽有纵横笔势，但稍有媚软之态。其结体极为严整，似欹反正，若断还连，疏密有致，平和简静，自有遒丽天成的韵致。历代书家对此碑颇为赞誉。明赵崡《石墨镌华》谓其"行草神逸机流，后半尤纵横自如，碑首'御制御书'四字大类褚登善（遂良）"。清杨宾《大瓢偶笔》称："《李英公碑》遒媚缠绵，虽雄浑不及文皇，而戈法则过之。"

二、女皇武则天、唐中宗李显、唐睿宗李旦御碑

武则天（624—705），今山西文水人。十四岁时，武则天被唐太宗选入宫中为才人，太宗死后为尼，高宗时又二进宫。永徽六年（655）武则天被立为皇后参与朝政，与唐高宗并称"二圣"，高宗死后称帝，被称为一代女皇。武则天颇有文才和书法才能，一生写了许多诗文，《全唐诗》中收录有她写的四十六首诗歌。而且由于深受唐太宗、唐高宗的熏陶和影响，她对写碑书丹极为爱好和重视，撰文和书写了众多碑刻，而且大多是丰碑巨制，尤其是她在嵩山刻立的众多御碑更为令人瞩目。嵩山在今河南登封北，由太室、少室两座大山组成，山上寺、庙、宫、观星罗棋布，自东周以来，即为京畿之内的名山。历代帝王将相、文人学士多活动于此。据史籍记载，武则天对嵩山情有独钟，是历代帝王在嵩山地区留下诗文和御碑最多的一位。她一生中曾先后十四次登临嵩山，并封禅嵩山，筑了登封坛、封祀坛、朝觐坛三坛，还亲自撰写或敕命在三坛前竖立了多块石碑。其中登封坛在嵩山太室之巅，是武则天祭天之处。武则天是一位标新立异的女皇帝。几千年来，封禅典礼都是在泰山举行的，而万岁登封元年（696），她却将封禅典礼搬到了嵩山太室山之巅，登封坛即是其为祭天而筑的。祭天时她在登封坛前竖立了《大周升中述志碑》和《大周降禅碑》。《大周升中述志碑》由武则天亲自撰文，

唐睿宗亲笔书丹，碑阴由著名书法家钟绍京书写。据《金石考》记载，此碑书法非常高妙，但在宋代政和年间，河南尹奏请碎毁，残破碑石被推到山北沟涧中。由武则天敕命李峤撰写的《大周降禅碑》，今亦无存。由于武则天钟情于碑刻，在其带领和影响下，其子唐中宗李显和唐睿宗李旦，特别是唐睿宗李旦，一生也撰写了许多御碑碑文。

大唐天后御制诗书碑和大唐天后御制愿文碑

少林寺位于嵩山西麓，地处少室山五乳峰下，自北魏孝文帝太和十九年（495）建立以来，作为佛教禅宗祖庭、武术圣地、皇家寺院，受到帝王将相、达官显贵、文人墨客、名人雅士的青睐，他们在寺中留下了许多脍炙人口的诗文。少林寺因十三棍僧救秦王而为唐王朝所重视，所以，唐高宗、武则天曾多次驾临少林寺。据史籍记载，唐高宗咸亨年间，唐高宗、武则天临幸少林寺，"乘舆戾止，御飞白书，题金字波若碑，留幡象及施物"。永隆元年（680）二月，武则天随唐高宗驾幸嵩山访道士潘师正及隐士田游岩等，其间临幸少林寺听经参禅时曾提及在少林寺为其已经去世多年的母亲建功德所事宜。永淳元年（682）正月，武则天随唐高宗驾幸嵩山时，功德所尚未完工。武则天因为其母亲杨氏建造的功德塔迟迟不能竣工，非常伤悲地写了《从驾幸少林寺》诗一首和短文一篇，还写下了一篇愿文，希望在其母亲讳辰（九月十四日）前"终此功德"，并特地委派武三思带着金绢等物到少林寺督促。永淳二年（683），唐高宗、武则天二人再次驾临少林寺，唐高宗"御札又飞白书一'飞'字，题寺壁"。武则天见父母功德所已建好颇为心慰，睹物思人，令司门郎中、大书法家王知敬将自己此前所写诗、文一并书丹，于同年九月二十五日勒石刻碑，以记建造功德所事宜及对少林寺僧的褒奖。后来，诗、文和愿文被分别勒石刻成《大唐天后御制诗书碑》和《大唐天后御制愿文碑》立于少林寺。

《大唐天后御制诗书碑》（图117），高一点四九米，宽六十二厘米，厚十九厘米，碑首为高浮雕四龙盘护，碑额篆书"大唐天后御制诗书"八个大字，碑首与碑身由一石雕成，虽不高大，却极为精致。碑文第一行刻着"大唐天后御制诗一首五言并序"十三个字，碑侧有线刻各种花草。全碑分为两截，上截为武则天亲撰《从驾幸少林寺》御制诗碑，下截为御制文碑，皆为王知敬用正楷书写，字迹遒劲古朴，柔中有刚，字体苍劲瘦挺，布局工整，结构疏密有致，风格古朴典雅。

图117　大唐天后御制诗书碑

从诗前序和诗的内容看，该诗当为武则天陪高宗游幸少林寺，看到母亲功德所的建造情况而产生的思亲感怀之作，主要叙述了武则天和唐高宗游幸的盛况，高度赞美了佛教圣地少林寺景色的庄重奇丽，也表达了她思念亡母的悲伤情感。

图118　大唐天后御制愿文碑

《大唐天后御制愿文碑》（图118）亦刻于永淳二年（683）九月，高七十六厘米，宽六十六厘米，厚十八厘米，碑额篆书"大唐天后御制愿文"八个大字，亦为王知敬书丹。

《大唐天后御制诗书碑》和《大唐天后御制愿文碑》原立在少林寺东掖门内，现收藏在少林寺山门后甬道东侧的慈云堂内的少林寺碑廊里，立于

《大唐太宗文武圣皇帝龙潜教书碑》的边上。

述圣记碑

唐高宗李治系文德皇后长孙氏所生，是唐太宗李世民的第九子。根据惯例，皇帝应立长子为太子，以继承皇位。但因李治是长孙皇后所生，又得到朝廷顾命大臣、母舅长孙无忌的大力帮助，故十六岁时李治破例被立为皇太子，贞观二十三年（649）六月即皇帝位。李治即位初年，"载怀千古，流鉴百王"，立志要继承太宗之宏愿，以建成大唐不世之业。在长孙无忌、褚遂良等元老重臣的辅佐下，他恭勤国事，礼贤下士，认真执行太宗皇帝的贞观遗规，推行均田制，发展科举制度。大唐人口迅速增加，社会政治清明，经济繁荣，人民安居乐业，对外势力进入中亚地区。故史书评价李治即位初年的政治是"永徽之政，百姓阜安，有贞观之遗风"。

唐高宗对武则天不仅宠爱至极，将其晋封为皇后，而且对她的行政才能极为赞赏。乾封元年（666）正月，唐高宗与武后同登泰山封禅，谒祀孔子，大唐王朝中形成了"二圣"并尊的局面。高宗中年后，因"风眩头重，目不能视"，遂委武后处理朝政。政治野心极大的武后借机逐步大权独揽，专擅朝政。上元二年（675），太子李弘（唐高宗与武后的长子）突然暴卒。身患重病的高宗一度想让武后统摄国政，因有人极力反对而搁浅。弘道元年（683）唐高宗幸洛阳，同年崩于洛阳之贞观殿，享年五十六岁，在位三十四年。他病逝前表示愿将尸骨埋在京师长安的关中地带，并立下遗嘱："军国大事有不决者，取天后处分。"唐睿宗文明元年（684）五月，武则天力排众议，遵照高宗遗愿，命睿宗护送高宗灵驾西返京师长安，八月葬于梁山之上，陵曰乾陵。她一改旧俗，一举打破帝陵之前不树碑碣的传统，开帝王陵前立功德碑之先例，为高宗高树丰碑，并且亲自撰写了洋洋洒洒的长篇《述圣记碑》碑文，为高宗歌功颂德。

《述圣记碑》（图119、120）屹立在陕西乾县乾陵朱雀门外，此碑系唐中宗李显嗣圣元年（684）刻立。碑为长方形立柱体，高七点五米，宽一点八六米，重达八十九点六吨，共由七截组成，各部分用榫卯相接。碑的最上一截为庑殿顶盖，屋檐四角雕刻四个力士石像，力擎承檐椽，顶盖上雕龙画栋，形象逼真，具有很强的装饰性，是皇权的象征。碑的最下一截为雕有各种线刻兽纹的基座，基座高出地面三十八厘米，边长二点八九米，基座上所刻兽形边饰、四角神兽、海石榴

图119 述圣记碑（一）　　　　　图120 述圣记碑（二）

花纹、各种变形缠枝流云穿线纹、变形忍冬多枝莲、变形三朵云纹缠枝莲以及缠枝牡丹等纹饰，都与佛教艺术有关，具有很高的艺术价值。顶盖与基座之间为由五块巨石组成的五截碑身。全碑七截是取"七曜"之数，"七曜"即古代人们所理解的构成世界的日、月和金、木、水、火、土五大行星，象征唐高宗的"文治武功"如同"七曜"一样光照天下，其功德将永存于世间。

《述圣记碑》由武则天亲自撰文，中宗李显书丹。碑身面南为正面，《述圣记》全文就镌刻在碑的正面。碑文为骈体文，原文四十六行，每行约一百二十字，碑文辞彩华丽、充满情感，洋洋洒洒共五千六百余字，皆用楷书书写。清代人编辑的《全唐文》收有《述圣记》全文。碑文追述缅怀了先祖先皇和高宗的神圣功绩，在简要回顾了唐高祖和唐太宗两朝开国先帝从晋阳首义到平定天下的史绩后，着重追述了高宗皇帝自太子监国至逝世前的重要历史贡献。称高宗在出生之前就瑞气环绕天降吉祥，做太子监理国政时，兢兢业业，一丝不苟。太宗病重时，他亲自煎药吮毒极显善良仁孝；登基执政以来，赓续贞观政风，重用贤良，励精图治；在保持同大多数国家友好往来的同时，坚决捍卫东西门户的安定。西域战争和高句丽战争的彻底胜利，是汉唐历史上中原王朝第一次对西域和东北的全面统治。《述圣记》表面上颂扬了高宗的文治武功，实际上抬高了武则天自己，因为在唐高宗的历史功绩中，人们不能否认武则天的赞翊之功。武则天通过撰写《述圣记》并立碑于朱雀门前，在朝野臣民面前塑造了自己文武兼备的特殊形象，将自己摆在一个极为显眼极为特殊的地位上。她实际上通过竖立《述圣记碑》形象地昭告天下，她凭借高宗临死前授予她的"军国大事有不决者，取天后处分"这一把至高无上的"尚方宝剑"和超凡绝伦的政治手腕，将正式君临天下，执掌军国大权，武则天时代即将开始了。

据史籍记载，《述圣记碑》初建时，碑身所镌刻之字，全都"填以金屑"，异常辉煌光彩。经过一千三百多年风雨剥蚀，此碑遭到严重损坏，金屑自然脱落，文字也大多漫漶剥蚀。此碑至少在明神宗万历年间以前就断为数段，所以不为金石家所著录，更少为世人所见。1957年修复时可见文字已不足十分之一，虽曾加以整修、重立，但已难以恢复原貌。现在仅存留一千六百多字还依稀可辨，如果靠近一些细看，其中个别字金饰尚在，微微可见金光闪耀。据史料记载，《述圣记碑》初建时建有碑亭，碑亭建筑基址呈方形，南北长十八点八米，东西长十八点八五米，但由于时间久远，碑亭也早已不存在了，故郭沫若先生在《游乾陵》诗中感叹不已，留下了"述德纪残世不传"之句。

升仙太子碑

弘道元年（683），皇太后武则天临朝称制。天授元年（690），武则天废睿宗，改国号周，自称则天大圣皇帝。武则天像唐太宗一样爱好书法，到处收集王羲之法帖并把借来的王导等人的书作勾摹复制成《万岁通天帖》，朝夕把玩，自此笔力益进。尤其令人感叹的是直到七十六岁高龄时，她还效法唐太宗书《晋祠铭》，操笔书丹于石，以飞白书题额，以草书写碑文，写下了洋洋洒洒两千余字的《升仙太子碑》碑文，在中国碑刻文化发展史上开草书入碑之先河。

据《资治通鉴》记载，圣历二年（699）二月，武则天由东都洛阳赴嵩山封禅。二月初四，太后幸嵩山，过缑氏，谒升仙太子庙。缑氏，在今河南偃师东南，因山得名，地当伊洛平原东部嵩山口。升仙太子庙即河南偃师府店乡南、营登公路西侧缑山上的仙君庙。民间相传升仙太子即崇尚道教的周灵王太子晋（字子乔），喜欢吹笙作凤凰鸣声，为浮丘公引到嵩山修炼。三十年后，在缑氏山顶上"举手谢时人而去"，乘白鹤升天成仙。时人为其立祠，加号为升仙太子。武则天途经缑山，游幸了刚竣工的升仙太子观，触景生情，亲自撰文并用草书写下了《升仙太子碑》碑文，敕命刻石立碑。碑文讲述了太子晋升仙的故事，意在比附自身，映衬武周盛世，通篇洋溢着赞美之情。

《升仙太子碑》（图121、122）刻立于武周圣历二年（699）六月十九日，立在原庙址。据河南博物院2005年做拓印时测量，碑身高三点五九米，蟠龙碑首高一点六五米，赑屃碑座高一点三米，身、首、座加在一起全碑通高六点五四米。碑上宽一点五八米，下宽一点七三米，厚五十五厘米。碑阳之碑文（图122）为武则天御书的草书，三十四行，每行六十六字；碑额为武则天用飞白体书写的"升仙太子之碑"六个大字。"升仙太子之碑"六个大字题额下用楷书刻有"大周天册金敕神圣皇帝御制御书"十四个小字，碑尾用楷书刻有"圣历二年岁次己亥""六月甲申朔十九日壬寅建"两行字，由薛稷书丹。碑阴分为上、中、下三截，上截刻武则天御制《游仙篇》及武三思、狄仁杰等从臣题名，由薛曜书丹；中截刻薛稷、钟绍京等衔名及神龙二年（706）题记；下截刻有宋人和清人的题名，均用楷书书写。武则天在碑文中表达了她仰慕神仙、追求长生的心愿。

图121　升仙太子碑（一）

图122　升仙太子碑（二）

《升仙太子碑》不仅开草书入碑之先河，也是中国历史上第一块由女性书写碑文的碑，更是中国历史上唯一的女皇帝御撰、御书、用飞白题额的巨碑，因此，在中国碑刻文化发展史上具有独特的地位。武则天书法深得王羲之风韵，是继卫夫人之后的又一位出色的女书法家，其书颇有气魄。全碑洋洋洒洒两千余字，碑文为草书，间杂以行书，行草相间，糅章草笔意于行书，书法宛转流丽，笔道厚重圆浑，用笔果敢麻利，结体大都方正，字体洒脱灵动，堪称女书家中的豪杰之作。然而，由于武则天篡夺了李唐的天下，在历史上被视为罪人，长期遭到贬斥，因此，此碑书法也历来遭到冷落。这无疑是不公正的，应该实事求是地给予此碑应有的历史地位。

夏日游石淙诗并序摩崖石刻

嵩山南麓玉女台下有平洛涧，涧水清澈，蜿蜒在危石间，流水击石，淙淙有声，因此名为"石淙"。石淙河是源于嵩山东南的一条小河，流至告成镇东约三公里处汇聚成潭，面积约六千平方米，形如车厢，故称"车厢潭"。潭南有一巨石突立水中，高出水面三米多，石顶平整，其上可容数十人，世称"乐石"（亦称"水漂石"）。据史籍记载，对嵩山情有独钟的武则天在称帝后，在武周圣历三年（700）正月戊寅，作三阳宫于告成镇之石淙。她于当年夏四月率群臣巡游嵩山，登封峻极后，避暑石淙河，幸三阳宫。在此期间，武则天曾率诸臣于乐石之上设宴会大宴群臣并赋诗助兴。武则天在群臣侍奉下兴致勃勃，诗兴大发，即席作《夏日游石淙诗》。

随即，随行参加游赏宴会的皇太子李显、相王李旦、梁王武三思及群臣纷纷挥毫作诗唱和，即席赋《侍游应制》七言诗十六首，歌咏游赏宴会的盛况。

游宴结束后，武则天兴致未尽，又加作"序"文，并敕命薛曜将自己所作的序和《夏日游石淙》及随行人员唱和的诗共计十七首书写后，让工匠刻于石淙河岸的崖壁上。

武周久视元年（700）七月十九日，《夏日游石淙诗并序》（图123）全部镌刻在河南登封告成镇东五里河的石淙河畔当年武则天"石淙会饮"处对面北崖崖壁的大崖石上。此石坐北朝南，表面天然，壁立平整。摩崖石刻高三点六五米，宽三点七米，紧临石淙河水面，利用天然崖石凿刻而成，碑上沿原建有屋檐，以保护此碑刻免受风雨侵袭，现屋檐早已荡然无存，仅留下当时建屋檐时所凿的十一个洞。全碑刻有武则天御制七言诗一首和序言及群臣侍游之作十六首，计三十九行，每行四十二字，序二十五行，每行四十一字。全碑分为三层，上层刻武则天的《夏日游石淙诗并序》及李显、李旦、武三思的应制诗；中下层刻侍游群臣的

图 123　夏日游石淙诗并序摩崖石刻

应制诗文。石刻之末，有舍人楼云题写的"大定癸卯楼云絜家再游"十字。碑文中的天、地、君、臣、日、月、人、圣、星、国、初、载等字，均用武则天新造的怪字。

武则天在石淙河畔宴请群臣一事，两唐书武后本纪失载，此碑可补其阙略，因此，此碑具有宝贵的史料价值。同时，据史籍记载，武则天曾在武周久视元年（700）七月初七命她的随同太监胡超为她在嵩山之顶"登封台"上投放了一枚举世闻名的除罪金简（此稀世国宝已于1982年5月21日由河南登封农民屈西怀在嵩山顶发现，为国家一级文物），《夏日游石淙诗并序》摩崖石刻即刻于投放金简后十二天。因此，该摩崖诗碑对于研究武则天时代的政治、历史、文学、书法，尤其是武则天登嵩山、封中岳等活动的行踪，都是颇有价值的实物资料。

同时，此碑也具有重要的文学价值。《夏日游石淙诗并序》已收入《全唐诗》，刻本文字稍异，对照摩崖碑文可校正《全唐诗》的错讹。此碑所刻的《夏日游石淙》是武则天一生中所写的唯一的一首七律，虽是拗体七律，但意义重大。武则天对新诗的热心超过她前代任何君王，她要求侍游群臣"各题四韵，咸赋七言"，于是引出了十六首七律，影响深远。据专家查考，唐太宗一生写诗一百多首，但没有一首七律；《全唐诗》收唐高宗六首诗，全都是五言杂诗。而武则天宴请群臣时所题的纪胜诗十七首，都是七律诗作，这对七律诗的发展起到了巨大的推动作用。

《夏日游石淙诗并序》摩崖石刻由薛曜用楷书书写，字径五厘米。清杨守敬称其"书法瘦劲奇伟""为宋徽宗瘦金之祖"。薛曜存世作品极少，因而《夏日游石淙诗并序》摩崖石刻十分珍贵。薛曜楷书，清劲丰肥，横轻竖重，巧妙地运用藏锋、中锋、裹锋，结构方严整齐、庄重正大，布局严谨茂密、大小兼施。前人有

"草绿池塘花满溪"的诗句形容书法艺术，放到这里再恰当不过了。此碑书法与薛稷的名碑《信行禅师碑》出自同宗，都源自褚书。然而，此碑比《信行禅师碑》字体更为险峭瘦劲，尤其是竖画起笔及转折处的重顿和横画收笔处的重顿更有过之，形成"竹节"状的明显特点。这种运笔的强烈顿挫节奏感和屈铁瘦筋的笔法，使单一的笔画出现了非单一的变化，既使字体显得秀丽和挺拔，又使行笔显得有些生硬，不太流畅。此碑的字体与笔势特点，对宋黄庭坚、宋徽宗等人产生了较大的影响。历代对此碑评说纷纭，褒贬不一。

赐卢正道敕碑

唐中宗系唐高宗李治第七子，名显，生于656年，卒于710年，为武则天所生。初封周王、英王，唐高宗永隆元年（680）在章怀太子李贤被废为庶人后被立为太子。弘道元年（683）即皇帝位，但由武则天以皇太后名义临朝称制，次年他便被武后废为庐陵王，迁居房州（治所在今湖北房县），再迁均州（今湖北均县）。圣历元年（698），被武则天复立为太子。神龙元年（705）宰相张柬之乘武氏病重举兵平乱，拥立中宗复位，复唐国号。但中宗为人昏懦，惑于韦皇后，重用武三思。后韦皇后秽乱，与安乐公主合谋，于景龙四年（710）将他毒死于神龙殿。

唐中宗李显一生也撰书了一些碑文，除了前面所说的由武则天撰文、由他书丹的《述圣记碑》，现存世的还有《赐卢正道敕碑》（图124）。《赐卢正道敕碑》系御赐功德碑，刻立于景龙元年（707），是唐中宗赐给洛州荥阳县令卢正道的诏敕，赞誉了卢正道政治上的功绩，由唐中宗用楷书书写。碑原在河南荥阳，后流落日本，现藏于日本东京国立博物馆。碑文六行，满行十一字，全文六十三字，字径五寸。书家对唐中宗于嗣圣元年（684）所书之《述

图124 赐卢正道敕碑

圣记碑》评价颇高,明赵崡《石墨镌华》谓其"字法遒健,深得欧、虞遗意"。但观其二十三年后所书的《赐卢正道敕碑》,用笔平板呆滞,结体松弛,字体结构比例失当,既无秀美的神韵,又缺少雄健劲拔的气势,毫无皇家风度,简直与书丹《述圣记碑》时判若两人。为什么会出现这种倒退现象呢?这主要是因为唐中宗遭武后废弃,又长期受制于武后,过着半囚禁生活,而这时虽已复位一年多,却又受制于韦皇后,因而身心受到极大的摧残。唐中宗本来就无唐太宗那样的雄才大略,又无唐高宗那样的心境和才气,再加上二十多年备受压抑和摧残,原来仅有的一点点灵气也都丧失殆尽,写出来的字很自然也就相形见绌了。

武士彟碑与景龙观钟铭碑

唐睿宗系唐高宗第八子、中宗之弟,名旦,生于662年,卒于716年。初封殷王。嗣圣元年(684),武后废黜中宗,他被立为帝,但无实权。天授元年(690),被迫上表请武后即帝位,改国号为周,以为皇嗣,旋改封相王。中宗复位后,进号安国相王。景龙四年(710)韦皇后毒杀中宗,李旦第三子李隆基策动羽林军政变,诛杀韦皇后及其党羽,由太平公主出面,睿宗得以复登帝位,延和元年(712)禅位于太子李隆基,谥大圣真皇帝。唐窦蒙《述书赋注》谓:"睿宗好书史,尚古质,书法正体,不乐浮华。"其一生虽正式在位时间前后相加仅七年,但其所撰书的碑刻却数量不少,见于记载者有《武士彟碑》《杨氏碑》《武后述志碑》《孔子庙堂碑》《景龙观钟铭碑》。其中《武士彟碑》碑文六千余字,由李旦书石,系武则天称帝后追赠其父武士彟为孝明皇帝,于长安元年(701)十二月敕命李峤为已去世六十六年的其父撰写的。

《景龙观钟铭碑》(图125)是李旦书碑的代表作,刻于景云二年(711),

图125 景龙观钟铭碑

在陕西西安，十八行，每行七十字。此碑书体虽为楷书，但其中杂有篆、隶的造型和笔法，甚至还有草书和飞白手法，甚有特色，历代书家对其评价颇高。明赵崡《石墨镌华》谓其："正书而稍兼篆隶，奇伟可观。"清杨宾《大瓢偶笔》认为此碑在睿宗所书各碑中"为第一，盖其古奥浑厚绝非他碑可及也"。《铁函斋书跋》赞此碑云："其书沉郁古奥，为东坡之祖，洵可宝也。"清何绍基《东洲草堂文钞》认为："睿宗此铭奇伟非常，运分书意于楷法，尤为唐迹中难得之品。"清郭尚先《芳坚馆题跋》曰："以分隶为真书，魏齐碑碣类然。此用其法而气象雍穆……"清刘熙载《艺概》评论说："后汉《孝文吊比干墓文》，体杂篆隶。唐《景龙观钟铭》，盖亦效之，然颇能节之以礼。"

三、唐玄宗李隆基、唐肃宗李亨御碑

继唐太宗"贞观之治"后开创了"开元盛世"的唐玄宗李隆基，一生所撰书的碑刻为数甚多，如《纪泰山铭》《一行和尚碑》《青城山常道观敕》《元宗批答裴耀卿等奏》《阙特勤碑》《石台孝经碑》《忠宪公裴光庭碑》等。其中《纪泰山铭》和《石台孝经碑》是其代表作。

纪泰山铭

《纪泰山铭》（图126）在山东泰山岱顶大观峰碧霞祠东北崖壁上。大观峰绝壁如削，山崖上布满历代帝王和文人雅士赞颂泰山的题咏石刻，唐玄宗手书的《纪泰山铭》即是其中最大的一块摩崖石刻。刻石通高十三点三米，宽五点三米，上额刻饰龙纹，额题"纪泰山铭"四个字，字大六十厘米见方，铭文凡九百九十六字，字大十五厘米见方，刻石下部早年剥落，由明代叶彬补书一百零八字。碑额和铭文字体均为八分隶书，遒劲雄浑，英气豪迈，历代书家对其评价甚高。明王世贞的《弇州山人四部稿》谓其"虽小变汉

图126 纪泰山铭

法，而婉缛雄逸，有飞动之势"。清孙承泽的《庚子销夏记》称誉说其"字大七八寸，雄伟可观，绝胜他书，是其最得意笔。"泰山乃我国历代帝王封禅之地。据传夏商周三朝就有七十二个君主来这里祈祷，从秦始皇开始，帝王祭泰山之事才见于记载。据史籍记载，秦始皇、汉武帝都曾在泰山举行过盛大的封神祭典。到了唐朝，唐太宗想去泰山封禅而没有去成，唐高宗和武后都去过。在我国历史上，登泰山封禅仪式最隆重的是汉武帝和唐玄宗。唐玄宗是开元十三年（725）登泰山封禅的，当时他四十一岁，正值盛世，故而其登泰山时一路上车队连绵数十里，规模极为宏大。《纪泰山铭》即是唐玄宗登泰山时亲笔手书的，整块铭碑形制硕大雄伟，气势恢宏，古人对其曾有"盖自汉以来碑碣之雄壮未有及者"的评论。此摩崖巨碑对于研究唐朝书法，特别是唐朝的隶书艺术和中国古代帝王封禅泰山，具有重要的价值。

石台孝经碑

《石台孝经碑》由唐玄宗作序、注解并书写，刻于唐王朝的统治由盛转衰的天宝四年（745）。碑由四块高大的长方石合成方柱，立于多层石台上，故称《石台孝经碑》（图127），原立于唐朝都城长安太学，现存于西安碑林。碑四面刻，碑阳和左右侧各刻隶书十八行，每行五十五字。碑文记录孔子的学生曾参所记述的与孔子的问答辞，碑额由当时还是皇太子的唐肃宗李亨篆题"大唐开元天宝圣文神武皇帝注孝经台"十六字。碑阴前部为七行隶书，后部上截刻李齐古楷书九行，唐玄宗批注行书三行，下截刻诸臣题名四列。唐前期，隶书远不能和楷、行、草相比，处于一种衰微的状态，而到唐玄宗时，情况发生了很大的变化。据陈史《书小史》记载，唐玄宗"工八分章草，丰伟英

图127　石台孝经碑

特"。由于唐玄宗特别喜欢和擅长隶书，在他的倡导下，风从者日渐增多，一时学隶成为风尚，乃至形成了与汉隶不同风格的"唐隶"。唐玄宗所书的《石台孝经碑》，书风端庄肥厚，匀净齐整，即是"唐隶"的典型风格。此碑史称唐玄宗第一手笔，端庄典雅，淳整丰艳，虽肥厚妍丽，平直刻板，近乎"馆阁"，但却波磔分明，左舒右展，豪爽飞动，有雄逸之气，呈现出一派富丽的盛唐气息；虽有筋骨稍弱之嫌，但却极富丰肥柔和之美，具有古隶所没有的丰妍壮美的神韵，给处于衰微中的隶书注入了新的活力。唐玄宗的《石台孝经碑》在唐朝的隶书中占有重要的地位，历代对其评价颇高。明王世贞的《弇州山人四部稿》谓此碑"丰妍匀适，与《泰山铭》同。行押亦雄俊可喜"。明赵崡的《石墨镌华》谓此碑"老劲丰妍，如泉吐凤，如海吞鲸，非虚语也"。

第二节　昙花一现之奇书妙刻
——盛唐的飞白碑额和志盖

中国的碑自先秦产生，经过漫长的演变发展，到东汉时形制已发育成熟。每一块规范的碑都分为碑首、碑身、碑座三部分。碑首系碑头的通称，碑首正中部位称为碑额，其位置类似人的额头，故碑首亦称碑额。古人刻碑，一般都有碑额，成为约定俗成的模式，碑额一般题书镌刻该碑的全名。自汉代以来，碑额上一般都用篆书书写碑名，称为"篆额"。后来，随着汉字的演变发展，碑额上也有用隶书书写碑名的。两者虽都是题书碑额，但在碑学上的名称并不相同，正如清代王芑孙的《碑版广例》所说："额书篆字称为篆额，书隶字称为题额。"同样，墓志志盖的题书也是如此。然而，中国碑文化奇妙多彩，唐朝时随着书法艺术的繁荣发展和行书入碑、草书入碑等碑刻艺术的不断创新，碑刻碑额的题书和墓志志盖的题书，也绽开出一朵与以往传统碑额、志盖截然不同的奇葩。这种奇特的碑额、志盖，既不同于用篆书写的篆额，也不同于用隶书写的题额，而是用明赵崡《石墨镌华》所说的"久不传于世"的飞白书书写的。这种飞白书碑额和志盖，是唐以前从未有过的。

飞白书亦作飞白体，俗谓笔花，是书法中的一种特殊笔法、特殊书体。飞白的意思是点画中有丝丝露白，也有称其为飞帛的，其意就是好比把字写到帛上迎风飞舞，给人以浪漫飘逸、丝丝露白的感觉。它的笔画像枯笔所写，转折处笔画突出，产生力度，使枯笔产生飞白，与浓墨、淡墨产生对比，以加强作品的韵律感和节奏感。北宋黄伯思的《东观余论》说，飞白书乃"取其发丝的笔迹谓之白，其势若飞举者谓之飞"。今人把书画的干枯笔触部分也泛称飞白。利用飞白，可使书写之字显现苍劲浑朴的艺术效果，增加画面生动的视觉效果。当然，书法的功力在飞白中也能充分体现出来。

飞白书相传是东汉末灵帝时，大书法家蔡邕看到修饰鸿都门的工匠用笤帚蘸石灰水刷墙，从中得到启发而创造出来的书写技法。唐李绰的《尚书故实》说："飞白书始于蔡邕，在鸿门见匠人施垩帚，遂创意焉。"蔡邕"工书绝世，尤得八分之精微，体法百变，穷灵尽妙，独步古今。又创造飞白，妙有绝伦，动合神功……"据史料记载，蔡邕创造出的飞白书，曾被广泛运用于汉魏宫阙题字，并一度受到书法大家的青睐，为风雅帝王、达官权贵们所宠爱，成为一时文墨所尚，演化成中国书法众多书体中的"贵族书体"。然而，飞白书稀而益贵，贵而益稀，就这样越贵越稀，乃至过了多少年后就渐渐悄然无迹了，直到唐太宗时"复活"。

一、唐太宗飞白书《晋祠铭碑》碑额

飞白书自魏晋南北朝以来素为文人墨客所推崇。书圣王羲之及其子王献之俱精于飞白。唐太宗酷爱王羲之书法，潜心研习，在将王羲之行书学得炉火纯青的同时，也学到了王羲之所精擅的飞白书，于是在贞观二十年（646）到晋祠祭祀书写《晋祠铭碑》时，在首创行书入碑之先例的同时，率先打破用篆书书写碑额的旧制，开创性地用飞白书题书了《晋祠铭碑》碑额"贞观廿年正月廿六日"九个大字（图128）。其所书写的这一《晋祠铭碑》碑额飞白书，有隶书姿态，横画有波势，扁笔侧锋圆转，如章草笔法，颇有笔断意连、卷曲飞动之妙趣，使"久不传于世"的飞白书又得以"复活"，放射出了绚丽的光彩。唐太宗不愧为开创伟业的千古一帝，他这一摒弃旧俗的做法，不仅在中国历史上开飞白书碑额之先河，而且还打破了自汉代以来形成的碑额一般题刻该碑的全名这一旧制，前无古人，后无来者，创造了碑额不题刻碑名而题刻书碑日期的先例，在中国碑刻史上极为罕见，令人叹为观止。此碑现仍然屹立在山西太原晋祠贞观宝翰亭内。其打破常规的非凡气度受到人们由衷的赞赏。

图 128　晋祠铭碑飞白碑额

二、唐高宗飞白书《大唐纪功颂碑》碑额

唐高宗也从王羲之那儿学得一手漂亮的行书和飞白书。他一生不仅用行书书写了许多碑刻，也用飞白书写了包括碑额在内的许多东西。比如，据史籍记载，咸亨年间（670—674），他与武则天路幸少林寺曾"御飞白书，题金字波若碑"；永淳二年（683），他与武则天再次驾临少林寺"御札又飞白书一'飞'字，题寺壁"。最为著名的是，显庆四年（659），他亲临许郑讲武时，途经唐太宗当年擒窦建德处，为缅怀太宗的宏伟功业，在河南汜水（今河南荥阳）等慈寺为太宗刻立了《大唐纪功颂碑》。碑文由他亲自撰写，用行书书丹，碑额"大唐纪功之颂"六个大字由他亲笔用飞白书题书（图129）。此碑是一座巨碑，字亦奇伟，颇为壮观，在历代帝王碑刻中颇有影响。

图 129　大唐纪功颂碑飞白碑额

三、武则天飞白书《升仙太子碑》碑额

女皇武则天不仅像唐太宗、唐高宗一样爱好书法，而且还效法唐太宗书《晋祠铭碑》、唐高宗书《大唐纪功颂碑》，操笔书丹于石，她于武周圣历二年（699）亲自撰文并以草书写下了两千余字的《升仙太子碑》碑文，在中国碑刻文化发展史上开草书入碑之先河。碑以飞白书题书了《升仙太子碑》碑额"升仙太子之碑"六个大字（图 130）。更为令人惊叹的是，武则天的飞白书还别具一格，字中除了有飞白，还有惟妙惟肖的鸟形修饰，非常奇特。明赵崡的《石墨镌华》评论说："碑首'升仙太子之碑'六个大

图 130　升仙太子碑飞白碑额

字,飞白书,作鸟形,亦佳。"杨剑虹在《武则天新传》中指出:"她写的《升仙太子碑》,集行书、飞白于一体,笔画中丝丝露白,深得飞白佳趣。飞白书上又配以鸟形,蕴含着太子晋乘鹤升天为仙的传说,借以抒发道教思想。笔画灵活流畅,婉约圆转,是书中的上乘佳作。"

四、《尉迟敬德墓志》飞白书志盖

唐朝还涌现出了极为罕见的以飞白书题书的墓志盖。墓志是一种埋幽之铭,是生者为纪念死者而随死者埋入墓中的记述死者生平、颂扬死者功德的传记石刻,性质、功能和碑相近,只是形式与碑不同。中国墓志约起源于东汉时期,魏晋以后盛行,6世纪初的南北朝后期,墓志逐渐定型,分为上下两层,上层称为"盖",下层称为"底",底刻志铭,盖刻标题。墓志盖在南北朝时期尚不普遍,隋唐以后,志盖相合,遂成定制。但自墓志盖产生起直到唐朝时,志盖上所刻标题,如同碑额那样,除有少数用隶书书写外,一般都用篆书书写。而令人惊叹的是,在唐朝,随着飞白书的"复活",尤其是在帝王用飞白书书写碑额的带动下,出现了奇特的用飞白书书写的墓志盖。这就是至今仍被贴在百姓院落大门上的家喻户晓的"门神"——唐朝名将尉迟恭的墓志盖。

尉迟恭(585—658),字敬德,山西朔州人。青年时以勇武闻名乡里,隋大业末,从军镇压农民起义。刘武周割据马邑后,他参加了刘武周军,并和宋金刚率军南下,攻陷唐晋阳(属今山西太原)、浍州(今属山西),大败李渊军队,俘虏了永安王李孝基及独孤怀恩、唐俭、于均、齐世良等五名唐将。唐武德三年(620),他与秦王李世民相战于美良川,战败,复被围困在介休,经劝降,他归附了唐朝。李世民让他当右一府统军。后因累有战功,授秦王府左二副护军。"玄武门之变"中他参与谋划,并亲手射杀了坚决支持太子李建成并企图杀害李世民的李元吉。事定后,授太子左庶子。贞观元年(627),拜右武侯大将军,赐爵吴国公。贞观八年(634),迁同州(今渭南大荔)刺史,后又改封鄂国公。贞观十七年(643),授开府仪同三司,致仕,与长孙无忌等二十四人图形于凌烟阁。唐高宗显庆三年(658年)尉迟敬德卒,册赠司徒、并州都督,谥号"忠武",陪葬昭陵(唐太宗陵墓)。尉迟敬德与夫人苏氏的合葬墓坐落在陕西礼泉县城东北烟霞新村。其墓不仅有高十一米许的封土堆和高四点四五米的墓碑,而且还有庞大的

《尉迟敬德墓志》（图131）。这一墓志不仅边长一点二米，墓志边饰雕刻十二生肖图案，是昭陵碑林中规模最大的一合墓志，也是唐朝墓志中最大、刻得最好的墓志之一。同时，该墓志志盖还是唯一用飞白书书写的墓志盖，志盖上镌刻着用飞白书书写的"大唐故司徒并州都督上柱国鄂国忠武公尉迟府君墓志之名"二十五个大字。这二十五个飞白大字究竟是何人所书，《尉迟敬德墓志》志盖上并无署名，史籍上也无记载，至今仍是个待考之谜。

图131 尉迟敬德墓志

第三节 匠心独运之艺术再创造
——唐代集腋成裘的集字碑

唐代是中国历史上碑文化最为繁盛兴旺的时代，不仅碑刻如雨后春笋般涌现，而且创举颇多，"集字碑"即是其中创意最为奇妙、在我国历史上影响最为深远的一种。

一、僧怀仁《集王羲之书圣教序碑》

根据对历代碑刻的查考，我国在唐代以前无集字碑刻，集字碑最早出现在唐代，开先河者是僧怀仁以集腋成裘、聚沙成塔之功，历经二十多年艰辛努力刻成的《集王羲之书圣教序碑》。

《集王羲之书圣教序碑》（图132）全称《怀仁摹集王羲之书大唐三藏圣教序碑》，亦称《释怀仁集王书圣教序碑》，简称《集王羲之书圣教序碑》，又因其碑首刻有七佛像，故亦称为《七佛圣教序碑》。

王羲之的书法自六朝以来为朝野所重，受到极高的评价。唐张彦远《法书要录·李嗣真书后品》说："右军正体如阴阳四时，寒暑调畅，岩廊宏敞，簪裾肃穆。其声鸣也，则铿锵金石；其芬郁也，则氛氲兰麝；其难征也，则缥缈而已仙；其可觌也，则昭彰而在目：可谓之书圣也。若草、行杂体，如清风出袖，明月入怀。瑾瑜灿而五色，黼绣摛其七彩。故使离朱丧明，子期失听，可谓草之圣也。其飞白犹雾縠卷舒，烟云炤灼，长剑耿介而倚天，劲矢超然则无地。可谓飞白之仙也。"怀仁是唐太宗、高宗时长安

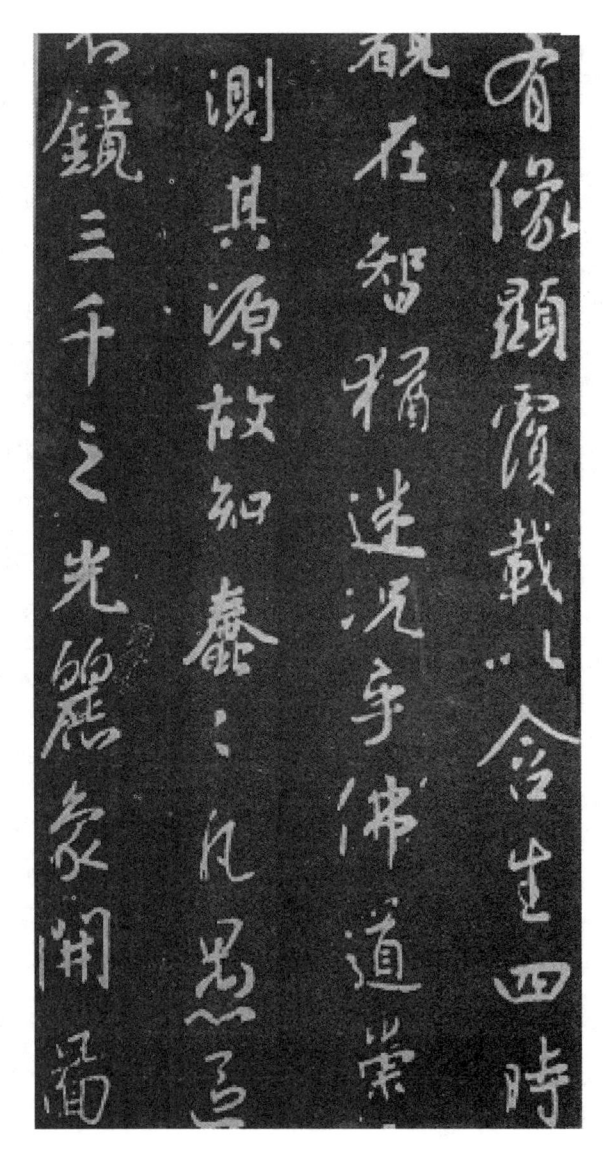

图132 集王羲之书圣教序碑

（今陕西西安）弘福寺一个酷爱王羲之书法的和尚。玄奘法师从印度取经回国后，奉敕在弘福寺将从印度所带回的佛经翻译成汉文，于贞观十九年（645）二月六日译出佛教三藏要籍三百五十七部。唐太宗非常重视这件事，特为他作了一篇《三藏圣教序》。怀仁亲历了这件事的全过程，他对当朝皇帝能为佛家盛事、为一个和尚著文而殊感光荣，觉得这是一件了不起的事，应该让它永垂青史。那么，如何才能使其垂之久远呢？怀仁深谙"刻石立碑，以示后昆，传载万年，子子孙孙"的古训，他是王羲之的裔孙，对王羲之书法有精深的研究，也深知唐太宗对王书

的酷爱，经过冥思苦想，终于别出心裁地构想出了一个集书圣王羲之之字，来将酷爱王羲之书法的唐太宗所写的《圣教序》刻成碑，使二者珠联璧合的绝妙方法。于是，他从皇廷内府到全国各地，耐心地收集各种王羲之的遗墨存稿，选撷可用于《圣教序》中的书体资料，然后将收集到的大量王羲之的字，加以精心的选择、安排、布局，将大字缩小，小字展大，没有的字，用有关偏旁点画拼凑起来，有几个字实在找不到，就上奏朝廷，请朝廷张榜征摹。朝廷十分赞赏他的奇思妙想和一片苦心，以一字千金之价，诏赏天下书林高手来拼撰补缀。就这样，历经二十多年锲而不舍艰辛的收集、钩摹、汇编、排列，怀仁终于用王羲之之字巧妙地拼合成了《集王羲之书圣教序碑》碑文，并于唐高宗咸亨三年（672）十二月八日由京城法侣建成立碑。碑高三点一五米，宽一点四一米，全碑共三十行，每行八十三至八十八字，全碑碑文由二千五百多个字一个一个地拼集而成。碑文由诸葛神力勒石，武骑尉朱静藏镌刻。由于唐太宗去世时将大批王羲之的书法作品作为殉葬品带入冥冥世界，王羲之真迹就失传于后世。王羲之书法之所以能流传至今日，大多依赖怀仁所集的这块《集王羲之书圣教序碑》，因此此碑在我国碑刻文化史和书法史上具有十分重要的地位，是我国"集字碑"的始祖，也是我国"集字碑"中书法、镌刻艺术价值最高的一块碑，现珍藏于西安碑林。

由于怀仁《集王羲之书圣教序碑》是从王羲之遗墨中直接摹出的，他本人又是书法高手，故此碑在结体编排、风韵神情上极能传达出王羲之书法的神韵。综观全碑，笔法清远而高雅，圆润而流畅，疏密敧正，无不得宜，意态典雅，自然安详，含蓄蕴厚。全篇气息贯通，节奏鲜明，韵律和谐，宛如一气呵成，无剪接之缝、刀斧之痕，以其行云流水般的整体艺术风格，向人们展示出了王羲之书法特有的"端庄杂流丽，刚健含婀娜"的风采神韵。怀仁作为"集字碑"的首创者，已被载入中国碑文化发展史和中国书法史史册。

怀仁的《集王羲之书圣教序碑》面世后，历代以来都受到极高的评价。宋周越《古今法书苑》评其"逸少真迹，咸萃其中"。宋黄伯思《东观余论》云："今观碑中字与右军遗帖所有，纤微克肖。"明王世贞《弇州山人四部稿》说："《圣教序》书法为百代模楷，病之者第，谓其结体无别构，偏旁多假借，盖集书不得不尔。"并说《圣教序》"极备八法之妙，真墨池之龙象，兰亭之羽翼也"。清蒋衡《拙存堂题跋》云："沙门怀仁乃右军裔孙，得其家法，故《集字圣教序》一气挥洒，神采奕奕，与《兰亭序》并驱，为千古字学之祖。"清刘熙载《艺概》

云:"唐僧怀仁集《圣教序》,古雅有渊致。"清沈曾植《海日楼扎丛》说:"学唐贤书,无论何处,不能不从此下手,犹草书之有永师《千字文》也。"清郭宗昌《金石史》说:"怀仁当元皇弘文之景远,值右军真迹之麋萃。"清周星莲《临池管见》云:"唐僧怀仁所集右军书,位置天然,章法秩理,可谓异才。"清叶昌炽《语石》云:"集右军书者多矣,惟圣教序钩心斗角,天衣无缝……"

怀仁的《集王羲之书圣教序碑》是一个匠心独运、别开生面的创举,在当时和后世都产生了重大影响。

二、唐代其他集王羲之书碑

据查考,在唐代,除了《集王羲之书圣教序碑》,至今仍有碑拓存世的集王羲之书碑还有五种。其中,刻于唐玄宗开元九年(721)的僧大雅《集王羲之书吴文碑》(图133),在中国碑刻文化发展史上也非常有名,是继僧怀仁《集王羲之书圣教序碑》之后出现的书法、镌刻艺术堪与《集王羲之书圣教序碑》相媲美的一块集字碑,现亦珍藏于西安碑林。因此碑集字者是兴福寺僧大雅,故此碑

图133 集王羲之书吴文碑

亦世称《兴福碑》。又因此碑在北宋修城时被掩埋于土中,于明万历年间出土于西安城南,出土时残存下半截,古亦俗称《吴将军半截碑》,简称《半截碑》。碑高一点零四米,宽八十一厘米,碑文为集王羲之行书,共三十五行,除其中三行无字外,其余每行二十三至二十五字。历代对此碑评价甚高,清刘熙载《艺概》云:"唐人善集右军书者,怀仁《圣教序》外,推僧大雅之《吴文碑》。《圣教》行世,

固为尤盛。然此碑足备一宗。盖《圣教》之字虽间有峭势，而此则尤以峭尚，想就右军书之峭者集之耳。"清周星莲《临池管见》甚至说："僧大雅所集之《吴文碑》亦用右军书，尤为峬峭。古今集右军书凡十八家，以《兴福寺》为最，不虚也。"清郭尚先《芳里坚馆题跋》认为："怀仁集书于千古绝作，其病在字体衔接太紧，不得纵宕，故香光疑为怀仁自运……此碑神观不及怀仁，而分行稍疏转多觉古穆。"

图134 集王书金刚经序碑

《集王书金刚经序碑》（图134）系唐文宗大和六年（832）唐玄序集王羲之书刻立。该碑是除僧怀仁《集王羲之书圣教序碑》和僧大雅《集王羲之书吴文碑》外的唐代集王书碑中的上佳者，碑前有杨承和序，后列有郑覃、王源中、许康佐、路群、宋中锡、崔郸、李让夷、柳公权等人的赞语。宋代赵明诚《金石录》和清叶昌炽《语石》对其均有著录。《集王书清净智慧观身经铭》系由田名德集王羲之行书，于唐代宗大历六年（771）刻立于陕西富平县美原镇，碑文凡三十行，满行五十二字。其碑文所集之字虽存王羲之书之形状，但远逊于怀仁《集王羲之书圣教序碑》和大雅《集王羲之书吴文碑》。《集王书永仙观碑》全称《大唐京兆府美原县永仙观碑文》，由萧森撰文并摹集晋王羲之书，刻于陕西富平县美原镇《集王书清净智慧观身经铭》碑石之阴，比之怀仁《集王羲之书圣教序碑》、大雅《集王羲之书吴文碑》，神态已失，仅存形似。

三、唐集王羲之书碑的后世效仿

僧怀仁的《集王羲之书圣教序碑》不仅在唐代产生了广泛的影响，对后世也产生了极其深远的影响。据清康有为查考，自唐高宗时期至清光绪年间，"古今集右军（王羲之）书，凡十八家"。不过，究竟多少，学者们说法并不太一致，实际上所留存的碑拓数量和见诸记载的数量也不尽相同。清杨宾在《大瓢偶笔·偶笔识余》中说："相传自唐至宋十有八家，然碑拓止见怀仁集《圣教序》《吴将军半截碑》、绛州《孔子庙碑》。见诸记载者，止有行敦集《怀素碑》《杨承源碑》、胡霈然集《大智禅师碑》、越王贞集《大兴国寺舍利塔碑》、卢藏用集《建福寺三门碑》、卫秀集《梁思楚碑》、唐元序集《六译金刚经》、洪元慎集《越州寺碑》、沙门怀则集《栖霞寺碑》、沙门静万集《慈云寺碑》、王允之集《焦山寺尊胜陀罗尼经》，合见拓本仅十四，尚少四家，未见其目。然大概从《圣教序》出，非能于《圣教序》之外，又得右军真迹而集之也。观于《吴文》《孔子碑》可知矣。若近时，高镜庭方伯集刻《福建西湖碑》，则自书居多矣。"总之，自唐以来，集王羲之书碑的数量还是较为可观的，我国碑刻文化百花园中的一个新家族——集字碑，也正是由此而形成。

第四节　中国历代无字碑之巅峰
——唐代武则天、唐中宗无字碑

继汉武帝《泰山玉皇顶无字碑》、东晋谢安墓无字碑之后，在唐朝，我国"碑而不铭"的无字碑发展出现历史之最，涌现出了堪称我国无字碑千古绝唱的两大无字碑——《武则天无字碑》和《唐中宗无字碑》。

一、历史上猜测、争议最多的《武则天无字碑》

《武则天无字碑》（图135）是我国历史上最著名、文化内涵最丰富、猜测争议最多的无字碑，坐落在古都西安西北约八十公里的乾县梁山上的唐代乾陵。

乾陵初建于弘道元年（683），五十六岁的唐高宗李治病死在河南洛阳的真观殿后，武则天于第二年即嗣圣元年（684）将唐高宗葬于乾陵，并立《述圣记碑》。唐高宗李治病死后，武则天凭借她超凡绝伦的政治手腕和高宗临死前授予她的"军国大事有不决者，取天后处分"这一至高无上的"尚方宝剑"，执掌了军国大权。在正式称帝十五年、实际执掌国家大政五十年之后，八十二岁高龄的一代女皇武则天，于神龙元年（705）在上阳宫病逝。继位的其子唐中宗李显，将她与唐高宗一起合葬于乾陵，并为她竖立了高大的石碑。石碑位于乾陵朱雀门东侧，距朱雀门阙址南约二十二米处，与朱雀门西侧武则天为唐高宗李治所立的《述圣记碑》遥遥相对，东西对称，相距约六十二米。碑身由一块通高七点五三米、宽二点一米、厚一点四九米，重九十八点八吨的巨型青石雕成。碑额未题碑名，碑额阳面正中雕一条螭龙，左右侧各四条，共有九条螭龙，故亦称《九龙碑》。八条螭龙巧妙地互相缠绕在一起，鳞甲分明，筋骨裸露，静中寓动，生动逼真。碑身两侧为线雕升龙图，各有一条腾空飞舞的巨龙，龙腾若翔，栩栩如生。碑座硕大，方趺，长三点三七米，宽三点六一米，四面线刻狮、马等瑞兽纹，阳面线刻的狮马相斗图，其马屈蹄俯首温驯可爱，雄狮则昂首怒目十分威严。碑上还有许多花草纹饰，线

图135 武则天无字碑

条精细流畅。据史料记载，此碑初建时还建有宏大的碑亭，但由于时间久远，碑亭已荡然无存。1995年对碑亭遗址进行了发掘，揭露出方形夯土台基，东西十五点八米，南北十五点五五米。台上四周有十二个柱础，其中三个柱础仍在原位，余皆存柱础位，可知碑亭原为面阔、进深各三间的方亭。基址周围保存部分砖铺散水，出土大量砖、板瓦、筒瓦、莲花纹瓦当等建筑材料。

此碑为中国历代石碑中少有的巨制之一。然而，耐人寻味和不可思议的是，在唐高宗的《述圣记碑》上，镌刻着武则天亲自撰文、由唐中宗书写的长达五千六百余字的碑文，而在同样高大雄伟的武则天石碑上，在唐代初立时却未刻一字。众所周知，武则天在世时是一个处处竭力炫耀自己巍巍功德和超群材行的唯我独尊者，那么，为什么死后她的陵碑上却一字不镌、碑而不铭呢？其原因究竟何在呢？这是中国碑刻文化史上的一个千古之谜。对于这个问题，一千三百多年来，学者众说纷纭，争论不休，根据系统研究，归纳起来，大约有以下十种不同诠释：

第一种意见是说武则天自认为自己在位时功绩盖世，用文字难以表述，绝不是一篇小小的碑文所能包容的，因此干脆"一字不书，尽得风流"。持这种意见的学者，援引武则天当政期间扶植寒门、打击豪强、发展科举、奖励农桑，使唐朝社会政治、经济有了很大的发展，上继贞观之治、下启开元盛世的大量史实，并引用唐代政论家陆贽的《翰苑集》、南宋史学家洪迈的《容斋随笔》、明代杰出思想家李贽的《续焚书》等著作的论述，以证实武则天政绩斐然、功绩彪炳史册，确实远非一块碑文所能容纳得下，所以碑上就干脆不刻字，留下了一座空碑。

第二种意见与第一种意见截然相反，认为武则天自知篡权改制、滥杀无辜、荒淫无耻，罪孽深重、无功可记、无德可载，与其贻笑后世，不如来一个"缄默"，故而碑上空而不镌，留下一座无字碑。持这种观点的学者，援引武则天生性疑忌，秉性残忍，任用酷吏，滥使酷刑，陷人于罪，结党营私，排斥异己，放纵武氏亲族集团和男宠张易之、张昌宗、和尚薛怀义把持朝政、无恶不作，提倡祥瑞，崇信佛教，大搞立颂德天枢、筑明堂、构天堂、铸九州鼎、建三阳宫、兴泰宫等劳民伤财、与国计民生毫无裨益的事情等大量史实，并引用宋代著名学者朱熹《通鉴纲目》和欧阳修《新唐书》等著作的论述，以证实武则天乃是一个"暴君"，没有什么"功德材行志义之美"值得歌颂，所以她的碑上只得一字不镌。

第三种意见是介于第一、二种意见之间的一种意见，认为武则天功亦重，过亦不轻，功过兼而有之，难以铭述。倘光铭其"功"，恐招世人讥嘲；倘光述其

"过",以她的性格和当时的政治需要,又实不可能;倘功过兼而书之,她则缺乏这种胸襟,因而只得留下一座既不铭"功"也不述"过"的空碑。

第四种意见认为武则天是一个非常聪颖的人,她自知是一个大有争议的人物,身后必定褒贬不一,她之所以给自己立无字碑,意在千秋功罪让后人去评说。据说武则天曾有遗嘱:"百年人物存公论,青史他年有定评,皇家寡人无须匆匆论定。"然而,这个"遗嘱"仅仅只是传说而已,至今未发现有可供考证的实据,故而尽管此说影响较大,但也难以为凭。

第五种意见认为武则天一生极好表现自己,曾亲撰《升仙太子碑》,以"天资拔俗、灵骨超凡"的仙人王子乔来自况。她之所以立无字碑,也是出于她好作惊人之举的秉性,是想用"留下一字不镌的空碑"这一与众不同的举动,引起更为轰动的效应,以使自己可以更加名扬青史。

第六种意见认为,武则天晚年卧病床上境况非常凄苦。老臣张柬之等发动了一场让她始料不及的宫廷政变,不仅杀了她的情夫张易之、张昌宗兄弟,紧接着又逼迫她让位给太子李显;不久,被她废弃的大唐国号正式恢复,黄色的唐王朝的国旗替换下了武周的红旗;被武则天大刀阔斧更名的官职、服色、衙门等统统恢复到她正式称帝前的旧样;长安不再是陪都,恢复了国都的地位;她苦心自造的"则天文字"统统被废止;甚至被命名为"老君"的老子也恢复了"玄元皇帝"的旧号;她周围的旧臣以及她的亲生子女,也与她越来越疏远,乃至当她弥留之际,床边没有一个皇室成员和朝廷大臣,连她的三个亲生儿女中宗、相王(后为睿宗)和太平公主都没有在场与她最后诀别。因此,持这一观点的学者认为,在这样的情况下,武则天根本无法立言于世,无法让后人按照她的要求写碑文,所以偌大一座石碑就只好空而不铭了。

第七种意见认为是因为继位的唐中宗李显难以确定对武则天的称谓,不知在撰写碑文时是称她母后为好还是皇帝为好,左右为难,觉得称哪个都不妥,最后只好作罢,干脆不写碑文,留下一座空碑。

第八种意见认为武则天在位时,那些持有正统观念的人尽管不敢公开反对她,但实际上一直对她持否定态度,从不把她当作一个天才的有作为的政治家,而只是把她看成一个弄权的毒妇人。因此,当她被逼退位后,重新掌政的正统当权者就将她视为祸水,故碑上不书一字。

第九种意见认为这块"无字碑"不可能是应武则天之命而竖立的,一生从不忘记为自己树立不朽形象的武则天，不会也不可能用"不着一字，让后人评说"的方式来表达自己，从当时唐王朝关于承不承认武则天是皇帝以及要不要将她与唐高宗合葬的激烈斗争来看，竖立这座与唐高宗《述圣记碑》相对应的无字碑，在当时实在是一种难为的、不得已而为之的礼仪形式，无须去撰写什么碑文。

第十种意见认为，根据对当时的历史背景和对武则天生平的综合考察，武则天的碑之所以空而不镌，是因为武则天乃是一个极其复杂的人物，她的一生，功过是非、真善美假恶丑、凶残奸险宽厚仁慈极其错综复杂地交织在一起，并在当时武周王朝被废止、李唐王朝已恢复的政治背景下，实在难以做出恰当的评论和恰如其分的描述，给她一个恰当的历史定位。大约也正因为如此，在她死后，包括她继承皇位的儿子在内，无人敢，无人愿，也无人知道该怎样为她写碑文。故而就只好给她立了一块空而不镌、只表示象征意义的无字碑了事。应该说，这一种原因可能是最为确切、最为合理的。

《武则天无字碑》奇崛瑰丽，巍峨壮观，雕刻精美，不愧为历代群碑之冠，在整个乾陵陵园的石雕中，不仅因处于显著位置而引人注目，而且以其精湛的雕刻艺术，独特的丰姿韵味，以及种种富于传奇色彩的传说故事而备受青睐，名播八方，令人产生无限遐想。一千三百多年来，《武则天无字碑》在无数游人眼中不仅是乾陵的象征，更是女皇武则天的象征，吸引了无数人前去观瞻和考察，宋、金以后开始有游人在碑上题字。现在，碑上共刻有宋、金以来历代文人、游客所留下的题刻四十二条，除了汉文，还有罕见的女真文题刻。结果，这座本来空无一字的无字碑被刻上了许多字，成了有字碑。这些题刻虽然历经千年风雨剥蚀，许多文字已模糊不清，但因其表述了各种不同的观点，在内容上自然形成了评价武则天的"碑文"，至今仍是研究武则天及其无字碑的有价值的参考资料。这些题刻也为人们了解一千三百多年来《武则天无字碑》的发展变化情况提供了宝贵的历史资料。其中金太宗天会十二年（1134）的《大金皇弟都统经略郎君行记》的题记，是用汉文和罕见的女真文字镌刻的，保存比较完整。从碑文可以得知，包括《武则天无字碑》在内，乾陵在金太宗天会年间曾经过一次大的修缮。这一用女真文字刻写的题记，旁边还有汉字译文。女真文字现已绝迹，因此，碑上的文字成为研究女真文字和中国少数民族历史文化不可多得的珍贵资料。但是，由于年代久远，前人后人无法沟通、协调和照应，碑上历代题字鸡零狗碎，真、草、隶、篆、行五体皆备，毫无章法，这些"到此一游"的人们，把偌大一通无字碑变成了"老和尚的百衲衣",实有损无字碑原有的庄重肃穆形象。

正如郭沫若《咏乾陵》诗"千秋公案翻云雨,百顷陵园变土田。无字碑头镌字满,谁人能识古坤元",以及后人留在空碑上的诸多"评语"中的一句话"女主前朝事,千年恨未平"那样,除非有朝一日发掘乾陵后,能从武则天的随葬品中找到为什么要立无字碑的遗嘱、诏书之类的实物证据,才能揭开《武则天无字碑》留下的疑窦,否则关于武则天无字碑成因的争论,今后还会长期继续下去。

二、历史上最鲜为人知的《唐中宗无字碑》

继一代女皇武则天立无字碑之后不久,唐朝又出现了一座体量巨大、雕制雍容华贵,堪与《武则天无字碑》媲美,但历史上却鲜为人知的无字碑———武则天之子唐中宗李显的无字碑。

武则天与唐高宗李治生有四子,长子李弘,次子李贤,三子李显,四子李旦。唐中宗李显曾赐名哲,后改名显,初封周王,后改封英王,在其两位兄长先后被武则天所废后,于永隆元年(680)八月被立为皇太子。永淳二年(683),高宗病死,皇太子李显于枢前即皇帝位,史称中宗。中宗比其父高宗更为庸柔无能,继位后,武则天被尊为皇太后,裴炎受遗诏辅政,政事皆取决于武则天,武则天操纵了唐朝朝政,中宗不过是一个傀儡皇帝。中宗心有不甘,重用韦皇后亲戚,欲以韦皇后之父韦元贞为侍中(宰相职),试图组成自己的集团。武则天对李显的举动大为不满,嗣圣元年(684)二月,继位仅五十五天的中宗,即被武则天废为庐陵王,贬出长安,先后被软禁于均州、房州十四年,只有娄子韦氏陪伴,他和韦氏也因此成为患难夫妻。圣历元年(698)李显奉诏还东都洛阳,复立为太子。神龙元年(705)正月,武则天病重,以宰相张柬之、崔玄伟为首的五人乘机拥立太子李显复位,复国号唐,迁都长安。然而,李显昏庸懦弱,登基后,立韦氏为皇后,宠信韦后,致使韦后结党作恶,勾结武三思,专擅国政,纳贿卖官,极为腐败。景龙四年(710)六月,李显被一心想做第二个武则天的结发妻子韦皇后和亲生女儿安乐公主合谋毒死于神龙殿,终年五十五岁。相王李旦之子李隆基联合太平公主杀死了韦后及其党徒,拥立其父李旦继承皇位,史称睿宗。景龙四年十一月,睿宗李旦葬其兄李显于定陵,庙号中宗,谥号为大和大圣大昭孝皇帝,无字碑即立于定陵中宗李显墓前。

定陵位于陕西富平北十二公里的宫里镇三凤村北的凤凰山，凤凰山由三个东西排列的石灰岩山峰构成，靠北围绕着一个半圆形的高峻山梁，中峰由山梁正中向南伸出，形似凤头，左右两峰对峙，犹如凤凰展开的双翅。从南远望，仿佛一只美丽的凤凰在浩瀚无际的太空翱翔。唐中宗定陵地宫就在凤凰山下。定陵陵园坐北面南，东西宽两公里，南北长三公里，周长十公里。有四门，左青龙、右白虎、南朱雀、北玄武，门外各有门阙，朱雀门外有乳台和鹊台。据史料记载，李显墓前原有石莲托桃一对、天马一对、石马三对、巨型无字碑一通，另有清代毕沅所竖石碑一通。北门有蹲狮一对、石马三对。东西门各有蹲狮一对。这批石刻造型高大雄伟，艺术精湛，和乾陵等陵的石刻群一样，是我国唐代艺术宝库中的精华，可惜因时间久远、风雨侵蚀和人为破坏，包括无字碑在内的大多数石刻，如今多已无存，现仅存蹲狮三件、石人二件、石马一件。据陕西省考古研究院考古人员调查，多位当地群众都说无字碑于20世纪前期还矗立在定陵李显墓前，20世纪中期被人为破坏。据《富平县志》记载，这块具有重要历史文物价值的无字碑毁于"文革"期间。1967年，宫里公社三凤大队个别极其愚昧无知的干部以破除"封资修"的名义，带领群众把陵前大量石雕毁坏，其中将无字碑砸毁后，做成七十二个碾地的碾子，并以十元一个的价格出售。现在，原先雄伟高大、雕凿精美的《唐中宗无字碑》，只剩下当时被砸毁做碾子后留下来的零碎残块。据王翰章先生的《陕西名碑被毁纪》记载："1971年夏全省文物普查时，我和魏京武同志在渭南地区进行文物普查时，来到定陵，看到无字碑所在地，仅留下一堆残石渣。"

由于唐中宗在历史上并无什么地位，因此安葬他的唐定陵历代以来不太受人关注和重视，很少有人前去拜谒，故而关于《唐中宗无字碑》也很少有记载和介绍，影像记录更是寥寥。查考历史资料，如今所能见到的《唐中宗无字碑》，仅有一张模糊不清的遗照（图136），是20世纪40年代王子云先生率西北艺术考察团考察定陵，摄录《定陵石人》时顺便拍摄记录下来的。从这张模糊的遗照上可以看出，定陵《唐中宗无字碑》其外形与乾陵《武则天无字碑》很相似，其体形也像《武则天无字碑》那样高大雄伟、巍峨壮观。可惜现在定陵《唐中宗无字碑》已荡然无存，关于其位置、形制、造型、规模尺寸等具体情况，只能通过20世纪40年代何正璜先生与王子云先生合著的《唐陵考察日记》和乾陵博物馆刘向阳先生所著的《唐代帝王陵墓》中对定陵无字碑的记载，及当地民间早年曾见过李显无字碑的群众的回忆来了解。

关于定陵《唐中宗无字碑》的位置,《唐陵考察日记》记载:"在定陵石刻中更有特异者即无字碑之建立,此在唐陵中唯高宗陵前有此物。《长安史迹》著:'乾陵门前右为由于阗国献奉之无字碑,高约二丈,碑侧刻雄大之云龙纹,其螭首雕刻与普通唐碑无异,惟两面无一字,殊难悬测,一般即呼之曰无字碑。'今定陵所见者与乾陵无字碑绝相一致,惟不同者,乾陵无字碑系立陵右侧,其相对之左侧方有述圣碑;而定陵此碑则立于左侧,其相对之右侧已无他碑存在。"

图136 唐中宗无字碑遗照

关于定陵《唐中宗无字碑》的形制、雕刻、尺寸,《唐陵考察日记》记载:"无字碑,高六点五公尺,宽两公尺,厚一点二公尺,座高一公尺,长三公尺,宽二点五公尺,系一大方石凿成,碑之两侧各刻有云龙纹,惟作凤类唐以后所刻者。"《唐代帝王陵墓》记载:"无字碑一通,碑身高五米,宽两米,厚一点三米,趺坐长三点三米,宽二点六米,碑头浮雕螭龙,碑身正面平光,左右两侧线刻龙、凤、麟、狮等瑞兽图案和祥云蔓草纹饰。"

那么,唐中宗李显的无字碑是谁立的,为什么一字不镌呢?有专家认为,按照封建礼节,正如武则天陵墓前的无字碑是由继承皇位的中宗李显所立那样,中宗李显墓前的无字碑应系由继承皇位的睿宗李旦所立。至于为何中宗李显墓要立一块无字碑,众说纷纭。有一种说法认为,因为中宗李显虽一生两度为帝,但实际上都是傀儡,不仅无所作为、毫无建树,而且命运极为凄苦,根本没有什么可书可言流芳千古之处,故而碑上只能一字不着,立一块无字碑聊表纪念。然而,在唐代帝陵中,除了乾陵女皇武则天陵墓和定陵唐中宗李显陵墓外,在其他唐陵都没有无字碑,这是为什么呢?这对皇家母子陵墓前所立的两块无字碑,是否有某些特殊的联系呢?看来这还有待今后的进一步研究才能揭开其中的奥秘。

第五节 奇字怪书碑之繁盛
——《则天文字碑》、合体字碑、《碧落碑》和《心经碑》

汉字在几千年的发展过程中，形成了世所公认的笔画、结构和书写样态。然而在唐代，出现了一些喜好标新立异、不愿循规蹈矩的人，他们不拘泥于世所公认的汉字构字规则和书写规则，或自己别出心裁、随己所好地"创造发明"怪字，或狂放不羁、随心所欲地撰写奇书，又将这些怪字奇书镌刻于石，于是在唐代出现了一批一反常规的怪字奇书及其碑刻。

一、旷古绝今自造怪字《则天文字碑》

武则天是一个唯我独尊、好大喜功、随心所欲、时时处处喜好标新立异的女皇，在她临朝称帝、专擅朝政后，除了除旧布新、改服易帜、变官名、更年号，据《唐书·艺文志》记载，她还著字海百卷，随己所好、随心所欲地"创造发明"了许多被称为"则天文字"的怪字，来替代原有的文字，在中国历史上上演了一场旷古绝今的"造字"闹剧。

据《新唐书》和《资治通鉴》等史书记载，"则天文字"其实并不是武则天本人亲自"发明"的，起初是武则天授意其侄儿"凤阁侍郎河东宗秦客，改造'天''地'等十二字以献"，"太后自名'曌'"而开其端的。永昌元年（689）十一月初一，武则天以临朝称制的大唐皇太后身份下令改元载初，颁布《改元载初敕》以示维新，敕文说："……朕宜以曌为名……特创制一十二字，率先百辟……"并且为了避讳，又把"诏书"（诏发音同"照"和"曌"）改为"制书"。同年正月初八，"则天文字"正式颁布通行。

武则天在当"大周天册金轮皇帝"时，究竟造了多少"则天文字"？这些"则天文字"到底是什么样的？史籍并无确切记载，历来文献载录语焉不详，众说纷纭，莫衷一是。《新唐书》《学林》《通志》《续通志》《集韵》《类篇》《宣和书谱》《书史会要》《正字通》等史籍或字书上的说明都有所不同，而且因为有些"则天文字"单字的新写法有两种，按原字则算一个字，按新造的怪字则算两个字，所以造成了统计口径的不同。诸如：《正字通》所录为八字，《新唐书》和吕思勉《隋唐五代史》所录为十二字，《资治通鉴》（胡三省注）和《学林》所录为十四字，《通志》所录为十六字，《续通志》所录为十七字，《集韵》《类篇》所录为十八字，《宣和书谱》《书史会要》和《语石》所录为十九字。近现代著名文字训诂学家胡朴安根据《通志》所载十六字（十八形）再增加《学林》上所列的"君""人""吹"三个字，认为武后所创的新字有二十一个字。当代学者施安昌撰写的《从院藏拓本探讨武则天造字》一文中提出武后曾创制"照、天、地、日、月、星、君、臣、初、载、年、正、授、证、圣、国、人"十八个新字（其中"月"字改写成两种形态），"分五期推广使用"。林聪明先生对现存敦煌文书进行测查，得到武周新字十七个。文史国学专家黄羲平认为武则天遗字共有二十三个，并用遗字赋诗一首以流传后世："照国年天授，载初吹圣人。君臣证世正，地戴日月星。"除了这二十个字，黄羲平还认为"卍"（音读"万"）其实也是武则天时期的造字。它代表着吉祥万德的意思，在中国古文中是非常吉利的一个字。但是其书写与纳粹标记"卐"极其相似，容易被误认。除了这二十一个遗字，黄羲平透露说，其实他还发现了另外两个武后遗字，这样总共是二十三个遗字。

在"则天文字"大行其道之时，人们在碑刻和墓志上也遵从她的规定使用"则天文字"。稀奇古怪的"则天文字"在她当"大周天册金轮皇帝"年间所刻所书的众多碑刻和墓志中得以保存。这类碑刻有：在陕西咸阳陈家村武则天为其母杨氏所立，由武三思撰文、相王李旦（即唐睿宗）书写、刻于武周长安二年（702）的《顺陵石碑》（图137）；在云南安宁城南葱蒙卧山上，由唐初名士闾邱均撰文、河东州刺史王仁求长子王善宝所书、刻于武周圣历元年（698）的《王仁求碑》（图138）；在河南偃师缑山仙君庙内，立于武周圣历二年（699）、由武则天亲书碑文的《升仙太子碑》（图139）；刻于武周圣历三年（700）的《慕容夫人张顺墓志》（图140）；刻于武周天授三年（692）的《张景之墓志》；刻于武周延载元年（694）的《孙夫人陆氏墓志》（图141）；刻于武周证圣元年（695）的《许府君（行本）墓志》（图142）等。

图137　顺陵石碑中的武则天怪字"日""星"

图138　王仁求碑

图139　升仙太子碑碑阳中的武则天怪字

图140　慕容夫人张顺墓志中的武则天怪字"月""初"

图141 孙夫人陆氏墓志中的
武则天怪字"年""天""日"

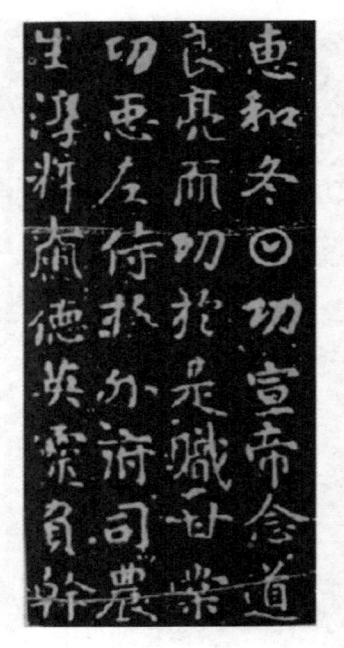

图142 许府君（行本）墓志中的
武则天怪字"臣""载"

一千三百多年来，人们通过对刻有"则天文字"的碑刻和墓志进行研究考释，终于对"则天文字"有了基本了解。经查考统计，现已考释出来的"则天文字"有十九个，再加上被列为御讳、由武则天用"日""月""空"三字组合成的专门用作自己名字、不准刊刻的稀奇古怪的"曌"字，共计二十个，如千唐志斋所列《则天文字一览表》（图143）所示。

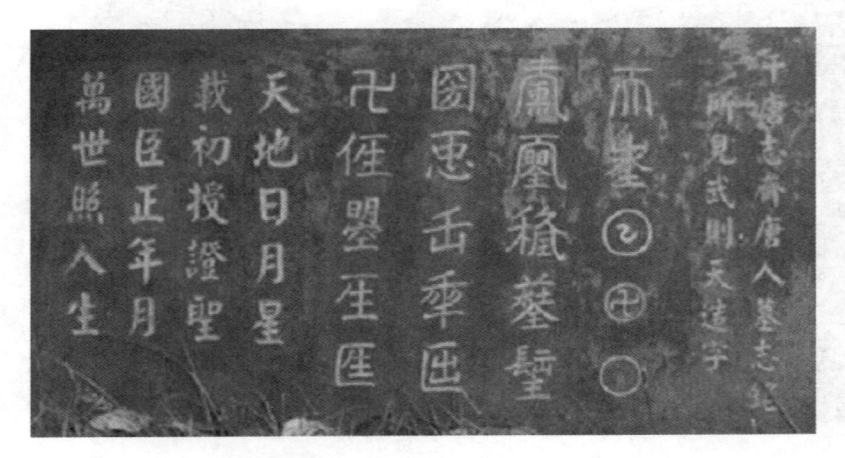

图143 千唐志斋所列则天文字一览表

从这些碑石和墓志所载的"则天文字"中可以看到，武则天"造字"其实并没有什么新鲜的、先进的改革思想，根本目的是夸耀自己的博学、睿智、高明、伟大，树立自己的权威，将文字作为束缚臣民思想，维护她皇统万年、长治久安的一种手段。她所造之字不仅大多带有封建迷信色彩，而且全是从个人的愿望、好恶和片面理解出发，随意改变原来已有文字的字形，绝大部分是以繁代简，有些则是复活早已死亡的古字，根本不符合文字发展规律。比如，她将"照"字改造为由"日""月""空"三字组合成的稀奇古怪的"曌"（照）字，并占为自己名字独用，就是要想用这个怪字来表示自己犹如日月当空，无微弗明，无远弗照，是一个光照天下的圣明天子。"则天文字"中用"山""水""土"三字上、中、下组合而成的稀奇古怪的"地"字，和用"一""忠"二字上下组合而成的稀奇古怪的"臣"字，是早已死亡的古字，她再次让它们起死回生，其目的不仅是为了炫耀自己博学，而且是要表明山川土地无一不在她的统治下，她拥有至高无上的权力，要臣民们对她忠心不二，颇有"普天之下，莫非王土；率土之滨，莫非王臣"之意。据说，当时武则天在造字时，一般都没有周折，然而，改"國"字却经过了一番波折。据《正字通》载：当时，"有言'國'中'或'者，惑也，请以'武'镇之"，改为"口"中加一个"武"字。但有人认为这样改法不妥，改后像武氏被困，于是武则天就把"國"字改成了"口"中加"八""方"二字组成的"圀"字，其意是四面八方全在她的管辖之中。

随着武则天当皇帝时期所镌刻留存下来的唐代碑石、墓志等相关文物发掘出土越来越多，研究查考越来越深入，人们发现，在这些碑、志等文物镌刻的铭文中，除了已考释出来的二十个"则天文字"，还有一些在任何字典上都找不出来的怪字。如在1932年出土于河南洛阳北邙山、刻于武周圣历二年（699年）二月十日的《周善持墓志》（图144）中有用"死""心"二字上下组合而成的一个字。又如《孙夫人陆氏墓志》（见图141）中，有用"手""月"二字左右组合而成的一个字，这个奇特的怪字，在1982年发现的武则天御制的《武则天除罪金简》中也有。

武则天所造的"则天文字"是从她宣布改元当皇帝起在位期间陆续颁行的。她在位十五年（690—704）共用了十三个年号："天授""如意""长寿""延载""证圣""天册万岁""万岁登封""万岁通天""神功""圣历""久视""大足""长安"。这些年号中的"载初""天授""载""证圣""圣"字都是她造的"则天文字"。可以肯定的是，唯我独尊、随心所欲的一代女皇武则天在位期间通过造字和将死亡的古字复活而颁行的"则天文字"绝对不会只有区区十几二十个字。《唐书·艺文志》记载武则天时著有《武氏字海》百卷。该书虽现已亡佚，我们已无法得知其内容，但有一点是可以明确的，那就是，在当时流传有众多优秀的释读解析历代字、词的字书词书《尔雅》《说文解字》《古今字诂》《字林》《小学章》《古今文字》《字统》等的情况下，并无必要耗费巨大的人力物力财力再重复编著一部释读解析历代字词的百卷《武氏字海》。《武氏字海》的主要用途是用来释读解析、推广应用"则天文字"的。如果仅有区区十几二十个字，何以要编著"百卷"之多的《武氏字海》呢？无疑这百卷《武氏字海》中一定有数量众多的"则天文字"。

武则天怪字碑、怪字墓志在武则天擅权当皇帝之前是没有的，是随着武则天称帝、"则天文字"的"创造发明"应运而生的。但是随着武则天的寿终正寝，神龙元年（705）二月初四唐中宗复国号为大唐，武周王朝告终，违背文字发展客观规律、恣意妄为的"则天文字"随之被世人所抛弃，原字得以恢复。为正本清源，彻底铲除"则天文字"的残余流弊，唐

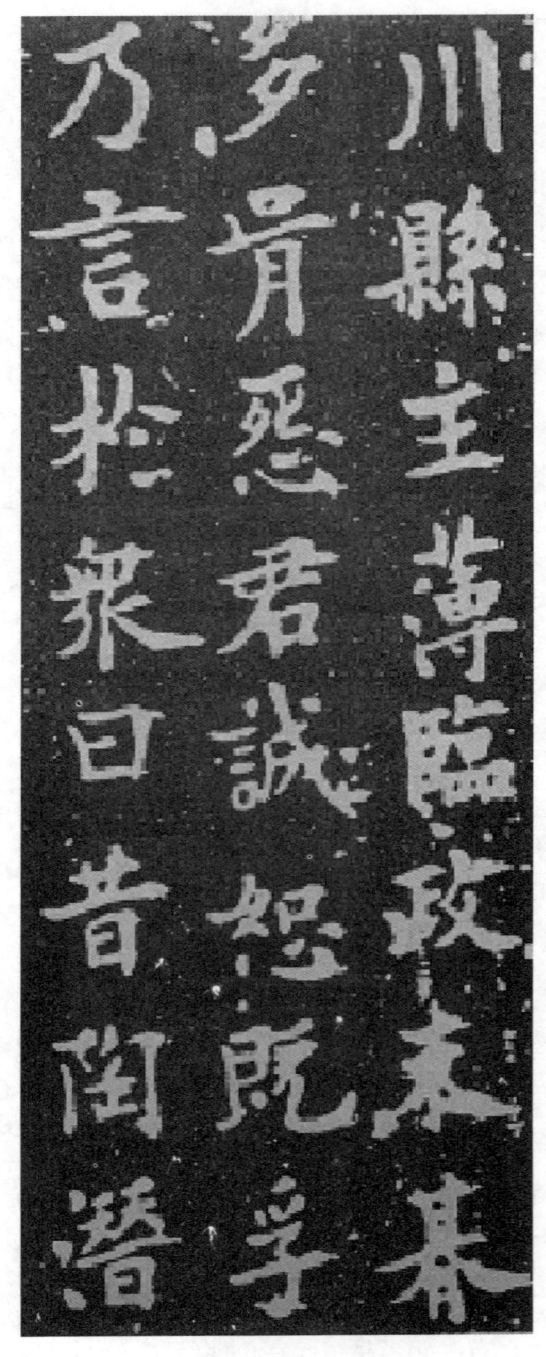

图 144　周善持墓志中的武则天怪字

文宗开成二年（837）十月，再次颁布诏书，彻底废除"则天文字"，一律改用本字。用以释读解析、推广应用"则天文字"的百卷《武氏字海》也无人问津，天长日久便亡佚了。

从此，历史上再也无人使用"则天文字"，更无人用"则天文字"书镌碑刻和墓志。在武则天称帝期间用"则天文字"书镌的那些武则天怪字碑、怪字墓志，成为武则天时代独特的历史印记，在中国历史上成为名副其实"旷古绝今"的珍奇碑刻，具有重要的历史文化价值。如果能广泛收集武周时期所镌刻遗存下来的众多碑石、墓志及镌刻和书写有文字的文物，做一个全面、仔细、翔实、深入的研究查考，那就有可能真正弄明白"则天文字"的全貌，搞清楚武则天究竟"创造发明"了多少"则天文字"，真正解开中国文字发展史上这个千古之谜。

二、道家奇奥合体字碑《道教养生诀联》《老君古字碑》

在四川峨眉山牛心寺后山脚下有个"药王洞"，洞高约五米，宽近三米，深五米多，洞壁上至今寸草不生，据说是久经药物熏烤的结果。据史料记载，该洞是被后人称为"药王"的隋唐之际的伟大的医药学家孙思邈留下的遗迹。孙思邈出身于一个贫穷的农民家庭，自幼聪颖好学，博涉百家学术，精通老庄，兼好佛典，集儒家、释家、道家思想于一身，被称为孙真人。他一生立志从事医药行业，其养生、修德、自爱的道学思想观念与老子的人生观可谓一脉相承，多次拒绝朝廷的征聘而专心致力医药研究，先后撰写了《千金要方》和《千金翼方》两部医药名著。为了深入进行医药研究，据《峨眉山志》记载，孙思邈于隋炀帝大业十四年（618）及唐高宗武德九年（626）前后，曾两上峨眉山，历时十余载，住在清音阁后山的牛心寺，常年不辞辛劳地进深山，攀悬岩，尝百草，访药农，同时采集各种草药炼制"太乙神精丹"和"峨眉白蜡"等药，"药王洞"即是他当年采药后制药、炼丹的遗址丹砂洞。现如今，不仅洞底洞口还有烟熏的痕迹，崖壁也呈碎裂状。早年有人发现洞中有炼丹用的炉、罐、钵等工具，而且在洞口石壁上，还刻有据说是他用古怪的道家合体字撰写的摩崖石刻《道教养生诀联》（图145、146）。

图 145　峨眉山"药王洞"道教养生诀联怪字摩崖

图 146　道教养生诀联

此联语中十四个字都是一般人闻所未闻、见所未见的合体怪字。那么，这十四个合体怪字，究竟怎么念？是什么意思？千百年来，许多专家学者和对此感兴趣的人做了大量研究，基本搞清楚了这十四字诀联的读音和所表述的意思。原来，这十四个合体怪字是用"六书"会意法创造而成的，应读作"玉炉烧炼延年药，正道行修益寿丹"，乃道家炼丹制药养生修炼之秘诀。

据查考，这十四字道家养生修炼诀联对后世影响颇大，流传甚广，各地有多处刻有这一道家合体怪字养生修炼诀联碑。如在中国道教的发祥地陕西周至中国道教最早的宫观楼观台的说经台山门左右两侧，矗立着历代遗存下来的石碑十余块，均为历代书法名家所书。其中左侧两块碑上分别刻有由元代著名书法家高文举用正楷书写的《道经》《德经》，右侧两块碑上刻有用梅花古篆书写的《道德经》，更为珍贵的是在梅花古篆碑的侧面和《道经》碑的侧面，还镌刻着与峨眉山"药王洞"相同的十四字《道教养生诀联》，只是民间相传联文为太上老君所作。又如，在道教名山河南鹤壁五岩山孙真人（孙思邈）洞前，立有一块《老君古字碑》（图147），碑上刻有一首八句七言律诗，共有五十六个与峨眉山"药王洞"十四字《道教养生诀联》相类同的合体怪字，这五十六个字均是由少则两个字、多则五个字组成的合体怪字。这五十六个字乍一看似乎都认识，可是真正读起来，其实很多人会发现自己一个字也不认识。而这八句七

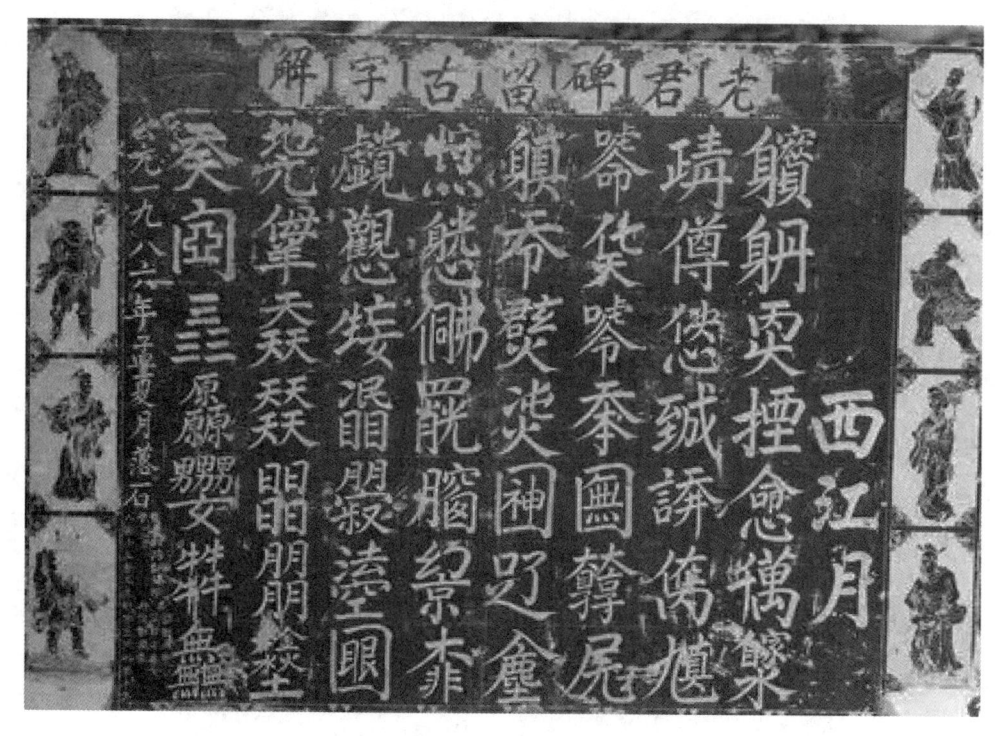

图147　老君古字碑

言律诗的前两句十四个字，正是峨眉山"药王洞"的十四字《道教养生诀联》。至于《老君古字碑》七言律诗后六句的四十二字如何读，究竟具体是什么意思，还有待有关专家和感兴趣的朋友做更深入的研究。但是有一点是可以肯定的，这块《老君古字碑》后六句的四十二字，所讲的无疑也应是道家炼丹制药养生修炼之道。

三、异体别构、字法古怪的《碧落碑》

《碧落碑》（图148）刻于唐高宗咸亨元年（670），在绛州（今山西新绛）龙兴宫（古称"碧落观"）。据说建庙时见碧落天尊像，故名此碑为《碧落碑》（一

图 148　碧落碑

说因碑在碧落观而得名)。又因李训等兄弟四人为亡父母造大道天尊像，故而又称《李训等造像记》《秀训等为亡父母造大道天尊像》。此碑系唐高祖李渊第十一子韩王李元嘉的儿子李训、李谊、李撰、李谌兄弟四人为亡父母建庙时所立。碑文二十一行，满行三十二字，未署书者名字，有李训、陈惟玉、李撰书碑等数说。碑阴有郑永规于唐懿宗咸通十一年（870）所刻的楷书释文。

此碑是唐碑中的一块古怪奇碑。相传碑文成而未刻之时，有两位道士来请求镌刻。此后，两位道士闭户三日不闻人声，人们感到很奇怪就破门而入，只见两只白鹤腾空飞去，而《碧落碑》已宛然刻成。现观碑上所刻的六百三十字篆书碑文，笔画细挺，线条圆润，字狭长，篆法极其古怪，用李斯小篆，参以古籀，有的笔画、部首仍然保留了大篆字体的象形特征，异体别构，结体诡异，不循规矩，多与古文不合，使观者难以辨识，观篆书碑文一旁的楷书释文，方稍可句读。对此碑的篆法，历代评述甚多，但褒贬不一。唐人大多赞誉之，李肇的《国史补》还记载了这样一个饶有趣味的故事："李阳冰见此碑，徘徊数日不去，自恨其不如，以槌击之，今缺处是也。"然此说恐是褒扬此碑者所编造出来的无稽之谈，宋代赵明诚《金石录》就对此做过驳斥："此说恐不然，阳冰曾自述其书，以谓斯翁之后，直至小生，于他人书，盖未尝有所推许。唐人以大篆，当时罕见，故妄有称说耳，其实笔法不及阳冰远甚也。"不过，尽管说李阳冰自恨不如之说是附会的编造，但对此碑的篆法，历代评价还是很高的。如宋代董逌《广川书跋》称其"字法奇古，行笔精绝"。吾丘衍谓其"字虽多有不合法处，然布置茂美，自有神气"。此碑篆法对宋代徐铉、梦英、郭忠恕，明朝李东阳等人影响甚大，被视为楷模、篆书家之金科玉律。但也有持不同见解者，元代书法家、文学家、翰林修撰周伯琦认为《碧落碑》之篆文既有籀文，又有小篆，系"杂出诸体"。直至清初，顾炎武在《金石文字记》中指斥其字多误，近世古器物大量出土，精篆、籀文越来越多见诸世后，此碑异体别构的篆书渐被金石家、书家所否定，以为不足为训。但是此碑篆书在历史上曾产生过重要影响，这一点是不能忽视的。

四、狂放不拘、离奇怪诞的《心经碑》

《心经碑》（图149）全称《般若波罗蜜多心经碑》，原碑刻于唐代，在江苏江阴澄江广福寺，曾一度归毗陵（今江苏常州）关帝庙，后又从常州移回江阴，嵌砌在乾明广福禅寺弥勒殿大铁佛神龛后墙壁间。明江阴县志中有"观音大士木榻下，有草书心经满壁"的记载。然而不幸的是，该碑于明万历年间毁于大火。清嘉庆三年（1798）由地方人士仿照摹本重新刻制，现嵌砌于江阴中山公园铁佛寺内铁弥勒佛后的墙上。

此碑以三"奇"著称于世：形制奇大，书法奇伟，镌刻奇工。全碑高二点八七米，宽五点五米，面积近十六平方米，由六块宽七十厘米至一点二六米、高二点八七米的长方形大青石拼合而成。所刻为《般若波罗蜜多心经》一卷的全文。全碑共二百七十九字，分十三行自右至左竖刻。碑文字体为离奇古怪的狂草，如

图 149　般若波罗蜜多心经碑

此之巨幅大书，数百字一鼓作气而就，洋洋洒洒，满壁淋漓，笔走龙蛇，气势恢宏，笔力有横扫千军之势，极为壮观。全碑通篇结构严谨，草书法度森严，字形多变，字的大小、笔画的粗细长短变化莫测。有的字体态硕大，有的字则被压挤蜷缩在一起，比拳头还小；有的字铺展开洒，腿高脚伸，撇竖异长，一笔下去就长达两米多，有的字则扁平矮小，高仅四五厘米；有的字笔画粗壮肥大，一笔宽达七厘米，有的字笔画则纤细瘦小，一笔宽还不到一厘米。全碑有六个字一笔长度超过两米，如其中的"多"字。有些字挥洒无羁，粗犷狂放，不拘一格，犹如龙飞蛇舞，草得连书法家也难以辨认。然而，尽管其用笔离奇怪诞，但其章法严谨，自成一体。通篇字上下左右、大小斜正，布局匀称，相互呼应，一气呵成，书写刚劲有力，字体雄健遒劲，而又婉转流畅；初看似反写，实为正书，奇妙异常。此碑不仅书法艺术高超，怪诞离奇，而且镌刻技法也与众不同，十分精湛。其碑文本为阴刻，但在光线侧射下，却看似凸起的阳文，富有浮雕的立体感，唯近观才能看出是阴文镌刻，真可谓妙不可言，奇异多姿。此碑离奇怪诞的书法惊世骇俗，令人叹为观止，受到世人的高度赞扬。此碑书法之怪异，雕刻之独特，碑体面积之大，均堪称我国历代草书碑刻之最，为我国古代书法和镌刻艺术之珍品，被誉为旷世奇碑。

那么，此碑究竟是由谁书写的？历来各方人士对此见解不一。民间相传是唐朝大书法家怀素和尚所书。清嘉庆三年（1798），常州知府胡观澜也认为此碑是怀素和尚所书，他在《心经碑》碑末的书题中说："忆少读唐诗，有怀素草书歌，内云，有时一笔二笔长丈二，今观此拓，其为怀素书无疑也"。意思是说：他想起小时候读唐诗《怀素草书歌》中有"一笔二笔长丈二"之句，当看到《心经碑》草书有几笔长竖长撇，于是就联想起了怀素，故而认为"其为怀素书无疑也。"

但专家考证认为，说《心经碑》是怀素所书并不可靠。其一，原碑末尾刻有"比丘道松书之"的落款，这一行落款文字是同《心经碑》碑文一起写下来的，所写书碑者是"比丘道松"，即道松和尚，并非怀素和尚，这是最重要、最直接、最有力的证据。其二，南宋《江阴军志》对《心经碑》有这样一段记载，"观音大士木榻下，有草书《心经》满壁，笔力遒健，末题云：孟冬月比丘道松书，不记岁，莫详何代人。近岁侍郎耿公，命工摹刻于石，嵌于左庑之壁，或传乃李唐僧云"。这一记载也说明《心经碑》是唐朝一位名叫道松的和尚写的，根本没有提到怀素和尚。其三，明朝著名古文家唐顺之在此碑的题跋中赞叹《心经碑》的书法之后说："虽颠素之奔放狂谲，比之此书，尤为拘挛绳墨而不能展矣。"颠素就是指怀素。此话的意思是说虽然怀素草书奔放狂谲，但比之《心经碑》的草书，还嫌拘束而不够开展奔放，这也就是说，唐顺之也认为《心经碑》根本不是怀素所书，而是由另一个唐朝异僧所书。其四，清嘉庆三年常州知府胡观澜虽在《心经碑》碑末的题书中说"其为怀素书无疑也"，但他在题书中也说《心经碑》"宋淳熙间侯郡守跋又有明先辈唐顺之跋俱云盖唐时异僧所书而不得其名"。这说明不仅明朝著名学者唐顺之认为《心经碑》并非怀素所写，而是唐时异僧所书，宋朝淳熙间侯郡守在《心经碑》原碑上的题跋，也说是唐时异僧所书。而宋朝接近唐朝，怀素盛负书名于唐朝，如果此碑真出自怀素，宋朝淳熙间侯郡守绝不会把《心经碑》书者说成是"异僧"而不提怀素之名。这说明，所谓"异僧"绝非怀素，而是书法艺术高超的另一个和尚，也即道松。

第六节　精美三绝碑之应运而生
——融诗文书画刻佳作于一石的唐碑

继曹魏之后，据宋陈思《宝刻丛编》的记载，在南朝梁时也曾有一块三绝碑。这块碑立于梁武帝普通三年（522），由著名文人刘孝仪撰写碑文，由南齐宗室，累官至侍中、国子祭酒，通文史、善写草隶书的萧子云书写碑文，再加上镌刻精良，故时称三绝碑。但此碑仅见记载，未见原碑实物和碑拓传世。

碑是诗、文、书、画、镌刻的重要载体。唐朝时，随着经济的繁荣，诗、文、书、画、镌刻等各种文化艺术蓬勃发展，在涌现出大批诗、文、书、画、镌刻名家名作的同时，一批融名家诗、文、书、画、镌刻等卓越技艺于一身的三绝、四绝珍稀奇碑，成为中国碑刻百花苑中的奇葩，是我国历代碑刻中不可多得的艺术瑰宝。

一、半淹江水中的三绝碑《怡亭铭摩崖石刻》

《怡亭铭摩崖石刻》（图150、151）又称《鄂州怡亭铭摩崖石刻》《怡亭铭并序》，简称《怡亭铭》，是唐代最早出现的一块三绝碑。

图150　怡亭铭摩崖石刻（一）

在湖北鄂州老城区滨江大道小北门外长江南岸江边距离市中心约一公里处，矗立着一处巨崖，巨崖如小岛在江畔突兀而起，旧名"观音崖"，因其形似猴，人们又称其为"猴子石"。它东望江心的龙蟠矶，西瞰西山脚下的钓鱼台，是鄂州城区沿江一带的三大"奇石景观"之首。唐朝的珍贵铭刻——被世人誉为三绝碑的《怡亭铭摩崖石刻》就镌刻在该崖上。在唐朝，这里原是江心的一个小岛，风景优美。唐代宗永泰元年（765），裴鶠在此建造了一座亭子。著名大书法家李阳冰，谏议大夫、后于唐代宗大历四年（769）任著作郎兼御史道州（今湖南道县）刺史的裴虬，当时知名书家李莒等人乘兴来此怀古游玩，被美妙的景色所感染，纷纷挥毫抒情寄意。李阳冰为新建之亭取名为"怡亭"，并作篆书序文；裴虬撰《怡亭铭》，由李莒用隶书书写铭文，同刻于岛上的巨石上。

图 151　怡亭铭摩崖石刻（二）

《怡亭铭摩崖石刻》刻铭巨石通高四点五米，东西长三点八米，南北宽三点三米。文字刻在一高八十八厘米、宽一点七米的平面上，刻字面高五十三厘米、宽一点二米。分为序、铭、款三部分，从右至左直书，由篆、隶两种书体组成。刻石前六行，满行四字，共二十二字，每字长约十二厘米，为李阳冰篆书序文："怡亭，裴鶠卜而亭之，李阳冰名而篆之，裴虬美而铭之曰。"后五行十句，共四十字，每字字径约五厘米，为裴虬撰写、李莒用隶书书写铭文，云："峥嵘怡亭，磐礴江汀，势压西塞，气函东溟。风云自生，日月所经，众木成幄，群山作屏，愿余逃世，于此忘形。"铭文后附由李莒用隶书书写的款识三行十七字"永泰元年乙巳岁夏五月十一日陇西李莒"。

《怡亭铭摩崖石刻》不仅序文、铭文文辞极为优美畅达，而且书法极为高妙。李阳冰所书之序文为"铁线篆"，结体紧严，笔道细劲匀圆，笔势挺拔超逸，古朴高浑，矩法森森，遒劲而翩然。李莒所书之铭文为八分隶书，笔画舒长，结体优美，笔法遒雅，姿态丰妍匀适，极富汉隶之神韵，犹如汉碑《韩仁铭》之眷属。《怡亭铭摩崖石刻》之文、之书都是精佳之作，石中所刻裴鶠、李阳冰、裴虬、李莒四人在当时都是名人，其中尤以李阳冰名气最大。此铭将四人刻于一石，用篆隶两种字体书写，所记又为四人之事，这是其他碑所没有的，在历代刻石中也是颇为特殊的，因此历来颇受重视，在宋代时即被誉为三绝碑。《大明一统志》载有宋代蒋之奇的评述："怡亭铭刻于江滨巨石之上，乃唐阳冰篆，李莒八分书，裴虬为之铭，世谓三绝。"在宋欧阳修《集古录》《大明一统志》、清钱大昕《潜研堂金石文跋尾》、吴荣光《筠清馆金石记》、瞿中溶《古泉山馆金石文编》中《怡亭铭摩崖石刻》亦皆有记述。尤为珍贵的是，《怡亭铭摩崖石刻》是唐代著名书法家李阳冰篆书幸存于世的唯一原刻，具有很高的历史与艺术价值。由于《怡亭铭摩崖石刻》所刻摩崖之石质地坚硬、刻工精良，因此虽历经千余年江水冲刷，至今原刻还保存完整。只是这块三绝摩崖石刻在每年夏秋水涨之时便被淹没在江水中，椎拓甚难，故拓片较为稀少，颇为珍贵。清乾隆年间著名金石家巴慰祖当年为椎拓《怡亭铭摩崖石刻》，曾在石下留连多日，才得以椎拓成功。《怡亭铭摩崖石刻》是中国古代石刻中的精华，1988年1月被国务院公布为第三批全国重点文物保护单位。

《怡亭铭摩崖石刻》所在的小北门江边在三国时期曾是吴王散花滩。由于地理环境和人为因素，历经一千三百多年沧桑演变，《怡亭铭摩崖石刻》逐渐陷于一个深达近十米的凹井中，多年来不但不便于人们参观，而且几乎每年都有数月时间遭受江水冲刷和浸泡，致使其表面严重风化。从20世纪90年代初起，省市文物部门便致力抢救保护这一珍贵的历史文化遗产。2008年经国家文物局批准，湖北省文物局、鄂州博物馆启动了《怡亭铭摩崖石刻》抢救保护工程，通过高科技膨胀等技术和铁筐包装、千斤顶顶升等办法，顺利地完成了石刻根部和南侧的切割及分离体的提升，终于使重达百余吨、长期位于地下的《怡亭铭摩崖石刻》矗立在地面之上。《怡亭铭摩崖石刻》现保存基本完好，但已处于江岸之下，为防止江水冲刷，人们在其周围修建了一道防水石墙，以资保护。

二、融欧阳询书魏征文唐太宗事于一体的《九成宫醴泉铭碑》

《九成宫醴泉铭碑》（图152、153）刻于唐太宗贞观六年（632）四月，立于陕西麟游唐九成宫，亦称《九成宫碑》。九成宫原为隋代离宫仁寿宫，贞观五年（631）唐太宗接受群臣建议，将已荒芜的仁寿宫加以修缮，改名九成宫。

九成宫原是隋文帝在陕西麟游所建的仁寿宫，此宫出自设计长安城和洛阳城的隋朝建筑大师宇文恺之手。它依山筑阁、聚水为湖，极其奢华，但在隋朝灭亡后就荒废了。唐朝建立后，唐太宗李世民由于长期夜以继日地工作，积劳成疾，气血不畅，神情疲惫，一直在接受太医的治疗。眼看到了炎夏，长安城里的酷热显然不利于身体恢复，群臣就建议唐太宗另建一座避暑行宫，但唐太宗为节省民力财力一直不同意。这时有人就提出，仁寿宫荒废了，如果拆掉不仅可惜，而且还要劳民伤财，不如稍加整饬，用作避暑行宫。李世民采纳了这个修缮废宫并加以利用的意见，不用昂贵的建材，去掉了以前奢华的部分，洗却了当年的雍容之气，没有花费多少钱财，因陋就简，很快就把旧宫殿改建好了。贞观五年（631），仁寿宫修缮完毕，改名九成宫。然而，宫殿虽然修好了，但还有一个问题没有解决，那就是没水。以前，

图 152　九成宫醴泉铭碑（一）

仁寿宫有一套很复杂的给水系统，从远处的山涧里引水进城。但这次修复因为要节省成本，没有办法恢复这么浩大的工程。现在，君臣吏卒这么多人在九成宫办公，都靠民夫从山下拉水，实在太辛苦了。唐太宗觉得要想个办法解决此事，对此念念不忘。有天傍晚，李世民和长孙皇后在九成宫散步，偶然看到西城楼背后的地面有些湿润，颇感纳闷，便急忙用手杖往下捣，捣着捣着越来越湿，唐太宗立即命随从往下挖，结果发现下面竟是一个泉眼。工匠们随即顺着泉眼砌了石渠，

把水引进了宫中，九成宫缺水的这个大问题由此得以解决。

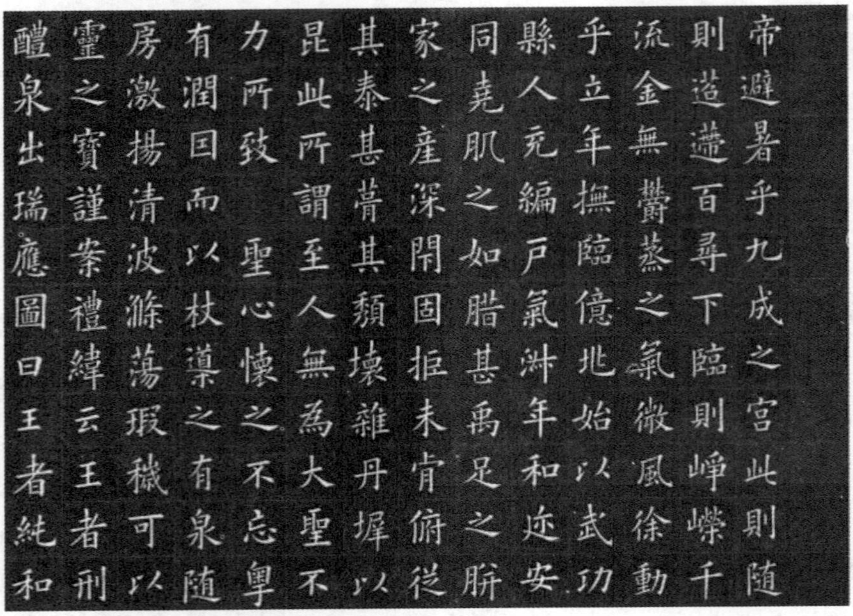

图153　九成宫醴泉铭碑（二）

此事轰动了朝野，被视为祥瑞之兆。大臣们认为，这是上天因为皇帝的务实爱民情怀而给予的报偿，都纷纷提出应该写文章刻石立碑，把这件事记录下来传于后世。于是，唐太宗最信任看重的被视为"人镜"的贤臣魏征便担当起了这个重任，撰写了这篇《九成宫醴泉铭》。魏征在文章中痛责了隋文帝为了自己享乐建仁寿宫这样极尽奢侈的宫殿，劳民伤财，赞颂了唐太宗尽管积劳成疾，久治不愈，而且长安炎夏酷暑难熬，但仍一直不同意为避暑养病而耗费民力乱花钱另建行宫，而只是简单修补废弃旧宫殿并加以利用的贤德，称赞他为后代之楷模。但魏征并没有一味地歌颂皇帝的功德，进而又一如既往地提出了劝谏。魏征指出，对于皇帝的克勤克俭，上天有了回应，一直没有水源的九成宫冒出了"醴泉"。什么是"醴泉"？魏征引用了《礼纬》《鹖冠子》《瑞应图》《东观汉记》等著作上的记载指出，"醴泉"就是香甜如酒的泉水，"醴泉"的出现，是为了扶助圣明的君王。不过，皇帝不要因此而居功，不要因为祥瑞出现而产生怠惰的心理，疏于朝政。

魏征的《九成宫醴泉铭》不仅文辞精彩，而且含意极为深刻，发人深省，刻石立碑让其流传后世具有重要的意义和价值。于是，名闻朝野的大书法家、杰出的书法理论家欧阳询担当起了碑石书丹的重任。欧阳询总结撰写的《传授诀》

《用笔论》《八诀》《三十六法》等，既有汉字间架结构的美学研究，也有练习书法的技巧和方法，是中国书法理论的经典。他书丹《九成宫醴泉铭》的时候已七十五岁，其书法技艺已炉火纯青。明赵崡《石墨镌华》推《九成宫醴泉铭碑》为正书第一。清蒋衡《拙存堂题跋》称："欧阳信本书直逼内史，《醴泉铭》尤其杰作……其结构精严，纵横跌宕。"

《九成宫醴泉铭碑》因所记载的就是九成宫修缮中出现的关于一代明君唐太宗的佳话，由著名贤臣魏征撰写碑文，由大书法家欧阳询书丹上石，故在历史上被称为三绝碑，流芳百世。

三、历代摩崖石刻三绝之最——《大唐中兴颂摩崖石刻》

《大唐中兴颂摩崖石刻》（图154）刻于湖南祁阳城西南湘水之滨浯溪碑林的中崖壁上。浯溪碑林位于祁阳县城南约两公里处，一条小溪在此与湘江汇合，是湘桂、湘粤水路交通的要冲。唐中期著名文学家元结曾在此结庐寄居，将小溪命名为浯溪。其时，安史之乱被平定，举国上下欣喜若狂。历经离乱之苦的元结感到"地辟天开，蠲除妖灾，瑞庆大来"。曾经领军平定战乱的元结，对战乱平息感慨万千，觉得应该"歌颂大业，刻之金石"，于是于唐肃宗上元二年（761）八月，乘

图154 大唐中兴颂摩崖石刻

兴写下了《大唐中兴颂》。后来，元结先后官道州，调广西容管经略使，又以母丧隐居浯溪守制。唐代宗大历六年（771）六月，元结因母丧隐居浯溪守制即将期满，徜徉于浯溪山水之间，面对这天造地设的石壁，不免又勾起了当年想将《大唐中兴颂》"刻之金石"的夙愿。此时，适逢著名书法家颜真卿抚州刺史任满北

归，元结便趁机将颜真卿邀来浯溪，请颜真卿将他十年前所写的《大唐中兴颂》书刻于浯溪中崖石壁上。《大唐中兴颂摩崖石刻》占据了大部分壁面，高四百一十七厘米，宽四百二十二厘米。碑文自右向左直书，二十一行，满行二十五字，字径十五厘米。不计题名款署，序、颂共计二百六十三字。

元结之文名为"颂"，实为讽喻，虽对唐肃宗平定安史之乱、中兴唐室的业绩做了正面歌颂，但实际上通过感慨"前朝"对唐玄宗时期的种种弊政做了毫不隐讳的揭露和批评，用心良苦地进行了规劝。文章不仅文辞古雅，而且感情深切，婉委动人，气势雄伟飞扬，极富感染力。《大唐中兴颂》见于《元次山集》卷六。序用散句，字数极少，却把安史之乱的来龙去脉交代得清楚明了。颂文仿秦始皇金石刻辞的体例，三句一韵，共十五韵。《浯溪志》将前人对《大唐中兴颂》文章的评价总结为四点：第一是颂词高简古雅，得雅颂之遗；第二是义正词严，忠肝义胆，是左氏之遗绪；第三是金石之音，星斗之文，云烟之字；第四，这是稀有的雄文，更是元结的得意之作。

而颜真卿书此碑时年已六十有三，此时的颜书已脱尽早期的方峻拘窘，字形和气势显得更为舒展和开张，颜书早期那种横细竖粗、蚕头燕尾的样式已淡化，相向的弧形篆意结构得到了确立，而籀、汉篆以及民间藁草的轨迹也进一步渗透其中。特别是分间布白上，一反传统的中宫紧凑、布白于字外的辐射状结体，改为中宫舒展、布白于字中的结体，笔势缓缓而行，捺脚重拙不作波曳之状，呈现出一种厚重雄强的力感、谨严整饰的法度。全碑展现出颜书成熟时期的那种大气磅礴，正而不拘窘，庄而不板滞，字体奇特瑰玮，书风磊落奇伟的艺术个性。此碑历来受到书家、学者的高度重视。宋赵明诚《金石录》称其"书字尤奇伟"。宋董迪《广川书跋》谓："此尤瑰玮，故世贵之。"元郝经《陵川集》云："书至于颜鲁公，鲁公之书又至于《中兴颂》，故为书家规矩准绳之大匠。"明王世贞《弇州山人稿》认为此碑"字画方正平稳，不露筋骨，当是鲁公法书第一"。清杨宾《大瓢偶笔》称其"古劲深稳，颜平原第一法书。"清杨守敬《学书迩言》谓："《中兴颂》雄伟奇特，自足笼罩一代。"

《大唐中兴颂摩崖石刻》由元结撰文，颜真卿书丹，历来脍炙人口，尤负重名。元结的文章和颜真卿的书法完美地结合在一起，交相辉映，光彩夺目，极为世人所看重，唐时被誉称为"双绝碑"。《大唐中兴颂摩崖石刻》是镌刻在浯溪中崖石壁上的，而中崖的这一片石壁，高、宽都在五米左右，石色清润，质理紧细，最为难得的是，浯溪属石灰岩，即成层岩，他处每层约六七尺，层间空隙亦二三寸，故崖间常有古树，枝丫横出。而镌刻《大唐中兴颂》的石壁则石层紧密，不现层缝，平坦如削，质理紧细，是天造地设的刻碑的好地方，这为镌刻《大唐中兴颂》提供了良好的材质基础。因此到宋代时，祁阳县令齐述以为镌刻《大唐中兴颂》的浯溪摩崖石质极为坚硬，亦堪称一绝。自此，《大唐中兴颂摩崖石刻》被称为浯溪"摩崖三绝"，为浯溪碑林中的第一碑。《大唐中兴颂摩崖石刻》碑面之大，字数之多，是唐宋其他三绝碑所不能比拟的，堪称历代摩崖"三绝之最"。《大唐中兴颂摩崖石刻》对后世所产生的影响极大，唐以后历代文人无不为之倾倒，乃至"丰碑读一过，百拜不能休"。

四、"人、文、字，真足三绝"的《宋璟神道碑》

《宋璟神道碑》（图155、156）全称《大唐故尚书右丞相赠太尉文贞公宋公神道之碑》。因碑文是唐代大书法家鲁郡开国公颜真卿撰写，所以也称《颜鲁公碑》。该碑原在宋氏墓地，今在河北邢台南郊五公里处的东户乡中学院内，系河北省省级重点文物保护单位。

宋璟乃唐代四大名相之一，历仕武则天、睿宗、玄宗三朝，两度为相，封广平郡公。宋璟为官一生，励精图治，刚正不阿，廉明俭朴，知人善任，不徇私情，敢犯颜直谏，不惧奸邪，大义凛然，一身浩气，为"开元之治"做出了重要贡献，被唐玄宗称为"吏治之才"，时有贤相之誉。开元二十五年（737），宋璟卒于洛阳，次年迁葬邢州沙河食膳铺宋氏先茔。

宋璟去世三十三年后，唐代宗大历五年（770），中唐著名文人、一代书法巨擘、风骨健劲的颜体的开山祖师颜真卿受宋璟之孙宋俨"追念祖父德业"之托，撰文并书写了《宋璟神道碑》碑文。此后历时两年多，《宋璟神道碑》于大历七年（772）镌刻完成，立于宋璟墓地。碑高四点零八米，宽一点六米，厚四十七厘米，碑的正面和背面刻有颜真卿撰文并书写的盈寸楷体碑文，六年后即大历十三年（778）时，碑的左侧又镌刻了由颜真卿补记的宋璟的生平事迹。全碑碑文有三千余字，叙述了宋璟这位中唐名相一生的政治经历和巍巍功绩。碑首为半圆形，浮雕缠尾四龙，矫健雄浑。方形碑额，正中篆刻阴文"大唐故尚书右丞相赠太尉文贞公宋公神道之碑"二十个大字。碑原有仰首赑屃碑座，上刻褡裢花纹，庄严

图155 宋璟神道碑（一）　　　　图156 宋璟神道碑（二）

稳重，今已逸失。碑文末尾题书落款"金紫光禄大夫行抚州刺史上柱国鲁郡开国公颜真卿撰并书"。碑的右侧有明朝人方思道补刻的记述宋璟碑倒伏后重新竖立起来的经过。《宋璟神道碑》字体端庄，气势开张，用蚕头磔尾的隶法于捺笔首尾，结体字大充格，磅礴大气。颜真卿书写此碑时，年六十五岁，书法艺术炉火纯青，此碑是其传世名作之一，是颜真卿众多书法作品中最为杰出的佳作之一，实为不可多得的艺术瑰宝。

《宋璟神道碑》因其碑文内容所记颂的是世人景仰的唐朝著名政治家、文学家、一代名相宋璟的生平事迹，而碑文是唐代杰出的大书法家颜真卿撰文并书写，除了具有重要的历史价值，还具有极高的书法艺术价值。《宋璟神道碑》集道德文章、翰墨艺术于一身，因而得以传世并闻名中外，历代备受珍视。南宋金石学家赵明诚所著的《金石录》推崇《宋璟神道碑》为上上品。明代学者都穆称《宋璟神道碑》"人、文、字，真足三绝"，是碑主功德事迹卓绝、碑文卓绝、书法卓绝的三绝碑。清朝王昶编撰的《金石萃编》等书，也将此碑收入并列为上品。1982

年国家文物出版社将该碑拓帖影印出版发行，并列入中国一百通名碑，受到国内外研究中国唐史和书法艺术的专家的高度重视。

五、号称"四绝"的《蜀丞相诸葛武侯祠堂碑》

《蜀丞相诸葛武侯祠堂碑》（图157、158）在四川成都南郊武侯祠内。成都武侯祠系公元6世纪西晋末年十六国成国（成汉）李雄为纪念三国蜀丞相诸葛亮而兴建的，原建在成都城内，后迁至南郊，与蜀先主刘备的昭烈庙相邻，明初蜀献王将武侯祠并入昭烈庙，明末毁于兵火，清康熙十一年（1672）又重新修葺。祠内有蜀汉人物塑像四十多尊，碑碣四十余块，被称为三绝碑或四绝碑的《蜀丞相诸葛武侯祠堂碑》是其中最为著名的一块。

图157　蜀丞相诸葛武侯祠堂碑（一）　　图158　蜀丞相诸葛武侯祠堂碑（二）

《蜀丞相诸葛武侯祠堂碑》简称《诸葛武侯祠堂碑》，坐落于成都武侯祠大门至二门之间东侧的碑亭中，碑体有碑帽、碑身，无碑座。其中，碑帽为半圆形，高九十厘米，下部同碑宽。弧形边沿镌有边饰，宽七点五厘米，以折枝花饰为主，余镌云纹图案。碑帽正面中部偏下为一无纹饰区，整体呈一碑刻形状，中下部呈矩形，上部略成弧形，高四十厘米，宽二十七厘米。碑身部分通高三点六七米，

宽一点九米，厚二十七厘米。

《蜀丞相诸葛武侯祠堂碑》立于诸葛亮去世五百多年后的唐宪宗元和四年（809）二月。据史籍记载，元和二年（807）成都动乱，唐王朝派武元衡出任剑南西川节度使，后来成为一代名相的裴度当时作为节度掌书记随行来川。在平乱治理初见成效后，元和四年（809）二月的一天，武元衡率领其僚属二十七人怀着对诸葛亮的无比尊崇，来武侯祠焚香祭拜诸葛亮，深感诸葛亮去世五百多年蜀地百姓仍对其功德缅怀不忘，便令裴度撰文立碑，颂扬诸葛亮的文治武功和高风亮节，表达对这位贤相的最高敬意，记录百姓对诸葛亮延绵不绝的追思。裴度是唐中期著名政治家和文学家，曾与白居易、刘禹锡等名士和诗论文。其所写碑文分为序和铭两部分。序文一气呵成，文辞极为畅达优美，尤其是其中的"随旌旆而爰止，望祠宇而修谒，有仪可像，以赫厥灵"等语，更是流传千古的名句。裴度还以宰相之才，在碑文中对诸葛亮的评价提出了不少独特见解。裴度赞扬诸葛亮革除汉末弊政，执法公允，任人唯贤，治戎讲武。经过诸葛亮苦心治理，蜀地政令划一，道德风行，一跃成为殷富的强国。在述及诸葛亮业绩之后，裴度还驳斥了陈寿（《三国志》作者）关于诸葛亮"奇谋为短"的评价，以及崔浩（北魏军事谋略家）对诸葛亮未能成功的责难，因而使得这通碑具有较高的文献价值。

碑文写成后，由著名书法家柳公绰书丹上石。全碑用楷书书写，共二十二行，每行约五十字，共一千零二十七字。柳公绰是书法大家柳公权之兄长，他们兄弟二人的楷书自成一家，世称"柳体"，为我国楷体书法四大流派之一。在柳公绰笔下，楷书的方块汉字端肃浑厚，古朴自然。其书法遒劲端严，既有柳体笔韵，又自具风格，体现出一种法度，其结体、用笔和趣韵代表了唐代书法的成就，堪称唐代楷书中的典范，尤为历代书家所推崇。明代华荣的题跋称其"笔法遒劲，如正人端士，可敬可爱"。《蜀丞相诸葛武侯祠堂碑》在裴度撰写、柳公绰书丹完成后，由当时蜀中名匠鲁建勒石镌刻，刻工精良，刀法谨严，超群绝伦。

《蜀丞相诸葛武侯祠堂碑》文笔畅美，书法精湛，刻工精良，故被称为文绝、书绝、刻绝的三绝碑。但也有说"三绝"系指诸葛亮功绩卓绝、裴度碑文卓绝和柳公绰书法卓绝。如，明弘治年间，四川巡抚荣华来武侯祠观碑后题跋说："裴中立（裴度字中立）所作，文体纯正，如《甘誓》《胤征》，不华不俚；柳子宽（柳公绰字子宽）所书，笔法遒劲，如正人端士，可敬可爱，诚二绝也。……武侯之功德，裴、柳之文、字，其相与垂于不朽也。"此后，清康熙年间四川按察使宋可发所写的题跋、清代嘉庆修《四川通志·金石》等文和书之中，都把裴文、柳书之绝妙和武侯之功德称为《蜀丞相诸葛武侯祠堂碑》之"三绝"。后来，还有一些人觉得这两种说法都有道理，便把"文绝""书绝""刻绝"和"武侯之功德绝"合在一起，将《蜀丞相诸葛武侯祠堂碑》称为四绝碑。

六、集名将事名相文名家书于一石的《李晟墓碑》

《李晟墓碑》（图159、160）又称《西平郡王李晟碑》，全称《唐故太尉兼中书令西平郡王赠太师李公神道碑铭并序》，位于陕西高陵。

图159　李晟墓碑（一）　　　　　　图160　李晟墓碑（二）

碑主李晟（727—793），字良器，洮州临潭（今属甘肃）人，唐朝名将。建中四年（783），泾原兵变，朱泚作乱，李晟自定州率兵驰援，前往奉天勤王，大军驻扎于今东渭桥畔。李晟加尚书左仆射、同中书门下平章事，兼京畿、渭北、鄜坊、商华兵马副元帅。唐德宗兴元元年（784），经激战李晟收复长安（今西

安），平定朱泚之乱，迎回了唐德宗。李晟性疾恶，临下明，善知部下之长，敢犯颜直谏，尽大臣之节，治军严明，赏罚必信。在作战指挥上，不畏强敌，善激励士气，团结友军，谋定后战，身先士卒，临敌应变，政治攻心与军事打击并用，因而能克复长安，立下不世之功。史书称他为"器伟雄才""长于应变"，为维护唐王朝的统一做出了重大贡献。唐德宗贞元三年（787），李晟被罢去兵权，改封太尉。贞元九年（793），李晟去世，追赠太师，谥号忠武。

李晟死后葬在当年平定朱泚时驻军之地陕西高陵东渭桥镇附近，墓冢为圆锥形夯土堆，高五米，直径十五米。大和三年（829）唐文宗为追念李晟的功绩，下令在高陵李晟的墓冢前为其立碑。碑身通高四点三五米，宽一点四八米，厚四十六厘米，蟠首龟座。该碑原存李晟墓前，因渭河不断向北侵蚀，河岸堤防原体不断倒崩，原墓葬已被水毁。在明朝时，为防止碑身掉落于渭水中，将碑迁于墓冢西北约两百米处，即今西安城东北高陵县榆楚乡马北村东现渭河大桥北端偏东处的渭桥村。因渭河继续北侵，自唐迄今渭水已北移四千米，为防止《李晟墓碑》没入渭水，保护此碑，高陵县文管会于1994年将碑迁到文化馆保存。1999年，省市文物局拨款对该碑进行保护，将碑移至高陵县第一中学校园内，并在学校操场内新修了一座碑亭。

《李晟墓碑》由大学士、一代名相、上柱国晋国公裴度奉敕撰写碑文，颂扬了李晟的生平功勋事迹。碑文由唐代著名书法家柳公权用正楷书丹并篆额，碑文共三十四行，满行六十一字。裴度所撰碑文庄重而严谨，为人称道。《金石后录》给予其高度评价，谓"晋公（裴度）之文成能风发电掣，凛凛有生气，特以诚恳（柳公权）书法为古今所重"。由于《李晟墓碑》碑文对于研究唐末历史和李晟的生平事迹具有重要的历史价值，故碑文在《陕西通志稿》第一百五十一卷专有录述。书写碑文的柳公权为唐代著名书法家，楷书四大家之一，世称"柳少师"。柳公权书法以楷书著称，其书法在唐朝极负盛名，柳公权与唐朝最著名的书法家颜真卿齐名，人称"颜柳"，并称"颜筋柳骨"，民间更有"柳字一字值千金"的说法。《李晟墓碑》的柳书端丽、秀润，与柳公权早期的书法名作《金刚经》相比，更加棱角分明、挺拔不群，是柳公权书法的主要代表作之一，为古今所重。

由于《李晟墓碑》碑主李晟是唐一代名将，碑文由唐名相裴度撰写，由唐著名书法家柳公权书丹，此碑汇名将、名相、名书家的事、文、书于一体，因而自唐以来《李晟墓碑》素有三绝碑之称。《李晟墓碑》具有重要的书法和历史价值，

1956年陕西省人民政府将其列为第一批重点文物保护单位，1998年11月16日陕西省文物鉴定委员会将其鉴定为一级文物。

七、文书刻俱佳、一人所为的"三绝"《麓山寺碑》

《麓山寺碑》（图161）亦称《岳麓寺碑》，于唐玄宗开元十八年（730）刻立。碑原在古麓山寺中，后移至岳麓书院右侧，明知府钱澍建亭护碑。碑现在湖南长沙岳麓书院的护碑亭内。碑为青石，高二点七二米，宽一点三三米，圆首。圆首上饰有龙纹浮雕，有阳文篆额"麓山寺碑"四字，清晰无损，碑文二十八行，满行五十六字，共一千四百一十三字。因年久失修，碑面风化，部分断裂，碑左和右下方有损缺，现存一千余字。碑文叙述了自晋武帝司马炎泰始四年（268）建麓山寺至唐立碑时，麓山寺的沿革和历代住持禅师传经弘法的情况，以及历代官员对该寺所做的贡献，反映了佛教在湖南传播的历史轨迹。

图161 麓山寺碑

《麓山寺碑》碑文由唐中期的文学家、大书法家李邕撰文并书丹，江夏黄仙鹤勒石。李邕字泰和，生于扬州江都（今江苏扬州），曾官澧州（今湖南澧县）司马，因唐玄宗开元中曾官任北海太守，故人称李北海。李邕攻文，尤其擅长撰写碑铭，史书记载"邕之文，于碑颂是所长"。李邕善书，尤擅长行书。其书初学王羲之，但他并不拘泥于王书，而是取法"二王"而有所造，最后，他摆脱"二王"形迹而独创一格。其用笔峭利劲健，迅疾跌宕，不同于王字儒雅散逸，恬淡洒脱；结体注重宏构，不计较点画的位置经营，这同王字偏重精巧、讲究精微处的承接呼应有明显的差异。王羲之的行书是在险绝之中保持着动态结构的平稳，有一种湿润疏朗的风韵，而李邕的行书结构更为欹侧，造险生奇，笔势开合幅度大。故而明代著名书法家董其昌评论王羲之的行书为"右军如龙"，李邕的行书为"北海如象"。李邕是行书豪放派的主要创始者之一，有"书中仙手"之誉。李邕一生勤于临池，平生书碑有八百通之多。行书入碑始于唐太宗，但真正大量以行书入碑并以行书名世的是李邕，《麓山寺碑》即是其行书入碑的一件杰作。

《麓山寺碑》是李邕五十三岁时所书，比他的另一名碑《李思训碑》书丹时间晚九年。此时，李邕书风渐趋成熟，全篇笔力苍健雄厚，结体开张，中宫紧缩，而每个字的笔画都似有向外扩张的力量。在结字方面，《麓山寺碑》结构宽博，中宫紧缩，峻峭欹侧，险中取胜，错落参差，或正斜，或伸缩，或静动，或疏密，呈现出生动多姿、跌宕有致的意趣，充分体现了李邕行书奇崛多变的艺术特色。在运笔方面，《麓山寺碑》博采魏晋及北朝诸家之长，结体纵横相宜，笔法刚柔并施，章法参差错落，行云流水，呈现出独特的化柔为刚之美。通观《麓山寺碑》碑文，笔力凝重雄健，气势纵横，如五岳之不可撼，因此，历来为人所称颂。明王世贞《弇州山人四部稿》对此碑评价极高，说："《岳麓寺碑》胜《云麾》……其神情流放，天真烂漫，隐隐残楮断墨间，犹足倾倒眉山、吴兴也。"在李邕一生书写过的八百多块碑铭中，《麓山寺碑》最为精美，笔力雄健浑厚，为历代艺林、文豪所推崇，因而历代书家都将它视作珍品，对后世颜真卿、苏轼、米芾等书风的形成具有深刻的影响。米芾于宋神宗元丰三年（1080）专程前来古麓山寺临习《麓山寺碑》，并刻"襄阳米黻同广惠道人来，元丰庚申元日"十六字于碑阴。元代书法大家赵孟𫖯自言："每作大字一意拟之（指《麓山寺碑》）。"自古至今，许多著名文人游览岳麓山寺，都特意来观摩《麓山寺碑》，宋代的张栻、明代的李东阳等都留下了吟咏《麓山寺碑》的诗篇。

《麓山寺碑》因其字笔力雄健，字体秀劲，集汉魏碑铭之长，其文辞藻华丽，文笔优美，其勒石刻碑工艺精湛，在文采、书法、刻工三方面都精佳独到，可谓文、书、刻三者兼美，被人们称为三绝碑。同时，因《麓山寺碑》碑文由李邕撰文并书丹，而勒石镌碑的"江夏黄仙鹤"相传又是李邕之化名（真伪无考），《麓山寺碑》撰、书、刻皆李邕一人为之，而李邕曾官北海太守，因此人们亦将《麓山寺碑》称为"北海三绝碑"。

第七节 《曹娥碑》式字谜碑之再现
——唐重刻《后汉太尉许馘庙碑》

自东汉末年著名文士蔡邕首创"黄绢幼妇，外孙齑臼"隐语字谜碑后，字谜碑由于格调高雅、富有情趣且才华横溢，受到了世人的高度评价和竭诚推崇，对后世产生了广泛而深远的影响，被历代文人雅士纷纷效仿，许多饶有情趣、令人乐此不疲的字谜碑相继问世。如据宋吴处厚著《青箱杂记》卷七记载，南唐时在江苏宜兴就曾发掘出一块类似于《曹娥碑》的"字谜碑"——唐重刻《后汉太尉许馘庙碑》。

据史料记载，宜兴人许馘在东汉时曾官居太尉，死后葬于宜兴城内。五代十国南唐时期，文字学家徐铉之父徐延林在江苏宜兴任县令时，曾在县署掘得一块《后汉太尉许馘庙碑》，碑文为东汉时评论曹操是"治世之能臣，乱世之奸雄"的大名士许邵撰写的。碑文辞藻华丽，极有气势，但在碑文末尾刻有"谈马砺毕王田数七"八个字，时人看后都觉得莫名其妙，不知其为何意。徐延林博物多学，对八个字的字形和字意进行了反复分拆和拼接，经过冥思苦想，终于恍然大悟：原来，这八个字是一个类似东汉《曹娥碑》式的离合体字谜。其中"谈"字半旁为"言"字，"谈马"即"言"马，马在生肖中与地支"午"相配，"言""午"两者合起来则为"许"字；"砺毕"，"砺"是磨刀石，"毕"古通筚，即简陋之意，扣"卑"，"石""卑"两者合起来则为"碑"字；"王田"，古云"普天之下，莫非王土"，有千里之广，"王田"意扣"千里"，"千""里"合起来则为"重"字；"数七"即二数为七，一个"六"，一个"一"，"六"加"一"为七，"六""一"合在一起则为"立"字。故"谈马砺毕王田数七"这八个字，经过分拆、拼接、演绎，就成为"许碑重立"四个字。原来，许馘墓的碑刻由于时间久远，风雨侵蚀，到唐代时，碑石上面铭刻的字和花纹图案都已侵蚀殆尽、模糊不清了。唐开元年间，许氏的后裔在修墓时又在原碑上照旧刻重新进行了镌刻，并且在碑文末尾添加了"谈马砺毕王田数七"这八个字以做说明。后人如果不知

"谈马砺毕王田数七"是什么意思，就会把唐代时重刻过的石碑误以为是汉代的了。这个与《曹娥碑》异曲同工的字谜碑，虽稍有逊色，但是意韵还是相当醇厚，颇耐人寻味。

第八节　儒家石刻经书之发展
—— 唐《开成石经》、后蜀《广政石经》

东汉《熹平石经》和曹魏三体《正始石经》的先后诞生，不仅在当时是一个宏大的文化盛举，为传承弘扬儒学发挥了重要作用，而且对后世也产生了极为深远的影响。此后历朝纷纷效而仿之，相继刻立了多部规模宏大的儒家石刻经书，在唐代和五代十国时期就接连镌刻了《开成石经》和《广政石经》两部规模宏大的儒家石刻经书。

一、稀世文化瑰宝——唐代《开成石经》

自汉武帝"罢黜百家，独尊儒术"后，儒学被定为官学，儒家的著作被奉为经典、法定教科书。为了校正民间流传的儒家经典中的谬误，统一文字，并使之易于保存，广为传播，汉灵帝下令校正儒家经典，自熹平四年（175）至光和六年（183），历经九年的艰辛，中国历史上第一部"石刻儒家经书"《熹平石经》抄刻完成。然而遗憾的是，《熹平石经》刻成的第二年便爆发了黄巾起义，继而汉献帝初平元年（190），又爆发了董卓之乱，石经遭到破坏，以后又一再迁徙，屡屡废毁，至唐贞观初年，魏征收聚残存石经时，石经已几乎毁坏殆尽，《熹平石经》原碑已十不存一了。

由于作为儒家经典标准范本的两大石经毁失，儒家经典自汉至唐经辗转传抄，文字出现了很大出入。为此，据《旧唐书·郑覃传》记载，唐文宗太和七年（833），"长于经学，稽古守正，帝尤重之"的工部侍郎郑覃上奏建议重刻石刻，奏曰："经籍讹谬，博士相沿，难为改正，请召宿儒奥学，校定六籍，准后汉故事，勒石于太学，永代作则，以正其阙。"唐文宗接受了郑覃的建议，命艾居晦、段绛等人用楷书书丹刻石。历经四年，于唐文宗开成二年（837）刻成了《开成石经》（图162）。《开成石经》全称《石刻十二经并五经文字九经字样》，又称《石刻十二经》。所刻内容为《周易》《尚书》《诗经》《周礼》《仪礼》《礼记》《春秋左氏传》《春秋公羊传》《春秋穀梁传》《孝经》《论语》《尔雅》等十二种儒家经典的全文，还附刻了《五经文字》和《九经字样》，以作为应试者的文字规范。《开成石经》共计一百一十四石，文刻两面，共二百二十八面，每碑经石高约一点八米，面宽八十厘米。下设方座，中插经碑，上置碑额，通高约三米。《开成石经》的版面格式与汉魏石经不同，每碑上下分列八段，每段约刻三十七行，每行刻十字，均自右至左、从上而下、先表后里雕刻碑文。所刻经文，每一经篇的标题均为隶书，经文一律为楷书，刻字端正清晰，按经篇次序连贯一气，卷首篇题俱在其中，一石衔接一石，故不易凌乱。《开成石经》共一百一十四石、二百二十八面，共计刻字六十五万零二百五十二个，被人们称为"世界上最大最重的一部书"。

图162 开成石经（一）

《开成石经》刻成后，立于唐长安城内务本坊的国子监内，成为当时学习、校正儒家经典的标准范本。然而，《开成石经》刻立之时，已经到了晚唐，大唐帝国的辉煌时期已经过去，藩镇割据，宦官专政，纷争不断，唐王朝的统治基础已经被动摇。《开成石经》刻成后过了约四十年，便爆发了黄巢起义，中国又陷入了唐末、五代的战乱和分裂之中。《开成石经》则与古老的长安城一起，处于历史风暴之中。唐昭宗天祐元年（904）正月，宣武、宣义、天平、护国四镇节度使朱温劫持唐昭宗迁往东都洛阳，并肆意毁坏长安宫室和民舍，对长安城进行了毁灭性的破坏。留守西京长安的佑国军节度使、太尉许国公韩建为便于防守，放弃原有的外郭城和宫城，以皇城为基础改建长安城。改筑缩小后的"新城"东西长约三公里，南北宽约两公里，周长九十二公里，面积五十二平方公里。韩建缩建长安城之后，《开成石经》就处于荒郊野外。在许多人的建议下，天祐元年（904）韩建"遂移太学并石经"于城内的文宣王庙内，"即唐尚书省之西隅也"。但是，此处"地杂民居，其处洼下，霖潦冲注，随立辄仆，埋没腐壤，岁久折缺，殆非所以尊经而重道"，于是，宋哲宗元祐五年（1090），《开成石经》被漕运使吕大忠命主持京兆府学的教授黎持"徙置于府学之北墉"，即今天的西安西大街社会路一带（西安碑林现址），妥加保护，由此便形成了最早的西安碑林。

《开成石经》又称《唐石经》，历史上也有称之为《雍石经》的。"雍"指雍州，是古代"九州"之一，包括今陕西、甘肃一带，长安在古雍州范围之内，故称。《开成石经》历代以来受到高度重视。明世宗嘉庆三十四年（1555），在关中大地震中，《开成石经》有四十石被折断，未折断的也有许多受到损伤。明神宗万历十七年（1589）王尧典等人对残损的石经做了重大的修补工作。清康熙三年（1664）陕西巡抚汉复又补刻《孟子》一经共九石，与原刻十二经立于一起，使《开成石经》由原来的"十二经"增为"十三经"。《开成石经》是清代《乾隆石经》刻成以前刻载儒家经典最多、规模最大、最完整的一部石经，是我国古代七部大型石刻儒家经书刻经中保存最完好的一部，在我国印刷术发明以前，对儒家经典的保存和传播起到了重要的作用。明清修补增刻后的《开成石经》（图163）现完好地保存于西安碑林，一百二十三块巨碑井然有序地排列成阵，俨然是一座大型的石质书库，成为我国弥足珍贵的稀世历史文化瑰宝。

图163 开成石经（二）

二、"石千数、字百万"的后蜀《广政石经》

《广政石经》(图 164)始刻于后蜀孟昶广政元年(938),故名,亦称《蜀石经》《后蜀石经》《孟蜀石经》,因立于今四川成都,故又有《成都石经》之称。当时中原丧乱,多有士大夫到蜀中避难,蜀后主孟昶在位三十余年,休养生息,兴文求治,蜀中尚称安定,故而孟昶兴刻石经之举。

据《十国春秋》记载,该石经由五代时后蜀主孟昶命"河中龙门人,后主时拜左仆射同中书门下平章事,性好藏书,酷嗜古文,精经术"的蜀相毋昭裔主持刊刻,由张德钊、杨钧等著名书家抄写书丹,因其严谨的体例和俊美的书法,被后代书家誉为"专精"之作。《广政石经》始刻经时仅《孝经》《论语》《尔雅》《周易》《毛诗》《尚书》《仪礼》《礼记》《周礼》《春秋左氏传》(仅刻十七卷)十种儒家经典,到宋代统一全国之后,又做了大量补刻。北宋时,宋仁宗皇祐元年(1049)成都府

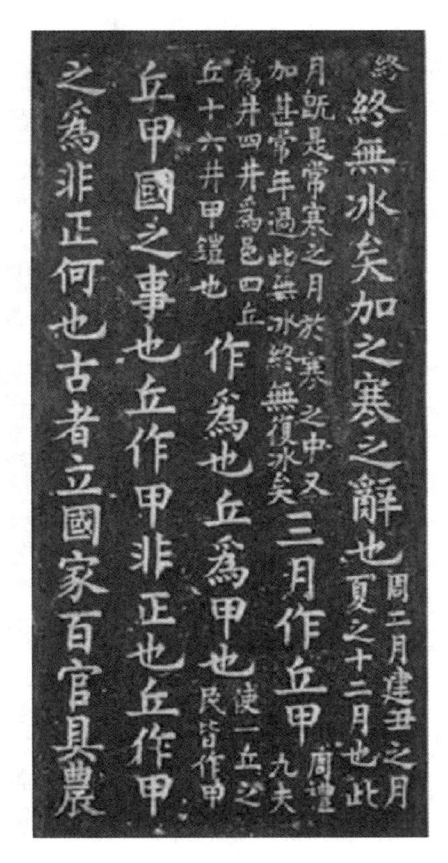

图 164 广政石经

尹田况补刻《左传》十八至三十卷,刻全了《春秋左氏传》,并续刻《春秋公羊传》和《春秋穀梁传》;宋徽宗宣和五年(1123)蜀帅席贡补刻《孟子》;南宋时,宋孝宗乾道五年(1169)晁公武补刻《古文尚书》,并校诸经异同,著《石经考异》附刻于后。除了补刻,宋哲宗时,胡宗愈还建立了石经堂,以保护这些石经。《广政石经》刻经时间长达一百八十多年,加上刻《石经考异》时间,更是长达二百三十多年。据记载,《广政石经》规模极为宏大,是儒家刻经中刊刻时间最长、规模最大的一部。十三经全部正文六十四万余字,加上注释,字数要多一倍以上,要把这一百多万字写好并镌刻上石,在近千年前的古代,该是一项多么浩大的文化工程啊!而且,《广政石经》书法俊美,"字体皆精谨""有贞观遗

风"。对比唐代《开成石经》,《广政石经》更为精美。《广政石经》的镌刻,堪称中国古代文化教育史一次彪炳史册的壮举。

同时,《广政石经》还有一个我国历代其他石经所没有的最大的特点,那就是经文与注文合刻在石上,因而备受后人重视。我国历史上的七部儒家石刻经书中,其他石经都无注释,唯有《广政石经》经注并刻,行款类似宋版古书,经文用单行大字,注疏用双行小字排在经文之下,经注并行,相映生辉。《孝经》附刻唐玄宗的注,《论语》附刻何晏的集解,《尔雅》附刻郭璞的注,《周易》附刻王弼等的注,《尚书》附刻孔安国的传,《周礼》附刻郑玄的注,《毛诗》附刻郑玄的笺,《礼记》附刻郑玄的注,《仪礼》附刻郑玄的注,《左传》附刻杜预的集解。《广政石经》统合共刻十经,连同注文,一并开雕上石。清代著名学者杨守敬对此予以高度评价,曰:"蜀石经经注并刻,宏工巨制,可谓空前绝后。"《广政石经》保存了全部十三经经文及大量经文注释,在校勘学上的价值非同寻常。宋人吕陶曾将蜀《广政石经》对四川文化的影响与文翁兴学相提并论,可见它在文化史上影响深远。

《广政石经》刻成后,原石立于成都府学石经堂,在南宋时还基本完好,但由于战乱,《广政石经》被毁于宋末元初蒙古军队入川之乱,于南宋乾道以后神秘地消失了。著名金石学家马衡在《凡将斋金石丛稿》中对此深感惊异:"如此巨制,纵经兵燹,亦不至片石无存。乃自晁公武、张之后,阒然无闻,仅知明时有《礼记》数段在合州宾馆,清乾隆间福康安修城时,有人于城址得残石数十片而已。"其消失的原因,堪称"历史之谜"。1938年底,为躲避日机轰炸,疏散群众,成都老南门被拓宽。人们施工时无意间发现了数十块《广政石经》的残石(图165),1941年成都拆南城时,又曾出土《广政石经》残碑两块,一为《尚书》,一为《毛诗》。这些残石较之原来所刻的上千块石碑原石,实属凤毛麟角。如今,这些珍贵的残石大多宝藏在四川博物院中。

《广政石经》传世拓本极为罕见,据说宋时内府尚有拓本九十六册。传世最完整的一部,于明初收藏于内府,钤有朱元璋太子朱标的"东宫书府"印记,明万历间内阁犹存,约在清中期流出宫禁,民国时为刘体乾所得,后递藏于陈清华。吴昌硕、陆恢、林纾、顾麟士、萧愻等著名书画家在该册端绘图,翁方纲、段玉裁、阮元、何绍基、王懿荣、罗振玉、王国维等著名学者百余人题跋。1965年,在周恩来总理的关怀下,国家花重金从香港购回《广政石经》一部,保存于国家图书馆。这部国家图书馆馆藏的《广政石经》为宋、元拓本之合璧残本,宋内府、刘体乾、陈澄中等递藏，是现存《广政石经》的最佳拓本。此本共九册，含墨拓本《春秋左氏传》《春秋穀梁传》《周礼》各二册，《春秋公羊传》一册，清道光间木刻印本《广政石经》一册，《题跋姓名目录》一册。其中《春秋左氏传》册页上钤有"东宫书府"等宋代的内府官印，可知此本系宋拓无疑。拓本还存有清及近代以来名家题跋及题签、题首、观款达上百条，还有何维朴、金蓉镜、林纾、吴昌硕等数十人的绘图，拓本藏印累累，递藏有绪。尤其

图 165 广政石经残石

是乾嘉以来著名学者如翁方纲、段玉裁、钱大昕、瞿中溶、梁章钜、何绍基、祁寯藻、潘祖荫、王懿荣、缪荃孙、杨守敬、王闿运、沈曾植等数十人的题跋，为《广政石经》的研究提供了宝贵的资料。2008 年 3 月，该拓本入选国务院公布的首批《国家珍贵古籍名录》，为国家级文物。

第九节　异形奇材碑之新品
——豪华龟形墓志、六面柱形碑、珍稀化石碑

一、传承发展北魏奇特龟形墓志之隋唐代豪华《李寿龟形墓志》

墓志自西晋末年发育成熟进入具有完整形制的定型期后，成为人们纪念死者常用的一种埋幽之铭，历代以来一直相继沿用，数以万计，其形状绝大多数为方形或长方形。随着墓志的繁荣勃兴，其形态也出现了变异，出现了一些与众不同、造型奇特的墓志，龟形墓志就是历代墓志中造型最为奇特、最为罕见的一种。据

查考，在我国迄今出土的数以千计的古代墓志中，只发掘出土过三合龟形墓志。一合是本书第三章中所介绍的刻于北魏延昌二年（513年）、现藏南京博物院的《元显儁墓志》，一合是刻于隋炀帝大业三年（607）的《浩喆墓志》，一合是唐朝贞观初年的《李寿墓志》。

浩喆墓志

2001年11月，山西煤炭运销集团长治襄垣有限公司在位于襄垣县城新建西街中段建设家属楼的过程中，发现隋代浩喆墓葬。墓葬坐北朝南，为双室砖墓，由墓道、甬道、前室及左右耳室、后甬道和后室组成。在前墓室正中，座落着一只青石雕刻的大石龟（图166）。石龟通长一米，宽五十九厘米，通高五十五厘米。龟头前伸略昂，四爪有力，龟背上刻有龟甲纹，载着一个似龙非龙的异兽，异兽长四十七厘米，高十三厘米，宽八厘米。在异兽两侧各刻有六个篆字，共十二个字，其文为"隋故魏郡太守浩府君墓志铭"。掀开龟盖，墓志藏于石龟内。龟体腔被凿成一个长方形凹槽，凹槽内长五十九厘米，宽四十六厘米，深十二厘米，内藏墓志二块，志面上下相合。二块墓志长约五十六厘米，宽四十四厘米，厚五厘米，青石质，志面光滑，背面粗糙。正面刻有约二点一厘米见方的字格，格中刻字，每块墓志上纵刻二十五字，横刻二十字，字体半隶半楷，隶楷杂糅，其中还夹杂有篆字。志文记载，墓主人姓浩名喆，字道惠，上党屯留人，曾由郡举孝廉，拜横野将军、殿中司马、郡功曹、北齐岳阳县令、北周汾州作城县令，官至隋魏郡太守等。隋文帝仁寿四年（604年）七月十二日卒，终年八十有七。隋炀帝大业三年（607年）四月七日葬于万寿乡。《浩喆墓志》龟形形制特殊，在我国历史上十分稀少，是罕见之珍品。

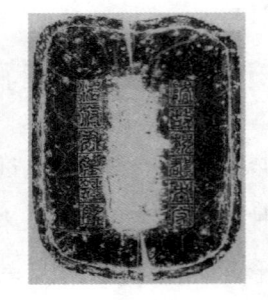

图166　浩喆墓志

李寿墓志

《李寿墓志》（图167）于1973年在陕西三原陵前公社出土，刻于唐太宗贞观四年（630）。李寿生于北周武帝建德六年（577），卒于唐贞观四年，系唐高祖李渊的堂弟、唐太宗李世民的叔父，生前官封开府仪同三司、上柱国、淮安郡王，死后诏赠司空。其墓志高六十四厘米，宽九十六厘米，长一点六六米，志文用楷书书写，共三十一行，每行三十七字。志文书法清秀劲健，属唐楷中的上乘之作，但其内容多有与事实相悖之处，没有什么价值。不过就其形制造型和志石的雕刻艺术来讲，却值得珍视。《李寿墓志》传承了《元显俊墓志》奇特的龟形造型，但其雕刻装饰更为精致豪华，为兽首、龟身，四足趴伏于长方座上，从现虽已脱落但尚有残存的志石初出土时的颜色看，当年墓志全身曾彩绘贴金，极为富丽堂皇。墓志以龟背为盖，龟背中间减底阳刻篆书"大唐故司空公上柱国淮安靖王墓志铭"十六字，龟形志石的边上，雕刻着精美的龟甲、联珠、蔓草等花纹图案，是一件珍奇艺术品，现珍藏于西安碑林博物馆。

图167 李寿墓志

二、史上唯一的经幢式六面柱形奇碑《东渭桥记碑》

中国的碑在汉代前是简单的天然"竖石"，东汉以后碑的形制已发展定型，已形成用人工采制的长方形石材制成的由碑座、碑身、碑首三部分组成的完整的碑。碑座又称碑趺，一般为长方形巨石，碑趺上是碑身，多作扁长体，用长方形巨石雕成。碑身正面称为碑阳，刻碑文，碑身背面称为碑阴，碑身左右两面称为碑侧。碑阴和碑侧有时也有刻字的，有些碑的碑文比较长，就碑阳、碑侧、碑阴、碑侧转圈都刻碑文。碑首即碑的上端，亦称碑额，大体上有尖形、半圆形和方形。然而在唐代时，出现了一块别具一格、形制与传统碑刻完全不同的碑刻——《东渭桥记碑》(图168)。

渭河贯穿八百里秦川，这里曾是周、秦、汉、唐的文化发祥地，汉唐时的长安，都位于渭河的南部，而连接渭河南北的桥梁——东渭桥，无疑具有重要的科学研究价值。东渭桥规模宏大，结构复杂，是我国古代桥梁建筑史上一个重要的里程碑。它北接渭北，南通长安，是唐代渭河三桥之一，是唐代都城长安城通往渭北的重要通道，是连接渭河两岸的一条纽带，通往长安城的咽喉，在战略上具有重要的地位。东渭桥遗址位于陕西高陵耿镇白家嘴村渭河南岸，1967年当地群众在挖土取沙时，在高陵耿镇发掘出了《东渭桥记碑》残碑一方。《东渭桥记碑》刻立于唐玄宗开元九年（721）。据碑文记载，东渭桥建于唐玄宗开元九年，由京兆尹

图168 东渭桥记碑

主持修建。此碑形制奇特，与众不同，非常规的长条竖石，而是史上罕见的六面柱形，犹似经幢，无头无座，碑身六面刻字，高六十七厘米，每面宽十六厘米。碑文楷书，六面共二十八行（一至五面各五行，第六面三行），每行十七字，为富平县尉河南达奚珣撰文，无书者姓名。碑文记载了唐玄宗开元九年修建东渭桥的经过。从碑文得知，东渭桥修建工程由京兆尹全面负责，参与建桥工程的有高陵、奉先、美原、华原、三原、富平、同官等京畿之地的官民。碑文除顶部和下部稍有残缺外，余皆清晰可见。此碑的出土为唐东渭桥遗址的确定及历史上渭河河道变迁等情况提供了实证。东渭桥距今渭河河道有二点五公里之遥，这说明从唐开元年间距今的一千三百多年，渭河向北迁移了二点五公里，这对于研究渭河河道的变迁、治理渭河，无疑具有一定的现实意义。2001年6月25日，包括《东渭桥记碑》在内的唐东渭桥遗址被国务院公布为第五批全国重点文物保护单位。

三、举世无双的珍稀化石碑———唐高宗御碑《明征君碑》

《明征君碑》（图169）不仅是唐代的一块著名御碑，而且还是我国历代

碑刻中举世无双的珍稀化石碑；不仅具有珍贵的历史价值、书法艺术价值，而且碑材还具有宝贵的科学研究价值。镌刻此碑的碑石，是罕见的稀世珍奇化石，虽历经一千三百多年风雨剥蚀，依旧"风骨凝重，精光内含"。

《明征君碑》碑材通高四点二三米，碑身高二点七四米，宽一点三一米，厚三十七厘米，碑额为六龙拱额，碑额上篆书"明征君碑"四个大字。《明征君碑》重三吨，是一块呈深灰黑色、质地致密坚硬、不易风化剥蚀的岩石。因碑石正面有许多豆粒状白色斑纹，酷似含苞待放的朵朵梅花，俗称梅花石。原先，人们一直认为此碑的碑石是火成岩类的石英斑岩，近些年来，有关专家通过对《明征君碑》碑石的材质进行反复的考察

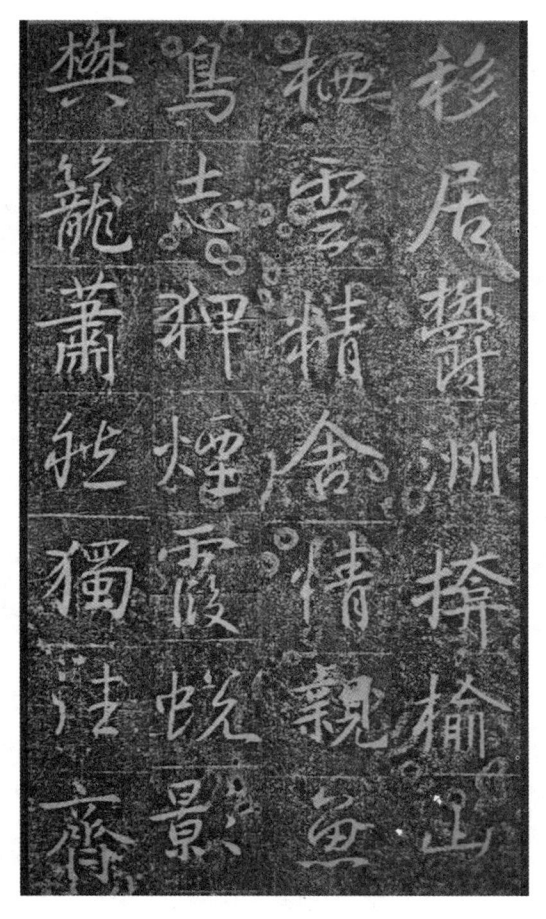

图169 明征君碑

研究，终于发现该碑碑材为距今约两亿八千万年前海相沉积形成的石灰岩（栖霞灰岩），又系动物化石。碑石表面的梅花状白色斑纹是生长于两亿八千万年前的浅海中的动物海百合茎化石和中国孔珊瑚等浅海类动物化石。在碑石的正面约有海百合茎化石两万两千多个，每一百平方厘米范围内，明显或隐约可见的海百合茎化石有六十七个。在碑石的反面，也能见到许多海百合茎化石。《明征君碑》龟趺为距今两亿八千万年前海相沉积形成的石灰岩（船山灰岩），龟趺背部有密集的球状构造（即葛万藻）。海百合茎在地层中是不容易保存成为完整的化石板的，而《明征君碑》却拥有这么多浅海动物化石，而且形成如此之大的化石标本，并历经一千三百多年完好保存，这在全国绝无仅有，在全世界也属罕见，是古人收藏的化石标本之珍品，具有重要的文物价值和地质科学价值。

第十节　书体嬗变碑之余风遗韵
——篆隶楷多体掺杂碑刻及代表作

隋朝虽立国时间较短，仅有三十七年，但在我国书法史上却是南北并存、融会贯通，由险怪而渐入坦夷的时期。清代学者叶昌炽称这一时期为"古今书学一大关键"。因而正如著名书法家沙孟海在《略论两晋南北朝隋代的书法》一文中所指出的"隋代书法家常有掺杂多体，综合变化，奇正相生，别开生面者"那样，在隋代的碑刻中有许多"真中掺篆隶"的书体嬗变奇碑。唐朝书法是晋朝以来的又一个高峰，因此后人多以"晋唐"并称，到唐代时，我国篆、隶、草、楷、行各种书体都已发展完全成熟，各体书法已形成严格的规范，尤其在楷书方面的成就最为后世推崇，"唐楷"以法度严谨的整体风貌著称，在中国书法史上与"秦篆""汉隶"并列，成为手书汉字形态的最重要的典范。由于"书至初唐而极盛"，篆书、隶书、楷书、行书、草书发展到唐代都进入了一个新的境界，因此唐代书法非常崇尚法度，书法极为讲究规范严谨，那种"掺杂多体"，篆、隶、草、楷、行杂糅无严格规范的书法不再为世人所欣赏，因此在唐代时那种多体掺杂、形态奇特怪异的碑刻数量大为减少，在唐代的数以万计的碑刻中屈指可数。故而"书体嬗变碑"在隋唐五代十国时期主要集中在隋代，在唐朝寥寥无几。

体兼篆隶、"真中掺篆隶"的《曹植庙碑》

《曹植庙碑》（图170）又称《陈思王曹子建庙碑》《陈思王碑》，或称《曹子建碑》。碑主曹植，字子建，魏太祖武皇帝曹操之子，沛国谯郡（今安徽亳州）人，封陈王，谥"思"，世称陈思王。此碑系曹植的第十一世孙曹永洛等，于北齐武成帝太宁元年（561）奉诏修缮山东东阿县曹植墓及庙后，又于隋文帝开皇十三年（593）在庙中所立。据《金石萃编》载，碑"高七尺，宽四尺二寸五分"，碑阳二十三行，每行四十三字。

《曹植庙碑》十分鲜明地体现了隋代这一过渡时期的书法特点。它虽为楷书，但正书兼有篆隶笔意，书写者将某些篆隶的笔画杂糅其间，以祈得古人的笔意，故而字中含有明显的篆、隶成分。它点画粗细变化强烈，细处挺劲秀逸，厚处凝重拙朴，结体宽博，略显横扁之隶意，用笔横平竖直，没有"二王"左低右高的欹侧妍丽之势，上承北齐《泰山金刚经》遗意，下开唐代颜真卿一路平整博厚楷。杨守敬在《平碑记》中指出："《曹植庙碑》用笔本之齐人，体兼篆隶则沿北魏旧习，然其笔法实精，真有篆隶遗意，不第如《李仲璇》等碑之貌似也。"如碑文中"以"字、"慨"字有篆书的写法，结体的横扁及"无"字的长横波挑又是隶书的写法，"改"字圆浑厚重的捺脚与北齐的《泰山金刚经》有某种近似之处。但通观全碑，

图 170　曹植庙碑

大部分字已属纯净的楷书。不过，若将《曹植庙碑》与唐楷相比，无论是点画的规范，还是布白的匀齐，均不如初唐各大家来得工整划一，有不够成熟的地方。而这些近似隶书的笔法和楷书的不成熟之处，正是《曹植庙碑》的特点，给人一种自然古朴的感受。

隶篆杂掺相糅、楷意融入隶中的《郭休墓志》

《郭休墓志》（图171），墓主郭休，字康贾，太原晋阳人，并州刺史郭汲之后。《郭休墓志》刻于隋文帝仁寿二年（602）八月，近代出土于河南洛阳城东北十八里的三里桥，著录首见于顾燮元《古志新目初编》，被赵万里辑入《汉魏南北朝墓志集释》。

《郭休墓志》志石长三十八厘米，宽三七点五厘米，志盖镌阳文篆书"大隋处仕郭君墓志铭"三行九字。志文十六行，每行十六字，方界格，隶书，间有篆

体，多六朝别字。书法秀劲平稳，有汉魏遗风，不署撰书人姓氏。《郭休墓志》是隋代这一过渡时期多体掺杂书体嬗变奇碑的代表作之一。其墓志盖以圆厚的线条取篆法，结体紧密，有强烈的雕塑感，类似一件图案的装饰品，与墓志志文的书法形成强烈对比。志文的书法自我为古，直取篆书结体的某些特点而化入其中，又将当时已齐备成熟的楷意融入隶书中。由于时代审美趣味的转移，《郭休墓志》淡化汉隶雄浑沉酣的特点，汲取篆笔楷法的要素，凝聚成了妍美细挺的新姿。我们从墓志中可以看到：细线界格使章法趋于平稳工整，作者为避免章法上的平淡，尽量在有限

图 171　郭休墓志

的方格空间内求变化。但对这种别具一格的书法技艺，书者尚未形成成熟的规范，因而志中有的字结体和笔意不太统一，如两个"明"字和第五行的"大"字、第十行的"息"字、第九行的"乐"字以圆转的篆书出现在志中，颇感突兀和不协调，有拼凑的感觉。倘无风化破损、石花杂呈其间，拼凑和不协调的感觉还会更强烈些。

"非篆非隶，真八分也"的《青州舍利塔下铭》

《青州舍利塔下铭》（图172）又名《青州胜福寺舍利塔下铭》。不署撰人姓氏，额题正书"舍利塔下之铭"六字。此碑为隋文帝青州逢山县胜福寺奉安舍利，敬造灵塔而立，刻于隋文帝仁寿元年（601）十月十五日。清乾隆十九年（1754）该铭曾嵌于寺内东屋北壁，额留大门内。后铭归长白端方，额失。铭石为方形，高五十七厘米，宽五十七厘米，铭石右角损泐二十四字。铭文十二行，每行十二字。题名有两列，每列四行。

《青州舍利塔下铭》铭文由孟弼书写。铭文书法"非篆非隶，真八分也"，爽达雄劲，多见隶意，又间篆笔。隶书之中杂有楷书的写法，本是在楷书盛行之后难以避免的现象，然而要处理得恰如其分，又不致使这类楷法隶体格调太低，是相当不容易的。《青州舍利塔下铭》这篇隶书的作者却成功地做到了这一点。细看铭文，"为""造""诸"等字，具有明显的楷书的笔意。从整个字体的结构来看，基本上也是取法于楷体：每个字的结体较为松散，笔画分割空间时都很均等，不像汉隶结体紧凑、疏密得当。这本是一种欠缺，但在作者的笔下，却成为书风宽博大方的特色，不得不使人佩服书者的巧妙手法和艺术造诣。《青州舍利塔下铭》这样"非篆非隶，真八分也"的书写法，是书者使锋弄毫刻意而为之的，其书法用笔技巧是高明的。在整个书写过程中，书者心意、腕指、笔锋已经完全融为一体，笔锋的起倒、出入、藏露、提按、轻重、徐疾、收发，无不随着手腕的灵活转动而运用自如，由此形成了独具特色的笔画线条和外观形态，从而使得本来外貌平平的隶书变成了饶有风趣的非篆非隶非楷字体。

图172　青州舍利塔下铭

非篆非隶非楷、七拼八凑的《青州默曹残碑》

《青州默曹残碑》（图173）位于山东益都（今山东青州），后归山东登州（属今山东烟台）张氏，著录首见段松苓《益都金石记》。碑石刻立年月损泐，专家考为隋。

《青州默曹残碑》不署撰书人姓氏。碑阳残存十一行，第五、十两行无字，余行每行各存十二字；碑阴存题名六列，每列十五行；碑侧正书题名六列，每列五行，每行字不等，略小于碑阳及碑阴。《青州默曹残碑》碑文是篆、隶、楷诸法杂糅的作品，隶书中杂见篆字和楷笔。但是其亦此亦彼的多体交融，并不是在新旧字体交替、一种字体向另一种字体嬗变的转换过程中自然形成的，而是由当时热衷于别出心裁、独创一格的书家刻意而为之的，故其用笔多是隶法与楷法、篆法

图 173 青州默曹残碑

的刻意混合，生硬地凑合拼组在一起，故而隶依然是隶，楷依然是楷，篆依然是篆，并未出神入化、天衣无缝地融为一体。尤其是《青州默曹残碑》的结体，虽常用篆势，但缺少篆书那种圆浑而古朴的气质，诸如"为""观""超"等字，结果篆不像篆，隶不像隶，楷不像楷，整篇碑文给人一种七拼八凑的感觉。《青州默曹残碑》是这一时期人为制造的多体掺杂书体嬗变奇碑的代表作之一，这种外表上浅层次东拼西凑形成的书体嬗变碑刻，尽管在视觉上也给人以一种奇特的感觉，但其艺术价值无疑远逊于那些在新旧字体交替、一种字体向另一种字体转换过程中自然形成的书体嬗变碑刻。

以楷法写隶书、介于隶楷间《房彦谦碑》

《房彦谦碑》（图174）全称《唐故都督徐州五州诸军事徐州刺史临淄定公房公碑铭并序》，刻于唐太宗贞观五年（631）三月，碑在山东章丘。碑高三点七一米，宽一点七七米。碑阳共三十六行，每行七十八字；碑阴共十五行，每行十三字，历叙祭葬恩礼；碑侧三行，共三十三字，为撰书人职衔署名及竖碑年月；碑额篆书"唐故徐州都督房公碑"九字。碑主房彦谦，字孝冲，为唐太宗时宰相房玄龄之父。

《房彦谦碑》由李百药撰文，欧阳询书写。欧阳询，字信本，曾任太子率更令，故人称欧阳率更，潭州临湘（今湖南长沙）人。欧阳询是由隋入唐的书法家，他继承了汉魏两晋风格，尤于北碑多有汲取，用笔峭刻劲绝，法度森严，笔画瘦硬而腴润有致，字形瘦长，结体于平正中见险绝，且有较浓隶分遗意，形成自家面目，世称"欧体"，与虞世南、褚遂良、薛稷并称"初唐四家"。《房彦谦碑》于欧阳询七十五岁时书，此碑虽为隶书形态，但并不是汉隶，而是在隶书中略具变格的欧书变异隶书。欧阳询一生所书诸碑，楷书多而隶书少，其所写的隶书碑版，见诸著录者有一二十种，但传世者极少，现在所能看到的，仅此碑和《大唐宗圣观记碑》两种。故此碑十分可贵，历来为世所重。但与《大唐宗圣观记碑》不一样，此碑为了显示碑体典重，写时不免矜持，方折顿挫，太过严肃，与欧书的《九成宫醴泉碑》《化度寺碑》等碑风貌不同。《房彦谦碑》多用隶法，横画和撇尾还保留燕尾似的波挑，结体端严，挑拨险峻，是一种隶楷的混合体。所以，此碑书体构成成分虽为隶书，但其中已加入一二分正书笔法，是快要接近他的楷书名作《皇甫诞碑》的字样了。从汉字书体发展演变的过程来看，由汉到唐的正书，都是通过汉隶—魏隶—正书这个途径来的，此碑所展示的正是这一途径。

《房彦谦碑》取汉隶笔法，于隶书中掺入楷法，以楷书的笔法来写汉魏的

图 174　房彦谦碑

隶书，是一种介于隶楷、存有较多六朝气息的欧书式隶书，是为唐人所称"八分"的具体表征。在《房彦谦碑》里可以看到欧阳询将六朝的字迹由隶变楷的字，如碑文第十四行的"嶽"字已变为楷书形了；"悦"字里的"丷"和"口"是楷书，其他部分为隶书笔意；"五"字为楷书，但又有隶书意味；"为"字半楷半隶。诸如此类，均属六朝书风。在《房彦谦碑》中，欧阳询的隶法取汉代精华，楷法则吸北碑神髓，将两者融为一体，起笔往往直笔一顿而下，捺笔重按迅起，有魏碑笔意，而转折与钩法，则隶、楷兼施，堪称结体紧密整饬，骨力遒劲峭厉，意境高古，别具一格。欧阳询之所以能如此极为自然地于隶书中掺入楷法，以楷书的笔法来写汉魏的隶书，源于他善于刻苦学习。

由于《房彦谦碑》书法紧健峭劲，介于隶楷，存有较多六朝气息，可窥见欧书渊源，声誉颇高，故为时人所竞相椎拓。据清方若记载，《房彦谦碑》原来极为

完整，由于碑贾在椎拓时，许多人都前去围观，致使田里庄稼遭到践踏毁坏，因此，《房彦谦碑》所在地赵山乡人十分厌恶该碑，曾欲将《房彦谦碑》毁为无字碑，以杜绝碑贾来椎拓。尽管此事为当地邑令所知，加以禁止，但因椎拓过多，造成了碑的下截漫漶，只有旧拓本中的"喜邦"之"喜"字完好。

第五章

宋、辽、西夏、金时期的珍奇碑刻

公元960年，赵匡胤通过陈桥兵变黄袍加身，夺取后周政权，建立宋朝，结束了五代十国时期的封建割据局面。宋朝立国后实行文治，作为中华优秀传统文化重要组成部分的碑刻文化，虽然在宋代未能出现唐代那样的鼎盛局面，但还是保持了一定的繁荣局面。盛唐碑刻的许多精萃，在宋代碑刻中依然被承袭下来并得以弘扬。宋代的珍奇碑刻虽不像唐代那样群星璀璨，但依旧是星光闪烁，某些方面在承袭唐代珍奇碑刻余绪的基础上还有了一定的发展。

辽、西夏、金是我国历史上三个先后与宋朝鼎峙的少数民族政权，它们在发展过程中受到汉族文化的影响程度不同，其碑刻文化的发展状况也各不相同。其中辽位于今我国东北地区和蒙古国中部，其疆域最大时最南面也只到达今天津海河、河北霸州、山西雁门关一线；西夏位于我国西北地区，其疆域最大时也仅包括今宁夏、陕北、甘肃西北部、青海东北部和内蒙古部分地区。两者都没有统治过中原地区，因此受到的中原汉族文化影响都很小，故而作为汉族传统文化一个重要组成部分的碑刻文化，对两者的影响也较小。所以，尽管辽享祚二百一十九年（907—1125），西夏享祚一百九十年（1038—1227），但两者流传后世的碑刻尤其是珍奇碑刻数量都甚少。而由女真族建立的金情况与辽和西夏很不一样。主要分布在中国东北部边陲地区的女真族，历史上一直和汉族保持着密切联系。随着势力的强盛，金于1115年建国后，先后于1125年和1126年攻灭辽和北宋，迁都中都（今北京城西南隅）、开封等地，疆域最南到达秦岭、淮河一带，与南宋接界对峙，几乎统治了包括中原地区在内的整个中国北方，受中原汉族文化的影响较大，汉族传统文化重要组成部分的碑刻文化也为其所融合，成为其文化的一个重要的有机组成部分。故而，尽管金朝享祚前后仅一百二十年（1115—1234），比辽和西夏都短得多，但其碑刻文化却比辽和西夏繁茂得多，留下的珍奇碑刻数量也比辽和西夏多，在中国碑刻文化发展史上占有一席之地。

第一节　精美三绝碑之兴盛不衰
　　——堪与唐比肩的宋代三绝碑

　　汇集名家诗、文、书、画、镌刻等卓越技艺于一身，绽开于唐朝碑刻百花苑的三绝碑、四绝碑之花，由于具有很高的艺术观赏价值和学习借鉴价值，受到人们的格外重视和广泛喜爱，因此，在文学艺术兴盛繁荣的宋朝，依然兴盛不衰、魅力不减，备受人们的钟爱，精品佳作迭出，堪与唐朝比肩。不过，宋朝的三绝碑、四绝碑与唐朝的不尽相同，在唐朝的基础上又有了新的创意和发展。唐朝的三绝碑、四绝碑在同一块碑版上汇集的都是唐朝名家的诗、文、书、画、镌刻作品，而宋朝的三绝碑、四绝碑在同一块碑版上汇集的诗、文、书、画、镌刻，已不局限于同时代名家的作品，出现了始刻于唐、形成于宋、汇集唐宋两朝名家名作于一身的三绝碑、四绝碑。

一、命运坎坷多舛的三绝碑《黄楼赋碑》

　　《黄楼赋碑》（图175、176）在著名历史古城江苏徐州。徐州古名彭城，北宋大文豪苏轼自宋神宗熙宁十年（1077）四月至元丰二年（1079）三月任徐州知州，任期虽仅两年，但在徐州为百姓做了不少好事、实事，并留下了许多值得纪念的胜迹，著名的黄楼和《黄楼赋碑》即是其中之一。

　　据史籍记载，宋神宗熙宁十年四月，苏轼由密州调任徐州知州。到任不久，七月十七日黄河在澶州决堤，洪水汹涌至徐州，大水围城，水深二丈八尺。抗洪保城，是苏轼来徐州上任后接受的第一个重大考验。面对汹涌的洪水，苏轼果断地采取了一系列应急措施。在制止富人争先逃离、稳住民心的同时，征集五千民工开通清冷口，疏浚下游河道，日夜加固外城以备不测。同时，苏轼临危不惧，身先士卒，投入抢险战斗。他亲持畚锸，布衣草履，庐于城上，率领百姓奋力抢险，誓"与城存亡"。为了坚定大家抗击洪水的决心，鼓舞大家的斗志，他写诗明志，诗中一句曰："坐观入市卷闾井，吏民走尽余王尊。"意思是说，万一堤防溃崩，他会像西汉东郡太守王尊那样，以身填堤，力挽狂澜，首先确保百姓和属下脱险。为了抵御洪水，他又亲自到武卫营动员禁军参加抗洪。禁军归朝廷直接掌管，知州无权调动，但禁军将士也被苏轼的精神所感动，听从苏轼的调遣，与民工共同筑起"首起戏马台，尾属于城"的护城大堤。苏轼率众在修筑长堤、加固岸防的同时，又加高城垣，历经四十昼夜奋战，终于保全了州城。城东门处于挡水要冲，地势险要。为预防水患重泛，苏轼一面整堤护岸，一面加固城墙，并在城东门上建造了镇水大楼，取"土实胜水"之意，在楼四壁垩以黄土，楼因此命名为"黄楼"。据苏轼《太虚以黄楼赋见寄，作诗为谢》，"黄楼高十丈，下建五丈旗。楚山以为城，泗

图175　黄楼赋碑

图176　《黄楼赋碑》拓片

水以为池"，气势颇为雄伟壮观。黄楼建成后，次年九月九日重阳节，苏轼在黄楼举行盛宴，各地名士诗词唱和，留下许多不朽篇章，苏辙和秦观、陈师道等均写诗作赋祝贺。苏轼将苏辙所撰写的《黄楼赋》亲笔书写后，请擅长篆书的毕仲询

篆额，刻石立碑，竖立在黄楼中。《黄楼赋碑》因出自苏轼、苏辙和毕仲询三名家之手，历来被称为文绝、书绝、篆额绝的三绝碑，成为古城徐州的名胜古迹。

然而，尽管《黄楼赋碑》是深受人们青睐的三绝碑，其命运却颇为坎坷。宋神宗元丰二年（1079）三月，苏轼调任湖州（今浙江吴兴）知州，不久，因"乌台诗案"被捕入狱。李定、舒亶、何正臣等人摘取苏轼《湖州谢上表》中的语句和此前所作的诗句弹劾苏轼，致其因谤讪新政的罪名入狱。苏辙奔走营救，奏请朝廷赦免兄长，他仿照汉代提萦救父的典故，愿免一身官职为兄赎罪，最后被贬监筠州盐酒税务。苏轼在政治上受挫，屡遭贬逐，也殃及《黄楼赋碑》，无人再敢传拓。建中靖国元年（1101）宋徽宗赵佶即位，大赦天下，"党禁"稍有放开。《黄楼赋碑》再次引人注目，日夜有人拓印，争相收藏。宋代著名诗人陈师道在《黄楼》一诗中记述了当时的那种世态炎凉和低俗习气，诗曰："楼上当当彻夜声，予人何事有枯荣。已传纸贵咸阳市，更恐书留后世名。"然而仅仅过了一年，宋徽宗崇宁元年（1102），蔡京出任宰相，把持朝政，又下令将苏轼等人的文集雕版"悉行焚毁"，碑刻也在劫难逃。但徐州官民感念苏轼恩德，又十分珍惜他的墨宝，不忍心毁坏《黄楼赋碑》，就把它投放入城壕中隐没起来，黄楼也改名观风楼，《黄楼赋碑》得以暂避风险。至宋徽宗宣和末年（1125），"党禁"松弛，富户人家收藏苏轼墨迹遂成风尚。这时，利欲熏心的徐州太守苗仲先便从壕沟中捞出《黄楼赋碑》碑石，墨拓数千份带到汴京出售，大获其利。在日夜摹印之后，苗仲先为抬高墨本的价值，就以"苏氏之学，法禁尚在，此石奈何独存"为借口，将《黄楼赋碑》砸碎，妄图就此使《黄楼赋碑》"绝版"。他这一卑劣的做法并未能得逞。民间一些钟爱《黄楼赋碑》的人，以墨拓为本，重新刻制了《黄楼赋碑》，从而使珍贵的《黄楼赋碑》得以传承于世。1988年徐州重建黄楼，《黄楼赋碑》又被放置于楼中大厅加玻璃罩珍藏起来，供人瞻仰。

二、韩诗苏书柳事三绝之《荔子丹碑》

《荔子丹碑》（图177、178）亦称《柳州罗池庙碑》，又称《罗池庙迎享送神诗碑》《罗池庙享神诗碑》《罗池铭辞》，原碑在广西柳州柳侯祠，湖南永州柳侯祠亦有翻刻之碑。此碑为纪念唐代著名文学家柳宗元所立。

柳宗元，字子厚，生于唐代宗大历八年（773），河东人，唐德宗贞元九年

（793）中进士，后又考中博学宏词科，授集贤殿正字，官监察御史里行。唐顺宗永贞元年（805），柳宗元与刘禹锡等人加入了主张革新的王叔文集团，任礼部员外郎。唐顺宗在位仅一年即去世，王叔文的改革失去支持，仅七个月即告失败。永贞改革失败后，柳宗元和刘禹锡等人因参加王叔文革新派的政治活动，都被贬到荒远地区，柳宗元被贬为永州（今属湖南）司马。他十年后调回京城，随即调任柳州刺史。柳宗元在柳州任职约四年，他废除弊政，豁免民间债务，兴办文教，破除迷信，革除陋习，解放奴婢，并指点了大批举子士人如何做文章，使他们的写作水平大有长进。由于柳宗元既是一个杰出的文学家，又在治理地方政务上做了许多实事、好事，为当地的开化和文化发展做出

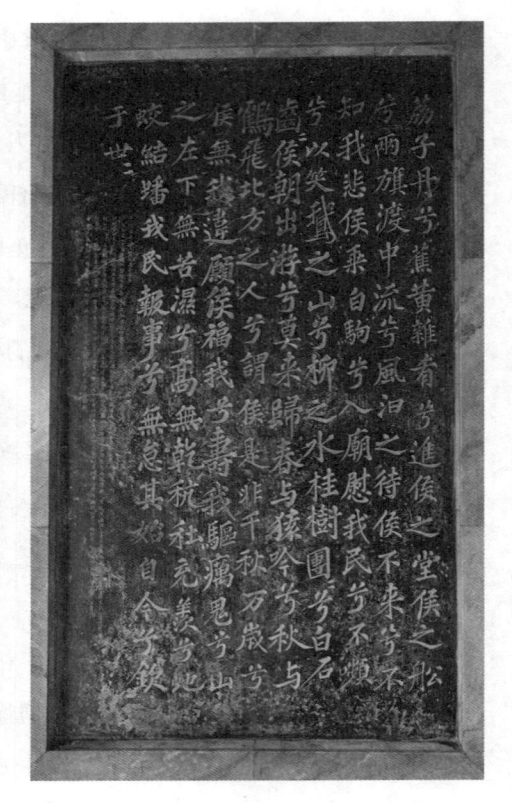

图177 荔子丹碑（一）

了重要贡献，因此，柳州人民衷心地爱戴他。唐宪宗元和十四年（819），柳宗元死于柳州任上。传说柳宗元死后成了"神"，并托梦给他的部属，要求把祭祀他的庙建在罗池。柳州人民为了纪念柳宗元，便按照他"馆我于罗池"的遗愿，于唐

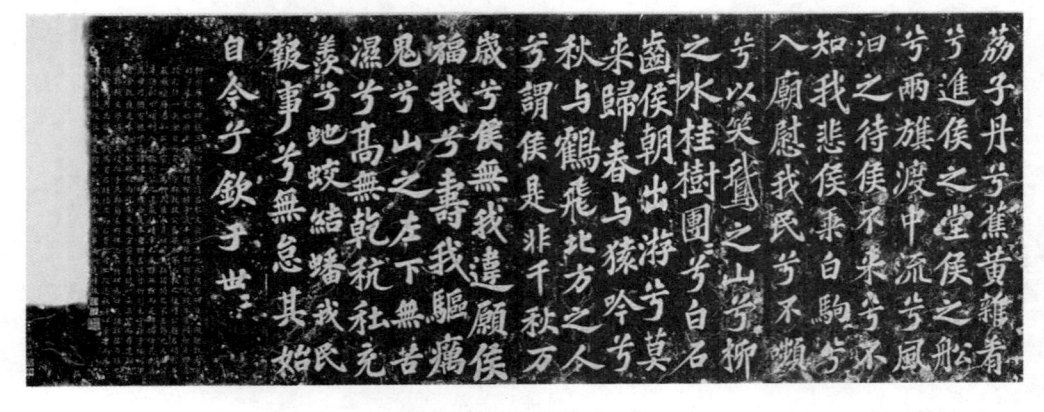

图178 荔子丹碑（二）

穆宗长庆二年（822），在柳州罗池旁建立了罗池庙以志纪念。庙建成后的第二年，柳的部将到京城"请书其事于石"。大文学家韩愈为之撰写了《柳州罗池庙碑》碑文，碑文最后为《迎享送神诗》（被称为《罗池庙享神诗》），表达了当地人民对柳宗元的怀念，碑文由书法家沈传师书丹，由此刻成了韩愈撰文、沈传师用楷书书写的《柳州罗池庙碑》。

  1105年，宋代徽宗追封柳宗元为文惠侯，将罗池庙改名为柳侯祠。由于唐时沈传师所书韩愈之《柳州罗池庙碑》久佚，苏轼手书了当年韩愈为柳宗元所撰碑文篇末的《罗池庙享神诗》。此诗于宋嘉定十年（1217）被刻石立碑于柳侯祠内，碑高九尺余，宽五尺余，碑文十行，每行十六字。因韩愈所撰《罗池庙享神诗》的第一句为"荔子丹兮蕉黄"，故此碑亦被称为《荔子丹碑》。据此碑的跋文记载，此碑是用苏轼的真迹上石刻成的，刻工极佳，神气实足。苏轼擅长行书、楷书，能自创新意，用笔丰腴跌宕，有天真烂漫之趣，与黄庭坚、米芾、蔡襄并称"宋四家"。此碑在用笔上虽仍是三分笔，但用笔险劲，藏巧于拙，极富情趣，温厚中出险辣，得气得势，更具法度，遒劲古雅。正如苏轼自己所称"余书如绵裹铁"那样，他笔下的点画无论写得如何肥，其中总是有"铁"，有锋芒，这锋芒又不外露，如被重重丝绵裹住，正是"锋藏画中，力出字外"，其力"柔中带刚""涵而不露"，从而求得了力的内在效果。如"兮"字的竖折弯钩、"不"字的长撇和长点、"之"字的长捺等，都写得肉丰骨劲、雍容大度，凝重而不呆滞、婀娜而不轻佻。又比如其中一些"我"字，"戈"法不取钩，而是一泻而下；"事""兮"等字末尾均以铦利之锋芒挟裹而出。结字上也率性而作，如"鹅"字特大，且用行书，众多"兮"字也随手妙变。《荔子丹碑》既大气磅礴，又潇洒自然，既沉稳凝重，又雄健豪放，古今书家学者都给予其高度评价。明王世贞《弇州山人四部稿》评此碑说："东坡书《罗池铭辞》遒劲古雅，为其书中第一。"当代知名学者侯镜昶《论苏黄米书艺》认为："《罗池庙碑》用笔险劲，此刻更具法度，但兼有气势，与唐碑各家迥然相异。东坡善于发展变化，融势入碑，开宋书特有之风。苏碑又以帖的布白，融入碑中……自东坡倡导，宋代碑刻形成了独特的风格。"由于《荔子丹碑》系唐代大文豪韩愈赋诗，宋代大文豪、大书法家苏轼手书，所记的是唐代著名文学家、"唐宋八大家"之一柳宗元的生平事迹和德政，故被称为韩文苏书柳事之三绝碑而闻名于世。

  柳宗元被贬为永州司马后，曾在湖南永州居住了十年，永州人民为了纪念他，也在永州建立了柳侯祠，并将柳州柳侯祠内的三绝碑《荔子丹碑》翻刻后立于庙内，碑石共四块，每块高二点四米、宽一点三二米、厚二十一厘米，长方形，平额无座。此碑先在明代时由刘克勤摹刻于零陵永州镇（今湖南永州）愚溪庙。现存于永州柳侯祠内的《荔子丹碑》系清顺治年间永州知府魏绍芳重刻。

三、湖南郴州苏仙岭白鹿洞摩崖三绝《秦观词碑》

《秦观词碑》（图179）又称《苏仙岭三绝碑》，位于湖南郴州苏仙岭白鹿洞附近的悬崖石壁上。摩崖碑高五十二厘米，宽四十六厘米，词文共十一行，每行八字，用行书书写。秦观字少游，号淮海居士，是北宋"婉约派"词人的卓越代表、"苏门四学士"

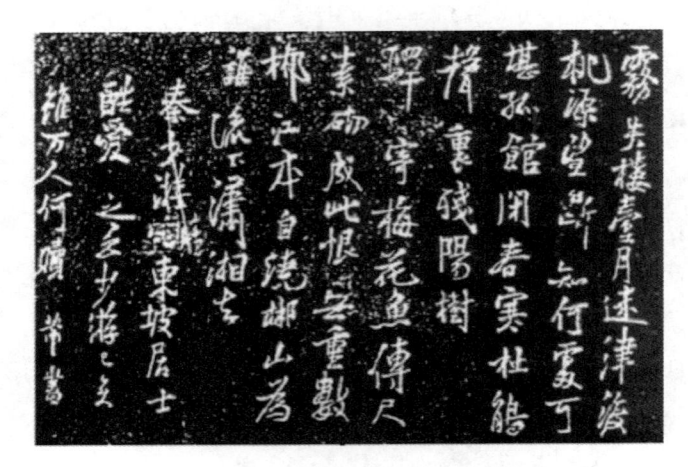

图179 秦观词碑

之一，曾任秘书省正字兼国史院编修官等职。因政治上倾向于旧党，被视为元祐党人，遭小人诬陷，一再遭到贬谪。宋哲宗绍圣四年（1097）受到当政者的排斥，被削职流放至湖南郴州为民。宋代时，郴州是个偏僻荒远之地，生活条件艰苦，素为放逐谪官、囚犯充军的地方，向有"船到郴州止，马到郴州死，人到郴州打摆子"的民谣流传。秦观为人多情而脆弱，被贬到郴州，游览了白鹿洞后，想到自己已蹈死地，悲愤交加，一腔惆怅失望、寂寞愁苦之情涌上心间，于是借景抒情，回到旅舍后满怀凄凉地提笔写了《踏莎行·郴州旅舍》，词云：

雾失楼台，月迷津渡，桃源望断无寻处。可堪孤馆闭春寒，杜鹃声里斜阳暮。

驿寄梅花，鱼传尺素，砌成此恨无重数。郴江幸自绕郴山，为谁流下潇湘去？

由于精神上的压抑和生活条件的艰苦，秦观在作此词三年后即宋哲宗元符三年（1100）时病逝。大文学家苏轼极为赏识秦观，与秦观生前交往甚为密切，因此秦观死后，苏轼非常悲痛，在见到扇面上秦观所写的这首词后伤感痛惜不已，满怀哀思地在秦观词的后面写下了跋语："少游已矣，虽万人何赎！"后来，与宋轼同为"宋四家"的大书法家米芾见到了秦词和苏跋，不胜感慨，当即将秦词、苏跋一并挥毫书写了下来，镌于碑上。因此碑词、跋、书出自三位知名度极高的名家之手，故被称为秦词苏跋米书之三绝碑，可惜原碑后来亡佚。南宋度宗咸淳二年（1266），郴州知军邹恭得到碑的拓本后，仰慕其精湛的艺术，特命人将其摹刻于苏仙岭白鹿洞的大石壁上，并特地在一旁刻字说明曰"淮海词、东坡跋、元章笔，号称三绝"，从而使《秦观词碑》这块不可多得的三绝碑得以保存了下来。

由于时间久远，再加战乱和郴州地处偏僻，邹恭所摹刻的这块摩崖石刻也曾一度湮没。新中国成立后，在毛主席的亲自关心下，郴州地委一班人前往苏仙岭进行考察，终于在一块长满青苔、被枯藤荆棘覆盖的崖壁上找到了这块三绝碑，随后组织力量进行修复整理，兴建护碑亭保护，还重拓原迹，竖碑一块。1965年，时任中共中央中南局第一书记陶铸来郴州视察，当他游览观赏了三绝碑，并听时任郴州地委书记陈洪新介绍了毛主席对秦观词三绝碑的关心后，感慨颇深，当即步秦少游《踏莎行·郴州旅舍》原韵，反其意而填词一首。词云：

　　翠滴田畴，绿漫溪渡，桃源今在寻常处。英雄便是活神仙，高歌唱出花千树。
　　桥跃飞虹，渠飘束素，山川新意无重数。郴江北向莫辞劳，风光载得京华去。

如今，弥足珍贵的三绝碑《秦观词碑》已被列为湖南省的重点保护文物，不仅建亭保护，还新铸了一尊秦少游铜像，并在三绝碑旁又竖了一块碑，碑上镌刻陶铸所填的这首词，以供游人观赏。

四、福建泉州蔡襄文、书、刻三绝之《万安桥记》

《万安桥记》（图180）又称《万安桥记大字碑》，亦称《洛阳桥记碑》，北宋仁宗嘉祐五年（1060）刻。该碑由与苏轼、黄庭坚、米芾并称"宋四家"的蔡襄撰文并书丹，碑文记述了修造泉州万安桥之事。

蔡襄（1012—1067），字君谟，福建仙游人，天圣八年（1030）中进士，为西京留守推官，先后在漳州、福州、开封、泉州、杭州等地当过地方官，累官知谏院、直史馆等职，官至端明殿学士，卒后谥忠惠。蔡襄为官清廉勤政，在任地方官时，热心为民办好事。他在任福州太守时，看到当地百姓生病后不服药而迷信鬼巫，便坚决破除了这一迷信，为百姓所称道。他在知福州后，徙泉州。自晚唐始，泉州已成为中国重要的对外贸易港口，至蔡襄知泉州时，泉州湾港口帆樯林立，百舸争流，中外商贾云集于此。然而，位于泉州城北惠安、晋江交界处官绅商旅南来北上必经之处的古万安渡，洛阳江波涛汹涌，江流湍急，"水阔五里""深不可址""绝海而济，往来畏其险"，给当地交通、百姓生活带来很大的不便和困难，给福建经济、文化的交流造成极大障碍，迫切需要建造一座桥梁。蔡襄决心"立石为梁"，兴建万安渡大石桥。在他的筹划和支持下，蔡襄淡泊名利、热心公益事业的舅舅卢锡等人募捐集资一千四百万钱，没动用国库分文，集思广益，应用创新的"筏型桥基"，解决了水深流急、石条抛下去后就会被大水冲走这一难题，从宋仁宗皇祐五年（1053）四月至嘉祐四年（1059）十二月，经过六年八个月的艰辛努力，终于建成了长一千二百米、宽五米

图180 万安桥记

的万安大石桥，有四十四座桥墩，桥上两边有扶栏，并且"种蛎于础以为固"。因桥架在洛阳江入海口处，百姓亦称其为洛阳桥。万安大石桥建成后，"渡实去海，去舟而徒，易危而安，民莫不利"。行人向来视为危途的洛阳江，自此一桥飞架，南北畅通，行人凌波而过，如履康庄。它对福建政治、经济、文化的发展起了极大推动作用。桥建成时，民众欢欣鼓舞，身为泉州知府的蔡襄为之"合乐宴饮而落之"，并"自为记，手书勒石桥下"，欣然撰写了《万安桥记》，用楷书大字书写了碑文，请名匠勒石刻碑，立于桥的南端。

此碑自宋以来即被誉为三绝碑，闻名于世。

其"一绝"是文字精练。碑文非常简练，短短的一百五十三个字，将建桥的时间、意义、资金来源、主要筹划参建人员、建造经过、竣工通行时间及郡民欢乐的情况统统记载了下来，没有留下主持建造者蔡襄的名字。

其"二绝"是书法遒劲。蔡襄工于书，是北宋杰出的书法家，他学颜真卿、徐浩等唐名书法家，并取法晋人，真、行、草、隶各体皆精，尤以行、楷著称，誉满书苑。他的正书端重沉着，行书淳淡婉美，草书参用飞白法，谓之"散草"，自成一体，非常精妙。他的书法有两个特点：一是师法晋唐，恪守法度；二是注重神气，讲究古意。故他的书法虽在学古而变新方面不及苏、黄、米诸家，但与苏、黄、米比较，最存晋唐遗意，谨守法度。在宋代前期师古风靡、名家寂寥的情况下，他善于汲取晋唐名家之长，"备众体而后能自成一家"，成就还是比较突出的。欧阳修称赞他说"苏子美兄弟后，君谟书独步当世，笔有师法"，"蔡君谟之书，八分、散隶、正楷、行狎、大小草众体皆精"。《万安桥记碑》是蔡襄正书的代表作。此碑共两石，共竖刻大字楷书十二行，每行十三字，字径五寸，书法端庄沉着，字体宏壮、雄伟、遒丽，气势磅礴开宕。其结体全仿颜真卿《中兴颂》，唯笔法用虞世南，有十分之六写的是虞世南体，如"尺"字末笔的笔意、"之"字的笔意、"金"字上面的"人"旁、"造"字末笔等都是学虞体，其他则是欧阳询的风格，神完气足，非常虚和。此碑如人头大的大楷能按小楷那样的笔意来写，诚为罕见。蔡襄把虞世南、欧阳询、颜真卿这三家的字融合到自己的风格里，诚为难得。值得一提的是，此碑笔法又稍参侧锋，气象豪放，意趣倾泻，雄浑劲拔，有骏马转缰之势。故而书界有《万安桥记碑》"气压"颜真卿《中兴摩崖》之称，可谓大书之冠冕。明王世贞《弇州山人四部稿》评说道："万安天下第一桥，君谟此书，雄伟遒丽，当与桥争胜。"清翁方纲在《复初斋集外诗》

赞其曰："瘦骨圆筋屋漏痕，倚天拔地长虹气。"

其"三绝"是刻工非常精致，字体就像浮雕一样。

然而，令人颇为遗憾的是，明嘉靖年间（1522—1566）遭遇倭患，《万安桥记》后石被毁。事后，当地人取旧拓本摹补之。现在，福建泉州洛阳桥南的蔡襄祠内立有两块《万安桥记》，其中一为原刻，一为摹刻。

五、范仲淹墓碑额、文、书三绝之《范仲淹神道碑》

范仲淹（989—1052），字希文，苏州人，是北宋著名的思想家、政治家、军事家、文学家，被王安石敬为"一世之师"，被朱熹誉为"杰出之才"，被苏轼称为"出为名相，处为名贤；乐在人后，忧在人先。经天纬地，阙谥宜然，贤哉斯诣，轶后空前"的一代名臣。

范仲淹幼年丧父，因母改嫁至京东路淄州长山县朱氏，改姓朱，名说。范仲淹自幼苦读，宋真宗大中祥符八年（1015），进士及第，复本姓，迎母归养。后历任兴化县令、秘阁校理、陈州通判，因他为官正直，敢于直言，宋仁宗赵祯亲政后，将他由陈州通判召为右司谏。但因他屡屡秉公直言，反对宰相吕夷简擅权，因而屡遭贬斥，出知饶州、润州、越州。宋仁宗康定元年（1040），宋与西夏开战，范仲淹被任为陕西经略安抚招讨副使。他采取"屯田久守"的方针，筑青涧、大顺城，修复胡卢、细腰等砦，开营田，羌族归业者数万户，巩固了边防。与此同时，他创造了熙宁将兵法，分延州兵为六将，每将三千人，分部训练，量敌众寡出战。范仲淹统兵号令清楚，纪律严明，爱护士兵，对于前来归附的各部羌人，诚恳接纳，信任不疑，因此威名远播，西夏兵说他"腹中自有数万甲兵"，夏人称他为小范老子，羌人称他为龙图老子，因而，至元昊向北宋称臣（庆历和议），西夏军队不敢轻易侵犯他所统辖的地区，边境得以安宁。宋仁宗非常欣赏范仲淹的军事才能，加封他为枢密直学士、右谏议大夫，任鄜延路都部署、经略安抚招讨使。因功勋卓著，宋仁宗庆历三年（1043），范仲淹被召为枢密副使，旋改参知政事。他对当时朝政的弊病感到极为痛心，上疏《答手诏条陈十事》，提出十项改革措施，主张改革吏治，裁汰冗滥，选贤任能，建立严密的仕官制度，并建议减徭役、厚农桑，整顿武备，推行法制。这些建议大都被宋仁宗采纳，并陆续施行，史称庆历新政。但因新政损害了官僚贵族的利益，遭到强烈反对而不能实现。范仲淹还因此被诬为"朋党",罢免参知政事,于庆历五年(1045)被贬出京,出任陕西四路宣抚使兼知邠州,之后出知邓、杭、青等州。宋仁宗皇祐四年(1052),范仲淹又被改知颍州,他扶疾上任,行至徐州,途中病死,与世长辞,享年六十四岁。

范仲淹死后葬于洛阳,其墓坐落在今洛阳城东南十五公里处伊川县彭婆乡许营村北万安山南侧的范园中。园内分前后两域,前为范仲淹及其母秦国太夫人之墓和其长子监溥公范纯佑之墓。《范仲淹神道碑》位于范仲淹墓冢前面二十米处的祠堂西侧,全称《资政殿学士户部侍郎文正范公神道碑铭》,亦称《兵部尚书谥文正公范仲淹碑》。此碑碑额、碑身为一块石料所制,碑体高大,通高四点零八米、宽一点四一米、厚四十八厘米。碑文隶书三十行,满行七十二字,尚存一千五百一十一字。

据史书记载,敬贤爱才的宋仁宗当年听说范仲淹病逝的消息后,非常难过,命令辍朝一日,以示哀悼,并追封范仲淹为兵部尚书、楚国公,谥号"文正",下旨为范仲淹修墓立碑,还亲自用篆书为范仲淹墓神道碑额题写了"褒贤之碑"四个大字。这四个大字镌刻在《范仲淹神道碑》碑额正中,因此,《范仲淹神道碑》又被称为《褒贤之碑》(图181),简称《褒贤碑》,是一块著名的帝王御赐功臣碑。碑文由宋代

图181 范仲淹神道碑

大文豪欧阳修撰写,记载了范仲淹一生的杰出事迹。后人评价碑文"叙事精简,词语精练,过渡自然,详略得当。描写之生动、评论之中肯、说明之详尽、抒情之热烈,莫不浑然天成"。碑文由曾任翰林学士的王洙用隶书书丹。据《宋史》本传记载,王洙(997—1057),字原叔,应天宋城(今河南商丘)人,少聪颖,

博览强记，遍览方技、术数、阴阳、五行、音韵、训诂、书法，几乎无所不通。他不仅精通医学，是"有功于仲景之学的功臣"，而且对于"篆隶之学，无所不通"。其所写隶书，纤细中透着浑厚，飘逸中兼容凝重。欧阳修评他书丹的《范仲淹神道碑》隶书"峭劲，多带篆体，真出唐人隶书之上"。北宋以后，隶书碑文很少，而王洙的隶书书法艺术作品堪称宋隶之代表作，存世者也仅此碑，除此以外，更难寻觅，颇值得珍重。

《范仲淹神道碑》由宋仁宗御笔篆额，欧阳修撰写碑文，王洙书丹，文精字美，相得益彰，堪称"三绝"合一，弥足珍贵。2006年5月，此碑与范仲淹墓一起，被国务院列为第六批全国重点文物保护单位。

六、宋唐合成四绝碑《老子圣像碑》

始建于西晋咸宁二年（276）的玄妙观，位于苏州古城区市中心观前街的中心，是江南著名道观。玄妙观极盛时有殿宇三十余座，是当时全国最大的道观，历经千年兴衰，现存主要建筑有正山门和主殿三清殿。三清殿重建于南宋淳熙六年（1179），面阔九间，进深六间，高约三十米，建筑面积一千一百二十五平方米，重檐歇山，巍峨壮丽，是苏州仅存的一座南宋殿堂建筑和江南一带现存最大的宋代木构建筑，也是全国最大、最古老的道观殿堂之一，1982年2月被列为全国重点文物保护单位。三清殿内不仅供奉有堪称宋代雕塑上佳之作的高达十七米的"三清"（上清、玉清、太清）塑像，壁间还嵌有一块弥足珍贵的由唐代"三绝"加上宋代"一绝"合成的四绝碑《老子圣像碑》。

《老子圣像碑》（图182、183）刻于南宋宝庆元年（1225），高一点八米，宽九十一厘米，今立在三清殿西楹。此碑是苏州现存画像碑刻中年代最早的一块，也是目前国内仅存的两块老子像碑之一。碑上刻老子全身像，画像系唐代"画圣"吴道子的手笔，画像上方刻有唐代著名书法家颜真卿手书的唐玄宗李隆基所题的四言十六句御"赞"："爰有上德，生而长年。白发垂相，紫气浮天。含光默默，永劫绵绵。东训尼父，西化金仙。百王取则，累圣攸传。万教之主，先天地焉。函谷关右，传经五千。道非常道，玄之又玄。"而此碑的画像和题字均由宋代著名刻石高手张允迪摹刻。张允迪是当时的石刻名家，曾参加著名的《平江图》的雕刻工作。碑中画像所刻的老子两颊丰满，连鬓银须飘拂，长眉披鬓，力健有余，肤脉连接，极为苍古，一派仙风道骨之体。其画所用焦墨勾线莼菜条的手法，使线条弧弯挺刃，植柱构梁，高侧深斜，卷褶飘带之势，造成条纹磊落逸势，笔迹遒劲，产生强烈的疏体特点和立体感觉，使老子神态超然，富有仙灵之气。

图182 老子圣像碑（一）

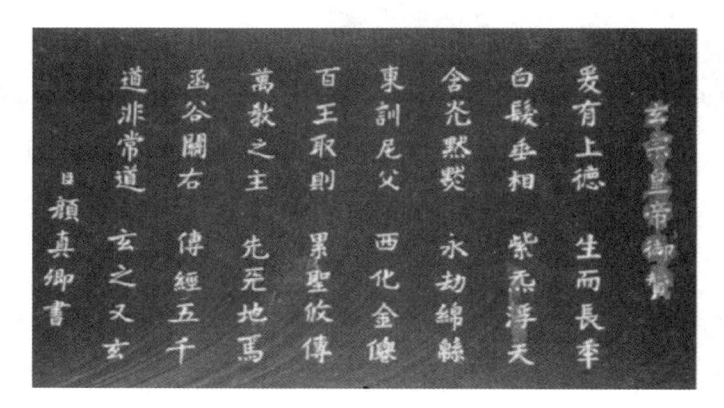

图183 老子圣像碑（二）

唐代"画圣"吴道子的画、唐玄宗李隆基题写的御赞、大书法家颜真卿的手书,由宋代著名刻石高手用卓越的技艺镌刻于同一块碑石上,是极为罕见的,苏州玄妙观三清殿的这块《老子圣像碑》被誉为四绝碑无疑是实至名归的。清道光十四年(1834)顾震涛编纂的《吴门表隐》卷五对此早有明确记载:"天庆观三清殿西楹老子像碑,唐吴道子画,玄宗御赞,颜真卿正书,宋宝庆元年道士冯大同题,张允迪勒石。"此碑现为全国重点文物保护单位。

七、巧合而成的唐宋同石三绝之《五礼记碑》

《五礼记碑》(图184)又称《御制大观五礼之记碑》《五礼新仪碑》,俗称《五礼碑》,其完整的名称应为《五礼记碑·何进滔德政碑》,系唐宋隔朝偶然巧合而刻成的三绝碑,是现存历代三绝碑中形成过程最有意思的一块。此碑原立于河北大名大街乡双台村,现坐落在河北大名县城东的石刻博物馆内。

据《大名府府志》记载,《五礼记碑》前身为《唐代魏博节度使何进滔德政碑》,刻于唐文宗开成五年(840)。何进滔是灵武人,唐文宗大和三年(829)任魏博节度使,镇守魏州。他"居魏十余

图184 五礼记碑

年,民安之",累授检校司徒、同中书门下平章事。唐文宗开成五年,何进滔病死在魏州任上。何进滔去世后,唐文宗李昂感其领镇魏州、博州多年,追赠太傅。同年,唐文宗还在魏州城内为何进滔立了一座德政碑,诏翰林学士承旨兼侍书工部侍郎、著名书法家柳公权撰文、书丹,翰林待诏、梁王司马唐元度篆刻。柳公权是唐代闻名于世的大书法家,唐元度篆书在当时也颇有名气。而且,此碑形体

巨大，碑为石灰石质结构，自下而上，由基石、龟趺、碑身、碑额四个部分累叠而成。碑通体高约十二米，宽约三米，厚约一点一米，重一百四十余吨，是唐代第一大碑。因此，历代以来，人们尤其是文人墨客都十分看重此碑，每临大名，必驻足观瞻。宋代著名诗人陆游曾称该碑为"石刻之杰"。

宋徽宗大观二年（1108），宋徽宗为了维护封建统治秩序，巩固其统治地位，把吉礼、宾礼、嘉礼、军礼、凶礼等作为一代之制，下诏修编"五礼"，先后历时四年，修成《政和五礼新仪》二百二十卷，传诏各地官府刻石立碑，颁于天下奉行，不奉行者论罪。宋徽宗还亲自为该书撰文作记，撰写了《五礼新仪》，亲题碑额"五礼之记"四个大字。政和七年（1117），朝廷左丞梁子美为大名府尹，奉诏要在当时的北京大名府刻立《五礼新仪碑》。因大名地处平原，一时难以找到合适的碑石，梁子美便将《何进滔德政碑》正面镌刻的唐代碑文、碑额磨掉，以其石改刻《五礼新仪碑》。圆形碑首精雕八龙戏珠，碑额正面透雕盘龙，两侧龙头朝下，龙嘴尖长，形象生动逼真，颇具唐代风格。碑额阳面正中为宋徽宗亲书额题"御制大观五礼之记"双行八个篆书大字。故此碑亦称《五礼记碑》。碑身两侧仍留下了柳公权所书的《何进滔德政碑》字迹，特别是其中遗下的"开成五年正月"六字，至今清晰可辨，成为证明此碑为唐碑的一份确凿证据。就因一个偶然的急需，形成了唐宋书迹合刻于一石的奇观。此碑集柳公权书法和宋徽宗书法与撰文于一体，而碑体又特别巨大，故被人们誉为宋唐隔朝合刻的三绝碑。

遗憾的是，明惠帝建文三年（1401）四月，黄河决口，灌入漳、卫两河，引发大名地区洪灾。滚滚河水一夜之间将大名府城吞没，巨大的《五礼记碑》随之倾倒，沉埋地下。明世宗嘉靖二十七年（1548），大名知府顾玉柱探得此碑下落，将其发掘，使掩埋地下长达一百四十七个春秋的《五礼记碑》重见天日。但碑已断裂为九截，碑座龟头亦不知去向。

《五礼记碑》经历了唐宋两代王朝的兴废，保存着两代书法名家的真迹，是研究唐、宋时期历史、政治和书法艺术等方面的重要资料。中华人民共和国成立后，党和政府对这块已经断裂的千年巨碑极为重视，李先念副总理、周恩来总理先后视察此碑。1982年，河北省政府将此碑正式列为河北省重点文物保护单位。1986年，河北省文物管理局派专家学者到大名实地勘察，确定将《五礼记碑》搬迁新址，进行拓片并粘接、修复，然后重新竖立起来，供游人观瞻。1989年5月，此碑的搬迁、粘接及立起工程完成，碑座粘接了重凿的龟首。此碑始立于唐，改刻于宋,是我国现存历代三绝碑中来历最曲折的一块。如今,这座历经千年沧桑的古碑屹立于大名石刻博物馆内。2006年5月25日,《五礼记碑》被国务院公布为第六批全国重点文物保护单位。

八、金代唯一三绝碑《博州重修庙学记碑》

在辽、西夏、金时期,随着汉文化的衰微,三绝碑颇为稀少。据查考,现所知此时期保存的唯一的三绝碑是金代的《博州重修庙学记碑》。

《博州重修庙学记碑》(图185、186)在山东聊城,碑身高一点九三米,宽九十九厘米,额高四十六厘米。碑阳的碑文有二十九行,每行字数不一,由王去非撰文,王庭筠行书,党怀英篆额;碑阴题记由王庭筠之父王遵古撰文,王庭筠行书,碑文计十二行,每行三十二至三十五字;碑额由李谷籀题。碑在金世宗大定二十一年(1181)由金吾卫上将军充博州防御使上护军彭城郡开国侯刘义立于东昌(今山东聊城)。此碑因文、书、篆额都出自著名文人和书法家,颇为时人所看重。

图185 博州重修庙学记碑　　图186 博州重修庙学记碑碑额

此碑之"一绝"是撰写碑文的王去非系当时的著名文人。王去非，字广道，山东平阴人，系金代著名处士，理学家。王去非应试不得志，在家耕读，立馆教授，因贤德称之处士，是金代中期儒学的代表人物，门生遍于朝野。文坛盟主、翰林学士承旨党怀英与王去非的关系非同一般，王去非去世后谥号醇德先生，党怀英亲自为他撰写墓志，足见党怀英对他的尊敬。王去非弟王去执，字明道，翰林院学士，精通医学，称榆山先生。兄弟二人与元代翰林、侍讲学士李之绍被誉为"平阴三贤"。元惠宗至正元年（1341），在其故里南石硖建有三贤祠，纪念三者。王氏兄弟墓，当地称之"双王墓"，墓前曾立有党怀英撰写的墓表碑。

此碑之"二绝"是篆书题额者系著名书法家党怀英。党怀英（1134—1211），字世杰，号竹溪，谥号文献，冯翊人，后定居山东泰安。金世宗大定十年（1170）中进士，官至翰林学士承旨，世称"党承旨"。党怀英是金代著名文学家、书法家，擅长文章，为一时文坛盟主；其篆籀书法出神入化，独步金代，时有"李阳冰之后，一人而已"之誉。

此碑之"三绝"是碑阳、碑阴的碑文均由金代著名文学家、书画家王庭筠行书书丹。王庭筠，字子端，号黄华老人，辽东人。王庭筠出身书香世家，左相张浩之外孙，"宋四家"米芾之外甥，其父王遵古（字仲元），正隆五年（1160）中进士，官至翰林直学士，为官清正，学识渊博。家学渊源的王庭筠自幼聪颖，据《元氏墓碑》载，他六岁即同父兄诵书，能通大义，七岁学诗，文名早著，金大定十六年（1176）考中进士，历官州县，仕至翰林修撰。王庭筠一生不仅著述丰富，文辞渊雅，著有《王翰林文集》四十卷、《黄华集》等，而且书法艺术高超，字画精美，善山水古木竹石，上逼古人，论者谓其书法"胸次不在米元章下"，尤善行书、草书。

《博州重修庙学记碑》自金以来颇受重视。金石学专著清王昶《金石萃编》第一百五十五卷著录其全文。清孙承泽《庚子销夏记》给《博州重修庙学记》碑书法很高的评价，云："此碑风骨磊落，有襄阳之劲秀而无其倾欹。"

第二节　史上最大、最臭之无字碑
——宋《"万人愁"无字巨碑》《秦桧无字墓碑》

继唐代出现两块帝王无字碑——历史上猜测争议最为纷繁复杂的无字碑《武则天无字碑》和历史上鲜为人知、少有人关注的无字碑《唐中宗李显无字碑》后，宋代又出现了我国历史上最大的一块无字碑《"万人愁"无字巨碑》和我国历史上最为臭名昭著的《秦桧无字墓碑》。

一、"丰碑不书字，遗恨宣和年"北宋《"万人愁"无字巨碑》

在山东曲阜城东古称寿丘的地方，矗立着一座因碑体特别巨大、搬运竖立极其困难而被称为"万人愁"的无字巨碑（图187）。这块无字碑是北宋徽宗宣和年间（1119—1125）遗存下来的。此碑的形成具有深刻的政治历史背景。

据记载，寿丘是传说中中华民族的始祖黄帝轩辕的出生地和黄帝之子少昊的葬地。早在秦汉时期，这里就曾修建庙宇。宋代赵氏皇帝为证明自己统治的正统性，"推本世系，遂祖轩辕"，以轩辕黄帝为赵姓始祖。大中祥符五年（1012），宋真宗梦见始祖轩辕黄帝降世生在曲阜寿丘，为了奉祀黄帝，便改曲阜为仙源，将县城迁往寿丘以西，在寿丘大兴土木，下令叠石而饰陵墓，并在陵前建起了景灵宫、太极观奉祀黄帝。景灵宫建筑群规模宏大，玉琢成像，富丽庄严，有殿、堂、亭、庑等一千

图187　"万人愁"无字巨碑

三百二十间，占地一千八百亩，岁时朝献，用太庙礼仪祭祀。宋徽宗时，又在原景灵宫的基础上继续扩建，并在宣和年间动用大量人力、财力将四块巨型石碑运抵景灵宫门前，欲刻字后立起来。巨大的石碑，据说历时数年才基本凿成。运输石料时，因为石料沉重，人称之为"万人愁"。当时，每年冬季在土路上泼水结冰，再铺上滚木，用几十头牛拖，"日挪卧牛之地"，仅十几公里的路程竟用了九年时间。当年，碑首蛟龙图案已经雕成，四碑碑身的碑石也已磨光。但是，碑刚造好，尚未题书刻字，也未连接竖起，宋徽宗宣和七年（1125），金兵渡过黄河南下，宋帝仓惶南逃。从此，巨碑便一直卧埋于蒿草水泽之中。明李东阳曾在《谒少昊陵》诗中感叹云："丰碑不书字，遗恨宣和年。"

景灵宫后毁于元末明初的战火，遗址埋于地下，地上仅存两块石碑。"文革"期间，碑又被炸裂成一百五十余块碎块。直到1991年，曲阜市人民政府调集人力物力，在少昊陵前修建碑院，于1992年将两块巨碑修复后置于院中碧水畔。西边的一块巨碑上刻有"庆寿"二字，字径一米多，为元代燕山老人补刻。又先后历时五个月，将伏地八百多年之久的另一块巨碑拼接黏合修复好，竖立于少昊陵南端。这座《"万人愁"无字巨碑》石上无字，通高十六点四五米，其中碑首高五点三五米，碑额浮雕六条盘龙，昂首向天，两侧各雕一尊护神力士，雄壮威武，形象生动；碑身高七点五米，宽三点七五米，厚一点五米；龟跌高二点九米，底座高一点二米，整座碑重约三百吨，实属罕见。此碑碑身光平未刻一字，是中国现存最大的无字碑，也是中国现存最大的古碑。

二、"秽恶丑行不屑书"的南宋奸相《秦桧无字墓碑》

在东晋时期南京的雨花台梅岭岗谢安墓前曾出现过一块著名的无字碑，那就是美名彪炳青史的东晋一代名臣谢安墓的无字墓碑，此碑开中国无字墓碑之先河。而极为有意思的是，南宋时，在南京居然又出现了一块名闻天下的无字墓碑。不过，此次出现的并不是美名远扬、名彪青史的无字墓碑，而是一块事关一代奸臣卖国贼秦桧的臭名昭著、遗臭万年的无字墓碑。

秦桧系南宋臭名昭著的奸相，江宁人，卒于南宋高宗绍兴二十五年（1155），终年六十六岁，死后葬于远离建康的牧龙镇。后来，因人们出于对他的痛恨，在他的坟地上放牛、放羊，使其坟地变成了一片"牧场"，其地名遂由原先的"牧龙镇"改为"牧牛亭"。宋代岳珂《桯史·牧牛亭》记载:"金陵牧牛亭,秦氏之丘垄在焉。"又据《骨董续记》卷三《秽冢》记载,牧牛亭的秦桧墓前,原有"丰碑屹立,不镌一字",也就是说,当初秦桧死后,其墓前所立的是一块一字不镌的无字碑。

为什么秦桧的墓碑一字不镌呢?对此历来有两种说法。一种说法是说秦桧乃我国历史上最为不齿于人的"狗屎堆",他无耻地卖国求荣,以"莫须有"的罪名陷害残杀岳飞等忠良之臣,罪恶罄竹难书。因此,据清梁绍壬《两般秋雨盦随笔》等书记载,他死后,尽管宋高宗对他恩宠尤加,特地"诏撰神道碑",可是,由于他"秽恶丑行不屑书也",人们都对他嗤之以鼻,"士大夫无一执笔者",没有一个人愿为他撰写碑文,于是乎,墓前只得立一块"无字碑"。还有一种说法是秦桧及其家人知道秦桧罪孽深重,国人切齿痛恨,害怕留下碑文后,世人知道墓内所葬是秦桧,会怒而"掘尸鞭之",所以就在墓前立了一块"无字碑",以避人耳目。这两种说法虽迥然不同,但都鲜明地反映出老百姓对忠奸善恶爱憎分明。尽管秦桧墓前立的是"无字碑",然而他并没有因此逃脱后人的憎恶唾弃,他的墓地被人们称为"狗葬村",还留下了"人自宋后少名桧,我到坟前愧姓秦"的名联。

据《坚瓠集》"盗发秽冢"条目记载,明宪宗成化二十一年(1485)秋,秦桧墓被盗,秦桧坟早已夷为平地,秦桧的无字墓碑也荡然无存,但秦桧墓碑为何一字不镌,至今仍是一个耐人寻味的未解之谜。上述的两种说法,究竟哪种为是呢?根据对有关历史记载的深入考证,似应以前一种说法为是。据《宋史》卷四百七十三《奸臣传》记载,秦桧生前深受宋高宗宠信,先后为相达十九年之久,当绍兴二十五年(1155年)秦桧病死时,宋高宗仍对他恩宠不衰,特赠封他为申王,谥忠献,秦桧的党羽也依然受到宋高宗的宠信和重用,执掌朝政大权。而宋高宗本人一直到秦桧死后七年,在绍兴三十二年(1162)时才被迫退位。可以肯定的是,从秦桧死到高宗退位这七年期间,秦桧及其家人依然是荣耀无比,且秦桧及其家人均是丧尽天良的无耻之徒,他们根本就不会感到自己"罪孽深重",因此,身居极位、权势遮天的秦桧及其家人决不可能也根本没有必要担心因"罪孽深重"而被世人"掘尸鞭之",而故意在秦桧墓前立一块"无字碑"以避人耳目。很显然,就当时的历史背景来讲,上述第二种说法于实际于情理都不合,只是后人的一种想当然的推测而已。秦桧死后墓前之所以会立一块一字不镌的无字碑,其原因只能是上述第一种说法，即因秦桧恶贯满盈，罄竹难书，"秽恶丑行不屑书也"，无人肯为之撰写碑文。

第三节　五石连体之异形奇材碑
——宋真宗御碑《汾阴二圣配飨之铭碑》

《汾阴二圣配飨之铭碑》（图188、189）又称《萧墙碑》，坐落在被称为"海内祠庙之冠"的山西万荣汾阴后土祠中。

图188　汾阴二圣配飨之铭碑

图189　汾阴二圣配飨之铭碑碑额

后土圣母女娲是中华最古之祖、土地最尊之神，在五千年的中华民族历史上，有着巨大影响。汾阴后土祠位于山西万荣西南荣河镇黄河东岸半崖高坡上，是神州大地上最古老的祭祀女娲氏的祠庙。据《汉书·武帝纪》记载，汾阴后土祠是汉武帝本人倡议、亲自视察选址后，在黄帝扫地为坛的汾阴古雎，于汉武帝元鼎四年（前113）十一月创建的。汉武帝把祭祀后土看得比东岳泰山封禅还要重要，在兴建后土祠之后的二十六年间，八次亲临汾阴雎丘，祭祀后土圣母。他在垂暮之年的一个秋天，仍然率领群臣，乘坐楼船，远离京城来到黄河滩祭拜后土圣母，在渡河途中感时抒怀，写下了千古绝唱《秋风辞》。在明代将祭祀后土的仪式迁徙于北京建于明代永乐年间的社稷坛之前，汾阴后土祠一直是历代帝王祭祀后土的庙宇。从汉代至宋代历朝皇帝先后有二十四人到此祭祀后土。汉武帝之后，宣帝、元帝、成帝、哀帝，以及东汉光武帝刘秀等，也曾先后来汾阴祭祀后土圣母。唐代时，唐玄宗李隆基来汾阴后土祠祭祀，特诏将汾阴后土祠加以扩建。宋代时，宋真宗赵恒为祭祀后土，更是派人提前对后土祠做了全面修葺。经历代修葺扩建，汾阴后土祠成为中华地域上规模最大的后土祠，其址南北长约二百四十米，东西宽约一百零五米，占地面积约二万五千三百平方米，建筑规模庞大，共有二十多处建筑物，其"规模壮丽，同于王室"，气势宏伟。《汾阴二圣配飨之铭碑》就是宋真宗到汾阴后土祠祭祀后土时留下的。

　　宋真宗大中祥符四年（1011）正月，在河中知府和朝中文武百官的请求下，宋真宗赵恒率文武百官从京城出发到汾阴后土祠祭祀后土，上演了中国历史上最后一场大规模的帝王祭祀后土典礼，其礼仪十分隆重，史称"跨越百王之典礼"。二月底宋真宗到达奉祇宫，辛酉凌晨赴祭，祭礼之后，改奉祇宫为太宁宫，增殿堂，设圣像，赏赐群臣，又亲自在后土祠穆青殿款宴乡绅，"赐父老酒食衣帛"。祭祀活动结束后，宋真宗还亲自撰文并书丹、篆额，写下了一块《汾阴二圣配飨之铭碑》。碑文以楷书书写，共六十二行，计一千三百六十五个字，字径将近十厘米。碑文之长，字径之大，在历代帝王碑中名列前茅。碑文内容为两个方面：一是宋真宗记述了他继承前代帝王郊祀后土的先例，应汾阴官吏绅民的吁请，亲率朝官来此祭祀后土圣母的经过，阐述了他对祭祀神灵的重要性和必要性的认识。二是宋真宗盛赞了"二圣"——他的伯父宋太祖赵匡胤和父亲宋太宗赵光义的功德，称颂了他们的丰功伟绩，彰显他们的德高望重，以光宗耀祖。强调由于"二圣""功高德隆"，故应"配享天地"，将二圣配飨于后土祠受祀，以使"二圣"

像后土那样受到世人的尊崇、膜拜与祭祀。这充分表现出了宋真宗忠孝双全的道德观。清代胡聘之所编撰的《山右石刻丛编》全文收录了此碑碑文。

《汾阴二圣配飨之铭碑》现立于后土祠主殿之后第三进院东侧东北隅有栅栏保护的碑亭内，碑亭坐东向西，南北三间。碑形制颇为特异，是一座由五块大石碑连体组成的特大型巨碑，其五石连体的奇特形制，在历史上极为罕见，绝无仅有。碑原有石柱为边，上刻"博古花卉"四字，并有碑帽，形如云彩，中间第三块大石碑上镶有突出高一米的碑额，额上镌刻宋真宗御笔"汾阴二圣配飨之铭"两行八个阳文篆书大字。据史料记载，这座五碑连体组成的特大型巨碑曾在宝鼎旧城的泰山庙前面做过照壁，形状犹如一面照壁墙一般，所以民间俗称此碑为《萧墙碑》。"萧墙"这一称呼据考来自《论语·季氏》："吾恐季孙之忧，不在颛臾，而在萧墙之内也。"三国何宴《论语集解》引郑玄曰："萧之言肃也，墙谓屏也。君臣相见之礼，至屏而加肃敬焉，是以谓之萧墙。"在古代，宫殿里也有"萧墙"，"萧墙"上通常会写有帝王的警劝告诫之语，大臣们通常会在萧墙前整理思绪，再去面见帝王，向帝王禀奏，所以大臣们对"萧墙"就像对帝王一样尊重、敬畏。《汾阴二圣配飨之铭碑》由于其五碑连体形体巨大，犹如一面照壁墙，且由皇帝御撰御书并篆额，无疑臣民对碑应像对皇帝一样敬重，故而人们将其称为《萧墙碑》，意思是说对待这座五碑连体的《汾阴二圣配飨铭碑》应像对待皇帝一样。

《汾阴二圣配飨之铭碑》不仅是异形奇材碑，在历史上也被誉为四绝碑。由皇帝宋真宗亲自撰文、亲自书丹、亲自篆额，此为一绝。碑高二米五二米，总宽七米一四米，面积约十八平方米，尤其碑体由五块大石并排串联合成，如此之宽，形体如此之大，这在历代用磨制石制成的石碑（摩崖石刻除外）中实属罕见，此为二绝。其碑额不在碑首，而置于并排横立的五块大石的中间一块大石顶上，如此放置碑额的奇特形制为历代以来所仅见，此为三绝。其碑文计一千三百六十五字，与历史上著名的唐玄宗李隆基御撰、御书的《纪泰山铭》摩崖石刻相比，虽字径小五厘米，但字数比之要多三百六十九字，这在历代帝王大字碑中实为冠首，此为四绝。

《汾阴二圣配飨之铭碑》从宋真宗刻立以来至今已有一千多年，曾几经劫难。据史料记载，后土祠建筑群于清顺治十二年（1655）遭黄河洪水湮没，仅剩秋风楼与部分门殿。康熙元年（1662）洪涛再袭，睢上祠庙遗迹尽沦。知县张锡文、陈觐圣相继续建新祠于庙前村以北。但同治年间黄河暴洪决堤，新祠又再次被洪水泯灭。因黄河暴涨东侵，陈迹尽没，《汾阴二圣配飨之铭碑》被移至旧城。又因后来旧城淹没，1940年前《汾阴二圣配飨之铭碑》已淤于河滩泥沙之中，仅外露一米多高。1951年荣河建轧花厂时，要取碑做石料，荣河县文教科知情后，马上写信给山西省教育厅，省政府立即发文予以制止。1960年山西省政府拨专款，几经勘查寻觅，才将《汾阴二圣配飨之铭碑》从一两丈深的河滩淤泥之中挖出，移置于现在的后土祠内，并建立碑坊保护起来。此碑至今保存完整，弥足珍贵。

第四节　石刻经书之创意新品
——北宋《嘉祐石经》、南宋《御书石经》

宋太祖赵匡胤通过陈桥兵变夺取政权建立宋朝后，实行文治，积极推行"重文轻武"政策，防止武官夺权或割据。而读书人即使出身低微，只要通过科举考试，也能晋身士大夫阶层，获得较高的社会及政治地位，于是弃武习文成为社会风尚。宋代中央王朝又大力兴办各级官学，带动了重视教育的社会风气。在理学创立、发展的推动下，随着官学和私人兴办的书院蓬勃兴起，人们对儒家经书的需求越来越旺盛。唐《开成石经》等前代所刻石经因年代久远此时都已严重损毁，无法满足全社会广大读书人学习儒家经典的需求，为此，北宋和南宋的统治者便先后组织力量，重新镌刻了两部规模宏大的儒家石刻经书。

篆楷二体同石对照的北宋《嘉祐石经》

《嘉祐石经》（图190）始刻于北宋仁宗庆历元年（1041），刻成于宋仁宗嘉祐六年（1061），故称《嘉祐石经》；又因其经文系用小篆和楷书两种字体对照镌刻，故亦称为《二字石经》，又称《北宋二体石经》，简称《北宋石经》。

《嘉祐石经》是我国古代儒家七部石刻经书之一，刻成后立于北宋京城开封太学，是用来正定经典、为学子树立典范的石质教科书，又称《开封府石经》《国子监石经》《汴学石经》。书经人为杨南仲、谢飶、张次立、赵克继、章友直、胡恢等人。《嘉祐石经》所刻内容各说不一，其刻经数量在正史中没有明确记载，金石研究家对其的记载也多有不同，多数意见认为是九经。南宋学者王应麟《玉海》引了七经之目，南宋学者周密《癸辛杂谈》记了九经之数，元代学者李师圣《修复汴学石经记》又载为六经，并加《论语》《孝经》共八经。清叶名礼《北宋汴学二体石经跋》亦以九经说为是。当代著名学者马衡在《中国金石学概要》中认为，综合诸说观之，《北宋石经》实为九经，其目则为《易》《书》

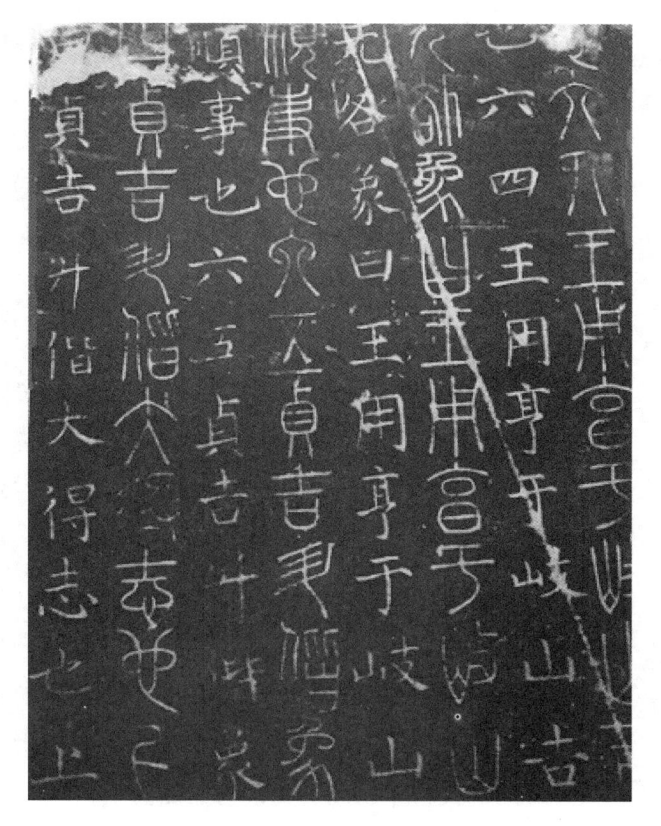

图190 嘉祐石经

《诗》《周礼》《礼记》《春秋》《论语》《孝经》《孟子》。故《嘉祐石经》共刊刻儒家经典九部之说较为可信。《嘉祐石经》在我国历史上开《孟子》入经之先例，这对中国文化史、书籍发展史等具有重要的意义。

《嘉祐石经》一行篆书对应一行楷书。篆书字体瘦长，楷书字体方正，楷书与篆书的宽度相等或略小，高度略小，因此楷书在碑中不仅字迹偏小，而且字间距离较大，与篆书的紧密形成对比，尺度上稍逊一筹，个别字迹看起来还比较别扭。无论是篆书还是楷书，《嘉祐石经》的整体风格都偏瘦，笔画较细但还算劲挺，精神气韵比较明显，与宋代的文字审美取向基本一致。

《嘉祐石经》刊刻完成之后不久王安石开始变法，所起的作用有限。至南宋时期，《嘉祐石经》已残破，周密在《癸辛杂识》中描述当时看到的情形是：古碑"篆字，一行真字"。该经宋时已有拓本，经名家辗转收藏，损失大半。后来《嘉祐石经》亡佚，现仅存残石而已。中国国家图书馆现藏有多种《嘉祐石经》拓本，均较珍贵，主要者为1965年在周恩来总理关怀下从香港购回的墨拓本，共四大册。此本内容为《周易》《尚书》《诗经》《礼记》《春秋》《周礼》《孟子》七种经，规模达七百五十八页，每页八行，每行十字，共为三万零三百二十四字。此本即山阳丁晏于清咸丰七年（1857）五月在淮安书肆发现，买回重装，后归建德刘世珩、合肥李经迈等，又流往香港。丁晏收装时还另装有名人题记一册，未和四大册一并流徙，经辗转现在存于上海图书馆，极为珍贵。

宋高宗和皇后亲笔书写的南宋《御书石经》

南宋《御书石经》（图191、192）又称《南宋太学石经》《太学石经》《南宋石经》，刻于南宋高宗绍兴十三年（1143），由宋高宗赵构及皇后吴氏主要用楷书及部分行书书写，故亦称《宋高宗御书石经》。石经内容为《易》《诗》《书》《左传》《论语》《孟子》六部儒家经典和《礼记》中的《中庸》《大学》《学记》《儒行》《经解》五篇。《御书石经》刻成后，立于临安太学里的光尧石经之阁及大成殿后三礼堂之廊庑。南宋灭亡后，番僧杨琏真加在南宋大内建造镇南塔，企图将《御书石经》搬去垫为塔基，以示镇压，幸有元杭州府推官申屠致远据理力争，才幸免全毁，然已散佚大半。后元代将南宋太学改为西湖书院，光尧石经之阁遭废弃。明代初年西湖书院改为仁和县学，后仁和县学搬迁，石经亦复遭流散，"岁深零落，踣卧草莽间，而龟趺螭首，十缺其半"。明宣宗宣德年间，御史吴讷嘱郡县收集，得《御书石经》碑石百块。明武宗正德十三年（1518），巡按浙江监察御史宋廷佐将石经残碑连同宋高宗御题圣贤图赞画像刻石、宋理宗道统十三

图191 御书石经（一）

赞等八十七块石碑一并移入杭州府学，安放于尊经阁，一直保存至今。南宋《御书石经》现藏杭州碑林，共存八十五石，其中有《周易》二石、《尚书》七石、《毛诗》十石、《中庸》一石、《春秋》四十八石、《论语》七石、《孟子》十石。

在历代所刻的七部规模宏大的石经中，南宋《御书石经》书写刻制的经过与其他六部不同。其他六部石经都由朝廷下令，组织当时的著名书法家书丹后勒石镌刻而成，唯有《御书石经》是由皇帝宋高宗赵构亲自御书的。历代所刻石经均有作范本之意，但《御书石经》则系宋高宗赵构随时习字所书。据史籍记载，当时宋高宗赵构曾与辅臣言："学写字不如便写经书，不惟可以习字，又得经书不忘。"所以他写经的目的，是在练字习经，《御书石经》所刻经文，都是他平时学经练字的习作。卖国奸臣秦桧为向宋高宗献媚取宠，于绍兴十三年（1143）

图192 御书石经（二）

九月，上表请求高宗将日常练字所书经文镌石以颁四方。此举正中昏庸懦弱又力图笼络人心、为自己树立威信的宋高宗赵构的下怀，便颁旨勒石刻碑，于是乎《御书石经》应运而生。《御书石经》主要由宋高宗书写，还有一部分是由高宗之妻吴皇后续书的。其字体也有两种，《周易》《诗经》《尚书》《春秋左氏传》《礼记》为楷书，《论语》《孟子》为行书。《御书石经》书法结体整秀，有晋人法，故在当时影响颇大，对于南宋时儒家学说的传播弘扬起了重要的作用。

第五节　帝王御碑之历史第二高峰
——两宋时期繁花依旧的帝王御碑

两宋时期的帝王御碑繁花依旧。据考，北宋太祖、太宗、真宗、仁宗、哲宗、徽宗和南宋高宗、孝宗等都曾刻立过御撰御书碑，其数量虽没有唐代那样多，影响也没有唐代那样大，但亦颇为可观。

一、宋太祖赵匡胤、宋太宗赵光义御碑

宋代自宋太祖赵匡胤、宋太宗赵光义起就颇为看重刻石立碑，把它作为巩固皇权和加强统治的一种工具和手段。据史籍记载，宋太祖赵匡胤、宋太宗赵光义都有御碑留存于世。著名的有：

太祖誓碑

相传，宋朝的开国皇帝宋太祖赵匡胤通过陈桥兵变黄袍加身，于公元960年从周世宗的八岁幼子周恭帝柴宗训手中夺取帝位后，颇感有愧于生前对自己恩宠有加的周世宗，便于建隆三年（962）秘密雕制一碑，将自己所立誓言刻于碑上，立于寝殿之夹室内，称为《太祖誓碑》。誓词三行，内容大略为：一、柴氏（周世宗）子孙有罪不得加刑；二、不得杀士大夫及上书言事人；三、要求自己子孙遵守此誓词。《太祖誓碑》在南宋初曾一度相传，其所传说的誓词文句虽略有出入，但主旨基本相同。《太祖誓碑》虽未见实物传世，但据近人考证，此说确实可信。据查考，《中国历史大辞典·宋史》卷"太祖誓碑"条载有此事，并持肯定意见。

戒石铭碑

据宋代洪迈的《容斋随笔》、赵翼的《陔余丛考》和宋张唐英的《蜀寿机》

等书籍记载，五代时，后蜀主孟昶为了约束官吏的行为，于广政四年（941）五月撰写了戒饬官吏的《诫谕辞》铭文（亦称《戒百官文》《颁令箴》）二十四句，每句四字，共九十六字，训诫各级官吏。遗憾的是，孟昶的这二十四句九十六字诫谕箴言并未能制止后蜀官吏的腐败。不久孟昶自己也变得越来越骄纵专横，任用庸才，听信谗言，生活奢靡，连便溺器上都镶嵌七宝。公元965年宋廷发兵入川，蜀将根本无力抵抗，仅月余就进入成都，孟昶上书请降。

北宋灭蜀之后，在北宋初年，官场延续了五代的贪吏恣横、吏治腐败，朝廷官员贪赃枉法、罔顾宪章、黩货厉民。宋太祖采取了一系列惩治贪污腐的措施，对犯者"用重法治之"，将官吏贪赃列为不赦之罪，下令"京朝、幕职、州县官犯赃除名，配诸州县者，纵逢恩赦所在不得放还"。宋太祖赵匡胤在审阅灭亡的后蜀国主孟昶对臣下的训谕时，看到了孟昶的《诫谕辞》，深感为了约束本朝官吏的行为，以减少老百姓的不满情绪，维护和巩固自己的统治，有必要对本朝官吏进行训谕戒饬，便删繁就简，从孟昶的《诫谕辞》中重点摘录出"尔俸尔禄，民膏民脂；下民易虐，上天难欺"四句，颁行天下，作为宋朝官箴。据《昭代丛书》记载，宋太宗赵光义登基后，为了更好地整饬吏治，于太平兴国八年（983），又将太祖皇帝提出的这十六字官箴正式命名为《戒石铭》，并刻石勒碑（图193），又称《戒贪碑》，颁行天下。据洪迈《容斋随笔》记载，太宗皇帝书此，以赐郡国，立于厅事之南，谓之《戒石铭》。《戒石铭碑》碑额中间镌刻"圣谕"二字，"圣谕"下碑石上分四行竖刻"尔俸尔禄，民膏民脂；下民易虐，上天难欺"十六字铭文，立于全国各府州县衙门正南仪门与大堂之间，正对大堂门，或建石坊以明之，或建亭榭以覆之，目的是让堂上胥吏时时面对，作为座右铭，

图193 戒石铭碑

以儆各级官吏。

北宋灭亡后,宋室南迁。南宋绍兴二年(1132),南宋的第一位皇帝宋高宗赵构为了收买民心,维护自己的统治,再次将大书法家黄庭坚于宋神宗元丰年间(1078—1085)任泰和县令时为时时告诫自己而书写的《戒石铭》(图194)拓制后颁于各府州县,敕令各府州县摹刻黄庭坚书《戒石铭》,立碑于衙署大堂前。两宋以后,《戒石铭》遍布全国各州县,成为名言警句、官场箴规,成为各地官署衙门必备形制。

图194 戒石铭

二、宋真宗赵恒御碑

继宋太宗于至道三年(997)登皇帝位的宋真宗赵恒,在治理国家上是个软弱无能的昏君。他畏辽如虎,与辽订立"澶渊之盟",开创了宋代以纳岁币求苟安的恶例。同时,他既崇道又信佛,在全国广建佛寺、道观,劳民伤财,使冗兵、冗官激增,在库藏耗尽后又加紧搜刮,社会矛盾日趋激化。为了维护赵宋的统治,他一方面竭力为先帝宋太祖、宋太宗歌功颂德,树立赵氏皇室的威信,刻立了五碑连体的《汾阴二圣配飨之铭碑》,另一方面又大搞尊孔崇儒,还把周公、孔子抬出来,大肆推崇尊奉,以此作为自己行"仁"政的标榜,妄图以此来笼络人心。正是在这样的政治目的下,他先后刻立了《文宪王赞并序碑》和《玄圣文宣王赞并序碑》。

文宪王赞并序碑

大中祥符元年(1008),宋真宗御撰御书了《文宪王赞并序》,敕命勒石刻碑立于曲阜周公庙大殿元圣殿前甬道西侧,是周公庙内现存历代三十余块古碑中最早的御碑。碑高三点零五米，宽一点二米，厚三十八厘米，座高七十二厘米，为全庙最高大碑。碑额篆书"文宪王赞"两行四字，碑阳刻宋真宗《文宪王赞并序》，碑阴刻宋真宗《追谥周公为文宪王封号诏》。

在序文中，宋真宗竭力标榜自己以周公为楷模，要"复揄扬于懿美"，其用心可谓良苦。

玄圣文宣王赞并序碑

《玄圣文宣王赞并序碑》刻立于宋真宗大中祥符元年（1008）十一月。据清乾隆版《曲阜县志》记载，大中祥符元年十月，宋真宗许朝臣及兖州"文老谐阙所请"，赴泰山行封禅事，途中十一月初驾幸曲阜拜谒孔庙，追封孔子为玄圣文宣王，又御制《玄圣文宣王赞并序碑》，立于曲阜孔庙。此碑即是其当时亲撰亲书并篆额。

据查考，此碑共有两块，内容相同，两碑今都存立于曲阜孔庙东庑。其中一块碑座高五十三厘米，碑身高一点八六点，宽九十八厘米，厚三十厘米。碑阳用楷书书写，凡十一行，每行二十四字。碑体中上部横断为三，纵裂为二。顶部原有碑头，清雍正年间焚毁于孔庙大火。另有同样大小的四块附碑与此碑并排而立。五碑连为一体，置于同一覆莲座上，碑座高五十三厘米，横长五米二六。在碑座右端有一空档，说明原为六碑连体，现已缺失一碑。附碑内容为随驾朝臣奉敕所撰孔庙从祀先贤先儒赞。宋真宗《玄圣文宣王赞并序碑》（图195）楷书字体硕大工整，一笔不苟，线条圆浑，粗细均匀，结体端庄，气象庄严，但缺少劲拔之势，全碑黑白布局空间分布和字画线条较为拘谨，缺乏自然生动的神韵，是典型的庙堂文字。两碑中的另一块，由宋代大书法家米芾用篆书书写宋真宗御撰的"赞"和"序"，立在真宗御书碑南，高二点一四米，阔六十厘米，有座，无额。凡十行，分为六列，每列三字，字高七厘米，宽六厘米，线条厚重圆润，结体多变，郑重从容，气度轩昂，笔力沉雄绵亘，贯通始终，没有丝毫败笔。米芾的篆书碑文下有乾隆嘉庆和道光年间清人孔继涑、孔昭薰、叶寿海、章大育、王鸿等人的题、跋。跋语称："米襄阳篆书，世所罕见。此碑之笔妙真与冰斯相匹，真神品也。"

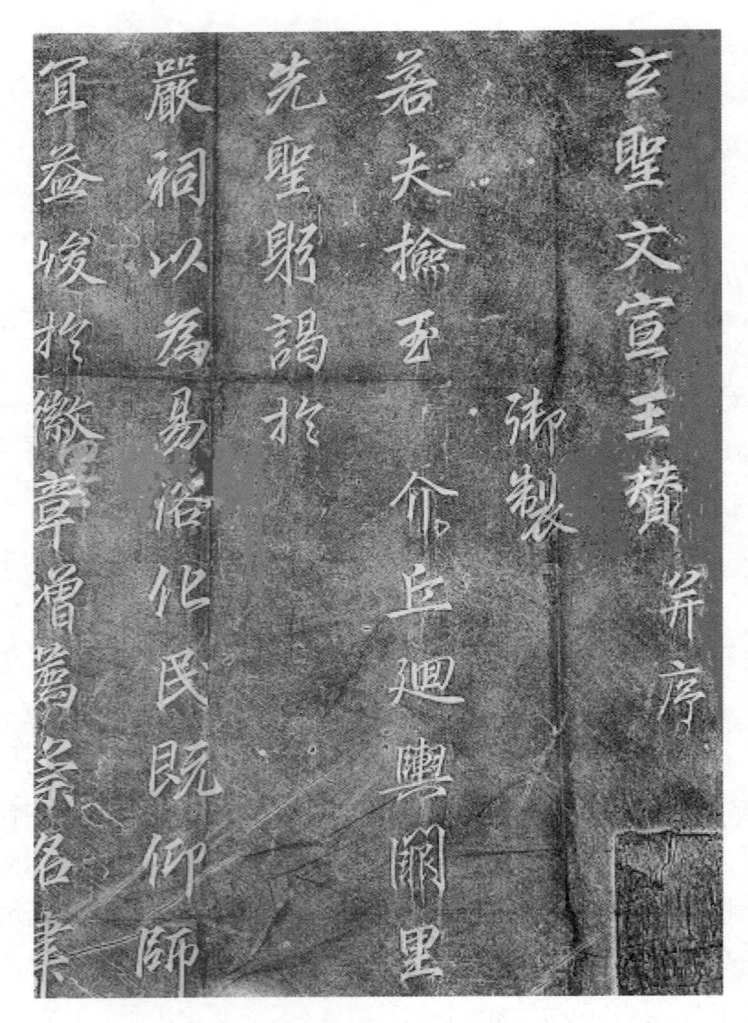

图 195 玄圣文宣王赞并序碑

  此碑不仅由宋真宗亲自下诏、亲自制赞立碑、亲撰亲书碑文、亲篆碑额,还请宋代大书法家米芾用篆书书写后再立一碑。通过这一事实可以看到,宋代统治者利用孔子和儒学来维护自己统治的用心何其良苦。宋真宗将孔子封为"玄圣文宣王",并为其"加冕九旒服九章",为孔庙颁赐"桓圭",还"推恩世胄,赐其宠章;祗事祠庭,广增其奉",这在宋代以前是没有的,由此足见孔子和儒学在宋代地位之高。此碑对于研究儒学在宋代的作用和影响具有重要的史料价值。

契丹出境碑

  《契丹出境碑》(图196)又称《回銮碑》,在河南濮阳市内,位于濮阳老城内御井街西侧。此碑为青石磨制，高二点六米，宽一点三米，厚三十六厘米。碑文系宋真宗所赋的一首诗《契丹出境》，由时任宰相寇准用草书书丹，竖刻三行，每行四句。字大如掌，秀丽流畅，苍劲挺拔，显出大家风范。

图196 契丹出境碑

《契丹出境碑》刻立于宋真宗景德元年（1004），是一座为纪念宋辽签订"澶渊之盟"的纪念碑。"澶渊之盟"是中国历史上影响深远的事件。辽是公元11世纪初出现在我国北方的契丹少数民族政权。宋真宗景德元年，辽圣宗与母亲萧太后率二十万大军，以骁将萧挞凛为先锋，从幽州出发南侵宋朝。辽军采取避实击虚的战略，绕过冀、贝不攻，大举南犯，直抵澶州境内，紧逼北宋王朝的首都汴京，北宋王朝政权岌岌可危。前方告急的文书一夜发来五次，宰相寇准一律扣压不予上报。别的大臣报告宋真宗，宋真宗大惊，询问寇准，寇准说转危为安的唯一办法是御驾亲征。大臣们个个"谈辽色变"，不敢言战。以宋真宗为首的统治集团惊惶失措，一时弃汴京南迁都城的议论纷纷而起。参知政事王钦若是江南人，主张南迁金陵；签书枢密院事陈尧叟是四川人，主张迁逃成都。寇准对于畏敌南迁逃跑的意见极力反对，力主坚决抵抗，并苦谏宋真宗御驾亲征，曰："谁为陛下画此策者，罪可当诛。"这样，才算勉强稳住了北宋朝廷的混乱局势。

是年十一月二十二日，宋真宗在寇准等人辅佐下，从京都起驾，抵达澶州南城后，不想再渡黄河北进。寇准进谏曰："陛下只可进尺，不可退寸。河北诸军，日望銮驾，若不渡河，人心益危，敌气未慑，此非取威决胜之策。"在寇准、高琼等人力促之下，宋真宗渡过黄河，来到了澶州北城，登上北门城楼，宋军将士"远远望见御盖，踊跃欢呼，声闻数十里"，军威大振。"契丹相视惊愕，不能成行"。宋真宗把前线指挥大权交给寇准。寇准"承制专决，号令明肃，士卒喜悦"。辽军数千骑围城，寇准沉着迎敌，挥军反击掩杀，"斩获大半"。辽军气馁撤退。相持十余日，辽军又来攻击。寇准设下埋伏，用强弩射死辽军前敌总指挥大将萧挞凛，辽军不敢再战，遣使求和。寇准不答应，要求契丹必须向北宋称臣，并献出幽州等地。这本是取得对辽战争胜利的大好时机，然而懦弱无能的宋真宗怕战厌战，畏敌如虎，再加又有人向他进谗言，说寇准拥兵自重，要真宗警惕。宋真宗便借口"屈己安民"，不顾寇准等主战派的反对，派遣王继忠等出面与辽军谈判媾和。几经周折，双方达成协议，竟然以宋朝每年向辽输银十万两、绢二十万匹为条件，两朝罢兵，各守旧界，互不侵犯。这一屈辱条约史称"澶渊之盟"。寇准迫于压力，只好同意宋真宗签订"澶渊之盟"。

签订"澶渊之盟"本来是一件很可悲的耻辱之事，然而当和议达成、两军班师时，宋真宗竟然不胜欣喜，在班师回京时赋诗一首，并命海瑞书丹镌刻于石，以志其事，谓之《回銮碑》，立于御井旁。于是历史上就留下了宋真宗御撰的这块被称为《回銮碑》的《契丹出境碑》。"澶渊之盟"签订后，宋真宗志得意满，寇准指挥有方，战胜入侵的辽军，不仅无功，反而因得罪了真宗和群奸，接连遭殃，由位居一品的宰相先后被贬为通州司马、雷州司户参军和衡州司马，最后抑郁而死。此碑是著名的"澶渊之盟"这一历史事件仅存于世的唯一实物见证，具有重要的历史价值，1963 年被列为省级重点文物保护单位。

三、宋仁宗赵祯、宋哲宗赵煦御碑

在宋朝皇帝中，宋仁宗赵祯、宋哲宗赵煦虽未留下亲撰亲书的御碑，但二人都为当时的勋臣亲笔题书过碑额，在历史上颇有影响。

旌忠元勋之碑

继宋真宗即皇帝位的宋仁宗赵祯是宋真宗赵恒的第六子，即民间故事《狸猫换太子》中的太子。他 1022 年即帝位，1063 年病死于开封，享年五十四岁，在位四十二年，是两宋时期在位时间最长的皇帝，也是两宋时期最为贤明的一位皇帝。他在位期间，国泰民安，经济繁荣，科学技术和文化得到了很大的发展，宋王朝达到鼎盛时期，受到历代历史学家、政治家的称赞。宋仁宗知人善用，他在位时期文臣武吏贤臣荟萃，名将辈出，千古流芳的包拯、范仲淹、欧阳修、狄青等宋代名臣良将都出在他当政期间。宋仁宗对贤臣良将十分敬重，那些为国家做出重要贡献的贤臣良将去世后，他都痛惜不已，还专门下旨为其中一些人建墓立碑，并亲自篆题碑额，以资褒扬和纪念，如为文臣范仲淹立《褒贤之碑》，为武将狄青立《旌忠元勋之碑》。

《旌忠元勋之碑》（图197）全称《祭武襄公狄青文并序碑》，简称《祭狄青文并序碑》，刻立于宋神宗熙宁六年（1073）。

狄青（1008—1057），字汉臣，汾州西河（今山西汾阳）人，出身贫寒，身长七尺，从小就胸怀大志。十六岁时，因其兄与乡人斗殴，狄青代兄受过，被"逮罪入京，窜名赤籍"，面有刺字，开始了他的军旅行伍生涯。宋仁宗宝元元年（1038），党项族首领李元昊在西北称帝，建立西夏。宋仁宗康定元年（1040），宋与西夏开战，狄青随京师卫士从边，任延州指挥使，当了一名低级军官。他骁勇善战，勇而善谋，每战披头散发，戴铜面具，冲锋陷阵，一马当先，所向披靡。他多次充当先锋，率领士兵夺关斩将，先后攻克金汤城、宥州等地，烧毁西夏粮草数万，并指挥士兵在战略要地桥子谷修城，筑招安、丰林、新砦、大郎诸堡，"皆扼贼要害"，立下了累累战功，声名也随之大振。康定元年，

图197　旌忠元勋之碑

经尹洙的推荐，狄青得到范仲淹"将不知古今，匹夫勇尔"的指点，发奋读书，"悉通秦汉以来将帅兵法，由是益知名"。由于狄青勇猛善战，屡建奇功，所以升迁很快，几年之间，历官泰州刺史、惠州团练使、马军副都指挥使等职，皇祐四年（1052）六月，升为枢密副使。是年，广西少数民族首领侬智高起兵反宋，自称仁惠皇帝，招兵买马，攻城略地，一直打到广东。宋朝廷十分恐慌，几次派兵征讨，均损兵折将，大败而归。就在举国骚动，满朝文武惶然无措之际，仅做了不到三个月枢密副使的狄青自告奋勇，上表请行。宋仁宗十分高兴，任命他为宣徽南院使、宣抚荆湖南北路、经制广南盗贼事，并亲自在垂拱殿为狄青设宴饯行。当时，宋军连吃败仗，军心动摇。狄青受命之后，鉴于历朝借外兵平叛后患无穷的教训，首先向宋仁宗建议停止借交趾兵马助战的行动。同时他大刀阔斧整肃军纪，处死了陈曙等不听号令之人，大振军威，接着命令部队按兵不动，从各地调拨、屯集了大批的粮草。侬智高的军队看到后，以为宋军在短时间内不会进攻，放松了警惕。狄青乘敌不备，突然把军队分为先、中、后三军，自己亲率先军火速出击，正月十五夜袭昆仑关，一举夺得昆仑关，占取了有利地形，接着命令一部分军队从正面进攻。他执掌战旗率领骑兵，分左右两翼，绕道其后，前后夹攻，一战而胜。班师还朝以后，论功行赏。狄青平生二十五战，功勋卓著，皇祐五年（1053）被任命为枢密使，成为最高军事长官。然而种种祸患也就由此而生。

宋自开国以来，就把崇文抑武作为基本国策，极力压低武将地位，以绝其觊觎之心。在这样的政治环境中，随着狄青官职的升迁，朝廷官员对他的猜忌、疑虑也在逐步加深。早在宋仁宗皇祐四年狄青任枢密副使时，御史中丞王举正就认为，狄青出身行伍而位至执政，"本朝所无，恐四方轻朝廷"。右司谏贾黯上书皇帝，论奏狄青升官有四不可，御史韩贽等人亦皆附和。在侬智高纵横岭南、狄青受命于危难率兵出征之际，朝廷在欣喜之余，也仍然不忘"狄青武人，不可独任"，要以宦官任守忠监军，监视狄青。后因谏官李兑力言"唐失其政，以宦者观军容，致主将掣肘，是不足法"，朝廷也迫于形势紧急才作罢。到狄青凯旋还朝做了枢密使时，这种疑忌和不安达到了顶点。臣僚百官纷纷进言，始终反对狄青做官者如王举正竟以罢官威胁，就连原来屡屡称颂狄青战功、誉之为良将的庞籍、欧阳修等人也极力反对任命狄青，把狄青视为朝廷最大的威胁。文彦博力主罢免狄青，宋仁宗说"狄青是忠臣"，文彦博立即以宋太祖当年陈桥兵变，从周世宗幼子周恭帝手中夺取帝位为例反驳说："太祖岂非周世宗忠臣？"此类猜忌、疑虑后来达到顶峰，谣言纷起，有人甚至说狄青家的狗头正在长角，有人说狄青的住宅夜有光怪，就连京师发水，狄青避家相国寺，也被认为是要夺取王位。宋仁宗嘉祐元年（1056）八月，仅做了四年枢密使的狄青终于被罢官，挂了一个同中书门下平章事（宰相）的虚名，出判陈州，离开了京师。到陈州之后，朝廷仍不放心，每半个月就遣中使探视，名曰抚问，实则监视。这时的狄青已被谣言中伤搞得惶惶不安，每次使者到来他都要"惊疑终日"，唯恐再生祸乱，不到半年，第二年（1057）三月即"感疾于州，未几以薨闻"，年仅四十九岁。这位为宋王朝立下汗马功劳的一代名将，没有在沙场上倒下，却死在了猜忌、排斥和打击迫害之中。

狄青死后，归葬故乡汾阳。狄青墓位于汾阳城北十里的峪道河镇刘村村东。狄青生前备受猜忌，他死后，宋仁宗非常难过和痛惜。据《狄公神道碑铭并序》记载，当时，天子赍然，辍视朝二日，发哀苑中，赠中书令。嘉祐七年（1062），宋仁宗又追赠狄青为"武襄公"，并且"诏史臣以刻其墓隧之碑"，由他自己御题篆额"旌忠元勋之碑"，敕命翰林学士王珪撰写碑文，集贤校理宋敏求书丹，中书省玉册官张景隆镌刻并摹勒。狄青墓园坐北朝南，原占地约八万平方米，建有祭祠性建筑显庆寺（宋代）、狄公祠等，均毁于晚清至抗战期间。1949年后陵园已不存，"文革"中墓丘被摊平，翁仲、石兽被就地埋掉。今仅剩当年宋仁宗亲笔书写篆额的神道碑《旌忠元勋之碑》，碑身高达四点六米，碑文约三千字，简叙狄青生平，乃山西第二大碑。《旌忠元勋之碑》已断为三截，如今拼接后保存于上庙村太符观内。

忠清粹德之碑

《忠清粹德之碑》（图198）史称《司马温公神道碑》，简称《司马温公碑》，又称《杏花碑》，立于山西夏县城北鸣条岗的司马光墓园中。此碑与范仲淹的《褒贤之碑》、狄青的《旌忠元勋之碑》一样，也是一块著名的帝王御赐功臣碑。

司马光（1019—1086），字君实，号迂叟，陕州夏县（今属山西）涑水乡人，世称涑水先生。司马光为宝元进士，历仕仁宗、英宗、神宗、哲宗四朝，乃宋代宰相，北宋一代名臣，著名的政治家、史学家、文学家、书法家、诗人。宋神宗熙宁年间，司马光强烈反对王安石变法，上疏请求外任。宋神宗熙宁四年（1071），他判西京御史台，自此居洛阳十五年，不问政事。在这段悠游的岁月里，司马光继续主持编撰编年史巨著《资治通鉴》。《资治通鉴》是我国最大的一部编

图198 忠清粹德之碑碑额

年史,全书二百九十四卷近四百万字,通贯古今,上起周威烈王二十三年(前403),下迄五代(后梁、后唐、后晋、后汉、后周)末年赵匡胤灭后周以前(959),凡一千三百六十二年。作者依时代先后,以年月为经,以史实为纬,顺序记写;将重大的历史事件的前因后果及与各方面的关联都交代得清清楚楚,使读者对史实能够一目了然。这部宏伟的历史巨著,由编撰到成书,历时十九年。他在《进资治通鉴表》中说:"臣今筋骨癯瘁,目视昏近,齿牙无几,神识衰耗,旋踵而忘。臣之精力,尽于此书。"司马光为此书付出毕生精力,成书不到两年,便积劳而逝。《资治通鉴》从发凡起例至删削定稿,司马光都亲自动笔,不假他人之手。司马光不仅为编撰《资治通鉴》做出了杰出贡献,而且为人温良谦恭、刚正不阿,其人格堪称儒学教化下的典范,历来受人景仰,具有崇高的威望。在历史上,司马光曾被奉为儒家三圣之一。

由于司马光的杰出贡献和崇高威望,他去世后,宋哲宗赵煦于元祐二年(1087)敕命为其立《司马温公神道碑》,并亲笔题写"忠清粹德之碑"六个篆书大字和"元祐戊辰崇庆殿书"八个小字刻于碑额;碑文由大文学家、大书法家苏轼奉敕撰书,全文二千二百八十字,详述了司马光的生平、一生功绩和家世,是一篇集司马光一生功德于其中的千古佳作。然而,在司马光去世后仅七年多,宋哲宗绍圣元年(1094)新政派执政,御史周秩首论"温公诬谤先帝,尽废其法,当以罪及",宋哲宗"止令夺赠谥,仆所立忠清粹德之神道碑",治司马光"变更先朝之法，叛道逆理"之罪，不仅剥夺了司马光的功名、谥号，而且还将此碑砸毁，并磨灭苏轼撰书的碑文后深埋于土中。

王安石变法因严重脱离实际而以失败告终，至南宋时，情况发生了很大变化，人们多以司马光为代表的旧党为正人，故司马光名誉恢复，不仅复赠官职，而且倍受褒崇。南宋理宗绍定三年（1230）三月，司马光的推崇者、朝奉郎新除行大理寺承、权和河州军州事、管内安抚、四川制置使参议官田克仁，为了纪念和褒扬司马光，通过民间征求，得到了当年宋哲宗赠赐给司马光的《司马温公神道碑》碑额御笔篆书"忠清粹德之碑"旧拓，又重新刻石勒碑。然而，由于当时司马光墓所在的夏县早已沦于金国之境，将重新刊刻的宋哲宗御笔篆书的《忠清粹德之碑》碑石重立于司马光墓旧址，已势所不能。因此，只得置石于沔州，立于今陕西汉中略阳由两个天然崖洞组合而成的灵崖寺中。现灵崖寺前洞大佛像神座下，嵌着一排历代的名碑，位居正中的便是宋哲宗御笔篆书赠司马光的《忠清粹德之碑》（图199），碑高一点三八米、宽八十五厘米。碑额界以方格、浮雕双龙，云纹中嵌有宝珠，呈"二龙抢宝"状。方格内直行隶书"哲宗皇帝御书"三行六字，字径八厘米；碑中直行篆书"忠清粹德之碑"两行六字，字径二十七厘米；两行篆字中间，直行楷书"元祐戊辰崇庆殿书"一行八字，雕有"御书之印"的印章，印高十厘米、宽九厘米。清陆耀通《金石续编》对此碑有明确记载："《忠清粹德碑》，元祐戊辰，哲宗御制并篆书题司马光神道碑，绍定三年三月，田克仁上石，在陕西略阳。"这就是历史上为何有两块宋哲宗御笔篆书《忠清粹德之碑》的缘由。

金熙宗皇统年间（1141—1148），在山西夏县司马光墓地原仆倒的《司马温公神道碑》龟趺之侧，生出一株杏树，长势奇特。皇统六年（1146），夏县县令王廷直命人掘地，从杏树下掘出

图199　忠清粹德之碑

了被砸为六段的《忠清粹德之碑》，将残石重拼，立嵌于壁间，僧人圆珍出钱财建神道碑堂加以保护，因此碑从杏树下掘得，遂名《杏花碑》，惜已剥蚀难辨。明世宗嘉靖三年（1524），山西监察御史朱实昌瞻仰司马光陵墓时，出于对司马光的敬仰，推测原碑之大小，于稷山访得紫润坚铿之巨石，复镌苏轼奉敕撰书的碑文于石上，立于旧龟跌上，并建碑楼加以保护。此碑现矗立在司马光墓前，碑身厚硕高大，螭首，龟跌，三者相加通高八点六四米，堪称三晋第一碑，其中，碑身高七点三三米，龟跌高一点三一米，碑首为宋哲宗御篆之原物，镌刻宋哲宗赵煦御篆的"忠清粹德之碑"六个大字。现此碑及碑楼与司马光墓均为国家重点文物保护单位。

四、宋徽宗赵佶、宋高宗赵构御碑

继宋哲宗即位的宋徽宗赵佶，昏庸荒淫，穷奢极欲，重用蔡京、童贯等奸佞，尊崇道教，自称"道君教主皇帝"，极其腐败，致使国土沦亡，自己也成为阶下之囚，身死异地，留下了"靖康之耻"，是一位名副其实的亡国之君。但是，这位"不称职"的皇帝，却能书善画，在艺术上颇有造诣，是一位颇有文采的诗人和颇有成就的书画家。他不仅擅长工笔花鸟画，在我国美术史上颇有地位，而且善书法，重视晋唐以来墨迹，曾汇集所藏前人手札刻《大观帖》传世。他学习历代书法，融会贯通，自成一家，独创瘦劲挺拔的"瘦金体"，书体纤细秀劲，一生留下了不少碑刻，如《元祐党籍碑》、《大观圣作碑》、《神霄玉清万寿宫碑》、湖南衡山南天门《寿岳刻石》、海南海口的《五公祠碑》、陕西耀州药王山静应寺的《题褚慧七言诗跋碑》等。其中最有代表性、影响最大的是《元祐党籍碑》《大观圣作之碑》和《神霄玉清万寿宫碑》。

元祐党籍碑

《元祐党籍碑》（图200）亦称《元祐党人碑》《元祐奸党碑》，是北宋时期不同政治势力"党争"，把碑变成赤裸裸地排斥异己、迫害持不同政见者工具的畸形产物。

北宋时期，分别以司马光和王安石为首的两派政治势力的斗争，范围之广，时间延续之长，为中国历史上所罕见。建中靖国元年（1101），宋徽宗即位，重用奸贼蔡京为相。蔡京为排除异己，借实行王安石新法之名，将宋哲宗元祐年间至元符年间的政敌司马光、文彦博、苏轼、黄庭坚等309人定为"元祐奸党"，并决定"刻石以示后世"。据史料记载，宋徽宗崇宁元年（1102）九月，宋徽宗赵佶曾率先亲书了一块《元祐党籍碑》，刻石立于端礼门外。但因数量少、影响有限，崇宁四年（1105），宋徽宗又诏命蔡京再次书写《元祐党籍碑》，并颁行天下，敕命诸州据以刊石，以让那些列入名单中的"奸党""使其子孙亦受余辱也"。凡列入"奸党"名单者，生者贬谪，死者削官。《元祐党籍碑》的刻立是极其不得人心的，受到朝野的强烈反对，再加上颁行天下后的第二年天上出现彗星，被认为是不祥之兆，故宋徽宗只得急忙下诏毁尽全国各地的《元祐党籍碑》。因此，遍及全国州、府、县的《元祐党籍碑》便销声匿迹了。宋徽宗御书之碑也早已毁佚。据考，现所知全国留存于世的《元祐党籍碑》仅有两块。其中一块是崇宁四年的原刻，系当时宋徽宗下诏毁碑时唯一漏网的一块，此碑原藏于广西融水县城南郊的真仙洞内，高二点六米，宽二点五米，现移存于融水县文化馆内；另一块《元祐党籍碑》现存于广西桂林七星公园桂海碑林中的龙隐岩内。龙隐岩内洞壁上镌有宋元以来历代题刻一百多件，其中以《元祐党籍碑》最为有名。这块《元祐党籍碑》是距崇宁四年刊刻《元祐党籍碑》后九十三年，即南宋宁宗庆元四年（1198）时，由元祐党人梁焘的曾孙、静江府钤辖梁律为"幸托名节后"，以抬高自己的地位，根据家藏拓本重新镌刻的，碑下有明人罗作、朱子清和清末康有为等人所题的跋。上述现存国家一级文物《元祐党人碑》虽为元祐党人后人摹刻，但碑额"元祐党籍碑"几个大字为宋徽宗赵佶的"墨宝"。

图200　元祐党籍碑

大观圣作碑

《大观圣作碑》（图201、202）刻于宋徽宗大观二年（1108）八月二十九日。据史籍记载，大观元年（1107），宋徽宗下诏建立八行取士科，敕命郑居中将御笔瘦金体诏旨摹刻石碑，立于宫学、太学、辟雍及全国各郡县。碑文共一千零二十一字，碑额"大观圣作之碑"六字为时任宰相蔡京楷书。历经近九百年的风雨浸漉剥蚀和人为的损坏，原立于京城和全国各地的《大观圣作碑》绝大多数都已毁坏和亡佚，只有个别地方还较完好地保存着此碑。如在河北赵县文庙内现存一块《大观圣作碑》，碑高四点八米，宽一点五米，龟趺座，碑额两侧镌雕双龙，碑身四周边框浅刻两方连续卷龙缠枝牡丹图案纹饰，刻工精细，全碑现共残缺六十二字。现藏于西安碑林的《大观圣作碑》，系1962年由陕西乾县移置而来。碑为螭首、龟趺，高三点七八米，宽一点四米，全碑凡二十八行，满行六十九字。此碑是宋徽宗"瘦金体"书法的代表作，同时，也是研究宋代学校教育制度和科

图201　大观圣作碑（一）　　　　　图202　大观圣作碑（二）

举制度的第一手资料,因此具有较高的书法艺术价值和历史文献价值,历来颇受珍重。宋徽宗赵佶御书之作存世不多,故此碑颇为珍贵。

神霄玉清万寿宫诏碑

《神霄玉清万寿宫诏碑》(图203)刻立于宋徽宗宣和元年(1119)。宋徽宗崇信道教,自称"道君教主皇帝"。为了弘扬道教,他于宣和元年亲笔写了一道诏书,并将这道诏书刻石建碑,立于京城汴京道教万寿宫,命令天下各府州军所在地都要建立"神霄玉清万寿宫"并勒石建碑。然而,宋宣和元年八月,《神霄玉清万寿宫诏碑》碑文颁布天下后,有的地方还未来得及勒石立碑,金兵就已南下。第二年诏罢道学,有的虽已勒石立碑,却毁于战火。据查考,当年所制《神霄玉清万寿宫诏碑》目前国内仅存两块,一块在福建莆田,一块在海南海口。《神霄玉清万寿宫诏碑》是迄今发现的见于金石的宋徽宗瘦金体字数最多、最成熟的碑刻。

图203 神霄玉清万寿宫诏碑

当时的宰相蔡京是仙游县人,在京城汴京万寿宫刻碑的同时,蔡京"近水楼台先得月",下令同时摹刻了一块同样的碑石,由海道运回自己的家乡兴化军,竖立在当时的天庆观(现今元妙观)内。因莆田地处偏僻的东南海隅,金兵铁蹄未至,该碑得以保存至今。此碑现竖立在三清殿东厢,碑通高三点三六米,宽一点二五米，圆形碑首。碑额有正书"御笔手诏"四个大个字，是蔡京之子蔡绦奉旨题写的。碑额两边外侧满镌双龙，内侧是"回"字形地纹镌"S"形缠草花纹，碑正面两侧及下侧满镌"回"字形地纹与十六条蟠龙。下侧边缘与底座接界插榫处刻有"取日"二字。碑文共十六行，行满四十字，正文完整无损，共三百七十四字，是宋徽宗赵佶瘦金体书法手迹，姿媚中不失波磔神韵。碑的题额、督工、校验、刻工等官员的职衔、姓名都分栏刻在镶边花纹之间。

除莆田元妙观三清殿的《神霄玉清万寿宫诏碑》外，海南省在第一次全国可移动文物普查过程中，在海口市五公祠两伏波祠中也发现了一块宋宣和元年颁布给全国州道观立石的《神霄玉清万寿宫诏碑》。此碑现在两伏波祠庭院中拜亭内。碑高二点五五米，宽一点三米，厚二十八厘米，碑座为赑屃，原有碑首，后丢失，现碑身呈长方形，全碑连同底座重达七吨。

佛顶光明塔碑

宋高宗赵构系宋徽宗第九子，是宋室南渡后的第一位皇帝。在政治、军事上，他不思收复故土，偏安于江南一隅，于国事无所作为，重用投降派奸臣秦桧，杀害坚决抗战的岳飞父子，削夺韩世忠等主战派将领的兵权，以向金国割地、纳贡、称臣等屈辱条件求和苟安，是一个地道的昏君。但他如其父亲宋徽宗赵佶，对书法十分爱好，自称"余自魏晋以来至六朝书法，无不临摹"，故书法功力颇为深厚，并取得较高的成就，一生留下众多墨迹。在宋朝的历世皇帝中，宋高宗是书碑最多的一个，也是书法艺术水准最高的一个。清孙承泽《庚子销夏记》谓："宋诸帝能书者而以高宗为第一。"杨万里《诚斋诗话》云："高宗初作黄字，天下翕然学黄，后作米字，天下翕然学米，最后作孙过庭字，故孝宗太上，皆作孙字。"足见其书法在当时影响之大。其存世的碑刻数量众多，除了刻于南宋高宗绍兴十三年（1143）、现存浙江杭州碑林的《高宗御书石经》，还有清嘉庆二十五年（1820）于广州发现残碑的《真草孝经碑》，刻于南宋绍兴十七年（1147）、在浙江金华的《籍田手诏》刻石，刻于南宋绍兴二十六年（1156）、在临安太学的《七十二弟子像赞》刻石，刻于南宋宁宗嘉定八年（1215）、在广西桂林伏波岩米芾石刻像上方的《米芾像赞》，刻于南宋绍兴四年（1134）的《宋高宗赐岳武穆手诏石刻》，刻于南宋绍兴三年（1133）、现有宋拓纸本藏于日本宫内厅书陵部的《佛顶光明塔碑》等。其中《佛顶光明塔碑》是其碑刻中的代表作。

《佛顶光明塔碑》（图204）全称《明州阿育山佛顶光明塔》。北宋仁宗皇帝曾书颂诗十七篇，赠赐明州（今浙江宁波）阿育王广利寺的环琏禅师。当时，阿育王寺专请苏轼书碑记述此事，并专门建造了宸奎阁以贮之。但在"靖康之难"后，由于金兵侵犯，各代御书沦丧殆尽。金兵北撤后，宋高宗于绍兴二年（1132）定都临安（今浙江杭州），下诏征集各代先帝御书御碑。阿育王寺主持于是便前去进献所藏宋仁宗御制之碑，又篆"皇恩浩荡"进献。宋高宗十分高兴，不仅赐阿育王寺田一千二百亩，还亲撰亲书《佛顶光明塔碑》碑文，并御笔题书"佛顶光明"四个大字，赐于阿育王寺。

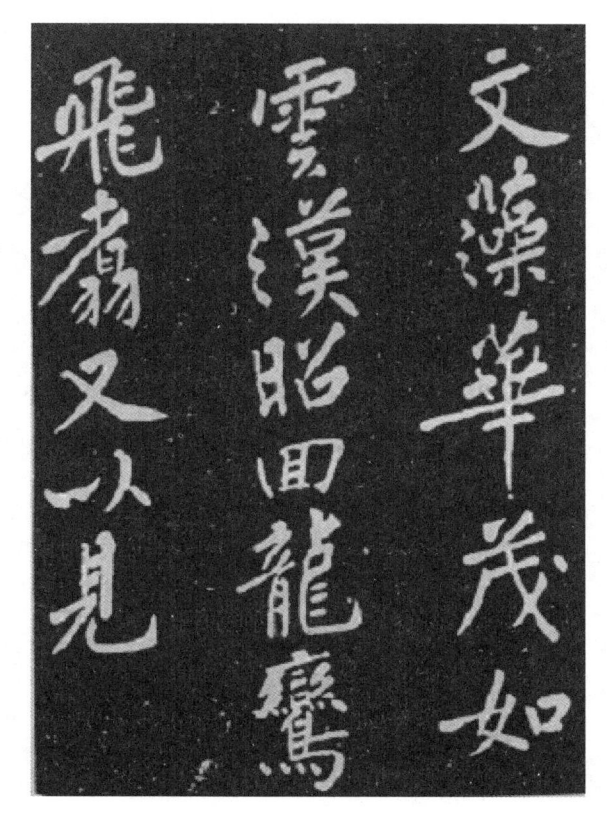

图204 佛顶光明塔碑

碑文分为上下三列，上两列各竖刻十一行，第三列六行，每行字数不一，多为六字，碑额用正楷题"御书"两个大字。此碑为宋高宗二十七岁时所书，其书法完全是学黄庭坚的面目，形神兼备，风格几可乱真，是其学黄书功底深厚之明证。后人在评论宋高宗时认为："高宗不思自强之计，耽心笔札，舍本营末。以书法而论所得颇深。"确实，作为中兴君王，宋高宗是个平庸懦弱、不辨忠奸、无所作为的昏君，但其作为一个书法家的成就还是应当加以肯定的，不应因人废碑。《佛顶光明塔碑》的书法艺术在宋代碑刻中应给予恰当地位。同时，此碑对于研究宋代的政治和佛教，特别是对研究著名寺庙宁波阿育王寺的庙史，也是颇有价值的。

除了上述宋太祖赵匡胤、宋太宗赵光义、宋真宗赵恒、宋仁宗赵祯、宋哲宗赵煦、宋徽宗赵佶、宋高宗赵构的诸多御碑，据查考，在福建莆田市玄妙观三清殿东院的碑林中，还存有宋孝宗的御碑《赐少傅陈俊卿札碑》。两宋帝王御碑可谓繁花依旧，不逊于唐代。

第六节　集字碑之传承创新
——宋金集王集柳集百家字碑和百衲碑

唐代以集腋成裘的绝妙方法创造的集字碑，受到了人们普遍的青睐。宋金时期，巧妙而富有雅趣的"集字成碑"更是得到了人们的钟爱，涌现出来的集字碑更加缤纷多彩，不仅承袭唐朝遗风，出现了多块集王羲之书碑，而且新品迭出，出现了前所未有的百衲碑和集百家字碑，除了集王书碑，在金代又出现了集柳书碑。

一、宋代的集王羲之书碑

在唐怀仁《集王书圣教序碑》的影响下，宋代仍有许多人热心于刻立集王羲之书碑（简称"集王书碑"），宋代集王书碑数量不亚于唐代。不过，宋代的集王羲之书碑数量虽不少，但由于其字已均非从王羲之真迹中集得，而是从唐代的集王羲之书碑中集得，有的甚至是从多次复拓的唐代集王书碑的拓片中集得，因此不论在"形"上还是在"神"上，与唐代直接从王羲之真迹中集字而刻制的碑相比，显得远为逊色，现仍有拓本传世的有《普济禅院碑》《集王羲之书摩腾入汉灵异记碑》《集王羲之书绛州重修夫子庙记碑》《集王羲之书解州盐池新堰箴》和《玉兔净居诗刻》。

《普济禅院碑》全称《龙泉小普济禅院碑铭》，由阎仲卿撰、沙门善俊习王羲之行书并篆额、安文璨刻，于宋真宗大中祥符三年（1010）立于沂阳县。清康有为将其列为古今集右军书十八家之一。碑文凡三十二行，满行五十五字，明赵崡《石墨镌华》谓其虽不及《释怀仁集王羲之书圣教序》和《僧大雅集王羲之书吴文碑》，然仍有唐人书风。但也有人不同意将此碑列入集王书碑之列，清陕西巡抚毕沅《关中金石记》认为："古有集书，无称习书者，习书应是依仿为之。"

《集王羲之书宋摩腾入汉灵异记碑》（图205）刻于宋真宗天禧五年（1021）

正月，此碑系集王羲之行书刻成，全碑共三十五行，每行二十五字。纵观此碑，虽形神均远不及唐人，但仍有王书之风韵。

《集王羲之书绛州重修夫子庙记碑》（图206）刻于宋仁宗天圣十年（1032），此碑系集王羲之行书刻成，全碑共二十二行，每行五十八至六十一个字不等。明王世贞《弇州山人四部稿》云："集右军《圣教序》犹是真迹中集者，此又从《序》书及他摹刻，形似之外，风流都尽。"《金石史》则认为此碑刻工尚精。

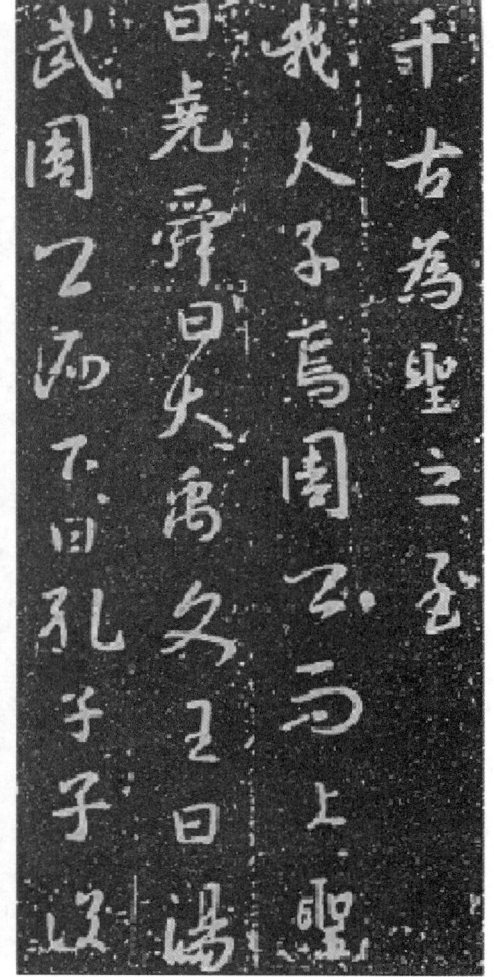

图205 集王羲之书摩腾入汉灵异记碑　　**图206 集王羲之书绛州重修夫子庙记碑**

《集王羲之书解州盐池新堰箴》刻于宋仁宗天圣十年，此碑系集王羲之行书刻成，全碑共十八行，每行约七十字。清王昶《金石萃编》称其摹勒较胜，然观此碑亦仅是形似而已，风韵远逊唐人所集王书之碑。

《玉兔净居诗刻》刻于宋仁宗明道二年（1033），立于晋州神山县（今山西临汾）玉兔寺，由张仲伊诗，释静万集王羲之行书、栗文德刻。全碑凡十六行，每行十七八个字。

二、宋代蔡襄的百衲碑

在宋代，集字碑又有了新的发展，出现了新的品种。其中一种名为"百衲碑"。所谓"衲"即"补缀"之意，"百衲"即是言其"补缀极多"之意。正如僧侣所穿之袈裟，因系用许多长方小布片拼缀而成，称为"百衲衣"，用许多不同版本汇集而成的书籍称为"百衲本"那样，"百衲碑"即由此引申而来。所谓"百衲碑"，也就是从自己所书写的字中精心选撷其中写得好的，将它们一个个拼合在一起，编排组合成一篇碑文，然后刻成碑。

据查考，在历史上，首创百衲碑的是"北宋四大家"之一的蔡襄，最早的百衲集字碑是蔡襄集本人书写之字编排拼合成碑文而刻制的《昼锦堂记碑》（图207）。据《安阳志》记载，此碑由欧阳修撰文，由蔡襄选撷自己所书之字拼合成碑文，由邵必篆额，原石由甄亿刊刻，赵良规于宋英宗治平二年（1065）立于河南安阳。但原石早已亡佚，元世祖至元年间（1264—1294）重刻。后重刻之碑亦一度亡佚，直到清世祖顺治年间（1644—1661）时才重新出土，现藏于河南安阳韩魏公祠。据宋董逌《广川书跋》记载，蔡襄妙得古人书法，其《昼锦堂记》每字作一纸，择其不失法度者裁截布列，连

图207　昼锦堂记碑

成碑形，当时谓之"百衲碑"。清俞樾在《茶香室丛钞》对蔡襄是如何集自己的字刻成此碑的有更详细的记载，谓《弇州山人四部稿》云：韩魏公作昼锦堂，欧阳文忠为记，蔡忠惠书之，每一字必写数十个，俟合作而后用之。以故书成特精绝。世所谓"百衲碑"是也。据记载，蔡襄由于崇敬颜真卿的高风亮节和颜书变古的创新风貌，故其楷书的笔法、结体主要师法颜真卿。但其对颜书也并非一切照搬模仿，而是以颜体为主，博采众长，形成自己的特色。《昼锦堂记碑》就反映了这一特点，其字形似在颜体、柳体之间；其结体也较严紧，遒劲而不像颜书那样宽博；其笔画上方圆兼备，肥瘦适度，也不像颜体那样篆籀笔意毕现，或雄浑肥厚，或筋骨层峻；字的转折多以方为主，不像颜体那样转折多以圆为主；撇画则伸长而显得潇洒妩媚，而不是像颜体撇画的收敛以急促的开叉燕尾煞住。历代以来对此碑书法评价颇高，明代王世贞《弇州山人四部稿》云，观其用笔，特遒劲伟丽，出入清臣（颜真卿）、诚悬（柳公权）间。

三、宋代的集百家字碑

在宋代还出现了集百家字碑，这是此前我国历史上从未有过的一个新品种。集百家字碑不是集某一个书法家的字或自己的字刻制某一篇碑文，而是从古今名人名家的多种不同书体的书法作品中，选取几十个乃至上百个不同写法的同一个字，然后将这些不同书体、不同写法的字汇集、编排、组合在一起，刻成一块碑，如《百寿碑》《百福碑》《百爱碑》等。

据查考，历史上最为著名的集百家字碑是南宋的《百寿碑》（图208）。该碑位于广西桂林永福百寿镇寿星山（旧称夫子岩）的百寿岩崖壁上，有宋、元、明、清、民国石刻十七处，其中有一个南宋时期遗存下来的高一点七五

图208　百寿碑

米、宽一点四八米的巨大"寿"字，这是我国古代摩崖巨字刻石的精品。这个巨大的"寿"字，是由一百个用楷、草、篆、行、隶各种书体写成、无一相同的小"寿"字镶拼而成的。据永福县地方志记载，南宋理宗绍定二年（1229），知县史渭在自己寿诞那一天，邀请了境内一百个擅长书法的长寿老人来做客，席间请客人各自书写一个"寿"字，然后将这一百个小"寿"字拼合成一个大"寿"字图案，请名匠镌刻于当时的夫子岩的西面峭壁上。整个字体形为楷书，但与正楷不同，而是既非楷非隶非行非草，又似楷似隶似行似草，浑然天成一体，其勾如露锋，点似仙桃，笔画十分紧凑，笔力遒劲，庄重肃穆，古朴圆润。而集拼成大"寿"字的这一百个小"寿"字，各有千秋，字体各异，无一雷同。其中，楷、隶、篆、行、草、甲骨文等无所不有，小"寿"字旁都刻有铭章，注明文体或出处。其中以朝代分有商鼎文、周鼎文、汉鼎文等，以地域分（古代称国名）有鳍隶、燕书、西夏台书等，以字体论有易篆、古隶、古斗金文、飞白书等，以书法家而言有程邈、怀素、虞（世南）书、蔡（襄）书、小王（献之）书以及书圣王羲之的"换鹅经"文体等。由于雕刻了这个集一百个小"寿"字拼成的大"寿"字，夫子岩自此改名为"百寿岩"。这个笔法遒劲、雕凿精细、由一百个小寿字镶拼而成的大"寿"字，开我国集百家字碑之先河，集中国汉字演变、书法、雕刻于一身，虽迄今已历经近八百年风雨剥蚀，但依然字迹清晰，成为我国历代集字碑中的瑰宝。

四、金代的集柳公权书碑

在唐宋集王羲之书碑刻的影响下，金代出现了著名的集柳公权书碑，这就是金熙宗皇统四年（1144）立于沂州府城（今山东临沂）普照寺的《集柳公权书沂州普照禅寺兴造记碑》（图209），简称《普照寺碑》。关于此碑的刻制，在历史上还流传着一则动人的佳话。风光秀美的山东临沂银雀山，是书圣王羲之的诞生地，他在这儿度过了美好的童年，后来为了躲避战乱，他随全家南迁会稽山阴（今浙江绍兴）。王羲之一家南迁后，他在临沂的旧居被改成寺院，名为普照寺。此事《集柳碑》碑文有明确记载，"永嘉之变"，临沂"诸王南迁，舍宅为寺。东有晒书台，南有泽笔池，一曰洗砚池，皆其遗址"。

金熙宗皇统四年，普照寺主事和尚妙济禅师觉海将寺院进行扩建修缮。为了纪念重修寺院这件佛门盛事，觉海请仲汝尚撰写了一篇《沂州普照禅寺兴造记》，欲刻石立碑。由于难以收集到王羲之的真迹，而觉海对唐代著名书法家柳公权的字又十分喜爱和推崇，因此他便四处收集柳公权的真迹。经过千方百计苦心搜求，他终于从所收集到的大量柳公权的遗墨中选撷出了《沂州普照禅寺兴造记》所需要的一千二百六十一个大小基本相仿的柳体字，经过精心的编排组合，拼合成碑文，请名工仲汝羲精刻于石碑上。此碑高二点九米，宽一点二米，字径约五厘米，碑文一千二百六十一字，分刻二十四行，

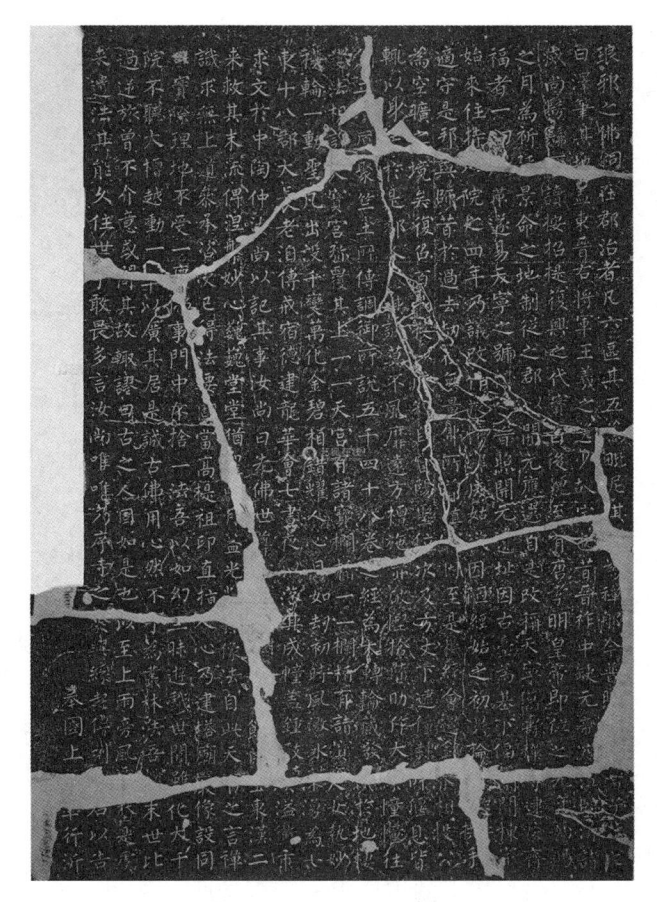

图 209　集柳公权书沂州普照禅寺兴造记碑

每行六十二字，立于普照寺内。从此，王羲之故居普照寺因为有"集柳书碑"而更加名扬四海。此碑受到后世很高的评价，明赵崡《石墨镌华》谓其"方整遒劲，紧密处殊胜公权自书"。清孙承泽《庚子销夏记》亦称赞其"方整劲秀，宛如柳公手迹。集者不著名。如此妙腕大胜唐人怀仁，此可为知者道耳"。此碑因为系集柳公权的字刻成，故被称为"集柳碑"。此碑与西安碑林里柳公权的《玄秘塔碑》齐名，历史上有"东柳西柳"之说。此碑为临沂著名石刻。康熙七年（1668）大地震，此碑震碎倒地，道光年间被一和尚刮洗，失其风貌。

　　觉海的《集柳公权书沂州普照禅寺兴造记碑》突破了以往集书只集王羲之一家的樊篱，具有一定的开创性意义，为明清出现的集李邕、褚遂良书碑等开了先端。

第七节　别具新意之字谜碑
——屡现奇貌的宋代藏字"福""寿"碑

继东汉末年出现的《曹娥碑》碑阴及唐代重刻《后汉太尉许馘庙碑》等隐语"字谜碑"后，宋代又出现了一种字中藏字的"字谜碑"。这种"字谜碑"看似一字，实为多字，字中有字，字中藏字，往往需要用一些智慧、花一番心机才能辨认出来，有些字甚至至今还未被辨认出来，可谓耐人寻味，趣味横生。

一、重庆大足宝顶山字中藏诗联"寿""福"摩崖石刻

重庆大足县城东北的宝顶山是著名的石刻之乡，也是佛教信徒朝山进香的圣地，素有"上朝峨眉，下朝佛顶"之说，山上遍布石刻，造像数以万计，其中大佛湾是规模最大的一处。宝顶大佛湾石刻中以宋代的雕刻最有特色。在宝顶大佛湾十大明王像下的岩壁上所镌刻的两个颇为奇妙的四字合一、字中藏字摩崖怪字，即是其中最有特色的碑刻。这两个字高一点五米，书法奇异古怪，构思神妙，与众不同。粗粗一看，这两个字是"寿"和"福"字的"裙阳字"。"裙阳字"即是石刻字艺术中的一种，其字体轮廓边缘凹进，笔画中间凸出，呈 W 型，可将书法原作的中锋笔法形象地展现出来，使字具有一定的立体感，以增强艺术效果。但如果仔细观看，则可以发现这两个字字中有字，字中有联，字中有诗。如左边的"寿"（繁体字为"壽"）字（图210）中若隐若现地藏有"林""富""佛""寿"四个字；而右边的"福"字（图211），细看可以看出是由"福""给""予""田"字四个字组成。不仅如此，一些细心的人还发现，这隐藏于其中的八个字凑在一起，又恰好是一副绝妙的对联和四言古诗：

　　　　林富佛寿
　　　　田给予福

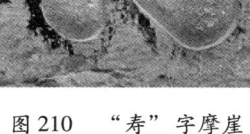

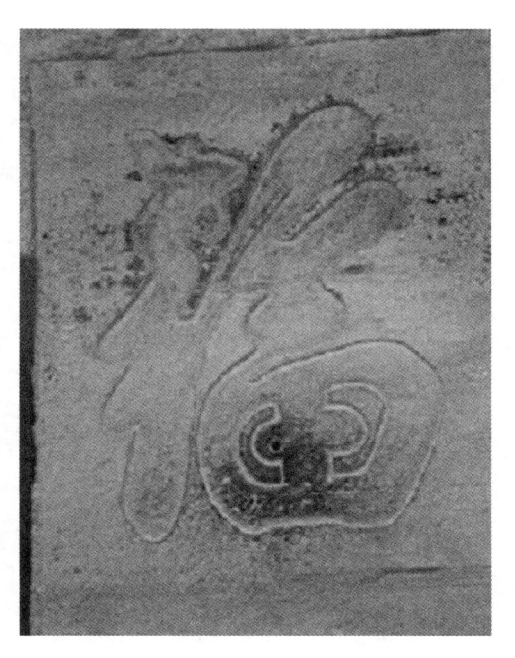

图210 "寿"字摩崖　　　　　图211 "福"字摩崖

其意是说：多植树佛佑长寿，种好田给你幸福。八字哲理深邃。此石刻宣传人与自然和谐、注重生态平衡、保护自然环境的思想，为后人留下了一笔宝贵财富，受到世人赞叹。

在这两个妙趣盎然的字中字摩崖石刻的左下侧，刻有"陈希夷书"四字落款。经考，"陈希夷"即五代末年北宋初年的著名道教学者、隐士和理学家陈抟。陈抟字图南，自号扶摇子，老子故里亳州真源（今河南鹿邑）人，生于唐末，后唐长兴中举，进士不第，隐居华山。《宋史·陈抟传》称其"能逆知人意"，"好读《易》"。他隐居武当山时作诗八十一章，名《九室指玄篇》，言修养之事。又撰有《入室还丹诗》五十首，《易龙图》、《赤松子诫》、《人伦风鉴》（或作《龟鉴》）各一卷，另有《三峰寓言》、《高阳集》、《钓潭集》及诗六百余首。相传他传有《无极图》（刻于华山石壁）和《先天图》；认为万物一体，只有超绝万有的"一大理法"存在。其学说后经周敦颐、邵雍加以推演，成为宋代理学的组成部分。宋太宗赵光义对其颇为赏识，赐号希夷先生。陈抟继承汉代以来的象数学传统，并把黄老清静无为思想、道教修炼方术和儒家修养、佛教禅观会归于一流，对宋代理学有较大影响，后人称其为"陈抟老祖""睡仙""希夷祖师"等。陈抟是传统神秘文化中富有传奇色彩的一代宗师，他善书五尺大字，独具特色、字中藏字的"寿""福"二字正蕴含了其把黄老清静无为思想、道教修炼方术和儒家修养、佛教禅观会归于一流的思想,是其富有传奇色彩的代表作之一。

二、海南三亚南山小洞天四字合一巨"寿"摩崖石刻

据查考,除了重庆大足宝顶山,今四川安岳陈抟墓及潼南、峨眉山、华山、山东蓬莱仙境及海南三亚南山大小洞天的仙翁寿石等处,也都镌有陈抟书写的字中藏字"福""寿"二字石刻。但据查考,海南三亚南山大小洞天仙翁寿石的"寿"字,虽也是"字中藏字",但与大足摩崖石刻,安岳陈抟墓及潼南、峨眉山、华山、山东蓬莱仙境"寿"字的形态、内涵和字中所藏之字都不尽相同。

三亚南山大小洞天旅游区古称"鳌山",位于海南三亚市以西四十公里处的南山西南隅,总面积约二十三平方公里,枕海壁立,为崖州古城之南面屏障。南山大小洞天旅游区因其奇特秀丽的海景、山景、石景和洞景,在宋代即被开辟为旅游景点,至今已有八百多年的历史,是海南岛历史最悠久的风景名胜。据史料记载,宋代著名神仙道士、南宗五祖白玉蟾归隐于此,修建道观,传播道家文化哲学思想。南宋时期,崖州郡守毛奎就任于此,先后发现大小洞天,并对此景区进行开发,因开发有功,卸任之时,顿悟成道,飞身成仙,因此大小洞天被称为"福泽之地",被誉为"琼崖第一山水名胜"。风景区内至今仍有"小洞天""钓台""海山奇观""仙人足""试剑峰"等历代诗文摩崖石刻。在小洞天仙翁寿石上,镌有一个字中藏字的巨大摩崖"寿"字(图212)。此字为陈抟所书,高二点一五米,由"人""寿""年""丰"四字组合构成。陈抟之所以

图212 "寿"字摩崖

在此镌刻这个四字合一、字中藏字的巨大"寿"字，其意图是给世人一个美好的祝愿，他巧妙地将"山"和"字"自然而然地有机组合在一起，喻指"寿比南山"。

三、江西九江烟水亭一笔九转《"寿"字碑》

坐落在江西九江市区内甘棠湖中的烟水亭，占地一万四千平方米，为北宋理学家周敦颐之子所建。据九江府志记载，八仙之一的吕洞宾曾当过浔阳（今江西九江）县令，为九江人办过不少好事。当地人为了纪念吕洞宾，在烟水亭中建了一座纯阳殿，里面供奉吕洞宾的塑像，在纯阳殿后立了一块相传为吕洞宾任浔阳县县令时亲手用狂草书写的字谜《"寿"字碑》（图213）。现在纯阳殿中的吕洞宾塑像早已毁于兵燹，但殿后的字谜《"寿"字碑》依然矗立在那里。

此碑字体苍古，笔力雄健，盘郁遒劲，乍看是一个草书"寿"字，再一看又似一个"丹"字，细辨方知是斗大的"寿"字一笔九转，由"九转丹成"四字组合而成，在碑额上刻有篆书"九转丹

图213 "寿"字碑

成"四字。据史料记载，吕洞宾系唐朝人，为历史上传说中的"八仙"之一。他一生信奉道教。道教主张练神兼练形，追求长生不老，炼丹是其主要法术之一。道教方士认为金丹烧炼愈久，炼的次数愈多，药力便愈足，所炼"仙丹"便愈灵验，服后成仙也就愈快。而"九"乃我国古代至高之数，故炼丹以九转最佳。葛洪《抱朴子·金丹篇》载："一转之丹，服之三年得仙……九转之丹，服之三日得仙。"吕洞宾单单写一"寿"字，并由"九转丹成"四字组成，正是阐述了道教的炼丹延寿教义。据说，这块"九转丹成"字谜《"寿"字碑》，寄寓了吕洞宾

对九江百姓人寿年丰的美好祝愿。

九江烟水亭的这块《"寿"字碑》，引起了世人的极大兴趣，也成为赞颂吕洞宾、弘扬道教教义的代表性作品，在一些道教圣地也有摹刻。诸如，始建于宋仁宗嘉祐六年（1061），在山东蓬莱城北丹崖绝顶上，与黄鹤楼、岳阳楼、滕王阁并称为"中国四大名楼"之一的蓬莱阁正殿前明廊西端坐西面东矗立着一块摹刻的吕洞宾的"九转丹成"字谜《"寿"字碑》，碑末落款署"光绪甲申仲冬勒于蓬莱丹崖之吕祖阁志斋郑锡鸿谨摹"。此碑上的"寿"字与江西九江烟水亭纯阳殿后的《"寿"字碑》一般无二。

第八节　白话、标点碑之开端
——《大王记结亲事碑》《"圈儿词"碑》

文言文是中国古代以先秦时期的口语为基础形成的一种书面语言。文言文是相对于口语化的白话文而言的，是没有标点的，现在我们一般将"文言文"称为"古文"。碑是文字和文章的重要载体，因而自碑诞生以来，直到1918年以前，中国的碑文都是用文言文即古文书写的，是没有标点的。然而，随着语言文字和碑刻的发展，在辽代和宋代，破天荒地萌生了中国历史上最早的白话文碑和标点碑，成为辽宋碑刻中的奇葩。

一、中国最早的白话碑辽代《大王记结亲事碑》

《大王记结亲事碑》（图214）刻于辽太祖天赞二年（923）五月，是迄今为止所见年代最早的辽碑，也是现知中国历史上最早的白话碑。此碑系1974年秋由内蒙古宁城金沟乡喇嘛沟门村一组的村民在该村曹家房后地段深翻土地时，于距地表约50厘米的熟土中发现。村民挖出两块石碑后取回家中，一块砌于水井之上，一块用作唊羊石。1989年4月，宁城县文物管理所在进行文物普查时发现了这两块碑，随即予以征集，运回县文物管理所收藏。碑石现存内蒙古赤峰宁城辽中京博物馆。

《大王记结亲事碑》两碑石质均为白色花岗岩，形制相同，均为圆首长方形竖碑，高一米、宽三十五厘米、厚十一厘米，下部有长七厘米的梯形榫，原先似应有碑座。一碑之正、反、侧四面均刻有细线栏，但碑面无字，仅在碑底部的石榫上刻一点五厘米大小的"王"字。另一碑的正面、右侧面、背面和左侧面均刻有竖线栏，栏内有字。正面碑额自左向右横书"大王记结亲事"六个楷体汉字。碑文亦自左向右竖刻，碑正面刻汉字碑文十行，自左向右换行；碑石右侧刻三行汉字，也是自左向右换行，与正面的内容相连续；碑阴刻十三行汉字，自左向右换行，与碑右侧的内容相连贯；左侧刻一行汉字，与背面的内容相连贯。各面碑文共二十七行，原有八百九十三字，背面上部磨损六十六字，现存八百二十七字。碑文以大王的口气，叙述了通婚聘女之事。

图214 大王记结亲事碑

据专家考证，此碑系奚族所立，大王即勃鲁思。因碑文系大王口授，他人录记，故以口语书写，是典型的白话碑，如碑末云："据此事，我也言（眼）不见，身不泛（烦）来。只是我母向我道，我肚里不忘却，遂记石上。"此碑对研究辽史和辽代语言具有重要的价值。

二、中国最早的标点碑宋代《"圈儿词"碑》

我国历代以来数以万计的碑刻,除了无字碑外,都是镌刻有碑文的。然而,大千世界无奇不有,在我国历代碑刻中,有极少数碑刻的碑文,居然不是用文字写出来的,真可谓奇哉、妙哉、怪哉,令人惊诧不已,感慨万千。

历史上最早最有名的一块标点碑,是浙江宁海的《"圈儿词"碑》(图215)。宋代时有一位著名的女词人,名叫朱淑真,号幽栖居士,钱塘(今浙江杭州)人,祖籍歙州(今安徽歙县),生于仕宦家庭,南宋初年时在世。她自幼刻苦读书,会画画,通音律,尤其会写诗填词。她写的《生查子》词深受世人赞赏,词多幽怨感伤,有诗词集《断肠集》。相传她嫁给了一位读过不少书的商人,与丈夫感情甚笃。丈夫在新婚不久后即外出行商,经久未归,她十分思念,就给丈夫写了一封信,让人给丈夫捎去。丈夫接到信后拆开一看,只见信笺上没有一个字,画的全是圆圈儿。这是什么意思呢?她丈夫苦思冥想不得其解。正在他发愁之际,一阵风吹来,吹落了他手中的信纸,他上前捡起,这才发现信纸背面有用楷书小字写的一首词,是对信纸正面画的那些圆圈儿的解释。原来信纸正面是一首用大大小小或单或双或破或整的"〇"这个标点符号为代号写就的一首"圈儿词"。用大大小小、各种各样圈圈组成的词文用文字翻译出来是:

图215 "圈儿词"碑

相思欲寄无从寄,画个圈儿替。
话在圈儿外,心在圈儿里。
单圈是我,双圈是你。

> 你心中有我，我心中有你。
> 月缺了会圆，月圆了会缺。
> 我密密加圈，你密密知我意。
> 还有那说不尽的相思情，一路圈儿圈到底。

朱淑真的丈夫看了感动不已，十分珍惜，小心翼翼地将这封信收藏了起来。后来，朱淑真不幸病逝，她丈夫十分怀念她生前的深情，为了纪念她，便在浙江宁海城郊给她修了墓，为她竖立了一块墓碑，碑上就刻了这首用"○"这个标点符号为代号写就的"圈儿词"作为墓志铭。从此，"圈儿词"就流传开了，这块《"圈儿词"碑》也就成了中国历代碑刻百花苑中饶有妙趣的一大奇观。

不过，对于这篇"圈儿词"的来历，民间还有一种说法，说是清人所写的词，此词收集在清朝梁绍壬《两般秋雨盫随笔》中。据说清朝时，有位妇人想念外出的丈夫，因为不识字，就在信上画了大大小小或单或双或破或整的满纸圆圈儿，把它当作信给寄了去。她丈夫接到信后不解其意，去请教一位秀才，秀才看了就揣摩意思，把它写成了这么一首意思浅白而有趣的"圈儿词"。

第九节　奇技巧制之稀世宝刻

——四川仁寿《黑龙滩隐形摩崖石刻》

中国碑刻历来在讲究书法艺术的同时，非常重视碑的镌刻技艺和制作技艺。因此，在中国碑刻千百年的历史中，不仅涌现出了许许多多书法艺术超凡的精品佳作，而且还出现了不少匠心独运、巧夺天工、超凡脱俗的奇碑。在四川仁寿黑龙滩风景区崖壁上，就有这样一块宋代时制作的奇特的摩崖碑刻。这块摩崖碑刻上的文和图平时看不见，只有泼了水以后才会显现，可谓稀世罕见之宝刻。

位于四川仁寿的黑龙滩，在历史上有"蜀中西湖"之称，风景区景色优美宜人。在风景区底部与五里桥码头遥遥相对的地方，有一处四面临水的岩壁，壁上刻着一条巨大的石龙，长约十五米，半浮于水面，半隐于水中，风起浪涌之时，石龙似呼水拥浪而来，蔚为奇观。在石龙的左上侧岩壁上，雕凿着一尊唐代雕刻的高约八米的龙王坐像，体态匀称，神情怡然。坐像石龛左右两侧的岩壁光洁如碑，平滑无痕，呈灰白色。然而，若有人将水泼于其上，奇迹就立即出现了：在右侧的岩壁上，立即显现出一行行墨黑的楷书大字，字迹清晰，风格遒劲；在左侧石壁上，则显现出一幅功力深厚的墨竹图，枝挺叶劲，神韵飘逸，笔酣墨饱。但是，随着水的蒸发，两岩壁上的字和图即隐去不见，石壁上不留刻痕和墨迹（图216）。为什么这两块岩壁的碑刻会泼水就显形而水干就隐形呢？这究竟是用何种技艺制作出来的呢？至今这仍是一个神秘的未解之谜。

图 216　黑龙滩隐形摩崖

据《仁寿县志》记载，《黑龙滩隐形摩崖》上的字和画，均出自宋代文同之手。文同字与可，自号笑笑先生、锦江道人，世称石室先生，为梓州梓潼人（今属四川）人，生于宋真宗天禧二年（1018），卒于宋神宗元丰二年（1079），是宋代书画家、散文家，元丰初任湖州知州，故人称"文湖州"。他能诗善文，篆隶行草飞白各体书法无所不工。他曾学书十年，未得古人用笔之法，后见道上斗蛇，遂得其妙。他擅长画竹，主张画竹必先"胸有成竹"，所画墨竹以深墨为面，淡墨为背，潇洒多姿，疑可风动。其表兄苏轼曾称赞他"梅寒而秀，竹瘦而寿，石文而丑，是为三益之友"，学者称他为"湖州竹派"。《黑龙滩隐形摩崖》的墨竹图和楷书碑文，即是其用至今无人知晓的独特方法制作书刻的。

第十节　摩崖巨字之崛起
——北宋巨"夬""连鳌山"及南宋两巨"佛"

巨字摩崖气势磅礴，是我国历代碑刻中的一个重要品种。在我国历史上巨字摩崖最早出现在南北朝。南朝时期，在洪顶山茅峪北侧崖壁上曾出现过多个"大空王佛"摩崖巨字，其中最大的"大空王佛"四个巨字通高十一点三米，其最后一个字"佛"，高四点六二米，宽四米，笔画宽二十多厘米，最宽的笔画达五十多厘米，被誉为大字鼻祖。随着碑刻文化的兴盛，在宋代时又相继出现了多个堪与"大空王佛"相媲美乃至更大更壮观的摩崖巨字。

一、北宋浯溪碑林《巨"夬"镇妖摩崖》

位于湖南永州祁阳浯溪公园内的浯溪摩崖石刻，是我国摩崖石刻中的佼佼者。此处苍崖石壁，濒临湘江，巍然突兀，连绵七十八米，最高处拔地三十余米，岩壁上散布着大量大大小小各种不同书体的摩崖石刻，现存唐、宋、元、明、清、民国历代摩崖石刻五百零五方。除著名的三绝碑《大唐中兴颂》外，最为引人瞩目的是在《大唐中兴颂》摩崖石刻左侧镜石上方悬崖上镌刻的一个字高一丈三尺、宽七尺、凿石深五寸多的巨大的楷书"夬"字符号（图217），这是浯溪摩崖石刻中体量最大的一个巨

图217　巨"夬"镇妖摩崖

型字符。

"夬"似字非字，似符非符，原是《易经》六十四卦中的"夬卦"，为乾上兑下，以刚决柔，有"决裂"即以正压邪之意。《易·夬》云："夬，决也，刚决柔也。"又云："泽上于天，夬。"孔颖达疏曰："泽性润下，虽复泽上于天，决来下润，此事必然，故是夬之象也。"浯溪碑林中这个《巨"夬"镇妖摩崖》，据考，是宋神宗熙宁七年（1074）由永州（今湖南零陵）通判、都官员外郎柳应辰留下来的，是柳应辰用以"镇妖"的"心记符"，又叫"柳押符"，迄今已有九百四十多年的悠久历史。

关于这个巨大的《"夬"字摩崖》是如何来的，民间流传着一个饶有奇趣的故事。传说柳应辰道法高超，某夜泊舟浯溪，夜有妖登舟作孽，柳急以朱砂笔书"夬"符于魔掌，顿时电闪雷鸣，风雨大作，妖不见了。次日早上，只见"夬"符出现在崖壁上，柳应辰便请人将"夬"符刻于崖壁上，以镇妖魔，还附诗预告此符能万古长存，曰："浯溪石上大江边，心记闲将此处镌。自有后来人屈指，四千六百甲寅年。"从此浯溪妖魔绝迹，游人览胜平安无事。据说，至今《巨"夬"镇妖摩崖》石刻笔画中间还留有妖魔的血迹（矿物氧化的暗红色）。由于相信《巨"夬"镇妖摩崖》可以镇妖，《浯溪碑林》记载，"祁阳小孩乳名'石俫'者颇多"，以为这样可以得到《巨"夬"镇妖摩崖》的保护，"可保'贵昌长命'"。

如今，当人们身历其境，目睹这个《巨"夬"镇妖摩崖》，亲身感受到了它"刚决柔"的宏大气势时，似乎确能从中体会到《浯溪志》所载"夬"符镇妖之说不为虚言，感受到其中博大精深的文化内涵。《巨"夬"镇妖摩崖》中蕴含的神话传说，无疑更为浯溪摩崖石刻留下了一点神秘感，增添了一种浪漫情调，更使人对浯溪摩崖石刻这颗璀璨的文化明珠心驰神往。

二、北宋苏轼《"连鳌山"摩崖》

在四川眉山市区西南，有一座六个山头连续均匀地排列在一起的山，因其远看仿佛是遨游在大海上的六只大鳌鱼，古人便把此山称为连鳌山。连鳌山自古以来闻名遐迩，不仅是因为这里在隋唐之际便有香火旺盛的栖云寺、丈六禅院等庙宇寺院，在山崖石壁上雕凿有许多造型各异、形象生动的佛教造像，山清水秀，宁静清幽，宛如人间仙境，还因为在连鳌山山腰上有一代大文豪苏东坡书写的

"连鳌（鼇）山"三个摩崖巨字石刻（图218）。明代《蜀中名胜记》中记载："'连鳌山'三字雄劲飞动，大如屋宇，为东坡青少年时手书。"据测量，"连"字长三点一五米，宽三点二米，"鳌"字长三点五米，宽三点二米，"山"字长三点二米，宽三米。三个巨字结构严谨，笔力苍劲，笔势流畅，气势非凡。据明代曹学荃《蜀中名胜记》、清代《眉州州志》和民国《眉山县志》记载，《"连鳌山"摩崖》石刻巨字，是苏轼一生中所留下的最大的书迹，具有很高的书法艺术价值和观赏审美价值。

那么，苏轼为何要写下这三个大字？又是如何写下这三个大字的呢？这在当地民间流传着一则意味隽永的传说。

图218 "连鳌山"摩崖

四川眉山是北宋大文学家、大书法家苏轼的故居。相传，苏轼"七岁知书，十岁能文"，非常聪明。据《三苏祠丛书》记载，苏轼八岁入学，十七岁时来到位于丹棱县连鳌山山腰上的栖云寺读书，终日孜孜不倦。民间传说这一年中秋之夜，苏轼和弟弟苏辙约了学友家定国、家安国、家勤国兄弟三人一起夜游连鳌山赏秋月。

此时正是桂花飘香时节，微风送来月中香，五人指山说画，指水谈文，各抒胸臆。不多时已是皓月当空，银辉尽染层林，群峰罩在雾霭之中，恍若仙境。众人开始兴致勃勃地联句吟诗。家安国起了首句"登鳌望月蟾宫近"，家定国自告奋勇地接了下句，"寂寞嫦娥喜迎宾"，众人拍手叫好。苏家兄弟才学出众，自然也不甘示弱，苏辙谦虚地说道："我来第三句，结句留给我兄长吧。"说完便吟道："四海风云会琼宇。"苏轼看了看各位挚友，说出了他的结句："苏家轼辙安定勤。"大家一听，拍手叫绝，原来这结句把"二苏""三家"巧妙地安排在琼林会上了，自然是皆大欢喜。

正当大家带着满足与快乐要下山时，不料学友刘仲达赶上山来，因为他没有赶上"四海风云会琼宇"，大家觉得遗憾万分。然而大家突然想到，六人同登连鳌，正符合此山六鳌并举的象征，年纪最小的苏辙乘兴祝愿大家："连鳌山下论诗文，但愿他日得连鳌——同登金榜。"大家听了更是兴味盎然，决定推书法好手苏轼在山崖上写下"连鳌山"三个大字，以记下"连鳌"之志。苏轼欣然从命。然而，要在山上书写字迹，肯定得将字体写得宏伟庞大。可是，哪里去寻找大笔呢？苏轼随即叫随行小和尚回栖云寺取来一把扫帚和一根竹竿，扫帚绑好后，剪去多余虚边，以之当作巨笔，将眉山的特产土红泥搅匀放在木盆里作为墨汁。随后，苏轼双手紧握"扫帚笔"，定神敛气，大笔挥舞，一气呵成，顷刻间，在面积一亩有余的山坡石上写下了"连鳌山"三个楷书大字。栖云寺住持觉悟大师一向敬重苏东坡的文才，第二天见到苏东坡写的这古今罕见的巨书更是赞赏不已，赶紧请来附近的老石匠将大字雕刻了三寸深，三字便深深地凿在了山坡上。

《"连鳌山"摩崖》为世间罕见的一大奇观，后人对此赞叹不已。明代丹棱县令吕禧写诗歌咏东坡手书的"连鳌山"云："一举何人得六鳌？东溟从此静波涛。指挥苍莽鸿蒙合，点缀江山景象高。海上蟠龙张爪吻，云间彩凤舞苞毛。定知千载符元气，净扫苔痕漫刻雕。"后来的丹棱知县及绅士文人等，每年春秋季节，都会率队登山祭祀，游览胜景。清代光绪六年（1880）丹棱县令庄定域让当地有钱人请石工在大字石刻周围砌成三尺高的石栏，并设立保护碑，以官府的名义颁发公文禁止人员和牲畜进入石栏。20世纪50年代以后，由于无人管理，石栏被拆毁，《"连鳌山"摩崖》石刻遭到破坏，也失去光彩，任由人畜践踏和风雨剥蚀。直到1986年，眉山县人民政府公布其为县级文物保护单位，三苏文管所才又重新为《"连鳌山"摩崖》修上围栏，竖起县人民政府颁发的保护碑。2000年，鉴于"鳌"字中的"口"已非常模糊，三苏祠的古建专家赵汉儒凭着丰富的经验，对比照片，摸索残迹，准确生动地再现了东坡书法的神韵，使"连鳌山"这三个苏轼留下的弥足珍贵的摩崖巨字又重新放出了璀璨的光华。

三、重庆潼南大佛寺《巨"佛"摩崖》

位于重庆潼南县城西的大佛寺，始建于唐懿宗咸通年间（860—873），初名定明院，又名南禅寺。后因宋朝时在寺内依山凿一大佛，改称"大佛寺"，是以巨型大佛而著称于世的古刹。大佛是依崖而凿的一尊释迦牟尼佛坐像，头饰螺髻，方面大耳，慈眉善目，脸颊丰满，依山面江，赤足端坐，周身贴金，光彩熠熠。这尊释迦牟尼坐像高十八点四三米，胸围八点三五米，结跏趺坐，袒胸，套双领外衣，左手置于膝间，右手平胸，施无畏印，佛身各部分比例匀称，衣纹流畅，形态逼真，体态庄严肃穆，双目炯炯传神，气势尤为雄伟。据碑记所载，整座佛像开凿前后共历时二百九十多年。佛首凿于唐懿宗咸通元年（860），成于唐僖宗广明元年（880）。佛身的开凿跨越五代乃及北宋，时间长达二百五十多年，直到宋钦宗靖康元年（1126）始成。此后，按佛首比例展开佛身，又用了二十六年的时间，于南宋高宗绍兴二十一年（1151）才完全凿成。大佛凿就后，南宋绍兴二十二年（1152），为了给佛像饰金，又进一步对佛像加工细磨，二月，大佛装銮饰金完成，至此大佛通身贴金。清嘉庆七年（1802）、同治九年（1870）、民国三年（1914）和民国十年（1921），大佛又先后四次重装金身。因此这尊大佛俗称"八丈金仙"，是石刻造像中罕见的珍品，过去被称为"蜀中四大佛"之一，是我国第一大金佛，世界第七大佛。

大佛凿成后成为一大胜景，历代前去瞻拜之人不计其数，留下了众多的题刻。以大佛为中心，在东西长达里许的沿江丹崖崖壁上，留有历代骚人墨客书镌的题记、诗咏、碑碣、造像等八十三则，镏金楹联镌刻二十则，水文题刻五则，龛窟一百零四个，佛像七百余尊。其中，最引人注目的是刻凿于大佛寺左侧数十米高的岩壁上的一个巨大的"佛"字。这个刻在陡峭笔立的岩壁之上的"佛"字（图219），高八点八五米，宽六点七八米，笔画粗一米左右，占据岩面六十平方米，为南宋间文清所书（一说为清同治年云岩弗乘所书），是1986年

图219 巨"佛"摩崖

文物普查前所知的全国最大的石刻佛字。"佛"字字体为楷间行意，丰腴跌宕，意态奇逸，质朴遒劲，刚健挺拔，笔力千钧，足踏江岸，头顶蓝天，所以也称"顶天佛字"，又叫"立地成佛"。在苍松翠蔓的衬托下，一尊巍然矗立的大佛和一个巨大的"佛"字摩崖石刻交相辉映，景象极为壮观，令人顿生佛法无边之感。"佛"前江中恰好独立一石，状若双手合掌，朝"佛"字顶礼膜拜，平添几许佛法无边、顽石点头悟禅机的灵气，使这个巨大的摩崖"佛"字倍添魅力。

四、浙江仙居石牛村大兴寺《巨"佛"摩崖》

仙居县原名乐安县、永安县，位于浙江东南台州西部，迄今建县已有一千六百多年历史。北宋景德四年（1007），宋真宗以其"洞天名山，屏蔽周卫，而多神仙之宅"，下诏改"永安"为"仙居"。境内拥有景色秀丽的自然景观和历史文化底蕴深厚的人文景观，淡竹乡有闻名遐迩至今尚未破译的全国八大奇文之蝌蚪文摩崖，石牛风景区还有多处富有价值的古代巨字摩崖石刻，如在永安溪石牛潭潭边大岩石上、潭中央石牛身上和石牛东北侧的一块大岩石上，镌刻有清康熙三年（1664）时仙居知县郑录亲笔书写的字径近一米和一米多的"禁捕""长生潭""界"等摩崖石刻大字。而更令人惊叹不已的是，在1986年的文物普查中，在仙居县城东边，距县城五公里远的杨府乡石牛村福应街道石牛村长老山的大兴寺东侧枕溪山的一块高三十三米的悬崖石壁上，发现了一个巨大的"佛"字摩崖石刻（图220）。这个巨大的"佛"字高和宽均为十一点二米，总面积约为一百二十五平方米，最粗笔画达50厘米，是当时全国发现的最大的摩崖

图220 巨"佛"摩崖

石刻"佛"字，比曾被列为我国石刻大字之冠的重庆潼南大佛寺的楷书大"佛"字要大得多。

《巨"佛"摩崖》技法高超，笔画流畅，字体规正端庄，笔力遒劲饱满，魏体，阴刻，字迹完美，字的左下方有一行小字"住持僧息慧书"，年月日已风化不能辨认。那么，这个巨大的"佛"字究竟是何时何人书写镌刻的呢？至今人们歧见纷纭。《浙江学刊》1992年第2期封二介绍文章提出，晋朝和尚名录中有息慧的名字，大"佛"字可能是晋朝刻上的。1986年，仙居县人民政府将石刻大"佛"字公布为县级重点文物保护单位，浙江省文物管理委员会将这个石刻大"佛"字列为第三批省级文物保护单位。《仙居县志》也说："仙居大'佛'字，在仙居县城东十里石牛村，晋石头禅院僧道慧刻。"而另一种意见则提出，大"佛"字是南宋恭宗德祐二年（1276）大兴寺住持僧道慧刻的。

根据我国摩崖石刻发展历史的考析，历代以来一致公认的我国历史上最早最大的摩崖石刻大字、被称为"大字鼻祖"的是北齐后主武平六年（575）镌刻于山东邹城东北尖山摩崖刻经上的"大空王佛"一竖行四个隶书大字，字径一点三米左右。如果说仙居石牛村大兴寺摩崖巨"佛"大字是早于北朝的晋朝时刻的，比"大空王佛"要大得多，那历代以来就绝不可能将北朝时的"大空王佛"称为"大字鼻祖"，而应将仙居石牛村大兴寺摩崖巨"佛"大字称为"大字鼻祖"。再者，并不算太大的"大空王佛"镌刻在偏远的深山老林荒山僻崖上尚且早就被人们发现，受到高度关注，名闻遐迩，而刻字年代远早于北朝"大空王佛"、镌刻在香火旺盛的著名古寺附近崖壁上这个自先秦至晋首屈一指的巨大"佛"字，在晋代当时即应引起极大的轰动，载诸史册和各种文献。然而，至今并未发现南北朝之前的历史文献资料对此有只字片语的记载。这表明，仙居石牛村大兴寺这个摩崖巨"佛"大字并非刻于南北朝之前，其出现显然要晚于北朝的"大空王佛"，不太可能是晋朝刻立的。故而仙居石牛村大兴寺这个摩崖巨"佛"大字，为南宋恭宗德祐二年（1276）大兴寺住持僧道慧刻的可能性较大。

第六章

元、明、清时期的珍奇碑刻

宋宁宗开僖二年（1206）成吉思汗建立大蒙古国，元世祖至元八年（1271）忽必烈定国号大元，并于元世祖至元十六年（1279）灭南宋，统一全国。元世祖忽必烈是一位雄才大略的帝王，他深知凭借强大的武力可以统一全国，但是要想长期统治历史悠久、以汉族为主体的文明古国，就必须吸纳、承袭汉文化。因此，在将军政大权都揽在蒙古人与色目人手里的同时，元朝对汉族的文化艺术方面的钳制较为放松。当时，许多汉族士人由于在政治上难以得到发展，亦都趋向于在书法、绘画、戏曲等文化艺术方面用功。但是，由宋代《淳化阁帖》所掀起的倡帖轻碑之风影响深远，元代大多书家都热心于翰札，故而尽管这个时期蒙古文碑刻相当丰富，但以汉字刻立的各类碑刻数量并不多，碑刻文化发展较为缓慢，珍稀奇碑寥寥。

《淳化阁帖》掀起的重帖学轻碑刻之风，到明代时依然影响巨大，刻帖、习帖之风久盛不衰。但是明太祖朱元璋对刻石立碑颇为推崇，身体力行先后刻立了多块御碑，成为历代开国皇帝中立碑最多的一个，对社会有带动作用。因此，尽管明代书法名碑数量不多，然而无字碑、集字碑、谜语碑、白话碑、标点碑、异形奇材碑等珍稀奇碑却不乏其数，尤其无字碑出奇的多，成为中国历史上无字碑最多的一个朝代。

清初，在宋、元、明三朝大行其道的帖学虽然影响尚在，但因康熙、乾隆二帝极为推崇碑刻，因此刻碑之风兴起。而到清代乾隆嘉庆时期，被冷落了数百年之久、盛行于唐宋的碑学重新得到提倡并复兴，出现了自唐以后从未有过的兴盛局面。有清一代，无字碑、集字碑、谜语碑、帝王御碑、奇书妙刻等珍稀奇碑异彩纷呈，尤其是字谜碑、画谜碑和帝王御碑数量之繁茂，均位列历代前茅。

第一节　无字碑之历史最盛期
——洋洋大观的明清无字碑

无字碑在中国历史上为数不多。根据查考，在中国历史上有史料记载、有实物遗存的无字碑计有二十二块，除秦汉时期的《泰山玉皇顶无字碑》、两晋时期的《谢安无字墓碑》、唐代的《武则天无字碑》和《唐中宗无字碑》、北宋的《"万人愁"碑》和南宋《秦桧无字墓碑》外，其余全部出现在明代和清代。明、清两代是中国历史上无字碑最繁盛的时期。

一、众多"神功"乌有、"圣德"难言的明无字《神功圣德碑》

据考，明代是我国历史上遗存无字碑最多的一个朝代，现仍留存于世的明代无字碑共有十三块之多，其中，除在苏州玄妙观中有一块有字变无字的《方孝孺碑》外，其余十二块无字碑都是明代皇陵中的《神功圣德碑》。

明代最早的一块无字碑是安徽凤阳明皇陵无字《神功圣德碑》（图221）。明皇陵位于安徽省凤阳县城南七公里处，是明太祖朱元璋父母的陵墓，朱元璋的三个哥哥、三个嫂子和两个侄子也葬于此。据史籍记载，元顺帝至正四年（1344）四月，朱元璋父母、长兄及长侄相继死于瘟疫。当时朱元璋还未发迹，幸得邻人刘继祖送给他一小块地，才将父母、兄长等葬于

图221　无字神功圣德碑

此，在"殡无棺椁，被体恶裳"的情况下，朱元璋只得浮掩三尺，草草将他们埋葬。朱元璋称吴王后，元顺帝至正二十六年（1366），击败张士诚、陈友谅，挥师平定中原，随军回凤阳，意欲改葬，但又恐泄山川灵气，故增土以培其封。朱元璋即皇帝位后，又追尊父母为淳皇帝、淳皇后，并将其坟墓按山陵之制建成皇帝陵。明太祖洪武二年（1369），朱元璋命人加修寝园，改称"皇陵"，此后又两次大规模修建，于洪武十二年（1379）竣工。据传，当年明皇陵占地两万余亩，修有浩大的建筑群，有皇城、砖城、土城三道城垣，其内"宫阙殿宇，壮丽森严"，各类房屋数百间，还有御桥、红桥、水关等数十座。陵前神道长二百五十七米、宽约六米，立有三十二对石像生，神道南端紧连金水桥，金水桥南侧的东西两边相距五十米，呈对称状各竖立一块大碑。西边为由朱元璋亲自撰写碑文的《大明皇陵之碑》，又名《御制皇陵碑》；东边为无字碑。两碑尺寸相同，规格一致，均高六点八七米，分别由螭龙碑首、碑身、龟趺三部分组成。

那么，朱元璋为何要在明皇陵中立一块无字碑呢？其用意究竟是什么？因无更多史料佐证，只能大胆推测，不一定正确。从外观来讲，是建筑美学中陵园建筑布局与《御制皇陵碑》相对称的需要。而就深层次的原因而言，一方面是因为朱元璋已将自己父亲追封为皇帝，按古制言，皇帝死后皇陵中是必须立"神功圣德碑"的，而其父母只是最底层的穷苦农民，一生从未做过一件惊天动地的大事，更无什么了不起的骄人业绩，实在没有什么"功绩"可记，没有什么"圣德"可言，因此只能象征性地立一块碑，虽然立了碑，也只能空而不铭；另一方面则还包含着一层更深的含义，那就是朱元璋认为自己成就的帝业是父母累善积德所至，无上伟大，无法用文字来表达，所以一字不镌。这种意味深长的安排，或许可以起到此时无字胜有字的效果。

除明皇陵无字碑外，明代其余的十二块无字碑现全部在北京昌平的明十三陵。在明十三陵中，有一个奇怪的现象，那就是除明成祖朱棣长陵和明思宗思陵的《神功圣德碑》刻有文字外，其他十一座明帝陵——明仁宗献陵、明宣宗景陵、明英宗裕陵、明宪宗茂陵、明孝宗泰陵、明武宗康陵、明世宗永陵、明穆宗昭陵、明神宗定陵、明光宗庆陵、明熹宗德陵陵前所竖的《神功圣德碑》都是无字碑（图222）。为什么明代皇帝陵的陵碑大多一字不刻呢？人们大都对此疑惑不解，连清朝乾隆皇帝在《哀明陵三十韵》中也说："无字碑，实不可解。"真正的原因历史文献都没有详细的记载，我们也无从考究。

图 222　神功圣德碑

二、有字变无字的苏州玄妙观《方孝孺无字碑》

位于苏州市姑苏区观前街的玄妙观是江南著名道观，始建于晋武帝咸宁二年（276），初名真庆道院，迄今已有一千七百多年历史。玄妙观历代几经兵燹毁坏，几度重新修复。唐代曾改名为开元宫，宋代改名为天庆观，元成宗元贞元年（1295）改天庆观为玄妙观。清代康熙时，为避康熙讳改称圆妙观。民国元年（1912）恢复"玄妙观"旧称。玄妙观极盛时是当时全国最大的道观。玄妙观历史悠久，千百年来遗留下了大量的文物碑刻。在玄妙观主殿三清殿外东侧，人们可以看到耸立着一座高六点五米、宽二点七米的巨大石碑，石碑上空无一字，这就是著名的《方孝孺无字碑》（图223），它是我国历史上非常独特的一座无字碑。

此碑原本有字，是在历经血腥的重大历史变故后被彻底铲平而成的无字碑。这座无字碑背后，隐藏着发生在明朝初期的一段腥风血雨的历史。

这座无字碑原名《清理道教碑》，系明初一代名臣方孝孺撰文并书写。洪武四年（1371）明太祖清理道教，玄妙观更名为正一丛林，置道纪司（管理道教事务的机构），革昆山县五十顷香火田以充军饷。为纪念这件道观历史上的大事，玄妙观特请方孝孺作记书写后勒石立碑。方氏书法不同凡品，此碑成为玄妙观十八景之一。然而，时隔不久，发生了血腥惨烈的"靖难之变"，方孝孺惨遭杀戮，他撰文书写的这块《清理道教碑》随之被铲成了一字不存的无字碑。

图 223　方孝孺无字碑

然而，尽管此碑碑文被铲除，后人仍将石碑妥善保存了下来。此碑虽碑石上空无一字，却闻名遐迩，为苏州玄妙观三大名碑之一，至今巍然屹立于玄妙观内。

三、神秘的《五台山显通寺康熙无字碑》

《五台山显通寺康熙无字碑》（图224）是清圣祖康熙皇帝留下的一块无字碑，此碑在山西五台山的千年古刹显通寺里，其来历充满传奇色彩。

显通寺是五台山最古老的寺院，相传建于汉明帝时，始称大孚灵鹫寺，唐代更名为大华严寺，明太祖朱元璋时赐额改名为大显通寺。进入显通寺的第二道山门后，可以看到，在右侧文殊殿的前面，左右两侧矗立着两座八角碑亭，亭里各竖立着一块高约两米、宽约一米的汉白玉石碑。左亭中的石碑上刻有康熙皇帝的御笔碑文，立碑时间是康熙四十六年（1707）七月十九日。但右亭中的那块石碑上却一字未刻，是一块无字碑。此处为何要立一块无字碑，且要和康熙皇帝的御碑并列在一起呢？

相传，建碑亭的地方原是两个圆形水池，池中之水清澈如镜，好像一双眼睛。

第六章 元、明、清时期的珍奇碑刻

图 224 五台山显通寺康熙无字碑

康熙四十六年（1707），康熙皇帝上五台山朝拜，巡游显通寺，来到文殊殿前，无意之中抬头一望，只见佛教寺院菩萨顶端端正正坐落在灵鹫山上，好像一条巨龙昂头高卧在那里。牌楼不正是龙头？两根幡竿不正是龙角？那长长的一百零八级台阶，从牌楼上延伸下来，不正是吐出来的龙舌头吗？正当康熙若有所思时，陪同他游览的显通寺住持上前对他介绍说："启奏万岁，那灵鹫峰是一条龙，菩萨顶的牌楼正好在龙头上，上顶云天，下临大地，所以菩萨顶十分兴旺。"康熙心中不悦，问道："灵鹫峰真是一条龙？"住持回答说："对，当年文殊菩萨从东海龙王那里借来歇龙石，青龙也跟着来到五台山，这灵鹫峰就是卧在五台山的一条龙啊！"康熙说："灵鹫峰是条龙，但他不是条活龙，你看，他没有眼睛。"谁知这位住持并不明白皇上的心思，回答道："启奏皇上，此龙是有眼睛的，每日午牌时分，太阳照到这两个水池上，那菩萨顶的木牌楼两侧就会出现两个圆形的光环……"康熙听了再也忍不住心中的不悦，大发雷霆说："龙长了眼睛不会飞走吗？龙飞走了，五台山的灵气还会有吗？这两个水池马上给我填平，上面再立两通石碑压住！"住持一听慌了神，忙叫人火速将两个水池填平，立即在上面建亭立碑，并恳求康熙皇帝御赐碑文。没几天水池填平了，石碑立了起来，住持请康熙皇帝写碑文，康熙皇帝大约是由于心情不佳，只写了一篇碑文便起驾还朝了。于是，显通寺就留下了一通康熙御碑和一通康熙没来得及写的无字碑。当然，这个民间传说并不一定完全可信，却为这块无字碑增添了许多神秘色彩。

四、光滑如镜的《乾隆皇帝无字碑》

位于北京市西城区阜成门内大街的历代帝王庙，其原址为保安寺，建于明代嘉靖九年（1530），清代雍正七年（1729）重修，是明清两朝专门祭祀历代帝王的皇家庙宇。明清两朝皇帝对历代帝王庙持续关注，到乾隆时，根据乾隆皇帝"中华统绪，不绝如线"的谕旨，对被祭祀的历代帝王做了适当调整，最后确定为包括上起三皇五帝、下至明末崇祯的一百八十八位。民国后，祭祀停止，改由教育部门使用，帝王庙于1996年被列为全国重点文物保护单位。2007年设立北京历代帝王庙博物馆，对外开放。

历代帝王庙不仅拥有精深的历史内涵，而且还有鲜明的建筑艺术特点，庙中所存御碑及碑亭便体现了这一特点。历代帝王庙现存御制石碑共四通，均配有碑亭，分列景德崇圣殿东西两侧。以外观而言，四座碑亭外形相仿，皆为重檐歇山顶，上覆黄色琉璃瓦，外檐金龙和玺彩绘。亭内巨碑、碑趺加之海水江崖石雕地面，均体现了皇家的最高等级。从年代而论，除东南碑亭为雍正时期所建，剩下三座皆为乾隆时期所立。

东南碑亭御碑碑阳为雍正十一年（1733）所刻《历代帝王庙碑》，碑阴为乾隆五十年（1785）所刻《历代帝王庙礼成述事》，此碑被称作"父子碑"。

正东碑亭御碑碑阳为乾隆五十年（1785）所刻《祭历代帝王庙礼成记》。

西南碑亭御碑碑阳为乾隆二十九年（1764）所刻《重修历代帝王庙碑》，碑阴为《历代帝王庙瞻礼诗》。

正西碑亭建于乾隆五十二年（1787），亭中立有乾隆皇帝的御碑，御碑样式与正东碑亭中所立的御碑一样：碑额上浮雕巨龙，龙头前探，龙尾向东翘起，居高临下，威武异常，似有向下俯冲之感。碑身与碑额为一整体，通高六点二米，碑趺所用造型并非常见的赑屃，而是采用了一种类似于"龙"的造型，亦可称为"龙趺碑"。该碑趺体量硕大凝重，雕工细腻，造型生动。龙身满覆鳞甲，腮边鬣毛飘逸，两眼怒目圆睁，四肢刚劲有力。龙身周围还用浮雕手法雕刻山石，与地面海水纹饰相呼应，取江山社稷之意。碑趺下有青白石水盘，雕有海水江崖图案。水盘四角漩涡内分布鱼、鳖、虾、蟹，四周水浪中还雕有数只瑞兽，在浪花中若隐若现。然而此碑硕大的碑石上光滑如镜，不镌半字，是一块无字碑（图225）。

据史料记载，乾隆五十年（1785）三月二十四日，乾隆皇帝下旨命内务府大臣和珅、金简、福长安等人在历代帝王庙景德崇圣殿东、西两边各建造一座碑亭。四天后，和珅等人将碑亭烫样呈交御览。乾隆提出了两个具体要求，即碑身依照东碑尺寸，花纹则按照长陵碑趺式样承做。乾隆五十一年（1786）碑亭建造工程正式动工，第二年即建成。最终核算用银三万多两。为什么花费了那么多银两造好了碑，乾隆皇帝却不在碑石上书镌一字呢？

图225 乾隆皇帝无字碑

关于这一点，乾隆皇帝自己未说，相关史料也未记一字，和珅、金简、福长安等人更从未说过一言，至今也未发现史料可供解读。因此二百三十多年来众说纷纭，莫衷一是。

五、世界上海拔最高的无字碑《布达拉宫无字碑》

布达拉宫坐落在西藏拉萨玛布日山之巅，依山而建，层层叠叠直入云霄，远看恰似与山浑然一体，巍峨壮观，气势磅礴，雄伟地屹立在青藏高原上，是雪域最璀璨的一颗明珠。布达拉宫中还收藏了无数的珍宝，堪称是一座艺术的殿堂。1961年，布达拉宫成为第一批全国重点文物保护单位之一，1994年布达拉宫被列为世界文化遗产。正因为如此，人们说，没去过布达拉宫等于没去过西藏。

布达拉宫是世界上海拔最高的宫殿，相传原是西藏吐蕃王朝法王松赞干布为迎娶唐朝文成公主而建造的，后成为历代达赖喇嘛的冬宫居所、西藏政教合一的统治中心，其中白宫是达赖喇嘛生活起居和政治活动的地方，红宫是历代达赖喇嘛的灵堂和各类佛殿，主要从事宗教活动。布达拉宫不仅规模宏大，有房屋千间，而且还有许多附属建筑，其中最为引人瞩目的是耸立在布达拉宫前的一块7米多高的无字碑（图226）。该碑称为"内碑"，其形制与耸立在布达拉宫外被称为"外碑"的《恩兰·达札路恭纪功碑》类似，但并不像《恩兰·达札路恭纪功碑》那样刻有碑文，整座石碑空无一字。

图226 布达拉宫无字碑

为什么布达拉宫前会立这块巨大的无字碑呢？这块无字碑是什么时候、由谁立的呢？它所表达的是什么意义呢？对此，历来众说纷纭。有的说这块无字碑是为了纪念布达拉宫红宫落成而立的；有的说这块无字碑是为了记时用的；有的说这块无字碑是后人为了纪念五世达赖的功绩而立的，当时想将他的功绩都刻上去，可是因为功绩太多了刻不下，所以干脆立了块无字碑，意为让后人去评述吧。那么，事情真相究竟如何呢？那还得从历史上布达拉宫的建造过程去探寻。

据史籍记载，公元7世纪中叶，吐蕃法王松赞干布迎娶唐朝文成公主，为此特建造了有房屋千间的布达拉宫。但此后，由于自然和人为因素的种种破坏性影响，布达拉宫逐渐损坏。1645年，五世达赖喇嘛依经师谏言听取原摄政的建议，决定重修布达拉宫。1648年，基本建成以白宫为主体的建筑群。1682年，五世达赖喇嘛圆寂后，当时的摄政第巴桑结嘉措隐瞒了五世达赖喇嘛圆寂的消息，成为那个时代事实上掌握西藏政权的人。1690—1694年，桑结嘉措在原有的白宫基础上，主持修建了以五世达赖喇嘛灵塔殿为主的红宫配套建筑群。当时，他修建的红宫坐落在白宫的凹处，两者结合得天衣无缝，基本形成了现今布达拉宫的建筑规模，是世界上罕见的建筑工程。桑结嘉措既是当时实际掌握西藏政权的人，同时也是一位了不起的藏医学者。他主持修订了西藏著名的《四部医典》，现在医院等单位悬挂的藏医唐卡，就是他的杰作。为了使自己能流芳千古，1693年布达拉宫外部工程竣工时，桑结嘉措没有赤裸裸地标榜自己的伟大功绩，而是仿效武则天为自己竖立了这块无字碑。1690年红宫动工兴建。1693年，红宫竣工；同年藏历四月二十日红宫举行了隆重的落成典礼，并在宫前竖立起了这座无字碑以示纪念。据说，这块无字碑是用修建布达拉宫的最后一块石料修建的。

此后，十三世达赖喇嘛在位期间，又在白宫东侧增建了东日光殿和布达拉宫山脚下的部分附属建筑。1933年十三世达赖喇嘛圆寂，随后修建了十三世达赖喇嘛灵塔殿，与红宫结成统一整体。从17世纪开始的布达拉宫重建和增扩工程至此全部完成，布达拉宫前的无字碑作为整个布达拉宫建筑群的一个组成部分被完好地保存了下来。

第二节　集字碑之多彩新品
——明清集王集褚集李和双面集字铜碑

创造于唐代的《集王羲之书圣教序碑》对后世的影响是极为深远的，后世涌现出来的集字碑可谓缤纷多彩。继宋代承袭唐朝遗风先后出现了多块集王羲之书碑、百衲碑和集百家字碑，金代出现了集柳书碑后，明代除了再现集王羲之书碑刻新作，又涌现出了我国历史上绝无仅有的集王羲之书、集褚遂良书于一身的铜碑，和前所未有的集李邕书碑。

一、明代的集王羲之书碑

据康有为查考统计，自唐高宗时期至清光绪年间，古今集王羲之书碑刻凡十八家之众。尽管此数并不确切，究竟是十八家，抑或不到十八家还是超过十八家，学者们说法并不太一致。不管究竟是多少家,总之,自唐以来,集王羲之书碑绝非寥寥。其中,明代就有数块集王羲之书碑,如刻于明宪宗成化年间的《集王羲之书大峨山永明华藏寺新建铜殿记碑》、刻于明神宗万历三十六年(1608)的《集王羲之书邹县重修孟庙碑记》等。但是,由于这些碑的字已均非从王羲之真迹中集得,而是从唐代的集王羲之书碑中集得,有的甚至是从多次复拓的唐代集王书碑的拓本中集得,因此,不论在"形"上还是"神"上,与唐代直接从王羲之真迹中集字而刻制的碑相比,大多远为逊色。不过,其中也有少数堪称佳作的精品,如明代的《集王羲之书邹县重修孟庙碑记》即是。

图227 集王羲之书邹县重修孟庙碑记

《集王羲之书邹县重修孟庙碑记》(图227)全称《明吴尚端集晋右将军王羲之书重修孟庙碑记》。此碑系时任山东邹县知县的四川人胡继先在邹县重修孟庙后,请其乡人兼知友明万历进士、礼科给事中、翰林院庶吉士戴章甫撰写碑文,请吴郡文士吴尚端集王羲之行书而镌刻的,于明神宗万历三十六年(1608)冬立于山东邹县孟庙。碑通高三点二米,宽九十二厘米,厚三十厘米。碑首为半圆形,螭首,雕有双龙戏珠图案,碑额篆题"邹县重修孟庙碑记"两行八个字;龟趺碑座,碑长两米,宽一点五米。碑阳镌刻集王羲之行书碑文十五行,每行十一至七十五字不等,计九百二十二字。碑文左右刻有题记五行,每行字数不等,共计八十九字,碑阳共刻王羲之行书一千零九字。此碑虽镌刻时间并不算太久远,但因石质欠佳,镌刻时刻得较浅,且在清末民初屡遭兵乱、天灾破坏,1947年遭飞机轰炸扫射,1967年"文化大革命"中被拉倒而断裂,故所刻字迹残泐、磨损较为严重,全碑有六十四字残缺、磨灭,碑阴所刻文字已磨灭无遗。现该碑断裂处已用水泥粘合,碑侧用铁钉固定壁合,竖立于山东邹城孟庙致严堂院前西侧。此碑所集王羲之之字,选撷精心,编排组合布局得当,镌刻精细,刀法灵活,自然流畅。纵观全碑,所摹王书形神兼备,妍美流便,深得王羲之书法之遗意神韵。尤为值得一提的是，在全碑碑文中，共有三十个"之"字、十二个"不"字和十个"以"字，所有这些字无一雷同，字字风流，变转各异，笔势精妙，情驰神纵，灿若群星，分布于全碑，美不胜收。此碑是古今集王羲之书碑中的精品，虽逊于唐代的《集王羲之书圣教序碑》，但也很有价值。

二、四川峨眉山金顶华藏寺集王书、集褚书双面铜碑

四川峨眉山为佛教四大名山之一，被当作普贤菩萨道场。峨眉山最早的寺院主要有光相寺、黑水寺和普贤寺。光相寺，位于海拔三千零七十七米的峨眉山第二高峰金顶，相传建于东汉，初称普光殿。殿后最高处，原有明神宗万历三十一年（1603）妙峰禅师所创建的铜铸佛殿一座，阔近五米，深四点五米，高六米余。明神宗万历皇帝朱翊钧题名"永明华藏寺"。此殿瓦柱门窗四壁全为渗了金的青铜铸造，中供普贤菩萨像，旁列万尊小佛，门壁上雕刻全蜀山川道路图，工艺精湛，叹为观止。当早晨朝阳照射山顶时，金殿迎着阳光闪烁，耀眼夺目，十分壮观，故人们称之为"金顶"。遗憾的是在清代道光年间，一次雷火烧坍了金殿，留存下来的仅有一块铜碑（图228）。此碑系明代万历三十一年（1603）妙峰禅师修建金殿（铜殿）时所铸立。碑阳为《大峨山永明华藏寺新建铜殿记》，系王宗毓集王羲之书镌刻；碑阴刻有傅光宅所撰《峨眉山普贤金殿碑》碑文，系傅光泽集褚遂良书镌刻。碑高二点三米，宽八十五厘米，顶端饰二龙戏珠雕像，碑面光润可鉴，碑文清晰可读。《峨眉

图228　集王羲之书、集褚遂良书铜碑

山普贤金殿碑》碑文有云："普贤者，佛之长子；峨眉者，山之领袖。山起脉自昆仑，度葱岭而来也。结为峨眉，而后分为五岳。"此碑不仅是峨眉山全山仅存的古

代铜碑，而且碑的正反两面的碑文分别是集晋代大书法家王羲之和唐代大书法家褚遂良之字拼集而成的，是我国历代集字碑中唯一的一块铜碑。而同一碑上，集两代两位名家之书，更为历史上绝无仅有，实属不易，故被列为四川之最，弥足珍贵。

三、云南安宁萧杶集李邕书、杨慎作《重修曹溪寺记碑》

除了集王羲之书、集褚遂良书碑，明代时又出现了著名的集李邕书、杨慎作《重修曹溪寺记碑》。杨慎字用修，号升庵，四川新都（今成都市新都区）人，明武宗正德六年（1511）举进士第一（状元），授翰林修撰。明世宗时，因与众臣在大礼议之争中触怒皇帝而受廷杖，并被充军到云南永昌卫（今属云南省保山市），先后在云南生活了很多年，于明世宗嘉靖三十八年（1559）病死在云南，享年七十二岁。杨慎是明代著名文学家，博通经、史、诗、文，对金石、书画、天文、医学也颇有研究，著述达一百多种。他在云南时留下了众多的作品，他应邀撰写的《重修曹溪寺记》即是其中之一。该文记述了宁安县曹溪寺兴废和复兴的情况，描绘了寺外金蟾圣泉和附近的景色，文字生动简练，文采斐然。对杨慎道德文章极为崇敬、对唐代大书法家李邕的行书极为推崇的萧杶，特地收集了大量李邕的行书作品，从中选撷此文所需要的字，汇集拼合成了李邕书《重修曹溪寺记》一文，精心刻制成碑，竖立于曹溪寺的后殿。由于此碑杨慎的文章、李邕的书法和萧杶的镌刻三者俱佳，因此也有人将其誉称为三绝碑。

第三节　谜语碑之繁盛兴旺
——明清异彩缤纷的字谜碑与画谜碑

自汉代蔡邕首创"黄绢幼妇，外孙齑臼"隐语字谜和东方朔流传下《五岳真形图》画谜后，字谜碑和画谜碑由于格调高雅、富有情趣，受到世人的欢迎和推崇，历代文人雅士竞相为之，许多奇趣横生、别开生面、耐人寻味的字谜碑、画谜碑由此相继问世。明清时期字谜碑、画谜碑颇丰，其中清代数量尤多，在历代中首屈一指，成为清代碑刻的一个重要特色。

一、饶有奇趣的万州《太白岩诗谜碑》

重庆市万州区（原四川万县）是长江上游的著名城市，万州的西山又名西岩，相传唐代李白曾读书于此，故后来又称太白岩。太白岩是我国著名的道佛圣地，历代众多学者、诗人、书法家以及官员、名士、僧道在太白岩石壁刻石题字，岩间曾有晋代至民国的摩崖石刻一千多块，历经风雨剥蚀，现尚存摩崖石刻五十二处，分布在险峻的石壁间。太白岩的石刻草、篆、隶、楷、行诸种书体都有，有的大气磅礴，有的清俊秀美，有的方正浑厚，可谓琳琅满目，美不胜收。而其中尤其令人瞩目的是《太白岩诗谜碑》（图229）。这块碑为横卧状，长两米，宽一米，在众多石刻间，最为古怪独特。在碑石上刻有作为谜面的八个字："竹岩亭开夜事有来。"八个字字体特别，字形大小不一，横写

图229　太白岩诗谜碑

竖写不一，有四个字还缺少笔画，每个字都暗藏玄机。其中，"竹"字很小，"岩"字反写且横卧，"亭"（繁体）字上半字的中间二横空缺，"开"（繁体）字只有半边，"夜"字书写特别长，"事"字无上面的一横，"有"字偏斜，"来"（繁体）字少个"人"。碑上的八个字联不成语句，不知其所云，颇费猜详，几百年来，许多人都想寻找出合理的解释，如今仍然莫衷一是。

这块稀奇古怪的石刻，据《万县志》记载，系明代嘉靖年间一位无名氏所刻，但历经时代更替，早已不知何时损毁亡佚。太白岩自唐宋以来就是万州的名胜之地。据记载，唐代大诗人李白曾在西山读书，留有李白"大醉西岩一局棋"的轶闻。1987年5月，太白岩附近农民集资开发风景旅游点，决定将太白岩这个历史悠久的名胜点开辟成现代公园，在平安洞附近修建厕所时将《太白岩诗谜碑》挖

出。出土时，碑石已破裂成两块，分别乱埋在仅一点五平方米范围的枯藤荒草间，两块残碑石拼凑在一起仅剩"岩""开""有"三个完整字和"事""来"二字的一部分残笔。残碑出土后起先并未引起重视，险些被石工当作石料填粪坑，幸好被具有文物知识的公园筹建管理人员及时发现，得以保存下来。后来，人们查阅《万县志》，查到了有关这块石刻的记载，云："竹岩亭题记：不审何在，据旧本录入，八字横作两例，正书，无题者姓名，文曰：'竹岩亭开夜事有来。'"根据这一记载及其他有关资料，有关人员对出土的这块稀奇古怪的石刻的残碑进行了修复，仿照残碑上的笔迹，又补齐了缺少的"竹""亭""夜"三个字和残缺的"事"字和"来"字。

那么，这块石刻所镌刻的"竹岩亭开夜事有来"八个字，到底是什么意思呢？经过专家的研究，发现这八个字原来是一首神智体诗，这块石刻是一块神智体诗谜碑。神智体诗，相传出于宋代，也称谜象诗，是一种近乎谜语的诗体，是古代的文字游戏。它通过谐音、文字形体和笔划长短疏密多少的变化、位置的正反和结构的拆借增减等来"以意写图，使人自悟"。诗家以为此种诗设想新奇，能启人神智，故名神智体诗，又叫形意诗。神智体诗属于杂体诗，是"以意境作画写字，悟人悟己的一种修养学问"。据有关人员和有关专家的猜释，"竹岩亭开夜事有来"的谜底是一首五言绝句："小竹横岩栽，空亭门半开。夜长无一事，偏有一人来。"理由如下：第一个"竹"字写得很小，谓之"小竹"；第二个"岩"字横着写，谓之"横岩"。这两个字合在一起构成诗的第一句"小竹横岩栽"。第三个是"亭"字，但少了两划，显出空缺，所以谓之"空亭"；第四个字是繁体字"開"字的半边，也即"開"字缺了一半，故谓之"门半开"。这两个字合在一起又构成诗的第二句"空亭门半开"。第五个"夜"字字形写得很长，故谓之"夜"长；第六个"事"字缺了一划，也就是缺了一个"一"字。这两个字合在一起构成第三句"夜长无一事"。第七个"有"字偏着写，叫作"偏有"；第八个是繁体的"来"字，但缺了两笔，即缺了个"人"字。这两个字合在一起构成第四句"偏有一人来"。全诗意境清幽，使人不禁猜想，这块字谜诗碑的作者可能是一位远离红尘的出家人。

由于"竹岩亭开夜事有来"是一首"以意写图，使人自悟"的神智体诗，凡看到这块石刻上"竹岩亭开夜事有来"八个字的人，都可以根据自悟从这八个字中得出不同的猜释和解读来。因此，又有许多专家学者和民间诗谜爱好者对这首神智体诗做出了各不相同的多种猜释。比如："小竹绕危岩，空亭门半开。夜深无一事，偏有二人来。""小竹横岩上，亭空门半开。夜长无一事，偏有佚人来。""细竹倒岩栽，亭空门半开。夜长无一事，月下佚人来。""小竹横岩外，亭空户半开，夜长无一事，偏又少人来。""小竹垂岩外，空亭门半开；夜长无一事，疑有佚人来！"凡此种种，可谓众说纷纭，不一而足，使这块字谜诗碑充满了诱人的魅力。

如今，这块富有情趣的字谜诗碑已经成为太白岩公园的一大胜景，为公园增添了不少文化气息。

二、画中藏诗、借竹明志的《关帝诗竹碑》《竹叶诗碑》

关羽的忠、义、仁、勇精神，集中体现了炎黄子孙的崇高道德和华夏民族的优秀品格。他死后，受到人们世世代代的纪念和颂扬。为了表达对关羽的无限崇敬和虔诚信仰之情，人们不仅修建了关林，还在全国各地修建了许多关庙。《关帝诗竹碑》（图230）是明孝宗弘治六年（1493）刻制，立于河南洛阳关林用以纪念关羽的重要碑刻。碑上刻有两枝修竹，片片竹叶在风雨中交织在一起，粗粗一看，所刻只是一幅普通的竹子画，但细细一揣摩辨识，才发现原来这是一块"画谜碑"，画中藏字，画中藏诗，画、字、诗和谐地融为一体，片片竹叶在风雨中巧妙地组成了一首有二十个字的五言绝句：

不谢东君意，丹青独立名。
莫嫌孤叶淡，终久不凋零。

图230 关帝诗竹碑

相传此碑所书画的诗竹系出自关羽之手。据说三国时，曹刘徐州之战，刘备为曹操所败，关羽与刘备失散，关羽被俘。爱才惜将的曹操十分看重关羽，将他留居曹营，优礼备加，上马金，下马银，三日一小宴，五日一大宴，一心想劝关羽归顺自己，并封关羽为"汉寿亭侯"。但关羽挂念刘备，朝夕思归，终不肯降。为免除刘备恐其变心之疑，关羽在得知刘备的确切消息后，决定托人给刘备捎封信去，以表归刘决心。可是又担心被曹操发现，后果难测，于是关羽急中生智，作画以明志，借竹自喻，表明自己虽身陷曹营而不辱名失节。然而，根据众多的考察研究，可以肯定《关帝诗竹碑》并非出自关羽之手，而是后世托名附会之作。因为尽管洛阳关林、涿州三义宫、南阳武侯祠、奉节白帝城、运城关帝庙、咸阳古城、日照竹洞天风景区、潮州武庙等处都存有诗竹碑，河南少林寺、西安碑林等处收藏有诗竹碑，但各地除诗的词句大体相同外，画面均各不相同。例如，洛阳关林的《关帝诗竹碑》上刻两株修竹，一直一曲，竹下有嶙峋山石，竹右侧刻有"汉寿亭侯印"，并注有说明文字；而原存于山西运城关帝庙的诗竹碑，则分为《关夫子雨竹碑》和《关夫子风竹碑》两块，其画面与洛阳关林的《关帝诗竹碑》截然不同，不仅竹子的形态迥异，而且其构图、运笔风格也大相径庭；而奉节白帝城的《竹叶诗碑》则与洛阳关林《关帝诗竹碑》、山西运城关帝庙《关夫子雨竹碑》的差异更大，碑上所刻是三根翠竹而不是两根翠竹。

白帝城的《竹叶诗碑》（图231）又名《丹青正气图碑》，是艺术价值很高的碑刻珍品，立于白帝城碑林的西碑林中。碑高一点一五米，宽六十四厘米。那碑上远看似三株傲然挺拔、刚健俊秀、亭亭玉立的竹子构成了一幅丹青画，但仔

图231 竹叶诗碑

细辨识后就可发现那一枝枝竹叶巧妙地利用了汉字的构造特点，模拟竹叶形象构成文字，字组成诗，诗融为画，诗中有画，画中藏诗，组成了一首与洛阳关林《关帝诗竹碑》文字基本相同的五言诗："不谢东篁意，丹青独自名。莫嫌孤叶淡，终久不凋零。"据查考，此碑的作者是清末浙江绍兴人曾崇德。曾崇德以画竹著称，这幅竹叶诗画是光绪六年（1880）时他带着儿子和徒弟游览白帝城时所作，并让其儿子和徒弟拓刻成此碑。碑上刻有作者小序云："光绪庚辰孟夏，舟次夔门游白帝城，想见当年托孤盛轨有感，臆仿字竹一幅。"碑上另外还刻有一首七言诗："异姓同胞远俗氛，明良遇合际风云。盘根错节难磨灭，千古英雄让此君。"显然，此碑意不在咏竹，而是颂人，用竹的"风寒不凋"比喻君子之德。用竹子来赞扬刘备、诸葛亮、关羽、张飞等人的君明臣忠，喻示刘备托孤的感人事迹和关羽的忠义。白帝城《竹叶诗碑》这幅融诗、书、画于一体的丹青正气图，堪称我国古代画谜碑中的上乘佳作。

三、广东饶平《纪事隐语碑》

据《汕头日报》报道，1980年在广东饶平第一中学曾发掘到一块注明"康熙辛卯识"的石碑。此碑题为"纪事隐语"，谜面是二十句五言诗："天高一望空，水际青如许。悬看本无心，贪多贝应去。横目点离州，邱寻享易丕。竿头竹已非，草压翻无羽。曾以土成功，门中各可与。仓边刃与邻，庇得听移比。寿并八全联，千里求金迹。条木月来遮，土草合为侣。罗取直遗维，两日骈肩倚。健儿久失人，木侧堪乔举。"乍一看，此碑上的诗句莫名其妙，根本不知其所云为何意。经过专家的反复释读，才考释出这块碑原来是清康熙五十年（1711）镌刻的一块字谜碑，碑上的二十句五言诗分扣二十一个字，全句为"大清县令四川郭于蕃增阁创厅铸钟修塔置田建桥"。

此碑上所刻的字谜像唐代重刻《后汉太尉许馘庙碑》一样，与浙江上虞《曹娥碑》有异曲同工之妙，也是采用离合增损的方法制成的，虽然做得不算太高明，远远比不上《曹娥碑》，也不如《后汉太尉许馘庙碑》，有些地方颇为牵强，如第四句"贪多贝应去"应扣"今"字而不是"令"字，第七句"竿头竹已非"应扣"干"字，而不是"于"字，但还是令人感到颇有意蕴的。虽说刻立此碑的目的是为当时的官吏歌功颂德，树碑立传，但毕竟比那种庸俗肉麻的公然吹捧要含蓄得多，高明得多，更要多一点雅趣和文采，使人不至于观后生厌，更容易为人们所接受。这一字谜虽然制作得并不高明，但当时灯谜在民间何等风行可见一斑。

四、湖南洪江芙蓉楼镇楼之宝《"壶"字碑》

位于湖南洪江黔城镇西北隅的芙蓉楼，是一座为纪念唐代大诗人王昌龄而建的江南古典园林式建筑，被誉为"楚南上游第一胜迹"，成为历代文人墨客吟诗题赋、宴宾送客之地。

图232 湖南洪江芙蓉楼《"壶"字碑》

在芙蓉楼后面有一个芙蓉池，池畔有一座亭子，状似一弯新月，故名"半月亭"，相传为当年王昌龄抚琴处。亭子右侧拾级而上又有一座"玉壶亭"，系以王昌龄《芙蓉楼送辛渐》一诗中的佳句"洛阳亲友如相问，一片冰心在玉壶"命名的。清道光二十年（1840），黔阳辛丑状元龙启瑞将王昌龄诗中的佳句"一片冰心在玉壶"七个字用篆书巧妙地组合在一起，拼写成一个"壶"字，镌刻于碑石之上并立于亭中（图232）。此碑所刻之字粗看既是一"壶"字，又像一把壶，细看方知原来是一个字谜，可谓构思奇妙、精巧，令人回味无穷，成为芙蓉楼弥足珍贵的一大镇楼之宝。

五、千年猜不透的阳朔碧莲峰《"带"字摩崖》

"桂林山水甲天下，阳朔山水甲桂林。"广西阳朔不仅自然山水风光景色极为秀美，而且山上遍布历代摩崖题刻，其中最负盛名、最为神秘的是镌刻于碧莲峰石壁上十分显眼的巨大的"带"字。

碧莲峰原名鉴山，在阳朔镇东南部，东临漓江，据《阳朔县志》云"（碧莲峰）为县治诸山之总名。奇峰环列，开如菡萏，亦似芙蓉，故又名芙蓉峰"，是阳朔县城的主峰。因该山形状上尖下阔，山上林木葱茏，苍翠欲滴，从远处看去就像一朵浴水而出之莲苞、含苞欲放的莲花，明嘉靖年间广西布政使洪珠题"碧莲峰"三字于山的东麓近水处，由此得名碧莲峰。碧莲峰东北麓建有鉴山寺，鉴山楼下为迎江阁，迎江阁东有风景道，道旁石壁上有二十多处历代摩崖石刻，其中清道光年间王元仁一笔写成的巨大的"带"字（图233），笔法苍劲，一气呵成，如行云流水，其笔走龙蛇的气势和飘逸洒脱的神韵，极为壮观。如此巨大的一个字，作者把它写得结构极为严谨，布局非常得当，笔画变化流畅自然又恰到好处，书法艺术极其精湛，堪称摩崖石刻之极品。

图233 阳朔碧莲峰《"带"字摩崖》

据实地测量，这个巨大的"带"字，字高五点七二米、宽二点九一米，笔画最粗处五十厘米、最细处十六厘米，是广西已发现的摩崖石刻中字径最大的一个。在"带"字右侧刻有"大清道光甲午仲春山阴元仁书"十三字落款，字径最大的四十五厘米。款下刻两枚方印："静山"边径十六厘米，红色；"王元仁印"边径十六点二厘米，白色。奇怪的是，这两枚印均为倒刻，显然不是疏忽造成的，而是作者有心要表达某种意思，但究竟是什么意思至今还没有找到答案。

据有关资料，"带"字作者王元仁，是浙江山阴（今浙江绍兴）人，据说是东晋书圣王羲之的后代。他师承家学，酷爱书法，性格豪放，擅写擘窠大字，尤擅长巨幅草书，自夸天下第一，每到一地，都留下一字巨碑。他早年在广东做官，后调任广西，清道光十三年（1833）"议叙代理"阳朔知县，但在任不到半年就调走了（这年阳朔换了三个知县）。据说因为任期太短，王元仁认为自己没有为阳朔办点什么事，觉得有愧于阳朔百姓，于是有意留幅字给阳朔。他翻阅了历代咏唱阳朔山水的诗词，觉得韩愈用"江作青罗带，山如碧玉簪"来概括桂林秀丽景色最为贴切，特别是其中的"带"字点出了桂林阳朔自然风光之母——漓江的形态神韵，决定写个"带"字留下来。于是，每天早晨，他都拿根扁担到河滩上反复设计、练习这个字的布局和笔法。然后，他把五块白布连起来拼成一块巨大的布，又用布条扎成一枝大笔，写下了这个巨大的"带"字，之后他告别阳朔父老离任而去。第二年，贵州遵义举人吴德征来到阳朔任知县，看到王元仁写的"带"字，认为这个字不仅写得大，更是写得妙不可言，非常喜爱，于是立即请能工巧匠凿雕在阳朔鉴山主峰——阳朔县城旁的碧莲峰石壁上。这样便有了这处被视作阳朔一胜的举世闻名的《"带"字摩崖》。

耐人寻味的是，王元仁并未为自己所书写的这个神秘的巨字"带"留下任何注脚和说明，他想要表达什么意思，也无从考证，而是留给观赏者自己去揣摩。这样一来，对这个"带"字的含义，后人产生了无穷的联想，惹得百年来聚讼纷纭。

"带"字的结构，非常耐人寻味，此字乍一看像一个"带"字，但那些观察入微、善于思索的文人墨客经过仔细辨认，揣摩出这个"带"字字里有字，包含着"一带山河，少年努力"八个字。确实，如果仔细观察辨析，这八个字果然笔笔有着落，字字有根据。据说后来有个文学家不满足于前人的这个说法，认为除了这八个字，其中可能还隐藏着别的字没有被识辨出来。于是，他就买了拓片带回家中进行仔细研究。经过反复琢磨，终于识辨出"一带山河甲天下，少年努力举世才"十四个字。后来，又有一位诗人，比那位文学家更善于联想，他经过深入钻研，竟从这个"带"字里揣摩出了一首四言诗：

一带山河，举世无双。
少年努力，万古流芳。

可是对《"带"字摩崖》的研究并未至此终止，也有人认为"带"字还含有"万里翱翔"的笔意，等等。由于这些说法似乎都有一定的合理性，而且都是赞颂阳朔山水的，含有催人奋发上进的积极意义，所以很容易为人们所接受，而且愈传愈广，至于所释读的这些内容究竟是不是作者的本意，已经不重要了。

凡此种种解释，真可谓仁者见仁，智者见智，不一而足。至于究竟哪一说法正确，根本无从下结论，看来能解开这个神秘怪字之谜的只有王元仁自己。如同"诗无达诂"一样，这个神秘的"带"字亦无定解，人们尽可发挥自己的想象力，对这个"字中字谜"再去继续猜它几百年乃至几千年。这大概也就是"带"这个字的魅力所在。

王元仁所写的这个巨大的"带"字，由于与阳朔风景相得益彰，相映生辉，因此自出现后一百八十多年来蜚声华夏，展现出迷人的魅力，成为神州大地上令人向往的一大人文胜景。

六、泰山、西湖字谜碑《"虫二"摩崖石刻》

在东岳泰山万仙楼北面盘山路位于斗母宫南的盘路西侧的石壁上，镌刻着闻名遐迩、富有传奇色彩的横卧式《"虫二"摩崖石刻》（图234），也称《"虫二"碑》。石刻高六十厘米，宽一点五米，大字径为高三十四厘米，宽二十二厘米，石刻右上方题款为"己亥夏六月"，左侧下方落款为"历下刘廷桂立"，表明这块《"虫二"摩崖石刻》是光绪二十五年（1899）六月济南名士刘廷桂的墨迹。刘廷桂外号"刘十二"，因十二岁即考中秀才而得此号。相传，当年泰山斗母宫的尼姑不守佛规，闹出不少绯闻，常为人所诟病。有一次，刘廷桂邀杭州友人一起登泰山游览，过斗母宫时，两人谈及杭州西湖的"无边风（风）月"亭，刘廷桂良多感触，当即挥毫写下了"虫二"二字，并对朋友说，这里虽无"无边风月"之亭，但却有"风月无边"之意，暗讽斗母宫尼姑的风花雪月之事。刘廷桂是当时的著名才子，人们自然珍爱他的墨宝，便将他题书的"虫二"二字镌刻于泰山岩壁上，于是就有了今天所见到的这块《"虫二"摩崖石刻》。

20世纪50年代末，有一批日本朋友登临泰山，看到这两个字后，便问中国有关部门的陪同人员，"虫"和"二"合在一起是什么意思？中国陪同人员未能回答出来。下山回到宾馆后，陪同人员到处询问，还是找不到答案。事后，有人想到郭沫若博学多才，大概能够解答这个问题，于是便去登门拜访。郭沫若果然不负众望，看后沉思片刻，提笔在"虫二"两字上分别加了两笔，便成了繁体"風月"二字，然后他哈哈一笑，对来访者说，这实际是古代文人在玩拆字游戏，繁体"風月"二字拆去边框即得"虫二"，隐喻"风月无边"之意，用来形容这里风景优美。郭沫若的解释使人们恍然大悟，原来"虫二"两字是一个缺笔字谜，这块《"虫二"摩崖石刻》是一块字谜碑。

图 234　泰山"虫二"摩崖石刻

不过，尽管今人多以郭沫若为释"虫二"字谜碑之先河者，其实，据查考，解释"虫二"为"风月无边"的并非始于郭沫若，而是早有人为之。至于最早"发明"这个"虫二"缺笔字谜，以"虫二"隐指"风月无边"的人，也不是清末济南名士刘廷桂；玩这个"虫二"拆字游戏的人，历史上也大有人在，并不是只有刘廷桂一个人。实际上，这样的"虫二"碑刻，在杭州西湖和湖南岳阳楼也有，全国不下三处，只是山东泰山的这一块尤为有名而已。

相传，历史上首撰"虫二"缺笔字谜的是晚唐被人尊为"八仙"之一的吕洞宾。吕洞宾是一个落魄文人，两举进士不第，于是他便绝意仕途，云游天下。他到了岳阳楼后，为岳阳楼、洞庭湖万千气象的壮美景色所陶醉，流连忘返，三醉于楼，题下"虫二"两字，后来仙去。① 对吕洞宾留下的"仙笔"，人们想方设法去弄清其含意，历史上后来有人先后多次在岳阳楼题写"水天一色，风月无边"之联，即是古人对吕洞宾所题"虫二"两字最早的诠释。

据记载，其后，明代才子唐伯虎、祝枝山也都对"虫二"即"风月无边"之

---

① 据湖南美术出版社 1985 年版的《巴陵胜状》一书说，岳阳楼三楼的木壁上，本来曾有三个隐约可见的字迹："一""虫""二"。不过这三个字究竟是谁留下的，无从查考。

意一清二楚，也都玩过"虫二"拆字游戏。据清代康熙年间著名文人、《隋唐演义》的作者褚人获在其所著《坚瓠集》中引《葵轩琐记》云："唐伯虎题妓湘英家匾云'风月无边'，见者皆赞美。祝枝山见之曰：'此嘲汝辈为虫二也。'湘英问其义，枝山曰：'风月字无边，非虫二乎？'湘英终以为美，不之易。"祝枝山可谓一语道破天机，这一记载十分清楚地表明，唐伯虎和祝枝山对"虫二"的含意和"虫二"拆字游戏是完全明白的。另据记载，明代著名文人徐渭对"虫二"即"风月无边"之意也是一清二楚，也曾玩过"虫二"拆字游戏。

另外，从有关记载来看，清代的乾隆皇帝对"虫二"即"风月无边"之意也是一清二楚的，而且还曾多次玩过"虫二"拆字游戏。相传乾隆皇帝在南巡登苏州吴县（今苏州市吴中区和相城区）东山莫山寺时，对"莫山菱荷"的景色大加赞赏，曾题"虫二"二字，传说曾有石碑，现已无存。但是，如今在浙江杭州西湖湖心亭岛南，还立有一块乾隆皇帝手书的《"虫二"碑》（图235）。湖心亭位于西湖中，初名振鹭亭，又称清喜阁。初建于明嘉靖三十一年（1552），明万历后才称湖心亭。今亭系1953年重建，一层二檐四面厅形制，金黄琉璃瓦屋顶。昔人诗云："百遍清游未拟还，孤亭好在水云间。停阑四面空明里，一面城头三面山。"这说的就是西湖湖心亭的景致。"湖心平眺"为著名的西湖十八景之一。相传当年乾隆下江南到杭州，夜游湖心亭，被美景吸引，兴致大发，便当场题下了"虫二"二字，以寓意西湖"风月无边"，地方官员得到御笔墨宝不胜欣喜，旋即命工匠勒石镌碑，立于湖心亭。不过，关于

图235　西湖"虫二"碑

乾隆皇帝手书的这块《"虫二"碑》的由来，历史上流传着不同的说法。还有一种说法是，当年乾隆下江南时来到杭州，在一个月明星稀的夜晚跟纪晓岚一起微服泛舟西湖，来到湖心亭上。此时皓月当空，波光千里，湖心亭上，风光无限。乾隆爷被西湖夜景所陶醉，触景生情，文思大发，挥笔写下了"虫二"二字。接着他便考问纪晓岚是什么意思，纪晓岚毫无准备，一时答不上来。正在此时，只听艄公在船头吟道："在下是水天一色。"纪晓岚恍然大悟，立刻回答道："此处乃风月无边。"另一种说法是，当年乾隆皇帝来这里游玩，湖心寺方丈请他题匾，他便写了"虫二"二字，众人顿感莫名其妙。一个划船的老人却猜破谜底，在船头吟道："在下是水天一色。"从游的官员醒悟过来，"水天一色"正好与"虫二"的寓意"风月无边"配成对联。乾隆皇帝手书的这块《"虫二"碑》立得要比泰山刘廷桂的《"虫二"摩崖石刻》早，只是由于这块《"虫二"碑》所处地方较之泰山要偏僻，故而其知名度就没有泰山刘廷桂的《"虫二"摩崖石刻》那样高。

七、以画代字、奇异古妙的画谜碑《魁星图碑》

在清代，出现了不少画中藏字、富有妙趣的画谜碑，《魁星图碑》（图236）即是其中之一。此碑现在山东兖州博物馆，是一块奇异古妙的"以画代字"谜语碑。碑上所刻似画非画，似鬼非鬼，似字非字，颇费人揣摩。

据考，原来这是一个用鬼和北斗星的图形组成的"魁"字，画中藏字，画中藏诗。此碑乃是祭拜古代传说中主管文运的神祇的《魁星图碑》，原立于府学中，刻于清乾隆六十年（1795）。在碑上所刻的图形中，"魁"字右半边的"斗"字被形象化地画成了北斗星那样的七颗星图形。"魁"字左半部的"鬼"字被形象化地画成了一个鬼形，这个鬼两角峥嵘，双目圆睁，右腿向上翘起，呈

图236 魁星图碑

现出一副"鬼举足而舞其斗"的姿态。左右两半部分结合，形成了一个魁星的标准形象。魁星本作奎星，是古天文学中二十八宿中的一宿。在中国古代星象说中，每一宿都主某一方面的事，奎星被认为是主文章的，也即主文运、主读书人命运、主人才的。正因为如此，奎星就成为人间特别是读书人顶礼膜拜的神祇。奎星本来在天文学上共包括十六颗星，其中有北斗七星，奎星是北斗星前的那排列成一个方形、其状如斗的天枢、天璇、天玑、天权四颗星。既然奎星已从天文学意义上的星转化为人间的神祇，那就再以星的形态出现，必须要有一个供人们顶礼膜拜的形象，正是在这样的需求下，出现了《魁星图碑》上似画非画、似字非字、似鬼非鬼的"魁"字图形。正如明末清初著名学者顾炎武在《日知录》中所考析的，因为神像不能像奎，于是改奎为魁；又不能像魁，于是取之于字形，为鬼举足而舞其斗，这样一来，就使无法图像化的星宿变成了具体的"神"的图像。《魁星图碑》上的这个似画非画、似字非字、似鬼非鬼的图象即由此而来。在碑额的题字和图像下面题的一首四言诗《魁赞》，也说明碑上这个似画非画、似字非字、似鬼非鬼的奇怪图形确实就是文魁星的"魁"字。

八、字画结合、画中藏字的画谜碑《魁星点斗图碑》

在西安碑林第四展室中，有一块奇妙古朴的画中藏字《魁星点斗图碑》（图237），碑高一点三米，宽六十厘米，碑上所刻似画非画、似人非人、似字非字，颇费猜详。经过仔细辨识，人们才发现，此碑原来是用孔子提出的儒家修养标准"正心修身，克己复礼"八个字组成的一幅魁星画像。其绝妙之处在于字画结合、画中藏字、字中寓意，所以成为历代碑刻特别是字谜碑、画谜碑的经典佳作。碑上所刻魁星的形状，完全是根据字形而来的，用"正心修身，克己复礼"八个字，巧妙地组成一个"鬼"字，踢着一个"斗"字。其图形乍看为一个动作极其夸张的人，左手托砚，右手执笔，右脚踩在"鳌"字头上，左脚如踢毽子般翘起，托着一个"斗"字。其中，"正"字为"文魁"像的额头、眼睛和鼻子，"心"字为嘴，"修"字为左手和腰，"身"字为右脚，"克"字为右手，"克"字上面一横被画作一支毛笔，"己"字为耳朵，"复"字为腰带结字，"礼"字为左脚。碑上所刻书画形象生动，拼字巧妙，将"魁""鳌"二字的潜在意思表现得活灵活现，整幅画所表达的含义是"魁星点斗，独占鳌头"祥瑞之意。文魁像看上去手舞足蹈，极为生动形象，颇令人感到奇异神妙，其丰富的想象力和巧妙的构图堪称绝妙。

此碑刻于清同治年间，作者为马德昭。据查考，马德昭，生于清道光四年（1824），号自明，四川阆中人，咸丰初年调处江南军务，在湖南、湖北及江南一带立功，荐升直隶大名总镇。此后转战陕甘、豫皖等，又曾驻防潼关。马德昭不仅一生战功卓著，而且还是名垂后世的大书法家。他的署名为"西蜀马德昭"的大字书法一笔《"寿"字碑》、一笔《"虎"字碑》和这块融书画于一体的《魁星点斗图碑》，皆是传世名刻。在中国古代，魁星主宰文运，科举考试则奉为主中式之神，因此在学子心目中，魁星具有至高无上的地位。魁也为第一的意思，"魁星点斗，独占鳌头"是旧时对科举考试高中状元的美称。《魁星点斗图碑》寄托了广大寒窗苦读的文人学士期待命运眷顾金榜题名的愿望，因此在当时流传甚广。据查考，除了西安碑林，至今在上海松江醉白池公园、广西桂林桂海碑林、山东岱庙等处也都有类似的魁星图碑。

图237 魁星点斗图碑

九、字中藏字、寓意深邃的康熙皇帝草书《"福"字碑》

位于北京前海西街的恭王府，是清代规模最大的一座王府，曾先后为一代权奸巨贪和珅的宅邸和乾隆第十七子永璘的宅邸，清文宗咸丰元年（1851）恭亲王奕䜣成为宅子的主人，恭王府的名称也因此而来。恭王府分中东西三路，分别由多个四合院组成，整个宅第轩峻壮丽，佳构天成，历经了清王朝由鼎盛而至衰亡的历史进程，承载了极其丰富的历史文化信息，历来有"一座恭王府，半部清代史"的说法，因此吸引着人们纷纷前去参观游览。而在恭王府中人们最感兴趣的，则是自清嘉庆皇帝以来两百多年一直被隐藏封闭于恭王府花园中路滴翠岩下秘云洞中，直到1962年才被重新发现的清圣祖康熙皇帝的御笔草书字中藏字式谜语碑《"福"字碑》。

据查考，康熙皇帝的这块《"福"字碑》（图238）刻于康熙十二年（1673）。是年，康熙皇帝的祖母孝庄皇太后在迎来六十寿辰之前忽然生了重病，久治不愈，太医束手无策。万般无奈之时，时年十九岁的康熙皇帝决定效仿古人为祖母请福续寿，在沐浴斋戒了三天之后，一气呵成写了这幅"福"字，而且一改将印玺盖在字的左下方或盖在字的右下方的惯例，而是郑重地在"福"字

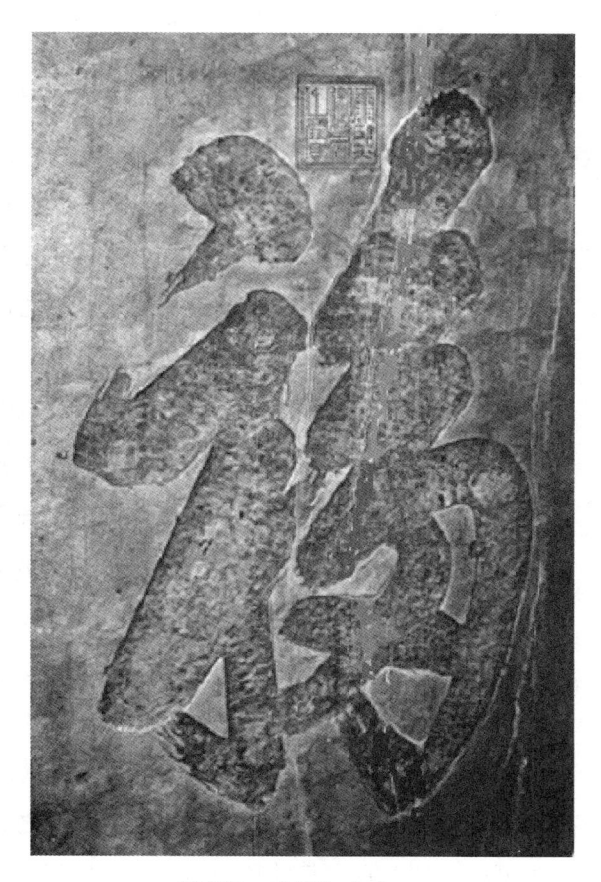

图238 "福"字碑

的正上方加钤了"康熙御笔之宝"印玺，寓意谓"鸿运当头福星高照，镇天下所有妖邪"。孝庄皇太后收到这份大礼后倍加欣喜，不久，不医而康，百病全消，延寿十五年，至七十五岁高龄寿终。孝庄皇太后在病愈恢复健康后，特意让工匠将这个康熙皇帝御笔草书的"福"字刻为石碑，成了皇家的珍宝。

康熙御笔草书的这块《"福"字碑》，其字形窄而狭长，民间称之"长瘦（寿）福"。"福"字碑高一点二九米，宽五十四厘米，厚十四厘米。碑上所刻"福"字，苍劲有力，气势轩昂。此"福"字与民间称作"衣禄全、一口田"的福字截然不同，看似只有一个字，其实字中藏字，字中藏谜，蕴含着深邃的奥妙和极其丰富的内涵。这个"福"字中间包含着"子""才""寿""田""多"五个汉字，其左半边包含着"子"字和"才"字，其右半边上半部的笔画像"多"，下半部的笔画为"田"字。而整个右半边又恰似王羲之《兰亭序》中"寿"字的写法，成为现存历代墨宝中唯一"福寿联体"，"福"中有"寿"的"福"字，

被民间称为"福中有寿,福寿双全"。整个"福"字包含着"多子、多才、多田、多寿、多福"的丰富内涵,是古往今来独一无二的"五福合一"之"福",极富艺术性,且意味深长,可谓涵盖了"福"所代表的全部意义。而更妙的是其中的"田"字未封口,因而这个"福"字更是蕴藏着疆土无际、鸿福无边之意。故而,数百年来人们将康熙御笔草书的这个"福"字称为"天下第一福"。

那么,孝庄皇太后刻制的康熙御笔草书的这块国宝级《"福"字碑》,何以会隐藏在恭王府滴翠岩下的秘云洞中呢?相传,当年是巨贪和珅秘密将这块珍贵的"福"字碑从皇宫内偷出来占为己有,偷偷安置在自己家花园内的假山洞中的。他在花园中修建了一座高耸的太湖石假山,山脚滴翠岩下造了个秘云洞,在洞府正中央背靠石壁用石块嵌砌了一座龛,将康熙御笔之宝《"福"字碑》安放在龛内,谓之"洞天福地"。而《"福"字碑》藏身的滴翠岩下的秘云洞,是恭王府花园的龙脉所在。据说当年嘉庆皇帝查抄和珅府时,想把这个"福"字移到皇宫里去,但是和珅设计巧妙,动"福"字就动了龙脉,这是皇帝最忌讳的。嘉庆皇帝大怒,无奈之下,只得下令将假山封死。从此,康熙墨宝《"福"字碑》就在史书和人们的视线中消失了。1962年,周恩来总理在恭王府视察时,发现滴翠岩的石岩造型酷似"二龙戏珠",依据"遇龙必有皇家之物"的说法,让工作人员仔细查找并掘开被封堵两百多年的秘云洞,终于发现了康熙皇帝御笔之宝《"福"字碑》。如今,作为恭王府"镇园之宝"的《"福"字碑》早已名扬天下,无数海内外游客慕名前来求福,外国访华元首政要也纷纷来瞻仰这"天下第一福",其碑拓成为赠予海内外贵宾的国礼。

十、谐音借代、以画喻文的慈禧太后《平安富贵图碑》

在陕西西安碑林中,收藏着一块清末慈禧太后亲笔御书的《平安富贵图碑》画谜碑(图239),此碑谐音借代,以画喻文,别具一格,意蕴深邃,颇有妙趣,耐人品味。

《平安富贵图碑》系慈禧太后书于清光绪十六年(1890)八月十六日,碑高一点零六米,宽四十四厘米。此碑书法圆润,构图奇妙精巧,布局和谐匀称。碑石画面的下部为一只花瓶,花瓶中安插着一束枝叶繁茂正在盛开的牡丹花,花瓶底部一侧放着一个如意,在花瓶、如意、牡丹上方也即碑的上部,镌刻着慈禧太后御笔楷书"慈禧皇太后御笔""平安富贵"十一个字，书法娟秀。"平安富贵"四个字的上方镌刻着"慈禧皇太后御笔之宝"印玺，"平安富贵"四个字的下方镌刻着"万古长春"等三方印鉴。刻石的左侧，自上至下镌刻着书写时间"光绪十六年八月十六日"和两方印鉴。刻石的右下侧，镌刻着早岁以诗文名闻天下的清道光内阁侍读潘曾绶之子、咸丰进士、工部尚书潘祖荫用行书书写的吟咏牡丹的一首七言古诗：

> 一番好雨净尘沙，
> 春色全归上苑花。
> 此是沉香亭畔种，
> 莫教移到野人家。

此碑不仅图画、文字镌刻精美，充溢皇家富贵之气，而且用"以画喻文""谐音借代"等多种表现手法，画中藏谜，意蕴深邃，值得反复揣摩品味。画中以"花瓶"的"瓶"字谐"平安"的"平"字，用"安插"的"安"字谐"平安"的"安"字，以牡丹作为"富贵"的代称，以吉祥物"如意"寓指生活美满幸福，事事如意，又配上一首咏牡丹之诗，堪称意蕴深长、耐人寻味，是一块书、画、诗均佳的碑刻佳作。此碑用所画的花瓶和瓶中安插的牡丹及放置于花瓶旁的吉祥物"如意"构成了"谜面"，在这个"谜面"背后所隐藏着的"谜底"则是作者"平安富贵，吉祥如意"的愿望。此碑生动形象地表现出了慈禧太后企求荣华富贵、长生不老、万事如意的意思，是研究慈禧生平和思想的一件重要文物。

慈禧太后嗜戏文，擅书画，喜好向群臣展示自己所作书画，以示高雅渊博，

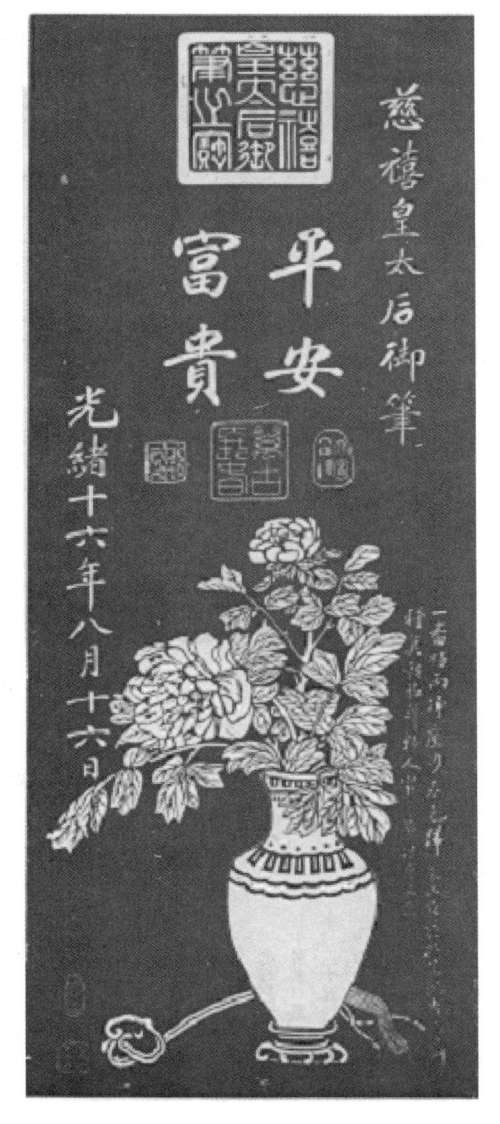

图 239 平安富贵图碑

并常以自己所作书画赏赐群臣，以示恩宠。其画多为工笔花鸟，大多画风工细浓丽如织绣品，格调不高；其书法多为"馆阁体"，以端庄浓丽见长，大多为楷书"福""寿"等大字作品。其书法之作，留存至今多以单字居多。《平安富贵图碑》是慈禧太后御笔题写"平安富贵"四字合一、书画合一的作品，颇为罕见，为慈禧太后书法艺术的代表作之一。

不过，据考，慈禧太后的书画作品尤其是画作，多为他人代笔。为其代笔者主要有清末知名女书画家缪嘉蕙和阮玉芬。缪嘉蕙，字素筠，云南昆明人，工画翎毛、花卉，所画花鸟秀逸清雅，亦精书法。慈禧太后对她礼遇有加，常令她为其代笔作书画，在故宫福昌殿供奉，慈禧太后所赏赐大臣或赠送外国使节的花卉画，大多出自缪氏手笔。阮玉芬，字苹香，江苏仪征人，擅画花卉、翎毛，"入手即超然，妙于点染"，极受慈禧太后赏识，赐名玉芬，也在故宫福昌殿供奉。因此，《平安富贵图碑》上所画的花瓶、如意、牡丹，亦可能出自二人之手。

十一、字中藏字、一笔草书《"虎"字碑》

位于南京秦淮夫子庙秦淮风光带核心区的瞻园，是南京现存历史最久的一座古典园林，江南四大名园之一，迄今已有六百多年的历史，其历史可追溯至明太祖朱元璋称帝前的吴王府。明朝初年，朱元璋因念功臣徐达"未有宁居"，特将该园赐予徐达，因此，该园成为中山王徐达的府邸花园，后以欧阳修诗"瞻望玉堂，如在天上"而命名为"瞻园"。明代时瞻园被称为"南都第一园"，从清世祖顺治二年（1645）起，瞻园改为江南行省左布政使署，成为清朝各任江南布政使办公的地点。乾隆皇帝巡视江南时，曾驻跸此园，并御题"瞻园"匾额。瞻园面积约两万平方米，布局典雅精致，有宏伟壮观的明清古建筑群、陡峭峻拔的假山、闻名遐迩的北宋太湖石、清幽素雅的楼榭亭台，奇峰叠嶂，共有大小景点二十余处。其中最著名、最令人感兴趣的是位于瞻园内斋后院、太平天国历史博物馆正门西侧、观鱼亭入口处右边墙壁上的那块字中藏字、用一笔草书书写的巨形《"虎"字碑》（图240）。

这块《"虎"字碑》是瞻园的镇宅之宝，高约一点五米，宽约六十厘米。碑上的"虎"字乃用狂草书体一笔挥就，字形奇特优美。碑上的字是虎，形也似虎，犹如一只端立咆哮的猛虎，威严霸气，雄视生威，虎头、虎嘴、虎身、虎背、虎尾清晰可辨，仿佛在仰天长啸。犹为可贵的是，此"虎"字中藏字。上下左右仔细辨识，可以发现，在这个笔力浑厚、遒劲有力的"虎"字中，隐藏着"富甲天下"四个字。虎谐音福，因此民间将此"虎"视为威武镇邪之灵物。传说，摸摸瞻园的虎头，吃穿不愁；摸摸虎嘴，驱邪避鬼；摸摸虎身，步步高升；摸摸虎背，荣华富贵；摸摸虎尾，十全十美。据说，乾隆皇帝下江南驻跸瞻园时，端视这个"虎"字，发现其中包含"富甲天下"四字，乃稀世之宝，对此垂涎不已，想带回北京占为己有，但因这块《"虎"字碑》嵌于墙中，强行挖出怕破了风水于己不利，只好作罢。

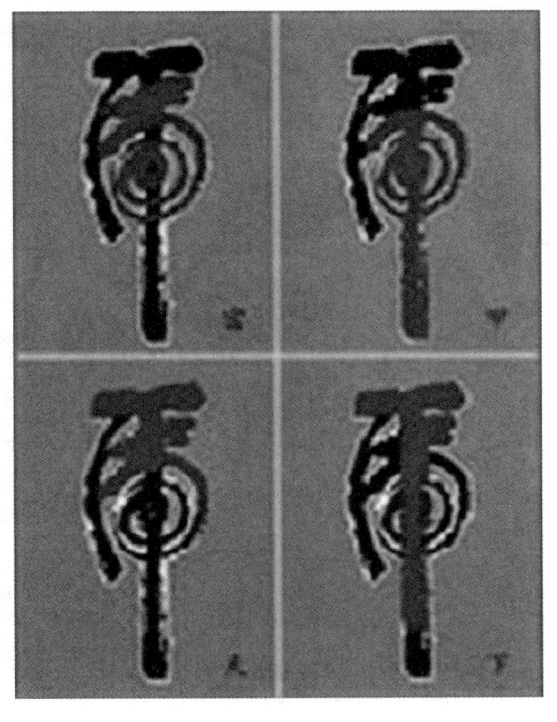

图240 "虎"字碑

那么，这个"虎"字是何时由哪位书法家写就的呢？这块碑右侧的下端落款为"劭道人"三个字，那"劭道人"又是何方人士呢？关于这个问题众说纷纭，歧见不一。一种说法是虎将徐达重病之时，明太祖朱元璋招来刘伯温的师傅邵道人为徐达治病。邵道人来府后，写了一个"虎"字，朱元璋将此"虎"字刻于石碑之上，赐予徐达。有了《"虎"字碑》后，徐达的病就不治自愈了。另一种说法是徐达年轻时曾跟劭道人学习用兵布阵之法。学成后，徐达投奔朱元璋。临行前，劭道人送徐达一个锦囊。徐达跟随朱元璋南征北战十几年，为大明王朝立下赫赫战功，他们认为都是靠此锦囊保佑。后来，大明江山已定，论功行赏，朱元璋封徐达为中山王，为其兴建王府，即今天瞻园的前身。徐达功成名就，欲求其子孙万世富贵，他请求劭道人赐教并予保佑。劭道人就草书了一个"虎"字，让徐达将此字刻于石碑上，藏在后宅，即可荣华万代。据说，徐达得此字后整天面壁沉思，悟出许多人生哲理，甚至躲过了杀身之祸，保了徐达家十八代子孙的富贵吉祥。但是，也有不同意这两种说法的另一种意见。有人认为，劭道人如真的是明代的人物的话，那为何未见史籍中与他相关的记载呢？有人根据南京地方文献中的某些传闻记载提出，劲道人是民国时期的一个名叫江亢虎的文人。这个江亢虎原名绍铨，是中国社会党首领，思想一度激进，但后来被汪精卫收买当了汉奸，曾担任汪伪南京政府考试院院长。然而，有关方面的专家并不认同这一观点，认为这种说法没有任何考证依据，不足为信，并以拍摄时间为1929年1月15日的老照片（图241）为依据，指出：最迟在1929年1月，《"虎"字碑》就已经立在瞻园内了。而根据相关资料记载，江亢虎直到1912年2月清朝灭亡时，还只是一个品级不高的中低级官员，而瞻园当时是江宁布政使衙署的官府花园，不可能立有他的题字碑。1912—1928年的十七年间，江亢虎长期避居国外，在国内时间不足八年，而且

图241 "虎"字碑老照片

长期住在北京，几乎没来过南京，更不可能在瞻园题字。直到1940年初投靠汪伪政权任职后，他才常住南京，而那时《"虎"字碑》早已立在瞻园之内。因此，可以断定此碑绝非江亢虎所题。设在瞻园内的太平天国历史博物馆的专家明确提出：根据最新研究考证，劲道人很可能是雍正内务府大臣，《"虎"字碑》为清代所制，与江亢虎并无关系，并非"汉奸题字"。同时专家也指出，至于说这块碑是朱元璋或者刘伯温之师所题，也只是道听途说。由此看来，瞻园《"虎"字碑》的由来，还有待进一步深入研究方能加以确定。

第四节 白话碑、标点碑历代之最
——元明频频现身的白话碑、标点碑

在宋代才出现的白话碑和标点碑，到元明时期有了突破性发展，先后涌现出了一大批白话碑和标点碑。这些白话碑和标点碑，成为元明碑刻中极具特色的璀璨奇葩。

一、元代的众多白话碑

白话在元代时是民间和朝廷通行的语言，元人以白话入曲调入史籍，形成了具有鲜明时代特色的语言文字形式。在时代潮流和民间风尚的影响下，在元代碑刻的发展中，出现了一个打破历代常规的特殊现象，那就是涌现出了大批白话碑。如，在蔡美彪先生所编撰的《元代白话碑》中所收列的元代白话碑，就有九十四种之多。元代的这些白话碑，据考大部分是公文法令碑。其中，云南大理和昆明的两块白话圣旨碑最有代表性。

云南的白话圣旨碑，一块原在大理崇圣寺内，刻于原《大崇圣寺碑》的背面，现已不存。据记载，碑文中有"合剌章有的大理崇圣寺里"一句，参照《元史·兀良合台传》所载："合剌章，盖乌蛮也。"《马可·波罗游记》也说："大理为合剌章之别都。"碑文中还刻有保护寺规的圣旨，颇为别致，云："无体例的勾当休做者，若做呵，不怕那什么，圣旨！"碑文所刻的朝廷圣旨，写得如此通俗，可谓一大奇观。此碑碑末书"猪儿年闰七月初五日"，表明此碑刻立是在元武宗至大四年（1311）岁次辛亥，是年属猪，也是闰年。

云南的另一块白话圣旨碑现保存在昆明西郊的筇竹寺内。筇竹寺始建于唐太宗贞观十二年（638），在云南昆明西郊玉案山上，是禅宗传入云南后所建的第一寺。据《雍正通志》记载，在唐朝贞观年间，南诏鄯阐侯高光、高智兄弟在昆明太华山下的滇池之滨狩猎，突然发现一头奇异的犀牛，兄弟两个紧紧追赶，到了玉案山上，犀牛突然不见了，只看到云中有相貌古怪的僧人，但走到近处一看，僧人又不知去向，只留下几根筇竹杖插在地里。兄弟俩使尽力气却怎么也拔不出来，第二天几根筇竹杖便长成了绿竹漪漪的筇竹林。于是高氏兄弟便在这里修建了寺庙，并取名"筇竹寺"。

筇竹寺的兴盛是与元朝政府的保护分不开的。筇竹寺第一位方丈雄辩法师圆寂后，其弟子玄坚继其位。元武宗至大三年（1310），玄坚赴京朝圣，元武宗赐他《大藏经》，他运回昆明后，分藏在筇竹寺和圆通寺。元仁宗延祐三年（1316），元仁宗又颁赐圣旨给住持玄坚，命其立教法门，护持藏经；并令地方官府对筇竹寺的殿堂、土地、财产予以保护，对筇竹寺豁免徭役，不征赋税。是年，玄坚即以蒙、汉两种文字将圣旨刻于石碑，名《圣旨碑》（图242）。现石碑就嵌于筇竹寺这座古刹的大雄宝殿内左侧的墙壁间，高三点八米，宽八十厘米，碑的两面各刻有蒙古文和元代流行的白话文。碑的背面镌刻云南王阿鲁于元惠宗至元六年（1340）颁给筇竹寺的用回鹘蒙古文写的令旨，称为《云南王藏经碑》，亦称《阿鲁王碑》，

图242　圣旨碑

1340年刻。碑的正面镌刻元仁宗延祐三年（1316）元仁宗向筇竹寺颁降的一道汉文白话圣旨。碑文圣旨竖写，自右向左排列，共二十行，最长的一行有三十八个字，最短的一行仅两个字。

碑文中圣旨说给筇竹寺御赐《大藏经》一部，允许寺庙拥有土地、人口、马匹、商店、当铺以及澡堂等，并命令地方官府保护寺产、豁免徭役、免征筇竹寺赋税等，所用的完全是当时通用的白话。文中"鸭池"为元初蒙古人对昆明的称呼，也作"押赤"或"雅歧"，这与《元史》的记载相同。此碑不书年号，只写"龙儿年四月二十三日"，也即是龙年四月二十三日，为元仁宗延祐三年（1316

岁次丙辰所立。筇竹寺白话《圣旨碑》虽书法及刻工均非高明之作，汉文中还有错别字，但此碑在七百多年前就用白话文书写，自古罕见，对于研究我国古代的语言具有重要价值。同时，此碑碑文内容对于研究元代云南的历史、地理、宗教、语言、文字也都具有重要的价值，因此颇为珍贵。

二、明代的白话碑、标点碑

在辽代和元代白话碑的影响下，明代也出现了一些白话碑，其中最为有名的是现在山东曲阜孔府的《明太祖朱元璋戒谕白话碑》。

山东曲阜孔府《明太祖朱元璋戒谕白话碑》

朱元璋称帝后，要孔子的第五十五代孙"衍圣公"孔克坚前往南京朝拜。孔克坚托病不朝，只派了儿子前去。朱元璋立即下了一道诏书说："若无疾称疾，以慢吾国，不可也。"孔克坚接诏后诚惶诚恐，如坐针毡，岂敢再怠慢，立即日夜兼程赴南京。洪武元年十一月十四日，朱元璋在谨身殿内接见了五十三岁的孔克坚及其子孔希学，当面对他们做了戒谕。皇帝的亲自单独召见，既使孔克坚诚惶诚恐，又使他感到极大的荣耀，因此回到山东曲阜孔府后，他就将当时朱元璋接见时跟他说的话回忆记载下来，后来又刻成石碑（图243），立于孔府二道门里东首。碑高一点四五米，宽七十一厘米，厚十八厘米。碑面分作两层，用正书书写。上层二十一行，每行十四字，记述了洪武元年（1368）十一月十四日朱元璋与孔克坚的谈话（所谓"戒谕"）；下层二十行，每

图243 明太祖朱元璋戒谕白话碑（中间一块）

行三十字,记述了洪武六年(1373)八月二十九日朱元璋与"袭封衍圣公"孔希学的谈话。前者是乡音俚语的白话体,后者是圣语纶音的古文体。因白话体碑文在前,故一般都称此碑为白话碑。

在这块碑上,朱元璋通篇都是"你""我""快活""少吃酒"等白话,活现出当年放牛娃、穷和尚的神态。看得出来,朱元璋刚当上皇帝,还没有皇家风范。此碑就书法艺术论极为普通,并无惊世之处,但它以白话记事的碑文,却独具一格,是曲阜碑林中唯一的一块白话古碑,也是全国少数白话古碑之一,对于研究我国古代语言和朱元璋其人都有重要的价值。

山东曲阜孔林白话碑《大明文林郎曲阜世袭知县孔君墓表》

除了《明太祖朱元璋戒谕白话碑》,在山东曲阜,还有一块不太为人所知的白话碑,此碑现在孔林中,刻载的也是明太祖朱元璋与孔子后裔的对话,也是白话照录。此碑全称为《大明文林郎曲阜世袭知县孔君墓表》(图244),是孔子第五十五代孙孔克伸的墓碑,立于明代宗景泰六年(1455)。此碑在孔林明墓群稍南侧,高约一点八米,宽八十二厘米,厚二十厘米。全文用楷书书写,计一千零八十九字,字迹清晰,基本无残损。碑文记载了孔克伸的生平事迹。明洪武七年(1374),因曲阜知县缺员,明太祖朱元璋下旨在孔子后裔中举"贤而

图244 大明文林郎曲阜世袭知县孔君墓表

有文者"充任该职，后根据推荐在南京奉天门亲自面试出题，命孔克伸当庭赋诗。其中关于君臣对话的一段碑文记录如下：

> 太祖高皇帝御奉天门，召克伸入，见威仪闲雅，礼度雍容。
> 上曰："你晓的作诗么？"
> 对曰："臣颇晓。"
> 上曰："颇晓即是晓的。礼部官，赐他纸笔，就以'蒋山'为题罢！"
> 伸俯伏丹墀，须臾而成。其诗曰：
> 压尽群山素有名，
> 巍巍雄势独峥嵘；
> 数峰碧玉朝天阙，
> 一带螺屏映帝京；
> 云窦雨晴龙虎见，
> 月岩风暖凤凰鸣；
> 应知圣主无疆福，
> 日听昆仑万岁声。
> 诗呈，上朗诵数四，喜动天颜。笑曰："莫说你别才调，只这首诗，也讨个知县做。恁多官，将此诗与他传播天下。"
> 克伸稽首而退。上顾谓侍臣曰："真孔氏子孙也。"遂授是职，赐之勒命。

碑文记录的明太祖朱元璋所说的话"你晓的作诗么""颇晓即是晓的""莫说你别才调，只这首诗，也讨个知县做。恁多官，将此诗与他传播天下"都是当时的口语白话，"恁多"则是朱元璋的安徽方言，即"那么多"的意思。在中国古代，历来为了显示皇帝的高贵和神圣，所记皇帝之言，文辞都特别高古，像此碑这样的白话照录，实是颇为罕见的奇观。

南京徐达墓《御制中山王神道碑》

徐达墓《御制中山王神道碑》（图245）也是明太祖朱元璋留下的杰作，现坐落在南京太平门外板仓村徐达墓园徐达夫妇合葬墓前。

徐达是朱元璋麾下的第一员大将，军功第一，为明王朝的建立和巩固立下了巨大的功勋。徐达死后，朱元璋为了表示对徐达的敬重和赏识，亲自为徐达立神道碑。可是，他肚中没有几滴墨水，才疏学浅，写不出碑文，就只得命大臣代撰碑文。代笔的大臣深知皇上疏于文墨，怕写好后皇上审阅时读不遍，于是便在碑文上加上圆圈作标点，以便皇上断句。后来，朱元璋审阅后未将圆圈去掉，也未让人重抄，就派人将碑文交付石工刻制。工匠们以为碑文上的圆圈是御笔所圈点，不敢妄自更改，便依样画葫芦地连文中许多圆圈都刻上了近八米高的碑石（图246），于是就为后世留下了这块极为罕见的带标点的古碑，成为中国古代碑刻中的奇观。

图245　御制中山王神道碑（一）

图246　御制中山王神道碑（二）

第五节　稀世罕有之奇名怪文碑
——《"扯淡"碑》《"再来人"碑》

在我国古代，人们历来十分重视死后的墓葬，都要"刻石立碑，以示后昆"。为了能美名远扬，流芳百世，以期"传载万年，子子孙孙"，人们撰写碑文都要"美言"，都要给所刻立的碑题一个庄重、典雅、动听的碑名。然而，如同世界上任何事物中都有与众不同的特殊个体那样，在我国古代也有一些立碑人，别出心裁、煞费苦心地故意用诙谐、调侃乃至粗俗、荒诞之词，隐晦、曲折、难解之语，将碑文、碑名题写得极为奇特怪异，借立碑以渲泄内心的怨屈和愤懑。这种奇名怪称碑刻虽自古至今甚为稀少，但别具一格，令人瞩目，其中最为怪异奇特的是明代的《"扯淡"碑》和清代的《"再来人"碑》。

一、河南淇县的《"扯淡"碑》

河南北部的淇县古称朝歌，位于黄河北岸的太行山东麓郑州和安阳之间，曾为殷末四代帝都和春秋时期卫国国都，具有三千多年的悠久历史。在淇县县城中心，有一个摘星台公园，公园内有殷纣王所建的高约十三米、面积约为一千五百平方米的摘星台。在公园内东南隅的摘星台下有一块全国罕见的石碑，因碑的正面刻有"扯淡，再不来了"而闻名于世。因碑上有"扯淡"二字，所以人们都称其为《扯淡"碑》（图247）。

《"扯淡"碑》为圆首，残石碑身高一点七八米，宽八十六厘米，厚十八厘米，碑座宽一点零二米，高十五厘米。碑的正面距碑边缘约两厘米处有一条阴线将碑圈了起来，碑的正面分成碑身和碑首两部分，上面圆首处一个弓面形，下面一个长方形。弓面碑首处横刻"再不来了"四个草字。长方形碑身正中竖写"泰极仙翁脱骨处"七个字。因碑石已残，最下面的"处"字已经断掉。"泰"字右侧镌刻一个"扯"字，左侧镌刻一个"淡"字。"扯"字下面竖刻"翁，燕人，

图247 "扯淡"碑

水木氏,明末甲申访道云濛修真。事迹已详载甲申记矣,予等不敢再赘。翁"两行三十二个字。"淡"字下面竖写"生不言寿,莫考其纪。或曰:'一十有二纪卒。'曰:'然。'四空门人清琴、棋、书、画抱病老人立"两行三十二个字。正面共计镌刻七十七个字。碑阴圆首处竖刻"碑阴"两字。下面正中竖刻"为善最乐"四个大字。两侧各有联语一幅,右侧竖刻"不负三光不负人,不欺鬼神不欺贫"。左侧竖刻"有人问我修行法,只在虚灵自然间"。碑阴共刻三十四个字。全碑正背两面共刻一百一十一个字。

　　该碑的奇特在于墓碑无墓主人姓名,无立碑时间,碑文藏头露尾,含糊其辞,扑朔迷离,碑的标题即碑名怪诞不经。所谓"扯淡",是指那种无聊、没意思、无意义或漫无边际的闲扯,也即没有根据、不可相信的无稽之谈,其意为胡说乱道。据考,"扯淡"原为明代南京妓院中流行的一句行话,后逐渐演化为民间流行的俗语。如,明田汝成《西湖游览志余》卷二十五即有记载云:"(杭人)有讳本语而巧为俏语者,如诟人嘲我曰'淄牙'……言胡说曰'扯淡'。"清孔尚任《桃花扇·修札》亦云:"无事消闲扯淡。"那么,哪些粗俗、无聊的"扯淡"之事竟要立碑,并被公然镌刻于碑的正面额部作为碑名呢?这块《"扯淡"碑》到底是什么人为什么事立的呢?立碑的人为什么要将"扯淡"标为碑名呢?长期以来,这些问题吸引了民间和学术界的许多人来进行探讨研究,结果形成了好几种不同的说法。

　　其中流传较广的一种说法是这块碑源自明末清初著名剧作家李玉根据民间传说所写下的剧本《一捧雪》。"一捧雪"是一只宝玉酒杯之名,据有关资料记载,历史上确有此物，它是用中国四大名玉之一河南南阳独山玉雕成的。此杯白中略透淡绿，杯身琢为梅花状，杯底中心琢一花蕊，杯身外攀缠一梅枝，枝上有十七朵大小不等的梅花。玉杯晶莹剔透，洁白似雪，更为奇妙的是杯中斟酒后，波光粼粼，如冰似雪，杯内浮现出一朵朵瑰丽的花球，杯内的酒也分外浓郁馨香，故玉杯被称为"一捧雪"。李玉根据民间传说所写的《一捧雪》，说的是明嘉靖年间，莫怀古家中珍藏着一只名为"一捧雪"的宝玉酒杯。莫怀古是一个心地善良的人，他看到裱糊匠汤勤流落街头饥寒交迫，就将他收作仆人。岂知汤勤是一个卑鄙阴毒的无赖小人，他不仅不知恩图报，见莫怀古的妾雪艳容貌妍美，反而无耻地进行调戏，莫怀古实在无法容忍他的丑行，便将他辞退。不久，汤勤投靠到当朝奸相严嵩的门下。他为了达到陷害莫怀古、霸占其妾雪艳的罪恶目的，就用心险恶地将莫怀古家有玉杯"一捧雪"这件事报告了严嵩之子严世蕃。严世蕃听了垂涎三尺，立即派人到莫家索要。莫怀古只得请巧匠仿照"一捧雪"赶制了一只玉杯给严世蕃送去。阴险毒辣的汤勤看出是假杯，便向严世蕃告发莫怀古。严世蕃大怒，立即派人搜查莫家。莫怀古被官兵抓住，"一捧雪"玉杯也被搜走。严嵩下令叫蓟州知府把莫怀古立即斩首处死。义仆莫诚深为同情主人的不幸遭遇，自愿替死，救出了莫怀古。而恶奴汤勤则强迫雪艳与自己成亲。雪艳假装应允，伺机用刀刺死汤勤，结束了这个奸诈小人的罪恶生命，而后自尽。传奇《一捧雪》剧情至此结束。但据民间传说，实际生活中的莫怀古逃出死狱后，最后来到距离河南淇县西十五公里的云濛山出家当了和尚。他想到自己的悲惨遭遇，想到莫诚替自己丧命，雪艳含恨自尽，自己隐姓埋名，无法申冤雪恨，如今到了暮年，才算看破了世道，不禁百感交集，深深自叹：什么天理昭彰，善恶有报，统统都是扯淡！来生再也不做人了！就这样，他在临终前悲愤地写下了旷古绝今的遗言"扯淡，再不来了"，表达了他对当时黑暗社会的强烈愤慨和抗议。后人对莫怀古的不幸身世深为同情，根据这一民间传说为他立碑纪念，并将他留下的遗言镌刻于石上。于是世间就有了这样一块《"扯淡"碑》。

长期以来在淇县民间广泛流传着另一个关于《"扯淡"碑》的故事。故事说，明朝时有个叫沐怀古的人，他原在朝中做大官，后来犯了死罪，但在临刑时他的仆人代他伏了法。沐怀古逃出北京之后，本想跑到南方去，可是过不去黄河，于是又回到了云濛山隐居修行。他十分思念亲人和替他而死的仆人，于是就在山里修了一座祖师庙，还修了一座望京楼，每当怀念他们的时候他便登楼向北眺望，以寄托怀念之情。光阴似箭，沐怀古很快就衰老了。到了将不久于人世的时候，他越来越后悔埋怨自己，他原以为，已经有人替自己死过了，自己就可以永远不死了，哪知还是免不了一死。他生气地叹息道，要知现在，何必当初。让人家替自己死了，自己还得死，真是扯淡！于是他就为自己立了这块《"扯淡"碑》。

还有一种说法是有些人根据自己对碑文的考释理解，再联系相关历史推测出来的。他们认为，《"扯淡"碑》所刻的"翁，燕人，水木氏"，"翁"是指碑主"泰极仙翁"这位老人；"燕人"是指北京一带地方的人；"水木氏"是指"沐"姓，即是说这位"泰极仙翁"姓"沐"。"明末甲申访道云濛修真"中的"明末甲申"是指明代崇祯十七年（1644），即李自成率领农民起义军攻占北京、崇祯皇帝吊死在煤山的那一年。这位姓沐的"泰极仙翁"是明王朝一个勋臣的后代，李自成农民起义推翻明王朝，摧毁了他美好的前程，损害了他的利益，使他失去了荣华富贵、锦衣玉食的优裕生活。为了躲避这场灾难，自称"泰极仙翁"的沐氏来到云濛山隐居修行，等待时机东山再起。可是，滚滚前进的历史车轮不可能倒转，尽管他活了"一十有二纪"，即一百四十四岁的高寿，也没能盼到明王朝复活的那一天，没能达到自己的目的。这使他感到极大的失落和失望，他越想越觉得来到这个世上没什么意思，于是，临终前写下了"扯淡，再不来了"几个大字，刻在自己的墓碑上。

近几年来，又有人提出了一种更为令人惊异的新说法。持这种说法的人认为，"泰极""可以解为大君位"，"透出墓主人的皇帝身份"，"泰极就是明极。明也可能指明朝，泰极就是明朝的极点，明朝的极点应该说是明朝皇帝"，"泰极仙翁"即是崇祯皇帝。他们提出，崇祯皇帝当年并没有"吊死煤山"，"吊死煤山"的只是崇祯皇帝的替身。"崇祯皇帝吊死煤山只是假象，他这个'燕人'当年逃出京城后躲进云濛山'修真'，扯淡碑的碑文是他生前为自己撰写的。""扯淡，再不来了"是他对自己悲剧一生所发的牢骚。

诸如此类的各种版本，说法大相径庭，莫衷一是，至今没有一个为大家所公认的定论。正因为如此，这块《"扯淡"碑》就更荒诞难解、匪夷所思，更增加了人们去观瞻研究的浓厚兴趣。

二、苏州灵岩山意味深长的《"再来人"碑》

江苏苏州灵岩山曾经有过一块清代刻立的《"再来人"碑》，这块名称奇特怪异的碑是根据民间传说刻立的清初诗人张永夫墓碑。

张永夫，名锡祚，江苏苏州木渎人，清康熙年间吴中著名诗人，早年学诗叶燮，曾住苏州南园，后定居吴县木渎镇下沙塘。他生于康熙十一年（1672），卒于雍正二年（1724），富有文才，与黄子云、盛锦、沈盘同称"灵岩四诗人"，后人评其为"灵岩三家"（另二人为盛锦、黄子云）之首。其为人安贫守志，极讲气节，孑然一身，以教书卖卜为生，终生不仕，虽一生困顿，但绝不趋炎附势，阿谀奉迎，以谋取富贵。他反对那种粉饰现实的诗风，并将自己的诗集取名为《锄茅集》，意为要用自己的诗"锄"去社会上的"茅草"。他一生赋诗五百余首，现存一百三十多首，较客观地反映了当时的社会现实和民间疾苦，并辛辣地讽刺了欺压百姓的当权者和趋炎附势之徒。他一生拒不接受官府所赠财物，乃至在五十多岁时即因贫病而死，其妻先亡，无子女，后事系友人黄子云操办，墓和墓碑都是朋友为他修建的。

那么，何以他死后朋友们要为他立一块《"再来人"碑》呢？原来这里有一个颇为奇异的传说。相传他在死后十余年，又再来找寻生前旧友，出金百两，还清旧日所欠之账乃去。其人诚信、清高孤傲之至，死后依然如此，令人不胜感佩慨叹。为此，其生前旧友特出资在江苏苏州香山溪北侧百步小浜石桥之东，离灵岩山寺的入口大牌坊不远处为他修墓立碑。墓坐北朝南，约占地半亩，呈长方形。墓地周围小河环绕，松柏苍翠。墓道长约十五米，刻碑两块，均立于清雍正三年（1725）。一碑镌"诗人张永夫之墓"，另一碑则与众不同，为历来绝无仅有，根据他死后再来人间还清旧日欠账这一民间传说，镌刻着"再来人之墓"五个大字，以颂其为人清白、守志、讲气节。于是世间就有了这样一块被称为《"再来人"碑》的奇碑，中国历代碑刻百花园中多了这样耐人寻味的一大奇观。

此碑现已佚失，墓地上只剩下了雍正三年（1725）刻立的《诗人张永夫之墓石碑》（图248）和"公元一九五七年十二月""苏州市文物保管委员会重修"时刻立的《诗人张永夫之墓石碑》及吴县人民政府"一九八六年十二月"刻立的文物保护碑。

图 248　诗人张永夫之墓石碑

第六节　异形奇材碑之繁盛
——瓷碑、铜碑、超级巨碑、仿制《石鼓文》

在我国碑刻百花苑中，异形奇材碑历代连绵不断地产生。先秦有状如鼓形的《石鼓文碑》，东晋有状如巨柱的《好太王碑》，南北朝有状如龟形的《元显俊墓志》，唐代有龟形《李寿墓志》和以二点八亿年化石做碑材刻制的《明征君碑》，宋代有五碑连体、形如萧墙的《汾阴二圣配飨之铭碑》。到元、明、清时期，异形奇材碑更是有前所未有的新发展。在碑的材质上，元代出现了此前从来没有过的瓷碑，明清出现了多块此前从来没有出现过的铜碑。在碑的形制上，明代出现了惊世骇俗、体形大得无法运送和竖立起来的巨碑。

一、元代窝阔台汗时期的《古回鹘文景教瓷质墓碑》

20世纪80年代初，在内蒙古赤峰市郊区元代松州城遗址，出土了一块古回鹘文瓷质墓碑（图249），文字是用古回鹘文书写在瓷碑上的，记述了一位蒙古将军在此建立宫殿的过程。这块瓷质墓碑是内蒙古地区首次发现的古回鹘文瓷质墓碑，在我国历史上也极为罕见，现藏于内蒙古博物院。此

图249　古回鹘文景教瓷质墓碑

碑还有一个显著的特点，在碑上代表东方佛教文化的莲花纹饰同代表西方基督教的十字架并存，反映了东西方宗教文化之间的交融，具有重要的文化历史价值。碑文用亚历山大和中国十二生肖两种纪年法纪年，反映了景教东传时与中国文化的交流。

这块景教瓷碑呈长方形，胎质坚硬较粗，釉呈黄白色，碑体外缘边框用粗大的铁锈色线条勾勒，框内下部绘一个莲花座，莲花座上绘一个大十字架，以十字架为主体将碑面分割成四部分。在这四个区域内，上部的两个空处书写着两行竖写的叙利亚文，可译为"看见你"和"想着你"。在十字架下部两个空区，从左至右写有八行古回鹘文，内容可译为："从亚历山大汗算起一千五百六十四年，从中国纪年算起于牛年正月二十日，术安·库木哥将军七十一岁时，按照上天的旨意，将这座宫殿和围墙完成。在这建筑的地方，立起与天永久的石碑。"对碑上所刻文字，1996年法国学者James Hamilton和新疆大学牛汝极教授在《赤峰出土景教墓砖铭文及族属研究》一文中的识读是：十字架上边左右两行叙利亚文译为"仰之""信之"；十字架下面的八行古回鹘文译为：亚历山大帝王纪年一千/五百六十四年（公元1253年）；桃花石/纪年是牛年正月/二十日。这位京帐首领/药

难——部队的将军,在他七十一岁时,完成了上帝的使命。/愿这位大人的灵魂永久地/在天堂安息吧!碑文中写的亚历山大是古希腊的著名帝王,公元前336年即位,公元前323年去世。当时刻碑者是以亚历山大去世的那一年为纪年起点,所以考古学家们在发现此碑后,便推算出了碑的纪年为公元1241年。

据查考,以往国内出土的景教碑的材料多为石质,只有赤峰松山出土的这块碑是瓷碑,这一点属于特例,在历史上极为罕见。由于此碑有极高的考古价值,考古学家在不断地对其进行研究,希望可以根据瓷碑,探寻术安·库木哥将军修建宫室围墙并且立碑的历史故事,发现宫室围墙的遗存,这对于填补该地区在蒙古汗国时期的文物空白具有极为重要的意义。这块瓷碑对于研究元朝景教东传、回鹘蒙古文演变以及东西方文化的交流都具有重要的价值。

二、明代"十万骆驼拉不起"的超级巨型《阳山碑材》

在南京市江宁区汤山街道宁杭公路北侧阳山南坡,静静地躺着如同一座小山般巨大的《阳山碑材》(图250),它是利用该处山体中完整性好又十分巨大的栖霞组灰岩开凿出来的举世无双、空前绝后的最大碑材。碑材由碑座、碑额、碑身三部分构成。其中碑额石材高十点七米,厚八点四米,宽二十点三米,重约六千吨,其上雕刻有龙头、龙爪、龙尾,并留出十四个凸出的做榫头用的石芽;碑身石材高四十九点四米,厚四点四米,宽十点七米,重约八千八百吨;碑座石材高十三米,长三十点三五米,宽十六米,重约一点六万吨。若将上述三部分按碑式拼合后竖立起来,总高为七十八米,相当于现在二十多层楼房的高度,重量达三万吨之巨,可谓举世罕见,硕大无朋,令人叹为观止,是当之无愧的世界第一巨碑。这三块石材都已凿刻成形,其中碑额已与山体分开,碑

图250 阳山碑材

身、碑座也仅有一端与山体相连，但三块石材的底部两端均留有起支撑作用的材脚与山体相连。

如此庞大的《阳山碑材》是谁雕凿的？为什么要雕凿这块天下第一巨碑呢？为什么雕凿完成后又半途而废、遗弃不用了呢？

《阳山碑材》又称孝陵碑材，是明初明成祖朱棣为颂扬其父朱元璋功德而雕凿的，距今已有六百多年历史。据《明太祖实录》卷二五七、《明史》卷三《太祖本纪三》、《明史》卷四《恭闵帝本记》及《明史》卷五《成祖本纪一》记载，朱元璋称帝后，曾立其长子朱标为太子，封其他二十余个儿子为王。但是皇太子朱标早于朱元璋先亡，按封建嫡长继承制度，朱元璋就立朱标长子即他的长孙、以至孝著称的朱允炆为皇太孙做他的皇位继承人。明洪武三十一年（1398）闰五月乙酉（初十），七十一岁的明太祖朱元璋驾崩，以至孝著称的皇太孙朱允炆继位。为佑朱氏皇室平安、权力顺利过渡，避免分封在外的诸王齐集南京闹出事来，朱元璋临死前留下遗诏，明确宣布："皇太孙允炆仁明孝友，天下归心，宜登大位；内外文武臣僚同心辅政，以安吾民……诸王临国安民，毋至京师。"在朱元璋死后的第六天，朱允炆"即皇帝位"，改元建文，为明惠帝，史称恭闵帝。

分封在外的诸王，也即朱允炆的皇叔们大多听命，唯有朱元璋四子燕王朱棣自恃受先帝宠爱，持有先帝"攘外安内，非汝而谁"的圣旨，星夜兼程自北平（今北京）南下要参加父亲的葬礼。就在他快到淮安的时候，被建文帝派人阻止而非常不愉快地返回了北京。不久，初登帝位的建文帝又听取近臣们的意见，为压制诸王的势力而决定推行削藩政策，削弱以燕王为首的叔父们的势力，以巩固自己的皇权。而势力强大、骁勇善武、足智多谋而又早就窥觑皇位的燕王朱棣不甘束手就擒，便以其侄朱允炆不允许封藩在外的叔叔们回京奔丧为由，以回京祭祖、讨伐奸臣以清君侧为名，于第二年发动了靖难之役，举兵南下进攻南京，于建文四年（1402）六月攻占南京，夺得帝位，改元永乐，史称明成祖。

夺取帝位后，为了巩固自己的地位，使自己继位成为合法的正宗，朱棣一方面大肆诛杀异己，一方面又打出朱元璋"以孝治天下"的旗号，诏令为其父朱元璋建立巨大的神功圣德碑，歌颂朱元璋的丰功伟绩，借以显示自己对父亲的孝心、忠心、以笼络人心。为了显示他的"至孝"，在下诏建碑时，他要求承办官员碑建得越大越好。承办官员岂敢怠慢，便从全国各地招募来大批能工巧匠，又强拉来大批囚徒，共计万余之众，在位于今江苏南京东郊中山门外二十五公里处的江宁县汤山镇（今江宁区汤山街道）宁杭公路北侧的阳山南麓凿取举世无双的巨大碑材。相传当时的石工每人每天要向监工交验用钢凿凿下的石碴三斗三升，完不成定额者便处死。为此，不知枉杀了多少石工，如今阳山南边的名叫"坟头"的村庄，即是因当时掩埋了大量被处死和累死的石工而得名的。

据当时的文渊阁大学士胡广所著的《游阳山记》记载，永乐三年，因建碑孝陵，斫石都城东北之阳山。山高数里，其体皆石，凿之，得良材焉。前后历时十年，终于利用山体的巨大石料凿成了龟趺、碑身、碑首三块巨大碑材。碑材凿成后，朱棣便派胡广和大学士解缙、侍讲学士金幼孜专程前去验核。当他们仰见碑石，穿然城立时，一齐惊叹！他们冒险从碑石左攀跻而上：一人引手，一人下推……蚁缘而度，一直登至碑石之巅，顿时心悸目眩，不能下视。如此巨大的碑石，在当时的条件下根本无法运到安葬朱元璋的孝陵去竖立起来，他们只得回去如实向朱棣禀报。朱棣万万没有料到会弄巧成拙，无可奈何，只得怪当时自己只说了越大越好，没有说具体尺寸。于是朱棣只能让人重新凿建了一座高八点八七米、约相当于《阳山碑材》九分之一大小的神功圣德碑，竖立于朱元璋的孝陵中。就这样，这块被清代著名诗人袁枚在《洪武大石碑歌》中称为"碑如长剑青天倚，十万骆驼拉不起""材大由来世莫收，此碑千载空悠悠"的中国古今最大的阳山碑材石，被永远地留在了阳山山坡上，成为明代的一大历史文化遗迹。

三、史上前所未有的铜碑在明代频频现身

铜碑是中国历代碑刻百花园中一枝异彩夺目的奇葩，由于其较之石碑制作工艺要求更高且价格高昂，故在我国历史上为数甚少，最早且其中多数出现在明代，大多为帝王御制。明代的铜碑大多由帝王敕立于道观和佛寺中，成为这些道观和佛寺的一大景观。除前述明神宗万历三十一年（1603）四川峨眉山金顶华藏寺的集王羲之书、集褚遂良书双面铜碑外，还有多块。

在道教圣地武当山太和宫的大殿前，存有明代的两块铜碑。太和宫是道教著名宫观，在湖北丹江口境内的武当山天柱峰山巅紫金城南天门外。太和宫建于明成祖永乐十四年（1416），时有殿堂道舍等建筑五百一十间；现尚存正殿、朝拜殿、钟鼓楼、铜殿等，正殿额题"大岳太和宫"，殿内存有真武大帝铜铸像及四大元帅、水火二将、金童玉女等塑像，殿门两侧各存有铜碑一块。一块为明世宗嘉

靖三十一年（1552）铸造，碑通高一点八米，碑帽镂雕二龙戏珠，下刻"御制"二字，碑上部及两边均镂刻龙、云、珠等图案（图251），碑文记载了明世宗派遣工部右侍郎陆杰致祭北极佑圣真君之事。

另一块为明嘉靖三十九年（1560）二月立，碑高一点七米，碑文记载了明世宗敕命在天柱峰北天门外建雷坛、造金像之事，碑文为

图251 武当山太和宫铜碑

左副都御史鄢懋卿书写的《敕建大岳太和山天柱峰第一境北天门外苍龙岭新建三界混真雷坛神像记》，赵成镌碑（图252）。这块碑无碑帽，也无碑额"御赐"字样，只有碑版和碑座，碑上刻铸有明世宗派遣官员重修武当山和祭祀真武大帝设坛人员的姓名，并列出工部右侍郎陆杰和其他官员的名单。这块碑是证明明代又一次大修武当宫观的重要资料。

明朝的皇帝都笃信道教，不仅对道教神仙顶礼膜拜，而且对那些"仙"名卓著的道士也恩宠有加。据史料记载，富有传奇色彩的著名道士张三丰，就受到过明英宗御赐铜碑诰封"通微显化真人"的极高礼遇和褒奖。据有关资料记载，此碑现存武当山，在明代方升《大岳志略》卷一和明代焦竑所辑《献征录·张三丰传》中，都载有明英宗朱祁镇《御赐张三丰铜碑》的碑文（图253）。全碑划为上下三格，碑首为篆额，中为诰文，下为张三丰像。

现代著名学者陈垣编纂的《道家金石略》亦收有此文，名为《褒封张三丰诰命》缺"神游玄圃……实同造化"二十二字，在个别字上微有出入，但碑文年代完全一致。

泰山自古以来建有道教宫观，成为道教的洞天福地。碧霞祠位于泰山之巅，背靠玉皇顶，西临天街、南天门，创建于北宋真宗大中祥符二年（1009），距今已有近千年历史。碧霞祠正殿内供奉着碧霞元君像。碧霞元君，是道教所尊奉的女神，宋真宗在位时封为天仙玉女碧霞元君。碧霞祠院正殿前中央建有香亭，内祀元君铜像。在香亭两侧，也立有两块巨大的明代铜碑。这两块东西对峙的巨大铜铸大碑俗称"金碑"（图254、255）。东为明神宗万历四十三年（1615）铸立的

图 252　武当山铜碑　　　　　　图 253　御赐张三丰铜碑

《敕建泰山天仙金阙碑》，其碑文记述了碧霞祠仿武当山建造金阙的经过；西为明熹宗天启五年（1625）铸立的《敕建泰山灵佑宫碑》，其碑文记述了碧霞祠宋改"昭真祠"、金称"昭真观"、明赐名"碧霞灵佑宫"的历史。两碑高三米多，通体鎏金，螭首龙座，盘龙若腾，图案精致，造型生动，具有高度的艺术价值，虽迄今已历经约四百个春秋，依然光可鉴人，是珍贵的道教文物，对碧霞祠史志研究有重要的价值。

图254 敕建泰山天仙金阙碑　　图255 敕建泰山灵佑宫碑

四、天下第一铜碑《嘉应观御制蛟龙碑》清代巍然面世

历史上黄河频繁决口，古人为此建了无数的龙王庙。康熙六十年至雍正元年，黄河在河南武陟的詹店等处决口，洪水淹没了新乡、彰德（今河南安阳），经卫河入海河，直逼京畿津门，严重威胁大清江山，朝野为之大震。四皇子雍亲王奉旨督办武陟河工，亲临武陟筑坝堵口。雍亲王后来成了清世宗雍正皇帝。雍正皇帝登基不久，为了治河安民，祈求保佑和显示自己对治理水患的重视，特下圣旨，从国库里调拨了二百八十八万两白银，由河道总督齐苏勒、副总督嵇曾筠，带领宫廷御匠，指挥从河南、河北、山西、四川、安徽五省调来的民工施工，先后历时四年，在位于武陟县城东南十三公里处的黄河北岸，仿照北京故宫修建了一座占地九百八十一亩的集宫、庙、衙署为一体的淮黄诸河的龙王庙。这个历代花钱最多、规格最高、建筑最雄伟、黄河流域最大的龙王庙在雍正三年（1725）二月建成，雍正皇帝钦赐御制匾额，定名为嘉应观。

嘉应观的镇观之宝，是立于前院正中的一块巨大的铜碑《嘉庆观御制蛟龙碑》

图256 嘉应观御制蛟龙碑

（图256）。该碑高四点三米，宽九十五厘米，厚二十四厘米；碑首的碑额上刻铸有"御制"二字，碑的周身前后左右一共精雕了二十四条龙，有飞龙、盘龙、卧龙、游龙、降龙、升龙等，栩栩如生，代表着清朝时期二十四个行政区划的水系网络和二十四个大大小小的龙王，也代表了一年二十四个节气，寄托着黄河岁岁安澜的美好祝愿。该碑不但碑身独特，碑的底座也非同寻常，有一条龙头、牛身、狮尾、鹰爪奇特无比的四不像"独角兽"盘绕在底座上面，被压在碑身底下。据说这就是祸害民间的黄河蛟龙，是黄河泛滥的祸根，所以雍正打造这块铜碑把它压在碑下面，以保黄河安澜、国泰民安。被压在碑身底下的河蛟曲身回首，二目圆睁，看上去大有翻江倒海之势，所以被当地人视为黄河泛滥成灾的祸根。河蛟下压的水井与河道相通，河蛟头的内侧左眼睛处有个洞，被人们称为"水眼"，过去人们投下重物可以听到"叮咚"的水声。黄河水涨，井水也涨，黄河水落，井水也落。当时人们就是根据投物声音的大小水声，来判断黄河水位的高低的。碑文共十一行四百三十一个字，由雍正皇帝亲自撰文并用娟秀流美的行书体书写。碑文记载了黄河的地理面貌、流域历史、水患与治理情况，记载了当年黄河决口时的详细情况，阐述了黄河与百姓、黄河与朝廷的利害关系，对黄河的治理和建造嘉应观的缘由做了说明。大意是说黄河从武陟县而下，土地平旷容易泛滥，为使黄河安澜，特命河臣于武陟建造黄河龙王庙嘉应观，其目的是祭龙王、防水患、保社稷、固江山。碑的左上方盖有雍正皇帝的印章"雍正御笔之宝"，这是罕见的雍正皇帝留在民间的笔迹之一，同时也是治理黄河的极为珍贵的文献资料，有着很高的文物价值。

铜碑之上是一个伞形圆顶六角重檐式御碑亭（图257）。御碑亭的造型独特，是嘉应观中唯一的黄色琉璃瓦建筑。一般庙宇的琉璃瓦都是孔雀蓝色，唯独御碑亭的琉璃瓦是金黄色。远观御碑亭的外观酷似清代皇帝的皇冠，庄严而富丽堂皇。雍正皇帝为了表明自己非常重视治理黄河，故而就把他的"皇冠"放在了万里黄河第一险工地嘉应观里面。御碑亭门两侧柱子上，题书着由雍正的第九世孙启香撰写的楹联："河涨河落维系皇冠顶戴，民心泰否关乎大清江山。"

图257　嘉应观御制蛟龙碑碑亭

嘉应观铜碑与其他铜碑有一个很大的不同之处，它并不是一块完完全全的铜碑，而是一个铁胎铜面碑。据说雍正皇帝当时是非常诚心地来制造一座纯铜碑，以证明他十分重视治理黄河。起初他并不知道铸造的是铁胎铜面碑。相传雍正二年（1724）九月初二，当这块大铜碑完成铸造进行立碑仪式时，艳阳高照的天空突然电闪雷鸣，闪电直接劈中了碑身，于是在碑的一侧，裂开了宽约一厘米、长约十厘米的缝，从这条缝中人们可以清晰地看见铜碑的里面竟然是厚厚的铁胎。雍正皇帝没有想到，当时奉旨铸造铜碑的官员和工匠竟然暗中"偷工减料"，把大量的铜给贪污了。雍正皇帝雷霆震怒，将铸碑的官员和工匠全部都给杀了。据分析，碑身开裂的一个很重要的原因，可能是由于铁和铜膨胀系数不一，受强烈阳光照射和闪电击中，温度猛然升高，铜面和铁胎就分裂开来形成了裂缝。不过，因为裂了一条缝，膨胀力被释放了出来，此碑再也未开裂过。

《嘉应观御制蛟龙碑》不仅是皇帝御撰御书，而且在冶炼工艺上将不同熔点的铁胎铜面完整巧妙地结合在一起，铸艺精致卓绝，在我国历代碑刻中绝无仅有，是冶金和铸造史上的奇迹。此碑不论从冶炼工艺、雕铸技艺还是书法艺术上讲都是难得的珍品，堪称我国碑刻之瑰宝，在古代被誉为"天下第一铜碑"，具有很高的艺术价值和历史价值。

五、清代乾隆皇帝诏令仿制摹刻的《石鼓文》

图258 清乾隆仿制石鼓文

清代乾隆皇帝对"刻石之祖"《石鼓文》极为珍爱,为了保护《石鼓文》不受损坏,特于乾隆十五年(1750)诏令将国子监的原石鼓设立重栏加以保护。清乾隆五十五年(1790),乾隆皇帝到国子监观石鼓后大为赞赏。为了使更多人能有机会观摹《石鼓文》,乾隆皇帝下诏另选十块石头仿原石鼓之形雕成了十个新的石鼓(图258),并在十个石鼓的鼓面上分列摹刻上了原石鼓镌刻在鼓身上的诗文,将新石鼓也安置于国子监,允许人随意椎拓,以广泛流传。于是中国碑刻百花苑中又多了一组《石鼓文》。如今留存于世的《石鼓文》之所以会有新旧两种,便源于此。

第七节 帝王御碑之历史新高峰
—— 明清兴盛期繁茂的帝王御碑

继盛唐时期出现中国历史上"帝王御碑"第一波高峰,两宋时期出现中国历史上"帝王御碑"第二波高峰之后,在明初出了中国历史上留下御碑最多的开国皇帝明太祖朱元璋;继而,在清前期"康乾盛世"时,又出现了中国历史上一生留下御碑最多的两个皇帝——清圣祖康熙皇帝玄烨和清高宗乾隆皇帝弘历。尤其是乾隆皇帝,其一生所撰书的御碑数量之多,是历代任何一个皇帝都无法比拟的。

一、明太祖朱元璋御碑

根据查考，从秦始皇嬴政到清世祖福临，在中国历代开国皇帝中，明太祖朱元璋是文化程度最低的一个，可是却是留下御碑最多的一个。在存世的明代碑刻中，除了前文所述的明太祖朱元璋立于安徽凤阳的《明皇陵无字碑》，迄今他留存于世的由他亲撰或亲书碑文的御碑还有五块：《大明皇陵碑》《龙兴寺碑》《敕僧文》《"第一山"石碑》和立于江西庐山仙人洞西北锦绣峰"御碑亭"中的《周颠仙人传碑》。

明太祖御撰《大明皇陵碑》

《大明皇陵碑》（图259）位于安徽凤阳西七公里太平乡的明皇陵。明皇陵是安葬明太祖朱元璋的父母及三个哥哥、三个嫂子、两个侄子的坟墓，是明代朱氏皇室三处主要陵墓（南京孝陵、北京十三陵、安徽凤阳皇陵）之第一陵，《大明皇陵碑》即在明皇陵皇城内，原有碑亭，后倾圮，今又重建。据史籍记载，《大明皇陵碑》曾先后立过两块，第一块《大明皇陵碑》为明太祖洪武二年（1369），"诏立皇陵碑。先是命翰林侍讲学士危素撰文，至是文成，命左丞相宣国公李善长诣陵立碑"。但到洪武十一年（1378）命江阴侯吴良督工新造皇堂时，明太祖朱元璋嫌原《大明皇陵碑》所记皆儒臣粉饰之辞，恐不足为后世子孙戒，乃亲撰碑文，重新立碑。现存世的《大明皇陵碑》即由明太祖朱元璋亲自

图259 大明皇陵碑

撰写碑文后重新刻立之碑。碑高七米，宽二米，碑文为楷书，凡二十六行，每行五十六字，额篆"大明皇陵之碑"，碑文全文共一千三百一十三字。

在碑文起首的序文中，明太祖朱元璋首先扼要说明了为什么要亲自撰写这篇碑文。在序文后的正文部分，朱元璋讲述了自己幼时的贫困艰辛及父母长兄怎样死于饥荒和瘟疫，而死后"殡无棺椁，被体恶裳"的凄凉景况，还讲述了自己不得已入寺为僧、乞讨化缘的凄惨经历。其后，朱元璋又讲述了自己参加农民起义军，怎样同元朝军队作战，怎样单独领兵打仗，攻城略地，扩军屯粮，最后又怎样铲除群雄，东渡大江，赶走元朝统治者，实现了大明一统天下。

整篇碑文详而不繁，文字通俗易懂，叙事简洁生动，充满感情，脍炙人口，既是朱元璋纪念父母、教育子孙的碑文，也是他自己前半生的一篇绝好的自传。此碑是中国历史上第一篇由皇帝亲自写的自传，是研究朱元璋生平和元末农民起义的重要历史资料，是一件具有重要价值的珍贵文物。

明太祖龙兴寺三御碑

在明太祖朱元璋的故里安徽凤阳的龙兴寺，也有两通由朱元璋亲自撰写碑文的御碑，两通碑文分别镌刻在一块碑石的正反两面。碑阳镌刻《龙兴寺碑》（图260），碑阴镌刻《敕僧文》。朱元璋取得天下，登上皇帝宝座后，原本是穷山恶水的贫瘠之地凤阳，大沾龙恩。朱元璋在下诏"取中天下而立，定四海之民"，以其故里凤阳为中都，建置城池宫阙如京师之制，在凤阳县西南为其父母、兄嫂大建明皇陵之后，又于明洪武十六年（1383）下诏，将其早年出家当和尚的皇觉寺自凤阳县西南六公里处甘郢，拆迁移至凤阳县城北凤凰山日精峰下，用名贵木材精雕细刻，大兴土木，重新建造"佛殿、法堂、僧舍之属凡三百八十一间"，整个寺规模极为宏大，连绵五公里，常住僧人数百名，寺内供奉朱元璋的画像、铁像。因该寺是当年他这个"真龙天子""帝业"发祥之地，故朱元璋特将寺名由原来的皇觉寺改为"大龙兴寺"，并亲撰文《龙兴寺碑》，勒石刻碑，立于寺中大殿后碑亭内。碑阴镌刻朱元璋洪武十六年九月御制的《敕僧文》，叙述了龙兴寺的历史、修建经过和朱元璋幼时的僧侣生涯及朱元璋对"求佛积福"的看法，是研究明史、朱元璋身世和朱元璋思想演变过程的重要史料，具有较高的历史价值和文物价值。除此以外，龙兴寺内至今还留存有众多其他明清碑刻，如寺内竖立着明

图 260　龙兴寺碑　　　　　　　　图 261　"第一山"石碑

太祖朱元璋御书《"第一山"石碑》（图 261），东西两廊壁上，镶嵌着大批明清两代名人诗词题刻，寺中的明万历诗碑至今仍保存完好。所有这些碑刻，都是研究朱元璋身世、龙兴寺历史和明清书法艺术的重要实物资料。

明太祖御撰《周颠仙人传碑》

明太祖朱元璋撰写碑文的《周颠仙人传碑》（图 262），立于江西庐山仙人洞西北锦绣峰由朱元璋敕建的"御碑亭"中。朱元璋在碑文中向他的臣民们讲述了他如何在周颠仙人的帮助下打败陈友谅的故事。故事云：元朝末年，农民起义风起云涌，朱元璋参加了郭子兴所部红巾军，郭子兴死后，接任起义军首领，元顺帝至正十六年（1356）攻占了建康（南京）。这时，在他的西边有徐寿辉领导的

图 262　周颠仙人传碑碑亭

一支红巾分军，至正二十年（1360），徐寿辉被部将陈友谅所杀，陈友谅自立为皇帝，国号大汉，并攻占太平，直入建康。至正二十三年（1363），朱元璋与陈友谅会战于鄱阳湖。这时，南昌有一个名叫周颠的疯和尚，少时患颠病，沿街乞讨，凡新官上任他都要去"告太平"。可是，陈友谅率军抵南昌后，不肯去见陈友谅，但却唱太平歌，说朱元璋"做皇帝定太平"。朱元璋得知后，便邀他同行。民间传说，在朱元璋与陈友谅作战时风雨大作，这时周颠便作法相助，站在船头向天呼叫，便风平浪静了。在作战中，陈友谅中箭身亡，全军大败，第二年，陈友谅之子投降。这个疯疯颠颠的和尚烧不伤，饿不死，能测未来，能除疾病，还能帮助朱元璋治理天下，但在朱元璋胜利后，他却告辞而去。临行前，朱元璋问其所在，到何处去，周颠答复他说："吾乃庐山竹林寺僧人。"朱元璋建都南京后，派人到庐山寻访周颠，寻找无着，人传已乘白鹿升天。于是朱元璋便亲撰碑文，在庐山周颠升天处建亭立碑，以张其事。

此碑刻于明太祖洪武二十六年（1393），高四米，宽一点二七米，厚二十三厘米，重达数吨，相传碑的石料来自云南，行程数千里才运抵庐山山麓。为了将碑运上山，沿山崖特辟了九十九盘山道。碑阳镌刻着朱元璋所写的《周颠仙人传》，述说了他得到周颠帮助之事，碑文长两千零八十字。碑额篆刻"御制"二字，两旁镌龙，栩栩如生，碑阴镌刻着朱元璋的《祭天眼尊者、周颠仙人、徐道人、赤脚僧文》和两首诗。

《周颠仙人传碑》由于出自朱元璋之手，又富有传奇色彩，因此自刻立以来，就成为庐山的一个重要景观，备受人们的关注，不少文人墨客来此观碑后留下了吟唱诗文，其中较为著名的如清代查慎行的《洪武御碑歌》。

作者在诗中对朱元璋写《周颠仙人传》并建亭立碑进行了批判，认为周颠之事荒诞不经，大可怀疑，指出朱元璋在这里所用的是史书上常见的借鬼神之事以治民的"神道设教"的手段，是借鬼神之事愚弄百姓，以使百姓相信他是有神明庇护的真命天子，揭露了历代帝王驾驭臣民的权术。这一观点在当时来讲无疑是相当进步、颇有见地的，这对人们正确理解《周颠仙人传碑》所载之事，无疑具参考价值。

二、明成祖、明世宗、明思宗御碑

继明太祖朱元璋之后的明历代皇帝，除在明十三陵留下诸多御制无字神功圣德碑外，其他留下的御碑寥寥无几，主要仅有明成祖的《大明孝陵神功圣德碑》和《姚少师神道碑》、明世宗的《圣瑜石刻》和为其父兴献帝所建《御诗碑》及明思宗崇祯皇帝的《赐杨嗣昌诗碑》等为数不多的几块。

明成祖御撰《大明孝陵神功圣德碑》

明成祖《大明孝陵神功圣德碑》（图263）是明成祖朱棣为了弥补凿刻《阳山碑材》弄巧成拙而又重新下令为其父明太祖朱元璋建立的一座神功圣德碑。《大明孝陵神功圣德碑》坐落于南京玄武区紫金山麓玩珠峰下的明孝陵的巨大碑亭内。《大明孝陵神功圣德碑》碑座、碑额雕琢瑰丽，驮碑的龟趺高二点零八米，碑高八点七八米，是明清皇家陵寝中规模最大的一座神功圣德碑。碑文用正楷书写，字大如拳，长达二千七百四十六字，由明成祖朱棣亲撰。碑文分为六部分内容：第一部分，讲述朱元璋生于凤阳，为句容大族；第二部分，他为民请愿，发迹定远；

图 263　大明孝陵神功圣德碑

第三部分，定都南京，年号洪武；第四部分，废除旧制，选贤唯能；第五部分，分封诸侯平定天下；第六部分，铭刻朱氏贵族百人。碑文历述了朱元璋一生之功德，表达了明成祖朱棣对其父朱元璋的一片孝心。此碑不仅作为南京地区最大的一块明碑而名闻遐迩，更以其与《阳山碑材》有密切关联而著称于世。

明成祖御撰《姚少师神道碑》

《姚少师神道碑》（图264）是明成祖朱棣为他的主要谋臣姚广孝所立的御碑。

姚广孝（1335—1418），法名道衍，字斯道，号独庵老人，长洲（今属江苏苏州）人。姚广孝年轻时在苏州妙智庵出家为僧，精通三教。洪武八年（1375），朱元璋诏令精通儒书的僧人到礼部应试，姚广孝以通儒僧人的身份被明太祖召入京师。洪武十五年（1382），被明太祖挑选，以"臣奉白帽著王"结识燕王朱棣，主持庆寿寺，成为朱棣的主要谋士。

洪武三十一年（1398），明太祖驾崩，建文帝继位，并实行削藩之策。姚广孝密劝朱棣起兵，朱棣道："百姓都支持朝廷，怎么办？"姚广孝答道："臣只知道天道，不管民心。"后来，姚广孝向朱棣推荐相士袁珙、卜者金忠，使朱棣逐渐下定决心。朱棣暗中拉拢军官，勾结部队，并招募勇士。而姚广孝则在燕王府后苑训练兵马，还修建厚墙环绕的地穴，打造军器，用饲养的鹅鸭来掩盖声音。明惠帝建文元年（1399）六月，燕王府护卫百户倪谅告发朱棣谋反，朝廷下令逮捕燕王府官属。都指挥张信暗中向朱棣报信，朱棣便决定立即起兵，发动"靖难之变"。姚广孝则辅佐世子朱高炽留守北平。同年十月，朱棣袭取大宁（今内蒙古宁城），南军主帅李景隆趁机围攻北平。姚广孝指挥将士守卫城池，击退南军的进攻，又在夜间将士兵用绳子吊出城外，与朱棣的援军内外夹攻，大破南军。建文二年（1400），朱棣围困济南三个月，难以破城，在姚广孝劝谏下退回北平。朱棣发动"靖难之变"第三年，姚广孝留守北平，建议朱棣轻骑挺进，对朱棣说："不要去攻打城池，应迅速直取京师。京师兵力单薄，一定能攻克。"朱棣采纳他的建议，在淝水、灵璧连败南军，并渡江进入京师南京。

图 264　姚少师神道碑

建文四年（1402），朱棣登基称帝，史称明成祖。永乐二年（1404），明成祖拜姚广孝为资善大夫、太子少师，并复姓为姚，赐名广孝。明成祖每次与姚广孝交谈，都称他为少师，而不直呼其名。后来，明成祖命姚广孝蓄发还俗，被姚广孝拒绝。明成祖又赐他府邸、宫女，姚广孝仍不接受，只是居住在寺庙中，上朝时便穿上朝服，退朝后仍换回僧衣。他到苏湖赈灾时，前往长洲，将获赐的黄金全部分发给宗族乡人。此后，明成祖往来于南京、北京之间，并几次征伐蒙古，姚广孝都留在南京，辅佐太子朱高炽监国。永乐五年（1407），姚广孝又奉命教导皇长孙朱瞻基。永乐十六年（1418），姚广孝病逝。明成祖为其举行了极其隆重的葬礼，在今北京房山常乐寺村北为其建造了通高三十三米的八角形九级密檐式墓塔，并下旨"敕建姚广孝神道碑"一座，碑高四米，宽一点一米，厚三十三厘米，于宣德元年（1426）刻成后立于姚广孝墓塔前。

明宪宗《御制重修孔子庙碑》

走进曲阜孔庙,穿过圣时门、弘道门、大中门,在奎文阁院同文门的东侧,矗立着有"孔庙第一碑"之称的明宪宗《御制重修孔子庙碑》(图265)。此碑因刻立于明宪宗成化四年(1468),故通常又被称为《成化碑》。据史籍记载,1464年,明宪宗朱见深即位,翌年改元"成化"。为了利用儒学维护自己的统治,巩固皇权,他在即位之年便下令重修曲阜的孔子庙。成化四年孔子庙重修竣工,《成化碑》即立于此年。

《成化碑》是一座巨碑,为孔庙最高大的一座御制石碑。碑身与碑额通高七点七米,碑身宽二点二米,厚约五十厘米,碑身下有高一点二五米的龟趺,碑额精雕细刻盘龙旭日。《成化碑》碑阳刻有十分规整的二十三行正楷大字,为明

图 265 御制重修孔子庙碑

宪宗御撰的碑文,其内容主要是褒扬与赞颂"孔子之道"和自己为什么要立这座碑。碑文开头即说:"朕惟孔子之道,天下一日不可无焉。何也?有孔子之道,则纲常正而伦理明,万物各得其所矣。不然,则异端横起,邪说纷作。纲常何自而正,伦理何自而明,天下万物又岂能各得其所哉。是以生民之休戚系焉,国家之治乱关焉。有天下者,诚不可一日无孔子之道也。"接着,碑文又对"孔子之道"进行了阐述,云:"盖孔子之道,即尧、舜、禹、汤、文、武之道载于六经者是已,孔子则从而明之,以诏后世耳。故曰:天将以夫子为木铎,使天不生孔子,则尧、舜、禹、汤、文、武之道,后世何从而知?将必昏昏冥冥无异于梦中,所谓万古如长夜也。由此观之,则天生孔子,实所以为天地立心,为生民立命,为往圣继绝学,为万世开太平者也。其功用之大,不但同乎天地而已。噫,盛矣哉!诚生民以来之所未有者!"自汉武帝"罢黜百家,独尊儒术"以来,孔子和

儒家的思想一直占据着中国传统政治思想的主导地位。明朝自明太祖朱元璋以来，一直十分注意利用孔子和儒学来维护封建统治，故而明宪宗在碑文中强调说："迨我祖宗，益兴学校，益隆祀典，自京师以达于天下郡邑，无处无之，而在阙里者，尤加之意焉。故太祖高皇帝登极之初，即遣官致祭，为文以著其盛，而立碑焉。太宗文皇帝重修庙宇而一新之，亦为文以纪其实而立碑焉。"明初尊孔，不仅在天下提倡儒学，更对孔子后裔加以优渥，到孔子故里进行祭祀，其后，明代其他帝王也纷纷效仿，明宪宗即是如此。他"嗣位之日，躬诣太学，释奠孔子。复因阙里之庙，岁久渐敝，而重修之"，并在重修工程完毕之后，又亲撰碑文立碑，就是要向天下昭示其尊孔、要以儒学来治理天下之意。

明世宗为父兴献帝建《御诗碑》

《御诗碑》（图266）是明世宗嘉靖皇帝为其生身父亲兴献帝所立的一块御碑。明世宗嘉靖皇帝朱厚熜即位后，不顾群臣的强烈反对，强行把自己的生身父亲兴献王追封为皇帝。为了抬高自己父亲的地位和声誉，以树立自己的威望，嘉靖皇帝朱厚熜利用各种手段想方设法地为自己父亲涂脂抹粉、歌功颂德，在小孤山为其父亲兴献帝刻立《御诗碑》即是其中一个举措。

小孤山，又称小孤矶，是位于安徽宿松县城东南六十公里长江中的一个独立山峰，历来被誉作海门天柱，因其地势非常险要，为历代兵家必争之地。南宋后，曾在此设立烽火台和炮台，元代红巾军与余阙，明代朱元璋与陈友谅，清朝彭玉麟的湘军与太平军，均在此对垒交锋，以争成败，故又有"安庆门户""楚塞吴关"之说。明代是小孤山寺庙鼎盛时期，明太祖

图266　御诗碑

洪武二年（1369）遣良工派官员，对寺庙进行维修和致祭，封此前所祭祀之小姑娘娘为"天妃圣母"。明成祖永乐年间，封山神为"护国佑民妙灵昭应宏仁普济天妃"并遣官司致祭。永乐四年、七年明成祖又遣成国公朱能、英国公张辅两次祭山。明宣宗宣德二年（1427）又遣龚良上山致祭。弘治时期，邑令陈恪、施溥均对庙宇重新修葺。嘉靖九年（1530）安庆知府叶梦熊对庙宇予以维修。明世宗嘉靖二十六年（1547），因山小庙隘，嘉靖皇帝敕命别建"护国寺"，一进九重，中为"天妃殿"，规模庞大，雕梁画栋，制度宏巨，俨若王居，院内立有嘉靖帝朱厚熜为其生身父亲兴献帝所建的《御诗碑》。碑甚厚，高约七尺，碑首嵌有双龙环抱的圣旨，碑座为一只石龟。碑后紧接龙口，壑险岩危，其景色正如碑阳所刻嘉靖皇帝之父兴献帝御诗所写的那样："寒光溜碧空，峻势凌江壤。松挂紫虬髻，石垂玄虎掌。"碑阴刻有《重建御碑记》。《御诗碑》落成后，嘉靖皇帝专门派官员前去致祭，他和皇后也前去祭拜，官员们也纷纷前去祭拜，从而达到了他所企望的提高他生父和他自己威望的目的。

明思宗《赐杨嗣昌诗碑》

明思宗《赐杨嗣昌诗碑》（图267）是明思宗崇祯皇帝亲撰亲书赐给他宠臣杨嗣昌的一块诗碑，现存陕西西安碑林第四室。杨嗣昌（1588—1641），字文弱，一字子微，自号肥翁、肥居士，晚年号苦庵，湖广武陵（今湖南常德）人，明朝后期大臣、诗人，兵部右侍郎兼三边总督杨鹤之子。明神宗万历三十八年（1610），二十三岁的杨嗣昌中进士，五十岁前一直任地方军政官。由于他"请开金银铜锡矿以散群盗"，"又六疏陈边事"，"工笔札，有口辨"，文才口才皆可，对国内外矛盾也有些见解，特别是其父三边总督杨鹤因招抚陕北农民起义军失败下诏狱后，他先后三次上疏代请受死，在京城被传为孝子，因此明思宗崇祯皇帝"异其才"，面对当时农民起义风起云涌、清兵大军压境的严峻形势，将他当成了可以救国救难的栋梁之材。他于崇祯十年（1637）被任命为兵部尚书，翌年入阁，深受崇祯皇帝信任。面对内忧外患的时局，杨嗣昌提出用"四正六隅十面张网"之策镇压农民军，同时主张对清议和。然而，他的计划没能成功。崇祯十二年（1639），杨嗣昌以"督师辅臣"的身份前往湖广围剿农民起义军，他虽然在四川玛瑙山大败张献忠，但随后被张献忠致敌战术牵制，疲于奔命。崇祯十四年（1641），张献忠破襄阳，杀襄王朱翊铭，已患重病的杨嗣昌闻此消息后惊惧交加而死（一说自杀），享年五十四岁。

《赐杨嗣昌诗碑》所刻的正是崇祯十二年杨嗣昌以"督师辅臣"的身份前往湖广围剿农民起义军时，明思宗崇祯皇帝用草书书写赠予杨嗣昌的一首七绝《出征诗》。诗云："盐梅今暂作干城，上将威严细柳营。一扫寇氛从此靖，还期教养遂民生。"崇祯帝在诗中将杨嗣昌比作殷商高宗武丁时的名相傅说和汉文帝时的名将周亚夫，要他安邦、平乱、抚民，将杨嗣昌倚为"干城"。而杨嗣昌其实根本不是国家栋梁之材，崇祯帝正是因为重用了杨嗣昌作首辅，重用了一批类似杨嗣昌那样的人当政，杀害或驱逐了袁崇焕等一大批治国领军忠臣良将，最后才走向亡国的。崇祯皇帝煤山自缢前说"诸臣误朕"，"朕非亡

图 267 赐杨嗣昌诗碑

国之君，诸臣乃亡国之臣也"，将自己应负的亡国责任推卸得一干二净。而这块《赐杨嗣昌诗碑》恰恰有力地证明，明朝之所以灭亡，一个重要原因就是崇祯皇帝不能知人善任，人们称他为"亡国之君"，并没有冤屈他。

三、清圣祖康熙皇帝御碑

康熙皇帝是清代最有作为的一位君王，在位六十一年，不仅在政治、军事、经济上都取得了重要成就，开创了"康乾盛世"，而且相当重视文化建设，他自己在科学、诗赋、书法、碑刻上造诣也颇深。据不完全统计，至今在全国各地还存留二十多块由他亲撰亲书的碑刻，比如现存北京万藉寺的《万寿寺戒坛碑》，现存

北京香界寺天王殿的《香界寺碑》，刻于康熙二十三年（1684）、现在山东曲阜孔庙的《康熙甲子冬至过阙里碑》，刻于康熙二十六年（1687）、现在江苏镇江金山顶留云亭的《江天一览碑》，刻于康熙二十六年（1687）、现在山东邹城孟庙的《康熙御制孟庙碑》，刻于康熙三十年（1691）、现在四川成都文殊院的《空林碑》《海月诗碑》，刻于康熙三十八年（1699）、现在南京明孝陵的《治隆唐宋碑》，刻于康熙六下江南时、现在无锡寄畅园的《山色溪光刻石》和《壬午仲春月中游诗碑》《仲秋泛舟惠山诗碑》，刻于康熙四十七年（1708）、现在湖南衡山南岳大庙的《重修南岳庙碑》，刻于康熙五十年（1711）、立于承德避暑山庄城关门前开仁寺院内的《避暑山庄记碑》，刻于康熙五十二年（1713）康熙皇帝六旬诞辰之时、立于承德外八庙之一溥仁寺的《溥仁寺碑记》等。

康熙皇帝《江天一览碑》

康熙皇帝书学董其昌，书法功力颇深，镇江金山绝顶著名的《江天一览碑》（图268）即是其书法碑刻之一。江苏镇江西北的金山，原是屹立于扬子江中的一个岛屿，古名浮玉山，又称氐父山、泽心山、金鳌岭、伏牛山、龙游山、获浮山等，冠"京口三山"之首，高四十三点七米，周长约五百二十米，山上飞岩穹岫，云天四垂，宛若俊鹘摩空，凫雁浮江，巨鳌出海，奇秀崒崪甲于南国，吞吐万象雄峙百川。后来，由于长江易道，至清同治年间，这朵江心"芙蓉"才开始与南岸陆地相连，变成陆上胜景。同时，金山佛寺建筑风格独特，殿宇楼阁依山而造，栉比相衔，使整个金山构成了一幅"寺裹山"的奇特景象，素有"胜概天下第一"之称。金山顶上慈寿塔北的最高处，是欣赏金山胜景、俯瞰镇江全城风景最佳处之一，这里原有一亭，始建于晋代，原名妙高台，后

图268　江天一览碑

荒毁。康熙二十六年（1687），康熙皇帝南巡时，特陪同其母登临妙高台旧址。康熙帝极目远眺，天穹苍茫，大江东去，水天一色，极为壮观，南北青山尽收眼底，不胜感慨，遂奋笔题书，写下了"江天一览"四个颜筋柳骨、气度非凡的大字。不久，当地官员便在妙高台遗址建造一亭，将康熙手书的"江天一览"四个大字镌刻于巨大的碑石上，立于亭中，将亭命名为"江天一览亭"，后亦名"留云亭""告海亭"。至今，《江天一览碑》仍耸立在镇江金山顶的江天一览亭中。

不过，仔细观看碑上所题"江天一览"四个字，可以发现，最后一个"览"字，尽管笔画比前三个字都多得多，但字反比前三个字写得略小一些，四个字似不是一气呵成。这个微妙的差异，据说还有一个有趣的小故事。相传，当年康熙在挥笔题书时，"江天一览"四个字前三个字是一气呵成的，最后一个"览"字却因笔画较多一时想不起来，停下了笔，一边嘴中念着"江天一览"，一边思索着怎么写，迟迟没有落笔。站在周围的大臣知道皇上大约是一时忘了"览"字如何写，但又怕冒犯龙颜，不敢直截了当上前告诉皇上。正在众人为难之时，一位大臣忽然跪倒在康熙皇帝面前，说了声"臣今见驾"。由于繁体"覽"系由"臣""今""见"三个单字组成，康熙一听"臣今见"，顿时醒悟，便随笔写出了"览"字。这位大臣巧妙地用拆字法提醒了皇上，保全了皇上"龙颜"的尊严。因第四字与前三家书写隔了一会儿，故这个字就与前三个字不太连贯，显得略小了一些。这一传说虽说并非完全可信，但却为这块《江天一览碑》增添了许多趣味。

康熙皇帝《康熙甲子冬至过阙里诗碑》

康熙皇帝是一个富有远见卓识的君王，他深知儒家学说的影响根深蒂固，孔子在占人口绝大多数的汉族人心中地位崇高，当时在反清复明情绪还相当强烈的情况下，要想巩固清朝满洲贵族的统治，笼络广大汉人的心，就必须借助孔子的儒家思想。因此，他亲政后，在全国大力倡导尊孔崇儒，并且身体力行。诚如《清史稿·圣祖本纪》所指出的，他"圣学高深，崇儒重道"，并把这一条视为"文道化成，风移俗易，天下和采，克致太平"的主要原因，而刻石立碑赞颂孔子、弘扬儒家学说，即是其所采取的重要方法之一。

为了表示对孔子的尊敬和对儒学的推崇，康熙二十三年（1684）十一月十八日，康熙皇帝亲到曲阜祭祀孔子。据孔尚任《出山异数记》载，康熙此次祭孔

"行三献礼，三跪九叩，为旷代所无。牲用太牢，祭品十笾豆，乐舞六佾"。在中国历代帝王中，康熙皇帝是第一个在曲阜孔庙叩头的皇帝，可谓盛况空前，隆重虔诚至极。就是在这次祭孔时，康熙皇帝亲笔撰书了《康熙甲子冬至过阙里》诗，并刻石立碑（图269）。其诗云：

> 銮辂来东鲁，先登夫子堂
> 两楹陈俎豆，数仞见宫墙。
> 道统唐虞接，儒宗洙泗长。
> 入门抚松柏，瞻拜肃冠裳。

此次刊刻了两块同样的碑，现一碑立于孔庙圣迹殿内，一碑立于孔庙东路御书楼遗址上。两块诗碑均用行书书写，字径六点五厘米至十点五厘米，用笔腴润，风格遒婉。二碑碑额均浮雕云龙山水。圣迹殿内碑通高二点二五米，额宽八十九厘米，身宽八十四厘米，额厚二十八厘米，身厚二十四厘米。此

图269　康熙甲子冬至过阙里诗碑

碑表达了康熙对孔子的虔敬之情以及对儒学的高度评价和极力推崇。碑文盛赞儒家所传之道是从尧舜贤君传接过来的，颂扬了孔子的教泽和儒家的传统风骨，希望儒家思想世代相承，发扬光大。碑文内容既是康熙示范臣民的自况，也表达了康熙的政治主张和行为趋向，成为清朝历代君王尊崇孔子和崇尚儒学的效学榜样。

在曲阜孔庙的御碑中，最大的一座是北排东起第三碑亭中立于清康熙二十五年（1686）的御碑。据有关资料记载，此碑是清康熙二十五年（1686）正月，康

熙皇帝亲自到西山选好石料后拨款采制的。当年二月碑成，碑身至碑额高五点七六米，宽二点零八米，厚五十四厘米，另有龟形碑座一个，水盘两个，总重量约六十五吨。如此沉重的庞然大物，在当时条件下能从北京西山安然运抵曲阜实在令人不胜惊叹。据说，当时清廷责成内务府广储司和工部水司主要官员负责护送大碑至通州运河码头。清廷赐给孔子六十七代孙衍圣公孔毓圻六百五十两库银，作为造大车（即旱船）运碑的费用。孔毓圻派人根据碑的大小和重量，造大车四辆，同时命人拓宽整平济宁至曲阜的道路，加固桥梁。将大碑、赑屃和两个盘石分别装在两辆连起来的大车上，于雪后地冻路滑的十二月初，共动用了六百多人、五百多头牛，在路面上泼水成冰，走了十五个昼夜，才将巨大的御碑运抵曲阜，安放在孔庙内。

康熙皇帝《御制孟子庙碑》

孟子是孔子学说的主要传人，他不仅继承了孔子学说，而且还发展了孔子学说。在百家群起，特别是在主张"为我"的杨朱学说和主张"兼爱"的墨翟学说广为流传的时代，他"起而辟之"，予以猛烈抨击，说："杨氏为我，是无君也；墨氏兼爱，是无父也。无父无君，是禽兽也。"孟子使孔子学说广为传播，对儒家学说的发扬光大做出了历史性的重大贡献，受到后世儒家学说信奉者的高度赞扬和极力推崇。特别是自宋代起，其地位更是步步提高，乃至在宋神宗熙宁二年（1069）科举考试罢诗赋，改为以《孟子》取仕。宋神宗元丰六年（1083）孟子被追封为"邹国公"，元文宗至顺二年（1331）时孟子被封赠为"邹国亚圣公"，明代嘉靖九年（1530）孟子被封为"亚圣"。到清康熙时，为了大力倡行"崇儒重道"，更好地利用孔孟之道来巩固和维护清王朝的统治，康熙皇帝对孟子尊崇有加，于康熙二十六年（1687）四月亲莅山东邹城拜谒孟庙，并对孟子"勒石褒彰"，在孟庙立下了《御制孟子庙碑》（图270）。

图270 御制孟子庙碑

此碑是孟庙中体积最大的一块碑,其底部的赑屃长三点二五米,高一点五米;碑座宽一点五二米,高一米;碑身高三点一六米,宽一点四二米;碑首苍龙腾云,气势雄劲,碑额书"御制孟子庙碑"六字。碑文为康熙皇帝亲撰,在碑文中,康熙对孟子给予高度的评价,以极为崇敬之情,赞扬了孟子"距诐放淫""承先圣""正人心"的业绩,指出如果没有孟子,后人就无法"探尼山之遗绪",孔子的学说就不可能得到传播,认为孟子的功德可与大禹、神农、孔子、颜回相比。在历代帝王为孟子亲立的碑中,不论是形制大小、褒奖之词,康熙御碑都当推首位。后人对康熙的《御制孟子庙碑》极为看重。孟庙的建造者为突出此碑的重要地位,将它放置于孟庙最醒目、最显赫的位置上——承圣门前。为了免遭风吹日晒,在康熙立碑四十九年后,即乾隆元年(1736),又专为此碑建立了一座高十一点三米、长宽各为七点四一米,重檐飞角的方碑亭。此碑亭成为孟庙具有重要意义和价值的一处胜景,三百多年来,前来瞻仰者不计其数。出于对孟子和康熙的崇敬之情,人们对此碑也格外爱惜。因此,尽管已历经数百年风雨,此碑至今仍保存完好,碑上文字用柳体书刻,依然字迹清晰,劲健峭拔,丰腴妍润,神韵飘逸。

康熙皇帝《治隆唐宋碑》

在南京明孝陵陵门内原陵门的台基上,立有三竖二卧五块石碑,竖碑正中间最大的一块是康熙皇帝御碑,碑上刻有"治隆唐宋"四个大字(图271),系康熙皇帝亲笔御书。关于此碑的刻立,在此碑后面西侧刻于康熙三十八年(1699)的卧碑上有明确记载,碑文云:

朕昨往奠洪武陵寝,见墙垣复多倾圮,可交与江苏巡抚宋荦、织造郎中曹寅,会同修理。朕御书"治隆唐宋"四大字,交与织造曹寅制匾,悬置殿上,并行勒石,以垂永久。

康熙皇帝是一位十分有政治头脑、非常懂得处理民族关系的明君,他刻立此碑是有着十分明确的政治

图271 治隆唐宋碑

目的的。他深知当时虽已建立清朝，明朝已经灭亡，但民间复明反清力量依然存在，要想巩固清朝的统治，如果不征服占人口绝大多数的汉人的心是不行的。因此，在康熙二十三年（1684）他亲政后第一次南巡到南京的第一件事，就是率领文武大臣拜谒明朝开国皇帝朱元璋的孝陵。在拜谒时，他没有按清的祭陵礼仪二跪八拜，而是和祭禹陵一样，行三跪九拜礼，还赏赐了守陵太监和陵户。此举果然颇得人心，使尾随观望的数万名汉民父老感动得落下了泪。为了进一步笼络汉人民心，在康熙三十八年（1699）十月第三次南巡时，他再一次拜谒孝陵，并亲立御书《治隆唐宋碑》，赞颂明太祖朱元璋治理国家的业绩超过了唐太宗和宋太祖，以期进一步获得明朝遗老和广大汉民的好感。

康熙皇帝《圣谕戒碑》

康熙皇帝自己一生极为廉洁，以身作则，对臣下也要求甚严，时常训诫臣下要廉洁。一些臣下为了铭记并传播康熙皇帝的训诫，将他的训诫刻石立碑，这样就留下了不少康熙皇帝的《圣谕戒碑》。此类圣谕戒碑至今在江苏苏州和南京还都各留存有一块。这两块《圣谕戒碑》，都是康熙二十三年（1684）康熙皇帝南巡时留下的。

苏州的康熙皇帝《圣谕戒碑》在苏州胥门胥江西岸口的皇亭街。此处本是苏州的繁华之地，是宋代以来苏州最重要的交通枢纽，也是康熙皇帝南巡时到达苏州的第一站。康熙皇帝《圣谕戒碑》通高约六点五米，宽二点二米，龟趺，螭首，碑额雕有数龙，碑额正中竖刻"圣谕"两个篆书大字，碑阳边框均刻龙纹，碑立于康熙二十三年（1684）。碑阳镌刻有康熙皇帝于康熙二十三年（1684）"渡黄河，历京口，至苏州"时，对当时接驾的两江总督王新命、江苏巡抚汤斌等地方官员的当面亲口训诫。

南京的康熙皇帝《圣谕戒碑》（图272）立在南京市中心北京东路与北京西路、中山路与中山北路、中央路五条主干道交汇点偏西山岗上的鼓楼中，碑通高五点四米，宽一点四五米，龟趺，螭首。考碑文内

图272 圣谕戒碑

容，与苏州《圣谕戒碑》所记为同一事。

据碑文记载，当时康熙皇帝批评了江南"乡村之饶、民风之朴，不及北方"，而之所以会"不及北方"，"皆因粉饰奢华所致"，并昭示告诫王新命、汤斌等地方官员一定要廉洁，"当洁己爱民，奉公守法，激浊扬清，体恤民隐"。王新民、汤斌等人听了康熙帝的昭示训诫后，诚惶诚恐，当即向康熙皇帝表示"自当钦遵，洁己率属，加意抚绥，祛黜浮华，敦尚朴实"，并在江宁、苏州、安庆三地刻立了戒碑，"以垂永久"。

康熙皇帝无锡寄畅园诗碑、刻石

康熙皇帝是清朝历史上第一位跨过大运河、海河、淮河、黄河、长江、钱塘江的皇帝。他在位时，曾于康熙二十三年（1684）、康熙二十八年（1689）、康熙三十八年（1699）、康熙四十二年（1703）、康熙四十四年（1705）、康熙四十六年（1707）先后六次下江南，累计五百二十天，在大清朝的历史上开创了先河。而江南名园无锡寄畅园是他六下江南的必到之地。他对寄畅园的优美景色赞赏有加，留下了《壬午仲春月中游》、《仲秋泛舟惠山诗碑》（图273）、《山色溪光刻石》等多块亲撰亲书的御碑。其中赞美寄畅园中著名景点"八音涧"的《山色溪光刻石》尤为名闻遐迩。"八音涧"将惠山顶的"天下第二泉"之水引入园中，再用黄石堆砌成西高东低、总长三十六米弯曲的石路，让泉水流经石涧，顿生"金、石、丝、竹、匏、土、革、木"八音，景色优美奇妙，声音悦耳动听，意趣盎然，堪称一绝。康熙皇帝题书的《山色溪光刻石》更

图273 仲秋泛舟惠山诗碑

使"八音涧"魅力倍增。康熙皇帝题书的《山色溪光刻石》，现与乾隆皇帝题书的《玉戛金枞刻石》一右一左镶嵌在寄畅园天井的墙壁上（图274），成为寄畅园引人瞩目的重要一景。

图274　山色溪光刻石与玉戛金枞刻石

康熙皇帝《平定噶尔丹纪功碑》

康熙皇帝一生为平定地方割据势力、统一中国做出了重大的贡献。在取得平叛、收复疆土的重大胜利后，为了让子孙后代铭记历史，从中汲取宝贵的经验教训，他都亲撰碑文，先后刻制了《平定噶尔丹纪功碑》《平定西藏碑》等多块御碑。

《平定噶尔丹纪功碑》（图275）在内蒙古呼和浩特旧城石头巷的席力图召和崇福寺（又称"小召"）内，此碑系康熙皇帝在平定厄鲁特蒙古准噶尔部噶尔丹叛乱之后所立。厄鲁特蒙古族是我国蒙古族的一支，准噶尔部是厄鲁特蒙古的一部。17世纪初期，在准噶尔部首领巴图尔珲台吉统治时期，准噶尔势力日渐强大。清顺治十年（1653），巴图尔珲台吉死去，巴图尔珲台吉在西藏当喇嘛的第六子噶尔丹乘机返回准噶尔部，并于康熙十年（1671）杀死其兄僧格，自称汗号，篡夺了准噶尔部的统治权。噶尔丹窃取汗位后，纠集反动势力，疯狂地向临近的厄鲁特蒙古的和硕特部、杜尔伯特部、土尔扈特部发动掠夺战争，其军队甚至深入漠南蒙古的乌珠穆沁一带，距北京只有几百里的路程，直接构成了对清朝中央政权的威胁。噶尔丹集团的叛乱活动，在国内得到西藏反动头目第巴桑结的秘密支持，在国外还得到沙皇俄国的支持，因而他有恃无恐。叛乱活动日益猖獗，严重地威胁了中国的统一和领土完整，破坏了各族社会生产的发展，阻碍了各族人民之间的经济、文化交流。尽管康熙皇帝先后多次进行劝阻，要求噶尔丹"罢兵歇战"，但噶尔丹阳奉阴违，加紧和沙俄勾结，使叛乱活动变本加厉，叛乱范围扩大，后来甚至发展到公开与清朝中央政府对抗，康熙派去的使臣"皆为所辱"，乃至"令使者步行

图275 平定噶尔丹纪功碑

归"。康熙高瞻远瞩地认识到，此贼一日不灭，则边陲一日不宁，只有祸靖，才能永清。为了维护国家的统一，康熙排除了反对派的干扰，先后于康熙二十九年（1690）六月、康熙三十五年（1696）二月、康熙三十六年（1697）二月三次亲率大军远征，并实行了分化瓦解、坚决将噶尔丹叛乱集团同被诱骗的群众区分开来的政策，终于使噶尔丹"进退无地"，只得"仰药死"。

为此，康熙皇帝于康熙四十二年（1703）御制了两块《平定噶尔丹纪功碑》，分别立于率军平叛回师时曾途经的呼和浩特市旧城席力图召寺和离席力图召寺不远的"小召"内，以纪念平定噶尔丹叛乱的胜利，表彰两寺喇嘛助战功绩。两碑均为长方形立柱体，四面刻环，用满、蒙、藏、汉四种文字镌刻，每面分刻一种文字，并建有八角攒尖顶式碑亭，立于大殿的前侧。碑文记述康熙平叛经过、功绩和意义的文字完全相同，但分别表彰席力图召和崇福寺两寺喇嘛功绩的文字略有不同。现在，席力图召寺的《平定噶尔丹纪功碑》仍在原处，崇福寺的《平定噶尔丹纪功碑》已移存内蒙古博物院内。碑文记载赐予崇福寺的甲胄、宝刀，过去每年春节公开展览，名为晾甲，是时倾城出动前往观赏，今亦由内蒙古博物院

收藏。此碑是研究清史的宝贵实物资料，具有重要的历史价值。始建于明代万历年间的席力图召在明代原是一座小寺，由于康熙 1696 年西征噶尔丹途经呼和浩特时赐名席力图召为延庆寺，并于 1703 年在该寺竖立了《平定噶尔丹纪功碑》，该寺的地位因此而大大提高，在清代不断得到重修和扩建，成为呼和浩特市规模最大的寺庙。这也反映出清代统治者对平定噶尔丹叛乱和对康熙《平定噶尔丹纪功碑》的高度重视。

康熙皇帝《御制平定西藏碑》

《御制平定西藏碑》（图 276）是康熙皇帝在平定准噶尔之乱后御制碑文刻立的。准噶尔本来是游牧在新疆伊犁一带，信奉格鲁教的漠西和硕特蒙古四大部之一。从五世达赖在世时开始，第巴桑结嘉措为了扩大权力范围，与准噶尔部落首领暗中勾结，请准噶尔进兵青海、西藏，准备赶跑他的劲敌固始汗之孙拉藏汗在西藏的统治。自五世达赖圆寂后，第巴桑结嘉措与固始汗后裔之间的矛盾日益尖锐。在权力斗争中，桑结嘉措计谋未成，被拉藏汗发觉，先掉了脑袋。桑结嘉措的部下又勾结准噶尔部，借口为桑结嘉措报仇，乘机派兵入藏，占领拉萨，杀了藏王拉藏汗，致使西藏内部各派兵戎相见，战乱纷纷。清朝政府为了安定西藏地方，于康熙五十九年（1720）两次派兵进入西藏讨伐，将准噶尔部击败，驱逐了准噶尔人，恢复了西藏地方社会秩序，巩固了西南边疆，维护了祖国的统一。参加平定准噶尔之乱的一些部落的首领启奏康熙皇帝，要求"建立丰碑以纪盛烈"。康熙皇帝亲撰碑文，记述了从顺治皇帝到他在位期间八十年的西藏历史，阐发了西藏地方政权与中央的密切关系以及平定准噶尔对西藏侵扰的

图 276　御制平定西藏碑

过程，为此立石西藏，"以纪盛烈，昭垂万世"。

《御制平定西藏碑》碑文是康熙皇帝写于康熙五十九年（1720）的圣旨，立于雍正二年（1724），建有碑亭，龟趺座，碑额为石雕云龙图案，中题篆书"御制"两字。全碑通高三点六一米，宽一点零四米，碑身高一点八一米，碑文以满、汉、蒙、藏四体文字镌刻，详细记述了清政府派兵入藏平定蒙古准噶尔部的情况。碑原立于布达拉宫大门前，1965年因城建需要迁于宗角禄康公园大门右侧。现康熙《御制平定西藏碑》已被迁回扩建后的布达拉宫正门前广场，与乾隆皇帝的《御制十全记碑》分别安放在广场东西侧的碑亭中，为西藏自治区重点文物保护单位。

四、清高宗乾隆皇帝御碑

乾隆皇帝的一生，特别是在其统治的前期和中期，在文治武功上都卓有成就，他是清朝历代皇帝中留下碑刻最多的一位，也是自古至今留下碑刻最多的一位皇帝。乾隆皇帝颇有武韬文才，十分爱好诗词，一生写诗四万多首，且又钟情于书法艺术，到处巡游赏景，时常兴致勃发挥毫题诗、题字，而且其在位时间长达六十一年，又当了四年太上皇，故他一生所留下的碑刻数量极多。清代自康熙起，即在科举中大力倡行"墨乌黑，字方整，笔光润"的馆阁体，乾隆皇帝能诗工书，一生喜好书法，精于馆阁体。因乾隆御碑的书法多为典型的馆阁体，而馆阁体在书法家眼里乃是俗书，又由于其所书之碑特多，故而史上有"乾隆俗书满天下"之说。

就拿北京来讲，现存乾隆御撰御书的碑刻就有三十余块之多。如"燕京八景"是北京最著名的胜景，自金元以来历朝有不同的说法，乾隆十六年（1751）时，将"燕京八景"正式定为"琼岛春阴""太液秋风""玉泉趵突""西山晴雪""蓟门烟树""芦沟晓月""居庸叠翠""金台夕照"，这八处胜景全部都有乾隆所题御碑，且大多至今保存完好。其余者还有西郊马鞍山戒台寺的《戏题活动松碑》、白龙潭的《御制龙泉寺二十韵碑》、皇史宬的《恭送列祖皇考实录御容及玉牒至盛京尊碑》和《恭瞻皇史宬碑》、香界寺天王殿东侧刻于康熙御书《香界寺碑》碑阴的乾隆御书《香界寺碑》、雍和宫的《雍和宫志碑》和《喇嘛说碑》、海淀区红旗村团城演武厅的《御制实胜寺碑》、香山公园的《昭庙四体方碑》和颐和园万寿山前的《万寿山昆明湖石碑》、颐和园玉澜堂后宜芸馆门内侧壁廊上的十块乾隆书法刻石、颐和园昆明湖西墙外的《耕织图碑》、颐和园昆明湖堤上的《西堤诗碑》、海淀区温泉以北山腰黑龙潭的《乾隆黑龙潭祈雨碑》、永定门外大街西侧燕墩上的《皇都帝都碑》、安定门外西黄寺的《西黄寺清化城塔班禅六世纪念碑》、西郊万寿寺《御制瞻礼碑》和《重修万寿寺碑》、房山区良乡大南村郊野的《郊劳台御碑》等。

除了北京有众多的乾隆御碑，乾隆皇帝在位时还仿其祖康熙帝六下江南之举，先后六次下江南巡幸，因此在南京、无锡等江浙一带也留下了许多御碑，这些御撰御书碑刻，极大部分是他游览赏景时所留下的诗词、书法艺术碑刻。

此类碑刻不仅在北京有遗存，在西藏、四川、山东、河南、河北等全国许多地方也都有遗存。乾隆皇帝一生特别是其统治的前期和中期都十分关心民生，不仅制定并推行了大规模开垦荒地、大力发展农业生产的许多政策和举措，他还为此撰书刻立了许多碑刻，以倡导关爱百姓、重视民生的良好政风。乾隆皇帝一生不仅武功辉煌，同时也十分重视文治，撰书刻立了不少大力倡导学习儒家经典的碑刻，致力施行孔孟之道来教化臣民。

承德是我国富饶美丽的塞外名城，这里山川秀美，风景绮丽，地理位置重要。清朝建立后，清廷历经康、雍、乾三代皇帝，前后共用了八十九年时间，在承德地区修建了世界最大的皇家园林——承德避暑山庄、世界最大的皇家寺庙群——承德外八庙、世界最大的皇家狩猎场——木兰围场，使承德地区成为清王朝的第二个政治和文化中心。这个被誉为"紫塞明珠"的清王朝第二个政治和文化中心，集我国古代宫廷建筑、造园艺术之大成，不仅规模宏大，建筑精美，景点众多，而且清代帝王御碑荟萃，其中乾隆皇帝的各种御碑达数十块之多，既有众多出于对诗词、书法的爱好，在游览观赏优美景色后刻立的点缀人文景观的碑，也有大量出于政治、军事之需要而题书刻立的丰碑巨制，具有重大的政治和历史意义，气象庄严，蔚为大观。

乾隆皇帝北京玉泉《玉泉趵突碑》和《天下第一泉碑》

玉泉位于北京西郊。金代时，泉水通过石灰岩渗透喷涌而出成为清泉，色如白雪，势若长虹，泉眼所在之处，山称玉泉山，泉称玉泉水。金章宗时，将此处称为"玉泉垂虹"。到清代，玉泉的喷水量有所减少。乾隆皇帝来此游幸赏景时，觉得称之为"垂虹"已有点名不副实，故亲自将其改名为"玉泉趵突"，并题书刻立了《玉泉趵突碑》。玉泉的水质极佳。乾隆皇帝曾令内务府特制一小小银斗，用以较量天下名泉之水，以质轻为优。测量结果，玉泉水斗重一两，济南珍珠泉水斗重一两二厘，虎跑泉水斗重一两四厘，苏州虎丘泉和北京碧云寺泉各重一两一分……玉泉水为各泉中水之最优者，因此，乾隆皇帝便特将玉泉山水定为清宫专用御水，并且在此前御书题刻《玉泉趵突碑》后，又亲题"天下第一泉"五个大字（图277），勒石镌碑与《玉泉趵突碑》一起立于玉泉畔，成为"燕京八景"胜迹之一

图277 天下第一泉碑

乾隆皇帝北京北海《琼岛春阴碑》

《琼岛春阴碑》（图278）也是"燕京八景"胜迹碑之一。"琼岛"即北京北海公园内的琼华岛，在北海太液池南部，金代时称为琼华岛。"琼岛春阴"这一景在明代时称为"琼岛春云"，因琼华岛上常有五彩缤纷云气浮动而得名。乾隆十六年，将其改称为"琼岛春阴"，并御书"琼岛春阴"四个大字，又题诗一首，勒石刻碑立于北海白塔山东坡倚晴楼南的绿荫深处。其碑阴所刻题诗云：

> 艮岳移来石崔峨，千秋遗迹感怀多。
> 倚岩松翠龙麟蔚，入牖篁新凤尾娑。
> 乐志讵因逢胜赏，悦心端为得嘉禾。
> 当春最是耕犁急，每较阴晴发浩歌。

在诗中，乾隆皇帝盛赞了"琼岛春阴"的优美景色，又将天气阴晴和农事耕种联系起来，说自己身为皇帝，来此感到喜悦高兴，并不仅仅是因为此处景色令人赏心悦目，而主要是因为看到生长良好的禾苗。春天正是耕种的大忙季节，天气阴晴关系到一年的收成，所以每当阴晴变化就要大发浩歌了。乾隆皇帝之所以

图 278　琼岛春阴碑

这样说，无非是为了表明自己是一个关心耕稼、关心百姓生活的明君，并不是只知游乐的昏君。此碑四面用汉白玉石栏杆围护，碑身造型优美，四方形，碑四面框刻缠枝纹饰。据说，天安门广场的人民英雄纪念碑曾借鉴此碑进行设计。

乾隆皇帝卢沟桥《卢沟晓月碑》

《卢沟晓月碑》（图279）也是"燕京八景"胜迹碑之一。卢沟桥在北京广安门外西南，建成于金明昌三年（1192），因横跨于卢沟河上而得名。卢沟河的上游叫桑干河，发源于山西马邑（今朔州朔城）的雷山。这条河因为流经这里的卢师山，又因为水质混浊，水色发黑，所以也曾叫过黑沟河、卢沟河。直到清代康熙年间，康熙皇帝为了给这条河起个吉利的名字以镇住卢沟河，避免经常泛滥，改名为永定河。建于金代的卢沟桥，是一座十一孔的联拱大石桥，长约二百六十七米，宽约八米。它称得起是北京最老、最大也最壮观的大石桥，也是中国古代北方最大的石桥。十一个拱券洞门悠然卧在波澜之上，每个桥墩前有分水尖，俗称斩凌剑。桥上两侧共有一米四高的望柱二百八十一根。每两柱之间由刻着花纹的栏板相连。每个望柱顶端都有一个大狮，大狮身上雕着许多姿态各异的小狮。经考古工作者勘察，桥上石狮，包括桥东端代替抱鼓石的两个大狮，华表莲座上四个座狮，二百八十一根望柱的大狮及一百九十八个大狮身上的小狮，总数为四百八十五个。金章宗很推崇这座卢沟桥，就给它封了个"卢沟晓月"的雅号，并把它列为燕京八景之一。关于"卢沟晓月"这一雅号的来源，有关文史资料的注解说："每当五更鸡唱，斜月西沉，卢沟桥的月色格外妩媚，因以得名卢沟晓月。"

图 279　卢沟晓月碑

　　清代时，乾隆皇帝登基后曾到过卢沟桥，并写有《过卢沟桥》："薄雾轻霜凑凛秋，行旌复此渡卢沟。感深风木睽逾岁，望切鼎湖巍易州。晓月苍凉谁逸句，浑流紫带自沧洲。西成景象今年好，又见芃芃满绿畴。"乾隆十六年（1751），乾隆皇帝奉太后谒泰陵，过卢沟桥时得见良辰美景，不胜赞叹，兴笔所指，题书"卢沟晓月"四个大字，又即兴赋诗："茅店寒鸡咿喔鸣，曙光斜汉欲参横。半钩留照三秋淡，一练分波夹镜明。入定衲僧心共印，怀程客子影犹惊。迩来每踏沟西道，触景那忘黯尔情。"并立碑于桥头。现在，在桥的东西两端各有碑亭一座，亭中各立有御碑一通。东端为清代乾隆帝御碑，石碑正面为乾隆手书"卢沟晓月"四字，背面为乾隆书卢沟桥诗。西头则是清康熙皇帝于康熙三十七年（1698）为记述重修卢沟桥之事而竖的御制碑。古时，这里涧水如练，西山似黛，每当黎明斜月西沉之时，月色倒映水中，更显明媚皎洁，人们站在卢沟桥上，可以欣赏到"一天三月"的旷世奇景。这便是古代著名的燕京八大景点之一。

乾隆皇帝颐和园昆明湖《耕织图碑》

北京颐和园在金、元、明时是皇家大花园，清代进行了大规模营建，乾隆时规模已达到鼎盛。在颐和园昆明湖有一座造型古朴、状如碣石的昆仑石碑。碑座高五十厘米，长二点五米，宽一米。碑身高两米，下宽上窄，椭圆顶，下部最宽处一米，厚六十厘米。碑阳镌刻着"耕织图"三个遒劲洒脱的大字，是清乾隆皇帝的手书，字旁镌刻着"乾隆御笔"方形钤印，清晰可辨；碑阴及碑侧都镌刻着诗篇，只是历经数百年风雨剥蚀，字迹已难全部识辨。此碑是当年乾隆留下的御碑。

这块《耕织图碑》（图280）是织女的象征，与象征"牛郎"的"铜牛"，都是颐和园内的人造景观。当年乾隆皇帝在修建颐和园的前身清漪园时，排云殿是全园的中心建筑，上有佛香阁耸立，下有云辉玉宇牌楼，气势磅礴。乾隆皇帝把自己比作天上的玉皇大帝，把昆明湖视为"天河"，在河的两侧，各建造了象征"牛郎"和"织女"的建筑，这就是东堤用铜铸造的"铜牛"和《耕织图碑》。天上的"天牛星座"与颐和园的"铜牛"，天上的"织女星座"与颐和园内的《耕织图碑》，在方向位置上是基本一致的。

图280 耕织图碑

同在颐和园内相依于"天河"昆明湖两侧的这对"牛郎""织女"，曾被分离开来，一个在园内，一个被置于园外野地里。拆散这对"牛郎""织女"的"皇母娘娘"是谁呢？原来这个凶狠的"皇母娘娘"是帝国主义侵略军。1860年10

月英法联军攻进北京后，大肆焚掠，彻底焚毁了圆明园，颐和园也遭到很大破坏。1900年，八国联军攻进北京，颐和园再一次遭到严重破坏。后来，清廷要修复重建颐和园，但此时已是国库空虚，国弱力薄，再也无力恢复颐和园昔日的辉煌，无可奈何只得缩小颐和园的地盘。于是，象征"织女"的《耕织图碑》就被无情地划在颐和园园墙外，弃之于野地，凄凉地与象征"牛郎"的"铜牛"相分离了。2004年颐和园重修复建了《耕织图碑》景区，"牛郎""织女"再次相逢。

乾隆皇帝南京《朝天宫御碑》

图281 朝天宫御碑

乾隆皇帝先后六次巡幸过南京，除第一次外，后五次都曾到朝天宫游览，每次都题诗一首，记事抒怀，五首题诗都先后被镌刻在朝天宫飞霞阁前御碑亭里的一块御碑的碑身四面及碑阴额部。这块《朝天宫御碑》（图281）竖立在崇圣殿东侧、飞云阁前，碑上复以八角攒尖顶亭给予保护。御碑通高三点二八米，其中碑座高六十三厘米，宽九十四厘米，厚二十八厘米；碑身高一点六八米，宽九十二厘米，厚二十四厘米；碑额高九十二厘米，宽一点零一米，厚三十厘米。碑的正面刻乾隆二十二年（1757）乾隆皇帝第二次来南京，首次游览朝天宫所题之五律诗《朝天宫》；御碑的背面，刻乾隆二十七年（1762）乾隆皇帝第二次游朝天宫所题之七律诗《朝天宫用苏轼韵》；御碑的东侧刻乾隆三十年（1765）乾隆皇帝第三次游览朝天宫所题之七律诗《朝天宫再叠苏轼韵》；御碑的西侧刻乾隆四十五年（1780）第四次游览朝天宫所题之诗七律《朝天宫》。乾隆四十九年（1784）乾隆皇帝第六次下江南，再次兴致勃勃地第五次游览朝天宫，又题五律《朝天宫》一首，但是由于御碑四面均已刻满前四次所题御诗，这第五次所题就只得刻在碑额的背面了。这五首御诗乾隆皇帝均用行书书写，行云流水，洒脱飘逸。

乾隆皇帝江苏无锡《惠山诗碑》

在江苏无锡锡惠公园的金莲池前有一座巍峨庄严的重檐御碑亭，亭中竖立着一块高大的乾隆御碑《惠山诗碑》（图282），碑高三点四米，宽一点一米，厚三十三厘米，碑身重达八吨多。碑首和三层碑座，雕刻着飞龙和祥云，碑额正中竖刻篆书"宸翰"二字。"宸翰"亦作"宸章"，即帝王所作的文辞。乾隆皇帝六次下江南都临幸无锡，每次都游历惠山寺，每次都为惠山寺题诗，后来，当地地方官员就将其中四次所题的无锡惠山景物诗刻石立碑，并建御碑亭护之。

图282 乾隆皇帝无锡锡惠公园寄畅园御碑

碑阳镌刻的是乾隆十六年（1751）乾隆皇帝下江南所题的一首诗，诗云：

寄畅园中眺翠螺，入云抚树湿多罗。
了知到处佛无住，信是名山僧占多。

暗窦明亭相掩映，天花涧草自婆娑。
　　阇黎公案休拈旧，十六春秋一刹那。

碑阴镌刻的是乾隆二十二年（1757）乾隆皇帝所题诗一首，诗云：

　　九陇重寻惠山寺，梁溪遐忆大同年。
　　可知色相非常住，惟有泉林镇自然。
　　所喜青春方入画，底劳白足试参禅。
　　听松庵静竹炉洁，便与烹云池汲圆。

碑一侧镌刻着乾隆二十七年（1762）乾隆所题诗一首，诗云：

　　慧山依旧矗青螺，层叠禅林护呿罗。
　　一片赤心忘今到，几茎白发较前多。
　　慧枝演法高还下，忍草当春婆复娑。
　　礼佛而非佞佛者，留诗最是好檀那。

碑的另一侧镌刻着乾隆四十五年（1780）乾隆所题诗一首诗，诗云：

　　梁溪开舫见遥螺，稍近丛云梵宇罗。
　　寄畅园寻幽径暂，慧山寺入缭垣多。
　　禅林不碍狮音唱，古栝依然凤尾娑。
　　五叠韵成诗六度，止期适可厌过那。

　　此碑在"文化大革命"期间曾被推倒砸碎，粉碎"四人帮"后，1982年按照原先所留下的乾隆御碑拓本、挖出的残碑及惠山竹炉山房碑上的乾隆手迹重刻。此碑既是研究乾隆皇帝诗词、书法的实物资料，也是研究乾隆皇帝六下江南踪迹的历史资料。

乾隆皇帝嵩山少林寺《宿少林寺诗碑》

始建于北魏孝文帝太和十九年（495）的河南登封嵩山少林寺，自唐代因助唐军攻洛阳，为唐削平藩镇、统一天下立下汗马功劳，受到唐太宗李世民的敕书慰劳、封赏嘉奖后，成为举世闻名的寺庙，历代以来，到少林寺拜谒参观游访的文武官员、名人雅士不计其数，到访的帝王也不在少数，喜欢游玩又崇信佛教的乾隆皇帝即是其中一员。据史籍记载，乾隆十五年（1750）九月三十日乾隆皇帝临幸少林寺，当晚住宿于少林寺，并留下了御撰御书诗《宿少林寺用唐沈佺期韵》一首：

> 明日瞻中岳，今宵宿少林。
> 心依六禅静，寺据万山深。
> 树古风留籁，地灵夕作阴。
> 应教半岩雨，发我夜窗吟。

图283 宿少林寺诗碑

此诗是乾隆皇帝的得意之作，诗中体现出他对少林寺的赞美，以及他的一颗禅心，被勒石刻碑（图283）立于少林寺，成为"少林古碑密如栉，高下竖卧各为质"中引人瞩目者。

乾隆皇帝比干庙《过殷太师墓有感诗碑》

立于河南卫辉比干庙内乾隆皇帝特地亲撰亲书的《过殷太师墓有感诗碑》（图284），是出于政治需要而题书刻立的一块御碑。比干是商纣王的叔父，官居少师。商纣王荒淫暴虐无道，比干犯颜强谏，被纣王剖心而死。比干是中国历史上以死谏君的忠臣，被称为"天下第一仁"。他以死谏君的事迹集中体现了一个"忠"字，所以历代帝王都对比干备加推崇，把他尊为"亘古忠臣""浩然正气忠良臣"。正是基于此，历代帝王都纷纷前往拜谒比干墓、比干庙。比干庙内碑碣林立，从春秋时期的孔子剑刻碑到清朝乾隆亲书的御碑，共六十四通。清乾隆十五年（1750），乾隆皇帝南巡至卫辉又来拜谒比干庙，赋《过殷太师墓有感》诗一首，并御笔亲书刻石立碑于比干庙，以表达对比干的敬崇赞誉之情。乾隆御书为端正的馆阁体楷书，笔韵严整雍容，华丽端庄，有帝王之风。

图 284　过殷太师墓有感诗碑

乾隆皇帝北京房山《郊劳礼成记事诗碑》

北京房山的郊劳台乾隆皇帝《郊劳礼成记事诗碑》（图 285），也是乾隆皇帝出于政治、军事需要而特地亲撰亲书的一块具有重大政治和历史意义的御碑。郊劳台俗称接将台。据史籍记载，乾隆二十五年（1760）二月，将军兆惠、富德等率师平定准噶尔叛乱凯旋而归，乾隆皇帝十分高兴，亲率文武百官、王公大臣到京城郊南去迎接、慰劳回朝的三军将士。为了举行隆重盛大的庆典，乾隆皇帝命率师凯旋而归的富德在房山南筑郊劳台。经十余日，郊劳台筑成，台高一点六米，直径十六米，为一圆形石台。台四周筑有围墙，墙高二点二四米，厚三十五厘米，东西宽五十一点二米，南北长一百五十三点六米，东、西、北三面各有大门一座。二月二十七日，乾隆皇帝驾临郊劳台行郊劳礼，拜祭上天，慰抚封赐出征将士。

郊劳礼成后，乾隆皇帝特地亲撰亲书《二月廿七日郊劳出征将军兆惠富德及诸将士礼成记事》（简称《郊劳礼成记事》）并勒石刻碑，同时建碑亭一座以护之。御碑亭坐北朝南，内外两层各八根汉白玉八棱石柱；柱子上端为仿木石额坊，榫卯连接，严密细致；

图285　郊劳礼成记事诗碑

柱顶覆伞形琉璃瓦顶，辉煌夺目、富丽堂皇。其设计施工极为精巧，每对对应的内外柱与亭中心均在一条直线上，立于碑前向任何一个角度观望，都只能见到内柱而见不到外柱。亭外筑围墙，墙外西侧建有"有庆寺"庙。乾隆皇帝御诗碑立在亭内亭基北侧靠近北二内柱处，坐北朝南，碑体方形，由一整块巨大的汉白玉雕制而成，碑座刻团花为饰。碑上镌刻乾隆二十五年（1760）二月二十七日乾隆皇帝亲撰亲书的《郊劳礼成记事》，碑文以汉、满、蒙、回四种文字书写，碑阳东边为汉文，西边是满文，碑末刻乾隆皇帝"乾隆宸翰"和"陶冶性灵"乾隆御印两方。乾隆御诗的汉文为：

> 京县郊南亲劳军，圜坛陈蠡谢成勋。
> 出师本意聊尝试，奏凯今朝备礼文。
> 释甲韬戈罢征伐，论功行赏策忠勤。
> 膝前抱见询经历，一瞬五年咸以欣。
> 同心万里那睽违，毕竟欢言赋采薇。
> 勇将归来兼福将，黻衣著得解戎衣。
> 漫称偃武修文日，恐即嬉文恬武机。
> 饮至宁夸畅和乐，持盈益励慎几微。

然而，在经历了两百多年的风风雨雨、特别是历经1900年八国联军攻占北京的劫难之后，郊劳台已亡，碑亭顶盖已毁，只存下了乾隆皇帝的《郊劳礼成记事诗碑》和碑亭的汉白玉八棱石柱框架。此碑此亭既记载了大清帝国全盛时期的赫赫武功，又记载着大清帝国衰败的差辱和中华民族所蒙受的不幸遭遇，给人以深刻的启迪，是研究清史和中国近代史的有价值的实物资料。现所见《郊劳礼成记事诗碑》碑亭系 2001 年至 2002 年修复，在原御碑亭石柱上复建了黄琉璃瓦亭顶，并修建了围墙。

乾隆皇帝西藏拉萨《御制十全武功碑》

坐落在西藏拉萨布达拉宫山后龙王潭内的乾隆《御制十全武功碑》（图 286），亦称《布达拉宫乾隆碑》，也是乾隆皇帝出于政治、军事需要而题书刻立的一块具有重大政治和历史意义的御碑。

图 286　御制十全武功碑

乾隆五十六年（1791），廓尔喀（尼泊尔）军队继乾隆五十三年（1788）第一次入侵西藏被驱逐之后，又一次入侵西藏，并先后攻占了聂拉木、济咙（今西藏吉隆）、宗喀、日喀则等地。为了维护国家领土主权的完整，乾隆帝派福康安率军进藏反击。福康安率军进藏后，一连打了几次大仗，收复了这些失地，于次年将廓尔喀侵略军驱逐出藏，并乘胜追击进入廓尔喀境内，接连又取得几次大捷，一直打到加德满都，迫使廓尔喀人乞降。廓尔喀人投降后，将所掠之清帝赐班禅的金册奉还，同时还和清政府划定了边界。乾隆深知"德服胜威服"，不仅赏还了原属廓尔喀的国土，还宽恕了边地那些因受廓尔喀挑唆而滋事的酋长，恢复了他们王公的封号。随后，乾隆又命福康安整饬藏地事务，并拟定《钦定藏内善后章程二十九条》，确立了达赖、班禅与活佛转世的金本巴瓶制等，从而有力地加强了清政府对西藏的统治，巩固了统一的多民族国家。为了纪念这一具有重大意义的历史性功绩，进一步确立清中央政府在西藏的威望，据《卫藏通志》记载，乾隆皇帝于乾隆五十七年（1792）特刻制了《御制十全武功碑》，立于布达拉宫山后龙王潭内。1965年拉萨因城建需要，将碑和碑亭按原样迁于布达拉宫背后宗角禄康公园的大门内侧，现已被迁回扩建后的布达拉宫广场，与康熙《御制平定西藏碑》分别安放在布达拉宫正门前广场东西两侧的碑亭中。《御制十全武功碑》由碑首、碑身、碑额三部分组成，碑首为高浮雕二龙戏珠图案，碑额方形，四周饰以雷纹，额内框上还饰以卷草纹。碑首高一点三四米，宽一点四四米，厚四十六厘米，正面、背面均为浮雕二龙戏珠图案；碑身高二点零七米，宽一点三二米，厚三十八厘米，边框线刻二龙戏珠；碑座为龟形，龟身呈椭圆形，通长二点五米，宽一点八米，前足紧收，伸脖抬头，龟背正中横置一高出龟背五厘米、长一点六米、宽五十八厘米的垫台，碑身置于垫台正中，龟座下为一正面宽二点零二米、侧面长二点四二米的大石托台。碑额正面右侧阴刻篆文"御制"二字，左侧阴刻一竖行八思巴文；碑额右侧阴刻四列正楷藏文，左侧阴刻一竖行蒙文；碑阳右侧刻汉文十七竖行，左侧刻满文十七竖行；碑阴右侧刻三十九列正楷藏文，左侧刻十七竖行蒙文。碑文为乾隆皇帝于五十七年（1792）亲撰，记述了他在位五十七年的十大武功，即"平准噶尔为二，定回部为一，扫金川为二，靖台湾为一，降缅甸安南各一，即今的二次受廓尔喀降，合为十"，碑由四川总督惠龄、驻藏大臣和琳及驻藏帮办大臣成德刻立。碑文记载了驱逐廓尔喀入侵的经过和清政府在西藏确立的诸如金本巴瓶等一系列制度的内容。此碑对于研究清朝中央政府治理西藏的问题具有重要的史料价值，1996年被西藏自治区人民政府公布为第三批自治区级文物保护单位。

乾隆皇帝四川阿坝州《御制平定金川勒铭噶喇依之碑》

《御制平定金川勒铭噶喇依之碑》（图287）简称《金川乾隆御碑》，是乾隆皇帝出于政治、军事需要而题书刻立的又一块具有重大政治和历史意义的御碑。碑建于清乾隆四十二年（1777），坐落在四川阿坝州金川县安宁乡东南二百米处，距县城三十公里。高大的御碑二百四十多年来经受了一次次强烈地震的考验，至今依然巍然屹立在碑亭正中央。据史籍记载，当年乾隆为了巩固地方政权，提出"治藏必先治川"。为使川藏大道畅通无阻，首先得使四川各土司相安无事。然而金川土司莎罗奔屡生事端，无视四川总督的多次调解，屡次与清庭干戈相见，终于使乾隆皇帝忍无可忍，决心出兵平定金川土司对抗中央的叛乱。从公元1747年到1776年前后历时二十九年，清政府耗费白银九千万两，调遣了大半个中国的兵力，先后两次对金川进行了征伐。由于第一次征伐未能彻底消除隐患，乾隆皇帝于乾隆三十六年（1771年）至乾隆四十一年（1776年），用重兵第二次平定金川，攻克了噶喇依，迫使金川土司索诺木带领两千余人出碉投降，终于消除了清庭的心腹之患。

两征金川最终取得胜利，是乾隆皇帝自诩十大武功中的两大武功。乾隆平定金川后，为颂扬政绩，亲撰碑文，传旨竖立《御制平定金川勒铭噶喇依之碑》。据史料记载，建立御碑时乾隆皇帝曾传两次谕旨，批复就地取材，以当地优质石材制作此碑。整座碑高五点三米。其中，碑座为高八十厘米、长四点三米、宽两米的大石龟；由碑帽、碑身组成的碑体高四点五米，宽两米，厚二十五厘米，由一整块青石加工而成；碑帽雕錾成弧形，周围浮雕二龙戏珠图案，两条石龙栩栩如生地抱护着方章模

图287 御制平定金川勒铭噶喇依之碑

样的一尺见方"御制"两个篆体大字。碑文用四种文字刻成，碑阳是汉文和满文，碑阴是蒙古文和藏文。碑文记叙了乾隆皇帝平定金川的经过、结果及立碑的原因，记载着平定金川的"丰功伟绩"。碑文字里行间透露着乾隆皇帝征伐金川胜利后的喜悦。此处建有碑亭，以保护该碑。碑亭平面呈方形，阔三间四柱，八点三米；进深亦三间四柱，八点三米。亭为重檐歇山式顶，通高十二米。台基边长十点二

米，高三十厘米。亭外用石砌围墙，围墙南北面阔二十一点八五米，东西进深二十一点二米，墙高二点四米，厚八十厘米。碑亭正门外用垂带式踏道，踏道中心的阶上浮雕龙云图案。这块重达数吨的巨石御碑，气势轩昂，呈现出乾隆皇帝让四海称臣的王者风范。

乾隆皇帝浙江海宁《御制阅海塘记碑》

乾隆皇帝亲撰的纪事碑《御制阅海塘记碑》（图288）是具有重大政治意义的一块御碑，此碑现在浙江海宁盐官镇。

钱塘江因山水顺流而下，而海潮波涛汹涌，水势浩大。海宁盐官一带是钱江潮的主要冲击之地，为防止海患，海宁自唐代开元元年（713）开始修筑捍海塘坝，可是由于海潮来势极为汹涌，上激塘身，下搜塘底，经常冲垮塘堤，淹没周围农田房舍。五代时吴越王钱镠曾征发民工重修，然屡修屡坏，始终未能根治海患。到乾隆年间，海潮趋北，江流改道，海患更趋严重。乾隆皇帝为了"体天道，顺人心"，多次下诏改筑和修建海宁塘坝，又在六次南巡时，先后四次赴海宁踏勘海塘，为治理海潮河患"巡方问俗""展义制宜"。在乾隆二十七年（1762）三月，乾隆帝撰写了《阅海塘记》，记述了自己几次亲临巡视海宁海塘时的见闻、咨度和作为，命浙江巡抚庄有恭亲自书写后，刊刻于雍正七年（1729）六月初一建立的雍正皇帝的《御制海神庙碑》的碑阴。此碑现仍完好地保存于浙江海宁的建于雍正年间的海神庙内，碑身高五米，宽一点六米，用汉白玉雕成。乾隆的碑文以大禹治水起笔，又以之结尾，碑文中写到大禹治水"亲历其间"，自己也亲自"临观"

图288 御制阅海塘记碑

海塘,"策马堤上",透露出乾隆欲效学大禹做为民造福的一代明君的心迹。碑文记述流畅,行文紧凑,不枝不蔓,讲究文势,一波三折,引人入胜;同时,叙论结合,善引古语,喻证并举,对偶、排比、反问等句式错落有致,运用恰当,文辞既工整严谨又气势雄健,充分反映出乾隆皇帝的斐然文采。此碑对于研究乾隆皇帝生平和钱塘江的水利建设及钱江潮都颇有参考价值。

乾隆皇帝曲阜孔庙《杏坛诗碑》

乾隆皇帝开博学鸿词科,访求书籍,开四库全书馆,编纂了《四库全书》《明史》《皇朝文献通考》《清三通》等典籍。为了加强思想统治,他一方面屡兴文字狱,一方面又大力提倡尊崇儒学,标榜文治,曾先后八次到曲阜亲祭孔子。立于山东曲阜孔庙的《杏坛诗碑》(图289)即是他乾隆二十一年第二次(1756)到曲阜祭孔时为大力倡行儒学而亲撰亲书的一块御碑。杏坛相传是孔子讲学的地方。《庄子·渔父》载:"孔子游乎缁帷之林,休坐乎杏坛之上。弟子读书,孔子弦歌鼓琴。"宋天禧二年(1018),孔子四十五世孙孔道辅增修祖庙,移大殿于后,因以讲堂旧基甃石为坛,环植以杏,取杏坛之名。金章宗时将亭改为单檐十字脊,明穆宗隆庆三年(1569)亭扩建为重檐十字脊,阔七点三七米,高十二点零五米。《杏坛诗碑》是典型的馆阁体代表作。其用笔圆润,笔力健挺,结体端庄而谨严,肃穆而劲健,风格温雅,气度轩昂,是馆阁体的精品佳作。

图289 杏坛诗碑

乾隆皇帝承德避暑山庄御碑

在承德避暑山庄中,有乾隆皇帝御制的《鸬鹚诗碑》《长虹饮练诗碑》《双湖夹镜诗碑》《文津阁记碑》《绿毯八韵碑》《宝轮殿汉白玉碑》《永佑寺舍利塔记碑》《永佑寺碑记》《避暑山庄后序碑》《避暑山庄百韵诗并序碑》《暖流暄波恭和皇祖仁皇帝御制元韵诗碑》《睡峰落照诗碑》《古栎歌碑》《石泉刻石》《瀑源诗碑》《四面云山三通御诗碑》《林下戏题碑》《北枕双峰诗碑》等。这些碑基本都是乾隆游览观赏优美景色,为点缀某些人文景观而刻立的。其中,坐落在避暑山庄万树园南端、澄湖北岸的《绿毯八韵碑》(图290)是乾隆四十六年(1781)乾隆所立的一块卧碑。碑身正面镌刻乾隆御撰御书的《绿毯八韵》七言排律诗及小序:

图290 绿毯八韵碑

  山庄土美草丰,连冈遍野,而以鹿多恣食,不致蔚长,铺地不过寸余,诚绿毯也,对而引兴,用成八韵。
  绿毯试云何处最,最惟避暑此山庄。
  却非西旅织裘物,本是北人牧马场。
  雨足翠茵铺满地,夏中碧罽被连冈。
  鹤行无碍柔丛印,鹿龁那容密剡长。

度不尺盈刚及寸，闻殊香蒸乃饶芳。
奢哉温室氍毹汉，刺矣白家丝线唐。
奚必郑元书作带，偶同李贺句归囊。
莎罗小坐因成什，示俭因之缅训良。

此诗相传是乾隆皇帝在草地上休息时吟成的得意之作。全诗包含两层意思。前五联为第一层，乾隆皇帝描绘出了避暑山庄一幅清新的图画——草密而平，形同绿毯，鹤、鹿或漫步，或觅食，自由自在。前五联不仅尽展一派自然野趣，而且草香怡人，沁人心脾，写得既形象生动，又引人入胜。乾隆皇帝进而又用后三联表达了第二层意思，那就是他由山庄绿毯想到了奢侈淫逸的汉唐皇帝，流露出了自己戒奢尚俭的思想，同时希望后世子孙也要戒奢从俭，以天下苍生为重。

乾隆皇帝承德外八庙御碑

在承德外八庙及避暑山庄周边敕建寺庙中，溥仁寺有乾隆皇帝御碑《乾隆诗碑》；普宁寺碑亭中立有三块高大的石碑；安远庙有《安远庙瞻礼书事碑》；普乐寺有《普乐寺碑记》；普陀宗乘之庙除了在碑亭中立有三块高大的石碑，还有《千佛阁碑记》《普陀宗乘之庙门碑》，须弥福寿之庙有《须弥福寿之庙碑记》，热河文庙有《热河文庙碑记》，热河城隍庙有《热河城隍庙拈香瞻礼八韵碑》等。这些碑大多是出于政治、军事需要而题书刻立的丰碑巨制。如进普宁寺山门，正中有一座面阔进深各三间的方形碑亭，亭内并排竖立三块高大的石碑，碑身四面用满、汉、蒙、藏四种文字刻写。东为《平定准噶尔勒铭伊犁之碑》，碑文为乾隆皇帝"乾隆二十年岁在乙亥夏五月之吉御制"，叙述了清政府平定达瓦齐叛乱的经过和意义；中间为《普宁寺碑记》，碑文为乾隆皇帝"乾隆二十年岁次乙亥冬十月吉旦御笔"，主要说明了建庙的政治和宗教两个方面的原因；西为《平定准噶尔后勒铭伊犁之碑》，碑文为乾隆皇帝"乾隆二十三年岁在戊寅秋七月之吉御制"，记述了清军平定阿睦尔撒纳叛乱的情况。又如普陀宗乘之庙山门内，建有一座平面呈三间方形，重檐黄琉璃瓦歇山顶式的四面拱门的碑亭，碑亭内也有三通石碑并排而立（图291），三碑均以汉、满、蒙、藏四种文字镌刻。中间为《御制普陀宗乘之庙碑》，碑文为乾隆皇帝"乾隆三十六年岁在辛卯促秋月之吉御笔"，记述了普陀宗乘之庙建庙的缘起和经过。东侧为《御制土尔扈特全部归顺记碑》，碑文为乾隆皇帝"乾隆三十六年岁在辛卯季秋月中浣御笔";西侧为《优恤土尔扈特部众记碑》,碑文为乾隆皇帝"乾隆三十六年岁在辛卯季秋月中浣御笔"。东西侧两碑从不同的侧面,完整地记述了土尔扈特部万里回归之举及清政府优抚安置的史实。

乾隆皇帝承德木兰围场御碑

康熙二十年(1681),康熙皇帝在今河北满族蒙古族自治县划定了东西长一百二十五公里,南北宽一百二十二公里,面积达一万五千三百平方公里的一片土地,开设了木兰围场,作为皇家猎苑。木兰围场在乾隆时期达

图 291 乾隆三御碑

到鼎盛,成为世界上最大的皇家猎苑。清朝前半叶,皇帝每年都要率王公大臣、八旗精兵来这里举行射猎,史称"木兰秋狝"。名为狩猎,实际上旨在"习武绥远",训练、提高军队将士的素质。在清代康熙到嘉庆的一百四十多年里,先后在这里举行"木兰秋狝"一百零五次。"木兰"为满语,意为"哨鹿"。在每次狩猎开始时,先由管围大臣率领骑兵,按预先选定的范围,合围靠拢形成一个包围圈,并逐渐缩小。头戴鹿角面具的清兵,隐藏在圈内密林深处,吹起木制的长哨,模仿雄鹿求偶的声音,雌鹿闻声寻偶而来,雄鹿为夺偶而至,其他野兽则为食鹿而聚拢。等包围圈缩得不能再小了,野兽密集时,大臣就奏请皇上首射,皇子、皇孙随射,然后其他王公贵族骑射,最后是大规模的围射,这种诱鹿射猎的方法就叫"哨鹿"。为了给参加"木兰秋狝"的将士做出表率,培养、激励、鼓舞将士们英勇作战的大无畏精神,尽管木兰围场中数量最多的是鹿,但康熙皇帝和乾隆皇帝更重视猎虎,都亲自上阵猎虎。虎是兽中之王,最难猎取,危险也最大,如果皇帝亲自冒险猎虎,那就会给参加狩猎的将士以极大的鞭策、鼓舞。康熙年间,木兰围场的虎很多,康熙的众多儿子都有猎虎记录。乾隆即位后,几乎每年都到木兰围场狩猎。乾隆皇帝好文事,在数次来围场围猎过程中,留下很多诗文,并

将这些诗文勒石立碑。木兰围场中共有七块御碑：《入崖口有作诗碑》《古长城说碑》《虎神枪记碑》《于木兰作诗碑》《永安湃围场殪虎诗碑》《永安莽喀诗碑》和《木兰记碑》，其中，除《木兰记碑》是嘉庆皇帝所立外，其余都是乾隆皇帝所立。这些碑大多是乾隆皇帝对木兰围场景色的吟咏，以及对自己及皇室成员围猎活动情况的描述、记载和咏叹。

乾隆皇帝在"木兰秋狝"盛典时曾先后两次猎虎，《虎神枪记碑》（图292）即是其当年猎虎处留存的御碑。《虎神枪记碑》立于围场新拨乡骆驼头村月亮湾，属于木兰围场七十二围中的岳乐围场。此碑立于乾隆十七年（1752）。隔着一条乱石嶙峋的山谷，东面崖壁上另有一处用汉、满、蒙、藏四体文字镌刻的摩崖，七寸见方的汉字赫然在目："乾隆十七年秋狝用虎神枪殪伏虎于此洞。"伏虎洞则在石刻东侧不远石林中，是一天然石洞，洞口狭窄，仅容一虎，据说就是当年猛虎藏身的地方。

图292 虎神枪记碑

当年乾隆在岳乐围场去行猎，发现有虎"匿于隔谷山洞间"，与他相距约三百步远。为了惊虎出洞，乾隆皇帝便朝山洞放了一枪，没想到正中虎身，猛虎疼痛难忍，咆哮如雷，窜出山洞狂蹦乱跳了一会儿，又回到山洞中。乾隆便又举枪朝山洞开了一枪，虎应声而倒，死在洞中。藏虎的山洞呈三角形，高一点二米，底宽二点六米，深两米，只能容纳一只虎栖息。乾隆皇帝射虎所用之枪系康熙皇帝生前所赠，乾隆历来视为珍宝，此次他能两枪弹无虚发毙命猛虎，堪称"奇中之奇"。因此，乾隆将他射虎之枪称为"虎神枪"，并于当年九月，在藏虎的山洞的隔谷斜对面他射虎的地方，立《虎神枪记碑》一座。碑通高五点三米，由碑座、碑身、碑额、碑顶组成。碑身宽一点二五米，刻有满、汉、蒙、藏四种文字的碑文，其中正面汉字是乾隆皇帝御书的《虎神枪记》碑文，记述了乾隆皇帝与蒙古各部王公贵族在岳乐围场猎虎之事。

九年以后，即乾隆二十六年（1761），乾隆皇帝到木兰围场七十二围之一的永安湃围场行猎，又用同一支虎神枪射杀了一只猛虎。为此，当年九月，在射杀猛虎处又竖立了一座《永安湃围场殪虎诗碑》（图293），碑文原为七言古诗一首，乾隆四十七年（1782），又在碑上补刻了一首诗。碑通高五米，碑身高二点三一米，碑身周边刻有龙凤花纹，碑文以满、汉、蒙、藏四种文字镌刻，碑阳为乾隆手书汉文，其内容着重记述了厄鲁特蒙古、回部等上层贵族扈从随围观看乾隆皇帝射猎猛虎的经过。

乾隆皇帝猎虎处留存的这些碑刻，既是研究清代木兰秋狝的重要文物资料，也是研究满、蒙、藏民族语言文字和乾隆书法的重要实物，具有较高的历史价值、语言文字价值和书法艺术价值。

图293　永安湃围场殪虎诗碑

乾隆皇帝《沧州捷地公洪闸乾隆纪事诗碑》

作为"康乾盛世"的缔造者，乾隆皇帝一生，特别是在其统治的前期和中期，不仅武功卓著，而且在文治上也较为关心民生，颇有作为。他制定并推行了许多大规模开垦荒地、大力发展农业生产的政策，重视和加强水利建设即是其中一个重要方面。他极爱吟诗撰文，爱好书法艺术，在巡视水利建设情况时，经常有感而发，撰文作诗发表感受和见解，对臣下进行训谕，其中一些文章和诗词就被臣下刻石镌碑，竖立于水利设施所在地，既作为皇上亲临视察的纪念，又作为对广大吏民的训谕和警策。在这类碑刻中，除了前文所述的浙江海宁《御制阅海塘记碑》，河北《沧州捷地公洪闸乾隆纪事诗碑》（图294）亦是颇有历史价值的一块碑。

捷地减河为人工挖制的河道，在河北东南部，是海河流域南运河在河北沧州的分洪河道，原叫减水河、砖河、浮河，又称南减河。明孝宗弘治二年（1489）为分泄运河洪水而开挖两条河道，一条在沧州北二十公里，为马厂减河；一条在沧州南五公里，即捷地减河。捷地减河上起沧县南捷地村分洪闸，东流至黄骅歧口，经高尘头防潮闸入渤海，河道全长约八十五公里，是南运河主要分洪河道之一，其主要用途是排泄南运河的洪水，在河北东南部的防洪抗洪中发挥了重要作用，但由于年久失修，明末时淤废。为了防治河北东南部的洪涝灾害，清朝雍正、乾隆、道光年间对捷地减河屡加疏浚。尤其是乾隆皇帝，对捷地减河整治甚为重视。据沧县志记载，乾隆十七年（1752）、三十二年（1767）、三十六年（1771）、四十六年（1781）先后四次对捷地减河挑挖，疏浚加固。据史料记载，乾隆皇帝曾先后三次莅临捷地减河视察，并亲自观看了位于捷地分洪闸，还在乾隆庚戌孟夏月挥毫写下了一首五言律诗《阅捷地减水坝》以记颂此事。诗云：

图294 沧州捷地公洪闸乾隆纪事诗碑

　　置闸缘蓄流，设坝因减水。
　　其用虽曰殊，同为漕运起。
　　弱则蓄使壮，盛以减其驶。
　　操纵固由人，其要在明理。
　　易其闸为坝，实自辛卯始。

忆从河决北，几致运废矣。
因之河流微，迥空逮冬底。
漕川常不满，那更言及此。
竭力督饬之，昨秋复旧美。
驻舟兹一观，坝下凝波瀰。
是亦见一徵，事在人为耳。

作为一个至尊至贵的皇帝，能躬身下视民情，如此关注水利事业，三次莅临现场并挥毫作诗记诵此事，刻石立碑，表述心迹，教诲吏民，实在难能可贵，充分展示了乾隆皇帝作风深入务实、思维清晰谨慎、心系水利、关心民生的一代君王形象。这块镌刻着乾隆皇帝的《阅捷地减水坝》五言律诗的《沧州捷地公洪闸乾隆纪事诗碑》分为碑座、碑身、碑帽三层。碑身宽一点二五米，高一点七九米，厚三十米，碑帽高一点一二米，宽一点一米，厚四十米，至今仍立在河北沧县捷地减河闸口北岸，成为当地宝贵的一笔历史文化遗产。

五、清雍正、嘉庆、道光皇帝御碑

清代除了康熙皇帝、乾隆皇帝撰书刻制了大量御碑，雍正皇帝、嘉庆皇帝、道光皇帝也都先后留下了一些御碑。

雍正皇帝御制《通州石道碑》

清世宗雍正皇帝留下的御碑除了前文所述在河南武陟龙王庙立的御制"天下第一铜碑"《嘉应观御制蛟龙碑》，还有在浙江海宁立的《御制海神庙碑》，在北京地安门西关帝庙御撰御书的《关帝庙碑》，在北京通州县通惠河永通桥东御制的《通州石道碑》（图295）。《通州石道碑》刻立于雍正十一年（1733）十二月，系雍正皇帝在其敕修的北京朝阳门至通州城内国仓及运河漕运码头长达二十公里的石道这一为民工程完成之后，亲自御撰记文的碑，立于八里桥东端。碑朝南面道，青石雕制，螭首龟趺。碑身高约5米，宽1.6米。碑额篆刻"御制"二字，碑阳四周雕群龙戏水，碑两侧各浮雕一条翻海腾云的升龙，精雕细刻，生动形象。碑正面雕镌满、汉两种文字，遒劲流畅，为雍正皇帝御笔，左为汉字，右为满文。

碑趺下托有由两块长方形巨石拼成的碑座。雍正御碑原有碑亭，碑亭黄琉璃筒瓦带四角攒尖宝顶，和玺彩画。光绪二十六年（1900）时碑亭被八国联军烧毁，2005年在原址再建，为重檐歇山顶式黄琉璃四角亭。

碑文中，雍正皇帝记载了通州石道自明代修建以来所发挥的重要作用及年久失修的严重损坏情况和石道损坏给交通、商旅造成的严重阻碍与不便："四海九州，岁致百货，千樯万

图295 通州石道碑

艘，辐辏云集，商贾行旅梯山航海而至者，车毂织络，相望于道，盖仓庾之都会，而水路之冲道也。虽平治之令以时举行，而轮蹄经涉，岁月滋久，地势渐洼，又时雨即降、积雪初融之后，停注泥淖中，有一车之蹶需数十人之力以资牵挽者矣。"正是鉴于此，雍正皇帝"朕心轸念，爰命有司，相度鸠工，起洼为高，建修石路，计长五千五百八十八丈有奇，宽二丈；两旁修土道各宽一丈五尺，长亦如之。其由通州新城、旧城至各仓门及东西沿河两道，亦皆建修石路，共计长一千五十余丈，广一丈二尺及一丈五尺不等。费帑金三十四万三千四百八十四两有奇。经始于雍正七年八月，至雍正八年五月告竣。"

作为一国之主，日理万机的雍正皇帝之所以要亲自为修一条路撰文立碑，其实是有一番良苦用心的，那就是想让天下百姓知道他的爱民恤民之心。这一点，在他所写的碑文中表露无遗："朕临御以来，详求治理，夙夜孜孜，惟恐不逮。近而郊圻，远则郡邑，遐陬僻壤之区，其有关于利济民物者，莫不因地制宜以修举。是役也，远师古圣王之良法美意，而斟酌久远，一劳永逸，良用欣慰。"

嘉庆皇帝《木兰记碑》

苏州碑刻博物馆中收藏有清仁宗嘉庆皇帝御制的《谕禁生监勒索漕规碑》；河北承德避暑山庄碧峰寺西百米处御道北《古栎歌碑》碑趺东侧，刻有嘉庆八年（1803）所作的《林下一首》五言律诗碑；承德围场满族蒙古族自治县木兰围场还立有嘉庆十二年（1807）秋御制的《木兰记碑》（图296）。

《木兰记碑》是嘉庆皇帝于嘉庆十二年（1807）在木兰行围后的述怀之作，该碑立于河北围场满族蒙古自治县伊逊河西岸，通高四点四四米，碑身前后刻满、汉两种文字，正面为汉文，为嘉庆皇帝御书。在碑文中，嘉庆皇帝记载了木兰围场创建和作为清朝狩猎习武之场所的经过及每岁秋狝大典所展现的国家统一、民族团结的盛况，抒发了他对先皇赫赫武功的深切怀念，阐述了"开亿万年之灵囿"、保万世太平的重大问题。他殷切训谕后世皇裔"舍劳就逸易，戒逸习劳难"，"夫射猎为本朝家法，绥远实国家大纲"，"守成之主，不可忘开创之根；承家之子，岂可失祖考之志。木兰秋狝，为亿万斯年世世子孙所当遵守，毋忽之常经"，表达了他励精图治的愿望和继续维护以"弓矢定天下"的良苦用心。此碑是嘉庆皇帝"承先启后之诚衷"之言，是研究木兰围场和清代历史及嘉庆皇帝生平、思想的重要文献。

图296 木兰记碑

道光皇帝《观音阁歌摩崖石刻》

清宣宗道光皇帝在武汉汉阳古琴台门厅北的一座照壁上留有御书的《印心石屋碑》，在山东曲阜孔府有御书的《福寿碑》，在辽宁北镇医巫闾山大观音阁有《观音阁歌摩崖石刻》（图297）。医巫闾山位于辽宁锦州北镇市的辽河平原的西部，自古有名，各代均有寺庙建成。其中大观音阁建在道隐谷之上，始建于辽代，历史悠久。明初称清安寺，后改称观音阁。清咸丰年间，为了区别于白云关上的观音阁，遂改称大观音阁，俗名大阁。大观音阁周围景点繁多，著名的有三十八景，是医巫闾山的主要游览区。古人称颂大阁景区是"奇峰插云，阴水崖悬，右拥层峦，左观溟海，勒石旧迹，多有可观"。来到医巫闾山观音阁脚下，仰望绮丽多姿的山景，苍松翠柏，奇峰怪石，幽谷溪流，与山间庙宇亭台浑然一体，自远可观，恰似一幅色彩绚丽的风景图画。山上树木葱茏，尤其是苍松古柏，姿态各异，倔强地生长于高峰绝壁之间。春夏季节，万绿丛中山花烂漫；秋季来临，黄花红叶点缀于枫林白桦之中；若到冬季，则雪花飘舞，群山如披银甲白盔，一片冰天雪地的风光。如此名山，自古以来引无数文人墨客为之诵吟。辽代把闾山看作皇族的发祥之地；清朝有五位皇帝先后来此游山，康熙、乾隆、道光都留下不少题刻。康熙皇帝御撰《祭北镇庙碑》碑文，称赞医巫闾山观音阁"望其佳气，郁郁葱葱，上插霄汉，下瞰蓬瀛，悬瀑飞流，乔桥盘蔚"。乾隆皇帝到此游览悦心大开，即景题写了"圣水盆"三个大字和七绝一首，连同《大阁八景五言三十韵》都刻于石壁之上。道光皇帝来此游览，被观音阁的优美景色所陶醉，兴致勃发，于是当即效学其祖康熙皇帝和乾隆皇帝，撰书《观音阁歌》一首，命人刻于石壁之上。

图297 观音阁歌摩崖石刻

六、咸丰皇帝、光绪皇帝、慈禧太后御碑

继康熙、雍正、乾隆、嘉庆、道光诸帝之后，清文宗咸丰皇帝在山东曲阜孔府也存有《贺寿御碑》；清德宗光绪皇帝在北京万寿寺存有御书的《重修万寿寺碑》；慈禧太后不仅御撰御书御画了前文已做介绍的《平安富贵图碑》，而且还书写了许多独字榜书《"寿"字碑》《"龙"字碑》《"虎"字碑》等诸多御碑。如，在山东曲阜孔府后厅有慈禧太后的独字榜书《"寿"字碑》，此碑是清光绪二十年（1894）衍圣公孔令贻奉母挈妻专程赴京为慈禧太后祝寿时，慈禧所赏赐的。在建

于清同治年间（1862—1874）落成于光绪十八年（1892）的河南社旗山陕会馆的大座殿里的墙壁上，镶嵌有慈禧太后的御笔独字榜书《"龙"字碑》（图298）和《"虎"字碑》（图299）。两碑均宽五十四厘米，高八十厘米，并效仿康熙皇帝所写的《"福"字碑》，在"龙""虎"二字的上方钤刻了一方形篆体御印章，内刻"慈禧皇太后御笔之宝"九个字，斗大的一笔草书"龙""虎"二字一挥而就，字体潇洒飘逸，刚劲有力，碑的右上方题款"慈禧皇太后御笔之宝"，碑的左下方题署"同治二年十二月初二日"。当时，正是慈禧太后威权鼎盛之时，社旗山陕会馆作为民间商会建筑，能得到慈禧的御笔之宝，在全国的会馆建筑中绝无仅有。

图298 "龙"字碑　　　　图299 "虎"字碑

在慈禧太后的独字榜书碑中，也可以说是在历代榜书碑中，最令人叹为观止的一块巨型榜书碑，是现存于海南三亚的慈禧太后御笔《"寿"字碑》（图300）。碑高二点九米，宽一点二米，厚三十厘米，重两吨。经有关文物部门鉴定，此碑系清末崖州太守王亘所立。据《崖州志》及碑文记载，王亘祖籍湖南湘乡，为清宫廷内侍仆，熟娴绘画，深得光绪皇帝的赞赏。光绪二十年（1894）九月二十六日，光绪为恭贺慈禧太后六旬寿辰，特命王亘绘制寿屏一幅。王亘将"寿"字绘于一块扇形的丝织屏上，受到慈禧太后的赞赏和嘉许，被任命为崖州太守。临赴任前，慈禧太后特地赐给王亘她御笔草书的巨大的"寿"字及金绣、簧衣、如意、笔等物品。王亘到崖州赴任后，为感慈禧太后的"天恩"，第二年冬，令属下官员请工匠将慈禧太后的御笔"寿"字镌刻于石碑上。特选正对南山主峰地段建筑同善堂，将镌刻慈禧御赐的"寿"字石碑立在堂中，寓意"寿比南山"。同善堂被毁后，原碑移置于崖州城关帝庙。1996年初，这座原立于崖州城关帝庙的《"寿"字碑》，迁至三亚大小洞天景区南山面海处，并加筑了底座与碑基，两侧石条框镶，顶盖正面阳雕祥云两片。这座《"寿"字碑》正面镌刻慈禧皇太后草书的巨大"寿"字，顶额正中阴刻篆书御印，印文为"慈禧皇太后御笔之宝"。两边还分别刻有铭文落款。在碑的下部还刻有铭文一百零八字，记载了慈禧"御笔之宝"赐予的经过。现在，慈禧太后的御笔《"寿"字碑》被列为三亚市十九处文物保护单位之一。

图300 "寿"字碑

第八节 石刻经书碑之最后辉煌
——史上最大、最后一部儒家石刻经书《清石经》

石刻经书碑由于具有传播和保存儒、佛、道经典的重要作用，历代以来深受重视，久盛不衰。自汉代至清代，我国历史上共先后出现过七部规模宏大的儒家石刻经书，前六部分别为东汉、曹魏、唐朝、后蜀、北宋、南宋时期刊刻，清朝乾隆时期刊刻的《清石经》是中国古代最后一部，也是规模最大的一部。

《清石经》（图301）亦称《乾隆石经》，始刻于清高宗乾隆五十六年（1791），至乾隆五十九年（1794）完成，历时三年。其所刊刻内容为《周易》《尚书》《诗经》《周礼》《仪礼》《礼记》《春秋左氏传》《春秋公羊传》《春秋穀梁传》《论语》

图301　清石经

《孝经》《尔雅》《孟子》十三种儒家经典。尤为难得的是，其他六部石经都为多人书写，唯有《清石经》系由清代书法家蒋衡一人用楷书书写。蒋衡，江苏金坛人，康熙时贡生，善书法。据《清史稿》记载，蒋衡祖辈、父辈都对儒学有一定的研究，且喜爱书法，对其影响颇深。他"早岁好游，足迹半海内，观碑关中"，见西安碑林中唐代《开成石经》"众手杂书，文多舛错"，决心一人重书"十三经"。自雍正四年（1726）至乾隆二年（1737），他历时十二年，手书楷书六十三万余字，重书了"十三经"。乾隆五年（1740），江南河道总督高斌将蒋衡手书的"十三经"抄本呈献给乾隆皇帝，乾隆皇帝颇为赞赏，将其收藏于懋勤殿，并授予蒋衡国子监学正。但蒋衡不为名利所动，没有就职。乾隆五十六年（1791），在武功文治上都力图有所建树的乾隆皇帝，敕命以蒋书"十三经"为底本，和珅、王杰为总裁，彭元瑞、刘墉为副总裁，负责考订蒋书"十三经"并组织安排工匠刻石。实际操办石经事务并负责校订经文的是彭元瑞。彭元瑞受命后，以宋元善本"十三经"为底本仔细校订蒋手书经稿，把其所书俗体字均改为古体，并参以唐石经等经文考证经文异同。乾隆五十九年（1794），石经全部刻成。乾隆皇帝非常高兴，亲自御制《石经序》，说："盖此经为蒋衡手书，献于乾隆庚申者。其间不无舛讹，爰命内翰详核，以束之懋勤殿之高阁，至今五十有余年，亦既忘之矣。昨岁命续集石渠宝笈之书，司事者以此经请。乃憬然而悟曰：有是哉？是岂可与寻常墨迹相提并论，以为几暇遣玩之具哉！是宜刊之石版，列于辟雍，以为千秋万世崇文重道之规……乃今刻诸石，列诸辟雍，应时举事，以继往圣，开来世，为承学之标准，岂非厚幸也欤！蒋衡一生苦学之功，亦因是酬矣！"

《清石经》有"十三经"碑石一百八十九块，连同谕旨《康熙御书大学碑》共一百九十块，其规模之宏大，为我国历代石经之最。《清石经》刻成后，乾隆皇帝下令将其作为国子监监生的标准范本立于国子监东西六堂内，并进而以墨拓本颁行全国各省，使《清石经》成为全国文士学子学习儒家经典的共同标准范本，对清代儒家学说的传播起了重要的作用。新中国成立后，1956年修缮国子监时，《清石经》被移置于孔庙和国子监之间的夹道内，按"十三经"依次排列，一直完好无缺地保存至今。

第九节 三绝碑之变异发展
—— 清汇唐宋名家名作于一石的三绝碑

三绝碑出现并繁荣于书画大家、大诗人、大文豪辈出的唐代，两宋时期亦极繁荣，到元明清时期依然受到世人青睐。然而，元明清时期虽不乏赵孟頫、董其昌等书法名家，但再也未出现唐代颜真卿、柳公权、欧阳询、褚遂良、李邕、李阳冰和"宋四家"苏轼、黄庭坚、米芾、蔡襄等那样举世公认的书法大家，更无李白、杜甫那样的诗仙诗圣和"唐宋八大家"那样的大文豪，因此，元明清时期难以由同代本朝大书法家、大文豪、大诗人的作品组合刻成三绝碑。于是，元明清时期三绝碑出现了变异发展，一种由三绝碑爱好者延请当时的名匠将自己收集、珍藏的唐宋名家名作合刻于碑石上而成的三绝碑应运而生。

一、清刻宋书唐诗常熟兴福寺三绝碑《题破山寺后禅院诗碑》

破山寺即今常熟虞山脚下的兴福寺，最初建成于南齐。当时，佛教兴盛，大兴修建寺庙之风，据《南齐书》记载，一位做了郴州刺史的常熟邑人倪德光"舍宅建寺"，在虞山脚下涧旁兴建了寺庙，庙的名称当时叫大慈寺。到梁代时庙建大殿，发现一石隆起，左看似"兴"字，右看似"福"字，取其祥瑞，改寺名为兴福寺。唐代时相传有黑白二龙交斗，冲破溪涧，因寺在涧边，所以又称"破山寺"。兴福寺是典型的园林式寺院，庭院景点甚多，玲珑可人，常有人来寺中游览赏景，唐大历年间的长安诗人常建便是其中一个。

常建是唐朝中期人，虽考中了进士，但由于他"耿介自守，交游无显贵"，因此只做了个盱眙尉，相当于一个小县的副县长兼"公安局长"。官小不等于学问小，不等于文才低，他的诗虽不多，但艺术水平高。一个清晨，他慕名到兴福寺中游访。走进寺院，穿竹径听禅声，他触景生情，在后禅院墙壁上题写了一首五言律诗："清晨入古寺，初日照高林。竹径通幽处，禅房花木深。山光悦鸟性，潭影空人心。万籁此都寂，但余钟磬音。"常建这首《题破山寺后禅院》文辞优美，意境绝佳，此诗一出，即博得众人的交口称赞，成为千古传诵的佳作，历代诗论者都十分推崇。此乃一"绝"。

"二绝"与书法大家米芾相关。米芾长期住在镇江，到常熟不算远。他酷爱奇石，听闻常熟虞山脚下的破龙涧有龙血赭石，便来游玩赏石，对龙血赭石大为赞赏，流连忘返，又知道唐朝诗人常建有好诗题于破山寺，于是便乘兴挥毫，一气呵成书写下了常建的《题破山寺后禅院》，这无疑是为破山寺锦上添花，留下了流芳千古的文化瑰宝。但是他当时并没把所书之诗留在寺内，更未镌石成碑。将其刻成碑，使其成为珍贵的三绝碑之事是在七百年后的清代。

那么，三绝碑《题破山寺后禅院诗碑》（图302）究竟是如何形成的呢？在珍藏于兴福寺后禅院碑亭里的《题破山寺后禅院诗碑》的末尾，刻有一段"跋"："余守襄郡日，得元章书，因勒石破山，或亦补斯寺之阙也。乾隆三十七年中秋日，素园言如泗附识。"从跋文中可以得

图302 题破山寺后禅院诗碑

知原来是言如泗先生成就了这一三绝碑。言如泗，字素园，常熟人，是孔子在南方的唯一弟子言偃（子游）的七十五世孙。乾隆二十九年（1764），言如泗任襄阳知府，爱士恤民而严于治盗，在他任期内盗贼都远遁他处，民间夜不闭户。他自我要求严格，乾隆三十四年（1769）因对下属失察而罢官，后虽又复职却不再就任。他在襄阳时得到了米芾所写常建《题破山寺后禅院诗》的真迹，视为珍宝，觉得如能带回家乡刻成碑，立在兴福寺中，那将为兴福寺、为家乡增添光彩，于是卸任时就将其带回了家乡常熟。回到家乡后，他经过多方打听寻访，终于在乾隆三十七年（1772）请到了年"半百"、号"玩松山人"的金陵石刻名匠穆大展，勒石立碑于兴福寺中。在《题破山寺后禅院诗碑》左下角，穆氏自己留有"半百玩松山人穆氏大展铁笔"。正是因为名匠穆大展将唐代常建的名诗和宋代米芾所书真迹镌刻于碑石上，这才有了《题破山寺后禅院诗碑》这块珍贵的三绝碑。

二、清刻融唐清三历史名人风采于一石的三绝碑《平淮西碑》

在山西运城闻喜有一个号称"中华宰相村"的裴柏村，自汉唐以来，这里先后走出了以裴秀、裴寂、裴炎、裴度为代表的五十九位宰相、五十九位将军，五品以上的文武官吏更是多达三千人，裴氏大家族成为河东大地上的名门望族。在裴氏灿若星辰的左辅右弼、良将贤相当中，唐代裴度最负盛名，地位最为显赫，最足以光宗耀祖、显亲扬名。

唐自安史之乱以后，各地方节度使自成体系，重兵在握，大都骄横强悍，不服从朝廷的管辖，严重威胁着唐中央政权的巩固和国家的统一。裴度字中立，唐宪宗元和中兴名臣，一生四度入相，"以身系国家之安危，时势之轻重者二十年"。裴度入相后，力排众议，主平藩镇，并奉旨督率大军十四万赴淮西，平定淮西吴元济藩镇割据，命部将李愬雪夜奇袭蔡州，一举平定了蔓延十多年的吴元济叛乱，使大唐出现了中兴局面。从此，"四夷来归，海内升平"。淮西平定后，在庆贺裴度凯旋的宴会上，大文豪韩愈为裴度即席赋诗云："衔命山东抚乱师，日驰三百自嫌迟。风霜满面无人识，何处如今更有诗？"唐宪宗进爵裴度为晋国公，并特命韩愈撰写了一篇平淮西的文章，刻石立于蔡州，记述、歌颂这次大捷。但身为皇亲国戚的李愬等人因此愤愤不平，认为攻打蔡州的头功应归他们，便告了御状。唐宪宗为讨好李愬等人，下令将韩碑砸断，磨掉文字全部，又命一个叫段文昌的人重写平淮本末。然而，由于这一做法极为不得人心，段文昌又是个与韩愈无法相比的平庸之徒，所以他所写的碑文，史书均无片言只字记载，故谁也不知道内容是什么。而韩愈写的碑虽被毁掉，但碑文却流传了下来。晚唐时，有人曾在临江驿墙上写了这样一首诗："淮西功业冠吾唐，吏部文章日月光。千载断碑人脍炙，谁知世有段文昌。"到了宋代，蔡州知府陈王向认为唐宪宗砸毁韩碑不公，还是韩愈的平淮碑文实事求是，且文彩斐然，故又令人重新选石，将韩文重新勒石刻碑。但由于年代久远，迭遭兵火，到清代时，宋代重刻的碑亦不复存在了。清咸丰年间（1851—1861），裴氏后裔为了平淮史实不致泯灭，遂敦请体仁阁大学士、军机大臣、书法家祁隽藻重书韩愈《平淮西》，并刻诸四石，立于裴氏宗祠的裴氏碑馆内，是为《平淮西碑》（图303）。纵观四碑，每石高约丈余，四石并排耸立，规模宏大，气势磅礴，祁隽藻书的楷书碑文，集颜、欧、柳、赵四家之成，工整挺拔，苍劲有力，气势刚健。故有人说，此碑的竖立，等于为裴度出了一口气，也给韩愈出了口气，因此称其为"出气碑"。

图303 平淮西碑

如今在裴氏宗祠的裴氏碑馆内，保存着历代以来具有史料价值和书法艺术价值的碑碣数十块，其中有北周武帝天和三年（568）的《裴鸿碑》，唐代的《裴镜民碑》《裴光庭神道碑》和唐玄宗李隆基御书的《裴光庭碑》，而最具影响、享誉海内外的，便是裴氏碑馆碑廊东壁的《平淮西碑》。《平淮西碑》堪称人物事迹、碑文文字和书法艺术三者俱佳,无一不精绝。一块碑上融合和展现了唐清两代裴度、韩愈、祁㑺藻三位历史名人的风采,这是极为难得的,因此其被称为三绝碑当之无愧。

第十节　奇字怪书之魅力再现
——怪异《心经碑》、反字碑、一笔狂草碑

奇字怪书碑是我国碑刻百花苑中令人瞩目的奇葩,历代都有人热心于创作和传拓、摹刻奇字怪书碑,明清时期也不乏其例。

一、字法离奇怪伟的《心经碑》于明代再次现身

位于闽南漳浦梁山脚下的古刹清泉岩,始辟于宋代,迄今已有上千年的历史,系当年僧人利用一块巨大的天然石棚,略加构筑而成,称"丹霞洞天"。明成化年间(1465—1487),僧人伯成重修旧址,构筑了石室禅房、院墙,改称"蓬莱深处"。明神宗万历初,嘉靖进士、广东佥事,漳浦人陈梧归休后隐居于此,于旧址东南百余米处辟地重新构筑了庙宇清泉岩,自称"清泉翁"。庙宇周围林荫清幽,怪石嶙峋,泉水清澈甘冽,崖壁上镌有"觉岸""渐隔尘寰""蓬莱深处""九鲤飞踪""蟠桃坞""茂林修竹""登临驻节"等许多摩崖石刻,引人入胜。其中"觉岸"石刻,正中有"乾隆御笔"方形篆印,落款为"臣蔡新",系乾隆元年(1736)进士,做过侍郎、尚书、大学士,兼任《四库全书》正总裁的漳浦人蔡新中途辞官时,乾隆皇帝为敦促其早日赴任而亲赐的御笔。

而在众多摩崖石刻中,最著名的一幅摩崖石刻,是距清泉庵二十米处,刻在一块向上倾斜的天然巨石上的长五点五米、高二点五米的巨大摩崖石刻《般若波罗蜜多心经碑》(图304)。站在对面的一块巨石上,刚好可以俯观这一摩崖石刻全貌。细细看,巨石上摩崖石刻的字迹十分清晰,整篇摩崖碑文书法气势恢宏,其运笔如风雨狂注,横扫岩壁,随意挥洒,极为奇特狂放,狂草字体酷似梵文,

图304　般若波罗蜜多心经碑

雄奇古怪，如同是天书道符，除了末尾落款"万历癸酉岁腊月清泉翁虚谷道人比丘智山镌石"的楷书外，竟无一字能识。通篇结构变幻莫测，却跌宕有致，浑然一体，超凡脱俗，狂放不羁，字中生字，怪中生怪。有的字似蛟龙遨游，变幻无穷；有的字如挂空藤蔓，错落有致。最为奇特的是其中竖笔最长达两米，犹如狂涛奔腾，巨瀑飞涌；而最小的字则不足方寸，犹如瀑布喷溅起来的水花。整篇摩崖石刻碑文十三行之中，竟有六行出现一笔或几笔超乎寻常的长竖笔和拖笔，有几个字的竖划、拖笔竟长达两米多，在整个碑面上几乎"顶天立地"。尤为有意思的是，最后一字"缔"，书者将一竖先拉到底，然后出奇不意地向左上方一勾，长达两米，作为全文的结束，有如今天的感叹号，这是打破历代书法格局的独创，是一般书法家所不敢为的。

漳浦清泉岩的这一摩崖石刻究竟是什么内容，是何人书写的？历来有种种猜测。其中一种说法是：当地村民代代在石刻旁生活，看不懂石刻的字，也说不清楚石刻的内容，于是催生出了一个传说，说乾隆皇帝下江南时曾到此游玩，看到清泉岩寺的风景如此优美，龙心大悦，赐给老和尚无数黄金珠宝。老和尚死前不愿财物落到后人手里，便将其埋在某一个石洞里，过世前留下天书，刻下这一篇奇文，作为寻宝线索。如有人读得懂，就可以在老和尚圆寂后根据碑文提供的线索找到这批财物。曾有一外地的书生经过这里，在石刻前冥思苦想了几天，可就在他释读到最后一行字时，忽然雷电交加，风雨大作。书生猛然想到，天机不可泄露，急忙抱头逃下山去。这一传说当然是无稽之谈，因为历史上乾隆皇帝下江南时根本就没有到此处来游玩过，所以此处也根本就不可能会有什么金银财宝和寻宝天书。

关于清泉岩这一摩崖石刻所刻内容，相关学者经过仔细的对照比较，发现其与现存江苏江阴中山公园铁佛寺内的《般若波罗蜜多心经碑》（简称《心经碑》）除落款不同，前者有题跋而后者无题跋外，所刻的碑文及其碑文离奇怪伟的书法是完全一样的。那就十分清楚地表明，清泉岩这一摩崖石刻所刻的碑文即是《般若波罗蜜多心经》。

江阴的《心经碑》虽无落款、题跋，但据史料记载，系唐代异僧道松所书。那么，漳浦清泉岩的这一文字与书迹同江阴一模一样的《心经碑》摩崖石刻究竟是谁书写的呢？谁有如此高超的书法技巧呢？通过仔细研读，可以看到漳浦清泉岩《心经碑》末尾的落款明确刻有"万历癸酉岁腊月清泉翁虚谷道人比丘智山镌石"一行二十个大字。这一无可否定的事实，为我们弄清这一问题提供了十分明确而有力的证据。"清泉翁虚谷道人比丘智山"已十分清楚地说明，自己并未书写这块《心经碑》，而只是在"明万历癸酉年"，即明神宗万历元年（1573）"腊月"时"镌石"——镌刻了这块《心经碑》。这说明，漳浦清泉岩《心经碑》上所刻的同江阴《心经碑》一模一样的文字书迹必定另有来处。尽管"清泉翁虚谷道人比丘智山"并未在石上留言说明清泉岩所刻《心经碑》书迹从何而来，但通过符合客观实际的分析来推断，他作为一名僧人，或是在云游时从别处或从友人那儿得到了狂草《般若波罗蜜多心经碑》的拓片，取回后，在清泉岩找到了这块天然好石"镌石"雕制的。清泉岩的这一狂草摩崖石刻《般若波罗蜜多心经碑》，应是唐代异僧道松所书狂草摩崖石刻《般若波罗蜜多心经碑》在明代的拓刻再现。

亦有人提出说，这一《心经碑》是南宋著名的"济癫"，亦民间所称"济公"道济和尚用狂草书写的，认为"'文如其人'，这块摩崖经文，活灵活现地把一个离经叛道、如癫似狂、玩世不恭、愤世嫉俗的济公表现了出来"。然而，此说并未提出确凿有力的道济和尚的书迹实物证据和史料记载证据，故难以被认可。

二、桂林叠彩山"反字碑"《十二月礼佛减罪文碑》

位于广西桂林城北、漓江西岸的叠彩山，占地面积约两平方公里，由明月峰、仙鹤峰和四望山、于越山组成，横亘市区，景色优美，又易于攀登，为桂林山景中的一个热点，是桂林市主要名胜之一。在叠彩山明月峰山腰风洞左侧"康有为讲学处"遗址旁，有一块高一点四五米、宽六十五厘米，双面刻文的石碑《十二月礼佛减罪文碑》（图305）。碑的背面是《香田碑记》，系清康熙二十五年（1686）云贵总督范荣施舍银两为寺院置香田，寺院的和尚启正为纪念此举所刻。碑文详细记载了寺庙置香田的必要及香田的数目，从一个侧面反映出当时官府对寺院的支持及寺院的规模。令人惊奇的是，碑的正面所刻碑文除右侧"广西护卫前千户所武略将

图305 十二月礼佛减罪文碑

军张穆"十四字之外，碑上其他所有文字都是反刻的，俗称"反字碑"。这是中国碑文化发展史上，自南朝萧顺之、萧景墓"反左书"神道碑后，再次重现"反字碑"。

"反字碑"上部在反刻的"南无阿弥陀佛"通栏标题下，竖两线、横两线，镌刻着三层九个方格，每格内有个边缘密布小点的环，九格环内镌刻着不同的图案：菩萨、罗汉、莲花童子与莲花。上层三环内刻菩萨，中结上品上生印，左右合十；中层三环内刻罗汉，中捧宝瓶，左持玉如意负于左肩，右持尘拂负于右肩；下层三环内中刻一合十的佛，左刻一朵金莲，右刻一合十的莲花童子。以上诸神皆跌坐于仰覆混合莲花座上。碑上的九格九环象征着西方极乐世界等级制度的"三品九生"。净土宗认为，众生往生极乐世界后，按其生前念佛的"功行"深浅

按品"依托"于金莲台座之上。座次共分三品九等：上品上生、上品中生、上品下生者将坐菩萨果位，因而，上层三环画的全是菩萨，坐在中环金莲台上的菩萨双手正在结"上品上生印"；中品上生、中品中生、中品下生者将坐罗汉果位，故中层三环画的全是罗汉；下品上生、下品中生、下品下生则全凶恶，此非善人之位，而下三品之像不宜画出，否则有悖于极乐世界之誉，故而其中环刻了极乐世界的佛，右环刻了极乐世界常于下三品中陪伴西方三圣的莲花童子，而左环中的莲花则代表极乐世界中的金莲台座。在九个方格下，碑的中部所刻的文字是关于"三品九生"的说明。碑的下部是反刻的太宗皇帝写的《十二月礼佛减罪文》。整块碑宣传了因果报应的佛教哲理，劝人礼佛向善。这样的反字碑在全广西仅此一块，在全国也极其罕见。

然而，中国历史上历代被称为"太宗"的皇帝有十几个，究竟是哪个"太宗皇帝"写的《十二月礼佛减罪文》呢？这一点碑上并未标明。不过，仔细查看一下碑正面碑文右侧所刻可知，此碑系"广西护卫前千户所武略将军张穆"所立，那就可以得出明确的结论：《十二月礼佛减罪文》系明太宗，即明成祖所写。因为"千户所"是明朝的军队建制，"广西护卫前千户所武略将军"是明军军官的官职。既是明军军官刻立的碑，碑上刻的"太宗皇帝"当然只能是明太宗朱棣，而绝不可能是别的朝代的"太宗皇帝"。这块反字碑虽未刻年代，但可以肯定是明代的碑刻。

那么，为什么碑上的这些文字要反刻呢？是为了展示一种与众不同的书法艺术形态呢，还是要标新立异以期引起轰动，抑或还有什么其他更深层次的内涵？要揭开反字碑之秘，就必须弄清佛教"六道轮回"的问题。佛教认为，人死后鬼魂将被勾摄至冥间照孽镜、称善恶，接受判官、阎王的审察，分别善恶，核定等级，以决定其进入六道轮回中的天道、阿修罗道、人道、畜生道、饿鬼道、地狱道的哪一道转生。据说一个人在阳世礼佛之后，就可以到阴间判官处去减罪。而阴间一切皆与阳间相反，文书亦不能免，请求减罪的人，为了能让判官认识"减罪文"，故而就要一反阳间常态，将"减罪文"写成反字，于是就出现了奇特的反字碑。

三、泰山龙门一笔狂草《"龙门"摩崖石刻》

泰山上摩崖石刻随处都是，数不胜数，其中有些别出心裁的奇字怪书摩崖石刻更是引人瞩目。泰山龙门一笔狂草《"龙门"摩崖石刻》（图306）即是其中的佼佼者。

泰山南天门下左有飞龙岩，右有翔凤岭，两山对峙如龙，中开一窍若门，故曰龙门。此处有龙门坊，坊右侧山崖上镌刻着一笔狂草"龙门"二字。双字连为一体，为一笔写成，形如花押，似双龙飞舞，气势磅礴。该摩崖一笔狂草榜书字高一点一米，宽五十一厘米。根据"龙门"二字左侧题刻的落款"历下魏祥识"可以得知，一笔狂草《"龙门"摩崖石刻》是由魏祥主持镌刻的。魏祥何许人也？一笔狂草榜书"龙门"二字是不是他书写的呢？据查考，此字并不是魏祥所书。魏祥，字致和，清中后期人，自章丘徙居历城。家素寒，性孝，虽不能入学，但自幼聪慧善学、清勤好义，凭建筑手艺而享誉省内外，成为一代儒匠。清代琦善赞在《槐荫堂自叙册题跋》中称赞他："仁者择术，君子固穷，熟能生巧，困极思通。身为良匠，行合儒风，人叹其艺，我景高风。"魏祥在泰山留有《历下魏君泰山工程记碑》《创建梦仙龛记碑》《告游客碑》《修补泰山钦工石路并后石坞山径祠墓记》《增修泰山记碑》等许多碑刻。据《历城县志》记载，他还曾于五台山发现并带回《靠天吃饭碑》拓片，又加上自撰的《靠天论》，刻成《靠天吃饭图碑》，立于泰山，又立于济南大明湖。现此碑已佚，但该图曾被鲁迅先生所得，鲁迅先生由此图写有《"靠天吃饭"》一文，收在《且介亭杂文二集》中。

一笔狂草榜书《"龙门"摩崖石刻》也是魏祥在别处施工时得到拓片，道光七年（1827）原泰安知府廷璐委请他重修泰山南天门、回马岭盘道、后石坞庙等

图306 "龙门"摩崖石刻

处工程时,他将之复制镌刻在泰山龙门石壁上。平原城垣东南角水门桥上的龙门楼上以及济南府学文庙等处所刻的"龙门"字体与泰山龙门石刻都是一样的。据《德州风物志》记载:"据传此字系刘备手迹,又有传说是张飞所书,旧志中有'内阁中书平原邑人张栻题碑'之说。"又据《济南金石志》载"龙门"石刻原在峨眉山,后被"山阳金公"拓下,带至济南,后与"虚斋张公"仿照刻立。

第十一节　奇镌妙刻之佳构
——凹刻凸字、图象变幻、碑文排列奇特碑

中国历来重视碑的镌刻技艺和制作技艺,千百年来,涌现出了一批技艺精湛、巧夺天工、奇特精妙、超凡脱俗的奇镌妙刻,其中,明清时期就有数块这样精妙绝伦、不同凡响的珍稀奇碑。

一、昆明龙泉观凹刻道符变凸字的《万物滋生碑》

坐落在云南昆明城北龙泉山麓黑龙潭的龙泉观,是云南道教祖庭,元朝著名道士丘处机的弟子宋披云创建,后毁于战火。明代道士徐日暹于明太祖洪武二十八年(1395)重建龙泉观,不久,明代著名道士长春真人刘渊然入滇主持龙泉观,曾居此观弘道,又对龙泉观做了重大修葺。龙泉观内名碑众多,并有碑亭一座,亭中有自明代以来碑刻二十余块,如《朝鲜李侍尧线刻唐梅碑》《张三丰行状碑》《刘渊然符篆碑》等。会变形的"凸字碑"《万物滋生碑》(图307)即是其中最为著名的碑。"凸字碑"其实是长春真人刘渊然书写的凹刻道符。符章所刻的是"万物滋生"四个字,一气呵成,犹如无数长蛇盘绕在一起,难辨字的笔画。神奇的是,碑上的字体本来是凹刻

图307　万物滋生碑

的，可是人们看着看着会觉得碑上的"万物滋生"四个字忽然一个个凸了出来，因此，人们将此碑称为"凸字碑"。此四个字之所以会从凹刻变为凸字，是由于其镌刻刀工奇特，在光线照射下，产生视觉误差。

二、扬州欧阳修祠图象会变幻的《欧阳修画像碑》

江苏扬州是历史文化名城，宋代著名文学家欧阳修和苏轼都先后在扬州当过太守。在扬州西北瘦西湖蜀冈中峰之上著名的平山堂的北侧有一座谷林堂，是欧阳修死后十余年，苏轼遭贬来扬州任太守时，为纪念欧阳修而营建的。清光绪五年（1879），欧阳修后裔、两淮盐运使欧阳正墉为纪念其引以为豪的先祖，在谷林堂后的大明寺西侧兴建了一座欧阳修祠（亦称"六一堂"）。祠堂面宽五间，前有回廊，方梁方柱，挑檐飞角。时任江苏候补道的湖南人欧阳炳，也是欧阳修后裔，曾在京城任职，出于对其先祖欧阳修的爱戴，花重金聘请画师临摹藏于清宫廷内府的欧阳修画像，并带到了扬州。欧阳正墉建欧公祠时，欧阳炳以三百两纹银延请扬州著名石刻大师朱敬斋依据清廷内府藏本摹画的欧阳修像勒石刻碑，供奉于祠后壁中央。

经朱敬斋再度创作镌刻的这块《欧阳修画像碑》（图308）上的欧

图 308 欧阳修画像碑

阳修像，人体高度为一点零八米，脸面宽十一厘米，肩宽二十五厘米，腰径四十五厘米，脚四十厘米。刻像面含笑意，胡须刻画纤细有波，颇为逼真。最让人感到惊异的是，从不同角度看，刻像眼神目光似会移动，站在碑前看像，左观右看都不离其视线，像均与观者对视，双足均向观者，栩栩如生。更为奇妙的是，碑上欧阳修的胡子还会黑白变化，"远看白胡子，近看黑胡子"。碑上欧阳修画像会变形，系该碑雕刻刀工与众不同，经光线折射所致。因石面稍凹，刻纹形成反光作用，使之"远看白胡须，近看黑胡须"。无疑，这块《欧阳修画像碑》堪称一绝。相传当时欧阳炳见之，极为珍爱，欲携去他家乡湖南平江。后经朱敬斋反复央求，并承诺放弃工钱，该碑方得以留在扬州，至今仍嵌于欧阳祠壁上。该碑上方有欧阳正墉临摹的乾隆御题，弥足珍贵。

三、福州碑文排列奇特的《林则徐墓碑》

按照我国古代的书写习惯，碑文一般都是竖书自右向左分行排列的，但也有少数碑刻打破了这一惯例。如西安大雁塔上的唐代褚遂良书写的唐太宗撰《大唐三藏圣教序碑》和唐高宗撰《大唐三藏圣教记碑》，因两者具有密切的对应关系，故前者碑文是竖书自右向左排列，而后者碑文则是自左向右排列的。然而在清代时却出现了碑文既非自右向左排列，也非自左向右排列，而是自中间开始分开，分别依次逐行向左右排列的碑。以严禁鸦片烟而举世闻名的清代民族英雄林则徐的墓碑，即是这样一块有趣的奇碑。

林则徐墓位于福建福州北郊金狮山麓，坐北向南偏东南，面对五凤山。平面呈如意形，其墓为三合土夯筑，五层墓埕，面宽十四点六米，纵深三十七米。封土隆起，形如覆釜。封土后护坡正中饰一圆形的"寿"字，直径八十二厘米。封土前两侧竖立一对青石碑，左为《御赐祭文》，右为《御赐碑文》；封土前正中拜台的供案桌上竖立一块高一点零八米、宽二点五五米、厚十六厘米的墓碑，为一块横形青石，上镌五十六字，字径十二厘米，共分为十一行书写。前来瞻拜的人都喜欢读一读碑上所刻碑文（图309）。有意思的是，不管你从左开始念还是从右开始念都读不通。原来，此碑碑文是从最中间开始向两边排列的，要先从最正中的一行读起，再读左边一行，接着再读右边一行，这样一左一右一行一行展开就能依次读下去了。碑文所书是："皇清诰封资政大夫，两淮盐政，前江苏按察使旸谷林

图309　林则徐墓碑

公，配陈夫人，男少穆公，妇郑夫人，出继男雨人公，妇李孺人寿域。道光丙戌年仲夏吉旦立。"林则徐是世人敬仰的民族英雄，他的墓本来就是有意义的胜迹，来瞻仰者极多，由于有了这块奇碑，慕名前来瞻仰的人更是络绎不绝。

第十二节　奇技巧制之奥妙杰作
——会摇会动的四川明代古寺碑

一座高两三米、重量逾吨的石碑，不用花大力气去直接推它，只要晃动一下放置它的碑亭的柱子，它即会随之而摇动起来，这样的事听起来简直令人难以置信。然而，在四川的一些明代古寺中，确有这种神妙奇特、令人兴味盎然的怪碑。至今遗存于世的会动会摇的珍稀奇碑，现所知均制作刻立于明代，散布在四川各地的古寺庙中。

在四川广汉金轮镇有一座明武宗正德年间（1506—1521）重建的金轮寺。在该寺的大殿前，有一座碑亭，亭中立一石碑，亭四角有铜铃，碑与亭柱相连，当人们摇动亭柱时，亭内碑头就会摆动，大摇则大动，铜铃也随之而发出响声，故历来有"摇亭碑动金铃响"之说。四川北川羌族自治县相传为大禹出生之地，历史上被称为大禹故里。北川禹里镇系古之石泉，原有一座禹庙，寺院内原有一座建于明嘉靖四十年（1561）的《岣嵝碑》，碑高二点五五米，宽一点五五米，厚二十五厘米，碑上覆有掩护亭，亭碑之间基身不相接触，但是颇为神奇的是只要摇动亭柱，碑也会随之而摆动。在四川荥经严道古城外的马耳山下有一座太湖寺，寺中大雄宝殿左侧有一座有八根柱子的小亭，亭的前半部立有一座高约三米的大碑，碑后两米处的左右两根亭柱上，各凿有一个方形大孔，游人只要用双手抱住任何一根亭柱上的方孔用力一摇，亭中碑身就会随之而微微晃动。在四川天全县城东十公里的始阳镇，有一座大悲寺，在寺中的避尘殿外有一座立于明武宗正德年间（1506—1521）的古碑，碑亭环于碑外，与碑毫不相连。让人感到奇异莫解的是，不论你摇动哪一根亭柱，亭中的碑就会跟着摇动（图310）。在四川彭州永定乡法藏寺后的山坡上，有一座长十一点二米、宽三点六米的碑亭，亭中立有三座建于明宪宗成化十四年（1478）的古碑，游览者只要晃动碑亭亭柱，亭中的碑也会随之而摇动。

图310 四川天全大悲寺会摇会动碑碑亭

　　这些亭子中的碑，为什么会随着亭柱摇动而一起摇动？有的人说是杠杆原理在建筑上的巧妙应用，有的人认为是视差错觉，有的人认为亭子地下设有机关。总之说法不一，其奇特方法的奥秘，至今还未被真正揭开。

第十三节　天造地设之怪异奇碑
——明代流血碑、清代流泪碑

大千世界，无奇不有。在百花齐放的中国历代碑刻博物苑中，不仅有上述制作技巧绝伦、会动会摇的奇碑，也有因人为因素和自然因素交织在一起，天造地设、神谋化力的奇碑。此类碑刻中，最不可思议的是福州闽侯青圃灵济宫内明永乐年间（1403—1424）刻立的会"流血"的《御制洪恩灵济宫之碑》和曲阜孔林内清康熙年间（1662—1722）刻立的会"流泪"的《楷图碑》。

一、福州闽侯青圃会"流血"的明代《御制洪恩灵济宫碑》

《御制洪恩灵济宫碑》（图311）坐落于福建福州闽侯青口镇青圃村历史悠久的灵济宫中，系明成祖御赐。灵济宫全称洪恩灵济宫，据清林枫《榕城考古略》记载，始建于五代，初名大王庙。最初是祭祀五代南唐主徐知诰之弟江王徐知证和饶王徐知谔的。后晋出帝开运二年（945），闽王内讧，朱文进叛乱，自称闽主，二徐奉命率师南下迅速平叛。他们的部队军纪严明，秋毫无犯，深受闽人感德。青圃百姓念其功德，遂于后晋开运三年（946）为其立生祠。"二徐"逝世后，生祠发展成庙，将"二徐"奉为真人。到了宋代，"二徐"真人被当地百姓奉为地方守护神，能灭火、治病、赐子、祈雨、治水、灭蝗，神通广大，无所不能。宋太宗太平兴国时，"二徐"真人被民间私谥为"护境感应王"。北宋至道元年（995），民间又尊"二徐"为"金阙真人""玉阙真人"。元代时，朝廷正式封赠"二徐"为"金阙真人""玉阙真人"，"二徐"被正式纳入道教系统，成为以降药治病为主的地方"医神"。明王朝建立后，"二徐"又一跃而成为名闻天下的道教"显神"。明永乐十四年（1416）前后，明成祖朱棣龙体欠安，久治不愈，后转祷于"二徐"真人，突然转好，龙颜大悦。于是，永乐十五年（1417）正月，明成祖诏令大修青圃村灵济宫，又于永乐十六年（1418），加赐庙额曰"洪恩灵

济宫",并亲自撰写碑文,下旨刻石立碑,建立碑亭。三宝太监郑和奉旨用大船从南京将《御制洪恩灵济宫碑》运到了灵济宫,并代明成祖致祭。关于这一点,《徐仙真录》有记载:"南京凿石碑并龟趺,航海而来。"因为碑石硕大,当时集军夫万人之力,几费周折才将《御制洪恩灵济宫碑》安装竖立起来,《闽都别记》中对此有详细的记载。

《御制洪恩灵济宫碑》现在青圃灵济宫庙堂大门外南侧全木制结构的御碑亭中。整座碑亭占地面积共八十一平方米,高约十米,由十六根七米高的大木柱立地支架,亭上盖青色小瓦,四角虬吻兽头,梁架间施斗拱,覆莲石柱础。木亭结构牢固,虽经六百多年的风雨,至今保存仍较完好。在亭子的正中间,竖立着明成祖御撰的高大的《御制洪恩灵济宫碑》。碑身高六点二米,宽二点零六米,厚六十二厘米,碑体有二十多吨重,碑为圆首浮雕双龙,碑额篆题"御制洪恩灵济宫之碑",字径约十二厘米。碑文为楷书字体,约七百二十字,字径约三厘米。由于有碑亭保护,碑文大部分字仍清晰可读,唯碑石下半部因人为触摸等缘故,字迹模糊不清。碑文分记与赞,记的是建宫立碑的缘由,赞的是"二徐"真人的神绩,文辞优美,书法精湛。碑文两旁饰以蝙蝠图案,花样精美。碑下的龟趺座高一点九米,长四米,宽二点五五米,重达数十吨,做伸颈昂首状,气势恢宏。

《御制洪恩灵济宫碑》不仅形体巨大,令人肃然起敬,更为令人惊异的是它还会"流血"(图312)。村民们相传,每隔一段时间,碑身上就会流出一种红色的液体。2006年初一个潮湿的夜晚,几个正在灵济宫中纳凉的村民突然发现石碑上有些异样,借着朦朦胧胧的月光,村民们看到了非常奇怪的一幕:石碑上,正自上而下地流淌着几行红色的液体。村民们还发现,碑"流血"之现象,在干燥的

图311 御制洪恩灵济宫碑

季节都没有出现；而在梅雨季节久雨之后突然出太阳，到中午又打雷、闪电，乌云密布，天气变得非常恶劣的时候，龟背上就会流出来血一般红色的液体。"流血"的部位主要是碑的底座龟背上，而碑身上仅人可触摸到的碑石下半部有少量"流血"现象。

图312　御制洪恩灵济宫碑

　　石碑"流血"自古以来绝无仅有，闻所未闻，为什么此碑会出现这令人惊异的现象呢？对此，当地民间传说纷纭：有的说是因为人们时常接触石碑，石碑汲取了人的精血；有的说因为制碑的石材是一种特殊材料；还有的人看到龟体密密麻麻地布满了暗红色的奇怪花纹，认为石碑是用鸡血石制成的，所以看上去像在流血；等等。这一不可思议的现象引起了福建省地质测试研究中心、福建省地质调查研究院等科研机构和多所高校专家学者的极大兴趣和关注，纷纷前往考察研究。经过一段时间的考察，专家们基本否定了民间的"汲取人的精血"说、"奇特石材"说和"鸡血石"说。其一，认为"汲取人的精血"说纯属无稽之谈；其二，经化验，判断制碑石材并非特殊石材，而是普通的石灰岩，但不是福建的石灰岩，而是从南京运过来的，对于这一点，福州的章回体小说《闽都笔记》中两章关于灵济宫御碑的建造过程部分也有过记载；其三，"鸡血石"之说站不住脚，因为鸡血石一般没有特别大的，基本用于制作家里的小摆设和印章。

　　那么，《御制洪恩灵济宫碑》上发生的"流血"现象究竟如何解释呢？专家经过深入研究和化验分析认为，《御制洪恩灵济宫碑》是由整块端石凿成的，这样的岩石里有氧化铁存在。由于年代久远，再加上石灰岩比较容易受风霜腐蚀，这块石碑已经风化得非常严重，有些地方甚至已经产生了许多肉眼看不到的细密裂纹。而当地气候潮湿，因此当空气中聚集的水汽渗透到裂纹中去，与碑石里含有的铁元素发生氧化作用后，形成了密布于碑石龟座的暗红色的奇怪花纹，密密麻麻如同蜘蛛网一般交织在一起。同时，长期以来当地相传，从《御制洪恩灵济宫碑》上刮下来的石粉，能够治人畜之病，如治肠胃不适，特别是能治猪的病。如果饲养的家禽和猪不吃食物，只要从碑身上刮下一些石粉拌在饲料中让它们吃，很快它们就会恢复正常；如果刮一点这种石粉放在碗里边，用开水冲一下，给孩子喂进去，就能起到压惊作用，还能降温。因此，附近乡民经常用刀来刮取石龟粉末。日积月累，一方面龟体受到较大损伤，龟背上布满细坑，龟吻部分和眼睛甚至已经被人刮掉挖去；另一方面，由于长期以来人们刮石粉的时候，都要用手在龟体石碑身上摸，甚至坐、骑到龟背上，长年累月，人体分泌的油脂和体液也日渐渗透到石中，在石碑的表面形成了一层油膜，使龟背的石头变得越来越细腻光滑，于是隐藏在粗糙表面下的红色细密裂纹就越来越清晰地显露出来，其肌理和形态犹如血脉一般。而当空气中的水汽在石上逐渐凝聚多了，又因油膜的阻隔无法渗透到石中去，就会顺着石碑从上往下流，而龟身上密布红色的条纹，所以看起来就好像是石碑身上渗出来了红颜色的"血水"。至于为何"流血"主要出现在碑的底座龟背上，而碑石仅下半部只有少量，那是因为碑体高大，长期以来人们在刮石粉时和游玩时，手和身子只能接触到碑座龟体和石碑的下部，因此石碑的上部表层依然保持原始粗糙状态，其隐藏在石碑上部表层下的红色细密裂纹就没有显露出来，故而即使有水汽附在上面也显现不出是"血水"。

很显然，福州闽侯青圃灵济宫《御制洪恩灵济宫之碑》之所以会成为神异奇特的会流淌"血水"的"流血碑"，完全是人为因素和自然因素交织在一起形成的，它是天造地设、神谋化力的产物。

二、山东曲阜孔林会"流泪"的清代《楷图碑》

在山东曲阜孔林的三千多块碑刻中，有一块神奇的"流泪碑"，这块石碑名叫《楷图碑》（图313）。此碑位于孔林内祭祀孔子的享殿后，离孔子墓数十米处。相传每年到了九月份祭祀孔子的时候，即每年的9月28日前后，这块碑上就会像流眼泪一般不断渗出水珠来，在石碑的表面总是湿漉漉地挂满了一串串的水珠，酷似一个极度伤心的人正在哭泣。如果把碑上的水珠擦去，不一会儿，串串水珠接着就又会冒出来。因此，当地人称其为"流泪碑"。

据记载，这块会"流泪"的《楷图碑》是清朝康熙年间（1662—1722），由康熙皇帝亲自下旨刻立的。相传孔子去世后，弟子们要轮流为孔子守墓三年。而当时弟子子贡正在外地经商，没有见到老师的最后一面，内心深感愧疚，决定守墓三年后再守三年。为了表达自己对老师的怀念之情，他还将一棵南方稀有的珍奇树木楷树移植到了孔子的墓旁，让它永远陪伴着孔子。但是在清朝康熙年间的一天，这棵生长了两千多年的楷树不幸被电火击中，烧得只剩下了一段树干。极为尊崇儒学的康熙皇帝得知此事后，下旨在死去的楷树旁建亭立碑，并将因为雷击而烧焦的楷树树干的图形雕刻在石碑的正中央，并取名为《楷图碑》。

图313 楷图碑

那么，这块《楷图碑》为什么会"流泪"呢？为什么孔林三千多块碑刻中，仅仅有这一块碑会出现这种"流泪"的奇怪现象呢？对此，数百年来民间传说纷纭。由于子贡是孔子最喜欢的十个优秀学生之一，和孔子有着特别密切的师生关系，感情深厚，因此当地人就传说是子贡的魂魄附着在了石碑上。因为子贡太尊崇爱戴自己的老师了，所以一到孔子祭祀大典的时候就伤心欲绝，流泪不止，石碑上的水珠正是子贡祭祀老师时伤心难过流下的泪水。很显然，这种说法更多的是出于当地人对子贡尊师重教精神的敬仰之情，并无什么科学依据，不足为凭。真正原因还得从科学的角度去查找探究。

为了解开疑团，曲阜文物管理局、中国地质大学地球科学与资源学院、曲阜师范大学物理系等机构、高校的专家学者进行了深入的考察研究，终于揭开了其中的奥秘。经过调查得知，这块碑和孔林中的许多碑都是用曲阜东南部的管够山石头制作的，其材质为石灰岩，具有很好的吸水性。游人出于对这块石碑的好奇，总爱用手去触摸它，而当地人出于对子贡这种尊师重教精神的敬仰之情，也常会用手去触摸它。这样，久而久之就在这个石碑的表面形成了一层油膜，当空气的湿度达到一定程度的时候，由于这层油膜的阻挡，空气中的水分又不能被石碑吸收进去，水汽就会凝聚在这层油膜上。曲阜是一个比较干燥的地方，平时空气中的水汽较少，故只有微量水汽凝聚在这层油膜上，形不成水珠。每年大祭孔子的前后正是曲阜降水较为集中的时候，空气中的水汽含量最大，因此凝聚在石碑表层油膜上的水珠就会格外多，看上去就成了石碑在流泪。而孔林中的其他石碑不像这块碑那样受到人们的关注，因此也少有人触摸，故而碑的表面形不成油膜，不影响碑石对空气中水分的吸收，水汽就不会凝聚在碑的表面，碑的表面没有水珠，自然也就不会出现"流泪"现象了。

第十四节　摩崖巨字屡屡现身
——明清巨字摩崖石刻的繁荣发展

北朝时期，我国出现了摩崖榜书擘窠大字，萌生了被誉为"大字鼻祖"的"大空王佛"摩崖巨字。发展到宋代时，摩崖巨字峥嵘初现，出现了浯溪巨"夬"、苏轼摩崖巨字"连鳌山"和重庆潼南大佛寺巨"佛"摩崖。进入明清时期后，摩崖巨字进一步繁荣发展，达到了我国古代摩崖巨字的顶峰，不仅如湖南永州浯溪碑林内刻于明嘉靖三十五年（1556）的"圣寿万年"那样字径两三米的巨字摩崖屡见不鲜，而且出现了一大批超越前代规模、气势磅礴的摩崖巨字杰作，涌现出了我国古代最大的摩崖巨字"恒宗"和"寿"。

一、中国古代摩崖巨字之最——恒山《"恒宗"摩崖石刻》

恒山位于山西浑源塞北高原，人称北岳，与东岳泰山、西岳华山、南岳衡山、中岳嵩山并称为五岳，其形势险要程度和高度为五岳之首。恒山主峰海拔二千零一十六米，被称为"人天北柱"。恒山山脉横跨山西和河北两省，东连太行，西跨雁门，南障三晋，北瞰云代，东西绵延二百五十余公里，号称一百零八峰。据《舜典》《禹贡》记载，早在两千多年前，秦始皇曾"奉天下名山十二，其二便是恒山"。在明代时，恒山又被誉为"峙中华之坊表，巩神京之翊卫"的"塞北第一名山"。

恒山山势雄峻，地形险要，是帝王巡守疆土、封神祭天、显示武功的地方，历史上，秦皇汉武唐宗宋祖都曾到恒山巡视、祭奠。历代其余的帝王，也大多差遣过使臣到恒山朝圣。恒山又是著名的道教圣地——"道教第五洞天"，相传我国神话中的古代道教八洞神仙之一的张果老就是在恒山隐居潜修的。恒山也是旅游胜地和我国古代艺术的宝库，古往今来，以奇险吸引着游人，历代名人学士诸如李白、贾岛、元好问、徐霞客等人也都游览过恒山胜地。正因为如此，恒山留下了许多历代文人墨客的题咏、石刻名作，至今在恒山大字湾山崖石壁上，仍镌有许多名人的摩崖题刻。其中尤为令人震撼的是，在大字湾光平如削的石壁上，纵向阳刻的巨大的"恒宗"二字（图314），每字高约十三米，字体苍古有力，雄浑遒劲，字迹系按名家手书忠实放大，极富神韵。"恒宗"二字远望犹如一块巨匾悬挂于峭壁之上，气势磅礴，大有顶天立地之势，极为壮观，是我国现存的古代最大摩崖巨字，也是我国现存的最大石刻楷体字，堪称我国古代摩崖石刻一绝。相传"恒宗"二字刻于明宪宗成化年间

图314 "恒宗"摩崖石刻

（1465—1487），经实地考察，石刻大字右侧有题款，左侧有落款，由于时间久远，风雨浸蚀，题字大多已漫漶不清，难以识辨，但落款前四字"成化甲辰"仍清晰可读。这就十分准确地表明"恒宗"二字镌刻于明宪宗成化二十年（1484），至今已有五百三十多年的历史。值得庆幸的是，《"恒宗"摩崖石刻》巨字虽已历经多年风雨剥蚀，但至今字体完好，笔画清晰，风采气势不亚当年，体现了中国书法的宏大雄伟风范。

二、山东青州云门山《巨"寿"字摩崖石刻》

青州地处山东山半岛中部，为古"九州"之一，历史悠久，文化灿烂。云门

山是青州的象征，是国家重点风景名胜区。早在隋唐时期就深受佛、道两家的青睐。山上有隋、唐石窟造像五处，石佛二百七十二尊。

在云门山众多的摩崖石刻中，《巨"寿"字摩崖石刻》（图315）最为闻名遐迩。这个巨大的"寿"字，镌刻在云门山东西走向的山峰大云顶的峭壁上，坐南朝北，通高七点五米，宽三点七米，结构严谨，端庄大方，巍然屹立。从山脚向上仰望，大红的"寿"字字首直指云端，字脚踏在壁底，正如人们所赞誉的那样："山是一'寿'字，'寿'是一座山。"据查，"寿比南山"一词即源于此。这个"寿"字号称是中国古代最大的"寿"字，当地人常用"人无寸高"来形容这个"寿"之大，因为，光"寿"字下半部的"寸"字，就高达二点三米。人攀登上去，站在"寿"字下半部的"寸"字上，头尚不及顶。当人在"寿"字前站立时，显然是自感渺小，所以人们又说："人无寸高，何以自大？"据考，这个巨大的"寿"字产生于明世宗嘉靖年间（1522—1566），迄今已有近五百年历史，系衡王府管家内掌司冀阳周全，为了给第二个衡王朱戴圭祝寿，于嘉靖三十九年（1560）九月初九日书写后，雇请石工镌刻于云门山山阴处崖壁上的。几百年来，这个中国古代最大的"寿"字魅力经久不衰，人们纷纷前来云门山游览，而最终目的都是拜"寿"。

图315　巨"寿"字摩崖石刻

三、泰山朝阳洞乾隆诗《万丈碑摩崖石刻》

泰山古称岱山，又称岱宗，为五岳之首。在中国古代，泰山为天的象征，因此数千年来，中国历代帝王登基之初或太平岁月，多来泰山朝拜，祭告天地。清朝从康熙时起，祭祀泰山活动逐渐发展到高峰，康熙皇帝在位时曾先后三次登临泰山祭山，乾隆皇帝更是对泰山情有独钟，一生十一次登临泰山祭祀。乾隆一生写诗四万多首，其中题泰山诗一百七十多首。比康熙皇帝对书法和碑刻更为钟情的乾隆皇帝，不仅留下了众多咏叹泰山壮美景色的诗篇，还在泰山留下了大量摩崖石刻，其中朝阳洞《万丈碑摩崖石刻》（图316）最著名，规模最为宏大。

图316　万丈碑摩崖石刻

相传，乾隆十三年（1748）春，乾隆皇帝再次登临泰山，在朝阳洞小憩。朝阳洞以上，惯称为泰山的"坦区"。站在朝阳洞上，北望泰山，山上怪石嶙峋，奇峰突起，缀以苍松异草，气象万千；峰下由西北而东南，溪水淙淙，弯曲下注。名山佳水，真是大自然的奇构。乾隆站在朝阳洞前，见朝阳洞以上的御风崖"石壁万丈，下临绝涧。崖上石隙，古松蟠郁，龙翔凤舞，仪态万方"，只见青山叠翠，松柏流黛，千态万状，山上白云缭绕，隐约见仙阁琼楼；十八盘似一条天梯垂向人间，两侧青山郁郁葱葱，谷底溪水时湍时缓，俨然一幅绝妙的山水画。乾隆皇帝不由感叹道：壮哉泰山，绝好图画，只可惜缺了一方印章。于是，他挥毫题写了《咏阳洞》五言诗一首：

> 回峦抱深凹，曦光每独受。
> 所以朝阳名，名山率常有。
> 是处辟云关，坦区得数亩。
> 结构寄幽偏，潇洒开窗牖。
> 历险欣就夷，稍憩复进走。
> 即景悟为学，无穷戒株守。

诗写就后，乾隆皇帝便别出心裁地命人把他这首诗按原字放大后镌刻在朝阳洞对面平整的山崖上，犹如一个印章盖在泰山这幅无比优美壮丽的山水画上。乾隆皇帝镌刻这块《万丈碑摩崖石刻》作为"印章"加盖在泰山身上，是富有深意的，不仅展现了他精于鉴赏风景的艺术才能，更显示了他作为天子的恢宏气度，耐人品味。《万丈碑摩崖石刻》是泰山最大的摩崖石刻。登泰山时，人们在泰山五松亭往上，过朝阳洞后，往上走约五十米，隔谷相望，就可以看到在山腰间犹如石壁一般地矗立着的高约二十五米、宽约十三米的巨大的摩崖石刻，它犹如一块从天而降的白布，悬挂在溪东御峰岩山腰间的悬崖峭壁上，气势极为恢宏壮观。

四、北京白龙潭万福山金冠《大"福"摩崖石刻》

白龙潭风景区，地处燕山长城脚下、北京密云区，自古以来就是有名的风景名胜。宋、元、明、清各代都有文献记载，年年有大批达官贵人、文人墨客来此地游览避暑。这里设有行宫，是北京往来承德避暑山庄御道的必经之地。历代皇帝更视此为灵境，清代康熙、雍正、乾隆、嘉庆、道光、咸丰诸帝或来此避暑，或来此瞻礼祈雨。万福山，原名龙潭山，是白龙潭皇家森林公园的著名景点。该山为雾灵崇山的支脉四杆顶山的余峰，满山都是奇异的怪石和饱历风霜的古松，这里不仅留有袁世凯、李鸿章、戚继光、康有为等名人碑刻，山上还收集了众多历代名人书写的各种书体的"福"字。这些大大小小的"福"字由石工镌刻于遍布满山的岩石上，字字鬼斧神工，透着灵性，有若天作。传说万福山上有一万个"福"字，游历者沿途所遇到的"福"字越多，代表着福气和好运更多。

万福山的满山"福"字中，最令人惊叹的是，在状如一个人头上戴着一顶帽子的一块万吨花岗岩巨石上雕凿着的一个号称"天下第一大福"的"福"字

（图317），字的总面积达一百余平方米，雕凿入石深度达十五厘米，十里之外亦清晰可辨。因雕凿这大"福"字的巨石顶上还盖压着一块冠状巨石，故这个"天下第一大福"又被人们称为"金冠大福"。相传当年乾隆御驾东行前往承德，在白龙潭行宫休息，信步登山，游至"金冠大福"处，面对百米巨"福"，龙颜大悦，于是赐名为"万福山"。在此基础上，后人又在金冠大福前的巨石上围以栏杆，修造"祝福台"，内可焚香，用

图317 大"福"摩崖石刻

以祈福。万福山上，围绕着这个天下第一大"福"字，上有多福石，下有祝福台，还有双福石、四福石、六福石、百福石等，共有三百六十五个福字，真可谓抬头是"福"，低头也是"福"，福气横生，洪福齐天。

五、广西武鸣太极洞《巨"凤"摩崖石刻》

广西武鸣的起凤山又名凤凰山，山虽小，但却闻名遐迩，是武鸣旧八景之一。起凤山以其平地突起，东西双峰并峙，如双凤展翼腾空而得名。山上古木挺拔，榛莽丛生，藤萝攀援，翁翁郁郁，修篁横斜，飒飒爽爽，亭台楼阁、古寺庙宇隐现于树影奇石之中，更有二十多处历代文人墨客游山赋诗的题词刻字，举目皆是。

其中最令人惊叹的是，在太极洞状如满月的洞口南侧的岩壁上，赫然镌刻着一个巨大的楷书"凤"字（图318），字高四点八五米，宽四点二米，笔画有三十米粗。笔势刚健遒劲，出神入化，奋然欲飞，赫然壮观，那只"凤"仿佛是飞身嵌至，其壮观生动之势，不由得令人啧啧称奇，素有"太极洞中藏大'凤'"之称，是摩崖石刻中不可多得的巨制。据考，书刻这个摩崖巨字的

图318 巨"凤"摩崖石刻

人，与在广西阳朔碧莲峰石壁上书刻著名摩崖大怪字草体"带"字的人是同一个人，都是清道光十四年（1834）时任阳朔县令的王元仁。这个摩崖巨字距今已有一百八十多年历史，尽管此字并不像"带"字那样深奥奇妙莫测，但其出色的书法艺术同样也令人叹服。

六、贵阳黔灵山、东山《"虎"字摩崖》《"龙"字摩崖》

贵阳位于贵州中部，依山傍水，四季如春，旖旎无限，拥有国家级风景名胜区、国家级森林公园各一个，国家4B级旅游区八个，其中的黔灵山公园是全国唯一的天然城市中央公园。黔灵山位于贵阳市中心区西北，是贵阳城北部的屏障，素有"黔南第一山"之称，曾经因蒋介石囚禁爱国将领张学良、杨虎城将军于此而闻名于世。黔灵山公园集山、林、泉、湖、洞、寺、动物于一体，园内不仅古木参天，山幽林密，湖水清澈，灵秀自然，而且文物古迹众多，沿"九曲径"登山可达多弘福寺。该寺建于明末清初，是贵州著名的佛寺之一，为全国重点开放寺庙。弘福寺与山麓的麒麟洞及山上的摩崖石刻群，均为省级重点文物保护单位。

图319 "虎"字摩崖

在清康熙二十七年（1688）由赤松祖师开辟，清乾隆五十四年（1789）、咸丰五年（1855）两度整修的全径三百八十三级的登临弘福寺之盘山古道"九曲径"的两侧石壁和岩石上，镌有"多行好事广积阴功""虎""黔南第一山""正法眼藏"等摩崖石刻。在位于半山腰道旁石壁上，雕凿着一个高约六米、宽约四米的草书"虎"字（图319），笔力苍劲豪放，气势超迈恢宏，雄逸高古，大气磅礴，一笔而就，可谓是黔灵山的镇山之笔，被称为黔灵山一绝。

令人倍觉有兴趣的是，与黔灵山巨大的《"虎"字摩崖》相呼应的是《"龙"字摩崖》（图320）。在位于贵阳城城东的东山山顶上,当年原来有座东山寺,后来衰败了,在遗址上建成了电视台的发射塔和所驻武警的营房,但在原东山寺左边右壁下方,现仍遗存巨大的《"龙"字摩崖》,字虽没有黔灵山的"虎"字大,但也高约二点七米,宽约两米。也许是因为当时东山上找不到跟"虎"字相对应的大石头,所以这个"龙"字也就写得小了一些,但也是用草书一笔写成。

《"虎"字摩崖》和《"龙"字摩崖》碑上署名都为"赵德昌书",但实际上"龙""虎"二字均为以画竹著称的晚清享誉滇黔的书画家孙竹雅代书。孙竹雅,名清彦,字士美,号竹雅,别

图320 "龙"字摩崖

号竹叟、烛哑、烛亚、古滇逸士、漱石斋主人等,是清末的书画名家。其原籍为云南呈贡,自幼聪颖好学,但科举之路不顺,只考取廪生。后投笔从戎,在时任贵州兴义总兵的山西岱岳人赵德昌帐下营务处襄理文牍,随赵德昌由滇转战入黔,屡有军功,被保荐为同知、知府,委署兴义、郎岱、都匀、安顺等府厅,官至安顺知府,有"清贫太守"之称。"龙""虎"二字,即是其当年在赵德昌帐下时,为报答赵德昌的知遇之恩而代赵所书。

七、福建厦门南普陀寺《巨"佛"摩崖石刻》

南普陀寺是闽南著名古刹,位于福建厦门岛南部层峦叠翠的鹭岛名山五老峰南麓,依山面海,风景秀丽,始建于唐末五代,至今已有一千二百多年的历史。南普陀寺是佛教在闽南一带的传播基地,在中国佛教历史上,具有重要的地位。千年古刹内,刻在群山巨石上的楹联或者诗作题字中的佳作举目皆是。据粗略统计,在南普陀寺院内以及后山的五老峰前,共留有一百多块历代的摩崖石刻和碑刻。其中,最令人瞩目、吸引人们前去瞻仰的,是镌刻在寺院后山一块大石头上

的巨大的"佛"字(图321)。字高约四点七米,宽约三点三米,相传系清光绪乙巳年(1905)寺僧振慧和尚所书,行笔丰满圆润,粗犷豪放,刚劲有力,笔力苍劲古茂,气势雄浑。据说这个"佛"字是闽南地区寺庙中最大的一个字,为南普陀寺增辉不少。

图321 巨"佛"摩崖

八、浙江普陀山《巨"心"摩崖石刻》

普陀山雄峙于中国浙江杭州湾以东莲花洋,是世界闻名的观音道场、佛教圣地,同时是中国佛教四大名山之一、首批国家重点风景名胜区,素有"海天佛国""南海圣境"之称。普陀山的宗教活动可追溯到秦。至唐朝,海上丝绸之路的兴起,促进了普陀山观音道场的形成,并迅速成为汉传佛教中心。唐宋元明清历代有近二十位帝王为求国泰民安,屡遣重臣来山朝拜观音,赐帑赐金,振兴佛土。五朝恩赐,千年尊崇,使普陀山成为驰誉中外的"震旦第一佛国"。至清末,全山已形成三大寺、八十八禅院、一百二十八茅蓬,有僧众数千,全山上下,尤其是核心景区普陀山岛上,遍布数以百计的佛教摩崖石刻。

在普陀山数量众多的摩崖石刻中，最大最为闻名的是"心字石"，亦即《巨"心"摩崖石刻》（图322）。"心字石"位于上西天门途中，题刻于西天门下裸露地面的一块广百余平方米的巨岩上。在佛教中有一部极为流行、信众们极为信奉的经书名叫《心经》，即《般若波罗蜜多心经》。传说此处即是观音菩萨讲《心经》的地方。"心"字高五米，宽七点七米，围广百尺，整个字面积近四十平方米，可容百人站立。如此庞大的摩崖石刻巨字，在古代颇为罕见，蔚为奇观。"心"字旁下方刻有二十四个小字："一片婆心，本自明镜，四大乾坤。释子僧宝头陀手作经理刻石。"石刻落款未具时日，据考刻于清末民初。

图322　巨"心"摩崖石刻

"心"在佛教中泛指一切精神现象，与"色"相对，佛教界认为一切意识等精神领域的内容，都属于"心"的范围，因此"心"字在佛教中的地位十分重要。故而在普陀山除了西天门有这一巨"心"摩崖石刻，在东天门法华洞口和朝阳洞口也都有"心"字摩崖石刻，只是字较小一些。

第七章

民国时期与现当代的珍奇碑刻

炽盛于清代中晚期的碑学，到民国时余绪犹存，特别是随着辛亥革命成功，科举制被彻底废除，学子们从清代科举通用字体馆阁体的束缚下解放出来，获得了书法自由，可以任意选择各派碑帖作临池范本，依自己喜爱学习前贤各派书法，从而涌现出了许多书法好手，如各体皆能、尤精草书的于右任，擅精篆书的吴昌硕，专写钟鼎文的吴稚晖，专写甲骨文的罗振玉，专写《曹全碑》隶书的胡汉民，专写颜书的谭延闿、谭泽闿，专写柳体的唐陀等。然而，由于此时的碑学依然还是侧重倡导、学习碑刻的书法艺术，真正勒石立碑者为数并不多，再加上时局动荡、战乱不断，故自辛亥革命到新中国成立的短暂民国时期，传世的书法碑刻并不多，丰碑巨制更为稀少。不过，民国的碑文化也并非一片空白，在重碑思想的影响下，其间也多少出现了一些对于保护、繁荣碑文化有重要影响的传世名碑。但是，由于社会长期处于动乱状态，碑文化发展萧条，出类拔萃的碑刻为数寥寥，堪称珍奇碑刻者更是屈指可数。

进入 20 世纪中叶后，随着新中国的成立，历史悠久的中国碑文化开始逐步向现代转型，不论是形式还是内容，功能还是内涵，都随着时代的发展发生了很大的演变。特别是改革开放以来，随着我国经济建设的迅速发展和文化事业的日益繁荣，古老奇瑰而意蕴深邃的碑文化再度受到重视和关注，被作为中国传统文化的一个重要组成部分加以大力开发和弘扬，呈现出一派蓬勃发展、方兴未艾的繁荣新景象，珍奇碑刻频出。尤其是随着旅游热兴起，旅游景点不断开发，机械化开凿镌刻设备广泛应用，气势恢宏、意蕴丰富、广受人们关注和欢迎的摩崖巨字碑不断涌现，成为现代珍奇碑刻最为重要、最具震撼力的一大品种。

第一节　三绝碑之余绪
—— 《张子温墓志》《鉴真和尚碑》《离骚碑》《盖世金牛碑》

盛于唐宋的三绝碑在民国时期和现当代虽盛况不再，但仍深受人们的青睐，余绪依然光华璀璨。

近代三绝墓志《张子温墓志》

《张子温墓志》（图323）现藏河南新安千唐志斋中。千唐志斋的创始人是张子温之子张钫。张钫早年参加同盟会，是辛亥革命时期陕西新军起义的策动者之一，国内革命战争时期，任国民革命军第二十路军总指挥，曾担任河南省代主席，1966年5月病逝于北京。张钫与著名学者章太炎，国民党元老、近代大书法家于右任及近代著名书画家吴昌硕交情甚笃，因此1921年其父张子温去世时得到了其他人所未有的殊荣，由章太炎为其撰写墓志铭，于右任书写，吴昌硕篆墓志盖。国学大师章太炎所撰的墓志铭辞章古朴、典雅，文采斐然；书法大师于右任所书墓志的书法继承魏碑笔法而又有所创新，是其传世书作中的精品；著名金石学家吴昌硕篆盖，气质高古，渊致夺人，是其平生得意之作，"自钤为生平第一"。《张子温

图323　张子温墓志

墓志》集章太炎、于右任、吴昌硕三大名家的力作于一志，堪属罕有之作。尤其是当时的吴昌硕已经是耄耋之年，浸淫《石鼓文》数十年，功力达到一生顶点，其所书墓志盖九字堪称绝品。《张子温墓志》世称"三绝"，名副其实。

扬州大明寺《唐鉴真大和尚纪念碑》

新中国成立以来时有三绝碑出现，扬州大明寺《唐鉴真大和尚纪念碑》即是其中之一。

唐代时，在中国扬州出了一位大德高僧鉴真和尚。他在大明寺讲律传戒，声名远播，为僧俗所景仰，威望崇高，享有"江淮化主"之誉。日本佛教界对他十分敬仰，派专人前来邀请他去日本传道弘法。鉴真和尚欣然接受日本僧人邀请，率领众僧东渡扶桑。当时，他的弟子们因道路遥远，"沧海森漫，百无一至"，犹豫踟蹰。但鉴真大师见识深远，决心坚强，毅然决然地说："为是法事也，何惜生命？诸人不去，我即去耳！"鉴真大师先后五次东渡因风浪而失败，但他不畏艰险，毫不灰心，决不退缩，终于在唐玄宗天宝十二年（753），以六十六岁高龄成功抵达日本，实现了夙愿，彼时已双目失明。他百折不回的坚强意志，令后人无比景仰。鉴真大师在日本传播佛教戒律，兴造寺庙佛像，广授书画技艺，推广医药饮食，弘扬大唐文化，被日本人民奉为"文化恩人"。鉴真大师是传教弘法、传播中华文化的光辉典范，是中国佛教史上罕见的杰出人物，他是大明寺最大的荣耀和骄傲，也是中国人民的友好使者，受到中日两国人民的无比敬重。

1963年，在纪念鉴真大师圆寂一千二百年周年时，中日双方举行了隆重的纪念仪式，中国佛教协会主席赵朴初和日本佛教首领大谷莹润分别代表两国鉴真纪念委员会，商定在扬州大明寺建造鉴真纪念堂。经过充分的筹备，纪念堂于1973年动工，1974年竣工。鉴真纪念堂位于大明寺大雄宝殿的北面，按唐代建筑遗规并参照日本招提寺"金堂"的风格精心设计，由正殿、纪念馆、纪念碑亭和回廊等组成。在纪念碑亭中矗立着一块高一点二五米、宽三米的仿唐朝风格汉白玉莲花须弥座横碑《唐鉴真大和尚纪念碑》（图324）。此碑建成后受到人们的广泛关注和赞许，人们将它称为现代三绝碑，有的人甚至还将此碑称为四绝碑。

此碑的第一"绝"是碑的造型和雕刻图案的设计。传统的纪念碑多为竖碑，碑面平整无花饰边框，而《唐鉴真大和尚纪念碑》不拘泥于常规，采用了横式卧碑的形式，碑石四周雕有高出碑面的突起边框。碑身下部精雕细刻唐代特有的卷

叶草与花朵结合的图案，象征着鉴真和尚生活的年代，形象地体现出了唐代的风貌和气息。莲花是佛教的神圣象征，《唐鉴真大和尚纪念碑》采用莲花座花饰作底座，以莲花座托碑，体现了佛教的神圣感。《唐鉴真大和尚纪念

图 324　唐鉴真大和尚纪念碑

碑》的造型和雕刻图案的设计具有深厚的历史底蕴和丰富的人文内涵，其设计者与整个鉴真纪念堂的设计者是同一人——我国的建筑学大师梁思成先生。梁思成是我国近代建筑史上的一代宗师，著名的建筑学家、建筑史学家、建筑教育家，他系统地调查整理研究了中国古代建筑的历史和理论，是这一学科的开拓者和奠基者，是中国建筑教育的奠基人、中国古建筑研究的先驱者、中国古建筑和文物保护工作倡导者，是新中国成立以来多项重大建筑设计方案的主持者。称他所设计的《唐鉴真大和尚纪念碑》的造型和雕刻图案设计为一"绝"，显然名不虚传。

　　此碑的第二"绝"是碑的正面碑名"唐鉴真大和尚纪念碑"九个大字是由著名的学者、作家和诗人郭沫若题书的，书法古拙遒劲，笔力千钧，具有深厚的功力和高超的艺术魅力，将其称为一"绝"显然也当之无愧。

　　此碑的第三"绝"是碑的背面所刻的碑文系由中国佛教协会主席赵朴初于1963年为纪念鉴真大和尚圆寂一千二百周年撰写的。赵朴初先生不仅文笔精湛，且书法功力极为深厚，碑文书写通篇酣畅，字断意连，前后呼应，谋篇布局于严谨中时露飘逸，令人不胜赞叹。很显然，将其称为一"绝"也是当之无愧的。

　　综上所述，正因为《唐鉴真大和尚纪念碑》在造型和雕刻图案的设计、碑名题书、碑文撰书这三方面都堪称上佳精品，故被称为现代三绝碑是名副其实的。至于有的将其称为四绝碑，那是因为他们认为此碑所记述和颂扬的是鉴真和尚的生平事迹，鉴真和尚是中国佛教界的杰出代表，他的感人事迹也堪称"一绝"。上

述"三绝"再加上这"一绝",《唐鉴真大和尚纪念碑》就可称为四绝碑。

武汉磨山楚城毛泽东楷书《离骚碑》

在湖北武汉中心城区国家5A级旅游景区东湖风景区磨山楚城,巍然耸立着一座用暗红色岩石块垒砌成的摩崖石刻式巨碑——《离骚碑》(图325、326)。此碑在1992年7月建成后,被人们一致公认为是现代三绝碑。

图325 离骚碑(一)　　　图326 离骚碑(二)

此碑第一"绝"是形体特别巨大。号称"天下第一碑"的泰山唐玄宗的《纪泰山铭摩崖》高十二点三米,宽五点三米,而《离骚碑》高十四点八米,比《纪泰山铭摩崖》还高二点五米,底座宽十七米,刻字的碑面要远比《纪泰山铭摩崖》宽得多。

此碑第二"绝"是所刻碑文是我国历史上最伟大的诗人也是楚国大诗人屈原的代表作《离骚》,全诗共三百七十三句,二千四百九十字。

此碑第三"绝"是碑文字体系选用伟人毛泽东用楷书手抄的《离骚》全诗进行摹刻的。1913年春,二十岁的毛泽东考入湖南省立第四师范学校,翌年该校并入湖南省立第一师范学院,他在此度过了一段美好的求学生涯。求学期间,他阅读了屈原的《离骚》等诗篇。他既敬慕屈原其人,极其崇尚屈原忧国忧民的伟大爱国主义精神和高尚情操，又极其喜爱赞赏屈原的作品，因而在当时所用共四十七页的笔记《讲堂录》中，从首页至第十一页，用小楷工工整整地将《离骚》和《九歌》从头至尾全文抄录了下来，还对许多诗句进行了圈画和注记。书写完《离骚》全文后，他还在最后写上了"咏芝"二字署名。"咏芝"是毛泽东当时的笔名，用"润之"做笔名是后来的事情。武汉楚城1992年建造《离骚碑》时，碑文字体就是按青年毛泽东用楷书抄写的《离骚》全诗原本手迹摹刻的。毛泽东一生留存于世的数百碑刻散布于全国各地，几乎全部是草书碑刻，楷书碑刻可谓绝无仅有，弥足珍贵。

毫无疑问，上述这三个方面，无一不堪称为"绝"，故而武汉磨山楚城毛泽东楷书《离骚碑》称为三绝碑，是完全名副其实的。

深圳蛇口四海公园《盖世金牛碑》

矗立在深圳蛇口工业区四海公园的《盖世金牛碑》（图327），也是一座现代三绝碑。

图327 盖世金牛碑

走在我国改革开放前列的深圳市领导，为了弘扬深圳特区的"拓荒牛"精神，请以擅长画动物和塑造动物驰名海内外的著名画家韩美林用青铜铸塑了一头高二十八米、长三十米的巨牛，于1994年5月下旬竖立在蛇口工业区的四海公园。这头巨牛造型奇特而生动，披红挂锦，弯着憨厚的头，驮着四对大元宝，背上的夜明珠和向天空蜷伸的尾巴上神火腾跃，象征着力量、忠诚、福气和财富，张扬了经济特区特有的勇于开拓、敢为人先、突飞猛进的文化精神。经韩美林力荐，深圳特区政府决定请多次荣获全国优秀剧本奖、有"戏剧怪才"之称的四川作家魏明伦来写一篇与之相称的铭文。魏明伦果然不负众望，很快就写成了一篇近七百字的才思横溢、意气纵横、极富感染力的《蛇口盖世金牛赋》（图328），极其生动形象地塑造出了新时期的牛的新形象。

图328　蛇口盖世金牛赋

　　《蛇口盖世金牛赋》写成后，由著名书法家康雍以秀丽的小楷书写后刻于石上，中国书法家协会主席沈鹏题写了"盖世金牛"四个大字，镌刻在雕塑的底座上。作品问世后，引起了很大的轰动，参观者络绎不绝。韩美林之雕塑，魏明伦之铭文，康雍、沈鹏之书法均为一流精品，因此人们纷纷誉称此碑是现代三绝碑。

第二节　别出心裁之字谜碑
——最难猜的字谜石刻泰山"鼠碑"

　　泰山上石刻随处都是，其中究竟有多少"字谜"石刻，至今尚无确切的数据。其中在攀登泰山的正道上，就有两个有名的字谜石刻。一个就是前文已述及的斗母宫附近寓意为"风月无边"的"虫二"字谜石刻，另一个则是一个与"鼠"相关的有趣的字谜石刻（图329）。这个字谜碑是历代众多字谜碑里最难猜的一个，镌刻在中天门上于云步桥南崖壁间。这个人称"鼠碑"的摩崖石刻字谜，外观形状犹如一只"老鼠"，高四十五厘米，宽一米一，字径二十毫米高，五十厘米宽，草书体。根据石上所题上款"辛酉春三月"、下款"李和谦游山乐"，可以得知，这一摩崖石刻字谜是一个名叫李和谦（一说李和经）的人于1921年春游泰山时题书的。

图 329　泰山如意字谜石刻

那么，这个到底是什么字呢？是什么意思？近百年来，许许多多在泰山见过这个字谜石刻和虽然没有登过泰山但知道这个字谜石刻的人，都怀着浓厚的兴趣猜过这个石刻字谜，但众说纷纭，至今没有定论。有些人认为，这个摩崖石刻字谜谜面只有一个字，是典型的"一字谜"，而这一个字，有的认为是"如"字，有的认为是"乐"字，有的认为是"山"字。支持最多的认为是"如"字，其意为"如此河山"，暗喻"大好景象"，属于会意体之正扣法。有些人认为，这个字是个组字狂草，从草书的笔画形态和组合来看，像"如"字、"此"字、"好"字、"山"字，综合起来观看，可解读为"如此好山"，其收左放右的书法结构形式，具有深湛的书法美学蕴涵，绝非文人游戏的泛泛之笔，堪称泰山一绝。有些人说，该摩崖石刻字谜初看形状像一只老鼠，实际上是吉祥物"如意"的图案。也有人说这个像一只老鼠样子的字，是草书"如意"二字的连写，既是如意的本来含义，也是如意的象形，充分表达了书写者李和谦走到这里看到如画的美景后，那种陶醉快乐的心情和超凡脱俗的境界。泰山文化管理旅游部门在其印刷的宣传陈列词中,将这个像一只老鼠的字定为"如"字,为狂草如意,导游又说图案中包含着"如此河山"四字,是碑作主人李和谦游泰山触动灵悟而诉诸笔墨的灵性显现。

那么,这个李和谦究竟是何许人?他怎么会在泰山上题这个字谜?民间流传着多种说法。一种说法是:李和谦是个穷苦人家的孩子,从小没了双亲,靠在食肆打工糊口,依靠自己的机敏和苦学熬到了掌厨,天天为客人炒菜。他没机会上学但自小就喜欢写字,没有钱买笔和纸,就天天用勺子来比画练书法,达到了忘我的程度,提高很快,书法水平亦属上乘。一天,他和同伴同游泰山,看到满山的石刻题字,同伴提议他也留下一字。他禁不住劝说,略一思索,挥笔而就,写下了这个像老鼠又像勺子的字,其实是"如意"二字。另一种说法是:这个字是石壁上面所题的"李和经游山乐"的"乐"字的繁体字。当地民间相传,泰山中天门上与云步桥之间从前有个茶铺,有个茶小二叫李和经,小名叫小乐,看到很多人在泰山石壁上题字(石刻),当茶铺没生意的时候,自己也就用手指蘸着水在茶桌上学着写自己的名字。后来,有名士又对他进行指点,就形成了现在的字体。他后来自学成名,泰安民间推举他给泰山题个字,以表民间草根对泰山的敬仰,他就题了这个字。不过,不敢与名人相提并论,就将字刻在石崖的下方。还有一种说法是:李和谦原来在泰城当饭店小伙计,在店主的熏陶下也略通文墨,经常在擦桌子时用抹布在桌子上练写字,久而久之,熟练自如,风神独具,渐渐练了一手好字。他酷爱泰山,一天与几个伙计一起登泰山,走到这里一看,青山绿水,景色绝佳,登时心情大好,快乐悠然,便兴奋地在石壁上狂书了一个竖字,近看像松鼠,远看似玉兔,宛如在与游人逗乐。不管哪种说法都表明,这个标新立异、妙趣横生的摩崖石刻字谜,是民间底层百姓创造的杰作,并非出自高层文人墨客、达官贵人之手。

第三节　怪字奇书之佳构

——泰山《仙子流芳-莺歌燕舞摩崖》

泰山摩崖石刻遍布全山，数以千计，不仅内容博大精深、丰富多彩，书法艺术千姿百态、美妙高超，而且形式多种多样、异彩纷呈，其中还蕴藏着一些标新立异、妙趣横生、高深莫测、令人百思不得其解的独特作品。镌刻于民国年间的怪字奇书《仙子流芳-莺歌燕舞摩崖》（图330）即是颇为人乐道的一块石刻。

《仙子流芳-莺歌燕舞摩崖》位于有着"天上人间"之称的天街上。这方怪字奇书的特殊石刻是用道家符箓按照古老道家文化规则书写的碑文。上面横的一行用道家符箓写了四个大字，从右往左念，每个道家符箓大字中间包着一个小字，四个小字自右向左连起来念是"仙子流芳"；在横的这行字的下面、碑石的正中间，自上至下竖着用道家符箓写了四个大字碑文，每个大字中间也包着一个小字，四个小字自上至下连起来念是"莺歌燕舞"。在"莺歌燕舞"大字碑文右侧竖镌两行小字碑文，左侧竖镌三行小字落款。右侧两行小字碑文全文为"泰山老母赐金笔，观音普渡

图330　仙子流芳-莺歌燕舞摩崖

化世，元始老子老君太公伯温先师传妙法"；左侧三行小字落款，全文分别为"丁卯年卯月卯日德慕贤余传福星""民国二十一年夏月""潍县众弟子立"。

此碑的怪字奇书和碑文内容极为玄妙，人们初见此碑大多不知其所云，不胜惊讶：这究竟是一块什么碑呢？是什么人刻立的这块碑呢？他们为什么要刻立这块碑呢？碑文表达的是什么意思呢？……经过长期以来众多有心人的深入探索研究和对碑上所刻文字的仔细考释分析，此碑的奥秘现已基本揭开。通过仔细考析可以得知，此碑是民国二十一年（1932）夏天，由"潍县众弟子"组成的一群虔诚信奉佛、道的山东香客，上山进香祈福许愿，非常幸运地得到了"泰山老母赐金笔，观音普渡化世，元始老子老君太公伯温先师传妙法"。"潍县众弟子"在达成愿望后，非常高兴，特地刻立了这块还愿碑，以表达自己对泰山老母、观音菩萨和元始老子老君太公伯温先师的由衷感激和顶礼膜拜之情，虔诚地表达了今后在泰山老母、观音菩萨和元始老子老君太公伯温先师们无边法力的恩泽下过上"莺歌燕舞"、九州升平、太平盛世、幸福欢乐好日子的美好愿望。

由于这块《仙子流芳－莺歌燕舞摩崖》的怪字奇书和碑文内容标新立异、独具特色、妙趣横生，现在已成泰山最热门、人气最旺的景点之一。

第四节　集字碑之现代传承发展
——集宋王珪书碑、集百家字碑

集字碑由于具有独特的书法艺术功能，尤其是集百家字碑，荟萃百家之长，浓缩了极其丰富深厚的书法镌刻艺术和历史文化的精华，意趣盎然，因此自唐、宋产生后，备受人们的青睐，历代以来在人们的社会生活中得以传承、发展，在新中国成立后又涌现出了一批精品佳作。诸如：

现代集北宋王珪书《枫桥夜泊诗碑》

张继是唐玄宗、唐肃宗时的名诗人，《枫桥夜泊》是其代表作。天宝年间张继赴京赶考落第。在深秋的一个夜晚，他乘船途经姑苏城，舟泊城西寒山寺枫桥旁，面对乌啼子夜、渔夫霜天的夜景，耳闻从寒山寺传来的半夜钟声，触景生情，写下了脍炙人口的千古名诗《枫桥夜泊》：

> 月落乌啼霜满天，江枫渔火对愁眠。
> 姑苏城外寒山寺，夜半钟声到客船。

全诗只有四句二十八个字，却描绘出了一幅意境深远、形象鲜明、层次丰富、色彩和谐、情景交融、扣人心弦的立体画卷。此诗一出，天下传诵，名扬中外，特别是在日本更是广为传咏。《寒山寺志·程德全序》载，此诗"尤有声于异国，渡海以东，小大无不诵张继诗者"。这首千古传诵的名诗，备受历代名士、书家钟爱，他们均以书此碑勒石于寒山寺为荣。但是由于"自唐历五代及宋与元，寺凡几兴废，碑刻渐泯无考"（明姚广孝《寒山寺重兴记》），究竟有多少人书刻过《枫桥夜泊》已难以查考。现在寒山寺存宋以来著名的《枫桥夜泊》诗碑就有七块。

寒山寺第一块《枫桥夜泊》诗碑系北宋丞相王珪书写。王珪字禹玉，生于1019年，卒于1085年，宋成都华阳人，官尚书左仆射兼门下侍郎，封郇国公、岐国公，是北宋著名词人李清照的外祖父。据清叶昌炽《寒山寺志》记载："嘉祐年，丁母忧，居吴下，勒张诗；故不题名……为张继诗第一石也。"根据王珪服母丧的时间推测，王珪书此碑当在1057年7月至1059年9月之间，距今九百余年。此碑原在寒山寺内，但"不知何时失去"，这无疑是一大憾事。为此，苏州枫桥史迹史料陈列馆馆长陆鸿升决心重刻王珪书《枫桥夜泊》，以补史之所缺，并兴今之胜览。他在遍寻史料的同时，向北京故宫博物院、上海博物馆、上海图书馆等四处征集王珪手迹、遗墨，但所获不多。后来，他得到台湾地区林文睿、柳立言先生极力举荐。台北傅斯年图书馆无私相助，惠赠了王珪书《宋赠太师魏国公韩公神道碑》拓片三千余字。陆鸿升得到拓本后，延请书法家费之雄进行集字，从拓片中集得王珪原字十四个，又通过放大、缩小、裁剪、拼接等，将原字部首及局部反复进行拼接组合，终于又得到另十四个字。著名碑刻家钱荣初的嫡传高足、素有"江南碑刻第一刀"之誉的著名雕刻艺术家时忠德花了两个多月时间，重新勒石刻成了王珪书《枫桥夜泊诗碑》（图331）。经过海峡两岸有关人士的努力，王珪书张继《枫桥夜泊诗碑》得以在苏州寒山寺重新面世。碑选用青石刻成，总

图331 枫桥夜泊诗碑

高二点五米，宽八十四厘米，厚二十厘米，螭首，方趺，碑身高一点六六米，碑阳刻集王珪手迹正书《枫桥夜泊》诗全文，每字约十三厘米见方；碑额篆书"枫桥夜泊"四字；碑阴镌刻书法家潘振元撰文、书法家杨在侯书写的纪文，文字精练典雅，通篇三百八十二字，简明扼要，较为完整地记述了重刻经过。王珪集字碑的落成，弥补了数百年来不见张继《枫桥夜泊》诗第一石的缺憾，不论是对中国碑文化还是对中国文学来讲，都是一件十分有意义的盛事，无疑值得好好书上一笔。

集百家字碑由于具有很高的书法艺术鉴赏价值和丰富的人文内涵，并且具有很强的点缀景点、美化环境的功能和作用，受到人们的普遍钟爱，因此在现代社会生活中的许多地方得到应用，精品佳作亦不断出现。

江苏南通师范高等专科学校集字《百师碑》

在江苏南通师范高等专科学校的一面墙壁上，嵌着一块高约二点五米、宽约六米的巨大的集字《百师碑》（图332）。该碑系精选汇集上至甲骨文金文、近至

图332 百师碑

现当代书法名家的一百个不同书体不同写法的"师"字，镌刻于二十九块优质大理石上镶拼而成，其中镶嵌于全碑正中的毛泽东主席所书的"师"字足有一米见方。碑上的一百个"师"字风格迥异，无一雷同，字字生辉。此碑不仅是中国历代各种书法艺术之荟萃，同时也是对学生进行尊师、爱师教育的好教材，受到广大师生的由衷喜爱，成为南通师范高等专科学校令人瞩目的一大特色景观。

黄山翡翠谷集字《百爱碑》

在著名旅游胜地黄山称为"情人谷"的翡翠谷的入口处，竖立着一块高约一米、宽约七十厘米的集字《百爱碑》（图333），碑上刻有王羲之、李白、柳公权、苏轼、毛泽东等历代名家所书写的"爱"字一百个，既是汉字书法艺术的荟萃，也是弘扬"爱"心、"爱"情的珍贵艺术品，成为一处极富情趣、游览观赏者众多的人文景观。

图333　百爱碑

青岛崂山集字《百寿摩崖》

中国碑刻百花苑中还出现了气势恢宏、规模巨大的集字摩崖石刻，青岛崂山的集字《百寿摩崖》即是其中的佼佼者。

崂山位于青岛市区东部，不仅山脉纵横，群峰峭立，古木参天，海山相映，景色秀美壮丽，被誉为"海上名山第一"，而且是我国著名的道教名山，有九宫八观七十二庵，被称为"道教全真天下第二丛林""神窟仙宅""洞天福地"，因此历代以来，崂山备受帝王将相、文人墨客之推崇，亦为隐者高士、名道高僧所垂青。一代代道人在崂山修道养生，炼制长生不老的"仙丹"，唐玄宗亦曾派孙昙来崂山采药炼丹。古往今来，到崂山来祈求"福如东海，寿比南山"的人数不胜数，山上布满元、明、清三代祈福求寿的石刻碑碣，蔚为大观。据1928年纂修的《胶澳志》记载，崂山共有石刻及碑记二百四十二处。此后，由于风雨剥蚀和"文化大革命"时的人为破坏，仅残存有一百余处。1979年，青岛市组织了专门力量恢复和增刻崂山的摩崖石刻，经过从1980年3月15日开凿试刻，到1982年8月1日近两年半的努力，崂山的摩崖石刻达到了二百七十余处，其中新增补石刻一百零六处，其中字径五十厘米以上的摩崖石刻比比皆是，字径一米以上的大字摩崖石刻多达数十处，字径三米以上的巨字摩崖石刻也有十来处，气势雄伟。自20世纪90年代以来，随着崂山的旅游开发，为了满足人们对"寿"的向往和追求，1993年，崂山管理部门又投资四十万元，历时五个月，在位于崂山仰口游览区上苑山太平峰南石壁东段海拔三百多米处的摩崖峭壁上，仿唐代大书法家欧阳询的《九成宫醴泉铭》中的"寿"字，镌刻了一个高二十米、宽十六米、面积达三百二十平方米的巨大的"寿"字，被中国书法家协会主席沈鹏称为"天下第一寿"，太平峰也由此而改称为"寿字峰"。为了更好地弘扬崂山的"寿"文化，使"寿字峰"的文化内涵更加丰富生动，更具吸引力，1997年4月，崂山管理部门进而又实施了"寿字峰"石刻二期工程，投资二百余万元，在"寿字峰"欧阳询的巨"寿"周边约两万平方米的峭壁上，收集镌刻了我国古今书法大家用隶、篆、行、草、楷等不同字体书写的四十余个巨大的"寿"字，构成了一块极为壮观的巨幅《百寿摩崖》

图334　百寿摩崖

（图334），成为我国集字摩崖石刻不可多得的珍品。如今，气势宏伟的集字《百寿摩崖》已成为崂山最重要最具吸引力的著名景点。游人来到这里，都喜欢以

《百寿摩崖》做背景照相留作游览纪念，祈祷自己也能"长寿"。

第五节 奇技巧制之特异妙刻碑
——河南永城芒砀山《汉高祖斩蛇处碑》

在河南永城芒砀山镇鲁庄西两百米处，有一座远近闻名的奇碑，这就是富有传奇色彩的《汉高祖斩蛇处碑》（图335），此碑系后人为纪念汉高祖刘邦斩蛇起义而立的碑记。

据《史记·高祖本记》记载："高祖以亭长为县送徒郦山，徒多道亡。自度比至皆亡之。到丰西泽中，止饮，夜乃解纵所送徒。曰：'公等皆去，吾亦从此逝矣！'徒中壮志愿从者十余人。高祖被酒，夜径泽中，令一人行前，行前者还报曰：'前有大蛇当径，愿还。'高祖醉，曰：'壮士行，何畏！'乃前拔剑击斩蛇。蛇遂分为两，径开。行数里，醉，因卧。后人来至蛇所，有一老妪夜哭。人问何哭，妪曰：'人杀吾子，故哭之。'人曰：'妪子何为见杀？'妪曰：'吾子，白帝子也，化为蛇，当道，今为赤帝子斩之，故哭。'人乃以妪为不诚，欲告之，妪因忽不见。

图335 汉高祖斩蛇处碑

后人至，高祖觉。后人告高祖。高祖乃心独喜，自负。诸从者日益畏之。秦始皇常常曰：'东南有天子气。'于是因东游以厌之。高祖即自疑，亡匿，隐于芒、砀山泽岩石之间。"据《史记》记载，汉高祖刘邦是赤帝之子的化身，是他斩杀了

"化为蛇，当道"的白帝之子——秦始皇。据《史记》记载，汉高祖刘邦提三尺剑在芒砀山中大泽之畔斩蛇起义，从这里出发，反抗暴秦，逐鹿中原，最终创立了汉朝。因而，汉代帝王将"芒、砀山泽"视为汉王朝的发祥地，为纪念汉高祖，在此建庙立碑。据《砀山县志》记载，汉惠帝时有诏书曰："丰、砀乃高皇帝神游之地，令有司先立庙丰地，次题真芒砀仍立庙于岩前。列功臣其侧，遣庶士朝参。"汉文帝时，曾在芒砀山紫气岩前立高祖庙，于庙前大泽北畔立《汉高祖斩蛇处碑》。庙和碑在魏晋南北朝逐渐冷落残破。至唐高宗永隆年间（680—681），庙改建为"王宫寺"；宋真宗大中祥符七年（1014）巡游时，重修庙宇并赐名"均庆寺"；到明穆宗隆庆五年（1571），陕西人左思明任永城知县期间，重修高祖庙，重立《汉高祖斩蛇处碑》，至今明碑仍存。然由于年代久远，经风雨剥蚀，此碑倒卧草丛，残破不全，碑面字迹已漫漶不清，1977年由永城县文物主管部门将原碑修补重立，1982年永城县人民政府又在原址上把明代古碑复制镌刻，建碑亭一座加以保护。

这块按明代古碑复制镌刻的碑，这些年又冒出了富有传奇色彩的新奇闻。此碑位于公路旁，一次，当地一位汽车司机深夜驾车途经碑亭，当汽车车灯照射到碑面上时，显现出了一名右仗剑似坐姿、上身略向前倾、左手捋长髯、金盔金甲、威风凛凛的大汉形象，用车灯照碑身的背面，又显现出一名头戴凤冠、怀抱一婴儿的女子身影。更为人们津津乐道的是，相传，当夜幕降临，用灯光直射碑体，两米多高的碑体会倏忽不见，只见一尊金光灿灿的古代帝王形象向人走来。他头戴高冠，身穿盔甲，腰系玉带，足蹬高靴，二目炯炯，直视前方，一手捋黑胡须，一手按贴身宝剑，一腿前跨，好像出征前发布号令，极富立体感，恰似画中人，人们传说是汉高祖刘邦面世。如人们转身向碑后走去，用灯光照射碑体，则又是一番奇景，同样是不见碑体，看到的是一幅金光四射头戴宝冠的女皇形象，好似坐在石上休息，躬身喂子，人们皆说是吕后携子来芒砀山寻夫。二千二百多年前的帝王皇后形象同现于一碑的传闻越传越广，越传越神，从大陆至港澳台各界人士乃至国外游客都纷纷闻讯来芒砀山一睹为快。

这究竟是怎么回事？复制镌刻明代古碑的石雕工匠还在，他也说不清是什么原因。大家对此众说纷纭。有的说是刘邦、吕后"显灵"；也有的说大凡伟人死后都留传磁场，千年不散，聚形成像；有关部门的人士也曾来此考察，但对此未能做出解释；也有好寻根探究的人在实地进行考察后提出，这一奇景的出现，是由于碑面凹凸不平，工匠在刻字时进行了磨面处理，使凸面自然磨损重些，反射光线强些，凹处自然磨损轻些，反射光线弱些，明暗交错，幻觉成影，加之人为的想象，似人非人看成人，非人似人就看成"神"了，从而造成了这一"奇景"，至于"显灵"之说实属无稽之谈。如今，《汉高祖斩蛇处碑》已成为当地一大胜景，吸引着人们前去观赏探究。

第六节　异形奇材之新品迭出
——金碑、铜碑、水体碑、日历碑、墙体碑

随着文化理念的发展、制作材料的多样化和制作工艺的改进提高，不仅出现了体量远超古代的铜碑，还出现了金碑、铜碑、水体碑、日历碑、墙体碑等异形奇材碑。

一、"中华第一金碑"《红军长征纪念碑》

为了纪念具有伟大历史意义的二万五千里长征，为了永远缅怀为中国革命英勇献身的红军战士，世世代代弘扬伟大的长征精神，根据老红军、中央军委原副秘书长洪学智将军的建议，1985 年 6 月，中共中央、中央军委召开专题会议，决定在位于"人间瑶池"黄龙和"童话世界"九寨沟两大风景名胜区交汇处的四川松潘草地修建红军长征纪念碑碑园，建造红军长征总纪念碑，以纪念红军长征这一人类史上的伟大奇迹。碑园 1988 年 6 月 12 日奠基，耗资三百五十多万元，于 1990 年 8 月落成。邓小平同志亲自题写碑园名"红军长征纪念碑碑园"，江泽民、李鹏、杨尚昆、聂荣臻、徐向前、李先念、邓颖超、王震、萧克、刘华清等领导同志题词。

《红军长征纪念碑》（图 336）碑园位于四川松潘川主寺镇元宝山，占地面积十九万余平方米，由主碑、大型花岗石群雕、展览厅三大部分组成。主碑高四十一点三米，耸立于元宝山顶，由红军战士铜像、碑体、基座组成。汉白玉基座高二点五米，墨绿色磨石地面；基座上为碑体，碑体高二十四米，为金属三角立柱体，亚金铜贴面，重达十吨，上方每面镶嵌一颗闪闪红星，象征三大主力红军紧密团结，坚不可摧；碑体上屹立一座六吨重、高十四点八米的红军战士铜像，双手高举，一手持步枪，一手执花束，成"V"字形，它象征着当年红一、二、四方面军在党中央、毛泽东主席领导下团结一致奋勇向上的历史，象征着长征的胜利、中国革命的胜利。纪念碑高高地耸立在红军当年经过的雪山北侧岷江东岸的元宝山顶，背靠雪山，面向草地，气势恢宏，当夕阳西下时，在阳光的照射下，金碑反射出耀眼的光芒，仿佛是一根巨大的燃烧的火柱，挺拔庄严，金光璀璨，极为壮观美丽，远在几十里外都能看得到，被誉为"中华第一金碑"，成为万里长征路上的一大奇观，使游客和路经这儿的人都叹为观止。《红军长征纪念碑》开创了我国用仿金材料建纪念碑之先河，在中国现代碑刻文化发展史上具有独特的地位。

图 336　红军长征纪念碑

二、古今铜碑之最南京《狂雪诗碑》

在我国现代为数不多的铜碑中，最著名的是近些年出现在侵华日军南京大屠杀遇难同胞纪念馆的《狂雪——为被日寇屠杀的 30 多万南京军民招魂巨型铜质诗碑》（简称《狂雪诗碑》）（图 337）。

铜碑上所刻的这首长达二十三节、五百多行的长诗《狂雪》，系青年军旅诗人王久辛创作的。据有关报道介绍，1990 年王久辛就读解放军艺术学院文学系时，在一次中国革命史课上听到侵华日军在南京的暴行后，只觉万箭穿心，热血沸腾，积压在心中的怒火猛烈地喷射。晚上他端坐桌前，一直奋笔疾书，直到次日凌晨 3

图 337 狂雪诗碑

时 45 分，激情磅礴的五百行长诗一气呵成。《狂雪》首发于《人民文学》1990 年 7—8 月合刊上。这首长诗以南京大屠杀为题材，尽情地倾吐了中国人民的哀悼、愤怒和深思，深刻地表达了华夏儿女铭记国耻、发愤图强的共同心声和人类祈愿和平的共同愿望，具有强烈的震撼人心的力量，获得人民文学诗歌大奖，同名诗集获得首届鲁迅文学奖诗歌奖。

气势恢宏、如泣如诉的《狂雪》洋溢着浓烈的民族感情和人间正气，不仅激起了万千学子和众多评论家的共鸣，也深深激发了普通群众心中的爱国情怀，产生了很大的社会影响。1995 年，甘肃兰州宝丽集团捐资三十万元，将《狂雪》铸成铜质诗碑。诗碑由兰州军区军旅书法家刘思军以庄重典雅的汉简体书就，书法长卷用蚀雕工艺，双面镌刻在长十二点一三米（喻指日本帝国主义发动南京大屠杀祭日 12 月 13 日）、高一点二米的紫铜版上，安装在高一点二米的用甘肃特产的优质胡桃木雕刻而成的底座上，于日本帝国主义发动南京大屠杀五十八周年祭日——1995 年 12 月 13 日，由宝丽集团公司代表甘肃人民捐赠给侵华日军南京大屠杀遇难同胞纪念馆进行展览。由于风吹日晒，诗碑的木质边框变了形，1997 年底座开始朽烂，纪念馆只得将其收起后存放在仓库内。2003 年 12 月，在三十万同胞遇难六十六周年纪念日即将到来之际，侵华日军南京大屠杀遇难同胞纪念馆投资二十多万元,将这块《狂雪诗碑》请出库房,重新加工制作成长二十一米、高一点二米的铜版墙,镶嵌在墨色大理石上,矗立在纪念馆内,以资祭奠遇难同胞。

《狂雪诗碑》规模之大堪称我国古今铜碑之最,在我国历代碑刻发展史上留下了值得书写的一笔。

独一无二的水体纪念碑《黄河的渡过》

自古以来,碑几乎都是以石为材制作的,抑或有用其他材料制作的也是非铜即木,20世纪末中国却破天荒地出现了一座主要以水为材料制作的巨碑——名为《黄河的渡过》的黄河水体纪念碑(图338),这是全中国也是全世界独一无二的一座水体纪念碑,是举世无双的中国碑刻文化瑰宝。

图 338 黄河的渡过

《黄河的渡过》是由中国旅美艺术家陈强创意构思、策划,在社会各方面大力支持下投资建成的巨型水体纪念碑。碑名由李瑞环题写。

规模宏大的黄河水体纪念碑《黄河的渡过》,自1994年6月开始筹建,于1995年正式建成,总长七百九十点三米,高二点五米,厚九十厘米。墙体中分别镶嵌着一千零九十三个厚五十厘米、容积半立方米的方形透明钢化玻璃罐。从黄河源头至黄河入海口全长五千四百六十四公里的黄河上,每隔五公里设定一个取水点,共设定一千零九十三个,所取得的一千零九十三份黄河水样经过防止泥沙沉淀的重水处理后,分别装进一千零九十三个玻璃罐。每一个罐上都分别用中、英、法、德、日六种文字注明此罐水汲取地点的经纬度，以及黄河源头到此点的长度。一千零九十三个玻璃罐由西向东按黄河流程依次排列镶嵌入白色墙体中段，从墙的两面都能清晰地看到罐中的黄河水。这一千零九十三罐黄河水反映了黄河在整个流程中的清浊情况和色彩变化，代表了黄河从起源到入海的整个过程。一千零九十三个装水的玻璃罐，组成了一座蔚为壮观的水墙，犹如一条巨龙蜿蜒矗立在万里黄河入海口，展示了母亲河的河水从发源地到入海口的全貌，成为黄河入海口的一大胜景。

《黄河的渡过》这座被誉为"打造出来的一条黄河"的巨型水体纪念碑，展现了中华民族母亲河的宏大气势，抽象地概括了中华民族母亲河的全貌，凝聚着炎黄子孙的爱国情怀，具有丰富的文化内涵，引起了全世界的关注，堪称中国现代碑刻文化一绝。

真实形象的沈阳《"九一八"残历碑》

1931年9月18日夜，日本驻中国东北地区的关东军炸毁沈阳柳条湖附近日本修筑的南满铁路路轨，栽赃嫁祸于中国军队，以此为借口，炮轰沈阳北大营，向中国军队发起进攻，发动了震惊中外的"九一八"事变。次日，日军侵占沈阳，又陆续侵占了东北三省。1932年2月，东北全境沦陷。此后，日本在中国东北建立了伪满洲国傀儡政权，开始了对东北人民长达十四年之久的奴役和殖民统治。

"九一八"事变是日本帝国主义在中国东北蓄意制造并挑起的一场恶性事件，是日本帝国主义发动侵华战争的开端。为了记录"九一八"事变这一重大历史事件，揭露日本帝国主义制造"九一八"事变的真相和他们在东北犯下的滔天罪行，告诫后人勿忘国耻，振兴中华，20世纪90年代，沈阳市在沈阳东北望花立交桥畔建立了《"九一八"残历碑》（图339），又在此碑和地下展厅的基础上建立了"九一八"历史博物馆。

《"九一八"残历碑》造型极具特色，碑的形状设计独具匠心，寓意深刻，独一无二。由残破城墙构成的碑体似一本打开的台历。碑的右侧翻在1931年9月18日日本侵略者发动"九一八"事变的那一天，碑上"弹痕"累累。碑的左侧镌刻着碑文："夜十时许，日军自爆南满铁路柳条湖路段，反诬中国军队所为，遂攻占北大营。我东北军将士在不抵抗命令下忍痛撤退，国难降临，人民奋起抗争。"凡

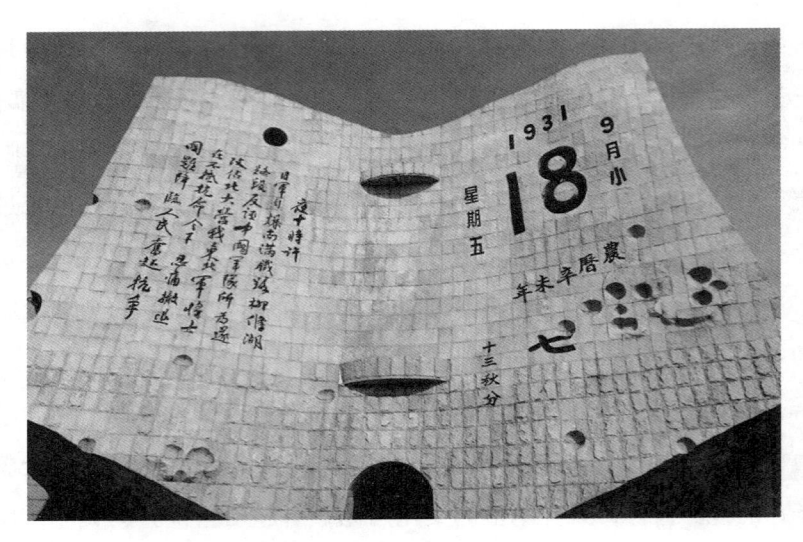

图 339 "九一八"残历碑

是中国人,只要看了这座《"九一八"残历碑》,都会受到深刻的教育,牢牢记住"1931年9月18日"这一天,记住日本帝国主义在中国犯下的滔天罪行,激起对侵略者的无比愤恨。《"九一八"残历碑》是一部内容丰富、生动形象的爱国主义好教材。

规模空前的函谷关墙体形巨碑《道德经碑》

道家是由老子创立的一种学说,老子和孔子是同时期的思想家,年轻时曾当过周朝的"守藏室之吏",相当于如今的图书馆、博物馆馆长之类的官职。得益于这份职业,他潜心研读典籍,形成了独树一帜的哲学思想体系,自成一家。相传周朝晚期,老子目睹周朝日渐衰微,对国事心灰意懒,便离开洛阳,西出函谷关,以遁于世。函谷关令尹喜对老子仰慕已久,极力挽留曰:"吾尤喜观道术,汝将隐居,请为吾书。"老子难以推辞,便留住于函谷关,写下了传世之作《道德经》上、下卷八十一章计五千六百三十五字。书毕,老子便不辞而别,不知去向。后来人们相传,老子乃"天上太上老君是也",回到天上去了。

正因为人们认为老子是"太上老君"的化身,是道家的创始人,他所留下的《道德经》备受道家学说信奉者、推崇者和道家学说研究者的重视,被奉为道家经典。为传播和弘扬《道德经》,古今多有将其刻石立碑者。在古代所立《道德经》碑刻中,最为著名的是山东文登昆嵛山的《圣经山道德经摩崖石刻》。在现当代所刻立的《道德经》碑刻中，最为著名和令人叹为观止的是规模空前的函谷关墙体形巨碑《道德经碑》（图340）。这一全国绝无仅有的墙体形巨碑在河南三门峡函谷关景区，名为"道德天书"，是一道三百六十五米长、十二点三米高的石刻墙。墙体上镌刻着老子所著的《道德经》全文，石刻文字用篆体书写。在整道石墙的中间部位立有三根巨大的石柱，中间的石柱上竖刻有总碑名"道德经"三个篆体巨字，左右两侧的石柱上分别竖刻有"道经""德经"两个篆体巨字，每个巨字都约有四五平方米之大。整部《道经》和《德经》的文字分别以"道经""德经"两根石柱为开端，向墙体左右两侧以竖行排列延伸开去。每一竖行自上至下刻十二个篆体巨字，每个字约一平方米。整篇《道经》和《德经》的文字竖横排列极得为整齐有序，呈"一"字形连绵排开，宛若长龙，气势恢宏。而为了便于人们认识阅读，在每一竖行下方又镌刻了元代大书法家赵孟頫的楷书《道德经》文字，以与该行所刻篆体文字相对照。这是自古至今全国最大的一部石刻《道德经》，已然成为函谷关的一大代表性景观。清代金石学家叶昌炽在《语石》中说"凡刻石之文皆谓之碑"，函谷关的这道石刻墙体形巨碑《道德经碑》，是中国碑刻文化中独一无二的一大奇观，引起了人们对《道德经》和老子文化的更大兴趣，吸引着人们对作为《道德经》诞生地和我国历史上建置最早的雄关要塞函谷关的更大关注。

图340　道德经碑

第七节　摩崖巨字之层出不穷

——现代摩崖石刻巨字持续繁盛

起始于北朝、繁衍于宋代、兴盛于明清的摩崖巨字石刻大气磅礴，气势恢宏，具有很高的书法艺术观赏价值、景观点缀装饰作用和很大的宣传影响力，因此在近现代更为人们所重视。最近几十年来，随着旅游热的兴起，旅游景点不断开发，机械化开凿镌刻能力不断提高，摩崖巨字镌刻方兴未艾，规模浩大、摄人心魄的摩崖巨字不断涌现，层出不穷，巨字摩崖石刻已成为中国大地上一道耀眼的风景线。诸如：

北京香山梅兰芳"五君子"《巨"梅"摩崖石刻》

北京香山美景四季宜人，是避暑清凉胜地，当年是一座皇家园林。古今帝王和文人雅士在此留下了"挂云抱月""紫珊岩""蔚秀""一拳石"等数十处摩崖题刻，其中有一块摩崖巨字题刻，是京剧艺术大师梅兰芳先生百年前留下的。这块巨字摩崖题刻的出现颇具偶然性和戏剧性。

据地方文史资料记载，1922年3月24日，著名京剧表演艺术家梅兰芳和好友齐如山、李释戡、萧紫亭、王幼卿等一起游览香山，从雨香馆别墅出来，走到蛤蟆山的时候，被满眼的瑰丽景色迷住了。这里的景色真是太美了，陶醉于此的梅大师一时兴起，随手在位于栖月山庄附近蛤蟆山西北的一块巍峨巨石上，刻画下了一个高一点九五米、宽一点九米的大大的"梅"字（图341），并在左下角又刻画上了"兰芳"两个字。和他一块儿去游玩的人看见梅大师在石头上刻的字，也兴致盎然地去凑热闹，就这样，李释戡又在"梅"字下方写了题记："壬戌三月二十有四日，萧紫亭、齐如山、梅兰芳、王幼卿、李释戡同来，兰芳写梅，释戡题记。香山游者虽多，未必逐登此石，亦足以自豪矣。"后来，此石被人们称为《五君子石刻》，也叫《巨"梅"摩崖石刻》《梅石》。

相传，事后梅兰芳在香山刻字的事让当时在香山做主管的熊希龄先生知道了，熊希龄先生借此机会与梅兰芳开起了玩笑，说："梅老板，您怎么可以在香山随便刻字呢？按照规定要罚您的。"梅兰芳听了忙认错说："好，好，接受批评！"熊希龄便说："您看这样吧，钱呢就不罚了，您给香山慈幼院筹募基金义演一场戏怎样？"梅兰芳一口答应说："好，就这么定了！"到了演出那天，许多达官贵人都来捧场，真是宾客满堂。这次义演所得善款全部捐献给了香山慈幼院。这件事从此成为一段佳话，广为流传。

梅兰芳留下的这块书法潇洒苍劲、巨大的《"梅"字摩崖石刻》，不仅为香山增添了一处胜境，同时也为研究梅兰芳提供了一件有价值的实物资料。

图341　巨"梅"摩崖石刻

川陕苏区通江县红军标语巨字摩崖石刻

在红军长征和保卫、建设川陕革命根据地的艰苦斗争中，开展红色宣传是与国民党反动派进行斗争的另一个战场。但是由于受到国民党反动派的严酷封锁，纸张十分奇缺，再者，纸写的标语极易被毁坏、铲除，无法长期持久保存，宣传效果较差。因此，红军和川陕省委宣传部创造性地组织了錾字队（俗称钻花队），因地制宜，充分利用山崖、岩石、石壁等天然资源，动员大批石工，在山崖、岩石、石壁上錾刻宣传标语。因为摩崖石刻标语不易损毁，利于保存，既解决了纸张奇缺的问题，又可以起到立竿见影、持久长存的宣传作用，所以摩崖石刻标语这一宣传形式迅速被广泛应用。工农红军常用书写或镌刻摩崖石刻标语来向群众进行宣传，发动群众，制造革命舆论，打击反动派。每到一处不仅干部带头写，宣传人员专门写，一般战士也写。红军标语形式多种多样，多姿多彩。除了书写总政治部统一下达的标语，红军还就地取材编写了许多脍炙人口的标语，有简洁有力的口号式标语，也有朗朗上口的顺口溜式标语，还有许多富有浪漫情趣的民谣式、童谣式、说唱式标语，而摩崖石刻标语是其中最重要有效的一部分。据查考统计，至今川陕苏区还遗存有四千余幅红军石刻标语。在川陕革命根据地大城寨遗址的山崖上，还遗存着当年红军镌刻的《"红军精神万岁"巨字摩崖石刻》（图342）。在秦岭巴山的崇山峻岭中，红军当年刻下了数以千计的石刻标语，山崖石壁上至今还遗存着当年红军入川后錾刻的第一幅石刻标语《"争取苏维埃中国"巨字摩崖石刻》（图343）。

图342 "红军精神万岁"巨字摩崖石刻

图343 "争取苏维埃中国"巨字摩崖石刻

据查考，在当年红军錾刻的石刻标语中，通江县至诚镇九子坡村佛耳岩上的"平分土地"、沙溪镇红云崖村景家塬石壁上的"赤化全川"最为著名，是到目前为止所发现的最大的工农红军留下的摩崖石刻标语，被专家学者誉为"石刻标语之王"。摩崖标语"赤化全川"（图344）四个大字，刻在通江县城五十公里外海拔两千多米的红云崖顶部景家塬左侧高约二十六米的石壁上，方笔横书、楷体阴刻，每个字高约五点五米，宽四点七米，整副字面积为三百平方米，离地面十五米，凿刻的字道深三十五厘米，笔画宽七十厘米，每一道笔画里都足可睡下一个人，每个字字间距离为七点一米。四个大字，书法工整，字迹一目了然，笔力遒

图344 "赤化全川"巨字摩崖

劲，气势宏伟，极为壮观，天晴时，在十数公里外都清晰可见。在当地百姓的保护下，该标语至今仍完好保存。那么，这么巨大的摩崖石刻标语当时是怎么刻出来的呢？据有关资料记载，1934年农历三月，红四方面军总部錾字队来到景家塬，原先准备在石壁上凿刻一条"国民党是帝国主义的走狗"标语，在刚凿成"国民"二字时，时任中共川陕省委宣传部部长的刘瑞龙到此巡察，他思忖许久，认为原标语字数过多，刻在崖上极不壮观，显示不出气势，建议改凿"赤化全川"。于是，錾字队凿掉了"国民"二字，请巴中恩阳河一位姓张的小学教师爬上高架，勾写了"赤化全川"四个大字，重新凿刻。大字于当年农历七月正式刻成，用石灰水涂染后极为醒目。这条"赤化全川"石刻标语，虽然仅短短四个字，但先后用二十多名民工搭架，又用三十多名石工打凿，整整用了四个月时间方告竣工。"赤化全川"是当时中央和川陕省委确定的川陕苏区党和红军的中心任务与

战斗口号,选择该内容刻制巨幅标语,突出宣传了党和红军的中心任务与战斗口号,言简意赅,极富号召力。加之凿刻在海拔近一千米的景家塬石壁上,具有强烈的视觉冲击力和震撼力,起到了鼓舞当地革命群众配合根据地开展各项工作的巨大作用。

另一幅巨型红军石刻标语"平分土地"四个大字,凿刻在通江县境内海拔一千一百米的佛耳岩上,其字径比"赤化全川"还要大,每个字高达五点七米,宽四点九米,长和宽都比"赤化全川"的每个字要大二十厘米,数十个人前后足足花了两个多月才凿刻竣工。

"赤化全川""平分土地"这两幅红军石刻巨字标语錾刻在山崖上,虽已历经八十多年风雨剥蚀、战火洗礼,但由于受到当地群众悉心保护,因此至今仍保存完好,作为中国现代革命史上一份极为宝贵的遗产留存了下来,是研究中国革命的珍贵实物资料,具有重要的历史价值。

黄山《"立马空东海,登高望太平"巨字摩崖石刻》

黄山不仅风景绝佳,自然景观奇特,而且文化底蕴深厚,文化遗迹众多。据统计,仅现存的历代摩崖石刻就有二百七十多处,其中碑刻四十多处。黄山的摩崖石刻或咏赞景色,或题名记游,或介绍典故,篆、隶、草、行、楷,各体书法兼而有之。纵观黄山石刻,均有气势磅礴、书法精湛、刻画细腻、个性十足等特点。黄山摩崖石刻虽都镌于悬崖峭壁,制作难度高,但仍不乏大气魄大手笔。在黄山三十六大峰之一、海拔一千五百八十九米的立马峰(即青鸾峰)两百多米高的峰腰悬崖绝壁上,镌刻有"立马空东海,登高望太平"十个大字(图345),每个字字径为六米,"平"字一竖竟长达九点四米。这是黄山最大的摩崖石刻,也是国内名山中罕见的巨型摩崖石刻。十个巨字字体遒

图345 "立马空东海,登高望太平"巨字摩崖石刻

劲有力，潇洒自如，自上而下纵向排列，从两百多米高的悬崖上如瀑而泻，气势磅礴，令人叹为观止。人们来到黄山立马峰前立马桥上，仰视这"立马空东海，登高望太平"十个巨字，无不感到摄人心魄，豪气万丈。

根据摩崖题刻上的落款"民国廿八年，西蜀唐式遵"可以得知，这一摩崖题刻系1939年由原国民党第三战区副司令、第二十三集团军总司令、陆军上将唐式遵所书写。唐式遵，四川仁寿人，国民党川军抗日名将。据有关史料记载，1937年"七七"事变爆发后，时任第二十三集团军总司令的唐式遵毅然将自己在成都的住宅及大部分家产变卖，捐作抗战经费，随即奉命率部出川抗战。出征前，他慷慨作诗云："男儿立志出夔关，不灭倭奴誓不还。埋骨何须桑梓地，人生处处有青山！"他率军进驻黄山附近，司令部设在屯溪（现属黄山市）。1939年，唐式遵被擢升为第三战区副司令长官。

唐式遵喜好结交文人雅士，颇具文采，酷爱书法，在黄山九华山一带指挥第三战区抗日作战的空闲中，曾多次游历黄山。民国二十八年（1939），他游览黄山，经过高耸入云的立马峰，站在立马亭前眺望，见立马峰酷似一匹腾空而立的战马仰天长啸，恰似自己横刀立马与日寇作战，便触景生情，即兴挥毫写下了"立马空东海，登高望太平"十字楹联。这十个字字字珠玑，情景交融，喻义非凡，借景抒情，意味深长，展现了抗战必胜的信念和大无畏的军人气概。十字题词看似写景，其实是一语双关。"立马"明指立马峰，暗喻抗日将士在敌人面前横刀立马奋战不屈，英勇抵抗日本侵略；"东海"明指黄山五海之一的东海，暗指东海倭岛日本帝国主义；"太平"明指黄山北边的太平县（今黄山区），暗喻希望早日击败日寇，天下太平；"空"为藐视敌人，表明了对日抗战的决心，坚信抗战必胜之意；"望"字则表达了早日打败日本侵略者，实现天下太平的愿望。

那么，如此巨大的十字摩崖题刻，究竟是如何镌刻到黄山立马峰"两厢直削，下临无底"、可谓"禽鸟难飞度，猴猿愁攀登"的悬崖峭壁上去的呢？据地方文史资料介绍：这十个字由唐式遵先在宣纸上写就后，置于高处，再以强烈的手电筒光线照射，将字形投射放大到拼接好平铺于地上的牛皮纸上后勾边描出。然后唐式遵出资一千大洋，雇请黄山青年石匠宣庆发、朱立宗、胡义和等六名石工，在立马峰山腰一面崖壁上刻出这十个字。石工们以竹篾绑成缆绳，攀至立马峰顶，把缆绳上端固定在大树和岩石上，下端垂至谷底。石工们手抓缆绳沿峰顶攀缘而下，在崖壁上固定好十个字的位置，凿出一行行可插钎驻足的洞眼，又在一根根钢钎上系好绳索，以绳索为经，木棍为纬，绑成一排排软梯，然后攀缘跨立在软梯上进行凿刻。在这下临绝壁、摇摇晃晃的软梯上，石工们终日以岩为纸，以钻为笔，冒着生命危险进行高空作业，历尽艰辛，整整干了半年，才将十个巨字深深地凿刻于立马峰上。这象征着生命毅力的巨型石刻完成后，即成为全黄山石刻之冠，为黄山增添了一处无比壮观的人文景观。

不过，关于黄山立马峰《"立马空东海，登高望太平"巨字摩崖石刻》究竟是谁书写的，究竟是如何镌刻到黄山立马峰悬崖峭壁上去的，在黄山地区民间还有另外一种传说。

据曾分管过黄山市旅游工作和黄山管委会的一位领导介绍，他曾经走访过一个老人比较集中的劳动服务大队，这些老人大多七十岁以上，闲聊中，有个老人说他曾亲眼看到这些字的"创作"过程。老人说，当时，整个皖南地区都是由第三战区副司令、二十三集团军司令唐式遵管辖。那天战区司令唐式遵要求派人挑一担米到慈光阁去，他就被派去了。他把米挑到慈光阁大厅后，看到围了好多人在那里，这些人中间围的是用一张张白纸粘贴在一起拼接成的大白纸。老人说，其中有个人是唐式遵的秘书，歙县人，叫罗长铭。唐式遵喜欢书画，当时，罗长铭、江兆申、张君逸三个人是徽州比较突出的文人，擅长书画，都被唐式遵聘为秘书，最主要的工作是为唐式遵鉴别古董和古字画。唐式遵想在徽州收集古字画，实际上他也带走了大量的古字画。老人说，立马峰上的题字就是由罗长铭秉承唐式遵的意图制作的。当时他把米挑上去之后，围观的人告诉他说，就是罗长铭先用手抓米，将米撒在铺在地上的由一张张白纸粘贴拼接成的大白纸上，字撒出来后，大家就对这些字品头论足，进行修改，待形成一个大家共同认可的字后，就由罗长铭用笔把它勾描出来。一个字勾成之后，这些米就放到一边去了，然后再在另外一张大白纸上撒米创作下一个字，最后就制作完成了"立马空东海，登高望太平"十个大字。所以，这些字不是出自一人之手，应该说是集体创作的。创作完之后，司令唐式遵雇了一些石匠去凿这些字。于是，石匠们在立马峰峰顶的树桩上拴好绳子，绳子的另一头挂上米篓，石匠们带着勾描好字的大白纸，站在米篓里，慢慢下垂到大石壁上，按照这些字的纸样去凿，先凿出一点边，凿出一点痕迹，然后再继续凿深。这十个大字就是这么凿出来的。字凿出来了，但落谁的名呢？显然只能是落国民党第三战区副司令、第二十三集团军总司令唐式遵的名。因为他这个人想要留下一些历史的纪念，同时也想通过这个摩崖石刻来表达当时人们共同抗击日本侵略的豪情和决心。

　　这两种说法尽管很不一样，但是不管哪一种对，有一点却是可以肯定的，那就是黄山立马峰《"立马空东海，登高望太平"巨字摩崖石刻》与唐式遵有密切关系，与抗日有密切关系，不仅具有很高的书法艺术价值，而且具有丰富的历史文化内涵和政治含义。

湖北黄石《"西塞山"巨字摩崖石刻》

　　西塞山位于黄石城区东部长江南岸，又名道仕袱矶、矶头山，海拔约一百七十七米，历史上就以其吴头楚尾的地理位置和险峻的地形，集古战场和风景名胜于一身。作为"万里长江第一关"，西塞山自古为兵家必争之地，从东汉末年到新中国成立前，发生在西塞山的战斗和战役达一百多次。在此留下历史上许多雄主重臣如汉武帝、孙权、周瑜、朱元璋等的脍炙人口的传说。历代文人雅士观赏西塞山晨曦暮色述志言情而吟诗填词近百篇，著名诗人李白、刘禹锡、苏轼、陆游等都在此留下了传诵千古的名篇。历代以来，在西塞山山体东北的悬崖一处陡壁上留下了许多摩崖石刻，如"飞来船""鳌鱼石""虎豹关""蛟龙窟""云林得意""震标仟仞"以及"钟崖""佛掌"等。

　　在西塞山上的摩崖石刻中，最具有标志性的是古今两块"西塞山"摩崖石刻。在西塞山临江面的一块四米多高的碑石上，刻有每字一平方米的"西塞山"三个大字，为明朝进士朱其昌手书。另一块系由全国人大常委会原副委员长楚图南手书的"西塞山"三个字（图346），镌刻在西塞山桃花洞左侧的临江绝壁之上，每字高五米，宽五米，每个字的面积达二十五平方米，远在数里之外即使人注目，气势甚为壮观，为西塞山这座扼守长江的"万里长江第一关"增添了许多雄伟豪迈之气和几分神秘的气质，成为黄石市的一大胜迹。

图346　"西塞山"巨字摩崖石刻

浙江德清莫干山《巨"翠"摩崖石刻》

随着现代碑刻文化的繁荣和发展，近几十年来，各地出现了许多巨字摩崖碑刻，所雕的字越来越大，"第一摩崖石刻大字"的纪录被一次又一次刷新，令人不胜惊叹。浙江德清莫干山的《巨"翠"摩崖石刻》（图347）即是其中较早出现的一块。

莫干山为天目山之余脉，位于浙江北部德清境内，是著名的古迹胜地。相传春秋末年时干将、莫邪夫妇为吴王阖闾所召，曾在此铸成举世无双的雌雄双剑。莫干山山峦连绵起伏，风景秀丽多姿，景区面积达四十三平方公里，在全国名山中，绿化程度名列前茅。莫干山以多竹著名，除了毛竹，还有淡竹、花竹、红壳竹、孵鸡竹、木竹、苦竹、箬竹、紫竹、凤尾竹、象牙竹、乌筋竹、早元竹、桃枝竹、孝顺竹等，堪称百竹陈列馆。品种繁多的树木，如松、柏、杉、香樟、银杏、冬青、石楠、木笔、枫、桐、檀、栎等也处处可见，全山绿化覆盖率高达百分之九十二，并拥有剑池、滴翠潭、芦花荡、莫干湖等诸多胜景，真是一个名副其实的"翠绿仙境""清凉世界"。古往今来前来游览、避暑的人不计其数。1987年夏，九十高龄的著名书画家钱君匋应友人邀请，到莫干山来避暑，被莫干山满目皆翠的优美景色所陶醉，又见武陵村口滴翠潭潭边高二十余丈的赭红色大石壁上毫无点缀，甚感惋惜，于是豪情大发，奋起如椽大笔，欣然题书，一笔写就了一个巨大的"翠"字（据说，当时是将纸铺在红地毯上，用拖把作笔写就的）。字的宽度达四点三米，长度达十点四米，比三层楼房还高。莫干山管理当局得此墨宝后，即请人花了整整两年时间，将"翠"字镌刻于滴翠潭潭旁的崖

图347 巨"翠"摩崖石刻

壁上。

钱君匋先生书法作品以隶、篆为多，其古拙中含娟秀，凝重中兼飘逸，令人叹为观止，而"翠"字这种巨型作品实在难得一见。据 1991 年 6 月《文汇报》载新闻报道《钱君匋题写"翠"字》，钱氏"平生写得最大者，当推莫干翠字"。这个巨大的"翠"字气度非凡，神韵飘逸，为江南第一璧窠大字。钱老以九旬高龄握巨椽书巨字，堪称一绝了。如今，这个神韵飘逸的摩崖巨"翠"，已成为莫干山画龙点睛的一大人文景观。

山东邹城峄山《巨"鳌"摩崖石刻》

峄山位于山东邹城市区东南十二公里许，又称东山，古人称之为小岱宗，被誉为"岱南奇观"，是我国著名的历史文化名山，相传孔子当年曾登过峄山，并发出过"登东山而小鲁"的感慨。秦始皇统一中国之后，曾先后多次浩荡东巡，刻石立碑颂扬其废分封、立郡县、一统天下的奇功伟业，《峄山碑》是第一块。此后，历代帝王如汉高祖刘邦、魏武帝曹操、唐太宗李世民、宋太祖赵匡胤、元世祖忽必烈、明太祖朱元璋、清高宗乾隆皇帝爱新觉罗·弘历等，都曾登临览胜，驻跸峄山；司马迁、华佗、李白等亦纷至沓来，相继树碑立传，刻石纪胜。从两汉、魏晋、南北朝、隋唐、五代、宋元、明清，直至民国，几乎各个朝代都在峄山留有碑碣石刻。令人欣喜的是，20 世纪 80 年代末，峄山上又增添了一块峄山有史以来最大的摩崖石刻，这就是由中国当代著名书法家、中央文史研究馆馆员、山东聊城杨萱庭先生所书写的《巨"鳌"摩崖石刻》（图348）。

在峄山山顶主峰五华峰东约五百米许峄阳三十六洞天之一的龙堂洞前，有一块巨石，

图348 巨"鳌"摩崖石刻

高三十多米，宽十七米，由于其朝南的一面平正如壁，自古以来人们号称其为"无字碑"。相传当年西汉经学家、汉元帝时官至丞相的匡衡年迈辞官回归故里，

好友乐陵侯史高动议，欲上书朝廷，奏请在此巨石上为匡衡题刻纪史。匡衡竭力劝阻说："衡生尚有年，不宜记。鼓祖居地，老君修行尤久，夫子问礼斯地，孟子得生也。吾乃农夫子，敢于先哲匹乎？人生功过是非，百年定论过早。此石且留于世，终得有记之时，无者永恒，有即止退，有不如无。且得有字，日开月化，风松移时，人间天上，吾愿长住，等待来日。"并且预言此石说："它总不能无字两千年。"果然，在过了两千多年后，历史应验了匡衡的预言。1989年，七十二岁高龄的杨萱庭先生登峄山览胜，当地政府特请杨先生题写大字刻在"无字碑"上。杨萱庭精通各种书体，尤其擅长雄奇大字，是我国著名书法家，他被这座齐鲁名山悠久的历史文化、独特的自然风光所陶醉，欣然应允为峄山题字，永志纪念。

那么，到底题写一个什么字好呢？杨萱庭思忖再三，决定题书一个"鳌"字。为什么杨萱庭要写这个"鳌"字呢？这里蕴含有极其丰富的深意。杨先生所题的"鳌"，是中国古代帝王宫殿门前玉石台阶上的浮雕。古代科举取士发榜时，规定状元站在鳌头上迎榜，因此称第一名为"独占鳌头"。而峄山石堪称天下奇观，峄阳孤桐、秦代《峄山碑》，都为天下第一，以"鳌"字冠于峄山，完全妥帖恰当，名副其实，其意是峄山是历史文化名山，于天下诸山中独占鳌头。

书写时，杨先生先凝思数分钟，尔后弓腿展臂，托起由北京制笔厂精心特制的长约三米、重二十余公斤的特大毛笔，饱蘸十五公斤墨汁，凭借深厚的武功底子和精湛的书法技艺，挥毫运笔，在拼接好铺展于地上的一百张宣纸上，一气呵成，写下了一个高十五米、宽八米的巨大的"鳌"字，雕凿在原先的"无字碑"上，比人体高七八倍，气势极为雄浑，其字神气充足，丰韵独具，如岱峄耸峙，巍峨雍容，大气磅礴，观者无不赞叹。

"鳌"字写成后，于1989年7月开始在"无字碑"上雕凿镌刻。三十多名能工巧匠分层交叉立体作业，历时四个多月完工，是年11月方告竣。体量巨大的"鳌"字，在峄山南及东南方向十几公里范围内赫然在目。据统计，整个"鳌"字的雕凿镌刻，共耗用钎钢一吨、煤炭五吨，涂字耗用红色油漆一百二十五公斤。凿下的石渣有二十五立方米，如用五吨载重的卡车装运，需拉十五车，其工程之浩大可见一斑。巨大的"鳌"字采用阴字阳刻的方法进行镌刻，即笔画周边凹下，中间突出。笔画周边凹下石壁二十五厘米，中间平均凹下石壁十厘米，中间比周边凸出十五厘米左右，从而使字具有很强的立体感。在"鳌"字右上角刻有"民族魂"印章一枚，高二点五米，宽一点四米；印章下刻有"己巳年仲春"五个字，每个字平均一平方米；左下落款"杨萱庭"三个字，每个字高一点三米，宽一米；名下刻有印章两方，上为"书我所书"，下为"杨萱庭印"，都为一平方米左右。其后还镌刻有总高八米、宽二点七米，共计三十二字的跋文。当人们驻足于三十多米高的石壁之下，仰观金色阳光照耀下的红色巨"鳌"，无不情不自禁地发出由衷的赞叹。

山东日照《"日照"巨字摩崖石刻》

山东日照历史悠久，宋元祐二年（1087）置日照镇，取"日出初光先照"之意。金大定二十四年（1184），置日照县。1989年，建地级市，是黄海之滨的新兴港口城市，为大陆沿海第九大亿吨大港，山东省第二大亿吨大港，是山东未来发展的重要经济增长极。为了进一步提高日照的知名度，扩大日照在全国乃至在全世界的影响，以促进日照更好更快发展，日照市有关方面决定充分利用本地山河的自然资源优势，为日照打造一张名片——在北郊海拔六百二十八米的河山主峰峰巅一块高近一百米、宽两百余米的垂直峭壁上，镌刻"日照"两个摩崖石刻巨字，作为日照市市标和日照电视台台标。

1991年6月24日，集书法、微雕、气功、武术于一身，曾为北京亚运会献书巨字"雄风"而闻名遐迩的山东淄博著名书法家孙鑫，应日照市的邀请来到日照市书写巨字。当时，孙鑫先生用一枝重七十五公斤、高约四米的如椽巨笔，耗用二百五十公斤墨汁，前后历时五十三分钟，在一块长七十八米、宽四十八米，总面积达二千八百平方米的巨幅绢布上，写下了"日照"两个创当时世界纪录的特大汉字，笔力遒劲，笔笔有功，令在场观看的一万五千名观众叹为观止。巨字写好后，孙鑫又在巨书绢布上加盖上了花岗岩印章，印章的边长达一点二六米，为正方形，重量达到二千零五十公斤，是目前世界上最大的石制印章。"日照"巨字写好后，日照兴海建筑公司四十名石刻艺人采取模板放样、定向爆破与人工斧凿相结合等工艺进行了工程浩大、艰巨的雕凿，先后用工九千个，采石五百六十七立方米，历时八个月，终于将"日照"两个巨字镌刻于日照市河山主峰百米之高的悬崖石壁上。"日"字长二十米，宽十七点五米，"照"字长宽均为二十五点五米，笔画最宽处四点四七米，雕凿最深处达一点八米，仅"照"字的一个点画的面积上就可同时站立十五个人，真可谓"人无点大"。后经中国书法家协会原名誉主席舒同、山东省美术家协会原副主席仇志海鉴定，并报上海大世界基尼斯总部认定，确认《"日照"巨字摩崖石刻》（图349）为当时世界上最大的汉字石刻。

《"日照"巨字摩崖石刻》雕凿工艺精湛，雄伟壮观，雄奇的山势与潇洒的巨书交相辉映，蔚为壮观。镌刻"日照"巨书

图349 "日照"巨字摩崖石刻

的河山位于日照市区以北十公里处，以"众河之源"得名，山势峥嵘，气势雄伟，遍布古迹，处处胜景，使游人大有登泰山之感。主峰日光峰海拔六百二十八米，高度为日照东港区东部群峰之首，有拔地凌霄之势，巍巍耸立，诚谓"峭壁端严，屹然一邑屏障"。河山主峰石壁上镌刻的《"日照"巨字摩崖石刻》，现已成为日照市的标志性景观，使人们直接观赏到了"日照河山"的瑰丽景象，成为日照市这个新兴港口城市最著名、最有吸引力的一处风景名胜。

贵州凤冈太极洞《巨"凤"摩崖石刻》

贵州凤冈何坝乡的太极洞因天生七窍，其洞顶有一圆形凹穴，形似太极图，故名。太极洞自明代开始建设庙宇，在清代是下八府道教和佛教圣地，当时就已成为贵州名胜，号称"黔北第一观"，载入省志。太极洞总面积一千八百六十平方米，东西约长六十二米，南北宽约三十米，洞高约十八米，具有悠久深远的历史和丰富的历史文化遗存，洞内历代名人石雕石刻比比皆是，石窟、神像林立，文笔流利，字体端庄，雕刻艺术精湛，实为人间珍宝。

为了弘扬民族文化，发展旅游事业，吸引更多的人来太极洞观赏游览，把太极洞开发成旅游胜地，1992年，凤冈一批社会人士集资数万元，决定在太极洞外高五十余米的一块巨大的天然石壁上镌刻世界上最大的摩崖石刻"凤"字。当地领导经研究，决定聘请贵州省文史研究馆七十岁的书法家王得一来写这个世界第

一大"凤"字。王得一先生应邀于 1992 年 9 月 27 日在凤冈体育馆当众一展身手。在县委书记等县领导和数千名群众的助威下，王得一足足用了一个半小时，整整用尽四十瓶五百毫升的墨汁，在用三百五十张牛皮纸粘连而成铺满整个篮球场的大纸上，写成了一个高十八米、宽十五米、面积达二百七十平方米大的"凤"字。该字气势恢宏，由凤冈县有名的石工于 1992 年 11 月 14 日动工镌刻，1993 年 4 月 16 日正式镌刻竣工。其字笔画朱红，刚劲有力，犹如一只展翅欲飞的巨大神鸟，栖息在太极洞外的峭壁上（图 350）。它象征着神鸟栖息的地方——凤冈的腾飞。在青草和绿树的衬托下，这个巨大的"凤"字被镌刻在太极洞外的巨大石壁上，格外引人注目，为太极洞景区增添光彩，为太极洞石窟文化增加了新的内容。这个

图 350　巨"凤"摩崖石刻

巨大的摩崖"凤"字，当时经有关机构检验认证为当时世界上最大的摩崖石刻汉字，闻名中外，引来了《人民日报》《羊城晚报》《重庆日报》《新民晚报》《贵州日报》及法国、泰国等国内外二十多家媒体争相报道。

山东青岛崂山巨字摩崖石刻群

位于青岛东部的崂山，是"道教全真天下第二丛林"，被誉为"海上名山第一""神窟仙宅""洞天福地"，历代以来，备受帝王将相、文人墨客的推崇，深为隐者高士、名道高僧所垂青，因此山上宫观寺院碑碣林立，元、明、清三代摩崖石刻蔚为大观。据 1928 年纂修的《胶澳志》记载，崂山共有石刻及碑记二百四十二处。遗憾的是，由于风雨剥蚀和人为破坏，到 20 世纪 70 年代时仅残存石刻及碑记一百余处。在 20 世纪 80 年代到 90 年代，青岛为了恢复崂山的历史风貌，发展崂山的旅游事业，组织了专门力量恢复和增刻崂山的摩崖石刻，现在崂山的

摩崖石刻已达到了二百七十余处,山崖上随处可见摩崖石刻,其中字径五十厘米以上的摩崖石刻比比皆是,字径一米以上的大字摩崖石刻多达数十处,字径三米以上的巨字摩崖石刻也有十来处,气势雄伟,蔚为壮观。

　　在崂山太清游览区有七峰并列如屏,其中一座峰远看形如蟠桃,名为蟠桃峰。在该峰四十米高的摩崖峭壁上,镌刻有"蟠桃峰"三个隶书大字(图351),字径为3.5米,由青岛高小岩书写。

图351　"蟠桃峰"摩崖巨刻

　　在蟠桃峰绝顶,有巨石大如球场,石上有数坑,形如桃,大小不等,水澄清,深可齐腰,亢旱不涸,内生蒲草及鱼蛙等,古称瑶池。在巨石一侧,镌刻有"瑶池"二字(图352),用楷书书写,每字高七米三,宽六米二,笔画宽达一米五,石刻深度近五十厘米,两字面积大小近九十平方米。字由青岛杜宗甫书写,先用投影法进行放大后勾描于石上,然后采取定向爆破方法完成雕凿,共用工七百七十个,于1980年10月竣工。

　　更令人惊叹的是,在崂山仰口游览区上苑山太平峰南石壁东段海拔三百多米的峭壁上，镌刻着一个通过放大唐代大书法家欧阳询所书《九成宫醴泉铭》中的"寿"而镌刻的高二十米、宽十六米、面积达三百二十平方米的巨大"寿"字（图353），该"寿"字是当时中国最大的"寿"字，曾被称为"华夏寿字之最"。

图352 "瑶池"摩崖巨刻

图353 巨"寿"摩崖石刻

黄山翡翠谷《巨"爱"摩崖石刻》

黄山北部芙蓉、枕头两峰间的翡翠谷，纵深七八公里，是黄山最长的大峡谷，也是黄山风景区的主要景点之一。谷中群峰竞秀，怪石罗列，翠水长流，古木参天。谷中彩池逾百，有着众多第四纪冰川遗迹冰雪群，夹岸山岩及上下两巨石天然成池，池深约十米，长约十五米，宽约八米，瀑布搅动池水，山光云影投入池面，摇曳闪烁，景色极为优美迷人，故拥有"黄山第五绝"之美名，被誉为"天下第一丽水"。近年来，随着旅游事业的发展和人们对美好爱情的向往和追求，翡翠谷又多了一个美名。据说1988年翡翠谷尚未开发时，有三十六位上海青年男女到黄山游玩，邂逅于此，当时天气不好，道路坎坷，甚至无路可走，他们相互搀扶携手，共克重重困难，终于得以脱险。回到上海后，有十对结为连理，其中多数人是在翡翠谷初次相识。为此，有人特向黄山景区管理部门提议，将此谷改称"情人谷"。相关部门采纳了他们的意见，由此，翡翠谷又多了一个"情人谷"的别称。

"情人谷"，顾名思义，自然是因爱生情，因情生爱，爱是情人谷的主题。为了向游人展示"爱"之奇观，1995年12月，黄山翡翠谷的有关管理部门从宋代大文学家、大书法家苏东坡的名作《丰乐亭记》的手迹中选取了一个"爱"字（图354），放大为高、宽各五米，面积达二十五平方米的大字，镌刻在翡翠谷纵深一点五公里处的霓裳瀑边的炼丹台上。大红的巨字顺势斜斜地铺于坡岩之上，气势极为恢宏，繁体"爱"字那"心"上的一点，便可让两个人相拥而坐。游人来此，或单或双，或三五成群，可立可坐可卧于这"爱"字石上摄影留念，但据说都必须位于这"爱"字的"心"上，其中的寓意是"一心一意，爱在心头"。正因为如此，这"爱"字石就成为最适宜情侣所来之处了，一对有情人相依相偎于这"爱"字的"心"上，让镜头记录下这情人谷中的爱。《巨"爱"摩崖石刻》

图354 巨"爱"摩崖石刻

为"情人谷"增添了浓浓的"爱"的气氛,吸引了众多游人特别是热恋中的人前来观赏、留影,流连忘返。

河北平山天桂山《"北武当"摩崖石刻》《巨"归"摩崖石刻》

天桂山位于河北平山西南部。平山为夏商旧址、燕赵古邑,置县已两千春秋。自明朝末年崇祯皇帝的心腹太监林清德将原为崇祯帝建造的行宫改为青龙观道院,在此出家修道后,天桂山道士云集,青龙观、三丰殿、苍岩宫、三清殿、金顶等大量道教建筑林立,天桂山俨然有武当之貌,遂称"北武当",成为我国北方道教名山。在天桂山的千米绝壁上镌刻有作为天桂山标志的三个大字"北武当"(图355),这三个大字总宽四十多米,每个字高十米,宽八米,气势宏大。曾有诗人赋诗盛赞:"一上天桂觉心闲,二目极尽眼界宽,三个大字北武当,四海堪称一奇观。"然而,这一"奇观"在1997年又再一次被改写。

图355 "北武当"摩崖石刻

为了纪念1997年7月1日香港回归祖国这一具有伟大历史意义的事件,河北平山文化界人士决定利用县境内天桂山的峭屏巨壁镌刻一个天下第一大"归"字。1996年9月20日,由著名作家寒北星策划,在石家庄一个大型体育馆内,著名气功书法家贾松阳挥动一枝重四十多公斤、用五十匹马的马尾制成的长达近三米的如椽巨笔,在面积达五千平方米的巨幅白布上,经七天七夜完成了创作。1996年9月28日,这个巨大的"归"字正式向世人展示,并举行了天桂山"天下第一'归'字巨型摩崖石刻"(图356)工程开工仪式。先在平山中学操场上将写好"归"字的白布铺开,再用五千平方米的纱布覆盖在其上,然后用红漆描边,整个工序用时四天。又用五天时间将描好"归"字的纱布悬挂在巨壁上,再用十天时间将字描到峭壁上。之后用内燃凿岩机开始艰难的凿刻工程。这个繁体"归"字，笔画外缘总长四百三十米，凿石总量两百立方米，字宽49.1米，象征着中华人民共和国1949年10月1日成立；字高九十七点七一米，象征着1997年7月1日香港回归祖国。这个"归"字的总面积将近五千平方米，其体量是原天桂山"北武当"三个大字的十多倍，而且打破了山东"日照"这两个曾被上海大世界基尼斯总部认定的当今世界上最大石刻汉字的基尼斯世界纪录，相当于山东日照市的"日照"两个字合在一起的总面积的一点八倍，是目前世界上最大的汉字。经过七个月的雕刻，天桂山峭屏巨壁上这个天下第一摩崖石刻"归"字，在香港正式回归祖国前的1997年5月1日完成了雕凿工程，为天桂山增添了一道引人入胜、寓意深远的人文景观。贾松阳说，繁体"归"字半边意为母亲，半边意为儿子，左右合并在一起，寓意母子团圆，象征着香港历经百年沧桑之后，终于回到祖国母亲的怀抱。这个天下第一"归"字是革命圣地西柏坡所在地平山老区四十多万人民为庆祝香港回归送上的一份厚礼，表达出中国人民洗刷百年耻辱、振兴中华的豪情，浓缩了从1949年至1997年中华民族逐步走向富强的历史，饱含着亿万炎黄子孙"共庆香港回归、齐襄中华振兴"的强烈愿望。

图356 巨"归"摩崖石刻

山东青州黑山《巨"佛"摩崖石刻》

位于山东青州西北十五公里处的黑山，因石黑如墨而得名，过去曾是佛道两家共同的道场。山上寺庙始建于唐朝，兴盛于明代，是远近闻名的佛教圣地。每年的农历二月十九、六月十九、九月十九,是观音菩萨的圣诞日、出家日、成道日,有大型山会。山上游客长年不断。黑山海拔四百五十米,景区总面积约十二平方公里。中心景区不仅"苍松碧柏,遮天盖日;奇花异卉,赏心悦目",而且有白衣大士(即观音菩萨)院,内有白衣大士洞,北有玉皇阁,西有文昌阁,南有高山古槐和《般若波罗蜜多心经摩崖石刻》,在三十多米长的悬崖上,有"南无阿弥陀佛"六个字,每字高三米,宽两米,十分醒目。黑山主峰的西侧,在周围都是黑色沙石岩的山体上,有一块高十几米、宽七八米、俗称"佛光崖"的陡峭而平整的青石崖壁上,长期以来,既无佛像,也无"佛"字,这无疑是一大缺憾。

黑山风景区开发建设后,为了弘扬黑山的佛教文化,1996年秋,青州市将全国政协原副主席、佛教协会原主席赵朴初先生题写的"佛"字刻上了"佛光崖"。《巨"佛"摩崖石刻》(图357)字高八点五米,宽四点五米,在佛光崖上闪光,被称为"鲁中第一石刻"。那么,赵朴初先生书写的"佛"字是如何刻到陡峭而平整的"佛光崖"上去的呢?据当地知情人士介绍,这采用的是古人和今人常用的"比例尺放大"技术。赵朴初先生

图357 巨"佛"摩崖石刻

书题写的"佛"字起初是写在一张十六开纸上的,工作人员在"佛"字复印件的纸上,画满一厘米见方的小格,再在"佛光崖"搭上五层脚手架,画满五十厘米的大格。小格和大格都按顺序编上号码,再按小样在崖壁上凿刻填充涂抹,这样放大了二千五百倍,一个巨大的"佛"字便原汁原味、毫不走样地镌刻在了"佛光崖"上,生动传神,凝重苍劲,成为黑山的一大胜景,吸引着无数人前来观瞻膜拜。

贵州仁怀赤水河《"美酒河"巨字摩崖石刻》

赤水河干流全长四百多公里,在以赤水河为核心的方圆五百公里流域内,因

独特的地理环境和水文气候特性，酝酿了茅台、习酒、郎酒、望驿台、怀酒等数十种蜚声中外的美酒。沿着赤水河，高山峡谷的两边大大小小的镇子星罗棋布，每一个镇子都有酿酒厂。赤水河流域有一首流传甚广的民谚："上游是'茅台'，下游望'泸州'，船到二郎滩，又该喝郎酒。"因此，赤水河被称作"美酒河"。

为了弘扬以茅台等贵州名酒为代表的中国酒文化，提高赤水河的知名度，更好地发展酒乡的文化旅游事业，促进贵州酿酒业的进一步发展，贵州仁怀在四川与贵州交界处赤水河南岸沙滩乡境内吴公岩一座高二百五十米、宽四百米的垂直悬崖峭壁上镌刻了"美酒河"三个气势恢宏的巨形摩崖石刻大字，即《"美酒河"巨字摩崖石刻》（图358）。其中"美"字高四十一点二米，宽三十三点零五米，"酒"字高三十一点六二米，宽三十点四二米，"河"字高三十四点四九米，宽三十二点五七米，笔画最宽处六点八米，字刻深为一点八到二点二米，三个气势恢宏的巨形大字面积约为4800平方米，由著名书法家邵华泽书写，于1999年5月镌刻完成。无论整个摩崖还是单个石刻汉字，均是当时的世界之最。《"美酒河"巨字摩崖石刻》字体潇洒稳健，雄放有力，1999年6月被上海大世界基尼斯总部评为当时"最大的摩崖石刻汉字"。

图358　"美酒河"巨字摩崖石刻

《"美酒河"巨字摩崖石刻》雄伟、美丽、神奇、险峻，气势超凡脱俗、摄人心魄。如今，当人们驾车路过茅台镇，看到巨大的《"美酒河"巨字摩崖石刻》，都会叹为奇观，心灵受到强烈震撼。

广西容县都峤山《巨"佛"摩崖石刻》

都峤山位于杨贵妃的家乡广西容县,在县城之南约十二公里处。都峤山属典型的丹霞地貌,山中有胜景二洞、八峰、二十岩,古时山上有九寺十三观,其风光绮丽闻名于世,1988年被定为广西壮族自治区风景名胜区。

庆寿岩景区是都峤山的一部分,位于都峤山西部,面积约四平方公里。为了发展旅游观光事业,促进地方经济文化的发展,容县政府决定组织各方力量将庆寿岩开发成为一个融自然景观与宗教文化为一体的旅游观光区。目前已建成庆寿湖、南山阁、福寿桥、福寿亭、暗河佛源漂流、登山观光缆车、唐炮台、准提殿、千年古榕、五百罗汉堂、庆寿岩禅寺、猴山和观猴长廊、中国名家书法碑廊、霞客神游路、云溪寺等众多景点和景观。该景区又在都峤山庆寿岩的崖坡上雕凿镌刻了一个堪称世界奇观的巨型大"佛"字,即《巨"佛"摩崖石刻》(图359)。这个金色巨型"佛"字,由中国佛教协会会长赵朴初先生书写,高一百零八米,宽八十八米,面积达九千五百多平方米,是目前世界第一大"佛"字,是迄今为止我国巨字摩崖石刻中的极品。

图359 巨"佛"摩崖石刻

浙江新昌大佛寺佛心广场《巨"佛"摩崖石刻》

新昌大佛寺位于浙江新昌南明山中,创始于东晋永和元年(345),为中国汉族地区一百四十二个重点开放寺院之一。大佛寺里最负盛名的文物石雕弥勒大佛,开凿于南北朝时期,前后营造三十余年才全部雕成,距今已有一千六百多年历史,是江南早期巨型石窟造像的代表作，是中国早期石窟像在南方仅存的伟迹。据有关部门测算，石弥勒佛坐像通高十六点三米，身阔十五点九米，佛头高四点八七米，耳长二点七米，两膝相距十点一六米，两手心向上交置膝间，掌心可容十余人。此佛像是中国江南第一大佛，是全国屈指可数的几尊石雕大佛之一，可与大同云冈、洛阳龙门石窟中的大佛相媲美，被南朝著名文艺理论家刘勰赞为"不世之宝，无等之业"。此外，在大佛寺中，还有始建于 2003 年、依石窟利用原有岩体雕刻而成的一尊佛陀涅槃吉祥卧佛。该卧佛面朝西方，总长三十七米，高九米，为亚洲第一卧佛。1983 年，新昌大佛寺被国务院定为汉族地区佛教全国重点寺院。2006 年，新昌大佛寺被列为浙江省重点文物保护单位。2013 年，新昌大佛寺石弥勒像和千佛岩造像被列为全国重点文物保护单位。

为了适应发展旅游事业的需要，更好地弘扬新昌的大佛文化，新昌县大佛寺风景区近年来在大佛寺山门前的一块广阔场地平整土地，培植花草，建起了五千多平方米的佛心广场。这一景点由镌凿在广场边峭壁上的一个巨大的"佛"字，即《巨"佛"摩崖石刻》（图 360）与岩壁下平地上一个巨大的"心"字组成。这个巨大的"佛"字，是将大佛寺弘一大师的手迹放大在崖壁上后镌凿的。整个"佛"字高二十米，宽二十一米，面积达四百二十平方米，气势恢宏，顶天立地，蔚为壮观。如今这个巨大的"佛"字，已成为新昌大佛寺风景区的标识。

图 360 巨"佛"摩崖石刻

安徽休宁三溪大峡谷《巨"福"摩崖石刻》《巨"寿"摩崖石刻》

三溪大峡谷位于安徽黄山休宁，景区内山峦叠翠，潭幽涧长，瀑美泉灵，峰奇岩怪，瀑布、潭水、溪流、谷地、森林及优美的田园风光和徽派乡村风景等形成了良好的生态景观。2007 年，休宁岭南乡通过招商引资，将三溪大峡谷开发成生态旅游景区。为了提高景区知名度，提升景区的影响力，吸引更多的人前来观光旅游，使游客至此都能留下难忘的经历和美好回忆，景区经营者大力加强了具有参与性、体验性、趣味性的景观建设和活动项目组织。镌刻"福""寿"巨字摩崖石刻，即是景区着力打造的具有参与性、体验性、趣味性的新景观。从创意到施工，先后历时三个多月，至 2009 年 8 月，"福""寿"巨字摩崖石刻镌刻工程相继竣工，正式向游人开放。

如今，漫步在三溪大峡谷休闲区，就可以在景区入口处对面、峡谷右侧悬崖上有一个寓意休宁县打造"福山、福水、福人家"理念的《巨"福"摩崖石刻》（图 361）采用凹体阴刻格式镌刻。该"福"字石刻高十米，宽六点八米，面积达六十八平方米，在当今国内单"福"字摩崖石刻中名列前茅，红色字体十分醒目。在"福"字摩崖石刻的对面左侧山坡上，有一个《巨"寿"摩崖石刻》（图 362）。字高十二米，宽九米，石刻深十五厘米，面积一百零八平方米。这个"寿"字是按清末慈禧御笔放大镌刻的。据休宁县志记载，光绪十八年（1892），休宁状元黄思永五旬大寿，慈禧御赐亲笔"寿"字，黄思永在三溪南瓜峰石壁处刻上此字，寓意"寿比南山"。当地民间相传："'寿'字底下走一走，延年益寿

图 361　巨"福"摩崖石刻　　　　　　图 362　巨"寿"摩崖石刻

九十九。"《巨"寿"摩崖石刻》工程于2009年4月底开工建设。从创意到竣工，动用施工人员三百余人次，损耗锯片两百余个，凿子四十多把，历时三个月方始建成，于2009年8月8日正式对游人开放。

现在，"福""寿"巨字摩崖石刻已成为三溪大峡谷旅游景区中吸引游人前来观赏、照相留念的重要人文景观。

湖南桃江浮邱山《"道"字摩崖石刻》

道教是除佛教外我国的又一大宗教，道家弟子为了弘扬道家精义，扩大道教影响，吸引更多道教信众，也在一些道教圣地镌刻了巨型"道"字摩崖石刻。目前国内最大的"道"字摩崖石刻，在湖南桃江浮邱山。

浮邱山位于桃江县城西南十二公里处，有四十八座峰，主峰海拔七百五十二米，面积约五十八平方公里，是历史悠久的中国道教名山、湖南道教的发源地，被誉为"楚南名胜"和"湘中第一道场"。浮邱山是道教玄天真武祖师（即玄天大帝）的道场。南北朝时期，自号浮邱子的道士潘子良，在此修炼并得道成仙，浮邱山因此而得名。相传远古时候，真武祖师驾"飞来石屋"到浮邱山，将洞庭孽龙镇锁于浮邱山风洞之内。浮邱山作为真武祖师的道场，闻名于世。明清两代，朝廷专门在浮邱山设立了掌管府一级道教事务的官署"道纪司"，其历史地位很高。如今浮邱山存有浮邱观、飞来石屋、丹台、仙翁洞门、齿石、风洞、火云洞、古银杏林、摩崖石刻、龙眼洞、三仙亭、仙人寨、炼补亭、子良岩、会仙观等一大批道教历史文化遗址和"三月三""九月九"真武祖师庙会等历史悠久的人文活动。

由于浮邱山是中国道教的名山圣地，在道教界具有很高的地位，中国道教协会原会长任法融曾为浮邱山题字"中国道教名山浮邱山"和"楚南名胜"；中国道教历史上唯一的女方丈吴诚真为浮邱山题字"洞天福地"。中国道教协会副会长、湖南省道教协会会长黄至安不仅为浮邱山题字"浮邱山中国道教名山"，还为浮邱山题写了一个巨大的"道"字。2013年11月12日，这个由黄至安题写、益阳市道教协会捐建的巨大的《"道"字摩崖石刻》（图363）在桃江浮邱山南坡石仑关石壁上镌刻完成，石刻字高6.1米，宽5.5米，是中国目前最大的"道"字、湖南省最大的摩崖石刻巨字，号称"天下一道"，成为浮邱山的镇山之石。

图363 "道"字摩崖石刻

广西巴马长寿乡《"寿"字摩崖石刻》和《"寿在福中"摩崖石刻》

巴马瑶族自治县是广西壮族自治区的一个山区县，位于广西西北部、南宁以西二百五十公里处，全县辖十二个乡镇，总面积为一千九百七十一平方公里。巴马拥有宜居的山水气候自然环境，自古以来就是"长寿之乡"。据史料记载，清朝的嘉庆皇帝闻知巴马境内有一名叫蓝祥的瑶族老人高寿一百四十二岁，颇为惊喜，视为祥瑞之兆，特题诗赐赠，称其为"烟霞养性同彭祖，花甲再周衍无极"。清光绪戊戌年（1898），光绪皇帝钦命冯子材为巴马平林村寿星邓诚才题赠"惟仁者寿"的匾牌，该匾至今被邓家第四代孙完好保存。

巴马是一个多民族聚居的地方，分布着壮族、瑶族、汉族等十二个民族。在巴马这块神秘的土地上，长寿现象长期延续了下来。1964年第二次全国人口普查，巴马有百岁以上老人二十八人。1982年第三次全国人口普查统计，巴马百岁以上老人有五十人，百岁以上老人占人口的比例为每万人二点零六人。1990年第四次人口普查时，巴马有一千九百五十八位八十至九十九岁老人，六十九位百岁以上的寿星，其中年龄最大的有一百三十五岁，每十万人中有百岁以上长寿者约三十一人，百岁以上老人占人口比例之高居世界第一。巴马的长寿老人有三个特点：一是迄今为止没有发现一例癌症患者；二是没有心脑血管疾病发生；三是去世老人均为年迈无疾而终。巴马的长寿现象经媒体报道后，引起了全世界的广泛关注与重视，先后有来自三十多个国家和地区的新闻媒体记者、医学专家及大批游客慕名到巴马访问、研究、观光。经过多次深入实地考察认证，1991年11月1日，国际自然医学会会长、日本长寿专家森下敬一博士在东京召开的国际自然医学会第十三次年会上宣布巴马为世界第五个长寿之乡。2000年，第五次全国人口普查中国老龄科学研究中心联合调查组实地调查证实，巴马百岁寿星有八十一人，百岁以上老人占人口的比例为每万人三点五八人，远远高出世界其他四个长寿区百岁老人占总人口的比例。2003年11月，国际自然医学会授予巴马"世界长寿之乡"认定书。

特殊宜居的自然环境和奇异的人文景观孕育了巴马极具神秘色彩的长寿现象。为了弘扬巴马"世界长寿之乡""中国人瑞圣地"的"寿"文化，更好地发展已被列为广西十大旅游精品之一的"巴马寿乡探秘游"，2018年以来，巴马利用自身拥有的自然资源，先后在辖区内巴盘桥后山的崖壁上凿刻了一个高达九十九米的巨大的《"寿"字摩崖石刻》（图364），在巴盘长寿村后一座山的悬崖峭壁上凿刻了一个高达八十八米、宽达一百二十米的由"福""寿"二字组合而成的巨大的《"寿在福中"摩崖石刻》（图365）。"寿"和"寿在福中"均由民族英雄岳飞第三十一代传人、中国书法家协会会员岳方顺书写。据查考，巴马这个巨大的楷书"寿"字，比哈尔滨延寿县延寿湖景区凿刻的高三十八米、宽十八米的草书巨型《"寿"字摩崖石刻》（图366），面积还大了好几倍，在国内首屈一指，是

图364　"寿"字摩崖石刻　　　　　图365　"寿在福中"摩崖石刻

图 366　巨型"寿"字摩崖石刻

目前中国最大的"寿"字摩崖石刻。巴马这个将"寿"字嵌入"福"字、字中夹字的《"寿在福中"摩崖石刻》不仅规模巨大，而且寓意深刻，内涵丰富，极富创意，在国内独一无二。如今，《"寿"字摩崖石刻》和《"寿在福中"摩崖石刻》已成为巴马长寿之乡的新名片，为巴马这个"世界长寿之乡""中国人瑞圣地"增添了更多魅力。

第八章

数代累积而成的珍奇碑刻

我国历代的珍奇碑刻，大多是由个人或少数人偶尔为之。但也有一些珍奇碑刻是一代接一代，历经百年乃至千年的累积而形成的，还有一些珍奇碑刻是由于石与水、石与木结下的不解之缘，借助大自然千百年的神力造化，历经日积月累，才得以缓慢形成的。这些珍奇碑刻非人力所为，而是由大自然鬼斧神工造就的，因此蔚为奇观，弥足珍贵，构成了中国碑文化百花苑中旷世罕见的奇特景观，是中国历代碑刻中不可多得的稀世瑰宝。

第一节　唐元清三代累积而成的
《宝志法师画像碑》

《宝志法师画像碑》（图367）的碑主宝志法师，本姓朱氏，世称宝公、志公，是民间传说中济公活佛的原型，南京东阳人，七岁出家于钟山道林寺，悉心修习禅学，历经六朝中的宋、齐、梁三朝，死于梁武帝天监十二年（513），享年九十七岁。宝志法师生前与梁武帝交往甚密，梁武帝对他颇为敬重和宠信，将他尊为国师，当时的著名画家张僧繇还特地为他画了一幅全身像。梁武帝虔诚敬佛，对宝志法师执礼甚恭，自称是他的弟子。在宝志法师圆寂后，梁武帝为了纪念他，与女儿永定公主出银二十余万两，于天监十三年（514）在南京钟山西南麓独龙阜上建造了一座五层高且塔顶置有琉璃宝珠的"志公塔"，以埋葬他的遗骨法函，并于天监十四年（515）在塔前空地上建造了开善精舍。唐代时开善精舍改名为宝公禅院，北宋时改为太平兴国禅寺，明初称为蒋山寺，洪武九年（1376），因独龙阜被朱元璋选为陵地，故蒋山寺又被移至钟山东南麓重建，改名为灵谷寺。

唐代时，出于对高僧宝志法师的崇敬，画圣吴道子根据当年张僧繇的画画了一幅宝志法师像。这幅画线条流畅、体态飘逸，深得"吴带当风"的神韵，因此被刻在石碑上立于志公殿内。不久诗仙李白游金陵见着此画，顿发思古幽情，信笔写下了四十字的画赞一篇留在寺中。赞文曰："水中之月，了不可取。虚空其心（一作身），廖廓无主。锦幪鸟爪，独行（一作游）绝侣。刀齐尺量，扇迷陈语。丹青圣容，何住何所。"又过了数年，大书法家颜真卿见到当年李白所写的画赞后连连称妙，于是将李白的赞文以正楷重誊，并刻在碑中宝志法师像的上方（图368）。于是，吴道子、李白、颜真卿三人珠联璧合地完成了《宝志法师画像碑》。由于吴道子、李白、颜真卿这三人分别是当时最著名的画家、诗人和书法家，《宝志法师画像碑》集李白的诗、吴道子的画、颜真卿的楷书之大成，故此碑刻成后即被誉称为画诗书精绝、旷古罕见的三绝碑，后世称其为"唐贤三绝碑"。

到了元代和清代此三绝碑又先后被加上了"两绝"，从而就发展变成了四绝碑、五绝碑。

"唐贤三绝碑"《宝志法师画像碑》毁于战火，宋代时按唐拓重刻。到元初时，著名书法家赵孟頫游历时见

图367　宝志法师画像碑

图368　宝志法师画像碑

到《宝志法师画像》，了解了宝志法师的事迹，不胜感慨，便撰文书写了《志公十二时歌》，请人加刻在宝志法师画像的左右两侧，人们便将此碑称为四绝碑。

明初因兴建孝陵，志公塔与《宝志法师画像碑》随寺迁到灵谷寺内，后来碑、塔相继毁坏。清乾隆时，按原拓片仿刻了一块《宝志法师画像碑》，乾隆皇帝十分赞赏志公法师，又在碑额上端增添了手书的"净土指南"四个字（图369），将碑立于塔前。于是，在原来的唐代李白诗、吴道子画、颜真卿书、元代赵孟頫诗书"四绝"上又增加了清乾隆皇帝御笔题词"一绝"，《宝志法师画像碑》便变成了历代以来罕见的五绝碑。

图369 宝志法师画像碑

第二节 累积数代、聚沙成塔形成的两大巨型佛教石经

"石经"即石刻经书，是我国古代对刻于石碑、摩崖上的儒家经籍和佛、道经典的简称。我国历史上先后出现两大著名佛教石经——汉字佛教经典《房山云居寺石刻佛教大藏经》和藏文佛教经典《和日石经》，镌刻工程量之大、完成镌刻的时间之长、动用的人力物力之多，远超七部儒学石经，堪称中国古代石刻经书之奇观。

一、历经七朝累积千年刻成的汉字《房山石经》

《房山云居寺石刻佛教大藏经》简称《房山石经》（图形370），在中国历代遗存于世的汉字佛教石经中，是刻石数量多、影响大、价值高的一种。

图 370　房山石经

石经山本名白带山，又称芯题山，唐时名涿鹿山，俗称小西天。云居寺是京郊名刹，坐落在北京房山西南的崇山峻岭之间，系隋代幽州智泉寺高僧静琬法师建造，唐、辽、金、元、明、清各代都有修葺。

为存放《房山石经》，云居寺僧侣们在山腰处分两层凿了九个藏经洞。其中两个藏经洞靠下，即第一、二洞，在不远处有一段陡峭台阶，其上就是另外七个藏经洞，分别为第三至第九洞，雷音洞为最高开凿者，现为第五洞。这些藏经洞开凿在悬崖峭壁之上，相连的台阶有些部分悬空，头顶就是巨石，有的地方连腰都不能直立。辽金时又在云居寺西南角开辟了两处地穴用以埋藏石经。九个洞内存放自隋至明朝的刻经石板约四千五百石。雷音洞（又称华严堂、石经堂）为开放式，洞内宽广如殿，洞中有四根称为千佛柱的石柱，石柱上雕刻佛像约一千尊，是隋代雕刻中的精品。

据《帝京景物略》记载，首先提出镌刻佛教石经的是慧思大师，正式付诸实施的是静琬法师。《房山石经》的镌刻经历了一个极其艰苦而漫长的曲折过程。静琬继承其师慧思遗愿后，自隋炀帝大业元年（605）开始刻造。据唐代《冥报记》记载，当时静琬"既而于幽州北山凿岩为石室，即磨四壁，而以写经，又取方石，别更磨写，藏诸室内。每一室满，即以石塞门，用铁锢之。"最早的洞即雷音洞。

当时隋炀帝、皇后和王公大臣们都大力支持静琬刻经，朝野"争共舍施"。静琬先后共发奋刻经三十余年，唐贞观八年（634）刻《华严经》《维摩经》《胜鬘经》等经石一百四十六块，至贞观十三年（639），刻完《涅槃经》后圆寂。静琬圆寂后，其弟子继承遗志，续刻石经。继承静琬刻经事业的弟子可考者有导公、仪公、暹公和法公四人。唐开元年间，唐玄宗还特赐佛经四千余卷作刻经稿本。在皇室的支持下，静琬的第四代弟子惠暹在雷音洞下辟新堂两户，即今第一、二洞，镌刻石经。中晚唐时期，由于地方官吏支持和佛徒的施助，先后刻经一百余部，分别藏于九洞之中。静琬法师率领弟子把天然的石洞壁磨平，将早期所刻一百四十六块佛经石板镶嵌于四壁（图371）。

图371　房山云居寺藏经洞第五洞雷音洞

唐末、五代时，由于战乱，刻经一度中断。在辽代时，刻经又转盛。据辽道宗清宁四年（1058）赵遵仁的《续镌成四大部经成就碑记》记载，涿州刺史韩绍芳曾清点石洞中的藏石经数量：自辽圣宗太平七年（1027）至辽道宗清宁三年（1057），持续镌刻《般若经》八十卷，计碑二百四十块；刻《大宝积经》一部一百二十卷，计碑三百六十块。此就所刻《般若经》《大宝积经》两大部经而言，实际上依石经拓片题记看，仅自辽道宗清宁二年（1056）至辽道宗大安九年（1093）的三十余年间所刻石经，就有一百六十一部六百五十六卷，经石一千零八十四块。此后，辽僧通理又继续刻有佛经四十四帙，计小碑四千零八十片。其门人善锐、善定在金太祖天辅八年（1118）于云居寺西南角，穿地为穴，将辽道宗和通理时所刻石经埋藏其中，并造压经塔。其后，通理弟子善伏等人又有续刻。

金代续刻石经始于金太宗天会十年（1132），天会十四年（1136）有燕京圆福寺僧见嵩续刻《大都王经》一帙（十卷）；金熙宗天眷元年（1138）至皇统九年（1149），有奉圣州保宁寺僧玄英暨弟子史君庆、刘庆余等续刻密宗经典三十九帙；皇统九年（1149）至金章宗明昌初年（1190），有金章宗的皇伯汉王、刘丞相夫人、张宗仁等续刻阿含等二十帙。此外，还有不知名的刻经者所刻的《金刚摧碎陀罗尼经》《大藏教诸佛菩萨名号集》《释教最上乘秘密藏陀罗尼集》等。金代所刻石经，除《大教王经》藏于东峰第三洞外，余均埋于压经塔下地穴内。

元代时石经的镌刻一度告停，元以后明代又继续补刻。明代时，朝廷修葺了云居寺和石经山，明神宗万历、明熹宗天启、明思宗崇祯年间，先后有吴兴沙门真程劝募京官居士葛一龙、董其昌等续刻石经。计划刻《四十华严》《法宝坛经》《宝云经》《佛遗教经》《四十二章经》《大方广总持宝光明经》《梵网经》《阿弥陀经》等十余种。因原有石洞均已藏满封闭，故另在雷音洞左面新开一小洞，砌石为墙，将所刻经碑藏入，著名书法家董其昌题"宝藏"二字，俗称"宝藏洞"（即今第六洞）（图372）。云居寺的石经镌刻，至此结束。

图372 房山云居寺藏经第六洞

从隋代大业年间到明末崇祯年间前后历经千年之久，房山云居寺静琬法师及其历代弟子共刻经书约一千一百部三千五百卷，共镌佛教经板刻石约一万四千块，其中约四千二百块分藏于山腰上的九个洞中，另外的一万块经板刻石藏于云居寺西南压经塔旁的一个洞穴里。所刻有《华严经》《法华经》《涅槃经》《维摩经》《摩诃般若经》《大般若经》《胜天王般若经》《大宝积经》《大集经》《正法念处经》《瑜珈师地经》《大智度论》《显扬圣教论》《成唯识论》《杂集论》等佛经，重要的佛教经典大多都已刊刻收藏于洞中。

《房山石经》是我国现存规模最大的石刻汉字佛经。尤为珍贵的是《房山石经》中保存了许多已散失的佛教经典，《契丹藏》就是其中最为珍贵的一部。《契丹藏》是辽统治者从宋朝手中得到燕京十六州后，利用汉人学者吸收汉族文化，聚集众多高僧编写的藏经，质量非常高。《契丹藏》编写完成后曾赠给高丽一部，然而在中国历史上它一度失传，文献上也没有对它的记载，就连它是卷轴式还是方册本都无从考证。辽代在北京校编刊刻的《契丹藏》早已散失不全，除1974年在山西应县木塔发现十几卷残卷外，别无实物可寻。在房山地穴石经出土十七年后，北京文物局派专人去山西应县修复木塔，在木塔第四层卧佛的肚子里发现一百多件辽代文物，其中十二件是按千字文排列的藏经，为卷轴式。经过与《房山石刻》对比，卷轴里一张纸的内容就是房山地穴中一块辽代石刻经碑的内容，字数、行数和个别用字完全一样。随着研究的深入和新的考古发现，学者们确定房山辽刻石经就是《契丹藏》的刻本，现存二千三百余卷，实为稀世瑰宝。同时，这也充分证明了《契丹藏》是辽金时期刻经的底本。

《房山石经》是我国从隋代至明末绵延千年不断镌刻雕制的石刻宝库，是汉字佛教石经中规模最大、历史最久的文化珍品之一，对研究我国古代文化、书法艺术，特别是研究佛教历史和典籍具有重要的价值，同时，《房山石经》也是世界文化遗产的珍贵宝藏。因此，自明清以来，《房山石经》引起了学者的广泛关注。在明代周忱，清代查礼、石景芬、叶昌炽等的游记和著述中，都曾介绍了它的价值。但仅从碑刻书法着眼，很少从佛教角度进行研究。从1956年起，中国佛教协会开始对《房山石经》进行全面整理与拓印。这些经碑，是校勘木刻经本错讹可贵的实物依据。有些刻经题记还保存有唐代幽州、涿州地区的行会名称和政治、社会、经济情况，对研究当时华北的社会状况具有参考价值，同时也是研究古代金石、书法艺术发展的重要资料。此外，《房山石经》还为研究隋唐至明清时期北京地区的变迁及社会经济、政治历史、文化艺术、民族史、佛教史提供了极为丰富的资料。由于《房山石经》均是原刻，很少讹误，因而还具有重要的版本校勘价值。正因为如此，1961年3月4日，国务院公布第一批全国重点文物保护单位名单时，即把房山云居寺和《房山石经》列为全国重点文物保护单位。

二、历经一百五十年刻成的藏文《和日石经》

长期以来,人们一直把《房山石经》称为"中国规模最大的石经",其实这一说法是不确切的,因为《房山石经》只是规模最大的汉字佛教石经,而在我国,有比《房山石经》规模还要大一倍多的藏文佛教石经,这就是现存于青海黄南藏族自治州泽库县和日寺的《和日石经》。

《和日石经》是迄今发现的全国最大的石经之一。石经所刻主要佛经为藏文《大藏经》《甘珠尔》和《丹珠尔》。其中,《甘珠尔》刻了一式二份,还有《当增经》、《普化经》、《噶藏经》等五部佛经。据估计,总字数约两亿字,刻经石板三万多块。全部石经码在和日寺院背后山梁上,因其形状像一道城墙而被人们称为"石经墙"。石经墙全长近三百米,平均宽度约两米五,高度约三米,共分为四堵(图373—376)。主体石经墙位于和日寺大经堂的左面,经板所刻经文为世界著名的佛教丛书《甘珠尔》,其中收录各种著述约一千种,并刻了两遍,约四千万字。其余三堵石经墙经板所刻经文为《丹珠尔》《塔日多》等。主墙东面的石经墙是一处独立存在的经石方墩,高约十米,边长约九米,上面堆放的石经是大藏

图373 和日石经墙(一)

图 374 和日石经墙（二）

图 375 和日石经墙（三）

图376 和日石经墙（四）

经的另一部经典《丹珠尔》，收录各种著述约四千种。此外，《丹珠尔》经墩东面约四十米处和主体石经墙西面约一百二十米处，还各有一座规模较小的石经墙，前者所刻经文为佛教丛书《塔多经》，共刻了一百零八遍；后者所刻经文有十七种。除了石刻藏文佛经，《和日石经》墙的经板中，还有近两千块佛像、佛寺图案、民族风情和人物速写图画石刻图板。

《和日石经》刻字（图377）不仅文字清晰工整，字迹清秀美观，运笔流畅、劲健有力，所刻图画及各种人物形象（图378）也构图准确，比例适当，精细美观。在人物造型艺术上具有明显的佛教特点，有的头上有光环或高内髻，有的手作施无畏印等。在绘刻技法上简拙古朴，既继承了藏传佛教艺术的传统，又汲取了汉族石刻艺术的长处，具有独特的民族风格和鲜明的地方特色。同时，《和日石经》版式独特，装帧别致，石经墙上的石经堆放井然有序。《和日石经》经板的石材，是取自附近山上的优质青绿色石板，平整细腻，基本为1～5厘米厚。石材刻用前要经过反复的油浸和火烤，进行软化处理，以适合刻字和防裂。上好的石材加上工匠高超的技艺，每一块经石板上面阴刻的经文至今依然隽秀工整，清晰如新。

图 377　和日石经（一）

图 378　和日石经（二）

那么，规模如此宏大的《和日石经》究竟创建于何时，又由何人所刻呢？据和日寺僧众和当地藏民世代相传的说法推算，《和日石经》大致创始于清嘉庆年间即 18 世纪末 19 世纪初。和日寺原名曲葛寺，是藏传佛教宁玛派（红教）寺院，前身是草原帐篷寺院，当时从别处迁移到了和日乡，被称为和日寺。据《黄南州志》记载，首次发起并组织和主持石板经文书刻者，应是和日寺第三世主持德尔敦·久美桑俄合丹增。当时，德尔敦·久美桑俄合丹增为了弘扬佛法，决意用自己的毕生精力和全部积蓄，凿刻三部永世长存的佛教石经，即《普化经》《噶藏经》和《当僧经》。为此，他特地从果洛草原请来了一位雕刻、绘画兼通的刻石高僧阿乃核多造，作为首刀人率领刻经，并挑选了几十个寺僧和牧民给他当帮工、做学徒。后来刻石经匠的队伍越来越大，经过了十几年的凿刻，德尔敦·久美桑俄合丹增耗尽了全部积蓄，终于刻成了《普化经》等石经。德尔敦·久美桑俄合丹增去世后，和日寺的僧众继承了他的遗志，继续进行石经的刻制。到清末时，洛加仓活佛出任和日寺主持。洛加仓自幼出家，二十岁时就已成为一位佛学造诣高深的宁玛派活佛，是和日草原上的高僧大佛，因此他决心用自己的地位和力量，以毕生精力完成德尔敦·久美桑俄合丹增的未竟事业，开始了大规模和系统的石经刻建。他立誓要让完整的"大藏经"《甘珠尔》和《丹珠尔》等著名佛教经典，变成石书，与世长存，护佑广大藏族信众幸福吉祥。因为洛加仓有较高的社会地位和影响，资财充足，加上和日牧民和僧人积极捐奉财物、牲畜、石料和劳力，因此石经的刻制进展很顺利。寺院里有近三百名僧人，其中有很多技艺非凡的刻石高手，如阿乃亥多、恰洛、瓦卜丹等，洛加仓聘请了和日有名的刻经匠恰洛和瓦卜丹为刻经师，他还雇请了一大批牧民来进行刻经。这样，前后历时四十多年，到1955年时，三部藏文佛教石经《甘珠尔》《丹珠尔》《塔日多》的镌刻终于全部完成了，最终建成了堪称世界佛教石经之最的石经墙，为佛教文化竖立了一座巍巍丰碑。

石经墙是按藏文经籍版式分部垒叠而成的，每函石经码得像一本本长条藏文经书，保持着纸经书的形状和风格。每函都有书名，外面用木板包装成书箱状，再用精美的图案石板隔开。石经墙两面隔一段有一座精致的佛龛，里面供有石刻佛像，这样，朝拜和转"廊拉"的信众可以随时与佛见面。因此石经墙建成后，成为和日草原以至贵德、同德一带，甚至整个安多藏区佛教信众心中的圣地，来这里朝拜和转"廊拉"的人终年不断。按照藏人的说法，在这里转一圈"廊拉"，就等于把这里所有的石经书诵念了一遍，福祥无量。有趣的是，据和日当地人说，自石经墙建成后，和日一带果真没有再发生过大的天灾人祸。他们认为，是石经墙的圣灵为他们带来了平安吉祥。从此，经一代代传续，人们不断往这里敬献各种经石。神秘的《和日石经》成了藏地信众精神图腾的化身。

《和日石经》工程浩繁，充分显示了藏族人民吃苦耐劳的精神和聪明智慧，是海内外少有的佛教胜迹和罕见的人文景观，被誉为世界"石书奇观"，被列为国家重点文物保护单位。

第三节　自东汉至现代两千年累积形成的川江水下碑林

一般来说碑不是竖在地上就是镌刻在山崖岩壁上，然而在中国碑刻文化的发展过程中，却出现了平时淹没在江中水下，只有在枯水时才让人见其真容的奇碑，这就是举世闻名的隐藏在川江中历经千年形成的"枯水题刻水下碑林"。

流经四川、重庆的长江，在历史上被称为川江。在川江中，有许多水下磐石，这些磐石大者长千余米，宽十余米，面积达上万平方米，小者面积仅几十平方米。磐石平时被水淹没，隐藏于水下，枯水季节方露出水面，且江水越是枯竭，磐石露出水面的面积越大。相传，磐石出水是吉兆，预示五谷丰登，因此这些"冬出夏没"、在枯水季节方显真容的磐石，被临江沿岸县城、集镇的人民视为奇观。每当枯水时节，尤其是春季，人们都会竞相去观赏磐石，并在磐石上挥毫题刻，以纪胜游或记录当时水位高低的情况。因此，千百年来，川江水下磐石被留下了大量题刻，久而久之，众多的水下丰碑便形成了大大小小的"水下碑林"。由于磐石上题刻的文字均系枯水季节磐石露出水面时刻就，故被称为"枯水题刻"。而当夏天山洪暴发时，洪水又往往溢出河道，漫进川江及其支流两岸的村庄，水退后，人们便会在洪水漫及的最高处做上标尺记号，镌刻上"×年×月×日水涨至此"等文字。由于这些文字是记录洪水水位的题刻，故被称为"洪水题刻"。

据查考，仅重庆段川江水下磐石上就有《江津莲花石》《朝天门灵石》《巴县迎春石》《丰都龙床石》《云阳龙脊石》《江北耗儿石》《白鹤梁题刻》等七大枯水题刻。而这七大枯水题刻都是历经数百年、数千年极其漫长的持续累积才得以最终形成的，其中时间最早的甚至刻于东汉时期。

《江津莲花石》（图379）位于重庆江津几江镇东门外长江航道北侧江水中，由三十六块大小不同交错露出江面的磐石组成，因俯视时宛如一朵盛开的巨莲，故而得名。莲花石顶部海拔约一百八十米，平时大都淹没于水下，枯水时露出水面，面积达八百平方米，石上镌有自南宋乾道四年（1168）至民国二十六年

（1937）近八百年长江枯水时镌刻的三十八段题刻，以诗歌为主，堪称是一座水下诗歌小碑林，它常年淹没于水下，仅在江水特枯年份的早春时节露出水面，民间素有"石不常见，见则年丰"之说。莲花石上镌刻的三十八段题刻记录了近八百年的长江枯水位情况，是长江上游历年水文的重要参考资料。

图 379　江津莲花石

《朝天门灵石》又称《重庆灵石》《重庆丰年碑》，在重庆朝天门沙嘴外长江与嘉陵江交汇处，是由沙嘴伸向江心的水下磐石，因石上有东晋义熙三年（407）题刻的《灵石社日记》，故世称"灵石"。相传"灵石"出水是丰年吉兆，因而亦被称作"丰年石"，又被称为"义熙碑""壅熙碑"（"熙"含义为兴起、兴盛，"壅"是堆积的意思）。在川江的枯水题刻群中，灵石的始刻年代最早，据文献记载，"灵石"长约两百米，上面共凿刻着十五段题刻，共有十七个年份的枯水记录，以唐人的题刻最多。其中最早的题刻刻于东汉光武帝时，距今已有约两千年，最晚的题刻刻于清乾隆十九年（1754），距今已有约二百七十年。灵石海拔很低，江水极枯涸时才能露出水面。由于河床上升，至今，灵石已经有二百六十多年都未曾露出水面了。

《巴县迎春石》，位于重庆巴南区麻柳嘴镇长江主航道南侧礁石上，海拔一百四十五米，分为上下石，两石相距约三百米，上石长约五十米，宽约十八米，下石长约八十米，宽约三十米。宋代以前石上没有留有任何遗迹，自南宋高宗绍兴年间状元冯时行开刻石留题之先例后，元、明、清文人墨客、有识之士，先后在石上赋诗留题十余幅，并刻石鱼标迹以示后人。枯水时，迎春石露出水面与世人见面，若不枯水，迎春石就久藏江心，题刻即隐于水下。

《云阳龙脊石》题刻（图380）位于云阳县城南，在张飞庙东约一百五十米处，长江主航道南侧，海拔约八十七米，长约三百五十米，宽八至十六米。冬春枯水时节部分露出水面，似龙脊样，与云阳县城隔水相望。石上原有唐代题刻，今已磨灭无存，现存自北宋元祐三年（1088）至清末历代游人、诗人所刻题记一百七十段，其大字如床，小字如粟，篆隶楷草、颜柳欧苏，异彩纷呈，仿佛一处书法艺术宝库和古诗长廊。在三峡大坝修建前，每年冬春枯水时节露出水面，一般年份石的中部潜于江心，形成东西两岛，水位十分低下时，石的中部露出水面，东西两岛连成一片，宛如一条巨龙潜于江中，故又称"龙潜石"。据测量，石上的一百七十段题刻中，在平均枯水年以下的题刻有六十八段，其中宋代题刻三十段，元代题刻一段，明代题刻二十四段，清代题刻十三段。在张飞庙的杜鹃亭后的石壁上，有1870年的摩崖石刻"大清同治庚午年洪水至此"十一字，成为研究同治年间洪水水位的珍贵资料。这些枯水题刻和洪水题刻反映了长江水位变化的情况，对于研究长江水文史和长江上游的农田水利建设具有重要的价值。

图380 云阳龙脊石

《丰都龙床石》又名"笔架山""龙床堆"，位于丰都县城南长江江心，靠近北岸，海拔约一百五十米，长约二十八米，宽约十三米，面积约为一百七十六平方米。与江内其他几处石刻群不同，龙床石较为平坦，像一张巨大的石床卧于江心，所以叫"龙床"。龙床石石面上镌刻有不少古代诗词、题记，石刻纵横交错，共有宋、元、明、清各代题刻七十二段。其中最早的题刻是南宋高宗绍兴年间的，另外还有南宋理宗端平年间和元成宗大德年间的，保存较好的有"龙床春观""龙床堆""石槎"等大字题刻。在龙床石上游约三公里处的"蚕碑梁"北侧，海拔高程约一百五十米的"渌水池"旁，有明、清题刻八段。

《江北耗儿石》（图381）因形似老鼠得名，位于长江江北鱼嘴沱下游的蒋祠沱江段航道上，约长二点四米、宽八十厘米、高六十五厘米，重四吨，是川江七大枯水题刻盘石中体积最小的一块。面向江中心一端的岩壁上，刻有约三十个文字，记载了后蜀明德三年（936）的丰年盛况。《江北耗儿石》题刻于2007年初露出水面，面貌完整，在水下隐藏了千余年才被发现。

在川江七大枯水题刻中，最著名、最有代表性的是《白鹤梁题刻》。《白鹤梁题刻》是川江"水下碑林"中规模最大的一座，位于三峡库区重庆涪陵长江北岸。

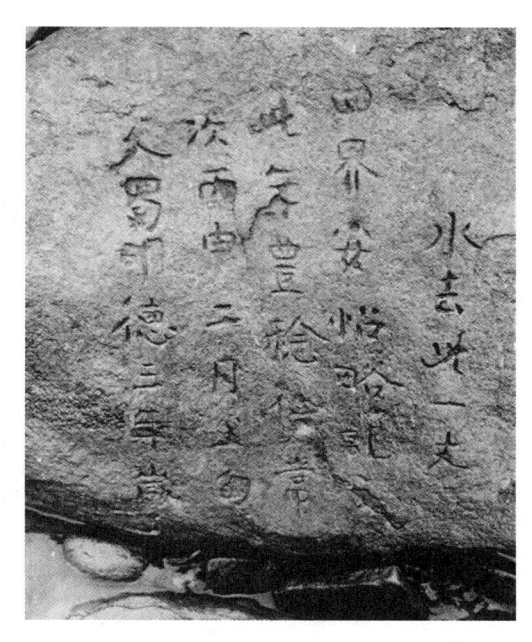

图381　江北耗儿石

白鹤梁（图382）是一道长约一千九百二十米、宽约十五米的天然巨型石梁，距南岸约一百米，东临长江与乌江的汇合处，与对岸的名胜古迹"北崖"隔水相望。每当枯水季节，石梁便露出江面，形似白鹤，故称"白鹤梁"（一说相传唐时尔朱真人在此修炼，后得道，乘鹤仙去，故名"白鹤梁"）。石梁自西向东延伸，呈一字形与江流平行。水位标高约一百三十八米，梁脊高出最低水位两米，低于最高水位约三十米。

由于常年受江水冲刷，石梁形成上、中、下三段，《白鹤梁题刻》主要分布在二百二十米长的中段上，在这座天然巨型石梁磐石上，布满了石刻文字和佛圣雕像以及大小不等、形态各异的石鱼十八尾（图383—387）。石鱼的大小与水位高

图382　白鹤梁

图383　白鹤梁上的石鱼（一）

程不等,蔚为壮观,亦为水标辨识之重要依据。其中一对一米多长唐代镌刻的雌雄石鱼,其腹高大体相当于涪陵地区的现代水文站历年枯水位的平均值,而清康熙二十四年(1685)所刻石鱼的鱼眼高度大体相当于川江航道部门当地水位的零点。这并非是一种巧合,而是古人水文观察相当精确的实证。当地传说,"石鱼出,兆丰年",石上有上百段围绕"石鱼出水兆丰年"的题刻,反复论证了"石鱼现,果在稔"的历史事实。石上还另镌有清康熙年间涪州州牧萧星拱《重刻双鱼记》之题记,云:"涪江石鱼镌于波底,现则岁丰。"从1953年、1963年、1973年、1983年四

图384　白鹤梁上的石鱼（二）

次石鱼露出水面,四年均获丰收的情况来看,"双鱼石出兆丰禾念"之说不无道理。在民间,石鱼成了丰年吉祥的象征,因此,"石鱼"也就成为白鹤梁的代名词。

　　白鹤梁上的历代题刻数量很多,经过千百年自然和人为的破坏,不少题刻已经无存,保存到近代以后能够有拓片和照片记录的可以录文的题刻,因有些题刻字少或残缺,学术界统计数字也不尽相同,且都存在问题。根据1972年和2001年两次编号和统计数据,图书馆和博物馆收藏的白鹤梁拓片数字,清代以来关于

图385　白鹤梁上的石鱼（三）

图 386　白鹤梁上的石鱼（四）

图 387　白鹤梁上的石鱼（五）

《白鹤梁题刻》的著录数字，以及走访熟悉《白鹤梁题刻》情况的诸位先生，可以知道自清末开始调查著录白鹤梁题刻以来，见于学术著作和科学报告著录的白鹤梁题刻计有石鱼 14 组 18 尾，其他图像雕刻 3 幅（其中白鹤雕刻 1 幅、观音及人物线刻 2 幅），文字题刻 187 则，文字约 12000 字。不过，由于近代以来损坏，现存于世的《白鹤梁题刻》只有 175 则，石鱼 14 组 18 尾。又由于三峡水利枢纽工程的兴建，为了保护已经脱离石梁梁体的题刻，以及为了展示少许被封护在水下的题刻，有的题刻被移动博物馆中展出，现在仍存水下白鹤梁梁体上的题刻还有 160 则，石鱼 11 组 16 尾，可以辨识的文字约 11000 字（其中包括全部水文题刻共 82 则，水文石鱼水标两组 3 尾）。另在中国重庆三峡博物馆、涪陵区博物馆和白鹤梁水下博物馆中，还保存了脱离石梁梁体的《白鹤梁题刻》15 则，石鱼 2

组 2 尾，其他图像 1 幅。

在所有年代明确的题刻中，最早的一则是唐广德二年（764 年）的石鱼，最晚的两则已到 1963 年。题刻的年代分布为唐代 1 则、宋代 103 则、元代 5 则、明代 20 则、清代 21 则、民国 12 则、现代 3 则，年代不详者 22 则。题刻均刻于面向长江主航道的倾斜石面上，以唐代石鱼和清萧星拱重镌石鱼为中心展开，越靠近这两组石鱼水标，题刻就越密集。各题刻的大小幅面差异很大，大者两米见方，小者幅不盈尺。题刻的主刻者大都为历代涪陵地方官吏、涪陵当地人士、途经和寓居涪陵的官宦和文人，有名可稽者超过 300 人，其中不乏一些历史名人。

题刻主要有三方面的内容：一是记述石鱼出水的枯水现象和枯水程度；二是就石鱼出水现象与本年或来年农业丰收的关系发表议论和感言；三是来观看石鱼人们的题名。此外还有少许其他内容的题刻。这些题刻中唐广德二年（764 年）至清宣统元年（1909 年）间 60 个年份的枯水数据，是长江上游建立现代水文观测站前最重要的枯水水文信息来源，堪称中国古代不可移动的实物水文档案库。

这些题刻主要集中于北坡上（图 388），起于唐代宗广德元年（763）所刻的两条石鱼，止于 1963 年涪陵文化馆最后题刻落笔，刚好一千二百年。两条石鱼被称为"广德鱼刻"或"唐鱼"，每条鱼刻有三十六片鳞甲，一条口含莲花，一条口含灵芝。据史料记载，清康熙二十四年（1685），萧星拱见"广德鱼刻"模糊不清，于是命石匠紧挨其旁边重新凿刻了两条鲤鱼来替代，每条也是三十六片鳞甲，一条嘴衔莲花，一条嘴衔灵芝。萧州牧重刻的这对鲤鱼水文价值极高，不知是巧合还是有意为之，石鱼眼睛的海拔高程为约一百三十八米，与当地零点水位的海拔

图 388　白鹤梁上的历代题刻

高程相差甚微，以此推算出了一千二百多年来川江枯水的变化周期，为葛洲坝电站和三峡水利枢纽工程的设计提供了水量计算的史料数据。三峡库区一百七十五米蓄水方案的最终确定，也参考了白鹤梁的水文资料。

在白鹤梁一百八十多则共三万多字的题刻中，有一百零八则记有"水去鱼下×尺"的水文资料，镌刻着自唐至清光绪元年（1875）冬季的长江水文史料。文物、水文工作者，已据此测定出自唐代宗广德元年（763）至20世纪初一千二百年间的七十二个有确切纪年的长江上游枯水水位表。从这些水文资料中，人们得以了解到白鹤梁上的那对唐代雄雌石鱼约每隔十年出水一次，长江水文变化约十年一个周期，最低水位在石鱼以下十尺。《白鹤梁题刻》是8～19世纪长江上游重庆涪陵区的人们长期观察和记录当地长江枯水状态的实物资料，同时也是当地人们依靠经验预示来年收成的民俗节庆的活动场所。该水文遗产对长江上游、长江流域乃至于北半球的古水文、古航运、古气候、古环境的变迁研究，无疑具有重要的科学价值。1974年在巴黎召开的国际水文工作会议上，中国代表团以《涪陵石鱼题刻》为题，向大会提交了报告，《白鹤梁题刻》的科学价值得到了世界的公认。

《白鹤梁题刻》除了石鱼和水文记录外，还涉及政治、经济、历史、宗教、文化等方面的内容，还有众多诗文图案，镌刻着许多历代名人真迹，多出自历代前往观光的名人雅士之手，姓名可考者有三百余人，荟萃了历代书法、诗文精品。其中有北宋著名的文学家、书法家黄庭坚的"元符庚辰涪翁来"题铭（图389）。清代诗人王士祯康熙十一年（1672）游宦涪州，登白鹤梁题诗一首："涪陵水落见双鱼，北望乡园万里馀。三十六鳞空自好，乘潮不寄一封书。"还有朱熹、庞公孙、黄寿、朱昂、吴革、刘甲、晁公武等历代著名骚人墨客的众多诗文题记。这些题刻中，篆、

图389　白鹤梁北宋黄庭坚题铭

隶、行、楷、草各体皆备，颜、柳、欧、苏各体书法集于一梁，大放异彩。石梁上还有汉文、蒙文，有浅浮雕、深浮雕、线雕、图案、花边和送子观音、白鹤引吭高歌等图画，风格各异，精彩纷呈。《白鹤梁题刻》水下碑文、图案集历史、科学、艺术于一体，极富民族风格，颇具神秘色彩，其数量之多，镌刻之精湛，历史之悠久，内容之丰富，形式之多样，堪称世界水下一大奇观。其极高的文化艺术价值和艺术品质，堪称书法艺术宝库和古诗长廊。

1980年《白鹤梁题刻》被列为四川省重点文物保护单位，1988年被列为全国重点文物保护单位，受到国家的高度重视。由于三峡工程的兴建，白鹤梁被淹没，永远沉没于江底。为了保护好这一水下瑰宝，国家决定投资一亿六千万元修建一座水下博物馆（图390）来妥善保护《白鹤梁题刻》。《白鹤梁题刻》保护工程按照中国工程院院士郭修润的设计实施建造，该工程由"水下博物馆""连接交通

图390　白鹤梁水下博物馆

廊道""水中防撞墩"和"岸上陈列馆"四个部分组成。总占地面积约六千八百平方米（不含"水中防撞墩"面积），其中"水下博物馆"九百平方米，"连接交通廊道"全长三百六十米，面积五百平方米，"岸上陈列馆"约五千三百平方米。"水下博物馆"就地采用金刚罩覆盖，罩体工程设计名为"穹顶"，位于题刻正上方，呈椭圆形，将整个题刻平面覆盖，保护罩体拱壳为钢筋混凝土，罩内注以清水淹没减压，被称为"无压容器"，对题刻进行永久性保护。水下保护罩体墙外设有游人参观通道，参观的人可从地面陈列馆乘坐长达九十米，垂直高度四十米的

隧道式自动扶梯进入长约一百五十米的水下时光隧道。进入七十米长的参观廊道后，观众可以通过三种参观方式进行参观：一是透过参观廊道内的二十三个观察窗（图391），直接观看水中的题刻；二是保护体内安装有二十八个三百六十度旋转的摄像头，参观者可以通过观察窗旁的触摸显示屏点击式观赏题刻（图392）；三是参观廊道内设有潜水舱，条件成熟之后，参观者还可以通过潜水舱潜入水中，零距离欣赏文物题刻。参观结束后，参观者可以再通过另一条全长约一百五十米的水平交通廊道以及九十米长的自动扶梯返回地面陈列馆。

图391　白鹤梁水下博物馆参观廊道观察窗

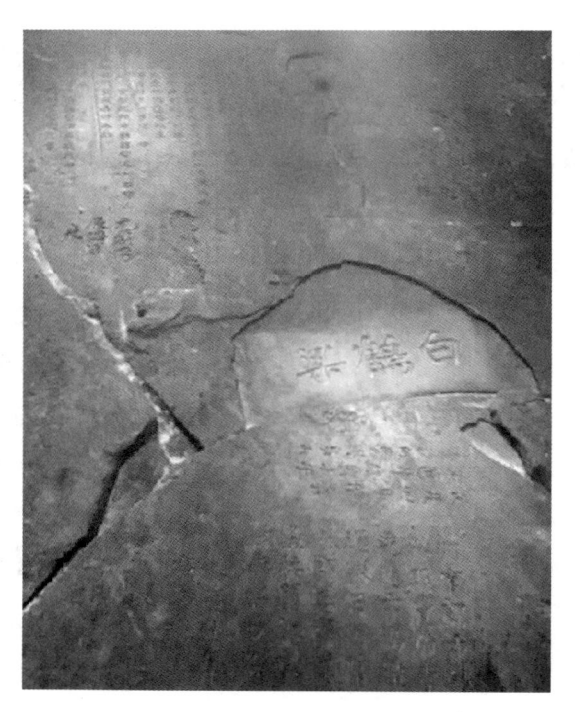

图392　在水下博物馆通过显示屏观赏碑林

第四节　历经唐宋元明的闽侯枯木庵树腹碑

福建闽侯西北大湖乡的雪峰，是福州胜景"三绝"之一。坐落在雪峰凤凰山南麓的崇圣禅寺，是禅宗云门、法眼二派的发源地，为江南五山十刹之一，素有"江南第一丛林"之称，是全国重点佛教寺院。寺东南方数百步处有一座枯木庵，相传为唐懿宗咸通年间崇圣寺开山祖师义存初入雪峰山时，"以枯木为庵"，最初栖宿的地方。在庵内，有一株上端枝梢已经折断、只余本干、树龄约三千年的巨大的古老枯木。枯木高约三米，直径约两米，干围约七米，树腹内心已空，树皮已完全剥落，露出的肤廓非常坚韧，厚约十厘米。枯木树干的南侧正中，有一个像门一样的大洞，高两米多，宽约一米，门额为半圆形，仿佛天然的岩洞，从洞口可以进入树腹，树腹可容纳十多人。

现存枯木树腹内祭祀着义存祖师像。据《福州雪峰山故真觉大师碑铭》载，义存俗姓曾，讳勉，于唐穆宗长庆二年（822）出生于泉州南安县，终年八十七岁。他十二岁便开始礼佛，"自王父而下，皆友僧亲佛，清净谨志。"后来据闽侯地方文史资料介绍，唐懿宗咸通年间，义存与僧众十三人到雪峰山传法，没有居住之处，只好栖身在一段千年枯木中。艰苦的环境并不能动摇义存和众僧的向佛之心，他们依然坚持修行。这使当地的乡绅、信士蓝文卿十分感动，他仰慕义存之德学，把陈洋之地施舍给义存，并发动村民砍茅草、树枝遮盖住枯木，于所居东池侧创建了一座草庵，请义存驻锡，即今枯木庵。雪峰寺明深法师称，在没有得道之前，他们的开山祖师义存在这段枯木中参禅。据查考，枯木是"柽杉"，当时已有两千多年树龄，从义存到现在又一千多年了，所以迄今已有三千多年的历史。得道后，义存祖师在枯木庵对面数百步远处建起了雪峰寺，并做了住持。自此道隆雪峰名扬远近，天下禅者，莫不归往，连闽王王审知都去听他讲道了。王审知由于常于义存法席听法，受益颇深，立誓受持佛法，终无退志，故舍钱数十万，于唐哀帝天祐二年（905）为义存建庵，建大殿堂宇百余间，并在庵前凿了一个"万工池"。由此，雪峰崇圣禅寺得到了发展，据《祖堂集》卷七《雪峰传》

记载，义存弟子一时遍及八闽和江南各地，成为当时同辈禅师中弟子最多、影响最大的禅师，在禅门中形成了声势浩大的雪峰法系。

为了感谢和纪念王审知施钱建寺，崇圣禅寺寺僧以枯木树干为碑，在树之腹壁刻王审知捐款造庵和筑水池的题记三行文字："维唐天祐乙丑岁，造庵子及作水池，约伍阡馀功，于时廉主王大王。"（图393）楷书直行二十六字，字大如碗，字径约十三厘米，笔迹挺拔遒健。题刻全段高一点三二米，宽四十四厘米。现较完整剩下十九字，碑的下半段有七字于清光绪年间为火所烧，至今犹有炭焦痕迹。在末行大字下面，另刻有"枕子一枚雀觜一枚一条匕生庵子"十四个小字，较模糊。据史料记载，这截枯木外围与腹壁原有二十七段题刻，除了上述这段题刻，自宋至明，枯木内外，还续刻有唐、宋、元、明的名人题刻二十六段，或为名宦高僧所为，或为才子俊彦手笔，如北宋丞相吕惠卿、南宋爱国名相李纲、明宰辅叶向高等，最近的题刻迄今也有四百多年的历史。其中李纲的记游题刻还有数段依稀可辨，其余均风化剥蚀漫漶。枯木中的这些题刻，最早的距今一千一百多年，是现存中国最古老的树刻题记之一。宋时，它与金门岛牡蛎壳碑、福州东岳泰山庙瓷莲盆碑称为"闽中三大奇珍"，被《福建金石志》称为"树腹碑"，在国内独一无二，为稀世珍品，一千多年来受到历代金石家的高度重视。新中国成立后，福建省文物管理委员会在1952年和1976年先后两次对《树腹碑》进行修葺，并于1985年将此碑列为省重点文物保护单位，使古老的《树腹碑》焕发了青春。

图393 树腹碑

第五节　历经数代的木石一体奇碑

在漫长的中国古代碑刻的发展过程中，有一些碑与水结下了不解奇缘，出现了以涪陵《白鹤梁题刻》为代表的规模宏大的川江"枯水题刻水下碑林"，而且在大自然的力量下，有些碑也与树木结下了不解之缘，出现了一些碑石历经数百年被身躯巨大的树木吞噬进体内，碑石长到树木的躯体中，和树木紧紧地裹嵌在一起形成一个整体，两者根本无法分开的"木石一体""古树吞碑""树中嵌碑"等种种奇特罕见、怪异有趣的现象。此类奇碑的出现，纯属巧合，是中国古代碑刻中旷世罕见、不可多得的奇妙景象。由于它们不是凭借人的力量，而是在漫长的岁月中依靠大自然的神奇力量日积月累、自然而然形成的，因此格外珍贵，堪称中国历代碑刻中旷世罕见的奇异瑰宝。

一、天水南廓寺树中碑

南廓寺位于甘肃天水城南的慧音山坳，建寺已有一千多年的历史，清乾隆十五年（1750）敕赐为"护国禅林院"。这里风景优美，古树参天，梵宇辉煌，有汉柏隋塔唐槐之说，历来为天水第一古刹。尤其是"南山古柏"被列为秦州八景之一。

南廓寺后院为三间两进、宽阔宏大的天王殿。在东后院内，一座砖砌花墙围护着一株树，树身分为三枝，形如斧劈，是被称为天水八景之一、堪与麦积山齐名的千年古侧柏。根据国家地质局对这棵古侧柏枯枝所作的测定，此树树龄距今约两千三百至两千五百年，即生于春秋后期，故被称为"春秋柏"。"春秋柏"一根三杈，一枝南倾，一枝北斜，中枝枯死。南倾北斜的两大主枝枝叶繁茂，极为粗壮。南向一枝黛色霜皮，干枯如柴，直插云霄，但顶端仍青春焕发，枝叶茂盛。北向一枝巧架于槐树枝杈上，更神奇的是已劈开的枯干中寄生着一株胸径一百零八厘米的朴树，与老树相依为命。据考当时全国仅此一树，观者无不称奇。而更有意思的是，这两大主枝树干的"腰部"下面竟然都"长"着一块石碑，碑石整整陷入树干中三十多厘米，变成了一块"树中碑"（图394），这是南廓寺的一大奇观。

图394 树中碑

那么，这个"树中碑"奇观是怎么产生的呢？经查考，完全是三百六十多年大自然的鬼斧神功造就的。从树中所嵌古碑的碑文中可以得知，这两块石碑立于清顺治十五年（1658）。据分析，当时此树两枝干已分别向南北倾斜，立碑人之所以将两碑分别立于两树干下，既是为了祭祀，同时也是为了用石碑顶住日渐下垂的沉重的树干。谁知三百六十多年过去后，树身越长越粗，并向下长了三十多厘米，于是，当年竖立在树下顶住树干的石碑，就深深地长到了树干中，形成了这一"石碑长到树里边"的"树中碑"罕见奇观。

二、广西兴安树吞碑

广西壮族自治区桂林兴安的灵渠又称湘桂运河，建成于秦始皇三十三年（前214），与都江堰、郑国渠并称为秦代三大水利工程。它是世界上最古老的运河之一。

灵渠两岸风景优美，水清如镜，古树参天，文物古迹众多。在祭祀为开凿灵渠和维修灵渠的四贤祠中，有一株大垂杨，当地人称梁树。这株古树树种为重阳木，树高约二十三米，胸径为约一米四，冠幅为约二十七米。在这棵大垂杨树离地面三米处的根基部，树干张开大"嘴"，将一块一米多长的石碑"吞食"进去了三分之一（图395）。

图 395　树吞碑

那么，这块石碑为何会被树"吞食"？这一令人不胜惊叹的"树吞碑"奇观究竟是如何形成的呢？据当地民间传说，这棵大垂杨树是汉代伏波将军马援所栽，但根据科学测定，此树的树龄为八百多年，并非汉代时栽种。经查考，这块石碑刻立于清乾隆十二年（1747），后来，当地人将石碑放倒架在两块石礅上，一头紧靠着树的根基部，用来洗衣和供人坐在上面宽衣歇息。天长日久，树干不断长粗，石碑靠着树根基部的那一头，渐渐地被大垂杨树增生的部位所"吞食"进去，而架在石碑另一头的那个石墩也被人抽去另作他用。这样，年复一年，石碑嵌入树干越来越深，日渐与古树融为一体，形成了"古树吞碑"奇景。而且据测量，至今这棵大垂杨树还在以每三年一厘米的速度，在"吞吃"着嵌入树下方根基部的古碑。

三、惠东平海木石一体碑

广东惠东东南部的平海镇，是一座具有悠久历史的古老的海滨城镇。距平海镇政府北一公里多的佛岭村是一个建村已三百多年的自然村，在全村方圆八百米内生长着三十八棵百年古树,是惠州境内古树最多的自然村。据1998年底当地园林部门的调查,惠州市区树龄在百年以上的古树仅有四十九棵,而一个小小的佛岭村却拥有三十八棵,实属罕见。

佛岭村为什么会拥有这么多百年古树呢?经查考,村口那块已经牢牢地"长"在一棵百年古榕树身上的护林碑起了重要的作用。这棵树龄约三百五十年的巨大的古榕树,树围十多米。在这棵古榕的树干腹部中间,深深镶嵌着一块清同治元年(1862)平海分司所立的《护林告示碑》,犹如长在树腹中。碑高约二米,宽约一米,随着大榕树树干的不断生长,碑石如今早已深深嵌入树干中间,木石之间密不可分,完全合为一体,碑石已经成为大榕树树干的一个有机组成部分,出现了"木石一体"(图396)的景象。

这块护林碑来历颇具传奇色彩。据村里老人介绍,佛岭村依山面海,距海仅三四公里。为抵御海风,减少风沙危害,世代村民在村庄四周种上了松竹树木,逐渐成林,称为"风围树",村民得以在林中安居乐业。可是,当时有些游手好闲之徒却见利忘义,大肆盗伐"风围树",以谋取钱财,村中老人一再劝阻无效,便将此事告至平海分司。官府对此事十分重视,除了责罚这帮盗伐树木的强徒,还专门颁发了护林告示,告诫村民爱护树木,严禁盗伐树木,对违禁者绝不姑息,必予严惩。为了震慑盗伐者,平海分司特将告示刻成石碑,立在村口的一棵大榕树下。

平海分司刻立的告示碑是惠东境内现存的最早的护林碑,自从村口竖立了这块护林告示碑后,村里再也没有人敢乱砍乱伐"风围树"了。这样,天长日久,立在村口大榕树下的石碑,随着大榕树的长大,历经一百六十多年深深地嵌入大

图396 木石一体碑

榕树的树干中，和大榕树的树干紧紧地裹嵌在一起成为一个有机整体，形成了两者根本无法分开的"木石一体"奇碑。由于大榕树的紧紧包裹形成了天然的严密保护，所以这块刻于同治元年已有一百六十多年历史的护林告示碑，至今仍保存完好，字迹清晰，这棵巨榕由此而获得了"护林古榕"的美称。

第九章

年代不详难以识读的珍奇碑刻

在千百年漫长的繁衍演化中，浩瀚无际、气象万千的中华碑海孕育出了一批刻制年代不明的神秘文字符号碑刻。这些神秘文字符号碑刻除其中少数是石碑外，大多为摩崖石刻，藏于人迹罕至的深山老林，有的甚至雕凿在悬崖绝壁上。这些神秘文字符号碑刻大多流传已逾千年，它们产生于什么时代？由何人所刻？所刻为何种文字？究竟是天然形成的还是人工凿刻的？所刻是什么内容？神秘莫识的文字符号里面到底蕴含着怎样的玄机和奥秘？是对古代天象的记录，还是远古人类的祭祀咒语？是古人的记事符号，还是古代的宗教秘语？诸如此类，许多至今都是未解之谜，吸引无数人孜孜不倦地寻访探究。根据查考，历代以来我国发现的年代不详的神秘文字符号碑刻有十余种。

第一节　苍古奇异、如虬似螭之《岣嵝碑》

《岣嵝碑》（图397、398）亦称《祝融峰铭》，因最初发现于湖南衡山（衡山古称岣嵝山）祝融峰而得名。民间相传，石在一个山洞内，人须仰卧拓之，故起初知之者甚少。由于其来历不明，颇为神秘，故民间戏传其是一次打雷时从天上落到岣嵝峰的，亦称之为霹雳石。石上刻有七十七个苍古奇异的神秘文字，如虬似螭，诡怪难辨，若鸾飘凤舞，与商殷甲骨文及金文无相似之处，也不同于战国楚墓出土的蝌蚪文，有人说是符篆，有人说是缪篆，有人说是蝌蚪文，也有人说是少数民族文字，众说纷纭。因《吴越春秋》记载"禹东巡登衡岳"，南朝宋徐灵期的《南岳记》又记载"云密峰有禹治水碑，皆蝌蚪文字。碑下有石坛，流水萦之，最为胜绝"。故后人由此推测，《岣嵝碑》是大禹治水至衡山时所留下的遗迹，为大禹治水时所刻纪事碑文，故又称此碑为《禹碑》《夏碑》《神禹碑》《禹王碑》，视为稀世珍宝。但也有许多人认为是后人伪刻，根本不足道，意见分歧极大，莫衷一是。

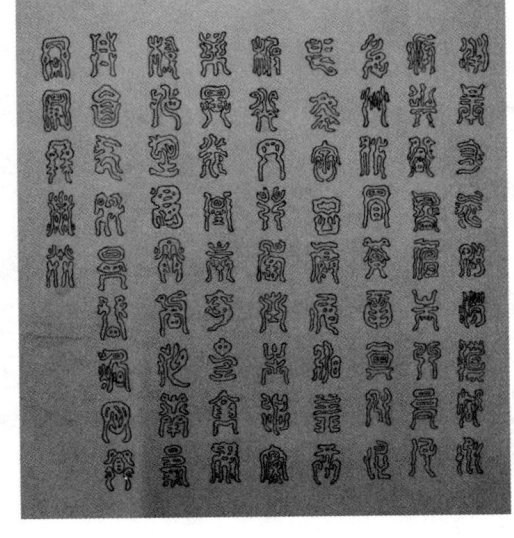

图397 岣嵝碑　　　　　图398 岣嵝碑（今人摹写）

据考，现所知的关于《岣嵝碑》的记载，晋代罗含《湘中记》："岣嵝山，有玉牒，禹按其文以治水，上有禹碑。"禹碑第一次见于世，是南朝萧齐时期，梁代刘显《粹玑录》载："萧齐高祖子铄，封桂阳王，时有山人成翳游衡岳，得禹碑，摹献之王。王宝之，爱采佳石翻刻，始见于世。"崔融在《禹碑赞》中亦对《岣嵝碑》作了记述，云："神圣夏禹，《岣嵝》纪德，龙画傍分，螺书匾刻。"不过他们都未见过实物，只是按传说作诗。但是，由于人们一直未找到过《岣嵝碑》，也未见到过碑拓，后来也就渐渐少有人再提及了。直到韩愈作《岣嵝山神禹碑》三百八十多年后，在南宋宁宗嘉定五年（1212）时，蜀人何致游览衡山，无意中在荒草萝葛之中亲眼见到了《岣嵝碑》。据其《游宦纪闻》记载，他于嘉定五年游南岳，至云密峰下，遇一樵夫说见过一石碑有数十字，于是樵夫作导，"过隐真屏，复渡二小涧，攀萝扪葛至碑所"，找到了石刻。于是，他"手摹其字以传"，拓刻于湖南长沙岳麓书院。碑高一点七米，宽一点四米，碑的空白处有何致所刻"右帝禹刻"四字，明世宗嘉靖三十九年（1560）长沙太守张西铭建亭护碑，长沙兵道石维岳又覆以石室。后来由于年代久远，碑亭、石室倾圮，现在的石室是1935年重建的。

《岣嵝碑》自移刻长沙岳麓山为世人所知后，慕名者纷纷拓制，历代以来，不仅拓本广为流传，而且全国许多地方都纷纷摹拓翻刻，各地皆有《岣嵝碑》问世。如明嘉靖二十年（1541），绍兴知府张明道将《岣嵝碑》岳麓拓本，重新摹勒石上，立于绍兴禹王庙，并筑石亭、石栏保护。现《岣嵝碑》碑亭立于绍兴禹王庙东西辕门之间（图399），亭内树有高二点八五米、宽一点三八米的《岣嵝碑》。

《岣嵝碑》全文七十七字，历代以来就碑文的解释争执不休，许多文人学者都竞相考证释读。明代时，沈镒、杨时乔、郎瑛、杨慎、杜壹、王朝辅等人都做过释读，但释文各异。

杨慎还特地写了《禹碑歌》，对此碑大加赞扬，肯定此碑为夏禹治水时所留下的遗迹。在杨慎的竭力推崇下，文人雅士竞相传拓，将其视为珍品。到清代康熙时，著名学者、明史修撰人朱彝尊也在《曝书亭集·书岣嵝山铭后》对《岣嵝碑》做了介绍。

图399 岣嵝碑碑亭

尽管杨慎声称释出了全部碑文，但是他的见解并未能使大家完全信服，后人并未因此而停止对《岣嵝碑》的继续探索，许多有识之士对杨慎的论断提出了种种怀疑，并做出了新的释读。诸如，明末清初著名学者顾炎武即认为此碑是后人所造的。乾隆年间学者王昶在《金石萃编》中说："此碑自南宋始出，故欧（阳修）、赵（明诚）皆不录，后来考据家如杨慎、杨时乔、安如山、郎瑛诸人深信不疑。余皆斥为伪物，今亦究无确证。"清代叶昌炽的《语石》认为："《祝融峰铭》实道家之秘文。"鲁迅先生也在《门外文谈》中提出："夏禹的'岣嵝碑'是道士们假造的；现在我们在实物上看见的最古老的文字，只有商朝的甲骨文和钟鼎文。但这些，都已经很进步了，几乎找不出一个原始形态。"近年来，又有人提出衡山《岣嵝碑》是先秦刻石，并非出于后人伪造，但也不是夏禹时代的作品，可能是越国刻石，是后来继承王位的朱勾于公元前456年所刻，是继秦《诅楚文》《中山国守丘刻石》之后战国刻石的又一重要发现，弥足珍贵，其内容是一篇祭祀南岳衡山的卜辞。世界人文科学院院士童文杰，研究禹碑三十余年，又在杨慎的基础上释其文曰："承帝曰咨：翊辅维卿，州渚坎，龙蛇专行，置身泽流，而明发尔兴！久旅忘家，宿岳麓庭，智靡形析，器网弗辰，往来平定，华嵩泰衡。宗疏源衺，乘桴伸壅，郁塞咸趋，南渎衍亨。衣织食既，庶民登宁，鸟兽永奔。"而著名历史学家、考古学家、甲骨文专家郭沫若钻研其拓本三年仅识得三字。

总之，《岣嵝碑》的神秘文字究竟是什么内容，究竟是何人何时所为，还有待今后更加深入的研究。

第二节 "黔中第一奇迹"贵州安顺《红岩碑》

在贵州关岭布依族苗族自治县，有一堵如刀削斧砍般的赤褐色石壁，上下高约三十米，左右宽约一百米。远远看去，灼灼似火焰。在这块巨大的红色天然石壁偏北处右方范围内，有数十个奇异、古怪的文字符号，小者如升，字径约二三十厘米，大者如斗，最大者如门。这些符号非镌非刻，非阴非阳，横不成列，竖不成行，参差不齐，大小不一，字呈赭红色，虽显露于天野之中，风吹露浸、日晒雨淋，但其色历久不褪。字体似隶非隶，似篆非篆，古朴浑厚，除其中偏左上方的那个大"虎"字是清人徐印川加上去的外，其他字都诡谲陆离、神秘玄奥，有的看似一个字，仔细看时又不像，有的看似图画，待仔细一捉摸又与象形文字不同。总之，红岩上的字粗犷古拙、雄奇瑰丽，就如同玛雅文字一般，自古以来无人能辨认，被称为"黔中第一奇迹"。因无人能识，这块《红岩碑》（图400）也被称为《红崖天书》，亦称《红崖古刻》。

图400 红岩碑

明代以前，贵州红岩山不见于著述，明弘治十三年（1500）前后，由贵州提刑按察使沈庠、贵州宣慰使司儒学教授编纂的《贵州图经新志》，开始有关红岩山的记载。明世宗嘉靖年间贵州诗人邵元善写了一首《红岩诗》，诗曰："红崖削立一千丈，刻画盘回非一状。参差时作钟鼎形，腾踯或成走飞象。诸葛曾为此驻兵，至今铜鼓有遗声。即看壁上纷奇诡，图谱浑疑尚诅盟。"此后两百多年间，《红岩碑》这一石壁遗迹寂然无闻。随着清代考据学派的兴起，各地访碑求碣之风大盛，红岩石壁古迹才被视为拱璧，受到世人的关注。自嘉靖年间起，几百年来，许多文人雅士曾来此地吟诗作赋，前去考察观瞻的游人和学者不计其数，先后有多种拓本和摹本、缩刻本问世，此碑被收入全国性的碑刻著录。《红岩碑》的勾摹拓本，在清《永宁州志》《安顺府志》《贵州通志》中均有记载。

《红岩碑》究竟产生于何时？究竟为何种文字？究竟是何人何时所刻？其所刻究竟为何内容？数百年来，特别是近一百多年来，明、清和近代学者怀着极大的兴趣对《红岩碑》进行了反复的研究和探索，众说纷纭，莫衷一是。据查考，主要的说法共有四种：

其一，有学者认为这是三国时期诸葛亮南征时留下的遗迹。有人以《华阳国志》所载诸葛亮为夷人作图谱赐夷之事为依据，认为是诸葛亮教夷人所作图谱的遗迹，将其称为《诸葛誓苗碑》；有的人认为这是蜀汉时爨族首领济火协助诸葛亮南征有功，此碑就是平定西南之后用古爨族文字书写的"济火纪功碑"。但诸葛亮是否真的到过此地无从考证，而当时已有发育成熟的汉隶文字，为什么《红岩碑》"考之汉隶，文殊不类"，而要用这样的文字符号做记录，难以做出令人信服的解释。

其二，有学者认为这是殷高宗伐鬼方胜利后返经此地时留下的纪功刻石，将其称为《殷高宗鬼方刻石》。经考，鬼方是商周时期的方国，殷高宗时鬼方叛乱，高宗讨伐并征服之。但据考，当时鬼方并不在贵州，且殷墟出土的文字也与红岩天书的字体不符，故此说似也难以成立。

其三，有学者认为这是大禹治水的遗迹。清人莫友芝等从地理环境上加以考证，认为此碑是夏禹治水时"导黑水，至于三危，入于南海"，功成之后所留下来的纪功刻石，称之为"三危禹蹟"。

其四，有学者认为这可能是苗族先民的古文，为夏后、殷、周时期之物。这一见解是清代考据学派重要学者、《补寰宇访碑录》作者赵之谦在借《红岩碑》潘伯寅藏原拓本、阳湖吕氏缩本、黔中枣木本详校后提出的。

除了这几种主要说法，还有人提出说这是埋藏宝贝的方位记录；也有人说这是古夜郎国的文字；近年又有一些民间学者提出，这是明建文帝朱允炆在失位之后，逃进深山躲避刻下的讨伐朱棣的诏书；有人则认为此碑上的符号只是石头的自然花纹，并非是人书写的文字……无数学者绞尽脑汁，查遍古今天下史册也未得出公认的结论，只留下了种种疑问和叹息。

许多著名学者慕名前去考察，邹汉勋、刘心源、莫友芝等曾苦心研究，邹汉勋、刘心源还分别著有释文。郭沫若也专门做过研究，许多民族学家、考古学家、历史学家、古文字学家、文化史家都做过专门的研究和论证，然而，没有一种观点得到公认，没有一种见解令人完全满意。无怪乎当地流传的一首民谣要这么说："红岩对白岩，金银十八抬。谁人识得破，雷打岩去抬秤来。"清代书法家严寅亮还专为《红岩碑》和黄果树瀑布的"红岩白水"奇观作了一副对联，云："白水如棉，不用弓弹花自散；红岩似火，未得薪烘焰长存。"

近年来，《红岩碑》的研究取得了许多新的进展，有学者提出了一些新的更具说服力的见解，其中两种新的见解最具代表性，也获得了较多的认同。

一种新见解是曾破译过中国旅游标志"马踏飞燕"的甘肃青年学者董洪提出来的。董洪在先后几年中，从书写颜料、史料物证、行文体例、历史背景和碳14测定等几个方面对《红岩碑》进行了深入系统的研究，于1995年8月就《红岩碑》提出了自己独到的见解。他认为，《红岩碑》距今约五千至七千年，其创制年代稍晚于新石器时代。文字的赭红色颜料同云南沧源古岩画一致，都是原始人用赭石磨粉做成的颜料。同时，董洪还指出，史料和物证相应，证明古代夜郎人有占卜的记录，再加上当地其他资料推断，《红岩碑》是少数民族的占卜系统，具体来讲，是古代的"夜郎卦经"。同时，董洪还结合已有的《诸葛碑》释译成果和殷商时期"水书"的韵律要求，从当地的红岩占卜卦文中，尝试破译了部分《红岩碑》碑文的卦辞内容。

继董洪之后，1996年9月被誉为"书坛才士"的山东大学艺术系副教授刘乐一又提出了一种更新的见解。刘乐一在书法、篆刻艺术上成就斐然，他关于"周易卦符"的研究成果在易学界、文学界曾引起过很大的轰动。为了破译《红岩碑》，刘乐一应邀到安顺的《红岩碑》古迹所在地进行考察研究。在对现有各个摹本分类考研的基础上，刘乐一不怕山地道路难行，先后经过四十三盘回盘道，到达《红岩碑》所在地进行了实地考察。经过仔细的考察研究，刘乐一发现，《红岩碑》的字体应用了甲骨文、金文、古籀以及篆隶书的汉字形体，为增加各体字形的隐蔽性，又采取了添加、省减、移位、图释四种方法，将字形肢解，使后人难识其真面目。但是《红岩碑》里唯有一个"甲"字、一个横写的"乙"字和一个大篆的"丙"字，在字形上未加变化，给人留下了开启这幅"天书"的钥匙。经过反复研究，刘乐一从《红岩碑》碑文上释译出这么几句话："甲，凤出，凤书须认书门；心，心品；丙戌之时，宦官乱攻（殴、杀），有口难言。"刘乐一从碑文的内容断定，这是一位目睹过宫廷内乱的隐士所写。同时，刘乐一又指出，"天书"右下角有两组图形，很像是一个女子在祈祷和一个儿童在戏耍，其含义是书者表示"自此不再问政事，与妻儿隐居山林共享天伦之乐"。刘乐一联系《明史》，初步推测出《红岩碑》的形成在明朝初年，可能是亲身经历过宫廷内乱的明朝第二代皇帝建文后裔或随员所写。刘乐一的这番见解，虽尚未被权威部门最后认定，但已有众多的文字、历史、文物方面的专家表示认可。不过，刘乐一的破释能否得到一致公认，真正解开《红岩碑》之谜，尚有待做更全面、深入的综合研究。

第三节　形状怪奇、深奥难释的《仙字潭摩崖石刻》

《仙字潭摩崖石刻》（图401）距离福建漳州市区约三十公里。在九龙江支流汰溪中游，这里两山夹峙，河道弯曲回旋，水流湍急，峰峦起伏，溪流以峭壁折而向东，积水成潭，潭清蜿蜒，溪北悬崖壁立，在潭北岩距水面一米以上、东西三米左右的石壁范围内，自东向西分布着五组摩崖石刻，共有五十余个神秘的符号，镌刻在坚硬的石头上，深刻达五六厘米，总石刻面积约两百平方米。这些摩崖石刻符号个体最大的长七十五厘米、宽三十五厘米，小的长十五厘米、宽九厘米，风格相近，镌刻技法相似，纹样古怪苍劲，形状奇异：有的如王者坐地；有的像武士蹲踞；有的似舞女蹁跹；有的像剑戟兵器；有的像人面兽形；有的似兽面狰狞；有的如俘虏被执；有的似人首落地；有的像鬼怪噬人，阴森恐怖；有的似虔诚跪拜，礼敬天神；等等。由于这些摩崖石刻符号似画非画，似字非字，说是画却过于抽象变形，说是字却有别于传统汉字，有文纵横如篆书，虫文鸟篆不可识，故自古以来人多不识，无人解其义，被误传为神仙所写的"仙字""天书"或"仙篆"。此潭因此被称为"仙字潭"，这些神秘的摩崖石刻符号被称为《仙字潭摩崖石刻》。

图 401　仙字潭摩崖石刻

在我国历史上，《仙字潭摩崖石刻》很早就引起了人们的注意。据有关历史文献记载，早在一千多年前的唐朝，《仙字潭摩崖石刻》符号就已被发现，对其的研究考释也在那时已开始。

不过，真正对《仙字潭摩崖石刻》进行严格意义的考古研究则是近百年的事。1915年，岭南大学黄仲琴教授不畏艰险，沿着汰溪乘船到仙字潭实地考察了《仙字潭摩崖石刻》，并于1935年在《岭南大学学报》上发表《汰溪古文》。他认为，汰溪古文，形有类似蝌蚪者，与近人法国牧师费亚所述苗文有相同之处，疑即古代蓝雷民族所用，为爨字或苗文之一种，是"盘瓠之后畲族祖先的文字"。新中国成立后，著名学者郭沫若及中央民族学院的陈兆复研究员等都对《仙字潭摩崖石刻》做过精心研究，撰写有十多万字的研究论文。1957年，福建省文物管理委员会组织专家学者对《仙字潭摩崖石刻》进行实地考察，提出"这是当地土著的一种遗迹"。1961年《仙字潭摩崖石刻》被列为福建省第一批文物保护单位后，前去考察的人更是络绎不绝。20世纪80年代以后，众多专家学者以极大的兴趣加入《仙字潭摩崖石刻》的研究。专家们广征史料，注重实地调查，从考古学、民族学、人类学、文字学、语言学、美术史等多角度、多方面进行了考证研究和探索。但是，《仙字潭摩崖石刻》中的神秘符号形态怪异奇特，极其深奥难释，因此，这些神秘符号的性质究竟是字还是画，是什么时候镌刻的，它们的内容究竟是什么，表达的是什么意思，这些神秘符号究竟是哪一个民族留下的历史遗迹等一系列问题，至今依然众说纷纭，歧见不一。

关于《仙字潭摩崖石刻》的性质，即这些神秘的符号究竟是字还是画，自唐朝韩愈释读以来，包括近现代的学者对神秘符号的考释都是"文字说"。大部分学者根据摩崖石刻的纹样结构与甲骨文、金文比较，认为这些岩刻属于文字的雏形，基本具备了文字的功能，因此是字而不是画。至于到底是什么文字，各家观点又各不相同：有专家认为是"古篆""大篆"或者"爨文""苗文""吴越文"等不同文字的；有专家认为《仙字潭摩崖石刻》神秘符号所刻人形有一定的规则，当是古文字的雏形，是专家们所说的"记事图形符号"或"图像意符文字"，与中原的甲骨文、金文及越人的鸟篆等风格不同，不能与之类比推究，"不可"用甲骨文、金文来对比破译……不过，尽管对是什么文字说法不一，但有一点是基本一致的，那就是都认为《仙字潭摩崖石刻》的神秘符号比甲骨文和前期金文更加原始，是先秦时期留下来的遗迹。归纳起来，主要有三种观点：古代少数民族的原始图像文字、象形表意文字、图像意符文字。这一观点自唐代以来延续了一千多年。

20世纪80年代中期，有的学者提出了"图画说"，认为《仙字潭摩崖石刻》的神秘符号是岩画而非文字，从而打破了"文字说"。国内外知名的研究阴山岩画的专家、内蒙古考古研究所盖山林先生专程考察了漳州的摩崖石刻，在考察仙字潭之后，发表了《福建华安仙字潭石刻新解》一文。在文中，他将《仙字潭摩崖石刻》与阴山岩画、万山岩画、贺兰山岩画、桌子山岩画等岩画遗迹进行了比较研究，认为《仙字潭摩崖石刻》不是文字，而是图画，是"经过作者艺术夸张浓缩，符号化了的原始图画……岩画主题无疑是表现某个氏族部落所跳的娱神舞蹈，他们想通过跳舞向神灵献媚，希望得到保佑，达到抗御自然威力，获得狩猎成功的目的"。盖山林先生关于《仙字潭摩崖石刻》性质的新说，打破了传统认识，点燃了是"字"是"画"论战的导火线。近年来，有学者进而提出，《仙字潭摩崖石刻》图画全部图像有的表现杀戮俘虏后举行的祭祀活动，有的描述激烈的战斗场面以及征战胜利后的狂欢，整体是对商周时期福建南部越人部落间某次较大规模战争全过程的实况记载；另外也有一些人认为，《仙字潭摩崖石刻》图画反映的是古越人庆贺丰收、祭祀祖先的场面；等等。不过，目前虽"图画说"声势渐大，但"文字说"仍占主导地位。

关于《仙字潭摩崖石刻》神秘符号镌刻的究竟是什么内容，历史上最早进行释读的是唐代文学家韩愈。据张读在《宣室志》中记载，"后有客于泉者，能传其字，持至东洛。故吏部侍郎韩愈，自尚书郎为河南令，见而识之"，其文"诏赤黑视之鲤鱼天公畀杀人牛壬癸神书急急"，是为"似上帝责蛟螭"说。然而，对于唐代韩愈破译的"仙字"内容,学术界认为韩愈对《仙字潭摩崖石刻》的这番释读"毫无根据",犹言此处有鳄鱼出没伤害人畜,似上天责蛟螭之词,充满了迷信色彩,因此颇不以为然。同时,一些学者在对照了已发现的《仙字潭摩崖石刻》的五十余个神秘符号后,无法从中辨识出韩愈所释读出的那十九个字,因此对唐人张读《宣室志》中所记载韩愈所释读出的那十九个"蝌蚪篆书"字,是否即载今《仙字潭摩崖石刻》也持怀疑态度。

由于《仙字潭摩崖石刻》中的神秘符号大多无法释读,人们也就无从知道其究竟说了些什么,专家学者们大多都只能根据自己的考证研究进行推测。许多专家倾向于《仙字潭摩崖石刻》神秘符号存在着某种功利性目的,由此提出了"图腾(或族徽)说""舞蹈说""事件说""宴饮说""征战说""纪功说""媚神、娱神说""祭祀说""地界说"等多种解释,有的还做了具体的推测和释读。如有的认为是古代土著民族浩劫记事的遗迹,有的认为是古代畲族、吴族、越族之间一次历史战争的纪功石刻,有的认为是吴部落的称王纪功石刻,有的认为是为了祈求丰收、平安而祭祀等。

关于《仙字潭摩崖石刻》神秘符号镌刻的年代,学术界提出了种种不同见解。具体一点来说,有"商周""商至西周""商至春秋""秦汉"等说。说得更具体的,还有"吴太伯、寿梦、阖闾之间""魏晋南北朝至王审知主闽"等,不一而足。不过,有一点学术界已基本形成共识,多数专家对于《仙字潭摩崖石刻》的断代为不晚于中原地区的"商周之交",大多认为《仙字潭摩崖石刻》的年代为商末周初,距今约三千年,因为这里的岩石硬度在摩氏五至六度之间,非坚硬的金属工具不能镌刻,因此《仙字潭摩崖石刻》应是青铜时代的杰作。刘蕙孙先生认为《仙字潭摩崖石刻》刻辞的具体年代,"从其文字尚是半图画状文字的初期符号这一点来看,应相当于甲骨文前期","华安出土的石戈完全是商代'勾兵'的形状,与西周中期有胡之戈不同……商周之间出现这种古文也就没有什么稀奇了"。他的这一看法与蔡永兼《西山杂志》所说的"商周之时畲人留伯所镌"记载是一致的。同时,在《仙字潭摩崖石刻》对岸的龟山上也发现了商周时期的印纹硬陶和留有金属痕迹的砺石,因此可推断其为商末周初少数民族的原始象形文字。

关于《仙字潭摩崖石刻》神秘符号究竟是什么民族镌刻留下的文化遗迹,虽有畲族(及其衍生的"畲人""蓝雷族")、越族(或越部落、福建越族)、吴族、闽族等不同见解，但即绝大多数学者认为《仙字潭摩崖石刻》是当时福建地区的土著居民所为，而非来自中原地区的华夏族，其中以认为"越""畲"者为多。

《仙字潭摩崖石刻》对于研究我国古代文字的产生和演变、我国古代福建地区的历史特别是民族史都具有重要的价值。从最初发现到现在，它已经走过了一千多年的岁月，至今依然笼罩着一层厚重而多彩的迷雾，矗立在碧水涛涛的仙字潭边，以巨大的魅力吸引着广大学者和游人，成为中外学者和游人流连忘返的文化胜迹。

第四节　中国文化史上的一大玄秘 《仙居蝌蚪文摩崖石刻》

图 402　仙居韦羌山蝌蚪崖

位于浙江台州仙居淡竹乡的韦羌山，是一座笼罩着神秘色彩的极为险峻的山，山顶有一高约一百三十米的陡壁，名叫蝌蚪崖（图402），陡壁上，有人工刊刻锲凿的日纹、月纹、虫纹和鱼纹等状如蝌蚪的文字。蝌蚪文也叫"蝌蚪书""蝌蚪篆"，为书体的一种。因头粗尾细形似蝌蚪而得名，蝌蚪文的名称是汉代以后才出现的，意指先秦时期的古文字。根据查考，《仙居蝌蚪文摩崖石刻》发现于东晋安帝义熙元年（405）。我国历史文献中最早关于仙居蝌蚪文的记载是南朝孙诜著的我国第一部地方志《临海记》，书中记载，韦羌山"上有石壁，刊字如蝌蚪"。

为一探蝌蚪文之奥秘，据明万历和清光绪《仙居县志》记载，东晋义熙年间，一位周姓廷尉作郡长时，曾不畏艰险，率领部属攀登绝壁，"造飞梯"，以蜡摹拓过蝌蚪文,"然莫识其义",拓本也未见刊布传世。此后,台州守备阮录和北宋仙居县令陈襄都曾"携众以观",率部探寻,但均因崖高路险无法攀登,"云雨晦暝",未得结果,"败兴而归"。就这样,蝌蚪文成为中国文化史上的一大玄秘。

仙居蝌蚪文摩崖的神秘文字符号究竟是什么文字?记载了什么内容?是谁凿刻的?何时凿刻的?为什么要凿刻?在如此险峻的悬崖峭壁上进行这样艰难浩大的刻凿工程在今日来讲都非轻而易举之事,当时生产力极其落后的先民们究竟是用什么工具、用什么方法完成这一工程的?

为了探寻蝌蚪文之秘,近几十年来,有关部门和对蝌蚪文感兴趣的人士做了不懈的努力。1985年,台州文物普查考察组前往考察,因崖高峰陡无法攀援而未能成功,只能从两百米外拍摄了一些照片。这些照片证实了民间传说和地方志上的记载,崖面上有人工镌刻的状如蝌蚪的日纹、月纹、虫纹、鱼纹等文字。这一发现,进一步激起了人们探觅蝌蚪文的兴趣。被民间传说和历史记载深深吸引的仙居县电视台记者王银华决心攀登危崖进行探险。1994年5月,他自费两千元,请来采药工、捕蛇人及民工共六人,韦羌山西麓淡竹乡的捕蛇师作向导,由韦羌山东南麓白塔镇呈桥村的采药工潘余龙身系麻绳,从蝌蚪崖山顶垂直下吊对崖壁进行拍照。经过一个昼夜的艰辛攀登,终于在韦羌山的一处悬崖绝壁上发现了蝌蚪文(图403),并用照相机将崖壁上的蝌蚪文拍摄了下来。根据他们的实地考

图403 仙居蝌蚪文摩崖石刻

察,在蝌蚪崖高约一百三十米的陡壁上,平整的崖面上刻有蝌蚪文的壁面宽度约

五十米，高度约四十米，比县志上所记载的面积要大得多。崖壁上所雕刻的蝌蚪文如一个个凸出的半圆球，状如蝌蚪，浮雕于崖面上，字径七至十二厘米，每个半球边缘均有一条约两厘米的小沟，每个蝌蚪文之间相距十五厘米左右，横竖排列整齐有序。除了蝌蚪文，崖壁上还有许多形如日、月、虫和海洋生物的图案。

1995年8月，上海《文汇报》记者徐作生应邀赴仙居县韦羌山考察蝌蚪崖。在仙居县委宣传部秘书张剑及王银华的陪同下，徐作生对韦羌山蝌蚪崖进行了实地勘察，同时仔细观看了仙居电视台拍摄的录像及王银华等人在蝌蚪崖拍摄的石刻图片资料，又对照查阅了大量方志和史料，并数次深入浙江、江西、福建三省的畲家村寨，进行了详细的勘查。在此基础上，徐作生发表了论文《仙居韦羌山蝌蚪崖石刻考释》。他认为，韦羌山蝌蚪崖的蝌蚪文图像计分上下两排，上一排自左至右，犬足二、男女各一、群蛇、犬首一、女生殖器一；下一排自左至右，月亮一、星辰一、飞鸟一、女生殖器一、人首一、犬首二，这是一处珍贵的"畲族远古文化遗迹"。

徐作生对这些蝌蚪文究竟是什么意思做了具体解读：图像上排，男女皆椎髻跣足，裸身，双双做舞蹈状。男子双手左摆，造型生动，细细辨认，可见其胯下之生殖器；女子双手上摆，侧身而舞，其臀部丰满，乳房高耸，勾勒出女子的曲线美。据史料记载，古代畲民均有椎髻跣足之俗。至今，浙闽赣粤皖一带偏僻山区的畲民，老年女子仍保留椎髻之俗。徐作生认为，韦羌山蝌蚪文图像最引人注目的是图中之犬首与犬足，是整幅石刻中出现最频繁的图形。图像上排，旁左为犬足二，旁右为犬首一。图像下排，旁右为犬首二。一犬抿口，圆睁双目，虎视眈眈，犬耳耷拉。一犬则张口做吠状，唯其耳已漫漶。二犬首下，又刻山峦图形，表示犬在山上，形象地说明了狩猎民族的特征。蝌蚪文图像中之所以反复出现犬之形象，是远古畲民图腾崇拜的表现。畲族有一种颇具特色的宗教信仰，即原始氏族社会的盘瓠图腾崇拜，是与古老的神话传说联系在一起的。相传远古高辛帝遇犬戎入侵，因征伐不克，即榜示天下，谁能斩犬戎番王头者，妻以三公主。时高辛帝有一神犬名盘瓠，揭下榜文，只身赴敌国，咬断番王首级凯旋。高辛帝虽喜出望外，但又颇为难，意欲悔婚。公主闻之，以为王无戏言，自愿请行，配以盘瓠。盘瓠得公主，背负走南山居于石室。婚后生三男一女。长子姓盘，名自能；次子姓蓝，名光辉；三子姓雷，名巨佑；女儿嫁给钟志深为妻。盘、蓝、雷、钟就是现在畲族的四个姓氏。韦羌山蝌蚪崖陡壁上的蝌蚪文图像石刻，所记载和表述的就是这一内容。

至于为什么远古畲民会将蝌蚪文凿刻在韦羌山蝌蚪崖的陡壁上，徐作生的解释是：畲族居山区，长期以狩猎为生，绝非"远不足稽"，所以在那些峭壁陡崖的山巅，平常人难以攀越到达的地方，畲人都能去开辟。正如《景宁县志》所记载的那样："畲客多居山中……故峭壁之巅，平常攀越维艰者，畲客皆开辟之。"

然而，许多学者对徐作生的解读持不同意见。在徐作生之后，有不少学者在对仙居韦羌山进行勘查考察后，认为"韦羌山蝌蚪崖并无什么文字，而是自然风化的结果"，"轰动一时"的"韦羌山蝌蚪文畲族远古文化遗迹"是毫无根据的。还有人认为，韦羌山蝌蚪崖上的蝌蚪状凸起是天然形成的，蝌蚪崖的岩石很像韦羌河中的石头，这所谓的"蝌蚪崖"可能是一块天然形成的岩壁，由于某种原因具有了规则的球状结构，当地人在它上面人为地凿了一个个方框，再附会以蝌蚪文的传说。也有人认为，远古时期，仙居县还是一片汪洋大海，韦羌山当年是海中露出水面的一个礁滩。在《仙居风光》一书中，金建敏在《寻访蝌蚪文摩崖石刻》一文中提出，凿刻在韦羌山蝌蚪崖崖壁上的蝌蚪文，是当年大禹治水经过此地时，在当时露出水面的礁石上刻石记事留下的记录。诸如此类的说法可谓不一而足，众说纷纭，歧见不一，迄今尚无定论

《仙居蝌蚪文摩崖石刻》的发现和研究，对于中国古文字的演变发展和中国古代社会、历史的研究，都具有重要的价值，它的巨大魅力，至今仍吸引人们去进行深入探索。

第五节 古拙神秘、意蕴深邃的《广昌古源石刻"天书"》

在江西广昌流传着这样一首民谣："古源有座万灵山，石刻天书识字难。有人能解其中义，金山银山任君担。"古源村在广昌县赤水镇，离广昌县城约三十公里，是一个三面群山环抱、仅有一百余人口的小村。1993年，广昌县博物馆的文博工作者在古源村发现了一处被称为"天书"的大面积的摩崖石刻古文字符号

（图404、405）。

图404　广昌古源石刻"天书"（一）

图405　广昌古源石刻"天书"（二）

　　古文字符号散落在古源村背后的万灵山上。万灵山不高，海拔仅不到四百米，但气势宏伟，景色奇妙。万灵山为云母质土层，其中的绢石英云母石，在阳光照射下会发出耀眼的光芒，到了山上会看到整个万灵山都是银光闪闪，尤其是到了有月光的晚上，四处更是银光一片，使万灵山披上了一层神秘的面纱。在离半山腰万灵庵几百米远，在山林并不茂盛的近千平方米的五十度左右的斜山坡上，布满了乌黑坚硬的巨石，而在这些大小不一的石块上面，布满了纵横交错的阴刻漕沟和大量的横、竖、撇、捺、勾、折、圈、点等非常神秘的阴刻符号。众多石块上，奇特的槽沟都刻在一块块外裸的石头上，槽沟中有许多人工刻凿遗痕，散布面广。而石块上面大量神秘的阴刻符号，不仅刻划线条清晰，框架轮廓分明，纵横长短、曲直粗细各异，大小不一，横竖交叉、撇捺折叠、圈点呼应、勾弯分明，而且石刻手法粗犷，气势恢宏，有的一笔长一米，大者似箩，小者似斗。尤为让人惊讶的是这些阴刻符号构型奇特，似字非字，似画非画。它们疑似文符，又没有远古陶文柔美，不似众多出土文字规整；疑似画，又无彩陶、岩画形象逼真。它们初看杂乱无章，细看却线条流畅，笔画各异，然而无一人能辨识，堪称"天书"，可谓古拙神秘。

长期以来，关于万灵山上这些神秘阴刻符号的来历，在当地民间流传着一个有趣的故事。相传，古时候，古源村万灵山山奇林美，引来了许多神仙聚居于此。神仙们有一个宝库，在一块巨大的石坡上，写有世人不识的开宝库咒诀。传说如有人能认识开宝咒诀，便可拿到金钥匙，得到九缸十八坛的宝藏和一根金扁担。为了夺取宝藏，村里的一个财主不惜重金，买来了天下所有能破译符咒的书籍，并雇来一群秀才对典辨符。就在最后一个咒诀快要被辨认出时，突然晴空起雷，狂风大作，雷电当场劈死了财主，那些能破译符咒的典籍也被熊熊大火烧得精光，而原本完整的巨大石坡也被雷电劈得七零八碎，满山都是大小不一的石块，所有的咒诀也加了一道。从此，这个开宝咒诀再也无人能解开，成为千古之谜。

万灵山上这些神秘的阴刻符号究竟刻载的是什么内容？究竟是天然形成的还是人工凿刻的？神秘莫识的符号里面到底蕴含着怎样的玄机？是对古代天象的记录？还是远古人类祭祀咒语？是古人的记事还是宗教秘语……广昌县博物馆的文博工作者凭着高度的职业敏感，意识到古源村万灵山神秘阴刻符号这一发现具有重要价值，在做了初步的考证和调研后，很快将情况上报江西省。1992年12月，江西文物考古研究所所长邹仰东，国家级古文物专家、原江西省博物馆馆长彭适凡，古文字专家彭明翰一行专程来到古源村，登上万灵山，进行了一次大规模的考古活动。

专家们的意见汇总为三点：第一，确定《广昌古源石刻"天书"》是人工雕刻的，不是天然崩裂；第二，石刻既不是岩画，也不是一般象形文字，极有可能是一种现在尚不能识别的古代民族的文字符号；第三，据史料记载，古源村全村以"曹"姓为主姓，曹氏世代做道士，道风甚浓，道法高明，相传能通鬼神，山上又有万灵庵，因此石刻也可能和古代先民祭祀有关，如道教的避雷符咒等。参加现场考古的专家一致认为，《广昌古源石刻"天书"》神秘文字符号这一重大考古发现，为我国史前考古研究提供了新思路，为破译远古人类奥秘、考辨古文字演变提供了新线索，具有重要的考古价值。

为揭开"天书"的神秘面纱，从20世纪80年代末到21世纪初，中国考古学会会员、广昌县考古学会会长、原广昌县博物馆馆长姚澄清数度登上万灵山，反复总览细看，摹其构型，探其规律，察其演变，觅其寓意，纵向回溯，横向比较，历经几十个寒暑，梳理撰写成研究论文《古源访古·试解广昌古源万灵山"天书"之谜》，提出：古源万灵山摩崖石刻似字非字，似画非画，既非岩画，也非文字，介于岩画和陶文之间，是凿刻在岩石或石坡上的记事符号，故称"岩符"。它是人神沟通求神保佑的原始意象记忆，即文字发明前的早期记事的原始符号。古源万灵山当属古越族先民综合祭祀的坛场——聚落形态的遗址。不过，目前这还是姚澄清的一家之言，尚未得到学术界的公认，还有待今后的进一步深入研究探讨。

《广昌古源石刻"天书"》面积之广、符号之古拙，它的发现是我国20世纪八九年代考古发现的一项重大收获，对于研究江西的史前历史、揭示我国的古文字演变和远古人类的奥秘，均具有重大的科研价值。可以预期，随着研究不断深入、破译不断取得进展，《广昌古源石刻"天书"》这一中国碑刻文化的瑰宝，必将放射出绚丽夺目的光彩。

第六节 奇奥莫名的《仙居中央坑摩崖石刻》

继在浙江仙居淡竹乡韦羌山崖壁上发现《仙居蝌蚪文摩崖石刻》之后，2004年初，有关部门在该县广度乡中央坑村五份头自然村，又发现了奇异古文字摩崖石刻——《仙居中央坑摩崖石刻》（图406）。摩崖石刻奇异古文字就镌刻在五份头村村前古道旁的两块石壁上。当地村民在修路时发现了这些古怪的字迹图案，虽然并不认识，但认为这些奇异古文字可能有奥秘，就保留了这两块石壁。两块刻有奇异古文字的石壁都非常平整，石壁上已发现的奇异古文字共有两处：一处刻凿在约六平方米的石壁上，共有五个字，分为两组，一组为两个字，另一组为三个字，两组字都刻凿较深，字迹较清晰；另一处在相距不远的一块约四平方米的石壁上，有六个字，刻凿较浅，加上风化严重，字迹较模糊，但笔画还依稀可辨。

中央坑村五份头自然村发现的摩崖石刻奇异古文字引起了社会各方的注意，有关方面的专家学者纷纷前来考察探究。通过考证，专家们提出了各自不同的看法。

大多专家们认为这是春秋战国时期的古越族文字。持这种见解的专家认为，这些奇异古文字既不同于甲骨文，也不同于金文，比较接近浙江史前陶器上刻画的符号，故而不可能出现在秦汉以后。另外，这些摩崖石刻的奇异古文字明显是用金属工具刻成的，不是自然形成的，而用金属刻的字也不可能产生在史前。综上，可以基本认定这些字大约出现在史前与秦汉之间的春秋战国时期，距今至少有二千二百年的历史。这些奇异古文字从排列方式和笔画结构上看，都带有早期文字的特征，与出土的越国王室青铜礼器、兵器上的文字明显不同，礼器、兵器上用的是中原文字系统，这些奇异古文字明显不属于中原文字系统。越族是我国古代东南地区的一个少数民族。仙居本就是越民族的发源地，当时除越族外，仙居没有其他民族存在。根据《史书》记载，越族有自己的语言与文字，但一直没有发现越族文字。故可以基本肯定，仙居中央坑村五份头自然村摩崖石刻的奇异古文字就是以前一直没有被发现的古越族的文字，是中国文字学上的一次重要发现，也是越文字考古的一个重大突破。

也有不少专家学者不认同这一观点，认为据此还无法确定这是越族文字。他们认为，不能认为古越族文字以前没有被发现过，就下结论说这次发现的仙居中央坑村五份头自然村摩崖石刻奇异古文字即是古越族文字。如果说这些是古越族文字，那为什么在仙居发现了，而在越国都城会稽（今绍兴）却从未发现过？二千二百年前虽已有了冶铁技术，但当时越国主要的工具还是青铜器，用青铜器是无法在这样坚硬的石壁上凿刻这么深的。仙居中央坑村五份头自然村摩崖石刻的奇异古文字与古越族文字有某种联系，并不能因此就确定是古越族文字。生活在仙居一带的越人属于当时百越族中的于越一支，仙居的奇异古文字也许仅仅是于越族的文字或某些符号，不能说就是古越族的文字。另外，《仙居中央坑摩崖石

图406　仙居中央坑摩崖石刻

刻》中清晰可辨的只有五个字，并没有文字和有关文物的佐证，仅凭此就断定其系古越族文字，很难让人信服。

虽然《仙居中央坑摩崖石刻》究竟是什么文字至今还无定论，石壁上所刻的那几个奇异古文字至今还如同仙居韦羌山蝌蚪崖的蝌蚪文那样无法释读，但是专家一致认为，这些奇异古文字的发现，对于研究中国古文字和少数民族文字是具有重要价值的，值得今后进一步的研究和探索。

第七节　无人能辨识的
《九寨沟宝镜岩符咒摩崖石刻》

九寨沟位于四川阿坝藏族羌族自治州九寨沟县境内，以天然的翠海、叠瀑、彩林、银峰、藏情风光五绝驰名于世，是闻名遐迩的旅游胜地。进沟约一千米处，便可见扎如沟北侧一座高达八百米的巨峰拔地而起，俯临树正沟的这一面经大自然的鬼斧神工，被劈成了平滑如镜的直立崖壁，远远望去，犹如一座巨大的屏风，这就是宝镜岩，也称为魔鬼崖。宝镜岩是一块巍峨挺拔的巨大石岩，直耸云天，岩壁如同刀砍斧劈一般，形似明镜。宝镜岩是由于滑坡、地壳表层的差异运动及地震活动频繁，大片的石灰岩层逐渐向下滑落形成的，位于树正群海沟沟口，景区从沟口至荷叶寨迎客松，全长六公里。

宝镜岩自古以来充满着神奇的传说。在宝镜岩岩顶有一个短发虬髯的"巨人"，隐约可辨其眉、眼、耳、口、鼻五官，传说此乃九寨沟的万山之祖扎依扎嘎的头影。宝镜岩岩壁平滑如镜，据说能照得妖魔现出原形。相传，这面宝镜本是万山之主扎依扎嘎的宝物，为了不让沟外的妖魔鬼怪进入九寨沟戕害生灵，扎依扎嘎把这面宝镜竖立在进沟的必经之路上，以保佑九寨沟人安居乐业。每当红日高照之时，宝镜岩满镜生辉，灵光熠熠，游人临此，恍若置身仙境。更富有传奇色彩的是，据说在宝镜岩上，不仅有十二生肖图案，而且在宝镜岩万山之祖扎依扎嘎的头影岩上，还有八个神秘的、状似藏文的符咒（图407），至今无人能辨识。这八个咒符究竟是什么文字？究竟怎么读？表示什么意思？是何人在何时书刻的？为什么要在宝镜岩上书刻这些神秘的符咒？……所有这一切疑问，至今都无一人能做解答。当地民间相传，唯有"幸福吉祥者"才能够辨认这神笔书写的符咒。因此，每当人们游览九寨沟时，许多人都费尽心思在宝镜岩上寻找和辨识这八个符咒，都希望自己能成为能辨识八个符咒的"幸福吉祥者"。正因为如此，宝镜岩就更增加了神秘的色彩和诱人的吸引力，成为九寨沟一大著名景点。

图407　九寨沟宝镜岩符咒摩崖石刻

第八节　至今未被解读的重庆綦江《"手心文"石碑》

21世纪初，在重庆綦江出现了一块以"画圈"作碑文的怪碑《"手心文"石碑》（图408），此碑藏在綦江县赶水镇麻柳村村民李庆生家中。早在20世纪60年代初，十多岁的李庆生在自家房屋左侧五十来米的竹林里发现了这块石碑。"文革"期间，李庆生发现这块石碑上刻的文字符号很奇怪，觉得这些文字可能很有价值，于是便把石碑掩埋在竹林中藏了起来。"这些究竟是什么文字？"李庆生心生疑惑。2005年5月，一直想知道答案的李庆生再也忍不住好奇，就把石碑从竹林中挖了出来。石碑高九十厘米、宽五十厘米、厚十厘米，碑身上方有五厘米宽的倾斜遮檐。碑体正面的碑文呈螺旋形整齐排列，粗粗一看和普通石碑没什么区别。但是仔细一看就令人惊奇地发现，这块碑碑体正面所刻的每个文字都带有弧形形状，都是呈螺旋形整齐排列的"圈圈"，酷似人的手心纹路。碑上除了"圈圈"再没其他符号。

那么，石碑上画的这些碑文符号究竟是什么文字呢？表示什么意思呢？这块石碑引起了文物考古专家的极大兴趣和关注。专家在对石碑周边的地理环境进行勘察时，在四百米外意外发现了一组岩画。这些岩画绘于一块石滩上，雕琢有十二个动物、人物和天体等图案：居中的是人头虎身图案，其右侧有一匹马；在人头虎身像底下侧还有一只高五十七厘米、身长四十厘米的麒麟，麒麟的后左侧刻有一个日月图和一条长八十八厘米、身围七至八厘米的死亡蛇；在人头虎身图案右下侧有两个戴冠人像和戴冠头像，服饰与宋代官人相似。同时，考古专家还在附近发现了洞穴悬棺。

图408 "手心文"石碑

经过一系列调查和考证，专家认为，石碑与岩画、洞穴悬棺之间具有密切的内在联系，透析出了"巴人"与"南平獠人"的历史渊源关系。这些碑文和岩刻图案，与"巴蜀文化""巴蜀图语"和"南平巴人文字"之说都有着某种联系。据此，专家们对石碑上的"圈圈"碑文究竟是什么提出了这样几种看法：

有的专家认为，重庆旧属古巴国，近期发现的巴蜀文字多出现于战国戈、印之上，称为戈文，统称为巴蜀图语或巴蜀符号。秦统一六国后，巴蜀图语渐渐消亡。近年来，在这一地区考古中发现的巴蜀文字，时间上限不早于公元前9世纪的西周，下限不晚于公元前1世纪的西汉，时间跨度约八百年。因此，这些"圈圈"碑文极有可能是消失的巴蜀图语。

有的专家认为，重庆旧属古巴国，深受道教文化影响。在汉晋六朝时期，巴蜀文字多在道教的秘文、符箓、道印中保留下来。从石碑上文字的刻痕分析，每个文字都带有弧形，酷似人的手心，因此石碑上的"圈圈"碑文文字符号是宋代生活在重庆赶水铜佛坝的"南平人"所特有的"手心文"，从文字符号的结构看，极可能是早期的巴人文字与南平僚人文字的起源文字。

还有的专家认为，这种圈圈"手心文"碑文与梵文字母如出一辙，而傣文正是来源于梵文字母的拼音文字。

然而，十分遗憾的是，石碑上这些圈圈"手心文"碑文究竟写的是什么内容，记载了什么事情，表达了什么意思，迄今为止，还没有任何一个专家能够解读，尚有待人们今后进一步深入研究和探索。

第九节 古奥奇怪的山东寿光仓颉墓石室《"鸟迹书"刻石》

据史书记载，仓颉是中国古代轩辕黄帝的史官，是传说中中国历史上的造字圣人、汉字的发明创造者。"仓颉造字"的传说，早在战国时期已经广泛流传。远古时代，在文字出现之前，我们先祖记事使用的是"刻楔纪事""结绳纪事"等方式。相传，仓颉聪慧过人，通于神明，头有四目，四目灵光，可两眼观地，两眼观天。《汉字通易经》中记载，有一年，仓颉到南方巡守，登阳虚之山，忽然见到一只大龟，龟背的颜色是丹红的，上面却有许多青色的花纹。仓颉顿悟了花纹所示文字的道理，从而萌发了他发明文字之宏愿。据东汉王充《论衡》记载，于是，仓颉"仰观奎星圆曲之势，俯察龟纹鸟迹之象，博采众美，合而为文"。尽管"仓颉造字"带有神话色彩，但在我国古代，仓颉造字是得到一致公认的，在我国古代文献典籍中，关于仓颉造字有大量的记载。

仓颉创造了我国历史上最早的鸟迹象形文字，用以纪史记事，结束了远古结绳记事的历史，不仅推进了中华文化的发展，而且对世界文化的发展产生了极其深远的影响。在美国国会图书馆三座馆舍之一的约翰·亚当斯大楼大门上，镶嵌着十二个对世界文字有影响的各国人物，仓颉的名字就在其中。2005 年，当代世界出版社出版的《影响中国历史的100事件》，在无数历史事件中挑选了最为影响中国历史走向的一百个事件，"仓颉造字"在"黄帝战蚩尤"之后位列第二。

仓颉造字开中国文化之先河，对中华文明乃至对世界文明的发展做出了伟大的贡献，因此，仓颉作为汉字之始祖被后人尊为"制字先师""造字圣人"，受到中华民族世世代代的崇敬。全国出现了三座仓颉墓：一座在山东寿光，一座在山东东阿，一座在陕西白水。

据《金陵新志》记载，周初在北海（今山东潍坊）寿光发现了仓颉墓，在墓中出土的石刻上镌有极为古奥奇怪的二十八个字（图409）。由此当地人将仓颉墓石室称为藏书室，这大约就是"石室藏书"这一典故的由来。相传，仓颉墓石室出土的二十八个字周朝时被人从墓中取出后，无人能识。人们认为，这二十八个字即仓颉所创的原始文字——"鸟迹书"象形文字。仓颉墓石室出土的《"鸟迹书"刻石》出土后藏于纪侯国。后来齐

图409　"鸟迹书"刻石

灭纪侯国，《"鸟迹书"刻石》归了齐国。相传，孔子曾数次来到仓颉故里寿光拜谒仓颉墓，曾拜读过二十八字《"鸟迹书"刻石》，但孔子见了竟一字不识，故在寿光流传有"仓颉造字圣人猜"之说。后来，秦国灭齐国，秦宰相李斯得到了《"鸟迹书"刻石》，据说他认出了其首八个字，认为是"上天作命，皇辟迭王"。西汉灭秦后，《"鸟迹书"刻文》归了汉王朝，据说太傅叔孙通认出了其中十三个字。此后，几经变乱，《"鸟迹书"刻石》下落不明。

到宋代时，二十八字《"鸟迹书"刻石》被收录到宋太宗御命编撰刻印的

《淳化阁帖》中。宋太宗淳化三年（992）刊印的《淳化阁帖》，将其放在诸家法帖之前，列为首篇，将仓颉墓石室出土的二十八字注释为"戊己甲乙，居首共友，所止列世，式气光名，左互右家，受赤水尊，戈矛釜芾。"然而，对这二十八个字说的究竟是什么意思并无解读。我们今天所见到的仓颉墓石室出土的二十八字"鸟迹书"，系上海书店1984年翻印的《淳化阁帖》所载拓片。

近些年来，随着中国文化热的不断升温，学界和民间人士对仓颉墓石室出土的二十八字《"鸟迹书"刻石》的研讨日益活跃，种种不同见解应运而生。《社会科学报》刊载的刘志一教授的文章，认为"仓颉鸟迹书"是彝文，据此译文是："一妖来始，界转鸦权，祭神青脑，祸小马念，师五除扫，幡斋解果，过鼠还魂。"彝文的释义则是："一群妖魔刚到来，树上乌鸦满天飞，割青牵羊祭山神，念经消灾骑马归。五位法师施法术，做斋完毕魂幡回，消灭老鼠魂归位。"认为仓颉墓石室出土的二十八字是一般祭祀经文，是不是仓颉亲手所刻难以考证。另有一种见解认为仓颉墓石室出土的二十八字汉文是："化己，庇，乃尼山艾友所。草米并刈，乞少子左互。学耒，殁雨水，儿纠叔兵朱。"其释义是："身体变化，需要庇护，尼山是养老送终的好地方。杂草庄稼一并割下，求少子帮助。学使农具，取水灌地。小儿缠着叔叔玩弄兵器上的红飘带。"整段话的意思是说老有所养，壮有所用，幼有所长。其内容与《礼记·礼运》所讲的大禹以前的社会情况相吻合："大道之行也，天下为公……使老有所终，壮有所用，幼有所长……是为大同。"这就是说，从孔子到孙中山两千多年来，中华民族的仁人志士所追求和向往的大同世界的理论，原来系出自上古时代的《仓颉书》。《仓颉书》不愧是天下第一书，是中华五千年文明史的见证，可谓通俗易懂、博大精深，是人类不可多得的文化瑰宝。还有一种见解认为，仓颉墓石室出土的二十八字意思是："黄帝和炎帝联合起来，使这个民族走向昌盛。"总之，众说纷纭，歧见不一，仓颉墓石室出土的二十八字究竟是不是仓颉创造的"鸟迹书"，到底所说的是什么意思，至今无一致公认的意见，有待进一步考证研究。

第十节　扑朔迷离、无人释读的贵州雷公山《"苗文"碑》

苗族是中国的少数民族之一，半数以上居住在贵州，其余分布于湖南、云南、广西、四川、广东、湖北等省。苗族是一个古老的民族，有自己的民族语言，属汉藏语系苗瑶语族苗语支，但只是口口相传，并未见有相应的苗文留存下来。那么，苗族古代究竟有没有文字呢？在苗族民间流传着的说法是苗族古代是有文字的，只是后来祖先在艰难的迁徙过程中丢失了。据流传在苗语黔东方言区的苗族史诗《溯河西迁》，他们的祖先在迁徙过程中，来到了宽阔湍急的"五条江水冲一处，九河汇作一江流"的南萝时，无法将他们记载的苗族文字带过河，情急之下，"急傻了的苗家人，文字用牙咬"，结果，将文字"咕噜吞下肚"，因此他们的文字就没有了，"才靠心头来记事，凭心记账到如今，愁啊愁啊愁煞人"。黔西北的苗族传说则是他们的祖先迁徙时，坐船过一条大河，因为风吹浪打，文字掉进河里，捞上来晒在石头上，却被牛吃掉了，所以今天苗族才要杀牛祭祖，并把牛的千层肚叫作"书本"。另外，苗族民间还流传着一种说法，说是因为苗族在一场战争中失败，逃亡时不能把苗文书带走，长老们便叫妇女把字绣在衣服上，现在苗族妇女绣衣上的一些图案花纹便是古苗文的遗存。按照这些优美动人的传说故事，苗族古代是有文字的。那么，如果有的话苗文到底是什么样子的呢？长期以来，苗文之谜一直是苗族文化史研究中备受关注的一大课题，吸引着人们去进行研究探讨。据苗族语言文字专家介绍，在被认为是苗文的各种符号中，目前最有研究价值的首推贵州雷公山《"苗文"碑》。

贵州雷山苗峰雷公山是国家级自然保护区和国家级森林公园，是世界十大森林旅游胜地之一。雷公山是苗族聚居区的中心地带，苗文化多姿多彩，雷公山最高处的雷公坪保存有"咸同苗族农民起义"遗址。据史籍记载，清咸丰同治年间，黔东南苗族农民起义军在著名领袖张秀眉的领导下，以雷公坪为重要据点抵抗清军，屯兵生产，修建演武场、阅兵台及木结构营房三百余间。雷公坪易守难攻，清军曾多次攻打雷公山,均未得逞。后来,清廷调集了十数万湘军、川军和黔军联合"进剿",经过激烈战斗,起义军被迫撤离雷公坪。直到20世纪50年代,方祥、陡寨等地的苗族村民,还在雷公坪多次发现当年起义军的梭镖、大刀、铛叉等兵器,并发现屋基和断垣、残瓦、池塘等遗迹。20世纪30年代,有人在雷公坪发现了一块残碑,因发现地处于苗族聚居区的中心地带,故被人称为《"苗文"碑》(图410),因碑上刻有疑是苗文的神秘文字,无人能识,故又被称为《"天书"碑》。现贵州省博物馆存有该碑的一片残石及拓片。碑文阴刻,其字形类似隶体汉字,只

图410 "苗文"碑残石

是有的拉长了,有的扩宽了,有的像某个汉字却少了或多了一两笔,但经与汉字体系的诸种文字比较,均不可识,碑上的文字符号至今无人能释读。据《雷山县志》记载,该碑前原筑台三层,用青石砌成,高两米,宽一点五米,已损毁。20世纪80年代,雷山县文物管理所对收集到的碑的残石予以保存。县志有其文字拓片图,共二十八个字,其中有四个字残损。据专家考证,碑书笔力古朴、遒劲,用笔操刀遗留汉魏风骨,与汉字有着亲缘关系,又与日文相近。

至于碑文究竟是何种文字,写的是什么内容,碑立于何时以及是何人所写,则无任何文献资料记载。民间对此流传着多种看法,主要有以下三种:

一种意见认为,此碑是西汉文帝期间,苗族先民向西南迁徙,经古州(今贵州榕江)至雷公山,定居牛皮箐后,祭天盟誓立碑以志。

另一种意见认为,此碑是苗族起义遗留物。关于此,又有两种说法:一说是雍乾年间,苗族领袖"黔兴王"张抱九领导苗族人民举行反清起义,在雷公坪建立苗王国,刻立该碑;另一说是1868年,张秀眉、杨大陆领导苗族人民反清起义,曾长期驻扎于雷公坪,并修建阅兵台,立下该碑,曰《秀眉碑》。但一些专家对碑是"苗族起义遗留物"存有疑问,认为雍乾、咸同至今仅两三百年历史,如若那时能用苗文刻碑,苗文应该会传承下来而不致失传,因为那时苗族已居有定

所，相对安定，应授学自己的苗文。

还有一种意见认为，此碑系由诸葛亮所立，是诸葛亮七擒西南少数民族首领孟获后，为宣扬汉蜀亲扶、和睦的民族政策，用苗文刻立该碑以诏示天下。据传孟获是苗人，被诸葛亮治服后，为表达对诸葛亮的崇敬，把自己老家贵州榕江与从江县交界处的月亮山支脉"务振山"改为"孔明山"，把出生的家寨改为"孔明寨"。

对于此碑损毁，民间亦流传着多种说法，这些说法往往还与苗文失传相关，主要有以下这两种：

一种说，清咸丰同治年间，雷公坪被清军攻破，张秀眉、杨大陆领导的苗族人民反清起义军败退，碑被清兵砸毁。苗族先民向西南突围时，族老忘记将用苗文写的苗书带上，叫大儿媳回去取，大儿媳取书时听到有婴儿啼哭，跑去抱出婴儿而忘了拿书，苗文因此而失传。

另一种说，雷公山山高水冷，山民为了生存，几经烧山开荒耕作，碑被火烧烟燎而破碎毁坏。清咸丰同治年间雷公坪被清军攻破，苗族先民向西南突围时没带什么东西，有文化的老年人跑得慢被杀，加之路上几经包围与突围，苗书遗失殆尽。到新居住地后忙于开荒，而无暇学文解字，苗文就失传了。

有关资料说，新中国成立后，有人曾在湖南发现过苗文碑。在贵州榕江乐里乡保里村有一处被当地群众称为"老虎碑"和"老虎岩"的山石，正面横七竖八刻有似文非文、似图非图的线条，背面有各种方形、三角形等图形，老百姓传说是老虎所抓的痕迹，但有人认为可能与古苗文有关。然而这些都无法作为研究苗文的系统语言文字资料。当前能用以破解古苗文之谜的，唯有这块扑朔迷离至今无人能释读的贵州雷公山《"苗文"碑》，故而此碑弥足珍贵。

第十一节　千年无人破解的重庆彭水天书《张飞岍石刻》

在重庆彭水太原乡有一块刻着古怪文字符号的巨石《张飞岍石刻》（图411），这块神秘的石头位于花园村九组的一座山上，在早年彭水通向丰都的盐茶古道边，海拔一千多米。这是一块坚硬的棱骨石，重约八九吨，坐落在山梁上。巨石一面很平整，有六道人工打磨出来的深约半厘米、宽约二十厘米、长约一米的凹槽，文字符号就一行一行地刻在凹槽中。据1998年版《彭水县志》的记述，在这块巨石上，"符号为阴刻，呈枝状、爪状、蚯蚓状，无环形、方形、三角形，个别略似象形状，不类甲骨文、钟鼎文，亦不类道家符咒。"巨石有明显断裂痕迹，有些符号在断裂部位显得残缺不全。当地人称其为《张飞岘石刻》，因巨石上

图411　张飞岘石刻

所刻的文字符号自古至今无人能释读，故当地村民亦称之为"天书"。在这块巨石下方约三十米远的溪流边，还有一块疑似巨石残部的棱骨石。这块石头略小一些，其中一面也隐约呈现出几道凹槽，但因溪边风化严重，已看不清所刻内容。两块石头都躺在地里，周围无类似石头，而在上方山峰顶部却有很多巨石。当地村民认为，这两块石头就是从山顶上滚下来摔断形成的，可是他们上山去找了很多次，却没能发现其他刻有"天书"的石头。

千百年来，《张飞岘石刻》早已成为附近村民甚至彭水以外的人供奉的对象。然而，村民们只知道对这块神秘的石头顶礼膜拜，却不知拜的是什么。这刻在巨石上的"天书"究竟刻的什么东西？是文字还是符号？是谁刻的？什么时候刻的？为什么要刻？所表达的是什么意思？千百年来无人知晓，从而充满了神秘色彩。

当地流传着关于《张飞岘石刻》的种种传说。其中最为流行的一种传说是《张飞岘石刻》是张飞用手抓出来的，其中隐藏了一幅藏宝图，"张飞岘"之名亦由此而来。当地年逾古稀的老人说，《张飞岘石刻》附近世代居住着十八户村民，没人能说清这石刻存在多久了，只知道祖辈流传下来说是当年张飞路经此地时，

大手一抹，就有了六道凹槽，手指一划，便有了这些文字。当地村民还相传，张飞在附近埋了一笔宝藏，谁破译了石刻内容，就能找到宝藏。至今，当地还流传着这样的谚语："好个张飞岬，银子在路边。有人识破了，要值万万千。"在入山口处，还有一块极像柜子的巨石，搁在悬崖上的岩洞里，当地人说那个石柜是当年张飞藏书的，里面全是兵法秘籍。向北更远的山上，还有张飞当年留下的"马蹄印"，还说"张飞骑骡子——跃过"的谚语典故就出自此。然而，经史料考证，历史上张飞并未到过彭水县太原乡，这些都只是因为张飞被当地老百姓视为平乱驱害、保护一方的善神，是历代村民出于对张飞骁勇神武高大形象的崇敬演化出来的美好传说，不足为信。

1988年，《张飞岬石刻》被列为县级文物保护单位。近些年来，为了解开《张飞岬石刻》之谜，当地政府将石刻拓片送到全国各地专家手中去请他们辨认释读，但至今还无人能道出个令人信服的结论来。现存于彭水县文管所的《四川省文物档案》复件称，《张飞岬石刻》"据考证乃秦代以前所刻，据专家考证，既非甲骨金文，亦非大小篆，音义也不辨识"。

由于千百年来无人能识辨《张飞岬石刻》上刻的究竟是什么，更无人能破解石刻的意义，因此人们只能进行猜测。有人推测《张飞岬石刻》上刻的是古代彝族的一种文字。但重庆历史地理专业委员会常务理事、彭水县旅游局干部简文相却认为可能性不大。简文相根据自己的研究，提出了《张飞岬石刻》与居住在彭水的古老民族板楯蛮有关的观点。板楯蛮曾经是居住在彭水地区的古老民族之一，和石刻一山之隔的山沟正是一千多年前板楯蛮聚居的地方，他们英勇善战，近可用板楯攻守，远可用连发机弩杀敌，现在彭水县的彭姓有的就是其后裔。但是，这一推测也难以成立，因为历史上尚未发现板楯蛮有文字。黔中道文化研究先行者蔡盛炽老先生又提出，这可能是蚩尤部落的文字，因为彭水是苗族聚居的地方，而蚩尤正是苗族的祖先。在距《张飞岬石刻》不远的地方，曾发现一个铜矿，出土了很多汉代的青铜器，传说蚩尤部落曾在这里练兵铸铜器。

各种仁者见仁、智者见智的猜测和种种生动有趣的传说使《张飞岬石刻》充满了魅力，人们期待着有朝一日有人能破解这个千古之谜。

中国历代碑刻苍莽如林、浩瀚如海，是中国传统文化的极为重要的组成部分，是中华文化的瑰宝，在中国文化史上占有重要的地位。而诸如此类珍稀罕见、诡怪莫名、奇奥难识的神秘文字符号碑和摩崖石刻，更是奇中之奇、宝中之宝，具有格外丰富的历史文化内涵和格外珍贵的历史文化价值，神州山河为之增色生辉。期待着人们做深入系统的研究、考证和探索，彻底揭开它们神秘的面纱，让它们放射出更加璀璨夺目的光华。

主要参考文献

[1] 《福建名胜词典》编委会. 福建名胜词典. 福州：福建人民出版社，1988.

[2] 《宁波辞典》编委会. 宁波辞典. 上海：复旦大学出版社，1992.

[3] 《中国史稿》编写组. 中国史稿：第4册. 北京：人民出版社，1982.

[4] 《中国史稿》编写组. 中国史稿：第5册. 北京：人民出版社，1983.

[5] 《中国史稿》编写组. 中国史稿：第6册. 北京：人民出版社，1987.

[6] 《中国史稿》编写组. 中国史稿：第7册. 北京：人民出版社，1995.

[7] 安旭. 旅游文物艺术. 天津：南开大学出版社，1990.

[8] 白玉英，陈雪柏. 承德胜景大全. 呼和浩特：远方出版社，2006.

[9] 鲍汉祖. 石鼓笺释. 南京：凤凰出版社，2007.

[10] 贝远辰，叶幼明. 历代游记选. 长沙：湖南人民出版社，1980.

[11] 北京大学考古学系. 纪念北京大学考古专业三十周年论文集. 北京：文物出版社，1990.

[12] 北京大学中古史研究中心. 敦煌吐鲁番研究：第一卷. 北京：北京大学出版社，1995.

[13] 北京市文物研究所. 北京考古四十年. 北京：北京燕山出版社，1990.

[14] 北京图书馆金石组. 北京图书馆藏中国历代石刻拓本汇编. 郑州：中州古籍出版社，1989.

[15] 蔡美彪，朱瑞熙，李瑚，等. 中国通史：第5册. 北京：人民出版社，1978.

[16] 蔡美彪，周清澍，朱瑞熙，等. 中国通史：第6册. 北京：人民出版社，1979.

[17] 蔡美彪. 元代白话碑集录. 北京：中国社会科学出版社，2017.

[18] 曹学佺. 蜀中名胜记. 重庆：重庆出版社，1984.

[19] 岑久发. 书画篆刻实用辞典. 上海：上海书画出版社，1988.

[20] 岑仲勉. 金石论丛. 北京：中华书局，2004.

[21] 曾晓梅. 碑刻文献论著叙录. 北京：线装书局，2010.

[22] 常熟碑刻博物馆. 常熟碑刻集. 上海：上海辞书出版社，2007.

[23] 陈安利. 唐十八陵. 北京：中国青年出版社，2001.

[24] 陈柏泉. 江西出土墓志选编. 南昌：江西教育出版社，1991.

[25] 陈垣. 道家金石略. 陈智超，曾庆瑛，校补. 北京：文物出版社，1988.

[26] 陈桥驿. 中国历史名城. 北京：中国青年出版社，1986.

[27] 陈思. 宝刻丛编//影印文渊阁四库全书：第682册. 台北：台湾商务印书馆，1986.

[28] 陈思. 书小史//影印文渊阁四库全书：第814册. 台北：台湾商务印书馆，1986.

[29] 陈文锦. 西湖文物. 杭州：浙江摄影出版社，1992.

[30] 陈兆国. 中国书法篆刻之最. 北京：中国旅游出版社，1992.

[31] 迟冰. 四川汉代雕塑艺术. 北京：中国古典艺术出版社，1959.

[32] 褚人获. 坚瓠集. 上海：上海古籍出版社，2012.

[33] 丁守和. 中华文化辞典. 广州：广东人民出版社，1989.

[34] 董逌. 广川书跋//影印文渊阁四库全书：第813册. 台北：台湾商务印书馆，1986.

[35] 都穆. 金薤琳琅//影印文渊阁四库全书：第683册. 台北：台湾商务印书馆，1986.

[36] 窦臮. 述书赋//影印文渊阁四库全书：第812册. 台北：台湾商务印书馆，1986.

[37] 端方. 陶斋藏石记. 宣统元年石印本.

[38] 端道漠. 云南通志//鄂尔泰，监修. 影印文渊阁四库全书：第570册. 台北：台湾商务印书馆，1986.

[39] 方升. 大岳志略. 范学锋，陶真典校. 武汉：湖北科学技术出版社，2021.

[40] 方祖熊，等. 巴陵胜状. 长沙：湖南美术出版社，1985.

[41] 范韧庵，李志贤. 书法辞典. 南京：江苏古籍出版社，1989.

[42] 范廷枢，苏简亚，张晓莲. 姑苏文化集萃. 苏州：古吴轩出版社，1991.

[43] 范文澜. 中国通史简编：第二编. 修订本. 北京：人民出版社，1964.

[44] 范文澜. 中国通史简编：第三编：第一册. 修订本. 北京：人民出版社，1965.

[45] 范文澜. 中国通史简编：第三编：第二册. 修订本. 北京：人民出版社，1965.

[46] 方若. 校碑随笔. 王壮弘，增补. 上海：上海书店出版社，2008.

[47] 方若. 正续校碑随笔. 上海：上海古籍出版社，2020.

[48] 冯云鹏，冯云鹓. 金石索. 北京：书目文献出版社，1996.

[49] 高世瑜，阎守诚，马芳印. 唐玄宗与泰陵. 西安：陕西旅游出版社，1992.

[50] 高文. 汉碑集释. 郑州：河南大学出版社，1985.

[51] 葛晓音. 中国名胜与历史文化. 北京：北京大学出版社，1989.

[52] 耿铁华. 好太王碑新考. 长春：吉林人民出版社，1994.

[53] 龚廷万，龚玉，戴嘉陵. 巴蜀汉代画像集. 北京：文物出版社，1998.

[54] 顾蔼吉. 隶辨∥影印文渊阁四库全书：第235册. 台北：台湾商务印书馆，1986.

[55] 顾颉刚. 妙峰山. 影印本. 上海：上海文艺出版社，1988.

[56] 顾炎武. 金石文字记∥影印文渊阁四库全书：第683册. 台北：台湾商务印书馆，1986.

[57] 顾炎武. 日知录集释. 黄汝成，集释. 杭州：浙江古籍出版社，2013.

[58] 郭恒. 石鼓文的辨识与写法. 北京：北京体育学院出版社，1991.

[59] 郭沫若. 中国史稿：1册. 北京：人民出版社，1976.

[60] 郭沫若. 中国史稿：2册. 北京：人民出版社，1979.

[61] 郭沫若. 中国史稿：3册. 北京：人民出版社，1979.

[62] 郭玉堂. 洛阳出土石刻时地记. 郑州：大象出版社，2005.

[63] 郭宗昌. 金石史，浙江汪启淑家藏本.

[64] 郭宗昌. 金石史∥影印文渊阁四库全书：史部十四目录类. 台北：台湾商务印书馆，1986.

[65] 国家图书馆善本金石组. 历代石刻史料汇编：全16册. 北京：北京图书馆出版社，2003.

[66] 国家文物局，中国文物报社. 中华文明遗迹通览. 上海：上海古籍出版社，2002.

[67] 韩庆浩. 华夏珍宝录：中国民间文物地域巡礼. 济南：山东省地图出版社，1993.

[68] 河北人民出版社. 可爱的河北. 石家庄：河北人民出版社，1984.

[69] 河北省博物馆. 河北省出土文物选集. 北京：文物出版社，1980.

[70] 河南省地方志编辑委员会. 河南省志：文物志. 郑州：河南人民出版社，1998.

[71] 河南省文物局. 河南碑志叙录. 郑州：中州古籍出版社，1992.

[72] 河南省文物局. 洛阳出土墓志目录. 北京：朝华出版社，2001.

[73] 河南省文物考古研究所. 北宋皇陵. 郑州：中州古籍出版社，1997.

[74] 河南省文物考古研究所. 永城西汉梁国王陵与寝园. 郑州：中州古籍出版社，1996.

[75] 洪尚之，阮浩耕. 西湖寺观. 杭州：浙江摄影出版社，1992.

[76] 洪适. 隶释//影印文渊阁四库全书：第681册. 台北：台湾商务印书馆，1986.

[77] 胡海帆，汤燕，等. 北京大学图书馆藏历代墓志拓片目录. 北京：北京大学出版社，2013.

[78] 胡汉生. 明朝帝王陵. 北京：北京燕山出版社，2001.

[79] 胡聘之. 山右石刻丛编. 太原：三晋出版社，2018.

[80] 湖南省文物事业管理局，祁阳县浯溪文物管理处. 浯溪碑林. 长沙：湖南美术出版社，1992.

[81] 黄斌，刘厚生. 高句丽史话. 呼和浩特：远方出版社，2002.

[82] 黄伯思. 东观余论//影印文渊阁四库全书：第850册. 台北：台湾商务印书馆，1986.

[83] 黄文弼. 高昌砖集. 北京：科学出版社，1957.

[84] 黄彰健. 明太祖实录. 北京：中华书局，2016.

[85] 季士家，韩品峥. 金陵胜迹大全. 南京：南京出版社，1993.

[86] 济宁市政协文史委员会. 孔孟之乡石刻文选. 济南：山东友谊书社，1992.

[87] 江苏省博物馆. 江苏省明清以来碑刻资料选集. 北京：生活·读书·新知三联书店，1959.

[88] 焦德森. 北朝摩崖刻经研究（续）. 香港：天马图书有限公司，2003.

[89] 焦德森. 北朝摩崖刻经研究（三）. 呼和浩特：内蒙古人民出版社，2006.

[90] 焦竑. 献征录. 上海：上海书店出版社，1987.

[91] 金开诚，王岳川. 中国书法文化大观. 北京：北京大学出版社，1995.

[92] 净慧. 佛教与中国文化. 北京：中国佛教协会，1990.

[93] 康有为. 广艺舟双楫. 北京：中国人民大学出版社，2010.

[94] 康有为. 广艺舟双楫注. 崔尔平，注. 上海：上海书画出版社，2006.

[95] 孔尚任. 桃花扇. 北京：人民文学出版社，2005.

[96] 赖非. 北朝摩崖刻经. 北京：荣宝斋出版社，2000.

[97] 赖非. 山东北朝佛教摩崖刻经调查. 北京：科学出版社，2007.

[98] 赖非. 中国书法全集：三国两晋南北朝：北朝摩崖刻经卷. 北京：荣宝斋出版社，2000.

[99] 郎绍君，蔡星仪，水天中，等. 中国书画鉴赏辞典. 北京：中国青年出版社，1988.

[100] 李百勤. 河东出土墓志录. 太原：山西人民出版社，1994.

[101] 李炳清，施宣圆. 历史之谜. 北京：人民日报出版社，1991.

[102] 李福田，黄廷梅. 中国文化小百科. 天津：百花文艺出版社，1989.

[103] 李洪甫，刘洪石. 连云港山海奇观. 北京：地质出版社，1986.

[104] 李华. 明清以来北京工商会馆碑刻选编. 北京：文物出版社，1980.

[105] 李慧. 陕西石刻文献目录集存. 西安：三秦出版社，1990.

[106] 李军. 台港澳百科大辞典. 北京：华龄出版社，1992.

[107] 李零. 中国方术考. 北京：人民中国出版社，1993.

[108] 李露露. 妈祖信仰. 北京：学苑出版社，1994.

[109] 李名方，常国武. 中国书法名作鉴赏辞典. 南京：南京大学出版社，1991.

[110] 李澍田. 长白丛书：金碑汇释. 长春：吉林文史出版社，1989.

[111] 李新泰. 齐文化大观. 北京：中共中央党校出版社，1992.

[112] 李域铮，赵敏生，雷冰. 西安碑林书法艺术. 增订本. 西安：陕西人民出版社，1992.

[113] 梁白泉. 国宝大观. 上海：上海文化出版社，1990.

[114] 梁白泉. 南京的六朝石刻. 南京：南京出版社，1998.

[115] 梁份. 帝陵图说（外三种）. 北京：北京出版社，2022.

[116] 梁披云. 中国书法大辞典. 香港：香港书谱出版社，1987.

[117] 林侗. 来斋金石刻考略//影印文渊阁四库全书：第684册. 台北：台湾商务印书馆，1986.

[118] 林序达，段启明. 中国古代文化知识辞典. 南昌：江西教育出版社，1991.

[119] 凌云超. 中国书法三千年. 南京：南京大学出版社，1987.

[120] 刘承幹. 希古楼金石萃编. 上海：上海古籍出版社，2020.

[121] 刘景龙，等. 龙门石窟碑刻题记汇录. 北京：中国大百科全书出版社，1998.

[122] 刘涛. 中国书法史：魏晋南北朝卷. 南京：江苏教育出版社，2002.

[123] 刘雨男，刘挺. 中国镇江风景名胜. 南京：南京大学出版社，1992.

[124] 刘兆元. 中国龟文化. 上海：上海文艺出版社，1992.

[125] 刘正成. 中国书法鉴赏大辞典. 北京：大地出版社，1989.

[126] 柳文金. 山东平阴北朝三山摩崖. 北京：荣宝斋出版社，1997.

[127] 陆耀遹. 金石续编. 上海：上海古籍出版社，2020.

[128] 陆增祥. 八琼室金石补正. 北京：文物出版社，1985.

[129] 路远. 碑林史话：回首千年沧桑. 西安：西安出版社，2000.

[130] 罗振玉. 海外贞珉录. 影印本. 上海：上海书店出版社，1994.

[131] 罗振玉. 蒿里遗文目录. 铅印本. 东方学会，1926.

[132] 罗振玉. 芒洛冢墓遗文. 自刻本. 上虞：罗氏，1917.

[133] 罗振玉. 雪堂金石文字跋尾. 永丰乡人稿刻本.

[134] 洛阳古代艺术馆. 隋墓志人物传. 郑州：中州古籍出版社，1994.

[135] 洛阳关林管理委员会. 洛阳：关林. 郑州：中州古籍出版社，1994.

[136] 洛阳市地方史志编纂委员会. 洛阳市志：第14卷：文物志. 郑州：中州古籍出版社，1995.

[137] 洛阳市历史学会，洛阳市海外联谊会. 河洛文化论丛：第一辑. 郑州：河南大学出版社，1990.

[138] 洛阳市文物工作队. 洛阳出土历代墓志辑绳. 北京：中国社会科学出版社，1991.

[139] 洛阳市新安县千唐志斋管理所. 千唐志斋. 北京：中国旅游出版社，1989.

[140] 吕继祥. 泰山娘娘信仰. 北京：学苑出版社，1994.

[141] 马宝山. 书画碑帖见闻录. 北京：北京燕山出版社，1997.

[142] 马衡. 凡将斋金石丛稿. 北京：中华书局，1997.

[143] 马可·波罗. 马可·波罗游记. 梁生智，译. 北京：中国文史出版社，1998.

[144] 马永强. 中国书法词典. 郑州：河南美术出版社，1991.

[145] 马子云，施安昌. 碑帖鉴定. 桂林：广西师范大学出版社，1993.

[146] 马子云. 碑帖鉴定浅说. 北京：紫禁城出版社，1986.

[147] 毛远明. 汉魏六朝碑刻校注. 北京：线装书局，2008.

[148] 孟繁禧. 如何临写欧体"九成宫"碑. 北京：北京体育学院出版社，1989.

[149] 孟慧贤. 魏征公园碑刻萃集. 张喜聚，译注. 石家庄：河北美术出版社，2009.

[150] 南京博物院. 明孝陵. 北京：文物出版社，1981.

[151] 南京市博物馆. 南京出土六朝墓志. 北京：文物出版社，1980.

[152] 南阳汉画像石学术讨论会办公室. 汉代画像石研究. 北京：文物出版社，1987.

[153] 宁夏博物馆，李范文. 西夏陵墓出土残碑粹编. 北京：文物出版社，1984.

[154] 罗丰. 固原南郊隋唐墓地. 北京：文物出版社，1996.

[155] 牛致功. 唐代碑石与文化研究. 西安：三秦出版社，2002.

[156] 欧昌俊，李海霞. 六朝唐五代石刻俗字研究. 成都：巴蜀书社，2004.

[157] 欧阳辅. 集古求真. 南昌：江西开智书局民国十二年（1923年）石印本.

[158] 欧阳修. 集古录//影印文渊阁四库全书：第681册. 台北：台湾商务印书馆，1986.

[159] 欧阳修. 集古录跋尾. 上海：上海古籍出版社，2020.

[160] 潘昂霄. 金石例. 影印文渊阁四库全书：第196册. 台北：台湾商务印书馆，1986.

[161] 彭卿云，刘炜，等. 全国重点文物大全. 北京：中国旅游出版社，1989.

[162] 启功. 古代字体论稿. 北京：文物出版社，1999.

[163] 戚叔玉，许宝驯，王壮弘. 北魏墓志百种. 上海：上海书画出版社，1987.

[164] 钱大昕. 潜研堂金石文跋尾：附金石文字目录. 上海：上海古籍出版

社，2020.

[165] 钱泳．汉碑大观．1984年中国书店据碧梧山庄本影印本．

[166] 乔林，李季华．中国历史文化名城旅游大全．上海：上海古籍出版社，1994.

[167] 秦公，刘大新．广碑别字，北京：国际文化出版公司，1995.

[168] 邱宣充，张瑛华，等．云南文物古迹大全．昆明：云南人民出版社，1992.

[169] 曲阜市文物管理委员会．曲阜胜览．济南：山东友谊书社，1988.

[170] 任道斌，李世愉，商传．简明中国古代文化史词典．北京：书目文献出版社，1990.

[171] 阮元原．南北书派论北碑南帖论注．华人德，注．上海：上海书画出版社，1987.

[172] 芮传明．古突厥碑铭研究．上海：上海古籍出版社，1998.

[173] 沙铭寿．洞天福地——道教宫观胜景．成都：四川人民出版社，1994.

[174] 山东省曲阜市文物管理委员会．曲阜：孔子的故乡．北京：文物出版社，1990.

[175] 山东石刻艺术博物馆．山东北朝摩崖刻经研究．济南：齐鲁书社，1991.

[176] 山东石刻艺术博物馆，中国书法家协会山东分会．山东北朝摩崖刻经全集．济南：齐鲁书社，1992.

[177] 山曼．八仙信仰．北京：学苑出版社，1994.

[178] 山西省考古研究所．山西碑碣．太原：山西人民出版社，1997.

[179] 陕西省博物馆，陕西省文物管理委员会．陕北东汉画像石选集．北京：文物出版社，1959.

[180] 陕西省博物馆．西安碑林书法艺术．西安：陕西人民美术出版社，1992.

[181] 陕西省社会科学院，陕西省文物局．陕西碑石精华．西安：三秦出版社，2006.

[182] 商承祚．石刻篆文编．北京：中华书局，1996.

[183] 商务印书馆．四部丛刊初编本．影印本．上海：上海商务印书馆，1936.

[184] 上海古籍出版社．中国文化史三百题．上海：上海古籍出版社，1987.

[185] 沈映冬，徐国枫．石头上的学问．香港：香港文渊阁学术资料供应中心，2004.

［186］施安昌. 善本碑帖论集. 北京：紫禁城出版社，2002.

［187］施伟达，褚赣生. 中国古代十大圣人. 合肥：安徽人民出版社，1994.

［188］施宣圆，林耀琛，许立言. 千古之谜·中国文化史500疑案. 郑州：中州古籍出版社，1989.

［189］施宣圆，林耀琛，许立言. 中国文化之谜. 北京：学林出版社，1995.

［190］施蛰存. 水经注碑录. 成都：巴蜀书社，1989.

［191］施蛰存. 金石丛话. 北京：中华书局，1991.

［192］石永士. 河北金石辑录. 石家庄：河北人民出版社，1992.

［193］司马迁. 史记. 梁绍辉. 标点. 兰州：甘肃民族出版社，1997.

［194］宋濂，等. 元史·兀良合台传. 北京：中华书局，1976.

［195］苏宝敦. 北京文物旅游景点大观. 北京：中国人事出版社，1995.

［196］苏渊雷. 绝妙好联赏析辞典. 上海：上海辞书出版社，1994.

［197］苏州历史博物馆，江苏师范学院历史系，南京大学明清史研究室. 明清苏州工商业碑刻集. 南京：江苏人民出版社，1981.

［198］隋唐五代墓志汇编编辑委员会. 隋唐五代墓志汇编. 天津：天津古籍出版社，1991.

［199］孙伯翔，吴鸿清. 中国书法全集：三国两晋南北朝. 北京：荣宝斋出版社，2007.

［200］孙承泽. 庚子销夏记//影印文渊阁四库全书：第826册. 台北：台湾商务印书馆，1986.

［201］孙进己，冯永谦，苏天钧. 中国考古集成：东北卷：金. 郑州：中州古籍出版社，1998.

［202］孙太初. 云南古代石刻丛考. 北京：文物出版社，1983.

［203］孙星衍. 寰宇访碑录. 商务印书馆，1935.

［204］孙星衍，严可均. 平津馆金石萃编. 上海：上海古籍出版社，2020.

［205］孙枝秀. 历朝圣贤篆书百体千字文，沈阳：沈阳古籍书店. 1985.

［206］唐吟方，夏冰. 汉代石刻隶书. 北京：知识出版社，1992.

［207］天津市文史研究馆. 津门史缀. 上海：上海书店出版1992.

［208］田汝成. 西湖游览志余. 陈志明，注. 北京：东方出版社，2012.

［209］万经. 分隶偶存//影印文渊阁四库全书：第684册. 台北：台湾商务印书

馆，1986.

[210] 万朗. 中国书画辞典. 北京：华文出版社，1990.

[211] 万石琪. 吴文化与苏州. 上海：同济大学出版社，1992.

[212] 王昶. 金石萃编. 嘉庆十年自刻本.

[213] 王昶. 金石萃编. 石印本. 扫叶山房，1918.

[214] 王国平，唐力行. 明清以来苏州社会史碑刻集. 苏州：苏州大学出版社，1998.

[215] 王家佑，等. 汉晋夕阳：三国旅游寻踪. 成都：四川人民出版社，1994.

[216] 王健群. 好太王碑研究. 长春：吉林人民出版社，1984.

[217] 王靖宪. 中国碑刻全集. 北京：人民美术出版社，2010.

[218] 王钧，阿涛. 四山摩崖刻经. 北京：知识出版社，1990.

[219] 王芑孙. 碑版广例. 刻本. 苏郡吴学圃，江宁穆氏选板刊印.

[220] 王世贞. 弇州山人四部稿. 上海：上海古籍出版社，1993.

[221] 王树村. 门与门神. 北京：学苑出版社，1994.

[222] 王廷洽. 中华历代国宝之谜. 西安：三秦出版社，2008.

[223] 王象之. 舆地碑记目//影印文渊阁四库全书：第682册. 台北：台湾商务印书馆，1986.

[224] 王永. 土地与城隍信仰. 北京：学苑出版社，1994.

[225] 王玉池. 中国书法篆刻鉴赏辞典. 北京：农村读物出版社，1989.

[226] 王玉国. 镇江文物古迹. 南京：南京大学出版社，1993.

[227] 王壮弘，马承名. 1949—1989四十年出土墓志目录. 北京：中华书局，1993.

[228] 王壮弘，马承名. 北京图书馆藏墓志拓片目录. 北京：中华书局，1990.

[229] 王壮弘，马承名. 六朝墓志检要. 北京：中华书局，1990.

[230] 王壮弘. 碑帖鉴别常识. 上海：上海书画出版社，1985.

[231] 王壮弘. 历代碑刻外流考. 书法研究，1984（2）.

[232] 王壮弘. 增补校碑随笔. 上海：上海书画出版社，1981.

[233] 隗芾. 中国名胜典故. 长春：吉林人民出版社，1989.

[234] 魏坚. 内蒙古中南部汉代墓葬. 北京：中国大百科出版社，1998.

[235] 文化部文物局. 中国名胜词典. 上海：上海辞书出版社，1986.

[236] 文物编辑委员会. 文物考古工作十年：1979—1989. 北京：文物出版社，1991.

[237] 文物编辑委员会. 文物考古工作三十年：1949—1979. 北京：文物出版社，1979.

[238] 文物出版社. 中国金石集萃：全10册. 北京：文物出版社，1995.

[239] 翁方纲. 两汉金石记. 上海：上海古籍出版社，2020.

[240] 吴敏霞，党斌，高叶青. 秦岭碑刻经眼录. 西安：三秦出版社，2014.

[241] 吴文良. 泉州宗教石刻. 增订版. 北京：科学出版社，2005.

[242] 吴英才，郭焦杰. 中国的佛寺. 天津：天津人民出版社，1994.

[243] 吴玉楷，金石存. 石印本. 南昌：江西开智书局，1923.

[244] 武天合. 西安碑林博物馆. 西安：陕西旅游出版社，1993.

[245] 武则天研究会，洛阳市文物园林局. 武则天与洛阳. 西安：三秦出版社，1989.

[246] 西安四维音像文化有限公司. 西安碑林与中国书法. 西安：陕西文化音像出版社，1998.

[247] 夏松凉，李敏. 史记今注. 南京：南京大学出版社，1994.

[248] 向达. 唐代长安与西域文明. 北京：生活·读书·新知三联书店，1957.

[249] 向南，张国庆，李宇峰. 辽代石刻文续编. 沈阳：辽宁人民出版社，2010.

[250] 向南. 辽代石刻文编. 石家庄：河北教育出版社，1995.

[251] 萧梦龙. 江南胜迹. 南京：江苏科学技术出版社，1993.

[252] 徐全星，黄明兰. 洛阳市文物志. 洛阳：洛阳市文化局，1985.

[253] 徐湘霖. 净域奇葩：佛教艺术. 成都：四川人民出版社，1995.

[254] 徐自强，吴梦麟. 古代石刻通论. 北京：紫禁城出版社，2003.

[255] 许长志. 中国之最新编. 济南：黄河出版社，1992.

[256] 晏子友. 明清帝王及其陵寝. 北京：台海出版社，1998.

[257] 杨全鼎. 中国文化史词典. 杭州：浙江古籍出版社，1987.

[258] 杨泰伟. 书法篆刻书目简释. 上海：上海书画出版社，1993.

[259] 杨玉钰. 中国西南地区历代石刻汇编：全20册. 天津：天津古籍出版社，1998.

[260] 叶昌炽. 语石：语石异同评. 柯昌泗，评. 北京：中华书局，1994.

[261] 叶昌炽. 语石校注. 北京：今日中国出版社，1995.

[262] 叶奕苞. 金石录补（二）. 上海：商务印书馆，1936.

[263] 殷梦霞，张爱芳，南江涛. 地方金石志汇编. 北京：国家图书馆出版社，2011.

[264] 员安志. 中国北周珍贵文物. 西安：陕西人民美术出版社，1992.

[265] 袁道俊. 焦山石刻研究. 南京：江苏美术出版社，1996.

[266] 袁维春. 秦汉碑述. 北京：北京工艺美术出版社，1990.

[267] 袁仲一. 秦代陶文. 西安：三秦出版社，1987.

[268] 张伯龄. 北朝墓志英华. 西安：三秦出版社，1988.

[269] 张光宾. 中华书法史. 台北：台湾商务印书馆股份有限公司，1984.

[270] 张广坪，等. 泰山名胜介绍. 济南：山东友谊书社出版社，1993.

[271] 张国臣，张天定. 中国文化之最. 北京：中国旅游出版社，1991.

[272] 张宏儒，汪雷. 中国长江风光赏析辞典. 北京：北京出版社，1993.

[273] 张怀瑾. 书断//影印文渊阁四库全书：第812册. 台北：台湾商务印书馆，1986.

[274] 张剑光，邹国慰，周志明. 中国帝王后妃陵墓之谜. 西安：三秦出版社，2008.

[275] 张沛. 昭陵碑石. 西安：三秦出版社，1993.

[276] 张潜超. 中国书法论著辞典. 上海：上海书画出版社，1990.

[277] 张全明. 势入浮云亦是崩：皇陵奇观. 武汉：华中理工大学出版社，1994.

[278] 张廷奂. 汉碑古字通训. 北京：北京图书馆出版社，2003.

[279] 张廷玉，等. 明史. 北京：中华书局，1974.

[280] 张岳灵. 阳朔县志. 黎启动，纂. 台北：成文出版社，1926.

[281] 张晓旭. 苏州碑刻. 苏州：苏州大学出版社，2000.

[282] 张秀平，王乃庄. 中国文化概览. 北京：东方出版社，1988.

[283] 赵超. 古代石刻. 北京：文物出版社，2001.

[284] 赵超. 汉魏南北朝墓志汇编. 天津：天津古籍出版社，1991.

[285] 赵超. 新唐书宰相世系表集校. 北京：中华书局，1998.

[286] 赵超. 中国古代石刻概论. 北京：文物出版社，1997.

[287] 赵崡. 石墨镌华//影印文渊阁四库全书：第683册. 台北：台湾商务印书

馆，1986.

[288] 赵均. 金石林时地考//影印文渊阁四库全书：第 683 册. 台北：台湾商务印书馆，1986.

[289] 赵力光. 西安碑林博物馆新藏墓志汇编：上中下三册. 北京：线装书局，2007.

[290] 赵力光. 鸳鸯七志斋藏石. 西安：三秦出版社，1995.

[291] 赵明诚. 金石录. 济南：齐鲁书社，2009.

[292] 赵平. 中国西北地区历代石刻汇编：全 10 册. 天津：天津古籍出版社，2000.

[293] 赵万里. 汉魏南北朝墓志集释. 北京：科学出版社，1959.

[294] 赵杏根. 中国百神全书. 海口：南海出版社，1993.

[295] 震方. 碑帖叙录. 上海：上海古籍出版社，1982.

[296] 郑土有. 关公信仰. 北京：学苑出版社，1994.

[297] 中国科学院考古研究所. 西安郊区隋唐墓. 北京：科学出版社，1966.

[298] 中国历史博物馆. 简明中国文物辞典. 福州：福建人民出版社，1991.

[299] 中国旅游大全编委会. 中国旅游大全. 北京：中国青年出版社，1988.

[300] 中国社会科学院考古研究所. 唐长安城郊隋唐墓. 北京：文物出版社，1978.

[301] 中国社会科学院考古研究所. 新中国的考古发现和研究. 北京：文物出版社，1984.

[302] 中国文物报. 山东省平阴县发现北朝摩崖刻经，1995-07-16.

[303] 中国文物研究所，河南省文物研究所. 新中国出土墓志：河南：1. 北京：文物出版社，1994.

[304] 中山陵园管理处文物管理办公室. 朱元璋与明孝陵. 南京：南京出版社，1996.

[305] 钟征祥. 广东旅游. 广州：广东科技出版社，1985.

[306] 周绍良. 唐代墓志汇编. 上海：上海古籍出版社，1991.

[307] 周英仪. 中国的休斯敦——西昌揽异. 上海：复旦大学出版社，1992.

[308] 朱关田. 唐代书法考评. 杭州：浙江人民美术出版社，1992.

[309] 朱岐新，王仕平. 北京实用导游. 北京：高等教育出版社，1985.

［310］诸定耕. 中国名人胜迹诗文碑联鉴赏辞典. 重庆：重庆出版社，1994.

［311］祝嘉. 艺舟双楫疏证. 上海：上海书画出版社，1986.

［312］邹建华. 中国文物之最. 北京：中国旅游出版社，1987.

［313］邹振亚. 北朝摩崖刻经研究. 济南：齐鲁书社，1991.